神戸・近代都市の形成

高寄昇三

公人の友社

はしがき

　神戸が近代都市として，どのようにして形成されていったのか，その過程は必ずしも明確でなく，解明しなければならない課題である。1868年1月1日，神戸開港の式典が，運上所で華やかに挙行されたが，神戸の都市づくりは，ゼロからのスタートで，苦難の連続であった。

　明治初期，神戸は，開港都市としての都市基盤が急務であったが，当時，都市づくりのシステムはなく，政府も欧米の技術は輸入できても，経済・社会・行政システムを輸入し，適正に運用するノウハウは，一部の外国経験者に限られていた。

　結果として，日本の都市は，欧米の都市と比較して，公共施設はきわめて低水準の状況にあった。しかも都市づくりにあって，都市資本形成のメカニズムは，民間優位の資本投資であり，公共セクターは，その後始末に忙殺され，地価上昇・都市開発の経済利益は，民間がほどんど独占していた。

　四代目鹿島市長は，この公共投資劣位の都市形成を，「小が大をのみ込む」，民営神戸電気買収という，起死回生の策で，公共主導の都市づくりへと転換させていった。

　都市づくりへの論究は，ビジョン・プロジェクトの説明だけでなく，事業の選択・拒否，事業成否の背景・原因の分析・追求でなければならない。

　神戸は，たしかに港・道路・街をつくったが，なぜ事業化され，どう実施され，どのような結果をもたらしたのか，検証は不明のままである。

　明治・大正期における神戸近代都市が，産業基盤のみが先行し，なぜ生活基盤が遅れたのか。さまざまの要因を分析しなければ，研究の価値がないとの批判を免れないであろう。

　神戸の都市づくりについては，戦前の『神戸市史』，戦後の『市史第3集』，そして近年の『新修神戸市史』などがある。しかし，都市づくりへの政策評価は不十分である。明治39年，水上市長が文字どおり身命を賭して，神戸市はやっと神戸築港にこぎつけるが，横浜港に遅れること17年，しかも第1期横浜

築港は，全額国庫負担であったが，第1期神戸築港は，市税の数倍にもなる437万円という巨額の直轄事業負担金が賦課された。

これでは「神戸港が栄えて，神戸市財政は破綻する」といっても，いい過ぎではない。『神戸開港百年史』にしても，負担金額は精査されているが，負担金の返済財源・市財政との関係は追求されていない。

昭和11年までの全国下水道整備をみると，神戸市74万円，横浜市10万円に過ぎない。東京市1億4,859万円，大阪市7,993万円，京都市2,882万円，名古屋市1,933万円で，神戸・横浜市とは雲泥の差である。

さらに静岡市368万円，豊橋市344万円，岐阜市250万円と比較すると恥ずかしい水準である。原因は築港費の苛酷な直轄事業負担金，都市計画事業への超低率補助のため一般財源が根こそぎ充当されたからではないか。

本書では「都市経営」の視点から，神戸の都市づくりにおける行財政的対応の検証をベースに，都市づくりの軌跡を検証してみた。ことに従来，軽視されてきた開発事業の経済効果・事業収支，さらに都市自治体として施策選択の成否分析を試みた。

個別プロジェクトの事業をベースに，財政分析を加えながら，都市成長の軌跡をたどってみることで，全体としての神戸の経営姿勢・事業成果も評価できる。その評価ポイントは，制度でなく，意外にも市長の経営能力，議会の都市づくりへの認識であった。たしかに制度・財源の拘束は，阻害要素であるが，より大きな課題は，都市自治体の経営資質であった。

従来，都市経営思想・政策については，これまで拙著でもかなり論究してきたが，本書は神戸の都市づくりを素材にした，都市経営の実践的評価となる。都市経営という特異な戦略・効果を理解していただくため，具体的事例を列挙しながら，本書の意図を説明してみる。

第1の視点が，都市経営と都市経済との関係を整理してみる。加納宗七・小寺泰次郎・関戸由義・川崎正蔵も利益を求めて，神戸に移住してきた。そして都市が成長すると，集積・開発利益が発生するが，その利益がどう配分されたかである。加納宗七は，生田川跡地整備を請け負ったが，立派な道路をつくりだし，開発利益の公的還元を優先し，私的利益を追求することはなかった。し

かし，その後の民間企業は，兵庫運河・湊川改修・神戸電気の各社にしても，開発・集積利益の私的独占を図っていた。

　第2の視点は，都市経営の事業成果をみてみる。都市経営といっても，政府・府県の拘束のもとにあったが，制度改革は都市の政治力では絶望的であった。結局，都市自治体は，制度改革よりも都市経営の実践に活路をみいだしていった。

　要するに"行政の知恵"を如何に発揮するかで，明治初期関戸由義が，卓抜した行政能力を発揮し，まったく公費をつかわず，栄町通を開設した，事業実績が，その効果を立証している。

　明治後期・大正期では公営企業の創設があり，疑以公共デベロッパーともいえる市街地整備事業が施行されたが，実際，どれほどの財政損益があったか。大胆に推計すると公営交通創設の遅れで約800万円損失，逆に街区整理事業で約1,000万円の開発利益での公共還元があった。当時，年間市税数十万円，補助金数万円と比較して，如何に巨額であるかわかる。

　第3視点は，都市経営と自治体の経営能力の関係である。要するに都市経営資源をいかに活用するかである。

　たとえば人的資源の活用で，都市経営の成功・失敗は，市長の経営能力が，極論すれば8割以上を占めているといっても過言でない。

　初代鳴滝市長は，水道建設にあって10年以上もかかり，二代目坪野市長は神戸築港問題を兵庫県に丸投げする無責任ぶりである。水上市長が神戸築港に決着をつけ，鹿島市長が神戸電気を買収したが，もし失敗していれば，神戸経済・財政は測り知れない損失を被っていたであろう。

　あらためて市政史研究の使命はなにかである。都市づくりを歴史からみて，「失敗の本質」を摘出し，「成功の秘訣」を総括し，今日の市政の処方箋を描くことにあるといえる。

　ただ多くの事業について，事業誌の欠落から実態の解明はできなかった。ことに民間デベロッパーの新川・兵庫運河・湊川改修・街区整備の事業誌はなく，唯一，西部耕地整理事業誌があるのみであった。しかし，この事業誌によって，耕地整理事業の事業・外部効果が明確となった。

さらに神戸市長の人物・業績評価については，伊藤貞五郎『神戸市長物語』，経済人の活動実績については，赤松啓介『神戸財界開拓者伝』がなければ，本書も各人物の紹介にとどまっていたであろう。

　また明治期の複雑な街区・街路整備について，小原啓司の『神戸のまちづくりと区画整理事』の先駆的研究がなければ，曖昧なままの記述になっていたであろう。さらに近年では松田裕之の『加納宗七』『関戸由義』の伝記は，神戸都市づくりの空白を埋める上で大きな功績といえる。

　本書はこれまであまり論究されなかった，各開発事業の収支・プロジェクトを，大阪京都との比較でも評価を試みた。また財政課題として，軽視されてきた貿易五厘金・三部経済制・港湾収益施設配当交付金・公営企業の繰入金・民間寄付金の分析などを整理してみた。

　なお本書は都市形成をメインテーマとしたので，肝心の地方財政問題は，簡略にすましているが，拙著『明治・大正・昭和地方財政史全13巻』を参照していただきたい。また生活環境の分野は概説だけにとどめざるをえなかったが，他日，機会があれば研究・論究を深めていきたい。

　なお現代の都市経営は，ハードの公共投資より，ソフトのサービスが主流となりつつあるが，「都市の選択」として，経営戦略は同じで，如何にして「最小のコストで最大の効果」をあげるかであり，そのための創造的破壊による行政の革新が求められているのである。

　本書が神戸市政の近代史研究に，すこしでも貢献できれば，著者の幸いである。なお出版に際しては，公益財団法人神戸都市問題研究所・神戸市文書館には資料提供で大変お世話になった。ことに松本文書館々長には資料の教示にあずかり，本書も歴史的データにもとづく分析ができた。また出版にあたっては，此の度も「公人の友社」武内英晴社長が示された好意に感謝します。

　　　2017年8月10日

　　　　　　　　　　　　　　　　　　　　　　　　　　高　寄　昇　三

目　　次

第1章　明治前期の都市形成と都市整備 …………………………… 1

第1節　経済社会と都市形成システム　1

1　神戸開港と経済社会の変貌　1
維新の動乱と政治経済の激変　1　　地域経済統合と政府施策　5
金融機関開設と製造業創業　7　　貿易拡大と港湾関連産業　9
人口区域増大と市民生活　11　　神戸の成長と兵庫の衰退　14

2　地方制度の定着と都市整備への圧力　17
府県制確立と開発主導性　18　　都市成長プロジェクトの欠落　20
三新法成立と神戸区の誕生　22　　経済界と都市開発志向　24

3　都市づくりと地域社会の群像　27
地域貢献への評価基準　27　　自己犠牲型の網屋吉兵衛　28
地域献身型の北風正造　30　　地域貢献型の神田兵右衛門　32
土地投資型の小寺泰次郎　34　　知識活用型の関戸由義　36
デベロッパー型の加納宗七　38　　プロモーター型の村野山人　40

第2節　拠点開発事業と街区街路整備　43

1　都市化と都市整備システムの変革　43
都市膨張への対応策　43　　都市空間秩序と規制行政　46
事業実施形態の多様性　48　　都市開発の負担・利益配分　49
都市整備事業の検証と課題　51

2　居留地造成事業の収支と効果　54
居留地建設と兵庫商社構想　54　　居留地設計と事業費　56
居留地の競売成績　59　　居留地の経済社会文化効果　61

3　民間活用の生田川付替・新川運河　63
　　　生田川付替と事業効果　63　生田川跡地整備の事業収支　65
　　　新川運河と資金調達の難航　68　造成用地売却と事業収益　71
　　　神戸駅設置と都心形成　73

　　4　街区整備・街路建設のシステム　76
　　　街区整備手法の発達と実績　76　山手新道開設と国庫補助金　77
　　　仲町部・兵庫新市街の街区整備　79　栄町通開設と行政の知恵　81
　　　主要道路整備と費用負担方式　85

第3節　神戸開港と港湾整備の展開　89

　1　神戸港整備と築港計画の策定　89
　　　船たで場と海軍操練場　89　神戸開港と応急施設整備　90
　　　マーシャルの神戸築港計画　93　マーシャル案への評価　96

　2　港湾関連整備事業の展開　99
　　　波止場整備と桟橋拡充　100　加納湾・葺合港と臨港鉄道　103
　　　生糸検査所の設置・廃止・復活　105

第4節　神戸区財政と特例制度の運用　106

　1　町村財政と神戸区財政　106
　　　神戸区財政と歳入構造　106　歳出構造と土木教育費　108
　　　救済費と伝染病費　111

　2　貿易五厘金と三部経済制　114
　　　貿易五厘金の創設　114　貿易五厘金存続の苦心　117
　　　三部経済制誕生の背景　119　三部経済制の運用と論点　121

第 2 章　明治後期の都市形成と都市開発……………………… 125

　第 1 節　市制実施と都市開発システム　125
　　1　経済成長と地域社会の変貌　125
　　　企業・市民所得の成長　125　　貿易拡大と企業進出　126
　　　主要企業の創設状況　130　　人口増加と市域拡大　133
　　　地価上昇と開発利益　135

　　2　都市開発と都市自治体の対応　137
　　　都市制度成立と経済界の変貌　138　　都市開発と経営戦略の挫折　141
　　　行政団体から経営体への転換　143　　都市形成と市長の経営能力　146

　　3　市長の実績と地域リーダーの業績　151
　　　鳴滝市長と水道の創設　151　　坪野市長と教育偏重の行政　155
　　　水上市長と神戸築港の決着　158　　西部開発と池本文太郎・武岡豊太　161
　　　東部開発と山本繁造　163

　第 2 節　都市開発事業と地域更生事業　165
　　1　都市開発事業の収支と効果　165
　　　兵庫運河と地域再生への紛争　166　　兵庫運河の事業収支と用地売却　169
　　　湊川付替事業の複合的効果　173　　事業認可と外部資本の参加　174
　　　反対運動と改修ルート変更　176　　湊川改修会社の開発利益　180

　　2　地域更生事業と街路整備　182
　　　地域更生事業の独自性　182　　地域更生事業のシステム　184
　　　地域更生事業の負担・利益配分　186　　街路整備事業の実施状況　187

　第 3 節　神戸築港事業と市財政負担　189
　　1　神戸築港事業の軌跡　189
　　　港湾整備と補助金方式　189　　横浜・大阪築港と神戸築港　193
　　　神戸築港運動の台頭　196　　築港案乱立と運動の混迷　198
　　　築港案挫折と緊急施設整備　200

2　神戸築港の決定メカニズム　202
      水上市長の築港論　203　阪谷大蔵大臣案と築港決定　206
      港湾経営重視の大蔵省構想　209　内務省の港湾一元化策　212

    3　直轄事業負担金と港湾収益配当金　215
      港湾整備の利益・負担配分　215　負担金割合と年賦年度割調整　217
      配当金低迷と負担金の重圧　220　築港公募債と償還計画破綻　223

  第4節　民営交通発達と公営水道創設　226

    1　公益事業普及と都市独占利益　226
      都市自治体と公益事業　226　電気ガス交通事業の民営化　228
      市内民営交通の出願続出　231　公営交通断念と報償契約　233

    2　水道創設決定への軌跡　238
      対症療法的な伝染病対策　238　民営水道申請と水道調査実施　240
      民営水道阻止への画策　242　公営水道決定への外圧　243

    3　水道建設への阻害要因　245
      水道建設反対論の台頭　246　水道建設賛成論の根拠　247
      補助金獲得と事業遅延　251　公募債難航と外資導入失敗　253
      水道財政の分析と経営課題　256

  第5節　神戸市財政の膨張と構造悪化　259

    1　都市歳入と財源不足の深化　259
      財政規模膨張と歳入構造　259　市税構造と税目の運用　263
      家屋税改正挫折と歩一税創設　267　市債の発行抑制と起債主義　269

    2　歳出構造と財政需要の肥大化　271
      歳出構成変動と硬直化　271　土木費負担と小学校費の重圧　273
      救済行政の民間依存と伝染病対策の混迷　275

第3章　大正期の都市形成と都市経営……………………………… 279

　第1節　経済発展と都市経営戦略　279
　　1　経済社会と地域社会の動向　279
　　　企業資本金と市民所得　279　貿易拡大と企業集積　281
　　　人口膨張と市域拡大　284　実勢・法定地価の格差拡大　286

　　2　都市経営と都市自治体の変革　289
　　　都市づくりと大都市制度運用　289　都市経営戦略と経営能力　292
　　　生え抜きの鹿島市長　295　大蔵官僚の桜井市長　299
　　　国会議員の石橋市長　301　小曾根喜一郎と土地資本家脱皮　304
　　　北神開発と山脇延吉　306　地域貢献と寄付金　308

　第2節　都市計画の策定と都市整備　314
　　1　都市計画策定と実施課題　314
　　　都市計画行政と市区改正委員会　314　都市づくりの計画化・政策化　317
　　　都市空間純化と用途地域制　321　都市計画財源と受益者負担　323
　　　都市計画と街路整備事業　327

　　2　耕地整理事業の効果と限界　331
　　　耕地整理事業の功罪　331　西部耕地整理の減歩と負担　334
　　　西部耕地整理と開発利益配分　337　溜池処分と公的還元　339

　第3節　港湾整備拡充と生活環境整備　341
　　1　港湾整備と海面埋立事業　341
　　　港湾整備一元化の定着　341　第2期修築工事と財政負担　345
　　　海面埋立と公共利益の確保　352　海面埋立事業の大規模化　354
　　　埋立事業不許可の理由　359　埋立事業の変貌と工業用地造成　362

　　2　生活環境整備と環境保全事業　365
　　　下水道整備の欠如　365　住宅整備事業の展開　367
　　　公園整備事業の低迷　370　六甲山植林事業の成果　373

第4節　民営電気買収と公営電気の創設　376

　1　神戸電気発達と買収の顛末　376
　　神戸電気会社と公益性　376　　神戸電気買収と報償契約　379
　　公営一元化と買収評価　383　　未成線建設と財政支援　388

　2　公営企業の経営課題　391
　　公営電気事業の収支　391　　水道拡張工事と独立採算制　395
　　繰入金論争と経営原則　398　　繰入金実績と公営企業の複合化　401

第5節　大正期の財政構造と財政運営　403

　1　歳入構造の劣化と財源不足　403
　　歳入構造と歳入構成比　403　　市税収入の運用課題　406
　　市債収入依存と起債主義の評価　410

　2　歳出膨張と支出構造の変貌　414
　　歳出構造と財政硬直化　414　　土木費と勧業費　416
　　教育費膨張と学区統一　418　　福祉拡充と汚物処理費　420

第1章　明治前期の都市形成と都市整備

第1節　経済社会と都市形成システム

1　神戸開港と経済社会の変貌

　神戸の近代都市づくりは，慶應3年12月7日（1868.1.1）の神戸開港からスタートし，神戸経済は成長軌道を走るが，都市膨張のテンポに都市整備は追いつけなかった。明治前期（明治元～21年，1868～1888年），公共セクターは，基盤整備に忙殺された。しかも大阪・京都と異なり，神戸は民間資本も貧弱で，都市整備を肩代わりする能力はなかった。

維新の動乱と政治経済の激変
　神戸開港は，兵庫といいながら，神戸となり，ゼロからのスタートとなった。[1]さらに開港は，横浜に遅れること8年半で，神戸兵庫にとって好都合との見方もあるが，必ずしもそうとはいえない。
　たとえば「兵庫神戸に比すれば繁栄の点に於て横浜は遥に勝りしものの如し」[2]といわれ，貿易港として横浜港の優位，神戸港の劣位は否めない。さらに明治維新という動乱の渦中にあって，幕府の庇護も新政府の支援も，十分にうけられなかった。
　開港時，神戸をとりまく状況は厳しかった。まず政治情勢は，兵庫開港の2日後の慶應3（1868）年12月9日，王政復古となり，慶應4（1868）1月3日，鳥羽・伏見の戦いで，幕府が敗北すると，1月9日には，兵庫奉行など幕府官吏は逃亡し，やがて徳川幕府が崩壊してしまう。
　しかも同年1月11日，神戸事件が発生するが，新政府も揺籃期で，神戸の都市づくりどころでなかった。神戸が政治的空白期に，誕生したことは不運で，居留地面積をみても，横浜の数分の一であり，港湾施設も粗末で，貿易の実態も露天商いであった。[3]

つぎに経済情勢は，神戸は開港都市の利点をいかした，経済発展が期待されたが，大阪の方が有望視されていた(4)。実際，当初は，大阪は開港でなく，開市（慶応3年12月7日）であったが，すぐ開港（慶応4年7月15日）となると，大阪居留地に外国人は住みだした。しかし，明治7（1874）年，阪神間に鉄道が開通すると，多くの外国人が，貿易港として優れた神戸を評価して，神戸に移住し，居留地はやっと活況を呈するようになった。

　もっとも神戸港が，西南戦争の兵站基地となるが，経済的情勢は，一気に成長軌道を走ったのでなく，助走・離陸・停滞，好況・不況・安定のうねりを，描きながら拡大していった(5)。

　社会的情勢をみても，地域経済をまとめる中核勢力はなく，神戸は喧騒のさなかにあった。兵庫地区は当時としては有力な商港であったが，この経済力を神戸開発に投資しなかった。ただ兵庫は，幕末・維新期に理不尽な上納金徴収によって，次第に経済力は衰退し，神戸・兵庫をまとめる力量に乏しかった(6)。

　そのため神戸の成長は，神戸地区へ移住してきた，外国人・外来者などが，牽引していったが，神戸の経済力を結集する求心力は稼働せず，外部資本の犠牲となりかねない恐れがあった。

　神戸は新興都市として，地域経営からみて，重要なポイントは，明治初期（明治元～10年，1868～1877年），地元資本家が，収益を地元に還元してく，「地域循環経済」を形成できるかであった。

　第1に，経済成長を遂げるには，企業活動・都市開発による利益の還流がなければ，資本不足となる。この点，東京・大阪・京都などは，その資本が外部にも投資し，自己増殖をしていった。

　神戸は西南戦争の輸送基地という，絶好の商機に光村弥兵衛・専崎弥五平などは，それなりの収益をあげたが，徹底した企業家精神を貫き，再投資で地元に利益を還元することなく，引退してしまった。

　第2に，神戸経済は，兵庫地区の潜在的経済力は大きく，神戸地区の経済力も加納宗七などの来神者，さらに居留地外国人などを加えた，全体としての経済力は，侮れない投資力を秘めていた。さらに開港地という魅力は，起業家吸引力も発揮できた(7)。

しかし，神戸経済が，外部資本を呼び込み，成長軌道に乗るには，都市整備が急がれた。ただ，新興都市神戸にあって，地元産業・金融資本は成熟しておらず，土地資本家が吸収した開発利益（明治前期推計432万円）は，貴重な資本であったが，多くが死蔵されるか，外部に流出し，神戸経済浮上の推進力とはならなかった。(8)

　第3に，神戸経済の飛躍には，新規投資への資金をあつめ，事業リスクを分散させ，新企業を創設するには，東京の渋沢栄一・大阪の五代友厚のようなオルガナイザーが不可欠であった。神田兵右衛門・村野山人などは適格者であり，事実，商法会議所を設立するが，神戸経済を融合させ，刺激をあたえるプランを策定できなかった。

　しかも明治10年代の神戸経済の実力は，兵庫県下の郡部に比しても弱体であった。(9) 神戸が念願の地域循環経済を醸成し，神戸経済が成熟するのは，やはり明治中期以降であった。外来資本であった川崎造船所が，地元企業として定着し，兵庫出身の川西清兵衛が日本毛織を創業するなど，内発的地域振興のサイクルが形成され，その活況が外部資本を惹き付けていった。

注
（1）神戸開港の経由ははぶくが，当初は堺開港であったが，外人遊歩と歴史遺跡の関係から，窮余の策として兵庫となった。また兵庫といいながら神戸となったのは，外国とのトラブルを避けたかったからである。また神戸地区は未開地が多く，居留地など開港地としての施設用地がえやすく，船入場があり，港湾は水深もあり適地であったからである。
（2）神戸市『神戸市史本編総説』102頁，以下，前掲「市史本編総説」
（3）開港当時の施設実態は，東西運上所・波止場などがあったが，「倉庫などまで整備されておらず，取引は，しばらくは海岸の砂浜，路傍などで」（神戸開港百年史編集委員会『神戸開港百年史・港勢編』15頁，以下，前掲「開港百年史港勢編」）行われる有様であった。
（4）大阪の川口居留地は，元年7月29日に入札を実施しているが，100坪平均価格354円，神戸居留地265円の落札で，この落札価格の差からみて，外国商人がいかに大阪貿易の将来に期待する所大であったことがわかる。また『神戸市史』も「開港の当初は，外商の多数は神戸よりも寧ろ大阪の将来に嘱望し，……神戸在住の外人中にも，貿易繁盛に赴くべき望みなしとて悲観せるものなきあらざりき」（神戸市『神戸市史本編各説』11頁，以下，前掲「市史本編各説」）といった窮状にあった。ところがその後の大阪の状況は，「明治元年7月15日いよいよ開港とはなったが，当初，2，

3年はとも角，安治川上流の川口港では，大船の出入に不安不便であり，2年89隻も入港したのに対し，3年には早くも21隻に減じ，4年にはますます減少して11隻となり，そしてさらに7年大阪・神戸間の鉄道が開通し，従来，大阪に居住した外国人も殆ど神戸に転任し，遂に8年には1隻も入港せぬ状態となり」（大阪市港湾局『大阪港史第1巻』38頁，以下，前掲「大阪港史Ⅰ」）と，大阪港の凋落ぶりが伝えられている。
（5）前掲「市史本編総説」146頁参照。
（6）無視できないのが，兵庫地区などは，幕末・維新の動乱期，幕府・維新政府から，かなりの上納金を強要され，地域経済力を消耗している。たとえば幕末には交通の要所であったため，台場築造賦役・軍艦入港出費・宿舎提供などであり，二度の長州征伐で「兵庫付近の住民は，軍隊及軍需品の輸送のため軽からざる負担」（同前19頁）が絶えなかった。幕府は慶応2年，長防進発用途上金2万637両を兵庫津から徴収しているが，北風正造は5,000両を負担し，さらに追徴金として9,000両を，10年賦償還を条件に上納している。兵庫県史編集専門委員会『兵庫県史第5巻』474～477頁参照，以下，前掲「兵庫県史Ⅴ」。もし兵庫の経済力が温存され，開港神戸の経済成長への資本投資に活用されていれば，神戸経済は，兵庫を推進力として地域資本力を涵養しながら，順調な成長軌道を走っていたであろう。
（7）外来者の典型は，居留地外国人であったが，日本人としては，土地資本家では三田の小寺泰次郎・播磨の伊藤長次郎などが，巨額の利益を得ていた。企業家としては川崎正蔵・滝川弁三が，神戸で根付き造船・マッチ産業の礎を築いていった。これらの資本・利益が，再度，神戸に投資され，拡大再生産されることで，神戸経済の順調な成長が軌道にのる図式が描けた。
（8）土地資本家の動向をみると，小寺泰次郎は，民間デベロッパーとして，新川・兵庫運河などへ利益を再投資をすることなく，土地資産の蓄積にいそしんでいった。また小寺泰次郎の優れた理財の能力を市政の運営に活かすこともなかった。その後継者小寺謙吉は，企業家としてよりも，政治家として遺産を活用していった。むしろ伊藤長次郎は，神戸市街地20万坪（66万㎡）を買収し，神戸に関心をしめし，商社神栄会社・姫路三八銀行・兵庫電気軌道の経営を手がけるなど積極的事業展開をしているが，もともと東播が地元で，神戸は利殖の対象でしかなかった。人物像については，「農工金融の開発」赤松啓介・『神戸財界開拓者伝』585～595頁参照，以下，赤松・前掲「財界開拓者」。神戸新聞社『海鳴りやまず第1部』162～164頁参照，以下，神戸新聞社・前掲「海鳴りやまずⅠ」。同じ企業家であったが，神戸桟橋合本会社社長田中市兵衛は，大阪で紡績会社を経営していた。神戸では湊川沿岸で1万坪の土地買占めをするなど，土地投機をしていた。さらに所有地の付加価値を高めるため，神戸市内の区画整理事業にたずさわるとか，湊川改修会社取締役につくとか，典型的土地デベロッパーとして活躍していたが，神戸にとっては外来資本であった。なお兵庫の先代小曾根喜一郎なども土地投機で収益をあげていたが，その後継者の小曾根喜一郎は，都市開発・公益事業・産業資本家として，地域経済の振興に寄与していき，小寺謙吉とは違った生き方を選択した。

(9) 明治16年の調査では，県下富豪75人中，神戸区13人であるが，資産額では県下で150万円1人，30万円2人，25万円1人，20万円4人であるが，神戸区は20万円1人，15万円1人，10万円2人で，8万円2人で，他7万円以下で，真の富豪はいないといえる。前掲「市史本編総説」178頁参照。神戸の状況について，「蓋し旧幕時代の兵庫の富豪は時勢の変遷に遇ひて次第に凋落に傾き，而も新に神戸にて産を成せる者といへども尚未だ甚大を致す能はざりし」（同前178頁）と，兵庫の低迷は痛手であった。

地域経済統合と政府施策

　明治初期，神戸経済をまとめ牽引する，企業家の成長はみられなかった。川崎正蔵にしても，自己の造船所経営に忙殺され，一方，旧来の資産家神田兵右衛門は，企業家精神は旺盛でなかった。

　開港後の神戸経済を，統合するシステムは，政府が人為的に形成を図っていこうとした(1)。しかし，新興都市神戸では，受け入れる経済力・人材は未成熟であった。新政府は，明治元（1868）年5月，商業振興と間接税増収のため，商法司をおき，各地に商法会所が設置され，「株仲間は否定され……全国的商業機構の再編成(2)」をめざした。

　ただ商法司・商法会所は，「所期の目的をたっすることができず，翌明治2年2月には新たに通商司が設けられ，3月には商法司が廃止された(3)」。新たに設置された通商司は，外国貿易はすべて通商司の許可制とする，大きな権限をもつことになった。

　この通商司のもとに通商会社・為替会社が，全国の主要都市に設立された。神戸でも明治2年9月，通商会社が設立されたが，「貿易商人は中心的メンバーには加えられなかった(4)」のは，貿易商人の評価が低かったからではないか。

　さらに為替会社（明治2年創立，身元金11.8万両，政府貸下金23万両）は，「京都商人が役員となり，その下で兵庫商人は実際の会社運営に参加しているに過ぎなかった(5)」。要するに京都商人が主流で，兵庫商人が為替会社に出資するだけの資力がなかったためである(6)。

　明治5年11月，国立銀行条例制定で為替会社が解散するが，およそ22万円の赤字で，当時，国立銀行への転換もなかった(7)。

明治10年代になると，神戸経済も活況を呈し，明治11（1878）年10月，神田兵右衛門・北風正造らが，経済団体の兵庫商法会議所を，県の認可をえて設立し，会頭は神田兵右衛門で，当面は，弊害続出の兵庫問屋仲買等の商業組織の改革であった。

　明治12（1879）年に神戸区が誕生したので，10月に神戸区商法会議所と改称し，機関誌などを発行し，13年2月には白州退蔵が会頭に就任した。この動きは土着資本の後退，新興資本台頭の兆しであったが，その後，活動は衰退し，自然消滅にいたっている。[8]

　ただ貿易五厘金の徴収・運営もあり，貿易商人による元組商社が設置され，その後，貿易会所に改められ，事実上，商人活動のまとめ役となっていた。しかし，明治18（1885）年には解散し，19年1月には貿易五厘金も廃止される。16年設立の神戸株式取引所も，18年9月に解散している。

　このように地域経済団体が，早期廃止となったのは，東京のように7分積金といった地域共益金を独自に保有し，地域団体が地域資金をもつまでに成熟していなかった，新興都市の悲しさがあった。[9]

　しかし，明治20（1887）年2月，内海知事の勧誘もあり，神戸商法会議所が再興され，20年6月に村野山人が会頭に就任し，会費制を採用して財政基盤の安定を図っていった。[10]やがて経済界は，神戸港拡張などの行政への要求・経済人の利益擁護などの活動をベースとする，運動が活発化していった。

注
（1）明治前期の神戸金融機関については，新修神戸市史編集委員会『新修神戸市史経済編Ⅲ第3次産業』130～140頁参照，以下・前掲「市史経済編Ⅲ」。
（2）神戸商工会議所百年史編集部会『神戸商工会議所百年史』37頁，以下，前掲・「商工会議所百年史」。
（3）同前38頁。
（4）・（5）同前39頁。
（6）京都商人の進出について，「彼らは大阪の開港をあてこんでも大阪の豪商に太刀打ちするには骨が折れる，そこで神戸にねらいをつけた，という寸法だ」（神戸新聞・前掲「海鳴りやまずⅠ」38頁）と推測されている。
（7）この赤字処理は，設立者の拠出した身元金11万8,000両で補填し，残余は10万8,100円は，政府貸付金で弁済し，油穀相場会所を経営させて，返済させる方針であったが，8,000円のみ返済し，残余10万円は政府は遂に免除した。神戸経済のひよわさを

表す事態であった。前掲「市史本編各説」30・31頁参照，前掲「兵庫県史Ⅴ」816〜822頁参照。読売新聞社神戸支局編『神戸開港百年』190〜192頁参照，以下，読売新聞社・前掲「開港百年」
（8）前掲「市史本編総説」154頁参照。
（9）東京の七分積金は東京会議所が管理運営し，瓦斯事業も創設・経営していた。明治5年8月〜9年5月の収入143.3万円，支出105.7万円である。東京都史紀要7『七分積金』（東京都，昭和35年）。なお巻末の参考文献に記載しない引用文献については，出版社・年次を本文で記述する。
（10）神戸商法会議所は，県補助金・旧三井銀行建物の無償譲渡，旧貿易会所の売却代金6,000円を県に預託していたのを下付され，21年4月，会館を竣工している。村野山人を会頭，小寺泰次郎を副会頭で，ここに神戸経済界の本格的活動拠点となり，会員から建議・知事諮問への回答・経済活動の調停・経済情報の出版などを展開する。前掲「商工会議所百年史」55〜61頁，69〜76頁，86〜91頁参照。

金融機関開設と製造業創業

　明治5（1872）年11月，国立銀行条例が公布され，地域資本による金融再編成が奨励されたが，神戸では地元資本より，外部の支店の設置が目立った。明治9年第一国立銀行支店，三井組支店，11年第百五銀行支店，鳥取の第六五国立銀行本店，13年横浜正金銀行支店，第五八銀行支店，第三八銀行支店が開設された。

　地元銀行としては，明治11年4月認可の第七三銀行（本店兵庫出在家町）を，北風・神田らが設立したが，18年に本店を大阪に移してしまった。神戸では地元銀行の成熟は，大きく遅れた。

　たとえば「横浜の第二国立銀行のような貿易金融をになう銀行はいまだ姿をあらわしていない」だけでなく，7年の神田銀行（兵庫北仲町）が，地元銀行として開設されているが，やがて破産し，神戸経済の弱さが露呈された。ただ11年11月創設の第六五銀行は，地元銀行として存続していった。

　製造業をみると，神戸が開港されても，企業が一斉に創設される土壌はなかった。工業ではまず明治2年アメリカ人・バルカン鉄工所，3年に金澤藩加州製鉄所（明治5年工部省買収）が創設されたが，これら2施設は，工部省が買上げ，16年には官営兵庫造船局となった。

　明治9年にアメリカ人ウォルシュ・製紙会社（明治5年・日本ロンドン製紙会社

設立），11年にイギリス人キルビー・鉄製造船所（明治17年；海軍省小野浜造船所）の創設をみたが，経営はきびしかった。工業創設では外国人の活躍が目立ったが，神戸人口にしめる比率は少ないが，この外国人のエネルギーが，神戸経済の起爆剤になった。

ともあれ居留地外国人が，貿易・文化のみでなく，製造業の分野にあっても，起業家精神で創業リスクを負担し，新産業をつくりだしていった。しかし，居留地企業の多くが，買収・廃業の苦難の運命をたどっており，国有化・財閥吸収などで，かろうじて存続していたが，創業者の手から離れていった。

一方，官営企業も経営的に行き詰り，たとえば「官営兵庫造船局」は，19年4月，川崎正蔵に払い下げられた。

明治10年代になると，マッチ工業が発達するが，その契機となったのは，貿易五厘金による兵庫監獄での囚人による生産であった。以後，民間事業として普及していくが，手軽な授産産業として，士族救済施策としても利用されていった。

マッチ産業は，大規模化・機械化によって，余剰労働力が発生したが，やがてゴム工業が吸収して，さらに紡績工業が発達し雇用も増大していった。これら労働集約型産業が，農村の過剰人口を，神戸に呼び込む誘因となった。

このように新産業の創出によって，神戸経済は成長していったが，変動は激しく，明治前期の不況に見舞われる。さいわい，10年の西南戦争という外部要因で息を吹き返すが，14年の松方デフレで打撃をうけ，市民のみでなく企業も苦難を強いられた。

注
（1）神戸における地元金融資本の欠落については，「兵庫県下をみわたしても，国立銀行ならびに私立銀行がかなり多数，地元の資本によって設立されているのときわめて対照的であった」（前掲「開港百年史港勢編」64頁）と，特記されている。原因は「各地の国立銀行は旧城下町の旧華士族の金録公債証書などをもとにして設立せられたもの，あるいは地方の富豪の出資によるものが少なくない」（同前64頁）が，神戸では発展途上にあり，都市経済の成長に，地域資本が追いつくことができなかった。
（2）前掲「商工会議所百年史」67頁。
（3）神田銀行は明治7年の創設であるが，従来から関係のあった，姫路より資金提供

をうけて設立する予定で，成立を見越して，多額の融資をしていたため，破産となった。しかし，神田兵右衛門は銀行を十分に管理していなかった。経営実態は，「行員中不正な野心家の乗ずる所となり，頗る放漫な貸出を行っていた」と，あまりにも杜撰な経営であった。（和久松洞『松雲神田翁』237・238頁参照，以下，和久・前掲「神田翁」）なお明治前期の企業創設・廃止・統合については，新修神戸市史編集委員会『新修神戸市史経済編Ⅱ第2次産業』249～260頁参照，以下，前掲「市史経済編Ⅱ」。新修神戸市史編集委員会『新修神戸市史経済編Ⅳ総論』37～57頁参照，以下，前掲「市史経済編Ⅳ」。

（4）居留地外国人の製造業創設について，キルビーは明治元年に横浜から神戸に移住し，貿易商を経営していたが，共同で小野浜に神戸造船所を開設した。木鉄混成の汽船数隻を建造したが，この経営はうまくいかず，解散している。11年に独力で経営し，鉄製汽船を我が国ではじめて製造するが，経営は順調にいかず16年自殺し，数奇な生涯を閉じた。なお同造船所は28年まで小野浜海軍造船所として運営された。製紙会社はウォルシュ兄弟が創設した。明治元年には神戸に進出し，貿易商を営んでいたが，明治8年に工場建設許可をえたが，建設費が膨らんだので，三菱の援助で，11年から操業を開始した。王子製紙につぐ全国2位の生産額であった。しかし，30年弟が突然死したので，翌年兄は三菱に工場を売却し，帰国している。比較的順調にいったのが，ハンター（E・H・Hunter）で明治14年大阪鉄工所を開設し，今日の日立造船所となっている。ハンターは大正7（1917）年死去したが，重要文化財であるハンター邸は，彼の住居であった。このように外国人の企業経営は数奇な運命をたどっていった。くわしくは天野健次「神戸居留地と在留外国人」『歴史と神戸』117号，1983年4月。249～261頁参照，以下，前掲「市史経済編Ⅱ」249～261頁参照。前掲「神戸市史・産業経済編Ⅳ」436～439頁参照。前掲「兵庫県史Ⅴ」853～855頁参照。

（5）外国人の在神数は，明治3年ごろでは欧米人約200人，清国人約300人といわれ，11年では約1,000人以上で，イギリス人230人，アメリカ人53人，ドイツ人50人，オランダ人26人で，清国人619人でその他である。前掲「開港百年史港勢編」46頁参照。

（6）官営兵庫造船所は，工部省が81万6,139円で構築したものであるが，明治13年55万3,660円で，払下方針となったが，適格者がなく，中止となった。19年に再度，払下げとなり，競争者もいたが川崎正蔵が先願者として，貸付条件，50年賦，30万円で貸付をうけた。しかし，20年7月6日，年賦方式では施設改善などで，農商務省の許可が必要であり，払下げを申請し，当時の「1割利引計算」で5万9,237円の一括払下げで，川崎正蔵の所有となった。ただ同船所が，そのまま収益企業となったのでなく，川崎正蔵のなみなみならぬ辛苦の経営改善があった。川崎製鉄株式会社史編纂委員会編『川崎製鉄50年史』（平成12年，川崎製鉄）2～6頁参照。

貿易拡大と港湾関連産業

　神戸港の貿易額（表1参照）をみると，明治元年の輸出44万9,388円，輸入68

万7,552円の合計113万6,940円に過ぎなく,「明治初年神戸の貿易は横浜の隆盛に比し難く,明治元年全国輸出額中神戸は3分,横浜8割6分,輸入にありては神戸は総額の6分,横浜は7割2分を占め」と,圧倒的な格差があった。

輸出品は,日本茶と生糸であったが,生糸は横浜が独占していたが,お茶では神戸が優位にあった。神戸がお茶の輸出門戸となったのは,イギリス人・グルームが,2年に再生工場をつくったので,これまでは横浜港へ搬送していたが,その必要性がなくなったからである。

その後,貿易額は,明治前期,横浜港との対比でも,順調に増加していった。もっとも貿易額は経済の影響を受けやすく,表1をみても,大きく変動している。ただ神戸港は,貿易額からみても輸入港であった。

明治10年代だけは輸入・輸出は均衡していたが,明治初期,20年以降は大正・昭和期も,ずっと輸入が輸出を上回っていた。明治前期の輸出品目は,第2次産業の生産物でなく,第1次産業の加工品である生糸・お茶などで,輸入品をみても,機械などの生産施設でなく,消費財の織物類が主流であった。

貿易は外国商館によって行われ,日本の貿易商は売込・取引・仲継などであった。明治15(1882)年頃から有力貿易商がみられ,資力3万円以上は36業者で,7年鈴木岩治郎の鈴木商店が創設される。製茶輸出の山本亀太郎・池田貫兵衛も,10年代に活躍した貿易商である。

その後,貿易商社兼松(22年)・田村(24年)・湯浅(34年)などが創業される。なお倉庫業は,明治16年に大阪倉庫が兵庫支店を開設したのが始まりで,17年

表1　明治前期神戸港・横浜港貿易額(輸出輸入額合計)　(単位:千円,%)

区分	全国		神戸港		横浜港		その他	
	金額	割合	金額	割合	金額	割合	金額	割合
明6	49,742	100.00	8,441	16.97	35,436	71.24	5,865	11.79
8	48,586	100.00	8,707	17.92	35,510	73.09	4,369	8.99
10	50,769	100.00	8,914	17.55	36,945	72.77	4,916	9.68
13	65,021	100.00	13,502	20.73	45,308	69.73	6,211	9.54
15	67,168	100.00	12,893	19.20	47,279	70.39	6,996	10.41
18	66,503	100.00	14,839	22.31	43,229	65.01	8,435	12.68
20	96,711	100.00	26,624	27.53	60,950	63.02	9,137	9.45

資料　神戸市港湾局『神戸開港百年史:港勢編』955頁。横浜市港湾局『横浜港史:資料編』435頁。

神戸桟橋合本会社が私設上屋，23年和田倉庫が石油倉庫を建設するが，本格的設置は25年以降である。

　明治前期の主要企業は，製造業では，貿易・生活関連会社が多く，企業化されていないが，『豪商神兵湊の魁』（明治15年11月）をみると，神戸のみでなく兵庫にも多くの事業活動がみられる。そのなかから将来の神戸基幹産業となる企業が誕生していく，18・19年には一気に多くの会社設立をみている。[5]

注
（1）前掲「市史本編各説」14頁。
（2）横浜港とは明治6年で1対4.2と4倍以上の格差があったが，20年では1対2.3倍と縮小したが，2倍以上の差があった。しかし，その後神戸貿易額は，6年対20年では全国比で10.56ポイント上昇し，横浜港等と比較でも，18.78ポイントも差を縮めている。神戸港が横浜港と並ぶのは，明治30年代になってからである。
（3）神戸港の貿易額は3年745万円，4年578万円，5年707万円と順調に伸びている。しかし，6年844万円，10年892万円と伸びは鈍化するが，11年1,253万円と前年度比40.6％の伸びを記録する。しかし，16年1,296万円と低迷したままであるが，19年1,943万円，20年2,623万円，21年4,297万円と，16～21年の6年間に3.32倍と，驚異的成長を遂げる。神戸市誕生は，まさにこの貿易力を経済牽引として成長していった。
（4）輸入超過の原因として，「主要物産たる生糸の輸出は，単に横浜港のみに行はれ，関西地方の産出に係るものと雖も皆横浜に運搬され，神戸港より輸出する者極めて微少なり」（村田誠治『神戸開港30年史下巻』14頁，以下，村田・前掲「開港30年史下」）といわれている。その後も神戸港が輸入超過港であるのは，関西の主要産業の紡績業が，原料を外国に依存したが，国内消費も多く，全部が輸出されたわけでないからである。
（5）明治15年までに主要企業は，大路茶箱工場（明治3年創業，28年資本金1.5万円），鳴行社（明治12年，石鹸製造業・資本金1.5万円），清燧社（明治14年5月，燐寸製造，28年資本金1.5万円）井上組（明治14年7月，油類販売，28年資本金1.6万円），兵庫船渠（明治15年3月，船舶修繕，資本金5万円），神戸船橋（明治15年3月，資本金2.5万円）が目立つ会社である。しかし，16年神戸桟橋（資本金15万円），19年川崎造船所（15万円），20年日本精米（50万円），神栄（15万円），盛航（30万円），神戸電燈（20万円）など，資本金は増加している。同前127～136頁参照。

人口区域増大と市民生活

　地域社会の情勢をみると，開港当時の神戸は，兵庫はもちろん神戸も純然たる農村でなかったが，その後の人口増加（表2参照）は，神戸地区は，目を見張る成長をとげていった。[1]

　まず人口動向は，開港という経済的なインパクトが，人口増加を加速させて

いった。神戸区は，神戸・兵庫からなり，神戸地区は，一寒村といわれるが，元年の神戸地区の戸数は，神戸500戸・二ッ茶屋300戸・走村140戸の3村合計940戸で，西国街道沿いの1,000戸に達する農漁村であった。

　推計人口3,619人であるが，当時，町村の平均人口は500人前後で，神戸は大規模町村であった。兵庫は，商港として人口集積地であり，元年の兵庫地区は戸数5,902戸，人口2万3,712人となる。明治元年兵庫・神戸の合計人口は，2万7,331人であるが，兵庫は神戸の6.55倍の人口であった(2)。

　その後の人口動向は，明治元年人口2万7,331人，6年4万940人と49.9%増と大きく伸びているが，6～11年の5年間で14.6%とわずかの伸びで，経済停滞の影響ともいえ，実際，貿易額は横ばいであった。年間増加率は変動があるが，11・12年は三新法の神戸区誕生で区域拡大があった。22年も神戸市誕生での増加である。ともあれ6～23年で3.32倍の増加であった。

　つぎに行政区域をみると，明治11（1878）年，三新法の郡区町村編制法で，12年1月8日，神戸・兵庫・坂本村が，合併して神戸区に一体化され，周辺町村を編入しながら，神戸の求心力を強めていった。

　しかし，神戸区は，「開庁当初，書記，雇，筆生などを合せて20人を超えず，3戸長役場合せても80余人であった(3)」ので，行政能力は認められるにしても，財政力は2・3万円で，都市整備をするだけの財政力はなかった。

　明治12（1878）年の神戸区設置以前の市街化の状況は，兵庫はもちろん神戸も，純然たる農村ではなかった(4)。しかし，市街地化が進むのは，明治11年の区制以後で，加納宗七が造成した加納町に，ようやく都市化の波が及びつつあっ

表2　明治前期神戸兵庫地区人口の推移　　　　　　　　　　（単位：人）

区分	人口	指数	増加率	区分	人口	指数	増加率	区分	人口	指数	増加率
明6	40,940	100	―	明12	56,790	139	21.06	明18	78,252	191	10.72
7	39,517	97	△3.46	13	57,433	140	1.13	19	97,148	237	24.15
8	40,170	98	1.65	14	60,203	147	4.82	20	102,841	251	5.11
9	46,954	115	16.89	15	62,413	152	3.66	21	103,979	254	1.10
10	51,544	126	9.78	16	62,405	152	0.01	22	134,704	335	31.73
11	46,910	115	△8.99	17	70,675	173	13.24	23	136,012	332	-0.70

資料　神戸市水道局『神戸市水道70年史』8頁。

た。[5]

　市民生活をみると，人口は10年代後半から急増するが，農村からの貧困層であり，都市労働者の低賃金・都市スラムの培養となった。[6]この間，経済をささえた庶民の生活水準をみると，賃金はマッチ女工で日給10銭前後，米価1升6〜7銭であった。[7]

　しかし，大量の貧困層の流入と滞留は，明治19（1886）年の『民心向背景況調』は，「十中ノ七八ハ貧民ナリ」と記述しており，都市における社会問題となったが，解決能力は，都市自治体にはなかった。[8]

　しかも貧民層は，米価騰貴と生計難，疫病流行と住宅難に脅かされたが，公的救済はほとんどなされず，支配層の義捐金による施米によって，辛うじて露命をつなぐ窮状にあった。米価と同様に地価も上昇がみられた。地租改正（明7～11年）で地価査定がされたが，神戸の地価水準は，兵庫の1.4倍であり，明治10年代，地価の本格的上昇がみられた。[9]

注
（1）神戸の状況は，「神戸村の如き其鯉川以東はには殆ど人家なかりしが，……居留地設定ありてより，市街地は稍々東方に延び，……仲町部に於いても湊川神社以南は概ね市街地となって，茲に兵庫・神戸の接続を見るに至れり」（前掲「市史本編各説」139頁）と，徐々に市街地化が進んでいった。しかし，「北方への膨張は頗る遲々たりし……此方面の光景の未だ村落状態を脱せざりし」（同前139・140頁）といわれている。明治6年当時の「生田川埋立によりて生じたる加納町の如きも雑草の茂るに任せしは怪しむにたらず」（同前140頁）といわれ，加納宗七が折角整備したが，市街地として地価上昇にはいたっていない。
（2）同前100頁参照。
（3）神戸市会事務局『神戸市会第1巻・明治編』13・14頁，以下，前掲「市会史明治編」。
（4）神戸地区について，「兵庫は明治維新以前久しく商港として栄え，神戸・二ッ茶屋・走水三村は海運業酒造業等を以て主なる生業となせし地方なれば，今の神戸市を成す地域の産業状態は古くより農よりも寧ろ商に傾きしことは明らか」（前掲「市史本編各説」1頁）といわれている。
（5）明治初期，「山手方面に人家の次第に増加せしのみならず，区の東部葺合村も亦漸く市街化する傾向ありし……久しく荒無に属せし三宮町・加納町方面にも人家漸く増加の傾向あり」（同前142・143頁）と，市街地化がひろがりつつあった。
（6）流入層の生活は，「明治15年ごろから地方農村における不景気の波が神戸・兵庫の地にも押し寄せ，家なく産もない労務者が町にあふれはじめた。日雇人夫になるも

の，女ならマッチ箱はりか茶焙など，その職にも限りがあって人口は年々ふくれていくものの，町のあちこちに細民街が形成されてきた」（神戸市水道局『神戸市水道70年史』8頁，以下，前掲「神戸市水道70年史」8頁）と描かれている。
（7）明治20年の職工日当は，大工上30銭，中25銭，下15銭，鍛冶上30銭，中20銭，下10銭，活版職上50銭，中25銭，下10銭であった。なお米1升6〜10銭であった。村田・前掲「開港30年史下」89頁参照。
（8）新修神戸市史編集委員会『新修神戸市史歴史編IV近代現代』66・67頁参照，以下，前掲「市史歴史編IV」。
（9）明治11年の兵庫宅地34万2,300坪，地価46万2,463円，1坪1.35円（1㎡0.41円），神戸宅地29万2,391坪，地価55万4,764円，1坪当1.90円（1㎡0.58円）で，神戸の地価評価総価格は兵庫の1.20倍，地価水準は1.41倍であった。第1等100坪平均地価，兵庫472円（1㎡1.43円），神戸2,300円（1㎡6.97円）で，神戸の地価は兵庫の4.87倍以上であった。最下等地100坪平均地価は，兵庫9.44円（1㎡2.86銭），神戸19.50円（1㎡5.91銭）であった。前掲「市史本編各説」319〜322頁参照。

神戸の成長と兵庫の衰退

　社会状況として無視できないのが，兵庫・神戸の関係で，両区は，政治・経済にあって協力・競争関係にあったが，相互の利点をいかして，神戸の総合力を高めていくのが理想であった。

　しかし，実際は兵庫は兵庫，神戸は神戸で対応していった。卑近な事例が神田兵右衛門が，新川運河建設で資金不足に陥ったが，救済の手を差しのべたのは，市域外御影の加納治郎右衛門であった。[1]

　もともと明治維新前は，この両地区は，地勢的にも湊川で遮られ，産業も異質であったので，地域としての一体感は乏しく，その後，神戸地区が開港で急成長すると，対立関係も深まっていった。

　両区の状況をみると，第1に，地勢的には，兵庫地区は，既成市街地の集積利益を利用できる利点があったが，致命的欠点は開発用地が乏しかった。さらに兵庫切戸町にあった県庁舎が，兵庫・神戸の中間である坂本村に移転し，神戸駅・湊川神社などが整備され，神戸が中心市街地を形成していった。

　明治7年には湊川に新町橋が新設され，順次，生田川・鯉川・宇治川・蟹川にも架橋がなされ，交通障害も次第に解消され，神戸の求心力が高まった。

　また公共事業の実施状況をみても，居留地・生田川付替事業など，道路・港

湾整備など大半は，神戸地区でなされていた。兵庫地区は，新川運河を神田兵右衛門が，民間デベロッパー方式で竣工し，積極的な地域づくりの意欲がみられたが，圧倒的に神戸地区への傾斜がみられた。それでも兵庫は，隠然たる勢力を有していた。⁽²⁾

第2に，兵庫・神戸の気風・気質の相違は否定できない。神戸の気風は概して革新的，兵庫の気風は概して保守的といわれている。⁽³⁾しかし，兵庫地区であっても，婿養子であるが，川西清兵衛などは実家の家業にこだわらず，産業資本家として飛躍していった。

兵庫は決して，時代の変化に保守的でなく，革新的な対応もみられたが，兵庫経済の凋落が，兵庫をして現状維持へと傾斜させていった。⁽⁴⁾しかし，兵庫は明治維新期，神戸開港にともなう混乱期，兵庫・神戸全体のため，人的・物的に尽力を惜しまなかった。

兵庫はこの立場を活かし，神戸を踏み台にして，新興都市神戸を牛耳る意欲が乏しく，神戸市長選出でも，神戸に市長の座をあっさりと譲っている。

第3に，神戸地区では，一攫千金を夢みて，移住者が多く，貪欲に利益を追求していった。さらに兵庫地区の行動的人材は，区域外に活躍の場をもとめて移住し，残された住民は，生活の安定を優先させていった。

そのため神戸・兵庫の格差は，明治12年の郡区町村編制法による区政実施では，「兵庫の神戸なりしもの，一転して神戸の兵庫たるに至れり」⁽⁵⁾と，逆転の様相を深めていった。そして兵庫退潮の象徴的出来事が，北風家の没落であった。

明治10～20年の兵庫は，問屋・銀行など起業活動などは活発であり，衰退地区でなく，兵庫の潜在的経済力は，神戸を上回っていた。『神戸開港30年史下巻』で，28年の会社・工場の兵庫・神戸立地状況（表3参照）が整理されているが，兵庫は，神戸と比較しても，遜色はなく，工場では大企業の進出が多くみられる。

第4に，兵庫没落を阻止するため，明治21年12月，神田兵右衛門らは，兵庫港を神戸港と同様の開港区とするため，涙ぐましい運動を展開した。⁽⁶⁾

兵庫港の水深はよく，倉庫3.5万㎡が立地し，荷役機能が発達しており，貿易港として十分な港湾である。従来，貿易港でないため，艀輸送のコスト・荷物

表3 明治28年末の産業経済界（兵庫・神戸）

区分			兵庫	神戸	合計	区分		兵庫	神戸	合計
商業	地元	株式	11	6	17	工場	50人以下	12	9	21
		合資	9	11	20		100人以上	17	5	22
		合名	2	5	7		200人以上	41	17	58
	支店	株式	2	6	8	銀行	国立	2	−	2
		合資	−	2	2		私立	5	3	8
		合名	1	3	4	法人合計	株式	17	16	33
工業		株式	4	4	8		合資	11	14	25
		合資	2	1	3		合名	3	9	12
		合名	−	1	1	合計		31	39	70

資料　村田誠治『神戸開港30年史下巻』172～183頁。
出典　落合重信「神戸の歴史6」『歴史と神戸』昭和51（1967）年1月，4頁。

の損失・繋留時間のロスなど，さまざまの不便が発生し，年間数万円の打撃であった。明治25（1892）年9月，勅令第77号を以って兵庫港を含む港域に，神戸港区域が拡大された。

　兵庫が損失を免れただけでなく，神戸港区域が拡大され，神戸港の狭隘を補う，一挙両得の措置として，神戸港活動に大きく寄与した。

　第5に，明治後期，兵庫運河開削・湊川付替工事もあり，工場進出によって，地域活性化がみられたが，遅すぎた回復策であった。[7]工場地区としての立地条件で，優位性を発揮できたが，神戸地区は3次産業の集積が一層，拍車がかかっていた。港域拡大にしても，すでに港湾関連事業も外部資本に浸食されていった。

　兵庫地区は，企業家としては，岸本豊太郎・川西清兵衛・小曾根喜一郎など輩出しており，人材が枯渇していたわけでない。また明治維新期，兵庫のリーダーであった，神田・北風にしても，明親館・商法会議所・銀行などを創設したが，古い兵庫の名望家は，思想的に尊王とか兵庫とかの呪縛から脱皮できず，神戸・兵庫を包摂するビジョンを描ききれなかった。

　結果として兵庫にこだわる土着資本家では，兵庫の地域活性すら諦めざるをえない状況にあった。兵庫運河をみても，兵庫資本はそっぽをむき，兵庫地区は兵庫に固執して，西神戸をまとめる視野をもてなかった。

注
（1）兵庫と神戸については，「兵庫と神戸とは明治の初年行政上尚ほ分離を持し，民情亦融和を欠く所なきにあらざりし如く」（前掲「市史本編総説」146頁）といわれ，神戸が兵庫を救済することは期待できないが，兵庫は神田すらも見殺しにする偏狭性が支配していた。
（2）兵庫の経済力について「兵庫は概して神戸に圧倒せらるる傾向ありしかども実力ある人物は神戸よりも寧ろ兵庫に多かりしが如きは，これ蓋し積勢の侮りがたきのありて，而も新勢力未だ起らざればなるべし」（同前146頁）といわれている。実際，明治10年代は兵庫に立地する企業は少なくなかった
（3）神戸の気風については，「新来の移住民は，各自故郷を棄てて新運命を求めんとして来る者なり，冒険を恐れず，苦労も辞せざる気力ある者と認めざるべからず，…彼等の欲望は銭あるのみ，名誉の如きは問ふ所にあらず，而して燃ゆるが如き貨殖の希望を存す」（村田・前掲「開港30年史下」308頁）と酷評されている。兵庫の気風について，「滔々たる世の風潮に乗じ，新社会の境遇に乗り出さしめんと欲して率先尽力する者あるに拘はらず，彼等の多くは…既に資力あり，地位あり，名望ありて，所謂檀那衆と崇められるるものは，冒険の地に立て進取の気力を鼓し，新運命を求むるの必要を感ぜざるなり」（同前310頁）と，その衰退の気風が指摘されている。
（4）兵庫経済は，「明治維新後，肥料（干鰯）交易の衰退とも重なって，外国貿易の拠点神戸に対する，兵庫の経済的劣勢は覆うべくもなかった。近代都市神戸の市街地形成の中心は居留地へと移っていった」（前掲「市史歴史編Ⅳ」20頁）ので，兵庫の焦り・神戸への妬みが培養されていった。
（5）前掲「市史本編総説」194頁。
（6）地区あげて，「精密なる兵庫港現状調査書を提出して港域拡張の利あるを説き，或は兵庫区会の税関敷地に必要な地所及び家屋の寄付を議決するあり，或は米商組合の500円寄付」（前掲「市史本編各説」151頁）といった，地域をあげての陳情を展開した。
（7）神田・北風が，資産を浪費することなく，企業家精神でもって，明治9年，新川運河竣功と同時に兵庫運河を完成させておれば，兵庫が産業集積地となり，兵庫・神戸は二眼レフ的経済構造を構成し，兵庫の繁栄を維持していたであろう。

2　地方制度の定着と都市整備への圧力

　都市づくりを進める行政制度は，どうであったか。開港時，朝令暮改を繰り返したが，試行錯誤をへて，明治初期，まず府県制が整備され，権限・財源ともに充実していった。それが都市づくりにどう活かされるか，兵庫県の行政手腕が試された。

府県制確立と開発主導性

　明治維新期の府県制度は，神戸では兵庫鎮台（慶應4年1月22日），兵庫裁判所（慶應4年2月2日），兵庫県（5月23日）と変化するが，地域は摂津4郡で，伊藤俊輔が，初代兵庫県知事となった[1]。

　明治4（1871）年の廃藩置県で兵庫県が成立し，地域は神戸地域に加えて，尼崎・三田市などが追加された。なお9（1876）年には姫路・豊岡・名東（淡路）を吸収し，現在の県域となる。

　その後の知事（県令）は短期赴任で，7代県令神田孝平（たかひら）（明治4年11月～9年9月）が，6年間在職した。神田孝平は，地租改正の提案者として有名であり，知事としても開明的で，民会創設などを奨励し，行政施策での功績が有名である。

　都市づくりにあっても，マーシャルに神戸築港案作成を命じるなど，意欲をしめしている。神田兵右衛門の要請にこたえ，県預かりの地域共益金の貸出しを認め，新川運河建設へのインセンティブとなっている。

　実際，新川運河・第1次山手新道・仲町部整備・栄町通など，多くの事業が施行された。当時のイギリス領事館員であったジョン・カーリー・ホールが，「神田氏こそ，真に近代都市神戸の基盤をつくり上げた人である」[2]と，高く評価している。実際，外国事情にくわしい関戸由義（よりよし）を登用し，明治初期の街区・道路整備を担当させたのも神田ではないか[3]。

　8代知事（権令）は，森岡昌純（明治9年9月～18年4月）で，在位9年と長い。官民融合の地域結社（交詢社）が設立されると，「都市行政に強力なリーダーシップを打ち立てるために重視した」[4]が，明治14（1881）年の政変で，交詢社の運動も政治色を強めていったので，官治的統制をベースとした，県政の強化をめざした[5]。

　9代知事（県令）内海忠勝は，明治18（1885）年4月から22（1889）年12月まで，兵庫県政の基礎固めに努めた。13代知事は服部一三で，33（1900）年10月から大正5（1916）年4月まで，明治後期から大正初期の15年間の長きにわたり在任した。

　留学の経験，教育者としての実績（現東京大学法・理・文科各大学総理），文部省学務局長，岩手・広島・長崎県知事を歴任している。「雄県兵庫の基礎はかれ

によって築かれた」といわれている。しかし，歴代兵庫県知事は，神戸港整備では，横浜港にリードされ，神戸築港は大きく遅れた。

　明治前期の状況をみると，ともあれ都市づくりの主体は，市制町村制以後も，30年までは，兵庫県が主導性を発揮しており，民間デベロッパーも，経済力は大きくない。県庁のみが，事業遂行能力をもっていた。

　第1の課題として，兵庫県主導の都市づくりの理由をみてみる。第1に，事務事業の能力である。技術系職員に加えて，神田孝平・関戸由義などをみても，海外情報にくわしい官僚が存在していた。

　第2に，権限の大きさである。今日と同様に中央統制は，府県経由方式であり，政府・県が指導・監督して実施された。民間デベロッパーといっても，県の行政規則・指導に沿って行われており，しかも行政許認可で担保されていた。

　第3に，財源の大きさである。明治16年度兵庫県の県税67.9万円，歳出77.0万円であり，歳計外財源として娼妓等賦金（遊女・遊郭賦課金），政府国庫金（県庁費支弁費），貿易五厘金（貿易関係特定財源）など，多彩といえる収入源を保有していた。ちなみに16年度神戸区税2.8万円，歳出2.9万円に過ぎない。

注
（1）伊藤知事は，2年4月に免じられているが，2代目久我県令を補佐するよう命じられて，2年6月23日まで神戸に留任している。着任以前にも神戸事件を処理しているが，県在任中は，居留地建設・県庁新築など，さまざまの事績を残している。
（2）堀博・小出石史郎共訳『ジャパン・クロニクル紙・神戸外国人居留地』247頁。
（3）神田孝平については，兵庫県教育委員会『郷土百人の先覚者』3〜9頁参照，以下，前掲「郷土の先覚者」。なお服部一三については，同前9〜13頁参照。
（4）前掲「市史歴史編Ⅳ」56頁。
（5）交詢社の運動が期待されたのは，いたずらに民力休養をかかげることなく，高福祉高負担論を支持し，「商工業者達の『恒産』を政治的な条件にし，議会政治の安定した基礎を確立しようとしていた」（同前61頁）からである。しかし，明治14年の政変は，穏健な経済振興でなく，過激な政治活動へと変貌していったので，県など官憲は対抗上，弾圧施策を導入していき，不毛の「政治の季節」を迎えたのである。
（6）前掲「郷土の先覚者」10頁。
（7）神戸築港は，明治20年代，横浜港とともに神戸港も補助対象と考えられていたが，神戸サイドからの行政陳情・政治工作もなく，横浜港のみに財源は全額充当され，神戸港は絶好のチャンスを逸してしまう。

都市成長プロジェクトの欠落

　第2の課題として，明治前期の県主導都市づくりの実績をみると，兵庫県は，権限・財源を活用し，拠点開発，街路・街区整備事業を遂行していった。しかし，神田県令以後は，むしろソフトの政治・社会・行政施策が主流となった。

　第1に，居留地は政府事業であるが，実質的には県が政府の命令を受けて，短期に造成し，さらに開港時にもっとも重要であった，都心形成を見事に成功させている。三宮駅開設もあり，兵庫・神戸間3.5kmの中間に，兵庫県庁・神戸病院などを設置し，都市中核地区を形成していった。

　第2に，街路整備にあって，栄町通（超過買収方式），海岸通（防災事業との併用工事），元町通（建築物新築制限）など，東西交通の改善を，巧みな手法で整備していった。これらの"行政の智恵"によって，安価な街路整備に成功している。

　第3に，明治前期，基盤整備は進んだが，政府事業の居留地創設は局地的であり，期待された神戸築港も挫折し，神戸経済を牽引する，開発プロジェクトが欠落していた。唯一の事業が新川運河開削で，県の支援で成功したが，神戸経済力を培養するだけの効果はなかった。結局，兵庫県は都市整備を，指導・監督したが，神戸の将来をみすえた，都市開発構想は提示できなかった。

　他都市の開発事情をみると，大阪では大阪府が，大阪築港をリーディング・プロジェクトとして，大阪港築港を提唱し，政府への陳情，府民への事業参加をよびかけていた。明治2年には，イギリス人ブラントン（R. H. Brunton）による築港計画（事業費124.4万円）を作成している。

　さらに築港費の調達のため，築港義社を明治6年に設立し，募金活動を行っている。この築港計画は挫折するが，その後も精力的に運動を展開し，神戸築港より10年早く，市営港として築港を軌道にのせている[1]。

　東京は明治22年東京市区改正事業（事業費4,211万円）を実施するが，東京築港は，巨額の事業費で政府は敬遠し，補助金なき築港は東京市が毛嫌し，実施されなかった[2]。

　その背景には，東京は港湾に執着せずとも成長が見込めたが，大阪は港湾を都市経済成長の戦略要素とみなして，築港を遂行していった。

横浜では水道事業が，居留地外国人の圧力で，政府は100万円の建設融資をして，神奈川県が水道を明治18年に着工し，20年には竣功している。兵庫県も外国人の不満に便乗して，生田川付替工事などを実施しているが，災害多発の神戸港整備などのプロジェクトを認めさせる，好機を見いだしていくべきであった。

　特筆されるのは，京都府が琵琶湖疏水事業（事業費125.7万円）を明治23年に竣功させ，京都市繁栄の基礎を築いている。京都市は，疏水をテコに水道・電力・交通事業を手掛け，その事業収益で，都市整備をし，さらに外債で資金調達をし，いわゆる三大事業で，近代都市への経営基盤を拡充していった。

　神戸の状況をみると，神田孝平が，初代神戸港長イギリス人マーシャルに，神戸築港計画を命じ，明治6年10月，築港計画が提出されているが，財政難から大蔵省の認可がえられなかった。

　簡単に諦めることなく，神戸経済の牽引力として，神戸港整備計画を策定し，海面埋立・避難港・桟橋・荷揚場などを，国費と貿易五厘金を財源にして，個別事業でも，根気強く陳情し引き出すべきであった。

　固有事業として貿易五厘金を融資財源として，民間デベロッパーを誘導する施策を講じることもなかった。しかも収益事業である神戸桟橋は，大阪資本にゆずってしまっている。

　神戸に開発事業を手がける機運・実力・財源が，欠如していたのではない。その実証として，神田兵右衛門が新川運河（明治7〜9年）を開削し，西部への発展の糸口をつくり，しかも地域財源の蓄積に成功している。

　また加納宗七が加納湾を造成し，東部神戸港への発展の布石を打っていった。ところがその後の都市整備は，公共セクターが個別プロジェクトをまとめる，リーディングプロジェクトを欠いていたため，必ずしも活発でなかった。

　要するに公共セクターは，民間の事業申請を審査するだけの受動的姿勢に終始していた。兵庫運河・湊川付替といった，西神戸整備の一連の開発プロジェクトの事業化は大きく遅れた。神戸港整備をみても，明治6年（マーシャル築港案）から，明治40年の神戸港第1期築港実施までの"失われた35年"は，築港ビジョンもなく，神戸とって痛恨の空白であった。

注
（1）明治前期の大阪築港計画については，新修大阪市史編纂委員会『新修大阪市史第5巻』387～439頁参照，以下，前掲「大阪市史Ⅴ」。
（2）東京築港の経過については，高寄昇三『明治地方財政史第5巻』235～246頁参照，以下，高寄・前掲「明治地方財政史Ⅴ」。
（3）京都市の疏水事業は，明治16年，京都府県令北垣国道が，府庁下渡金15万円，上下京区共有恩賜産業基立金30万円，国庫補助金15万円の60万円で，運輸・灌漑・利水などの複合効果をめざすプロジェクトであった。23年，完成した最終的事業費は，125.7万円に膨らんでいたが，国庫下渡金5万円，市税増税23.2万円，市費負担3.4万円，市債20.5万円，産業基立金9.7万円増額などで補填している。疏水事業が完成する20年代には鉄道・電気が発達し，運河・水利・水車動力では経営が成り立たない状況となったので，水力発電に転用し，民営京都電燈への移管でなく，市営電気事業の電力とし，さらに市営電気軌道へと，経営戦略を展開し，疏水を京都市財政のドル箱とした。疏水は京都にとって，水道・灌漑・利水・衛生改善・産業振興・交通手段・エネルギー源と総合効果をもたらし，さらに京都市財政を潤すことになったである。京都市市政史編さん委員会『京都市政史第1巻』24～27頁，64～66頁，97～99頁参照，以下，前掲「京都市政史Ⅰ」。京都市『京都市政史下巻』28～51頁参照，以下，前掲「京都市政史下」。
（4）京都市は少ない市税を市債発行で補填し，23年度市税の15.37倍の疏水事業126万円という巨大プロジェクト，事業を完成させている。当時の京都府の都市整備ビジョン，事業実施能力は評価に値するであろう。高寄昇三『近代日本公営交通成立史』177・178頁参照，以下，高寄・前「公営交通史」。
（5）神田兵右衛門は各町を説得して，地元資金をもって新川運河の廃土で埋立て，町財産とした。その後，東川崎町では明治7年11月，工部省に一部を売却し3,000円を受領しているが，「原価の15倍の儲けになってゐる…そこで彼の借入金をも償却し其余は町有財産として，利殖の道を講ずることなったがのでありますが。幸いそれから後は実にトントン拍子の順調に進みまして」（和久・前掲「神田翁」61・62頁）区有財産は増殖されていった。そして19年4月には川崎造船所へ貸下，さらに翌20年11月には払下となり，「知らず識らず当町には茲に数十万円といふ巨額の財産が，全く夢のやうに積立てられた」（同前62頁）のである。36年1月，東川崎町は神田兵右衛門に感謝状を送っている。その一文は「納租ヲ恐レタルノ浜土モ忽チ巨万ノ価値ヲ有シテ其収益亦頗ル多ニ至レリ……之一ニ君ガ恩賜ニ職由セズンバアラズ」（同前65頁）と賛辞を表している。

三新法成立と神戸区の誕生

明治前期の民政は，旧慣踏襲を方針としたが，政府は人民掌握のため，旧町村を無視し，上位制度として，戸籍法が明治4（1871）年4月4日に公布され，戸籍区を設置した。しかし，行政実態にそぐわないため行政区への変遷をみ，

下部団体の町村は，区制のもとの戸長制として存続し続けた。

　明治11（1878）年に三新法（区町村編制法・府県会規則・地方税規則）が制定され，神戸では神戸区の誕生となり，官選の区長がおかれた。しかし，町村は"滅ぼし難き"地域として復活し，制度がかわっても，行政運営の仕組みはかわることはなかった。⁽¹⁾

　神戸区設置の経過をみると，第1に，開港地であった神戸地区は，元年11月，神戸・二ツ茶屋・走水3村が合併して神戸町になり，後の神戸市のルーツとなり，神戸が兵庫を吸収していく，求心力が培養されていった。

　明治5（1872）年の大区小区制が，戸籍法をもとに設置されたが，4年6月，兵庫・神戸は6区制となり，4年8月，最終的には10区に編成された。以後，区は統合・分割を繰り返す。⁽²⁾

　なお区のもとに従来の庄屋・名主・年寄を改称し，戸長制を採用し，明治11年には戸長は公選とされていたが，17年に府県県令の任命としたが，府県認可のもとでの公選をみとめた。⁽³⁾ また身分をみると，当初，戸長は平民とされたが，すぐに準官吏の身分に変更している。⁽⁴⁾

　第2に，地方制度としては，郡区町村編制法（明治11年7月22日，太政官布告第17号）で，兵庫県は明治12年1月8日，1区33郡となったが，区は神戸区で兵庫・神戸区は，坂本村を合併し，神戸区が誕生し，公選の区会が設置された。

　重要な点は，「ここにようやく神戸と兵庫とを空間的に連続させ，後の神戸市の原型になる行政単位が形成された」⁽⁵⁾ ことである。なお区の下には神戸・仲町・兵庫の戸長役場が設置され，地域の行政・戸籍など末端の行政を分担した。ここに3つの地域勢力図が，自然発生的に形成されていった。

　第3に，神戸区の行財政能力は貧弱で，明治11年末神戸区，人口4万6,910人は，立派な行政団体であったが，行財政力は，13年神戸区予算2.9万円，区長1，書記5名で，町村に毛が生えた程度であった。21年でも予算3.1万円，区長1名，書記10名，雇員39名，補役人2名の合計62名であるが，戸長役場の職員を吸収したからでないか。

　ところが神戸区財政は，この10年間，予算がほとんど伸びていないが，急激な市街地拡大にまったく無頓着であったことは驚くべきことであった。

財政的にみても，三新法で地方税といっても，府県税のことで，市町村は国税・府県税の付加税を課税できるだけであった。自己財源は民費といわれる，従来の地租・戸数割などに依存していた。

　第4に，区制となったが，官選区長で地域名望家でなく，専門官僚が任命された。初代区長武井正平（明治11～14年），村野山人（明治14～18年），渡辺弘（明治18年），鳴瀧幸恭(ゆきやす)（明治18～21年）であった。もっとも制度的には区制の下に戸長役場があり，戸長は名望家が公選されていた。

　なお最後の神戸区長であった鳴滝幸恭が，神戸市長となり，水道市長として名声を残すが，村野山人が神戸市長となっていれば，今少し積極的市政を展開し，案外，公営交通の創設を手がけていたかもしれない。

注
（1）明治初期の土木事業のシステムをみても，「神戸の土木事務は悉く兵庫県庁にて之を取扱ひ事大小となく大蔵省土木司大阪出張員の実地検分を経て，本省の許可を請ふを例とし，区戸長等は僅に副申を為すに止まりしが如し」（前掲「市史本編各説」438頁）といわれている。
（2）明治5年4月，太政官布告第117号（県達106号）によって，大区小区の戸籍区にかわって，行政区が設定され，兵庫・神戸市街地は，当初3区，ついで2区の兵庫・神戸区になった。神田孝平兵庫県令によって区会の設置が奨励された。町村は区のもとで戸長が，行政を管理運営していた。
（3）三新法下の町村については，亀卦川浩『明治地方制度の成立過程』64～78頁，以下，亀卦川・前掲「地方制度の成立過程」。
（4）前掲「市会史明治編」15頁参照。戸籍法下の市町村については，亀卦川・前掲「地方制度の成立過程」64～78頁参照。
（5）前掲「市史歴史編Ⅳ」18頁。

経済界と都市開発志向

　明治初期，有能な地域経済人の犠牲的活動がみられたが，民間経済は開発志向性を帯びてくると，次第に公共セクターへの基盤整備要望の姿勢を強めていった。第1の課題は，経済人の地域経済への対応である。

　第1に，健全な都市デベロッパーが成長せず，地元金融機関の資金力も弱体で，兵庫運河・湊川改修事業も，外部資本主導で遂行されていった。事業成果からみて，兵庫運河・湊川改修事業の成果は大きいが，兵庫運河は，完成後の

運河経営に熱意はなく,大正 8 年,已むなく神戸市が買収している。

湊川改修会社は,湊川公園用地を神戸市へ30万円で売りつけるなど,巨額の開発利益を確保すると,明治45年さっさと会社を解散している。神戸市にとって後味の悪い民間デベロッパー事業となった。

第 2 に,開発デベロッパーのみでなく,土地資本家の地価上昇利益は莫大で,街区整備(表 9 参照)をみても,明治前期,216haで 1 ㎡当り 2 円の開発利益で432万円,明治後期,444ha, 1 ㎡当り 5 円で2,220万円となる。土地資本家は,これら利益でもって,宅地分譲・住宅団地造成といった,良質の開発プロジェクトを手がけなかった。

第 3 に,神戸の地域資本は,内部蓄積が少なく,松方デフレによる不況で,大きな打撃をうけ,そのため公共投資による地域再生,そして地域活性化をめざした。『神戸又新日報』(明治19年 9 月10日〜10月10日)は,このような経済の意向をふまえて「神戸将来の事業」構想(表 4 参照)を打ち上げた。

その時代的背景について,条約改正もあり,都市の「文明度」を海外にしらしめるという強い要請があった(1)。そこには都市ぐるみの都市開発への企業家サイドの願望が,込められていたが,公私がまとまり,実現への処方箋が欠落していた。

第 2 の課題は,経済人が,開発・施設プロジェクトをかかげて,都市整備のシステム形成を,めざす動きは乏しかった。

第 1 に,兵庫県の動きをみても,政治色が強く,自由民権運動に対する防波堤として,民間人を啓発したのであって,都市整備の視点は欠落していた。経済界の動向をみると,神戸へ進出した起業家・事業家は,地域名望家のように,地域社会への貢献意識は乏しかった。

経済活動を通じて,地域社会の安定を確保し,政治的にリーダーシップの発

表 4 「神戸将来の事業」構想

| 市 区 改 正 商法会議所設立 商業学校拡張 | クラブ拡張 直輸出会社設立 湊川堤防取除 | 瓦斯燈設置 道路改良 測候所設置 | 会 堂 設 置 劇 場 改 良 物品展覧場設立 | 旅店新設 公園地設置 桟橋増設 |

資料 『神戸又新日報』明治19年 9 月10日〜10月10日
出典 新修神戸市史編集委員会『新修神戸市史歴史編Ⅳ・近代現代』68頁。

揮を期待する域にまで成熟していなかった。多くの経済人は，自己の経済的利益を追求する利権屋に過ぎなかった[2]。

　第2に，もっとも経済人の利己的要求を調整し，地域経済の成長につなげる，地域経済の統合をめざす動きがみられた。明治13年，官民融合の交詢社が創設されたが，官サイドの県令森岡昌純が期待したのは，高福祉高負担という行政を支える良識派の培養であった。

　しかし，民間サイドは，交詢社を母体として，経済活動として直接貿易をめざし，政治活動として民権運動をめざしたが，一方，県は経済的な「恒産」を，政治的「恒心」へ連動させて，政治の安定化を期した。

　しかし，明治14年の政変は，府県をしてかかる運動を毛嫌いして抑圧を加えていった。官民協調路線は破綻し，官主導の経済振興と民主導の利権追求の風土が，醸成されていった[3]。

　第3に，明治20年代前後，神戸にあって神戸倶楽部など，多くの民間団体が創設され，市政への関心・公共への意識が強調されたが，都市自治・都市経営の核心に迫る，政策形成への推進母体とはなりえなかった[4]。

　やがて資本家の動きは，都市開発における低負担・高サービスへと，要求を変質させていき，民力休養をも葬り去っていった[5]。その深層心理として，個別業界・地域への公共投資は，市全体の負担で，個別利益は大きく，特定負担は小さいといった思惑から，エゴ的欲求を肥大化させていった。

注
（1）これらの事業は，3分類されている。「兵庫と神戸の融和による『新生神戸』としての総力を結集するための事業である。…市区改正は，神戸の中心部に一大ビジネス・商業地を作ろうとするものものでり，湊川堤防取除きは，兵庫・神戸を物理的にも心理的にも分断していた天井川・湊川堤防の除去であり，商法会議所設立は，兵庫と神戸を一体化した会議所設立の必要性」（楠本利夫『増補国際都市神戸の系譜』172頁，以下，楠本・前掲「国際都市神戸」），を説いたものである。また神戸を真の『文明の都』とするための施策であり，「神戸を国際貿易・国際都市とするための基盤整備事業」（同前172頁）であった。なお個別事業の説明については，楠本・前掲「国際都市神戸」179〜205頁参照。
（2）この点について，「神戸の資本家達の実像は，目先の利益を得んがために，輸出商品である茶やマッチの粗製乱造に走り，また洋銀や米穀の投機的取引に狂奔するありさま」（前掲「市史歴史編Ⅳ」63頁）で，「こうした資本家層にはすでに『恒心』を

もって地域の民主主義を担い，地域社会に対して強力なリーダーシップをつくりだしていく力など」（同前64頁）はなく，地域意識も希薄であった。
（3）同前54〜62頁参照。（4）同前99〜103頁参照。
（5）またマスコミも，「『又新』は自由放任主義をモットーとする自由民権派でなく，明治14年以降の官僚主導型の保護主義的都市行政を支持する方向に傾いていった。………世論を背景に強力行政による公共投資の推進をはかる」（同前69頁）ために，伝統的共同体への回帰，公共心の培養を奨励していった。

3　都市づくりと地域社会の群像

神戸創生期には，都市づくりに地域名望家・民間デベロッパーなどの献身的努力がみられたが，資金不足もあり，私財を投入したが，事業収益をあげられず，多難な事業遂行となっている。かれらが示した地域への献身的努力は，崇高な犠牲的行為として，評価されるべきであるが，多くの地域名望家は，都市資本家として成熟することなく，都市化の荒波に翻弄され埋没していった。

地域貢献への評価基準

明治初期，地域名望家・都市資本家を抜きにしては，神戸の都市づくりは語れないが，どう評価するかである。事業収支とか叙勲・名声に惑わされることなく，事業遂行能力・成果と，事業経営環境などを総合した，社会貢献度が尺度となる。[1]

第1に，地域社会への貢献度・事業成果といっても，成功・失敗も外部環境に大きく左右されるので，結果がすべてではない。それでも民間ベースでは，失敗すれば，個人経営能力が問われるが，公共ベースでは，極論すれば事業収支が赤字でも，公共投資の外部効果（社会資本蓄積・防災環境・地域振興効果など）が大きな成果を生みだせれば，評価が決して低くない。

たとえば加納宗七・神田兵右衛門は，加納湾造成・新川運河開削で，事業収益をあげられなかったが，公共投資で生みだされた社会資産は莫大であり，事業の外部効果としての減災効果などの地域貢献度は大きい。一方，土地資本家として金満家となっても，それは個人ベースのメリットであり，社会貢献度と

は無関係である。

　第2に，一般行政では，単に行政機関の要職を歴任したことでなく，行政改革とか，地域振興とかの政策的成果が基準となる。山脇延吉のように農村再生・地域開発といった，具体的実績につながるような業績がなければ，単なる個人の出世欲の充足に過ぎない。

　網屋吉兵衛は資産を使い果たしたが，神戸開港への功績は絶大である。しかし，北風正造は，明治初期，用地を公益・公共施設に寄付したが，地域貢献という点では，新川・兵庫運河の資金としたほうが，効果は大きかったのではないか。

　第3に，戦前，地域名望家は，巨額の寄付金を惜しまなかったが，それは美徳であるが，必ずしも地域貢献と結び付かない。結果として地域社会に，どれだけ実績を残したかである。ことに寄付は，行政の怠慢・失政の尻拭いになりかねない。可能なかぎり，民間独自の地域貢献という自立的活動としての資金活用がのぞましい。

　要するに自己の資産・才能をどう活用したかで，政治・行政での役職のランクとか，また単なる収益額・資産高ではなく，開発・公益事業，寄付・献金，学校・美術館などさまざま分野での社会貢献の実績が評価基準となる。

注
（1）評価基準として皮相的ではなく，「事業の大小や金儲けのうまいことは一つの基準になるが，それだけでは目的のために手段を選ばないような人物を顕彰する羽目」（赤松・前掲「財界開拓者」177頁）になる。さりとて「善行や美徳を標準にすれば，苦労知らずに育って無気力な名家・豪商の末裔を，さも大事業家のように錯覚しなければならない」（同前177頁）ことになるので，事績にもとづくべきといわれている。

自己犠牲型の網屋吉兵衛

　都市づくりにおける，群像をみると多士済々であるが，類型化して論じてみる。第1に，網屋吉兵衛は自己犠牲型のタイプといえる。神戸開港前に船たで場を造成し，利用船舶の利便を図った。しかし，この苦難の事業によって，経済的利益を獲得し，また名望家として名誉をえたわけでない。

にもかかわらず網屋吉兵衛をして，事業に没頭させたのはなにか，地域社会の損失と難儀を見るに忍びなかった，地域貢献への心情であった。この網屋吉兵衛の地域愛と心意気こそ，地域貢献のルーツといえる[1]。

　網屋吉兵衛は，開港前に船たで場を，独力で築造をめざすが，ただこの三軒浜の据場築造は，すでに数人が試み失敗に終わっていた。網屋吉兵衛は隠居の身となると，愈々，実行に着手した。

　嘉永7（1854）年閏7月25日，村方役所に「新規船燎場取建願書」を提出し，幕府も9月1日に特許を与えた。吉兵衛72歳で，私財を投入し，3ヵ年をかけて難工事を遂行し，安政2（1855）年9月に完成をみている。

　しかし，個人で行なうにはもともと無理な事業であったため，私財は底をつき，負債は累積し破綻に瀕した[2]。神戸村は吉兵衛に同情し，負債を肩代わりし，窮地を救っている。しかし，神戸開港にともなって，船たで場は幕府に召しあげられ，東運上所の船入場となってしまった[3]。

　この船たで場の場所は，海軍操練所付近であり，神戸港が開港地として選定された要因の一つで，神戸開港の恩人といえる。

　吉兵衛は，明治2年9月5日，85歳の生涯を閉じるが，「虎は死して皮を留め，人は死して名を残す。網屋吉兵衛翁こそは死後に於いて始てその事業は効を奏し且つその名を挙げた者の一人であろう」[4]と，その生涯は讃えられている。なお第1突堤には，網屋吉兵衛の顕彰碑が設置されている[5]。

注
（1）網屋吉兵衛は，神戸・二ッ茶屋の出身で，丁稚奉公などをへて，呉服雑貨商を経営していたが，その商才・発明力は，きわめてすぐれ商売も栄えてその名声も高まっていった。しかし，丁稚のころから気になっていたのは，船底の貝殻を除去し，腐蝕を防ぐ船たで場が兵庫にはなく，讃岐・多度津の船据場までいく必要があった。海路遠隔の地だけでなく，潮の加減，風の状況などのため，半月以上の日時を空費することも珍しくなく，其の不便は筆舌に尽くしがたい状況にあった。網屋吉兵衛にとって，このような不便は耐え難い不合理なものと考え，家業には関係なく，その解決を丁稚奉公のときから調査していた。「満干を試査し，近傍海底の深浅を量り或は風浪の徴候を考へなど，船据置築造の事を練磨考究し，種々方策を立てて人に謀ったが容れられず」（蔭木種夫「神戸港構築の創設者・網屋吉兵衛」『歴史と神戸』第2号28頁，以下，蔭木・前掲「網屋吉兵衛」），時だけが空しくすぎていった。その後，家業のかたわらも，「据場築造の事は一日として忘れず，商ひの閑暇を盗んで，

只管その初心貫徹に邁進した」(同前28頁)のである。
（２）個人の資金では無理で,「翁の財産は蕩尽して,裸一貫となったのみならず,その空拳には負債をさえ握り赤貧の苦境に陥った」(同前31頁)が,勝海舟の知遇をえて,将軍家茂にも謁見する栄誉に浴した。網屋吉兵衛は,「単に神戸港の港湾施設の技術的先駆者であったばかりでなく,神戸港の良港なる事に関する知識の所有者,否その主張者としても先駆者であった事を知る」(同前34頁)べきと,その功績は讃えられている。
（３）網屋吉兵衛にとって,「村方の所有の頃は,まだ借財さえ返せば船据場は吉兵衛の手に戻って来ることになっていたが,今度は永遠に吉兵衛の手に戻る希望を断たれてしまった」(鳥居幸雄『神戸港1500年』170〜171頁,以下,鳥居・前掲「神戸港1500年」)のであり,吉兵衛も無念は察する余りある。
（４）蔭木・前掲「網屋吉兵衛」35頁。
（５）網屋吉兵衛については,神戸市『神戸市史本編別録Ⅰ』近世人物列伝43頁,以下,前掲「市史別録Ⅰ」。前掲「開港百年史港勢編」53頁参照。鳥居・前掲「神戸港1500年」159〜171頁参照。

地域献身型の北風正造

　北風正造は,地域名望家として地域のため家産を傾け献身した,悲劇の主人公で,明治維新期,混乱の兵庫・神戸にあって,個人財産を拠出し,新生神戸の礎となった(1)。

　幕末から維新にかけて,自からの使命として,尊王のため家産を蕩尽していった。「勤皇倒幕に費やした金は60万両にのぼる,という。しかも,穴倉２つの『百年除金』『別途除金』で,商売の金に手をつけなかった,というから財力は底知れない(2)」と,驚嘆されている。

　神戸駅・湊川神社・兵庫県庁などの,公共・公益施設の用地提供・寄付金など,私財を拠出していき,それが地域有力者の使命との自覚があった。さらにさまざまの役職に忙殺され,私財をいかす絶好の好機を逃している。地域社会への貢献度からみても,より効果の大きい施策・事業への資金を温存し,企業的名望家として脱皮していく転機に有ったが,変身をなしえなかった。

　時代のうねりは,兵庫の名家を放置しなかった,北風正造は明治11年に第七三国立銀行の創設,15年神戸船橋株式会社の設立と,企業活動へと参画する。しかし,資産を蓄積し,企業を起こし,地域デベロッパーとして活躍するという企業家意識よりも,資産の地域への散布を惜しまない,地域名望家としての行

為に満足していた。

　北風正造は，余りにも資産を政治とか地域に投入しすぎたが，家業の経営をめぐる，時代の変化は激しく，片手間で運営できる環境ではなくなっていた。地域名望家という責務だけを背負わされ，資産は目減りし，さらに新興企業に商圏を浸食されていった。

　明治10年代の不況によって，多くの事業破綻がみられ，北風家も例外でなかったが，北風家の信用が揺らぐと，倉庫業の商慣習は崩壊し，保管貨物引渡要求がひろがった。たまたま17年に手代の保管品流用という不祥事が露見し，北風家の信用は地に堕ちるが，手代個人の責任として処理された[3]。

　神田兵右衛門が救済に奔走し，一時は回復したが，一度，壊れた信用はもろく，ついに倒産にいたっている[4]。

　明治8年，盟友神田兵右衛門の新川運河への出資金も5,000円～1万円といったささやかな金額であり，新川運河で資金危機に陥ったとき，資金援助もしておらず，北風家に凋落がしのびよっていたのではないか。地域貢献も財力を政治に浪費してしまえば，事業遂行もできない悲哀を味わう羽目になる。

　後世からみると，神戸にとって勤皇運動などへ散財は，悔やみきれない行為であった。ある意味では変革期の犠牲者であった。そのため倒産の憂き目をみるが，商業資本家からの脱皮も，地域とのしがらみを断ち切れず，また資産家として近代経済のきびしさの洗礼を受けると，時代の変化に対応できなかった。

注

（1）北風正造は，神田兵右衛門とともに兵庫地区の名望家で，兵庫津の名主・富豪北風家の養子であるが，北風家は兵庫鍛冶屋町にて代々北国廻船の問屋として，米穀・肥料の販売を業としていた。兵庫の名主として湊川堤防の修築をてがけ，米穀金銭を貧民救済に拠出し，地域貢献に尽くした。しかし，倒幕運動がおこると，正造は宮家関係の出身で，勤皇思想が身に染みついており，地域名望家・企業経営者として生きることより，政治にのめり込んでいった。倒幕派に人的に支援するだけでなく，巨額の資金を提供し，家産を費やしてしまう。正造は，維新政府が成立すると，私兵「兵庫隊」を編成するなど，治安維持のため支出を余儀なくされている。さらに兵庫における地方機関の役職につき，慶応4年1月には兵庫事務所用達，3月民兵兵庫隊の司令官，会計裁判所御用掛，6月会計官商法司判事，10月政府通商・為替両社頭取に挙げられ，権大属に任ぜられる。その一方で，慶応4年，湊川神社創建を建議し，造営御用掛となる。兵庫における官庁の役職を歴任するが，次第に経

済界にも進出していく,明治7年新川運河に従事し,10年米商会所・73国立銀行を創立して頭取にあげられる。15年神戸製茶改良会社を設立し,神戸船橋会社を起業する。16年には正7位に叙せられる。しかし,北風家の家業は,次第に衰退をたどりつつあった。明治28年,62歳にて没する。「正造志大,産を傾けて之を国事に供せるを以て,家道後に全く衰へ,兵庫の為めに一名家を失ひしのみならず,遺族亦窮乏に苦あり」(前掲「神戸市史本編別録1」近世人物連絡列伝58頁)といわれているが,その悲運に同情が禁じえない。なお北風荘右衛門については,喜多善平「兵庫の北風家(一)(二)」『神戸と歴史』第39・45号(昭和44年12月,昭和45年12月)参照。
(2) 神戸新聞社・前掲「海鳴りやまずⅠ」31頁。
(3) 北風家の経営破綻の背景・経過については,村田・前掲「開港30年史下」317〜321頁参照。前掲「市史本編総説」166・167頁参照。
(4) 神田兵右衛門は,「北風家を倒すは兵庫の衰微を来す所以なればとて,県令神田孝平に謀りて救済の法を講じたるを以て同家も再び荷主の信用を恢復するを得たり」(同前166頁)と,兵右衛門の尽力がみられた。しかし,傾いた経営は回復することはなかった。

地域貢献型の神田兵右衛門

　明治維新期,北風正造と神田兵右衛門(こうだ)が,代表的地域名望家であったが,豊かな資産を活用して,土地・産業資本家へ転身することなく,名望家として地域に貢献を惜しまなかった。[(1)]

　それでも神田兵右衛門は,神田銀行の創設,山陽鉄道創設への参加など,金融・産業資本家への変身の兆しがみられたが,私財・身分をなげうって,資本家とならなかった。兵右衛門は,政治的野心・金銭的欲求はなく,「ただ祖先からの家柄と家産とを維持するだけで満足した」[(2)]と,その行動は低い評価がくだされている。

　しかし,神田兵右衛門は,地域貢献度という視点からは,高い賞賛をうけるべきである。それは兵右衛門は,明治前期の唯一ともいえる,民間デベロッパーをたちあげ,新川運河開削(7年2月着工・9年5月竣功)を成功に導いている。しかも付帯事業の埋立は,利益が見込まれたが地元町村の財産として処理する,地域社会への配慮をみせている。

　新川運河開削では,資金調達で塗炭の苦しみをなめるが,兵右衛門がみせた,調整力・説得力・忍耐力は卓抜しており,事業家としての飛躍も期待されたが,

家業の安泰を優先し，あえて冒険をしなかった。神戸市民・経済は，新川運河によって，大きなメリットをうけ，公共への貢献度をみたとき，利益追求型の産業資本家より，高い評価を与えられてしかるべきである。[3]

もっとも新川運河は，兵庫運河が完成しなければ，その利用価値は半減する，将来を期して事業収益を留保し，兵庫運河の起業化を図っていき，兵庫主導で兵庫運河を完成すべきであった。しかし，兵右衛門は，利益を内部留保するより，地域社会への還元を優先させ，民間デベロッパーへの転身をしなかった。

結果として兵庫運河は，林田地区主導で進められ，兵庫は傍観的立場を固持している。感情のもつれもあり，兵庫運河への参加はなかったが，兵右衛門自身，大量の貸家を騙しとられるなど，経済力低下も否定できない。

神田兵右衛門は，金融資本家としては，神田銀行を創設したが，破産の憂き目をみているし，産業資本家として競争社会に身をさらすには，前近代的商人の感覚が抜け切れていなかった。兵右衛門の悲運は，衰退する兵庫をささえる宿命を，背負わされたことである。

しかし，その生涯は「兵右衛門公事に従ふこと幕末より以来前後50余年，神戸市百般の施設一として其双肩に懸らざりしはなく，各種団体の成立亦彼の負ふ所尠しとせず，其議員として市会に立つこと市制実施の初期よりして其終焉に至り，其間は市会議長，或は市参事会員たり[4]」と，評価されている。

神田の生涯は，結局，地方名望家としての職責をまっとうし，名家を没落させることはなかった。神田兵右衛門は，新川運河建設をみても，産業資本家・デベロッパーの才能・素質を秘めていたが，名望家のしがらみをかなぐり捨て去り，転身する生き方を選択しなかっただけである。もっとも地域有力者として地主末正久左衛門のように，私的利益を追求することもなかった。

地域社会にあって，誰かが担わなければならない調整役に殉じた生き方を貫いた公益重視の生涯であった。大正10年，かれが逝去すると，神戸市は「市葬」で長年の功績に報いている。

注
（1）兵庫を基盤とする地域名望家である，神田兵右衛門も北風正造も，おなじような活動の軌跡がみられる。幕末，慶応3年4月，冥加金上納で苗字帯刀を許され，6

月，兵庫商社の世話役を命じられ，さらに兵庫運上所勤務となる。ついで明治2年3月兵庫県市政局下調役，同年同県出納役，さらに兵庫為替社頭取，兵庫県第2副区長などを歴任しているが，いずれも名誉職といわれている。その後，明治9年，兵庫米商会所副会頭，10年第37国立銀行取締役，11年兵庫商法会議所頭取，12年兵庫県会議員，22年神戸市会議長などをつとめている。さらに戊辰の役で廃藩の危機に見舞われた，姫路藩を倒幕派との斡旋の労をとり，奥州征討費15万両の献納で事なきを得ている。一方で地域への貢献としても，慶応4年6月，青年教化のため，明親館を創設し運営にあたる。施設の運営について，「官金5千両を借り受け，之を商家に貸与し，其利子を収めて経常月費を維持することとし，且つ県下の有志に説きて基金を募集し，益々学館の基礎を鞏固ならしむ」（前掲「神戸市史別録Ⅰ」60頁）と，素晴らしい経営センスをみせている。また明治5年5月18日，大暴風雨あり，兵庫港だけで500余隻の船舶が難破するが，従来，救済システムは近世以来の「浦仕舞金」であったが，「古来船舶の遭難ある毎に…船舶の大小と荷物の多寡とに応じて金銭を徴収するの不文法ありて，此時の得べき浦仕舞金は将に2万円にも上るべかるりしが，不幸なる船主より斯る金円を徴収するは情に於て忍び難きを以て，兵右衛門此弊風を除去せしむと欲し」（同前61・62頁）て，県令神田孝平に陳情し，兵庫地区では廃止にこぎつけている。維新期，政府・県も地元名望家に期待し，さまざまの事業を請けおいさせていった。兵庫という地域をみると，「北風などの土着資本は幕末すでに衰退してしまっており，他所者の系統は新興開港の神戸へ移ってしまった。僅かに残ったのは神田だけであったから，古い兵庫津の土着勢力はかれを看板に押し上げるほかない。そこに兵庫の保守性と神田兵右衛門の悲劇があったとみてよかろう。………昔ながらの地代・家賃に寄食する前近代的資本の典型として，その生涯を閉じた」（赤松・前掲「財界開拓者」183頁）と，その安全志向性の生き方に不満が示されている。

（2）赤松・前掲「財界開拓者」182頁。
（3）前掲「市史別録Ⅰ」60頁参照。（4）同前64頁。

土地投資型の小寺泰次郎

明治前期の土地資本家の代表的存在は，小寺泰次郎である。赤松啓介の『神戸財界開拓者伝』には，「宅地造成の先駆」として評価されている。しかし，自己所有地を宅地化した程度で，民間デベロッパーとして事業化した記録はない。明治維新期の混乱期に安価になった土地を買いあさり，巨額の利益を懐にした[1]。

この財力を背景に，神戸市会議員となり，鳴滝市長の選出を画策し，市政に隠然たる影響力を及ぼした。問題は政治家としては，神戸の都市づくりにどれほど貢献したかである。都市計画事業には熱意をもって，対応しているが，穿った見方をすれば，所有地の付加価値を画策した行為ともいえる[2]。

そのためか小寺泰次郎の評判は芳しくない。「自らは質素な生活をしていたが，どういうわけか，あくどい土地投機で大もうけした，と宣伝が行き渡り，かなりソンをしている」と同情されている。

　その背景には市議会の有力者であったが，市政改革・都市整備への貢献度が少ないという風評がある。しかも目立つのは市会における調整役としての暗躍であり，水道補助獲得運動における公費の浪費などで，評価を落としている。

　もっとも泰次郎が，不動産経営に終始したのは，「藩政時代の殖産興業政策の失敗を教訓にした」ため，リスク回避の志向性が強かったが，生涯の寄付は30万円を超え，明治33年の北清事変には10万円を寄付している。その「究極の目的は国家・社会のために散ずる」ためで，利殖目的でないと否定されている。

　大正2年の地租納税額で，小寺が1位1万5,135円，九鬼2位1万1,200円で，主従で「旧三田藩が神戸を占領してしまった」と騒がれているが，小寺泰次郎がどれほどの土地を所有していたか，「当時翁の全財産はこれを評価すれば百万円位」といわれている。

　大正元年の神戸市有租地宅地870.60万㎡，地租46万8,815円，1㎡5.38銭で，納税額から保有面積は，28万1,320㎡となる。その資産価値を推計すると，大正元年市平均実勢地価1㎡当り12.9円（表25参照）で，12.9円×28.13万㎡＝362.88万円で，大正元年の神戸市税96.6万円，歳入183.2万円であり，小寺泰次郎は神戸市税の約3.75倍に匹敵する資産を個人で保有していたことになる。

　問題は小寺泰次郎が，その財力で，どれほど地域に還元したかであるが，寄付金はかなり為したが，地域還元への貢献としては，民間デベロッパーとか，産業資本家・金融資本家の事業実績がより大きいが，ほとんどみられない。

　土地資産家として財をなしたのは，地域社会の都市投資の賜物であることを考えると，兵庫運河・湊川改修事業などへの参加は，決断すべきであったのではないか。なお三田中学設立は明治45年で，泰次郎没後のことである。学校創設は，彼の遺志でもあったが，事績の評価は，壮年期の事業・行為の成果がどれだけ，社会に貢献したかどうかであった。

注
（1）小寺泰次郎は三田藩の出で，領主九鬼とともに神戸開港後に神戸に移住し，安い

土地を買いあさり，巨利を博し，やがて地方議会にも進出している。明治初期の神戸は，開港したものの「居留地付近にわずかに家が建っているだけで，非常に寂しいものであった。明治政府も安定せず，一般の人たちは，土地を買うどころか，外人の來住を恐れて不動産を売り急いでいた」(西尾久之「小寺泰次郎」『歷史と神戸』昭和40年2月，26頁)，「地租改正が具体化してくると，資本蓄積期の特徴として比較的高率な税金をかけられたので，ますます地価が低落して売り急いだのである。そういう安い土地を，更にたたいて買い集めた」(赤松・前掲「財界開拓者」56頁)のである。結果として「先見，よく神戸港の将来を洞察し，広大な土地を買収し，遂に一代にして巨万の富をなし小寺大国を築いた」(小寺謙吉先生小伝委員会『小寺謙吉先生小伝』2頁，三田学園　昭和37年，以下，前掲「小寺謙吉」)のである。人物像については，「宅地造成の先駆」(赤松・前掲「財界開拓者」54～59頁)を参照。

(2) もっとも「都市計画に協力的であったことは事実である。長い目で見ると多少の犠牲を払っても都市計画に協力すれば，やがて地価の高騰でネギを背負って帰ってくるだろう」(赤松・前掲「財界開拓者」58頁)ことを十分に知り尽くしていたからであり，またそれに耐えられる豊富な資金を保有していた。具体的事例としては，市会議長の時，兵庫築島地区の道路拡幅事業について，幅員5間半の拡張工事で7間半を主張したが，自己所有地の値上がりを狙う利権的行為との謗りを受けたので，反対派を抑えるため，自己所有地を従前価格で，元の所有主に買い戻させている。また葺合新道開さく事業にあっては，自己の所有地1,600坪を無償提供している。さらに神戸区財産の管理・運営を委託されるや，山林を開拓し，溜池を埋立て，さらに区有地の貸付・転売し，財産額を飛躍的に増殖している。(田住豊四郎『現代兵庫県人物史』294頁参照，以下，田住・前掲「兵庫県人物史」)しかし，市家屋税改革反対の急先鋒であり，地価騰貴で利益を確保できたのは，当時の低い地租評価，譲渡所得課税もない，欠陥土地税制の恩恵を満喫できたからである。

(3) 神戸新聞『海鳴りやまずⅡ』102頁，以下，神戸新聞・前掲「海鳴りやまずⅡ」。
(4) 赤松・前掲「財界開拓者」58頁。
(5) 前掲「小寺謙吉」58頁。
(6) 赤松・前掲「財界開拓者」57頁。
(7) 前掲「小寺謙吉」3頁。

知識活用型の関戸由義

　関戸由義は，海外体験の知識を活用して，多方面に活躍し，異彩を放った魅力的人材であった。関戸由義が本領を発揮したのが，栄町通(5年7月着工・6年10月竣功)の建設で，新大道取開掛兼町会所掛を命じられ，公費を消費することなく，造成しており，その事業経営能力の卓抜さはきわだっている[1]。

　先行超過買収の資金は，公的資金をあてにせず，当時の為替会社から融資(36

万円）を引き出しているが，驚嘆に値する交渉術・説得力である。神田県令の知遇を得て，遺憾なくその手腕を発揮し，その実績は高く評価されている(2)。

関戸由義は，明治初期の道路設計に大きな影響をもたらし，加納宗七のフラワーロードも彼の示唆によるとされている。

もし関戸由義が，県官僚として神戸の都市づくりを生涯リードしていれば，経済メカニズムを活用し，神戸港のポートオーソリティとか公共デベロッパーとして，海面埋立事業を遂行し，事業財源を開発負担金・埋立賦課金などに求め，卓抜した都市経営を形成していったかもしれない。

また関戸由義は，明治3年6月に兵庫県少属として，貿易五厘金を事務担当となっているが，おそらく海外事情にくわしい，関戸由義の知識が求められたのあろう。

大阪商人が離脱しようとして，紛争となるが，関戸由義の調停で事なきをえている。この時，小野組との関係ができ，諏訪山一帯の買収なども，小野組との関係で動いたといわれている。実際，小野組の相談役となっている(3)。

関戸由義は，民間人としても多く事業に参加し，教育事業への貢献度も評価できるが，有り余る才能を浪費して，大きな事業実績を築くことなく終わっているが，その才能は惜しみも余りあるといえる。

山師のような行為も目立つが，三宮駅が設置されたのは，関戸が井上鉄道局長を説得した結果であり，この成果だけでも彼を顕彰すべき功績がある(4)。ただ関戸由義は「通常の官僚ではなく，利権屋的な動きを早くからみせていた(5)」といわれている。たとえば諏訪山入会地を花隈村などから，明治3年に購入し，8年に小野組に高値で売却するなど，土地ころがし的な動きもみられる。

関戸由義は「もとより明治初期の実業家として蓄財を目的に働いたのに違いないが……金儲けのみを追った人物でないことは明らかであり，……先進的な実業家の一人として，彼の活動はもっと注目され評価されるべき(6)」と擁護されている。実際，明治10（1877）年2月の神戸京都間鉄道開業式で祝辞を捧呈しており，経済人として重きをなしていたことの証しである。

もし関戸由義が，政治家・官僚・企業家・教育者など，いずれの分野でも，専念していれば，神戸の様相も変化していたといっても過言ではない。関戸由

義は明治21（1887）年，神戸北長狭通の自宅で，60歳の生涯を閉じているが，その活動に決して満足しなかったのではないか。すぐれた経営感覚と事業実施能力を，結実させられなかったことは，神戸にとっても大きな損失であった。

注
（1）栄町通を主導したのは関戸由義で，実像は謎につつまれた人物であるが，その能力は抜群で実績が立証している。県官吏の身分を有していたが，官庁ばなれした感覚で，栄町通の建設では，超過買取方式による開発利益の公的還元と零細地権者の合法的駆逐という，目的を同時に実現させている。しかし，有り余る才能を浪費して，社会的評価を受けることなく終わっているが，その才能は惜しみも余りあるといえる。関戸由義は福井藩江戸詰の藩士であったらしい。「商人としても大した根性と手腕をもっていたことからみて，素朴な越前あたりの地士，町人ではなさそうだ」（赤松・前掲「財界開拓者」519頁）といわれている。幕末，二束三文で骨董品を買い集め，アメリカまでいき，売り払い大儲けをしている。関戸由義は神戸にきて，鯉川筋に私塾「関山学校」を開き，英語・算数・漢文などを教えた。「ともかく目先の見えることは驚くほどで，この学校も明治16年6月に廃校するまで続いているから，相当の儲けはあった」（同前520頁）といわれている。城ヶ口墓地では，土地ころがしで大儲けするが，諏訪山開発では失敗し大損をしている。明治11年1月の神戸商法講習所に敷地を提供し，10年英和女学校に多額の寄付をしている。人物像については，「都市開発の先覚」（赤松・前掲「財界開拓者」505～514頁），松田裕之『港都神戸を造った男《住商》関戸由義の生涯』参照。
（2）『神戸市史』は，「道路市街の新設に関して専らその衝に当りしは県官関戸由義なり。由義嘗て米国桑港に赴き西洋都市の一斑を伺い知る。故に其計画に成れる道路は当時の人の以て広きに失すとなせるなれども，今日よりして之を見れば却りて彼の遠き慮ありしを思わしむ」（前掲「市史本編総説」133頁）と，その先見の明が賞賛されている。
（3）松田裕之「関戸由義事績考－神戸市街造成地の謎を追って－」『神戸学院大学経営学論集』第11巻第1号，2014年9月，224～225頁，以下，松田・前掲「関戸由義」。
（4）同前226頁参照。
（5）赤松・前掲「財界開拓者」520頁。（6）同前525頁。

デベロッパー型の加納宗七

　明治政府は，都市づくりにあって，地元の名主・庄屋などの地域名望家を多用したが，従来型の名望家からは，民間デベロッパーは誕生はなく，外来者のうちから，土木事業を請け負うだけでなく，自発的に民間デベロッパーへと成長していったのが，加納宗七であった。[1]

　生田川付替事業にともなう河川敷の払下げをうけて，今日の都心目抜き通の

フラワーロードを造成し，その貢献によって加納町と命名されているが，この事業はあくまで政府の下請け事業である。

民間デベロッパーとしては，明治7年10月，小野浜加納湾を造成し，避難港として利用料を徴収し，建設費を償還していく，事業経営方式を採用した。

この近代的な事業経営について，「神戸市民として新しい都市造成に参与したのであり，その着想といい，業績といい，古い兵庫町民の及ばぬものがあり，新しい近代的市民形成の一典型とみてよかろう」と評価されている。

しかし，事業効果は大きかったが，経営は苦しく，明治17年の海軍省買上で破綻を免れている。加納宗七は，事業収益を蓄積し，事業経営を拡大していくのでなく，ビジネスチャンスをとらえると，リスク覚悟で挑戦していく，冒険心が旺盛で，勘定だかい事業経営家ではなかった。

さらに故郷和歌山の紀の川改修事業を請け負い，その資金・拠点を分散させてしまった。その後，鉱山経営などで失敗して，余生を福祉活動などに捧げている。

もし加納宗七が，大阪の藤田伝三郎のように利益追求型の民間デベロッパーとして，徹底した行動をとっていれば，兵庫運河・湊川改修工事も，より円滑に竣工されていたであろう。

ただそれには加納宗七のデベロッパーとしての素質・才覚をいかす，地元金融資本の支援が不可欠であったが，小寺泰次郎・三井組には，そのような意図はなく，神田・北風にしても，加納宗七の面倒をみる経済的余力はなかった。

加納湾開発も大きな利益を生むことはなく，結果として加納宗七の個人的事業から民間デベロッパーへの企業的脱皮はなかった。加納宗七も，多くの明治維新期の経済人のように，近代的事業家として事業継続をするのでなく，こころの安らぎを求めた終末を遂げるのである。

注
（1）加納宗七は紀州藩の御用商人で，酒造業・回船業・材木業などを営んでいたが，明治維新後，神戸において土建業などを生業としていた。たまたま生田川付替工事に参加し，用地払下げをうけ，跡地整備をして，幅10間（18m）の道路を海岸まで貫通させ，東西には幅6間の道路5本を造成して，工事費3万円で13万7,700㎡の近代的市街地を形成した。明治4年5月の台風で，和船500隻，大型船7隻が破壊され，

加納宗七の持船も含まれていた。そのため明治6年7月から翌年10月にかけて，私財2万円で1万600㎡の小野浜湾を建設している。建設資金は利用料で償却するいう優れた方式で資金を回収している。赤松・前掲「財界開拓者」505～513頁参照。なぜその後の新川運河事業などに参画しなかったかである。加納宗七は，「神戸近郊と和歌山での鉱山事業に失敗し，港湾事業も不調を来していた頃から，社会事業への関心を強めて，土木普請業者から実業家へ脱皮しきれぬ自らの限界を悟ったこともあろう」（松田裕之『加納宗七伝』246頁，以下，松田・前掲「加納宗七」）といわれている。明治14年，雲中小学校への敷地寄贈（地価半額）・寄付金200円，布引滝道筋の桜植樹などである。「宗七の事業人生は，明治17年の小野浜船溜売却を以て終わった」（同前259頁）のであるが，神戸にとっては有能な民間デベロッパーを喪失したのは痛恨の極みであった。生田川付替跡地整備については，村田誠治『神戸開港30年史・上巻』434～438頁参照，以下，村田・前掲「開港30年史上」。高寄昇三『都市経営の戦略』245頁参照。以下，高寄・前掲「都市経営」。人物像については，「都市計画の先覚」（赤松・前掲「財界開拓者」515～525頁）を参照。
（2）赤松・前掲「財界開拓者」505～513頁。
（3）藤田伝三郎は，西南戦の軍用物資調達で巨利をえて，その後鉱山・鉄道などを経営するが，大日本土木会社を創設し，岡山県児島湾干拓事業など全国の開発事業に参加する。日本を代表する民間デベロッパーといえ，大阪湾を個人事業で施行すると豪語さえしていた。神戸が地元資本として，事業能力のある民間デベロッパーが成長しなかったため，外部資本に依存する開発事業となり，事業の遅滞・紛糾，そして少なからずの利益の喪失を被ったといえる。

プロモーター型の村野山人

　都市整備事業には計画立案し，事業認可を獲得し，事業効果を分析・啓発する，プランナー・コーディネーターが必要である。ことに明治期，新興都市神戸にあっても，官庁は非近代的な藩閥政府の支配下にあって，地域経済・都市づくりにあっても，許認可をはじめとする利権が渦巻いていた。

　そのため官庁と事業を橋渡し，地域振興・施設整備をお膳立てする，官庁・民間を媒介する人物が必要であった。

　実際，村野山人の生涯をみると，民営山陽鉄道の創設・運営をはじめ，明治27年豊州鉄道，29年阪鶴鉄道，30年門司鉄道，31年摂津鉄道，38年南海鉄道，39年京阪電気鉄道，40年神戸電気鉄道，42年浪速鉄道など，多くの鉄道会社の創立発起人・重役・社長として，創業・経営に参画して，「鉄道翁」として名を残している。[1]

その評価は,「彼は自ら資本を投じて鉄道を経営したのでなく,財閥の代弁者として経営に参画したので,いわば三井の雇われ重役として東奔西走したにすぎず,かれ自身の事業というべきものを残さなかった」と,冷やかな評価でかたづけられている。

　しかし,村野山人は利権家とか藩閥政府の走狗ではなかった。山陽鉄道の創設でも,施設費を積算し,乗客数を予測し,収益額を推計し,鉄道が事業として有望であるとして,事業ビジョンを策定している。

　この企画書にもとづいて,出資者を募り,事業化への課題を克服・調整している。ただ村野山人は事業家ではなく,プランナー・プロデューサーであった。

　神戸区長であった村野山人は,薩摩閥であり,自然発生的に鉄道認可・経営にあって,藩閥のコネクションを活用し,自らも鉄道経営のノウハウを磨き,多くの鉄道経営に参画し,鉄道王といわれるまでになった。

　村野山人の性格は,区長時代から諏訪山の民間払下げを阻止するとか,電気事業を企画するなど,官僚タイプでなく,起業家タイプであった。だが政治家としても成功と失敗を繰り返し,「初期には藩閥政府と後期には中央財閥との関係で」活躍の場をえたが,企業家としての能力を,開花させる機会はなかった。

　明治初期,彼とともに兵庫県庁の四天王であった鳴滝幸恭が,神戸市長として水道市長といわれ名声を博している。一方,村野山人の「鉄道翁」は空虚なものとされているが,多くの地方鉄道を創設・運営に尽力した貢献度は,決して過小評価されるべきでない。

　晩年は乃木希典の人格に感銘し,巨額の私財(100万円ともいわれている)をすべて投入し,伏見桃山陵下に乃木神社を創建し,みずからその宮守となっている。

　ただ最後に郷里ともいうべき神戸に,大正10年,「私財70万円に松方幸次郎川崎造船所社長の寄付金30万円をプラスして財団法人」を設立し,村野徒弟学校(現村野工業高校)を残したのは,波瀾の生涯の結実であった。

　村野山人は,波乱の人生を官僚・政治家・事業経営者として,いずれにも専念することなかったが,利益追求・資産形成と社会貢献が融合された生涯であった。明治初期,神戸にあって専崎弥五平,加納宗七,光村弥兵衛,北風正造な

ど,藩閥政府への恩義を活用して,政商になりあがるチャンスがあったが,ひとそれぞれの生き方として,波乱の人生をとじている。[6]

　明治初期の経済人で成功をおさめたのは,企業家としては川崎正蔵,利殖家としては小寺泰次郎あった。専崎弥五平は反骨精神から,光村弥兵衛は病を得て,加納宗七は鉱山開発の失敗で,経済界から引退している。

　明治前期の名望家・経済人は,経済合理主義で人生を律していない。地域への貢献,思想への信奉,政治的な野心などさまざまの要素で,自己の生き方を決断し,事業経営あっても,個人的感覚で運営し,近代的組織への転換を成し遂げなかった。合理主義で人生を律しておらず,開港都市神戸にあって,意外と古風な生き方の経済人が多いのは意外であった。

注
（１）村野山人は,薩摩の出身で,当時,飾磨県令であった薩摩の森岡昌純との縁故で官吏となり,森岡昌純が兵庫県令になったので兵庫職員となった。明治14年に専任の神戸区長になり,諏訪山の民間払下げに反対し,区有公園化を実現させている。また16年には区営電灯を区債６万円で設立すべきとの提案を,区会で否決されている。ともかく行動的区長であり,事業欲は旺盛であった。しかし,森岡昌純の後任の県令が,長藩閥の内海忠勝であったので,山陽鉄道への転身となった。ただ財力・技術があったからでなく,藩閥政府とのパイプ役として,役割が見込まれたからである。それでも山陽鉄道の副社長となり,神戸商法会議所の会頭となっている。山陽鉄道の後ろ盾があったとしても,それなりの人望があったからであろう。ただ明治25年の第２回総選挙に吏党として,立候補し２回当選しているが,以後「吏党派の村野は数回の出馬にもかかわらず惨敗を重ね,遂にせっかくの蓄財を蕩尽してしまった」（赤松・前掲「財界開拓者」48頁）といわれるが,晩年でも200万円前後の私財をもって,乃木神社・徒弟学校の設立など,かなりの資産を費やしている。人物像については,「鉄道経営の先達」赤松・前掲「財界開拓者」44〜48頁参照。
（２）・（３）赤松・前掲「財界開拓者」48頁。
（４）神戸新聞・前掲「海鳴りやまずⅠ」157頁。
（５）村野山人翁編集委員会『山人翁とその事業』（神戸村野工業高等学校刊,昭和46年）,「神戸人物誌村野山人」神戸史学会『歴史と神戸』（第４巻第１号29〜31頁参照,以下,前掲・「歴史と神戸」)
（６）専崎弥五平については,神戸新聞・前掲「海鳴りやまずⅠ」41頁参照,赤松・前掲「財界開拓者」348〜357頁,前掲「市史別録Ⅰ近世人物列伝」48〜49頁参照。光村弥兵衛については,神戸新聞・前掲「海鳴りやまずⅠ」71〜75頁参照。

第2節　拠点開発事業と街区街路整備

1　都市化と都市整備システムの変革

　明治維新期の都市づくりは，欧風化都市改造期（石田頼房）といわれ，お雇外国人による拠点開発が行われた。神戸でも居留地造成が典型的事業で，栄町通のひろい街路もその影響をうけた産物といえる。神戸では，居留地・神戸駅などの拠点開発に触発され，市街地化がひろがったが，都市形成システムはなく対応に苦悩する。

都市膨張への対応策

　明治前期のまちづくりをみると，第1の視点は，都市化への対応であった。開港当時の神戸地区（図1参照）をみると，居留地こそ街区が整然と整備されているが，居留地以西，宇治川以東の中心街区は，細街路が迷路のようにはしっている。一方，兵庫県庁も田畑の真中に設置され，その周辺には広大な田園地

図1　慶応年間神戸港全図

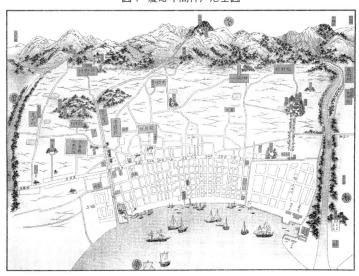

出典　神戸小学校開校30年記念祝典会『神戸区教育沿革誌』238-1頁。

帯で，このままではスプロールは，免れない状況にあった。

　第1の対応は，都市づくりへの処方箋である。都市設計にあって，外国人の関与も，マーシャルの築港案に匹敵する，都市改造プランは，居留地造成以外にはなかった。

　第1に，兵庫県は地域の将来ビジョン・都市づくりの戦略を，描くことができず，民間も地域指導層が欠落し，都市化の渦中でもがいていた。要するに神戸を近代都市として恥ずかしくない基盤整備をし，この難局を切り抜けていこうとする，一体感を醸成できなかった。

　一方，大阪・京都では，どうであったか。両都市とも都市ビジョンは欠如していたが，遷都による経済衰退の危険感から，経済再生へと地域が統合され，港湾・疏水事業といった，リーディングプロジェクトを遂行していった。[1]

　第2に，神戸は当然，開港都市として築港を牽引力とする，都市成長戦略が，もっとも効果的であった。しかし，明治6年，マーシャルの築港案が，政府に拒否されると，築港計画もないまま部分的手直しの現状追随型の整備ですませてしまった。

　第3に，神戸港が駄目であれば，居留地を核とする公共デベロッパー方式による都市整備が考えられた。居留地は局地的整備であったが，東側は生田川跡地整備がなされていた。

　しかし，北部・西側は雑居地で密集街区予備軍であった。あとにみるように兵庫県は，居留地周辺の開発整備事業を外務省に反対され断念しているが，貿易五厘金を流用して，自主事業として実施するべきであった。[2]

　第2の対応策が，処方箋なき都市づくりにあって，個別プロジェクトの効率的処理しか，選択肢はなかった。そのため都市は限られた，経営資源をフルに活用し，最小の費用で最大の効果をあげるしか，打開の途はなかった。

　第1に，マンパワーの活用・都市経営手腕の発揮で，特筆されるのは関戸由義で，明治5・6年に水道建設を提唱し，先進的知識人として警鐘をつげていたが，無視されたままであった。しかし，明治5年の栄町通は超過買収方式で，1銭の公費を費やすことなく，道路拡幅に成功している。

　もし通常の道路拡幅用地のみの買収であれば，年次はずれるが，元町通7.7万

円，雑居地10万円の道路整備からみて，10万円程度の公費支出となったが，それ以上の価値のある道路整備を公費なしで実現している。事業システムの変革が如何に莫大なメリットをもたらすかの見事な立証となっている。

また都市財源の貿易五厘金が，崩壊寸前であったが，関戸由義の調整力で存続をみている。類まれな才能をもった関戸であったが，残念ながらその後は活躍の場を失っている。人材の登用・活用は，必ず大きな成果をもたらすはずであったが，官僚制の壁に阻まれたのではないか。

第2に，民間デベロッパーの活用である。加納宗七，神田兵右衛門などは，事業意欲をもって，見事な事業成果を生みだしているが，そのシステムの定着・拡大は失敗している。

加納宗七・神田兵右衛門は，企業家精神が希薄であったが，行政が支援すれば，かなりプロジェクトを事業化する意欲・力量を秘めており，惜しまれる行政の対応であった。

当時の行政は民間デベロッパーのリスクをあえて支援する気は乏しかった。しかし，資本注入・リスクをともなわない街区整備では，新山手・仲町部・兵庫新市街など，兵庫県は地権者をまとめ，事前に開発規制をかけ，整備資金を融資して，事業化を誘導し成果をあげている。この対応は，以後の新道開さく事業・耕地整理事業に拡大適用されていく土壌を培っていった。

第3に，都市整備財源の捻出・活用にあっては，国庫補助金は当然，限度があったが，幸い特定財源として貿易五厘金（18年間総額40万円）創設に成功する。しかし，折角の自主財源を，教育・福祉・勧業など，多方面に散布してしまい，都市づくりを牽引する，収益的プロジェクトへの集中的投資はなかった。

この点，長崎は貿易五厘金を水道建設の促進財源とし，京都は産業基立金を疏水事業の補填財源として活用し，事業成功へのはずみとしている。

第4に，民間デベロッパーの継続・発展策である。公的財源が不足する状況では，民間資本の活用となるが，公共セクターがプロジェクトを提案し，民間資本を誘導し，地価上昇でえた利益を，開発事業資金へと注入し，企業家への転身を促す，持続的成長へのシステムを作りだせなかった。

たとえば行政セクターは，神田兵右衛門・加納宗七・小寺泰次郎は，タイプ

は異なるが，開発・地価上昇利益を，兵庫運河・湊川改修・葺合港湾事業などへ再度，投資していく，気運・システムを設定できなかった。

注
（1）都市戦略は，産業開発型・文化振興型・投資主導型・民力活用型など，さまざまのタイプがあるが，京都市は地域振興型であるが文化産業主導型であった。遷都による衰退から都市再生をめざし，産業技術育成（舎蜜局設置），集客都市形成（京都博覧会開催・名勝地保全），教育芸術振興（大学誘地・伝統工芸助成）などを基本とした施策である。たとえば府知事槇村正直は京都振興策の第1に，「京都市中ヲ挙テ職場街トシ，追年諸器械ヲ布列シ，専ラ物産ヲ興隆ス可キ事」とのべ，伝統産業の近代化をめざし，今日の京都市の都市性格を形成に成功している。鎌田道隆「京都と『御維新』」森屋辰三郎編『文明開化の研究』（1979年，岩波書店）325〜351頁参照，高寄昇三『都市経営思想の系譜』37〜62頁参照。大阪市は産業開発型で，公共投資先導型であった。港湾整備の市営化・交通の公営一元化など，都市整備の企業化による戦略を敢行していった。大阪市財政は，明治30年度，総額226万円，土木20万円，水道34万円，港湾119万円の合計173万円で構成比76.9％，44年度1,967万円，開発関連は土木61万円，水道322万円，下水道18万円，港湾58万円，電気軌道951万円の合計1,410万円で構成比71.7％，公債費355万円を算入すると1,765万円と89.7％となる。このように大阪市は驚異的な基盤整備型財政を背景に経済振興を遂行していった。高寄「明治地方財政史Ⅴ」142〜160頁参照。なお神戸市の都市発展戦略は，特定産業創設型といえるが，都市整備は基盤整備に忙殺され，地域経済を牽引する機能を発揮できず，神戸築港・新産業の誘地・創設も，大幅に遅れた。原因は公共セクターが起債主義でもって，積極的都市経営を展開しなかったからである。
（2）幕府当初，外国人居留地域を「生田川…宇治川とをもって暫く東西の限界とし，将来の必要に応じ北部山麓まで拡張すべく」（前掲「市史本編総説」65頁）としていたが，都市整備は居留地・神戸駅などは，点的整備で地域が限定された。居留地の周辺に広大な雑居地が指定されたが，せめて横浜居留地のように，周辺街区だけでも，事前に居留地内に含め，街区整備をし，土地分譲方式を実施すべきべきであった。

都市空間秩序と規制行政

　第2の視点として，明治維新期から乱開発で劣化しいく都市空間を，どう再編成するかであった。当時，都市空間の秩序化は，都市計画がないので，計画的誘導は不可能であり，個別事業での対応策と規制行政しかなかった。

　兵庫県は「明治10年代の後半から明治20年代にかけて，行政が都市を自らの計画に基づいて規律化」しようとして，対症療法的に行政規制措置を注入していった。これら建築規制の意図は，狭小過密住宅・非都市的施設（墓地・屠場・

公害工場など)の都心からの放逐をめざす,スラムクリアランスの規則であった。[2]

具体的施策は,第1に,「非都心機能の都心からの排斥」である。墓地・屠場・貧民屈など,「都心部にふさわしくない都市機能や,都市景観を破壊すると思われるものの都心部からの排除が」[3]行われている。その背景には都心のオフィス化と職住分離が進み,従来,居留地内外にもあった工場なども,周辺部へ移転し,栄町通の業務地化が定着していった。

第2に,「都心土地利用純化方策」で,居留地内でも作業所・倉庫などが敷設され,職住一致の空間であったが,やがて職住分離の動きで,住宅・工業・商業区域の分離が促進されつつあった。

第3に,明治20年3月に定められた「市街木賃宿区画」の地区が確定され,指定地区からの木賃宿の移転が義務づけられた。[4]用地地域制と同様の発想で,行政サイドの志向・姿勢がみられる。さらに道路・建築物への規制も強化していった。[5]

これら規制行政の効果をみると,乱雑な市街地化への土地利用純化への強制であるが,規制行政では誘導・抑制はできても,都市スラム化を防止・淘汰はできない。全体としては行政規則の誘導措置で,空間秩序化は実効性が乏しく,市街地化による自然淘汰をまつしか策はなかった。

明治20年代になると,都市機能の純化・分離によって職住分離が進むが,一方で都市スプロールによる無秩序な市街地化がひろがっていった。

注
(1) 前掲「市史歴史編Ⅳ」27頁。
(2) 都市空間規制については,同前25〜29頁参照。(3) 同前28頁。
(4) 行政規則がめざしたのは,「当時葺合村にあった屠畜場,牛ろう製造場,および羊豚畜養場に対して,明治16年1月遠隔地移転を命じた……かつて原野であったところも今や集落にかわり,まえに許可を得たものでも衛生上この際移転すべきある」(前掲「開港百年史港勢編」54頁)というのが,命令の趣旨であった。
(5) 兵庫県の明治12年「市街道路取締規則」,20年「街路取締規則」をみると,道路管理規則で,街区整備手法は稼働しておらず,道路の清掃の域をでなかった。「長屋裏屋建築取締規則」(明治19年8月21日),「宿屋営業取締規則」(明治19年),「海岸家屋建築物規則」(明治5年10月12日)など,民間の建築への取締規制措置であった。神戸区も,21年1月土地利用の都心地区建築物の新築・改築の届け制を義務づけている。

事業実施形態の多様性

　第3の視点として，事業形態の選択である。明治期，公共セクターが，都市整備を全部こなすことは不可能で，事業システムとして，公共団体の権限・財源不足から，公共・民間・混合方式と，さまざまの事業システムで実施された。

　第1に，明治前期は，政府直轄事業が主流で，居留地・神戸駅などは，開発利益も全部公的還元される。生田川付替工事そのものは，直轄事業であったが，加納宗七に河川敷地を払下げる，変則的民間デベロッパーの実践であったが，見事な成果をおさめた。

　しかし，以後の民間デベロッパーは，社会資本整備という点では，事業収益を優先させ，公的還元に必ずしも顕著な成果を残したとはいえない。

　第2に，地方団体による公共事業は，都市基盤整備型で，公共デベロッパー型はなかった。当時，居留地周辺は西部・北部地域は，先行用地取得型事業の最適地であったが，兵庫県・神戸区は，道路拡幅・街区整備型の社会資本整備優先の事業を選択した。

　結局，神戸の開発事業は明治前期は，政府の居留地造成・生田川付替事業が，公共デベロッパーで施行されたが，公共団体のデベロッパー事業はなかった。一方，大阪では大阪港が埋立地造成を含む公共デベロッパー方式で，京都では疏水事業が，公営企業方式でそれぞれ実施された。

　もっとも民間では，神戸でも新川運河は神田兵右衛門が地元事業で，小野浜鉄桟橋は大阪資本が民間デベロッパー方式で施行された。結果として中核なき都市づくりは，散発的資本投入となり，都市成長への推進力・求心力のない都市づくりとなった。

　第3に，民間デベロッパー方式で，明治前期の新川運河・生田川跡地整備があげられるが，2事業とも事業収益を元手として，民間デベロッパーへ成熟することはなかった。事業成長を阻害したのは，資本不足から開発分譲用地の値上りを，十分に自己還元できなかったからではなかろうか。

　加納宗七は，貿易五厘金会計から，明治5年度750円，6年度950円の貸付金を受け入れているが，関戸由義に斡旋を依頼し，なぜ五厘金・為替会社からつなぎ融資をうける知恵を，働かせなかったのかである。そのため資金不足に付け

込まれ，安価で開発用地を手放す羽目になったのではないか。

結局，資金力のある土地・金融資本が，開発用地を安価に購入し，巨額の開発利益が，事業施行者・地元団体・地域社会に帰属せず，特定の資本家グループに帰属するという，都市経済メカニズムの悪しき結果がみられた。

都市開発の負担・利益配分

第4の視点として，都市づくりにともなう利益・負担の配分システムである。当時の行政官僚，地域名望家に都市経済のメカニズムとか，公共経済学の事業分析を求めるのは，無理な注文であった。

しかし，都市化が地価上昇をもたらす，都市経済のメカニズムを，神田孝平・関戸由義などの開明的知識人は理解しており，小寺泰次郎・伊藤長次郎などの土地資本家は，本能的に感知していた。

一方，公共セクターは地租の低課税評価など，課税システムの欠陥から，開発利益の内部化ができず，土地資本家による開発利益の私的独占がはびこっていた。これでは都市整備が，できるはずがなかった。

第1の課題として，事業形態から開発利益の帰属をみると，第1に，地租課税の欠陥を克服する方策は，都市自治体が公共デベロッパーとなるのが，もっとも確実で有効な対応である。都市自治体方式では，開発利益に対する租税も支払う必要もなく，公共用地も捻出できるので，事業メリットは絶大である。

第2に，民間デベロッパー方式では，開発利益のすべてが民間に帰属するが，公共セクターは，資金不足から，民間デベロッパー方式を重宝した。しかし，外部効果の大きい事業は，本来，民間事業とすべきではなかった[1]。

第3に，街区整備事業などでは，明治後期の地域更生事業となると，公共減歩というシステムで開発利益の分割が実施されている。当然，民間事業であるので，配分比率は民間8割，公共2割といった比率となっている。

それでもスプロール開発阻止という外部効果は，開発利益の公的還元より以上の公費節減効果をもたらしている。

第2の課題は，公共セクターでの開発利益配分である。国・府県・市町村間で制度的にどう租税配分をするかである。第1に，地租改正条例で，土地課税

は確立されたが，郡部はともかく，地価上昇の激しい都市部では，実勢地価での課税がなされていないので，公的還元は絶望的であった。

　第2に，公共セクター間の配分を，国税地租でみると，国税地租に対して地方税（府県税）は地租の3分の1，区町村は7分の1の配分である。これでは区町村は都市づくりの財源が，枯渇するのは当然である。

　第3の課題として，公共配分における財源補填としての，国庫補助をみると，第1に，明治6年8月2日に大蔵省達番外で「河港道路修築規則」が定められ，国益・規模・重要性などで，国庫補助金の比率が決定されたが，9年に原則どおりの実施は，財源的に無理として廃止された。

　第2に，それでも基本的には個別事業法で，「河港道路修築規則」の原則が活用されていった。国道は国税，府県道は地方税・補助金，里道・町村負担といった負担区分である。

　要するに政府施策の視点から施設の規模に応じてランク付けをして，財政補助もそれに準じて処理していった。ところが負担区分が曖昧なだけでなく，原則は政府の都合で，恣意的に地方への転嫁がなされた。国道でも地元負担が原則の国庫補助金方式であった。

　神戸の事業でみると，主要道路・河川・神戸港は国費，一般道路河川は県費，その他は市・区となるが，例外が頻発した。たとえば街区整備は，道路整備そのものであったが，市費・住民負担で施行された。[2]

　第3に，公共施設でも道路整備が優先された。下水道より上水道が優遇された。一方，公園のみでなく小学校も建設補助はなかった。さらに市街地整備も明治初期はともかく，原則的に国庫補助金から見放された。産業基盤優先・生活基盤劣後という，政府の固定観念に支配されていた。

注
（1）湊川改修事業をみても，住民の反対運動が激化し，改修ルートが会下山南麓ルートから会下山隧道ルートに変更されたが，企業に大きな出費となっている。すなわち都市整備における外部効果（道路拡幅・防災環境）は，企業利潤の犠牲なくして成果はみられないが，公共セクターでは外部効果は防災・救助費の節減，道路交通の改善などのメリットをもたらし，都市整備によって民営事業よりはるかに大きい実質的メリットが発生するからである。

(2) 都市整備の負担は，曖昧で流動的であった。「財源については，12年に国道・県道は地方税を充て，その他は町村協議会費を充てることにした。そして従来の国費支弁の事業は国費を充てることにしたが，その多くは五厘金でまかなわれた。また13年になると，神戸港の土木は国費を以て支弁し，兵庫港・湊川・生田川の土木は地方税で支弁し，町村費の支弁になる里道の修築には地方税から補助金を与えること」（新修神戸市史編集委員会『新修神戸市史・行政編Ⅲ』16頁，以下，前掲「市史行政編Ⅲ」）になったが，国営の神戸港で直轄事業負分担が発生し，里道に地方税補助はほとんどなかった。

都市整備事業の検証と課題

第5の視点として，個別の都市整備事業を事業形態・費用負担と関連させ検証し，問題点を明治前期の都市整備事業（表5参照）でみてみる。

第1に，開港都市として拠点整備事業は，「神戸での（1）居留地の造成，（2）西国街道の付替，（3）生田川の付替，跡地整備（4）神戸山手地区の第1次新道開鑿事業，兵庫での（1）仲町部の開設と新福原の移転，（2）新西国街道開設は，全額を国が負担している」(1)直轄方式であった(2)。

しかし，事業の実態をみると，公費の地域への負担転嫁がみられた。福原移転で住民は，補償額が少なく，塗炭の苦しみを舐めている。

事業形態としては，生田川付替事業のように，河川付替事業は直轄事業でなされたが，河川敷整備事業は民間委託事業という，変則的方式であったが，以後，兵庫運河・湊川改修事業では，この変則方式が崩れ，事業認可の民間デベロッパー方式が一般化していった。

第2に，第2次山手新道開設事業，西国街道整備事業などは，原則は全額国庫負担方式であるが，次第に国庫補助方式へと変質していった。

第3に，兵庫新市街の開設，栄町通の開設などは公共事業であるが，国庫補助金の交付はなく，自主事業で施行された。民間デベロッパー事業の新川運河は，当然，補助対象外となっている。有馬街道も広域道路であったが，補助対象外の利用者負担となっている。ただ具体的事業への補助基準は，街区整備に比べて，街路事業システムの負担区分は，曖昧で流動的であった。

第4に，利益が地域的に限定され，収益性が見込める事業は，民間デベロッパーの事業となったが，弁天浜埋立（事業者負担），小野浜鉄桟橋建設（利用料方

式），新川運河開削（埋立地売却）などでは，民間が事業リスクを承知で敢えて事業化し，成果をみている。

　第5に，街区・街路整備事業では，原則はあってなきが如しであった。明治維新期は，全額国庫負担の道路事業がみられるが，やがて補助事業に変更されていった。第2次山手新道開設事業（国庫補助3分の1），兵庫新市街整備（公共用地転用），栄町通開設（超過買収方式），有馬道改修（利用料金方式）と，費用弁済方式はさまざまであった。

　第6に，港湾整備をみると，波止場などが国庫負担で造成されたが，神戸桟橋・加納湾などは，民間デベロッパー方式であった。結局，港湾施設で収益のある事業が民営で，収益性のない事業が，公営で整備されていった。

　しかし，受益者負担の論理からいえば，防波堤は防災事業として別枠の国庫負担として，港湾全体を公益事業化し，収益事業は使用料方式で非収益施設は受益者負担金で整備し，さらに不足する財源は，埋立賦課金・入港料などで独立採算制をめざし，公共セクターの負担を軽減すべきであった。

　このように都市整備の事業は，明治前期，資本不足に喘ぐ，公共セクターによって，さまざまの財源措置・事業形態で施行されていった。しかし，唯一の開発財源といえる貿易五厘金40万円（18年間の総額）を，誘導財源として，開発利益の公共還元を図っていくべきであった。新川運河の埋立事業で町村財産が巨万の富を獲得したが，神戸区も埋立事業での財産形成が可能であった。さらに居留地周辺の雑居地の先行用地買収でも，莫大な開発利益の公共還元が見込まれたが，実施されていない。地域循環経済の培養に大きな痛手であった。

注
（1）小原啓司『神戸のまちづくりと明治の区画整理事業』21頁，以下，小原・前掲「明治の区画整理」。
（2）維新政府は，明治8年度まで，地方補助で三府開港地は，別枠処理され，基盤整備を促進していった。高寄昇三『明治地方財政史第1巻』12頁参照，以下，高寄・前掲「明治地方財政史Ⅰ」。

表5　明治前期の主要都市整備事業

区　分	形　態	費用負担	事業年次・事業費
拠点整備事業			
居留地建設	政府直轄方式	全額国庫負担金	事業費22万円　25.63ha　慶応3.7～明元.4
生田川付替	政府直轄方式	全額国庫負担金	事業費3.1万円　一部民間売却　明4.3～4.6
神戸駅設置	政府直轄事業	全額国庫負担	用地費18.4万円　面積23.6ha　明3～7
新川運河開削	民間開発事業	収益採算事業	事業費12.7万円　明7.2～9.5
街区整備事業			
第1次山手新道	県施行事業	全額国庫負担	事業費4.1万円　面積90ha　明5.6～6.9
第2次山手新道	地元事業方式	国庫補助方式	事業費6.7万円　補助3分の1(2.2万)　明21.6～22.5
仲町街区整備	地元事業方式	全額国庫補助金	事業費2.1万両　面積30ha　明4.4～6.11
兵庫新市街整備	地元事業方式	地元負担方式	事業費1.2万円　面積21.1ha　潰地提供　明7.6～8.11竣功
生田川跡地整備	民間事業方式	収益採算事業	用地買収費0.4万円　工費3.2万円　面積4.2ha　明5.11～6.5
街路整備事業			
神戸駅周辺道路	県施行事業	国庫補助方式	一部施工道路　明7.3～8.1
栄町通建設	県施行事業	超過買収方式	事業費19.7万円　幅員4倍超過買収　明5.7～6.10
新西国街道開設	県施行事業	国庫補助方式	明6.2～7.3
有馬道改修事業	地元事業方式	全額地元負担	工事費4,900円　管理会社方式　明7.9～7.11
港湾整備事業			
第1～4波止場	政府直轄事業	全額国庫負担	第1・3波止場補強22万円　第2波止場仮設桟橋11.1万円
西運上所桟橋	民間開発事業	収益採算事業	神戸船橋　工事費2.5万円　明15.11竣工
加納湾造成	民間開発事業	収益採算事業	工事費2万円　船溜面積1万600㎡　明6.7～7.10
蟹川船渠	政府自主事業	全額鉄道寮負担	船渠5,940㎡　鉄桟橋136m　明8.4
弁天浜埋立	個人自主事業	全額施行者負担	埋立8,410㎡　工事費1.1万円　明11.5～12.2
小野浜鉄桟橋	民間企業方式	収益採算事業	神戸桟橋会社（資本16万円）　工事費14.8万円　明17.11竣工
公益事業			
山陽鉄道	民間企業方式	収益採算事業	資本金1,300万円　明21.1創設
神戸電燈	民間企業方式	収益採算事業	資本金10万円　明20.10創設

2　居留地造成事業の収支と効果

　開港時の神戸は，政府直轄事業の拠点開発を誘因として，居留地建設と生田川付替工事，神戸駅設置と仲町部整備など，派生する関連事業が実施された。まず明治初期のビッグプロジェクトである，居留地造成の設計・処分・事業収支などを実態分析してみる。

居留地建設と兵庫商社構想

　居留地は，明治維新動乱のさなかに旧幕府が，慶應4年（1868）年6月19日，日本政府と諸外国の外交代表との間で，「兵庫港並び大阪に於て外国人居留地を定むる約定書」にもとづいて計画された。慶応3年12月7日（1868年1月1日）の完成を目途に着工され，幕府滅亡後は，明治新政府が事業を引き継ぎ，慶応4年6月26日（1868.8.14）に完成させている。

　第1の課題は，居留地建設の財源調達である。第1に，幕府の財政は逼迫しており，巨額の整備費用を幕府財政で捻出する余地は限られていた。居留地だけでなく運上所の設置，さらに波止場建設も含めると，少なくとも数十万両がいる勘定となる。[1]

　実際，居留地関連事業としては，「東運上所及び役宅等の工事費を加へなば，居留地開設のため幕府の支出せる費用総額の莫大なりしを知るに足らむ」[2]と，護岸・道路整備など付随・関連事業費は，造成費に匹敵したのではないだろうか。さらに和田岬砲台築造2万5,000両・徳川道開設など関連事業費も巨額に達した。

　第2に，財源調達手段として，勘定奉行小栗忠順は，京阪神の豪商をして「兵庫開港商社」なるものを創設させ，事務所を大阪中之島西涯倉におき業務をはじめた。金札を発行させ，資金を上納させて，100万両を調達する目論みであった。

　第3に，商社構想は，居留地資金調達より，本来は貿易取引の秩序化・対抗力強化によって，国益保護にあった。その背景には「元来貿易にありては，一己の利益のみを貪りて小資本を以て互に競争せしむか，大資本を擁する外人の

蔑視する所となり，一人の損失は延いては国家の損失となれり」といった貿易統制の意図があった。

　第4に，当面の目的は，京阪神の商人から資金を調達し，建設費を関税収入と施設利用金で返済予定であった。しかし，この商社は，フランス資本と提携した兵庫開港商社が，貿易を独占し，その収益で幕府財政の拡充を図るものとみなされ，イギリス・薩摩などから強烈な非難を浴びせられた。

　兵庫商社は不人気で，金札も信用がなく，事実上，ほとんど流通しなかった。そのため上納金約5万2,000両は，幕府倒壊で無駄となり，豪商達は大きな損失を被った。幕府の意図と商人の思惑のギャップは大きく，この構想は瓦解した。

注
（1）幕府が神戸開港でいくらいるかについて，勘定奉行塚原昌義・小栗忠順らの「兵庫御開港ニ付商社取立方並用途金見込之儀」では，「ⅰ外国人居留地造成に200万両，そのほか運上所・波止場および西国街道付替工費なども多額に上る。ⅱ居留地造成費は『地所貸渡』（永代借地権の売却），運上所以下の工費は税銀（関税）で回収するとして，さしあたり80〜90万両を必要とする」（前掲「兵庫県史Ⅴ」527頁）と推計している。
（2）前掲「市史本編各節」648頁。
（3）前掲「市史本編総説」68頁。
（4）まず幕府は，畿内などの豪商を対象とすれば，徴収は容易と考えていた。「若し尚狐疑する者あらば，商人等をして税金取立役所に立会はしめ，取り立ての税銀を預入るゝこととして，以て彼等をして安んずべし」（同前69頁）と楽観していた。なお商人に兵庫開港の諸経費を支出させるが「その代わりに金札百万両の発券を許す」という案が示されていた。なおこの意見書は，当時横浜での税銀収入は年間百万両なので兵庫の収入はその3分の1とみて，入用金は3年間で償却できると計算した。また気灯（ガス灯），書信管（ポストオフシー）を官設すれば，ばく大の利益があろうが，資金が不足なので，これを商社に依拠する」（兵庫県史編集委員会『兵庫県百年史』6頁，以下，前掲「兵庫県史Ⅴ」）としている。
（5）鳥居・前掲「神戸港1500年」152〜154頁参照。
（6）兵庫商社構想は難航した，商社設立にあたり商社員に指名されたものは，頭取中山善右衛門（鴻池屋）を初め大阪の商人20名で，商社員に10万両を上納させようとしたものであったため，商社員は消極的になり，そのため兵庫の町人も加えられた。北風正造は肝煎を，神田兵右衛門は世話役を命じられている。京都・大阪の商人にとって，身がはいるはずがなかった。しかし，幕府・商人とも能力を欠き構想は挫折する。この点について，「第1に，幕府による兵庫商社の設立は国際勢力の参加によって激化された経済的，政治的混乱への一つの対応策であり，この計画は幕府の従来の性格からはみだすほどに絶対主義的な色彩の濃いものであったが，その実行

にあたっては幕府は全く無力さを暴露した。第2に，商社に参加した大都市の富豪はいずれも幕末の経営的苦境を切り抜けなければならない運命を背おいながら，新しい発展の契機になりうる商社にまるで消極的であった」(丸尾京子「兵庫開港をめぐる商社の設立とその構成」『歴史と神戸』昭和37年11月，44頁)と総括されている。要するに幕府に政治的安定がなければ，商人はついてこないし，また商人自身が前近代的性格であり，独占的利権を巧みに利用する経済感覚はなかった。なお商社構想については，前掲「市史本編総説」67～70頁参照，前掲「商工会議所百年史」24頁参照，前掲「兵庫県史Ⅴ」527～532，556～558頁参照，鳥居・前掲「神戸港1500年」152～154頁参照。

居留地設計と事業費

　第2の課題は，居留地の設計である。第1に，居留地の位置は，当然，港湾施設もあり人口集積もある，兵庫地区が想定されたが，兵庫港では外国人と日本人とのトラブル発生を危惧して，神戸地区となった。

　このことは神奈川でなく横浜になった，神奈川開港と同様であった[1]。実際，慶應4年には，神戸事件が発生し，明治政府は苦境に立たされ，屈辱結果を政府は飲まされている。

　第2に，居留地の設計は，徳川慶喜が神戸開港・大阪開市の決定後，外国奉行塚原昌義に居留地の建設・設計計画を命じている。さらなる具体的課題については，欧州出張の経験もある，大阪奉行兼三代目兵庫奉行柴田日向守剛中が担当し，予算を幕府に提出するが，きわめて卓抜した計画書を添付している[2]。

　第3に，具体的設計は，上海租界の建設を手がけた，イギリス人測量技師J.W.ハートが設計し，伊藤俊輔と協議して成案となり，設計どおり車歩道分離の広い街路，下水道整備，街路樹・街灯の設置など，開港都市にふさわしい整然とした近代的街区として建設された。

　神戸居留地は，近代的都市空間として高い評価をうけ，英字新聞「The Far East」(明治4年4月17日)も，東洋一の設計・美観と激賞している。実際，居留地面積約25町8反4畝(約25.63万㎡)で，宅地13.23万㎡，道路溝渠など公共用地12.40万㎡と半分近くあった。

　居留地の規模は，横浜114.8万㎡と比較して約4分の1とかなり小さいが，長崎10.6万㎡，東京2.6万㎡，大阪0.8万㎡，函館0.2万㎡よりは大きい。

第3の課題は，工事の遅れ，事業費の膨張である。第1に，居留地の立地条件は，「居留地衛生に可ならず，付近の河川往々氾濫して，湿地砂洲多く，欧州人の生活に適せざる(3)」といわれ，地盤・地形などは悪く，生田川付替工事・居留地盛土工事・海岸護岸工事など，関連工事が発生している。

　第2に，事業費は，当初の事業費22万両，追加事業費1,500両で，当初事業費内訳は，用地・家屋移転料等1万7,890両，地均し代7万7,536両，海岸石垣築造費3万7,500両，溝渠造築5,500両，盛土工事費8万3,800両で支出合計22万両を超える。ことに用地買収費は少なく，土地改良費が大半であった(4)。

　第3に，居留地建設は，用地買収が完了したのが，慶應3年7月で，開港の12月7日まであと4ヵ月で間に合わなかった。居留地は，当初，工事は入札で，神戸村庄屋生島四郎太夫が落札したが，その間に幕府崩壊をみた。しかし，明治政府は工事を，慶応3年7月，普請用達島屋久次郎に請負わせ，工事は再開され，慶応4年（1868）年6月26日に完了をみている。

　第4に，居留地そのものの建設が遅れたので，政府は生田川以西，宇治川以東，これら地域の山麓以南を雑居地として，外国人の居住を許可した。そのため雑居地は雑然とした市街地と化していった。

　この点，横浜居留地は，神戸より計画的・大規模に設計・造成されたが，それでも急造市街地でさまざまの追加工事に悩まされていった(5)。

　事業戦略としては，政府・兵庫県が，雑居地を先行整備し，用地分譲を実施したら，巨額の開発利益を手にしたはずである。しかし，実際，乱開発後に「誤謬の訂正」として，貿易五厘金10万円で道路整備を余儀なくされているが，事業選択のミスが大きな損失をもたらしている。

　一方，居留地の街区整備は，完璧に近い誇るべき水準で，海岸道・栄町なども，街路整備がなされ，銀行・商社などが立地し，近代的市街地へと様相が一変した。

注
（1）神奈川条約で開港場として指定された神奈川が横浜を含むことは了解ずみであったが，ハリスなど外国サイドは神奈川に固執した。しかし，幕府サイドは，神奈川は外国人とのトラブル発生，遠浅で港湾適地でない。しかも開港用地取得の余地がないとの理由から横浜開港を画策した。外国との交渉も難航し，開港まで地域は指

定しないことになった。しかし、幕府は横浜の既成事実を積み上げ、強引に横浜に決定した。居留地整備・日本商人の町割り、連絡道路建設などであるが、「開港場施設の実績をつくっておいて、外国人を横浜へ引き付けようとする外国奉行の計画が、みごとに成功した」（横浜市『横浜市史第2巻』201頁。以下、前掲「横浜市史Ⅱ」）と評価されている。
（2）居留地設計・処分の方針は、「①開港場には税関、波止場、倉庫、番所等が必要なので税関収入でもって建設する。②居留地は上地を幕府が買い上げるか換地で取得し、造成の請負業者に免税措置をとる等優遇措置をすべきで、外人には土地を取得させない。③外人の船員のための専用の遊女屋も設ける必要がある」（鳥居・前掲「神戸港1500年」152頁）などであった。なお注目されるのは、柴田日向守剛中は、「横浜や江戸で外国領事館の用地を提供させられた失敗を知っていて、領事館敷地提供を無料ですることは一切しなかった。欧州出張以来外人崇拝の念はなくあくまで対等に処理しようという柴田剛中の考えは、やっと開国以来諸外国を見た日本人の考え方の進歩とそれを実行する力がついてきた証拠であろう」（同前153頁）と、意識の向上が指摘されている。
（3）前掲「市史本編各節」648頁。（4）同前646頁参照。
（4）用地買収費は、田畑1反（992㎡）532.5両（1㎡当り0.54円）、宅地1反150両（1㎡当り0.15円）と宅地が田畑より安い。造成後1㎡当り平均約1円で分譲しているが、公共用地が2分の1で、実質的単価は0.5円の売却となる。村田・前掲「開港30年上」216頁参照。なお明治初期の事業費は両単位であるが、便宜的に1両1円に換算しており、その他事業と同様に算定している。
（5）なお横浜居留地と神戸居留地は、面積だけでなく、街区形成にあってもかなり異っていた。横浜居留地の造成費は9万2,089両であったが、区域は神戸の数倍であり、開港直後にはほぼ完成していた。居留地は外国人地区に加えて、日本人地区も設置され、幕府の方針で三井など有力な商人を強制的に移住させ、地域別に江戸・神奈川・駿府など街割をし、中央に運上所を設置している。「冒険投機商」もいたが、ともかく計画的に商人が立地していった。用地は役所の買収方式であったが、民間用地は貸付方式であった。また横浜と各地への連絡としては、東海道へは「横浜道」が、新設建設された。「横浜という町は、当時の国際情勢に応じて、幕府という封建的国家権力が、はなはだしく遅れた漁村・農村に、一朝にして創造した都市であった」（前掲「横浜市史Ⅱ」323頁）といわれている。なお横浜居留地も急造整備であったので、その後、さまざまの補完工事がなされており、明治3年より35年の居留地改造費は41.9万円であり、下水道整備24.3万円、道路橋梁費6.8万円、地均工事費5.8万円、街燈付設置費1.0万円など、追加工事を余儀なくされている。さらに新埋立地整備費11.5万円（明治4年）、隣接河川・水路浚渫・河岸築造費など24.7万円の支出がなされている。なお別途集計として明治12～32年の政府居留地整備費72.5万円と集計されておいる。これら経費は急造居留地のため発生した居留地の直接的かつ専属的施設経費で造成費を加えた総事業費は81.7万円となり、必ずしもなど割安ではなかった。横浜市『横浜市史第1巻』815～816頁参照、以下、前掲「横浜市史Ⅰ」。

居留地の競売成績

　第4の課題は，完成した居留地をどう売却し，どう運営するかである。第1に，居留地処分（表6参照）は，横浜居留地が賃貸方式であったが，神戸居留地では画期的な競売方式が採用された。

　明治元年から明治6年にかけ，4回にわけて競売に付せられている。1区画200〜600坪で126区画，4万168坪（13万2,554㎡），総額12万1,647円となっている。22万両を投入して，収入12万円では，赤字であった。

　第2に，売却単価は，当初の売却予想価格を超えて売却され，「居留地競売100坪平均価格は第1回265円，第2回220円なりしが，第3回には騰貴して約350円となり，第4回は555円を超えたり」と，驚いている。

　第3に，平均1㎡当り第1回単価0.80円，4回1.68円と2倍以上の開きがあるが，開港地としての成長を見越して，売却価格の騰貴をみたといえる。もっ

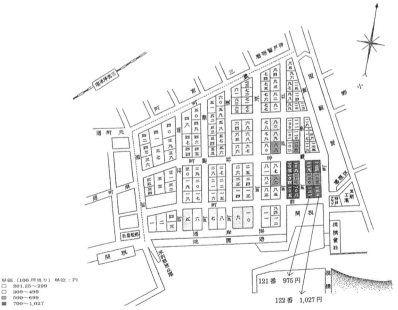

図2　神戸外国人居留地区画別・競売価格分布図

資料　田中鎮彦『神戸港』（神戸港事務所　明治38年5月）
出典　楠本利夫『増補・国際都市神戸の系譜』128頁。

表6 居留地区画の回数別競売状況

回　数	競　売　日	区画数	面　積 ㎡	価　格　円	単　価　銭
第1回	1868.9	36	47,380	38,003.242	80.209
第2回	1869.6	25	24,535	16.324.831	66.536
第3回	1870.5	60	56,030	59,124.831	105.523
第4回	1873.2	5	4,785	8,194.058	168.063
合　計		126	132,821	121,646.908	91.586

出典　小原啓司『明治の区画整理』6頁。

とも3・4回が高いのは，これら箇所が海岸に近く立地条件がすぐれたことも影響している[5]。しかし，第1回と第4回は，5年の間隔があり，新興地では当然の上昇といえる。

居留地の地価上昇は，地価は好況・不況で変動するが，長期的トレンドでは確実に上昇しており，この事実を信奉するか否かが，デベロッパーの成否の分かれ目となるといっても過言ではなかった[6]。

第4に，居留地は，永代借地権と領事裁判権に保護された治外法権地となったが，居留地の維持・管理・運営は，居住者の自己負担となった。

しかし，「借地権の競売代金の一部と毎年の地税の一部によって，道路修理，常夜灯の維持などがまかなわれ，周囲の溝，全地域の橋，海岸の修築などは政府の負担となっている[7]」ので，居留地運営には恵まれた条件であった[8]。

注
（1）競売価格については，造成された居留地を永代借地として外国人に貸与するため，新政府は外国公使団と協議し，『居留地約定書』を作成し，競売によって土地貸与者を決定し，競売最低価格は1坪につき金2両（1㎡当り60銭）とし，うち1両2分は建設費として日本政府が取り，残り2分を道路・下水道・常夜灯の維持など居留地の運営費として積み立てることし，さらに最低価格より高値で競売した場合は，その2分の1を居留地積立金とされている。前掲「市史本編各説」650頁参照。
（2）同前652頁。
（3）居留地の競売状況については尹正淑「神戸居留地の都心への発達過程」（『史林』72巻4号）を参照。また居留地の個別街区売却状況については，村田・前掲「開港30年史上」334頁参照。
（4）この競売価格について，「当時にありては実に法外の高値なりしならむも，之を以て現今の売買価格と比せば，さらに其差の大なるに驚かざるを得ざるべし」（前掲「市史本編総説」95頁）と，その高騰ぶりが特記されている。

（5）同前96頁参照。
（6）居留地の地価上昇について、「後世このような土地売却単価の騰貴を，十分に公私デベロッパーが経営戦略として活用したかどうかわからないが。しかし，神戸での初めての開発事業にあってすら，地価上昇がみられたことは，きわめて興味ある事業である」（高寄・前掲「都市経営」244頁）といえる。
（7）前掲「開港百年史港勢編」14頁。
（8）居留地運営費は自己負担であり，居留地貸借対照表では，約1万8,270ドル（明治11年の為替レートは，日本円100円に対して米ドル91.79ドルで，1万9,904円）である。支出では警察・街灯・建設費が多く，収入では租税収入（地租・警察税）が大きい。なお居留地競売費からの居留地運営基金として，4万円余を確保している。居留地の運営については，洲脇一郎「居留地の組織と運営」神戸外国人居留地研究会編『神戸と居留地』47〜71頁。居留地返還については，前掲「市史経済編Ⅳ」12〜14頁，前掲「開港百年史港勢編」108頁参照。

居留地の経済社会文化効果

　居留地建設の効果をみると，事業収支といった直接的経済効果だけでなく，事業収支に反映されない直接的経済効果としての社会資本整備効果，さらに間接的経済効果の防災・交通・環境，さらに非経済効果としての文化・イメージ創出などを含めた，総合効果として評価するのが適正な評価である。

　第1の直接的経営効果として，第1に，居留地事業収支（1両を1円と換算すると）は，事業費22万円，用地売却収入12万円，差引10万円の赤字である。[1]それは居留地事業は，その事業収支を均衡化する，周辺用地造成事業を兵庫県が計画し，居留地拡張事業を意図したが，外務省に拒否されたからである。[2]

　なお公共投資の一般的効果である，所得・雇用創出効果・公共投資の乗数効果は，神戸経済が成長期にあり，評価する価値は低い。

　第2に，社会資本整備効果（公共資産効果）で，居留地を公共空間としてみると，中央南北道路約20ｍ，東西2本，南北4本道路，22街区，126区に分割された整然とした都市空間が生み出された。今日にあっても遜色のない広い街路が整備されており，また下水渠も完備した市街地が形成された。

　居留地は宅地13.35万㎡，公共空間12.40万㎡で，単価を分譲価格と同額とすると，社会資本の価値11.25万円となり，事業費の赤字10万円との差引は，1.25万円の黒字となる。

これだけの公共空間を後追い的に整備すると莫大な追加投資を余儀なくされるであろう。なお居留地は下水渠も完備され，広い公園が設置されたが，その投資効果は伝染病抑制・健康促進といった間接的経済効果もあるが，生活の快適性といった非経済効果も無視できない。

　第3に，居留地整備の非経済効果は，経済効果としての数値化は不可能に近いが，公共事業は，このような非経済効果にむしろ，大きな効果を秘めているのである。まず都市空間のモデル効果である。

　この欧米都市を模範とした壮麗な街区は，関戸由義・加納宗七をはじめとして，神戸市民に刺激をあたえ，加納通・栄町通などの都心街区の広い道路が建設されていったのは，居留地という先例が絶好のモデルとなった。

　ついで新産業・文化創造効果である。居住する外国人によって，欧米文化・文明の窓口となり，近代産業を起業していった。さらに六甲山の利用価値も見出していった。これらの非経済効果は，文化効果として事業収支とは別の効果として評価されなければならない。

注
（1）居留地建設費用は，用地買収・家屋移転補償など1.8万両，地均し費用7.1万両，海岸石垣・埠頭修築費用3.8万両，溝渠築造費用0.6万両，新土運搬及地盤嵩上費用8.4両で，用地・補償費は少なく，地盤整備が大きい。前掲「市史本編総説」93頁参照。
（2）居留地事業収支を黒字にする方策はあった。本体事業の居留地の波及効果を活用して，隣接地区の雑居地を整備し，横浜居留地なみに，同規模の居住地区を，貿易五厘金を融資資金として，公共デベロッパー方式で造成し売却すれば，開発利益の獲得に成功したであろう。兵庫県は，明治4年3月，旧生田川と新生田川の間，9.8万坪を造成し，賃貸方式で2万両の収入をえて，維持費1万両の差引1万両の収益を見込んでいる。売却方式で坪当り2円として，道路用地を除外した8万坪で16万両の収入の内8万両を工事費として差引8万両の収益を見込んでいた。しかし，外務省は居留地拡大の外国人の要求は切迫していないと，この構想は却下されている。前掲「神戸市史本編各説」667～669頁参照。この兵庫県の開発計画は，惜しみても余りある構想である。ただ計画は旧生田川東部となっているが，その後，加納宗七が先行して数万坪を整備しており，西側の雑居地などの居留地西部を先行整備し，開発用地を売却し，売却益と基盤整備を同時に達成する方策がより優れた案である。実際，兵庫県は，明治3年8月，「県では雑居地を買上げよと稟申し，政府でも伺の通りに許可したのであるが，12月になって取消された」（赤松・前掲「財源開拓者」517頁）ので，買収をあきらめているが，県独自に貿易五厘金を活用し実施すべきであった。

（3）外国人ではウォルシュ兄弟（製紙工場），キルビー（造船業），ハンター（造船業・精米業）などで，「ベンチャービジネスを担った……外国人がまず創業期のリスクを負担する役割を担い，その後，技術や経営を日本人が引き継いだ例がみられる。こうした外国人の企業家精神は，日本の新しい産業分野において企業を生みだすことになり，神戸の経済発展にも結びついていった」（前掲「市史経済編Ⅳ」439頁）といわれている。

（4）もっとも居留地のマイナス効果として，悪徳外国人の弊害とか治外法権による不合理とかさまざまの問題がある。これらの非経済効果は，プラス・マイナス効果の差引勘定となるが，居留地の結果というより，不平等条約など，外人優位の貿易システムが生み出した悪弊といえる。企業活動をみる限り，居留地外国人が外交特権を振りかざして不当な利権を獲得していった事実は少なく，むしろ経済活動では，外国人は，かなり悲劇的運命をたどっている。

3　民間活用の生田川付替・新川運河

　拠点開発事業で，民間デベロッパーの性格をおびているのは，生田川付替事業の廃止河川敷整備事業と新川運河事業であった。もっとも生田川付替は政府直轄事業であるが，当初から事業コストを回収するため，河川敷整備の民間委託を選択した，デベロッパー的性格の濃厚なプロジェクトであった。

生田川付替と事業効果

　居留地は急造工事で，盛土などの応急工事が追加されたが，生田川がしばしば氾濫した。本来の生田川は，今日神戸のフラワーロードを流れていたので，外人からも堤防の改修工事が迫られ，明治政府も改修計画をたてたが，工事費十数万両が見込まれた。

　このような巨額の工事費は，成立間もない明治政府にはとって，支出能力がないので，明治3（1870）年，外務大輔寺島陶蔵は，民部・大蔵両省官吏と共に実地を検分し，堤防の修築よりも，むしろ河川付替が経費的にも，治水的にも有利と判断した。

　明治4年2月，生田川を東に移し，真直ぐ港へ南下させる改良工事計画を立案して，工費3万672両で4年3月10日に着工し，6月9日に竣功している。なお「加納宗七は生田川付替えを直接請け負ったわけでなく」[1]，用地払下げを受け

ただけである。しかし，払下河川敷整備事業を5年11月から6年5月にかけて施工している。

この生田川付替工事の効果をみると，第1の効果は，直接的経営効果としての，政府の事業収支費（表7参照）は，事業費3万672両で，旧生田川敷地を，加納宗七に4万1,755坪（13万7,792㎡）を5,518両（1㎡当り4.01銭）で，県士族払下に約9,484坪（3万1,297㎡），1,200円（1㎡当り3.75銭）で，税関用地約1万1,600坪（3万8,280㎡）払下を，1㎡当り4.00銭とすると，1,531円となり，合計8,249円で，事業収支は2万2,423円の赤字となる。[2]

第2の社会資本効果は，資産価値である。公共サイドからみると，民間払下は道路開設条件付であり，明治政府にしても改修工事が主たる目的であり，土地売却は，付随収入であったので，収支はそれほど問題でなかった。

加納宗七は，南北に走る10間道路（幅18.18m 延長1,650m）の面積2万9,997㎡，東西の交差する6間道路（幅10.91m 延長545m）の面積5,947㎡の合計3万5,944㎡の道路をかねた地区整備を，3万1,797円で自費建設しているので，道路分用地代5,518両×3.6万㎡÷13.8万㎡＝1,439両で，工事費合計3万3,236円となる。[3]

この事業費を社会資本資産とみなすと，政府事業の収支は，赤字2万2,423円との差引1万813円の黒字となる。実際の資産効果としては地価上昇もあり，巨額の利益をもたらしている。なお表7の事業収支は，加納宗七の用地売却費が未計上であり，総合収支は売却単価で大きく左右される。

第3の効果が，直接的経済波及効果としての街路整備効果で，交通費節減効果は，明治前期はほとんどが見込まれないが，明治後期には神戸経済の成長もあり，都心街路は，かなりの交通量発生があり，交通費節減効果に寄与したはずである。

加納宗七は，道路整備に3万円を支出し，都心にふさわしい街路を構築したが，利益圧縮ではじめて実現できる。売却用地も減少し，事業者の収支は悪化するが，広い街区整備は，地価上昇をもたらし，事業者の開発利益増加に寄与するとの思惑があったかどうかわからない。

第4の効果が，間接的経済波及効果の減災効果であるが，5年に一度発生し，被害額1万円とすると，10年で2万円となる。どこまで長期にみるかで効果は

表7　生田川付替工事事業収支推計　　　　　　　（単位：両）

区　分	金額 両	備考 ㎡	区　分	金額 両	備考 ㎡
加納宗七	5,518	面積137,800	河川付替費	30,672	用地35,944㎡
県　士　族	1,200	32,000	道路築造費	31,797	
税関用地	1,531	38,466			
収入合計	8,249		支出合計	62,469	

ことなるが，災害の頻度・被害額の状況からみて算定することになる。さらに工事で居留地地価も上昇し，間接的波及効果がいくつも累積されると，複合事業の効果は大きくなる。

　第5の効果が，非経済効果としての都市景観効果である。非経済効果は数値算定が不可能であるが，生田川付替事業が，今日でも注目されているのは，加納宗七は，開港地の中心地として恥ずかしくない基盤整備を行ったからである。産業・通過道路でなく，メイン街路として都市に品格をもたらしている。当時の民間デベロッパーの意識の高さを裏付ける工事と絶賛されている。[4]

注
（1）松田・前掲「加納宗七」156頁。
（2）前掲「市史本編総説」472〜473頁では，加納宗七の払下用地4万1,700余坪となっているが，丹下良太郎『加納宗七氏銅像建設竣功記念誌』（以下，丹下前掲「加納宗七記念誌」）では5万2,700余坪となっている。
（3）道路整備費は，神戸市史などでは不明であったが，前掲「加納宗七記念誌」（31頁）では道路整備費3万1,797両と算出されている。
（4）もっとも生田川付替の設計について，関戸由義の示唆によるのもではないか，「加納宗七の経歴では，とても川敷に幅10間の道路をつける構想は難しく，後に栄町筋を開発した手腕からみて，関戸由義が直接指導しないまでも，その手が加えられていたかと推察される」（赤松・前掲「財界開拓者」520頁）といわれている。

生田川跡地整備の事業収支

　問題は政府の収支でなく，払下げを受けた加納宗七らの事業収支である。この点，不明な点が多いが，第1に，経営事業効果は，払下用地4万1,755坪（13万7,757㎡）の内訳は，道路用地面積1万892坪（3万5,944㎡）で，売却用地3万863坪（10万1,848㎡）となる。加納宗七の払下価格5,518両で，道路整備費3万1,797両を1両を1円とすると，合計3万7,315円となり道路面積を含めて1坪

89.37銭（1㎡27.08銭）となる。問題は用地売却価格がいくらかである。

兵庫県の払下条件は，「川床埋立堤引平均町場並道路取開ハ自費引受」であったが，明治5年11月着工を起し，「新生田川を開設して生じたる土砂を以て川床埋立に着手し，堤防を平均して之を整理し，……道路・石垣を以て築き，6年5月全く竣功を見たり，之に要せる経費約3万円といふ。……新に成りし町場は実測4万1,740坪を算せし」といわれている。加納宗七はかなり事業採算を度外視して，巨額の整備費をつぎ込んでいる。

第2に，直接的経済効果としての社会資本効果は，工事費・用地面積の比率で按分した，道路用地費1,440円，道路整備費3万1,797円の合計3万3,236円となる。しかし，民間デベロッパーでは社会資本効果は算入できないので，売却用地10万1,848㎡を処分し，利益を獲得しなければならない。

第3に，問題は，旧生田川敷地の売却状況で，河川敷整備完了が5年5月，居留地内はともかく，居留地東部の市街地が，業務用地としての需要が見込まれるのかであった。「6年に加納町と命名し，8年に至り人家櫛比の市街となり」といわれいるが，楽観は許されない状況にあり，それまで資金負担に堪えられるかであった。

加納宗七は，資金援助をうけていた関係で，「小寺泰次郎と三井銀行に大部分を譲って骨折り損のくたびれ儲けになった」と，安価に買いたたかれ赤字となったとの説がもっぱらである。しかし，全部を一時に売却したのではなく，順次，売却していき，赤字はだしていたとしても大きくはない。売却経過・価格が不明であるが，黒字4.02万円か赤字1,800円と推計できる。

いずれにせよ加納宗七は，小野浜用地2万坪を所有しており，数万円の売却益が予測された。ともかく加納宗七は，生田川付替のあと，郷里の和歌山に一時帰り，紀の川改修事業，洋風自宅建築，和歌山県への寄付など，羽ぶりのよい活動をしている。

注
（1）松田・前掲「加納宗七」165頁。（2）同前166頁。
（3）前掲「市史本編総説」134頁。
（4）生田川の市街地化状況は，「三宮町付近の如き，其外国貿易の中心たる居留地に接せるに拘はらず，尚ほ草地のままに抛擲せられあり」（前掲「市史本編各説」140頁）

といわれている。
（5）赤松・前掲「財界開拓者」518頁
（6）生田川周辺埋立地は，市街地化されず，荒涼たる状態であった。そのため「造成された宅地もしばらく買い手もつかなかったが，………小寺泰次郎………が坪10銭の安値でごっそりう買い占め，後の値上がりで大もうけしており，また宗七は土地を担保に三井銀行から借りた金を返せず，一部の土地が同銀行の手にはいった。宗七に金を貸した当時の支店長は不良貸し付の責任で退職したが，銀行のち土地の値上がりげで大もうけした」（前掲「神戸開港百年」199頁）といわれている。この点について，「往々にして実直な加納宗七が狡猾な小寺泰次郎に『してやられた』筋書きで語られてきた」（松田・前掲「加納宗七」192頁）が，「このまま広大な土地を死蔵するよりも，現金という確実な資産に転換し，つぎなる事業に備えるほうが得策であった」（同前192頁）とされている。しかし，造成コスト坪約90銭の用地を坪10銭で売却すれば，加納宗七はおそらく破産しても不思議ではない。加納宗七はこの事業で，県貿易五厘金から融資をうけており，このような原価以下で売却する窮状にあれば，土地を担保にして，県につなぎ融資を懇願して，危機を回避する画策を講じたのではなかろうか。
（7）加納宗七の生田川付替敷地の売却については，まず小寺泰次郎が「荒廃のまま放棄していたのを今の十合百貨店のあたりから南へ400間，すなわち総計２万4,000坪を坪当10銭で，大枚2,400円を投じて買い取ったのが，のちに築港埋立での際，地上の瓦礫土砂だけが１坪当り２円という高値で売れたので，一挙に20倍という莫大な利益を得た」（樋上権兵衛『神戸百年乃成長』84頁，以下，樋上「神戸百年の成長」）との記述は，やや誇張の感がある。一方，「明治６年11月，遂に三井組と定約を結び，加納町の中にては，北方１万7,000坪，１坪１円50銭，南方２万6,000坪余，１坪２円を以て，小野浜の所有地２万坪は１坪２円50銭をもって之に永代譲渡するに至れり。この合計６万3,000坪余，代金12万7,500円なりき」（丹下・前掲「加納宗七記念誌」31頁）との記述ある。この売却には加納宗七の加納湾隣接地２万坪を含んでおり，生田川敷地売却面積４万1,755坪（道路面積込）しかないので，小寺泰次郎に2.4万坪（7.92万m²）を売却したとすると，残りは１万7,755坪しかない。伝聞される小寺泰次郎への売却分（2.4万坪）と「加納宗七記念誌」の三井組分（4.3万坪）の合計6.7万坪となり，加納宗七の払下面積4.2万坪（道路面積含む）より，2.5万坪多くなる。問題は小寺泰次郎の購入分2.4万坪は，実際は三井への転売斡旋ではなかったとの疑問がある。いずれにせよ加納宗七は，三井組へ払下用地すべてを売却したとすると，生田川分合計1.7万坪×1.5円＋2.6万坪×2.0円＝7.75万円で，払下費・工事費合計3.73万円で差し引き4.02万円の黒字で，小野浜の所有地（明治６年加納湾造成のとき隣接地として購入していたのではないか）の売却５万円で購入費１万円（坪当り0.5円）として４万円の売却益との合計8.02万円の益金を獲得したとなる。ただ小寺泰次郎に売却し，残余を三井に売却（１坪平均1.75円）とすると，1.8万坪×1.75円で，3.15万円で小寺泰次郎売却分2,400円との合計3.39万円で払下費・工事費合計3.57万円との差1,800円の赤字となる。小野浜の所有地売却益４万円との差引では3.82万円の黒字となる。いず

れにしろ生田川付替川河川敷整備事業は，道路整備費が負担となりきびしい収支となった。

新川運河と資金調達の難航

　新川運河（図10参照）は，明治期の最初の民間デベロッパー事業で，和田岬を廻る船が，しばしば遭難したので，これを防ぐための一種の避難用運河事業であった。兵庫・神戸港には防波堤・避難港はなく，明治2（1869）年の暴風雨でも，難破船580隻，死者24名，行方不明者16名の被害が発生している。今後，開港として貿易が発達すると，被害は甚大となることは歴然としていた。

　兵庫の名望家・神田兵右衛門が奮起して，生涯ただ一回だけ事業家として，地域開発に挑戦した，単なる調整役としてでなく，地域経営者であることを立証する事業であった。明治7年という明治初期であったので，兵庫県も専門職員の派遣・事業資金の供給・家屋移転への協力などの支援を行なったが，難工事であることは，当初から予想された。

　第1に，事業計画は，明治5（1872）年に神田兵右衛門が，のちの兵庫運河の事業を立案した。当初は兵庫の津から駒ヶ林海岸までの大運河を計画したが，資金調達ができず，兵庫の津内部の船舶避難地の確保に計画を縮小して，事業化していった。計画は島上町から出在家町に至る半円形の水路となった。

　事業団体の新川社を設立し，明治7年2月3日に着工し，9年5月に完成させている。あわせて新川沿岸開発の新市街地を造成している。

　第2に，新川運河も，事業方式として超過買収方式を採用し，15間（27.27m）幅の運河，両岸に19間（34.54m）幅を超過買収し，幅53間（95.40m），4万5,902坪（15万1,477㎡）を買収している。

　運河用地1万4,604坪（4万8,194㎡），道路6,028坪（1万9,892㎡），宅地2万5,270坪（8万3,391㎡）を確保している。なお別途，新川の掘削土砂を使って，東川崎町などの海岸海岸5,300坪（1万7,490㎡）を埋立て，町有財産地としている。[1]

　第3に，資金調達は，県庁保管の地域共益金2万5,000円の貸付，出資金2万5,000円（日歩4銭）を1口5,000円で，社員を募って，官民協力の新川社という会社を立ち上げた。もし地域共益金という呼び水となる，資金がなければ，事

業化は不可能であった。この点，行政の事情にくわしい，神田兵右衛門の着眼が優れたところであった。[2]

　それでも事業資金の調達は，円滑にいかなかった。第1に，地域住民の払い込みは，「新川社に入社する者なかりしのみならず，一方には此新川開鑿を以て営利事業なりとして之を誹議する者無きにあらざりし」と，批判にされる。[3]

　そのため神田兵右衛門は，7年9月に伊丹町小西新右衛門に1万5,000円を，神戸区北風正造に5,000円の出資を引き出し，県下付金と合計で4.5万円の資金を調達している。[4]

　第2に，資金調達は，ともかく工面できたが，予期せぬ波乱に見舞われる。これら資金を島田組に貸与して，事業を開始し，予算超過の場合は，島田組が一時立替金の面倒をみるはずになっていた。

　しかし，「8年1月島田組破産し，経費の出所を失ひしを以て，事業将に頓挫せむとし，兵右衛等の苦心名状すべからざる」窮状に陥った。[5]

　島田組の倒産で官庁の督促・資金の不足・市民の非難・運営ノウハウの欠如で，事業断念の危機に陥った。幸い9年1月，姻戚関係にあった御影村嘉納治郎右衛門の資金援助（4.5万円）をえてことなきをえている。

　第3に，島田組の後継者として，嘉納治郎右衛門が就任したが「資本金の運転なども玄人筋の島田組には及び難く，動もすると躓いて工事の捗取らないこともあったから，それがため社の評判は頗る悪しく」誹謗中傷があびせられた。[6] 9年5月に竣工しているが，事業費は当初の5万円の2倍以上の12万7,000円に達している。

　第4に，完成後，これら用地を売却し，出資金に応じて分配する手はずであった。配分は，区長・戸長及び社員の決済で処分すると定められていたが，一般住民の出資金はなく，神田・小西・北風・嘉納での配分となった。

　問題は，出資金の弁済を竣功時の開発用地でする取り決めであったが，造成地価が低く，出資金弁済としては不十分であったので紛糾が発生している。[7] しかし，以後，造成地価は値上りして，開発利益を出資者は満喫できる状況になったが，問題はそれまで土地売却をせず辛抱できたかであった。

注

（1）村田・前掲「開港30年史上」523・524頁参照。
（2）一般的には県下付金は貿易五厘金といわれているが，神田兵右衛門が事業化を決心したのは，地域積立金ともいうべき県預金ではなかろうか。この点について，『神戸開港30年史』は「当時兵庫津の町会所賦金（現今の営業税の如きもの）弐万五千円の県庁に保管せらるゝあり，而して此賦金たる，神戸港貿易商人の積立たる五厘金と同様に，種々の公用に費消せらるゝなり，今此賦金を以て新川疎通の費用とせば，兵庫津の資本を以て兵庫津の公益を計る者，名実其宜しきを得るのみならす，賦金を他の費途に充用当支出さるゝの不利なくして，兵庫は永く其益を享受すべく，工事の損益相償はずとするも，賦金弐万五千円を損する覚悟を以て従事せば，開鑿の成効を告るは明かなり」（同前516頁）と，地域共益金と説明している。『神戸市本編総説』（135頁）も，兵庫町賦金としている。貿易五厘金も初期は，町会所で扱っており，五厘金と営業賦課金が混同され処理されていた。東京府の七分積金は有名であるが，これと同類の地域共益金ではなかろうか。『神戸開港百年史』も，「神戸港の貿易五厘金にあたる県の保管していた兵庫港の町会所賦課金」（前掲「開港百年史港勢編」39頁）としている。なお『神戸市史編纂資料第77号』は，2万5,000円を貸付けたが，うち1万5,000円は娼妓賦金としている。いずれにせよ県の普通経済以外の預り金から支出しており貿易五厘金支出明細（119頁）から新川社への融資は見当たらず，貿易五厘金という確定はできないのではないか。
（3）前掲「市史本編各説」475頁。
（4）なお北風正造の出資金は，神戸市『神戸市史本編各説』では1万円，村田誠治『神戸開港30年史下巻』では5,000円となっているが，ここでは5,000円して試算することにした。地域外の小西新右衛門に出資金を求めたのは，島田組を事業に参加させたので，営利事業とみなされ，批判をあびたので，「地方名望家の入社を促し，此の事業の公益に存するの信用を厚からしめんと欲し」（村田・前掲「開港30年史上」519頁）といわれている。しかし，小西新右衛門は「前途の損失を気遣ふて躊躇決せず。神田乃ち北風荘右衛門と相謀り，若し事業成工の上損失あらば，其損失は神田北風に於て負担すべく，毫も小西に損耗を蒙ぶらしめざるべき証書を授け，辛うじて小西の名を仮るを得たり」（同前519頁）といわれている。
（5）前掲「市史本編各説」475頁。
（6）和久・前掲「神田翁」56頁。
（7）実際の推移は，波乱にみちた経過をたどっている。「9年5月8日地所を分割し，海岸埋立地赤15箇年貢租免税地として認可され，同年7月3日に至り，各券状を以て社員出金の多寡に応じて地を分配せり。然るに此当時土地の価値甚だ安くして社員の損失たるを免れず，之が為めに小西の如きは神田等損失を負担するの約束を以て入社せし者なれば，損失の補償を得んと迫り，将に出訴の手続に及ばんとするの葛藤を生ず，神田乃ち小西の出資の弁償し，土地の分配を得て後年大に利する所ありしと云ふ」（村田・前掲「開港30年史上」524頁）といわれている。

造成用地売却と事業収益

　新川運河の事業効果として，事業収支をみると，第1に，経費の内訳（表8参照）は，潰地1万4,602坪，屋敷道敷等9,500坪の買収費3万1,612円，建物除却料2万3,295円，工事費6万7,627円などの合計12万2,534円と，その他4,451円の合計12万6,985円となっている。

　また運河利用料収入は，利用状況は，船10万隻，筏1万連が見込まれ，料金は合計9,575円が2年目収入として見込まれている。また貸地収入2万3,507円が6年目収入として推計され，合計3万3,082円となる。(1) ただ管理運営費・工事中利子負担・減価償却費などの負担があり，収益で事業費・出資金を補填できる状況にはなかった。

　第2に，結局，超過買収用地15.15万㎡から，運河・道路用地をのぞいた，新川社の付帯事業宅地8万3,391㎡をいくらで売却できるかであった。1㎡単価約2円で売却すると16万6,782円，表8の工事費12万6,985円との差引3万9,797円の黒字，表8の事業資金費13万6,985円との差引でも2万9,797円の黒字となる。

　しかし，表8の県借入金2.5万円・事業補填金3万6,985円を返済すると，3万2,188円の赤字で，1坪2円で土地売却では，出資者は利益を得られない。もっとも運河を売却すれば，10万円前後の収入が見込まれるが，買手があるかどうかである。

　第3に，1坪3円の土地売却では，事業補填金・町会所賦金の返済費2万5,000円の合計6万1,985円を弁済しても，売却収入25万173円で，事業費12万6,985円を引いても，6万1,203円の売却益がえられ，ほぼ出資金に見合った還付をうけることができる。(2) 出資金は北風正造5,000円，神田兵右衛門（小西新右衛門出資金肩代）1万5,000円，嘉納治郎右衛門4万5,000円の合計6万5,000円で売却益とほぼ見合っている。

　第4に，新川運河の事業収支は，神田兵右衛門の資金力から，工事費の増加は，予想外であり，窮地に追い詰められ，神田は私財を投入し補填したといわれている。しかし，当時，神田はそれほどの資金力はあったか疑問であるが，地価は数年で数倍になっており，新川社が高値買却で，莫大な開発利益の内部化を満喫できたかどうかは不明である。(3)

表8　新川運河開設費　　　　　　　　　　　　（単位：円）

区　　分	金　額	備　考	区　　分	金　額	備　考
神田兵右衛門	25,000	兵庫町会所賦金	各　町　買　上　地　代　金	31,612	
北風荘右衛門	5,000		旧建屋取除料並借家人立退料	23,295	
小西新右衛門	15,000		土　木　諸　　費	67,627	
嘉納治郎右衛門	45,000		明治7・8両年分地租・区費町費	709	
	36,985	損失補填補償額	局　　費　　月　　給	3,742	埋立費除外
合　　　計	126,985		合　　　計	126,985	

資料　村田誠治『神戸開港30年史上巻』519〜524頁。

　第5に，神田兵右衛門は，新川開削土砂をもって，兵庫海岸1万7,490㎡の埋立を実施しているが，東川崎町など15町村を説得し，公有財産形成のため埋立費用を支弁させている。新川社の付随・追加工事を行ったが，施行主はこれら区町であった。[4]

　海岸整備もかねて事業化されたが，地価上昇が確実に見込める，公有財産創出となった。実際，地価は高騰し，東川崎町は「納租ヲ恐レタルノ浜土モ忽チ巨万ノ価値ヲ有シテ其収益頗ル多キニ至レリ」[5]と，利益の恩恵大なるとして，感謝状を贈呈している。

　この付帯事業は，新川運河事業の会計とは別個の事業と考えられる。そのため「兵庫港に与へたる便益は勿論，至大の共有財産を町民に得せしめたるの効は，町民の永く忘るべからざる所なり」[6]と，称賛されている。

　しかし，事業経営戦略としては，兵庫運河建設への事業資金として保留し，地元へは寄付金など，遂次，交付すればよかったのではないか。

　第6に，間接的事業経済効果は，兵庫運河の構想が挫折したので半減したが，船舶の遭難減少，船舶輸送コストの軽減などである。間接的経済効果は，災害被害・港湾荷役などの節減効果を積算すれば算出できる。さらに間接的経済波及効果として，運河沿岸地区の工場用地の立地改善などもあげられる。

　新川運河事業は，間接的経済効果・非経済派及効果はいずれも大きかったが，民間事業者にとって，直接・間接的効果を含めて事業収支を評価できない。しかし，新川運河事業の売却用地の価格が不明であり，評価ができない。もっとも神田兵右衛門が破産することなく，その後も活躍しているので，まずまずの

処理がなされたといえるのではないか。

注
(1) 運河・用地収入の内訳は,『神戸市史編纂資料第100号』29～34頁参照。
(2) 新川運河開設(表8参照)の収入内訳は,『開港30年史下巻』(516～524頁)では,嘉納治郎右衛門が小野組破産のため出資金4万5,00円を出資していることはっきりしている。ただ神田兵右衛門が小西新右衛門の出資金1万5,000円を肩代わりしたことは推測できる。しかし,それも事業資金不足分3.7万円は,嘉納が立て替えたか,神田か不明である。
(3) 1㎡当り5円で売却したとすると,売却額41万6,955円で事業費12万6,985円・損失補填補償費・町会所賦金返済費の合計18万8,970円との差22万7,985円が配分収益金となる。出資金6万5,000円の資金比率で配分すると,北風正造1万7,532円(7.69％),神田兵右衛門は小西新右衛門の立替分1.5万円で,5万2,619円(23.08％),加納治郎右門15万7,834円(69.23％)で,やっと出資への収益還元ができたことになる。もっとも実際,新川社がいついくらの面積を,いくらで売却したか不明であり,加納宗七の先例もあり,資金力の問題となる。
(4) ただ埋立地は,「新川両岸及び寄洲を埋築して得たる土地を湊西区有財産となし,又西出・東出・東川崎町及び南浜一帯の地先を整理せしめ,之を各町の共有財産となし,区民其利に浴する所頗る多し」(前掲「神戸市史・別録1」62～63頁)といわれている。
(5) 和久・前掲「神田翁」65頁。
(6) 村田・前掲「開港30年史上」524頁。

神戸駅設置と都心形成

　明治7(1874)年5月,国鉄大阪・神戸間が,10年には神戸・京都間が開通し京阪神3市は,一体化した。神戸－大阪間は1日8往復,片道所要時間66分,大阪－神戸間の運賃40銭であった。工事は難工事で石屋川トンネルをはじめ,相生橋跨橋など,産業遺産ともいうべき,構造物が構築された。

　神戸市にとって,神戸駅から近距離に三の宮駅(現元町駅)が設置され,港湾関連企業をはじめ多くの企業が,居留地から神戸駅にかけて立地し,都心形成に大きなはずみとなった。

　神戸・大阪間の開業当初の駅は,西宮・神崎(現尼崎)のみであった。神戸駅設置は,居留地造成より以上のビッグプロジェクトであり,周辺整備も含めると,面積23.6万㎡であり,国鉄東海道線の西の終点が,神戸に決定されたことは,神戸の発展,そして都市整備に大きなインパクトとなった。政府は明治3

年に神戸駅の場所を，兵庫と神戸の中間である，比較的閑散な三軒家と決定した[1]。

『神戸駅史』によると，用地買収面積5万1,486坪（23万5,903㎡）で買収単価1㎡当たり0.78円（1坪当り2.58円）であり，買収費推計18万4,004万円となる[2]。明治3（1870）年3月に着工（イギリス人技師ダイアック指導・監督）されたが，5年に民家移転などを実施し，7年3月に神戸駅区域の決定をみ，7年5月11日に仮開業となっている[3]。

神戸駅整備として，停車場用地（約5.2ha）だけでなく，周辺・関連施設整備も含めて，多くの事業が遂行された。第1に，福原遊郭（旧面積1万5,800坪）が設けられたのは，明治元年であるが，神戸駅の計画区域内に組み込まれ，4年に湊川東の荒田南へ強制移転された。なお移転にともなって，1割増しの換地，移転料2万6,000両，周辺・地域内の道路整備が決定された。

要するに用地買収方式であるが，移転用地（換地）の事前街区整備・道路等整備がなされ，土地区画整理がなされ，明治4年6月着工，同年10月竣工している。しかし，街区整備が如何に立派になされても，移転させられる業者にとっての関心は，実質的な損失であった。

神戸駅と湊川荒田では地価は格段に格差があり，新設2年の移転からみて補償費は少なく，福原楼主の苦労は続き，経営は困難をきわめた[4]。

第2に，神戸駅区域内民家の移転が必要となり，隣接地の新市街地整備事業（仲町部整備）が明治4年4月計画決定され，6年10月に竣功している。

道路整備として，明治5年，貿易五厘金で，鉄道沿線道路・踏切道路など3,206両，三宮駅・旧生田川，西宇治川・旧生田川など連絡道路9,595円，その他道路整備費295円を支出している。さらに神戸駅周辺新道4街路など，県費・国庫補助金7,791円で整備されている[5]。

第3に，神戸駅設置もあり，明治元年，兵庫県庁が兵庫切戸町から，兵庫・神戸の中間の坂本村に移転され，官庁街が形成されたが，ことに三宮駅の設置が大きな吸引力となり，都心が形成されていった[6]。

県庁は，慶応4（1968）年6月に着工，明治改元の9月16日に落成している。敷地面積5,480坪，建坪795坪，建設費3万3,860両（建築費のみ2万8,734両）であっ

た。以後，公共施設の立地が続いた。明治2年3月，神戸病院（民間寄付550坪），さらに湊川神社の創建もあり，総合的市街化が進んだ。

　第4に，湊川神社の創建である。慶応4年3月に兵庫県裁判所勤務の岩下左次衛門が，伊藤俊輔（博文）らと連名で，政府に設立許可を願いで，同年4月に許可をうけ，造営料として，明治天皇から1,000両が寄付された。

　用地は市民の献納と，兵庫県の買上げの7,232坪で，建設費は，明治天皇から4年営繕料として4,000両と民間・官界からの寄付金でなされたが，実際の建設費2万2,400円を上回った。明治5年1月に建設着工され，9月に竣功され，北風正造は造営御用掛を拝命した。

注
（1）神戸駅が「未開発に近い西部の地が決まったことは，中部の神戸村あたりは比較的村落が密で，さらに東部は，外人の居留地でもあることから，これらの地を避けて，無難の所をとりあげた」（国鉄神戸駅『神戸駅100年の歩み』3頁，1974年）といわれている。これに対して，東部小野浜などの方が，福原遊郭の移転もなく，広大な駅用地の取得が可能との意見もあるが，都心形成からみて小野浜は東部に寄りすぎている。
（2）なお北風荘右衛門が停車場構内予定用地として広大な所有地を無償で寄付したといわれており，用地費はかなり減額されているはずであるが，関係文書には明記されていない。
（3）神戸駅の面積は，どの範囲まで対象とするかで違っている。停車場関連用地は5万2,317㎡で，道路6,256㎡，停車場4万867㎡で，残余5,194㎡は，2,557円で三井組，専崎弥五平らに払い下げとされている。『神戸市史編纂資料』（第94号，土木関係書類其1）参照。神戸駅『神戸駅史』（昭和32年）11～13頁参照。
（4）福原移転については，立地してわずか2年で湊川堤防の田圃へ強制移転させられるのでかなり抵抗があった。移転料として1楼当たり平均25両が支払われたが，妓楼経営者は莫大な損失であった。その後福原は，遊郭廃止令・湊川決壊など多難の道を歩むことになる。一般民家について1世帯当たり25両～35両が支払われている。同前11～13頁参照。福原は移転新築費の負債，遊女解放令の打撃，貸席営業の自由化などで，廃業の危機に瀕するが，森岡県令の遊郭福原限定方針で息を吹き返す。しかし，明治29年8月30日の湊川氾濫で，死者数十名，損害10万円以上で，これも湊川堤という災害常襲地域に移転を命じられたからであった。村田・前掲「開港30年史上」264～270頁参照。
（5）同前443～446頁参照。
（6）県庁移転の理由は，「兵庫切戸町なる兵庫裁判所仮事務局は其儘県庁なれり，然るに庁舎狭隘執務に便ならず，且運上所及居留地と隔絶せるを以て」（前掲「市史本編説」111頁）といわれているが，兵庫地区にとって大きな衝撃であった。

4　街区整備・街路建設のシステム

　明治前期，都市整備で脚光をあびたのは，拠点開発・道路整備事業であるが，街区事業がともなわなわなければ，道路整備も容易でない。明治から昭和にかけて，法制度は未整備であったが，精力的に街区整備が，行政と住民の自主的努力で，事業実績をあげたが，その発展をみてみる。

街区整備手法の発達と実績
　明治初期の10年までは，居留地事業（用地一括買収方式面積21.1ha），神戸駅設置（用地一括買収方式面積23.6ha），新福原移転事業（替地交換方式面積30ha）などが，用地買収方式で一括街区整備が行われた。その後，市街地化に対応して，居留地・神戸駅の周辺地区で街区整備が行われた。
　第1に，山手新道街区事業（沿道負担制度；面積約90ha推計）・仲町部街区整備事業（換地移転・事前設計方式；面積30ha）なども，政府直轄事業であるが，実質的には県施行方式で行われた。
　しかも住民の事業参加・用地提供・費用負担が，不可欠の前提条件であった。なお兵庫新市街（21.8ha）も，同様の方式で行われているが，事業形態は住民主導型であった。
　第2に，明治後期には，新道開さく・地域更生事業（表30参照・443.5ha）へと発展し，住民の主導性が高まっていった。事業工区15，総面積443.6万㎡，平均幅員5㎡とすると，延長8万2,544m，面積41万2,720㎡の道路を捻出したといえる。
　第3に，大正期には，都市計画法が制定されたが，耕地整理法にもとづく，耕地整理事業（表61参照・957.2ha）が全市的に行われた。この時期の耕地整理事業は，大規模化し都市資本家主導の事業が多くみられた。西部耕地整理組合事業のように事業面積1,804haで，しかも土地資本の大半が参加した。
　第4に，昭和期には区画整理事業（826.6ha）が，周辺地区で実施されたが，地域的に六甲山麓の丘陵地もあり，事業は中絶，戦後完成という，苦難を余儀なくされている。

表9　神戸市街地整備事業の手法別一覧　　　　（単位；ha）

年代	事業名	場所	方式	市街地面積概算
明治前期	市街地整備事業	都心西北部	街路整備・地主合意方式	215.7
明治後期	新道開さく事業業	都心周辺部	新道開鑿・地域更生事業	443.5
大正期	耕地整理事業	周辺田園部	耕地整理方式	957.2
昭和期	区画整理事業	郊外山麓部	区画整理方式	826.6

　街区整備事業の面積（戦前の神戸市）をみると，明治末期の面積（表9参照）は，合計659.2ha，有租地宅地面積870.6ha，道路・学校・官庁などの免租地2割とすると，1,088.3haとなり，街区整備面積659.2haで，60.6％という街区整備地区が高い整備比率となる。

　このように街区整備が，住民の自発的努力で，広汎に実施されたことは，特筆すべき動向で，都市づくりが，公共セクターだけでは，十分な成果をあげられない立証事実といえる。また開発利益の公的還元として巨額の利益を，都市自治体にもたらしている事実を評価すべきである。

山手新道開設と国庫補助金

　明治前期，山手新道，仲町部，兵庫新市街の3つの街区整備が行われたが，用地は地元住民の所有地であるため，街路の幅員も，居留地より見劣りがするが，区画整理方式の原型としての街区整備となった。

　第1に，山手新道地区の施行区域（明治5年，鉄道以北10路線，鉄道以南3路線，6年竣工）は，図3にみられる国鉄以北の都心北部全域であり，兵庫県庁・生田神社などを含む，山本・中山手・下山手通の一帯である。外国人の山手への居住によって，市街地の整備がせまられた，推計約90haの広大な地区である。

　第1次山手新道開設事業は，明治4年に阪神間の国鉄軌道敷地整備が行われ，南北遮断されるので，道路整備が不可欠となった。兵庫県は5年に事業化を大蔵省に要望し，全額国庫負担金（4万600両）で施行した。南北道5線，東西4線，幅員6〜7間（10.91〜12.51m）で，明治5年6月8日着工，6年9月完成したが，全事業は達成されなかった。

　第2に，第2次山手新道開設事業で，国鉄以北の市街地は，南部の居留地・

図3　神戸山手地区整備概略図

出典　小原啓司「神戸の街づくり」『区画整理』第37巻第1号52頁。

海岸通などの業務地が広がりをみせると，兵庫県庁などを含む市街地化が進み，さらなる整備が迫られた。

山手地区整備の事態打開のため，「19年に北長狭通50ヵ町が協議して，山手道路の改修を嘆願し，併せて道路予定線上の家屋新築の禁止を求めた。これは，前の嘆願以後地価が高騰し14年当時の2倍以上になっていたことが，改修をより困難にする」[1]と，考えられたからである。

明治21年，内海知事は，関係51町を督励し，事業再開をうながした。しかし，事業計画が長引き，国庫補助金2万2,000円，事業費6万6,500円で，「国庫補助が認められたが，その額は費用の3分の1にすぎなかったため，残りを，直接に利益を得る新道沿線の地主が用地や工費などを寄付すること」[2]で事業化され，21年6月にようやく決着を見，22年5月に竣工している。

第3に，同事業は用地買収方式であったが，道路開設による土地の不整形，

表10　第2次山手新道開設事業収支　　　　　　　（単位：円）

区　分	金額	備　考	区　分	金額	備　考　㎡
国庫交付金 地主寄付金	22,756 43,812	 43,812坪，うち1等地37,285円，2等地5,911円，3等地559円	道路用地 工事費 家屋移転費 雑費 予備	48,260 14,190 1,364 600 2,154	買上用地うち，2等地2,908円，3等地1,539円
歳入合計	66,568		歳出合計	66,568	

資料　小原啓司『明治の区画整理』10・11頁。

裏地が表地になる不都合，地主負担の不公平など，さまざまの問題が発生した。このことが新道開さく・地域更生事業などを，考案する要素となった。

なお事業収支（表10参照）は，歳入は国庫交付金が3分の1しかなく，地主の寄付収入で辻褄をあわせている。また歳出では移転補償費1.364円と，先行的事業のため少なくで済み，純粋の工事費21.3％と5分の1で，寄付もあったが，道路用地費が72.5％と圧倒的に大きい。

この事業によって山本通・中山手通・上山手通・下山手通の東西道路，生田宮筋・三の宮筋・諏訪山筋・再度筋など南北道路が整備された。もっとも全計画が完成するのは，20年以降になってからである。

注
（1）・（2）前掲「市史行政編Ⅲ」20頁。
（3）1等地8,012坪，2等地1,937坪，3等地559坪で，金額で90.78％が寄付であり，面積9割以上が寄付用地である。注目されるのは，1等地全部が寄付であり，2等地は時価3割で購入し残額寄付，3等地時価7割で購入し残額寄付であり，零細地権者の多い2・3等値に配慮をしめしている。小原・前掲「明治の区画整理」11頁参照。

仲町部・兵庫新市街の街区整備

仲町部の施行区域（図4参照）は，神戸駅北部の国鉄・湊川・宇治川・西国街道に挟まれた，多聞・中町通の湊川神社を含む地区で，神戸駅設置にともなって，住民の移転先として街区整備を実施した。

図4　仲町部整備概略図

出典　小原啓司「神戸の街づくり」『区画整理』第37巻第1号51頁。

移転料2万6,000余円，さらに貿易五厘金会計から3,000円の借入金で事業費を工面している。南東－西北1軸最大130m，南西－北東軸最大130mであった。相生町年寄金谷清次郎の申請で，仲町区画工事が行われている。
　同事業は，神戸・兵庫の中間地区9万800坪（30ha）で，新市街地整備事業（仲町部整備）として明治4年4月計画決定され，6年11月に竣功している。街路新設として約6間幅（10m）東西線5街路（上橋通・橘通・多聞通・中町通・古湊通），4～6間幅（約7～10m）の南北線9街路（楠社門前筋・東門筋・御前筋・西門筋・大中筋・中筋・西中筋・福原大門筋）が整備された。
　工事費は2万1,300両であった。道路比率10％とすると，約9,000坪であり，買収でなく拠出方式で捻出したとすると，公共セクターにとって大きなメリットであった。
　仲町部区画工事は，道路整備だけでなく，街区整備も並行して行われているが，明治20年代の地域更生事業と単純なる街路整備事業との移行期の事業といえ，制度的にでなく，行政指導的な規則による事業であった[1]。
　これら仲町一帯は，立地条件の良さもあって，兵庫県庁など官庁群として，公共施設が集中（兵庫監獄・県立病院など）し，湊川神社も明治5年には整備され，繁華街としても条件もととのっていった。
　兵庫新市街の施行地域（図5参照）は，湊川・国鉄・西国街道の囲われた湊・永沢・三川口町などの地域である。神戸・兵庫を連絡する西端の位置し，南北軸約100m，東西軸約120mの地域である。
　神戸駅が設置されると，旧兵庫地区への市街地化の波は波及していった。明治7年1月に兵庫県の事業認可をえて，新市街地（面積21.1ha）造成を計画し，同時に国道以南・湊川・兵庫地区に囲まれた地区で，7～13mの道路10本を整備するものであった[2]。
　地主相互の合意で，事業が遂行された，初期の新道開さく・更生事業が実施された。道路用地は土地所有者が拠出し，周辺の宅地を整備する方式で，面積20万7,900㎡，うち道路等面積3万9,600㎡，事業費1万1,500円は地元負担とされた。明治7年6月に着工し，同年11月に竣工した。この事業に追加し，8年1月着工，兵庫外輪堤を削平し，新市街地（0.2万坪，明治8年11月竣工）を造成

図5 兵庫新市街整備概略図

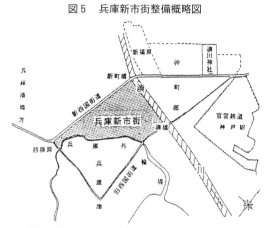

出典 小原啓司「明治期の神戸における市街地整備手法に関する研究」(平成12年1月)17頁。

した。

　要するに「地主たちが減歩, 換地, 費用を負担して地域の基盤整備を実施した初めての事業」(3)である。地主は道路用地6,428坪を無償拠出したので, 減歩率10.8％となった。

　事業費1万1,500円は, 防災用外輪堤(2,000坪)処分費6,485円で補填し, 不足額5,015円は, 1坪当たり8.42銭を地主が平等に負担している。公共用地処分による事業費捻出は, 街区整備事業では, 溜池売却として, 以後, 多用されるのである。

注
(1) 事業実施のシステムは,「県は現在の都市計画法にあたる『市街設置の条目』と称せられた, 道路の設計および家屋の建築に関する規則を村役人, 地主に示達し, 遵守するように請書を提出させ」(小原・前掲「明治の区画整理」16頁)ている。その内容は, 契約の趣旨, 建築の届出, 替え地の引渡, 計画道路の幅, 道路工事の負担, 悪水路と小橋の負担の7項目を規定している。なお詳細は(同前17頁)参照。
(2) 兵庫新市街整備については, 前掲「市史本編総説」231頁, 前掲「市史行政編Ⅲ」12頁参照。
(3) 小原・前掲「明治の区画整理」18頁。

栄町通開設と行政の知恵

道路整備はゼロからの整備であった。実際，開港当初の道路は，西国街道があるのみで，その他は畦道であり，交通増加で不便が一挙に増殖された[1]。

　明治4年，海岸より山手鉄道線までの道路3本，鉄道両側に道路2本を新設し，そのご海岸通・栄町通などが竣功され，相生橋（明治7年），湊川の新町橋（明治5年）が架設され，東西交通の便益も高まった。

　第1の街路整備が，栄町通開設であった。県官吏関戸由義が設計・監督で行われた。鉄道以南の神戸・兵庫間の新道路栄町通建設（明治5年7月計画・6年10月竣工）がなされた。

　この事業を1円の公費を使うことなく，卓抜した経営センスで実施した，稀有の成功実績であり，事業システムも，拡張収用方式と零細地権者の合法的駆逐という，際立った"開発技法の冴え"には驚嘆させられる。

　第1に，西国街道と海岸道路の間に将来の交通需要増加を見込み，今日の10間道路の栄町通（幅員18.18m）が開設された。注目されるのは，事業方式で，道路幅の約3倍強の超過買収方式（延長1,023m，面積5万6,000㎡）で，1坪当り5円（1㎡当り1.51円）とかなりはずんだ価格で買収し，道路両面に奥行き24.45mを宅地化している[2]。

　この超過買取方式こそ，栄町通建設の核心であった。建設後，収用地を高値で売却し，収益をあげるが，そのため購入者を間口7間以上の者に限定した。

　しかも購入者は「道敷溝石垣等諸入費ハ坪数ニ応シ出金可致候」と，事業布達に記載されており，購入費に追加して道路整備費に負担しなければならなかったので，資金力がなければとても購入できない。合理的道路整備システムとしては完璧ともいえた[3]。

　第2に，事業運転資金は，神戸為替会社（36万円）から随時借り入れ，事業後返却している。当時，新川運河の当初事業費5万円で，運転資金とはいえ36万円は膨大な資金を，為替会社をどのよおに説得して引き出したのであろうか。なお借入金については丁寧に会計処理がなされている[4]。

　事業収支（表11参照）は，差し引き4円の赤字とされているが，「これは合理的にみせるための帳簿上の仮装であった[5]」と，詐術の操作と非難されている。むしろ自主的採算性を追求した，見事な事業成果の証しとして賞賛すべき会計

表11　栄町通開設事業収支　　　　　　　　　　（単位：円）

区　分	金　額	備　考	区　分	金　額	備　考 ㎡
土地払下料	138,701	払下単価坪14.55円	買収移転費	161,791	買収単価坪5円、買収面積
会社引受地	54,323		立　退　料	6,740	56,000㎡、道路面積18,598㎡
旧　墳　墓　地	4,426		工　事　費	7,218	
			支　払　利　息	21,705	借入金約36万円（利息6％）
歳入合計	197,450		歳出合計	197,454	

資料　小原啓司『明治の区画整理』14頁。

操作である。

　第3に，注目されるのは，栄町の建設方法が超過買収方式を採用して，独立採算制で道路拡幅地を捻出している点で，「公費によらず，当初に費用を借り入れて超過買収し，完成後に借入金を返済し，施行者が取得した開発利益を事業費に充てたもの」(6)で，事業手法としては見事な出来栄えである。

　要するに道路整備後，超過買収した道路両側の4万5,956㎡のうち，4万3,926㎡は1坪当り14.49円（1㎡当り4.39円）で，2,013㎡は1坪当り7.26円（1㎡当り2.20円）で払下げて19万7,450円の収入を確保している。

　第4に，栄町通開設をどう評価するである。栄町通は，その後第一国立銀行・三井銀行の支店などが設置され，金融機関が集中立地していった。

　特筆すべきは，「造成区画は，すべての被買収者に払い下げず，在来居住者のうち表口を12.72メートル以上とするものに限り，希望により払い下げた」(7)が，巧妙な零細地権者の追い出しと批判された。しかし，これ以下の分譲地は，正方形とすると160㎡以下でスラムとなる。実際は，次善の策として従前土地所有者は，買収価格を予想より高額で収用したので，感謝状まで送られており，住民の犠牲で事業化がなされたと，当時の状況からみていえないのではないか。

　もっとも結果論からみれば，事業後，地価は高騰し，買収価格より高くなっているが，公共投資における先行用地買収方式の当然の結果である。もし事業完成後の価格買収では，施行者の事業収支が赤字となり，粗末な社会資本となり，開発事業の意味がなくなる。

　また街区整理といいながら，「現在の沿道開発土地区画整理とは似ているが，非なるもの」(8)と批判されている(9)。たしかに買収方式の欠陥として，表道の整備

はできたが，裏通のスラム化は増殖されることになるが，全面買収方式は財源の限界・住民の説得からみて，実施はきわめて難しい。

　しかし，土地利用の有効活用，都市景観の美化，狭小過密建築物の阻止，公費支出の回避，土地購入者への整備費用負担などの施策を実現するには，超過買収方式と大規模分譲方式をセットにした事業システムは，事業手法として政策的に容認されるのではないか。

注
（1）神戸の道路について，「所謂西国往還なる幅2間余の道路一條を除く外は乱雑にして狭隘，幅僅か四五尺なるもの多く，開港以来人民雲集し物資の運搬煩繁となるに及び往来の困難一方ならず」（前掲「市史本編総説」131頁）といわれている。
（2）補償金もかなり奮発している。「家作1万2,000坪には移転料毎1坪7両を交付し，借家人350人には1人移転手当20両を給し」（前掲「市史本編各説」446頁），また購入者には「1間につき6両2分の新道石垣築造費」（同前446頁）道路延長1,023m×2÷1.8×6.2＝7,047円を負担させている。
（3）ことに土地整理のみでなく，完成後の市街地建築も想定した事業システムで遂行されていった。「土地収公，移転補償，利益者，新築規制など，今日と全く同じ基本的条件をそろえていた。この栄町新道が単に十間道路建設を目的としたのでなく，その両側の市街形成をも規制しようとしたものであること，間口7間以上あった者に限って再住を許可したのは，それだけ資力がないと規定の建築ができないとみたからであろう」（赤松・前掲「財界開拓者」521頁），結果として，金融・商社がたちならぶ，立派なビジネス街が誕生した。立退きを迫られた住民は，予想以上の買収・補償費をえて，隣接の雑居地などへ移転していったのではないか。権力による零細地権者の無知につけ込んだ収奪との批判があるが，購入者にも施設整備の負担を課しており，事業後，市民は関戸由義に頌徳表を捧げている。
（4）巨額の運転資金のため支払利息2.2万円が発生し，企業会計方式で計上されているが，他の事業は，出資金・自己資金・一時借入金・つなぎ融資などを無利息資金で処理し，利子計上がなされていないのと大きな相違であり，徹底した企業会計方式で事業処理がなされた特徴がみられる。
（5）赤松・前掲「財界開拓者」522頁。
（6）～（8）小原・前掲「明治の区画整理」13頁。
（9）この事業の実像は，まさに露骨な資本の論理と利権の欲求が，露呈されたと批判されてきた。「宅地を買取ったのは三井，小野，島田などの豪商たちで，施工前から住んでいた者で再建を許可されたものは，恐らく極めて僅かであったにちがいない。かれら豪商，政商たちのために，多くの市民を立ち退かせ，その土地を収奪したことになるが，そうした荒治療を必要とした時代であったことも確かだ。…当時の彼としては『港内ノ美目』を完成するための，必要な手段と割切るほかはなかった」（赤松・前掲「財界開拓者」522頁）と弁護されている。しかし，同事業は公共事業

であり，街区設計という点からみて，第1に，業務地としての街区形成に零細な商店が立地して，街区の機能が発揮できない。第2に，栄町通の場合，従前用地のかなり高値で買収したが，その証拠に住民は関戸由義に頌徳表までかかげている。第3に，購入者はその分高値での購入となり，街区整備の負担義務まで賦課された。それでも購入後も地価は上昇していった。この方式は，地価上昇というトレンドを，ベースに従前の土地所有者と，事業後の購入者との開発利益の配分を，巧みに調整した戦略であった。そして公共セクターは，街路整備という形での公的還元を受けたといえ，関係3者が利益を配分した，巧妙な事業システムであった。

(10) 事業結果だけみれば，立地した大企業のみが，地価上昇利益を独占した感があるが，従前の零細地権者も，割高の用地買収も移転先で用地を購入すれば，利益を確保できたはずである。現実の市街地化を考えれば，もし栄町通整備がなければ，従前の零細地権者は，土地を買いたたかれたであろう。すなわち理想的観念論では，都市整備事業は評価できない。都市化の経済メカニズムと，公共メカニズムがどこで妥協し，都市化の利益を配分する線引きをどうするかであり，それを確実に実現する行政技能が発揮できるかであった。

主要道路整備と費用負担方式

第2の街路整備事業が，海岸通で明治4年2月，10万4,000両で護岸工事に着工したが，明治4年5月の台風で，海岸沿い道路は被害をうけたので，さらに復旧工事6,263両を追加し，5年12月に着工し，6年11月に竣功している。[1]

海岸通は，東運上所から宇治野川にいたる道路であるが，護岸工事による海面埋立によって，道路敷地を捻出された延長954間（1,717m），道路幅員10間（18m）の道路である。

さらに海岸通と居留地との連絡は，外国人の要請もあり，溝渠改修工事（東鯉川口・西弁天浜）を820両（貿易五厘金）で，明治5年3月に竣功している。

なお明治6年7月，8月と災害発生に見舞われ，工費960円で復旧工事を7年1月に完了している。税関の東海岸の護岸工事を，工費2,729円（貿易五厘金）で明治7年9月着工し，12月竣功している。

この一連の工事で，幅員33㎡の道路を整備するが，超過買収した用地8,897㎡は，1㎡当り2.07円（1坪当り6.83円）で従前地主に払下げ，約1万8,455円を収入したので，山手新市街開設費用に充当している。[2]

第3の街路整備が元町通であったが，事業化は明治後期にずれこんでいるが，海岸・栄町通・元町通と，都心3大街路であるのでここで説明する。元町通は

国道であったが，幅2間に過ぎない道路で，相生橋以西の5間（9m）幅の国道に連絡するため，拡幅が迫られていた。

　兵庫県は20年3月に計画を立て，沿道の建築を規制し，年次計画で事業を進め，23年に着工し，27年に完成している。工費7万6,500円であった。

　なお相生町国道と元町通の連絡国道も24年1万2,700円で完成している。湊川に新町橋が，6年着工，7年11月完成で，楠社前より柳原町をへて西部へいたるルートが完備された。

　この事業によって居留地と西部の連絡道路として，栄町・元町・海岸通の3本の道路が整備された。さらに相生橋が架設され，さらに湊川に新町橋が設置され，東西交通の便は大きく発達した。

　第4の道路整備事業が西国街道整備で，開港以前の広域幹線は，同街道のみであった。「開港後約10年間に其面目を一新せしが，就中特筆すべきは西国街道の改修なり」[3]といわれている。西国街道は，いわば神戸の主要広域幹線道路で，数次にわたって整備されていった。

　第1に，仲町部が整備され相生町から湊川までの連絡道路（6間）ができたが，湊川から兵庫の道路は細い西国街道のみであった。明治4年に兵庫相生町より湊川まで幅4間（約7m）の道路整備がなされていたが，湊川以西は幅2間に過ぎず，増加する交通量に十分な対応ができなかった。

　第2に，そのため交通の便を図っていくには，兵庫の町を通過しないバイパス道路を計画し，5年11月に兵庫県が大蔵省に申請し，許可をえて6年2月に起工し，7年3月に完成したのが幅6間（10.8m）の新西国街道（新国道）である。この工事によって，図5にみられるように，旧西国街道は湊川神社の手前から南下して，湊橋を経由して，V字型に西柳原へ到るルートであったが，幅員も狭く，迂回コースであった。

　しかし，新西国街道は，相生橋から湊川神社をへて西進し，湊川に架設された新町橋を渡り，直進し，西柳原町・浜崎通に至り，斜めに北上し尻池北町に達するルートで，距離が短縮され，幅員も拡大され，東は生田川から，西は東尻池村にいたる国道が，9年7月に竣功した。

　第3に，相生橋以東・旧生田川との西国街道は，幅員2間の元町通であり，

居留地北側をへて東部に連絡していいたが，改修は先にみたように23～27年にずれ込んだ。

　第4に，西柳原町以西については，「須磨境浜に至る工事をば，六公四民出費にて施工せむとせしも大蔵省の許す所とならず」と断念を余儀なくされている。

　第5に，生田川以東で御影村までの工事は，明治6年7月完成で，幅員4間未満で国道として認定されず，8年4月にかけて2万4,700円で拡張工事をしている。

　兵庫県は生田川より脇浜にいたる，東部連絡道路で，旧西国街道を改修し国道となし，さらに明治23年，県費1万円で生田川・小野柄間を改修し，小野柄橋架設している。この東部西国街道整備で脇浜・東尻池の広域道路が完成したことになる。

　第5の道路整備事業が有馬街道で，神戸と北部農村との連絡道路は，きわめて貧弱で，市内で2.72m，山間部に入るとわずか1.81mしかなかった。そのため兵庫・神戸地区と北部の奥平野，阪本，荒田，山田，さらに三田の含めた町村が協議して，兵庫三田間道路総延長27kmとして，うち13.4mを新道として，残余は旧道改修し，幅員7.24mであった。市内道路5,926mで，7年9月着工，工費4,900円で同年11月完成したが，実質的有料方式となった。

　その他多くの道路整備がなされた。神戸駅周辺の道路整備は，神戸駅の区域がなかなか確定しなかったので，兵庫県は明治5年幅員10.91mの道路4条の設計を策定し，神戸駅決定とともに，これら道路の建設に着工したが地価高騰で建設資金が不足し，国庫補助金をうけて，8年1月にはすべて完成にこぎつけている。

　三の宮駅連絡道路として，宇治川・三の宮駅は5年8月，三の宮駅・旧生田川は，明治5年11月に工事費1万2,000両でそれぞれ竣工している。さらに神戸駅完成後，周辺道路1,532mを国庫補助金5,000円に五厘金・賦金（娼妓関係特定財源）を加えて，8年1月に整備している。

　本格的道路整備が待てず，明治4年には鉄道に遮断されたため，鉄道以北の道路，鉄道以南の道路を4,000両で整備し，5年4月に竣功している。もちろんこれら道路は従来の畦道を拡張したに過ぎない応急工事で，本格的整備は将来

の事業に托された。⁽⁹⁾

　その他道路整備としては，雑居内内道路道路で，神戸区は明治12年以降，5年間で雑居内内道路33ヶ所を，貿易五厘金10万円で整備している。しかし，道路費用をすべて，貿易五厘金で支出することに問題がある。居留地は競売方式で道路費を負担しており，雑居地のみを特別優遇するのは不公平といえる。⁽¹⁰⁾

　明治10年の神戸市街地整備状況（図6参照）をみると，第1に，拠点開発事業は，居留地・新川運河・神戸駅は整備されているが，周辺整備は必ずしも進んでいない。

　第2に，街区整備は，仲町部は福原・湊川神社を含む地区であるが，街路整備が進み整然とした街区となっている。また兵庫新市街は，新町橋・湊橋の湊川以西の厳島社・湊町・永沢町などを含む三角地域も，区割が整然となされている。ただ山手地区整備は第1次事業がなされただけで，街路・街区整備はあまり進んでいない。

図6　明治10年の市街地

資料　神戸小学校開校30年記念祝典会『神戸区教育沿革史』34-1頁。

第3に，道路整備は栄町通は完成されているが，元町通は整備されておらず，細街路のままである。西国街道は相生橋から新町橋をへて，西柳原町にいたる整備がなされている。

　第4に，これら整備事業の対象外の地域は，街区・街路整備は進んでいない。ことに兵庫南部は細街路が迷路のように走り，しかも既成市街地で再開発は不可能であり，戦前は部分的道路整備で対応するしかなかった。要するに点的整備だけでは，スプロールは阻止できない。

注
（1）前掲「開港30年史上」431頁参照。（2）同前434頁参照。
（3）前掲「市史本編各説」439頁。（4）同前449頁。
（5）村田・前掲「開港30年史上」529頁参照。
（6）前掲「市史本編各節」453・448頁参照。
（7）負担方式は，「改修の費用は，兵庫，神戸両港の町々と沿道の諸村が協議したが，発起の町村では費用の負担に苦しみ，兵庫三田間の運送業を営む会社を設立して，その利益により補った。これは要するに，費用は開設後に道路を利用する会社が補填したのである」（1）（小原・前掲「明治の区画整理」20頁）といわれている。
（8）前掲「市史行政編Ⅲ」9・10頁。
（9）前掲「市史本編各説」443頁参照。
（10）小原・前掲「明治の区画整理」9頁。

第3節　神戸開港と港湾整備の展開

1　神戸港整備と築港計画の策定

　神戸の成長は，開港が起爆剤となったが，開港当初の神戸港の設備は，きわめて貧弱であった。網屋吉兵衛の船たで場と，幕府の海軍操練所（運上所）と，木製の波止場と石垣が野積みされた護岸しかなかった。幕府は急いで港湾を整備し，開港に備えた。

船たで場と海軍操練場

　神戸海軍操練所の跡地が，慶応4年2月5日（1968.2.5）運上所（東運上所）となり，同年4月，西運上所が設置され，明治5年，運上所は神戸税関となった。

しかし，開港まで公的資本が投入されず，多分に個人的犠牲で行われていった。
　第1に，近代港湾としての施設はなく，安政2（1855）年，網屋吉兵衛が自費で建設した船たで場が目立ったが，前面に立派な防波堤があり，内側の船溜は，東西113m，南北130mの広さがあり，第1波止場は，この船たで場を改造したものである。
　第2に，神戸海軍操練場は，幕府の財源で整備されているが，地元負担もあった。元治元（1864）年5月21日（1864.6.24）に，勝海舟の献策をいれて幕府が，船たで場とその周辺の土地1万7,000坪（5万6,100㎡）を選んで創設された。[1]
　単に教育施設だけでなく，掘割係留場もあり，船の修理工場も計画され，練習船として観光丸・黒龍丸を配置し，将来的には長崎の製鉄所を神戸に移管し，さらに石炭採掘を手がけるつもりであったが，勝の失脚によって，1年をみることなく，元治2年3月9日（1865.4.4）に閉鎖された。[2]
　以後，神戸港整備は，開港後は国庫負担が原則となったが，実際は県費・市費が投入され，さらに民間セクターも，収益事業として港湾施設を建設していった。明治39年の第1期神戸築港まで，築港計画にもとづく整備もなく，事業主体・費用負担は，流動的な運営がなされた。

注
（1）土居晴夫「神戸海軍操練場始末」『歴史と神戸』（昭和42年4月号）16～24頁参照。読売新聞社・前掲「神戸開港百年」97～101頁参照。前掲「兵庫県史Ⅴ」429～431頁参照。
（2）興味がひかれるのは，「長崎製鉄所をば，此神戸操練場の付属たらしめ，…又兵庫鷹取山の炭坑を操練局に隷せしめ，其産炭にして余りあれば，之を諸家の蒸汽船に売渡し，悪質の石炭をば之を近村の塩釜に払下げ，それ等の利益を以て海軍の入費に充当せしむ」（前掲「市史本編総説」18頁）との意見が採用された。前掲「開港百年史港勢編」55・56頁参照，前掲「兵庫県史Ⅴ」429・431頁参照。

神戸開港と応急施設整備

　開港時，東西運上所と波止波止場整備4箇所，倉庫3棟のみで，政府（大蔵省）・兵庫県は，神戸港を貿易港として整備するため，第1～4波止場・護岸の整備を進めていった。
　第1波止場の工事として，慶應4（1968）年2月に海軍操練所跡地に運上所

建設(東運上所)が,旧来の建物を利用して,同年2月5日に設置された[(1)]。

ただ船溜は下水が流入し,埋没が激しいので,旧幕府時代から浚渫がなされ,慶応3年9月から10月にかけ180両,4年春,224両で浚渫されている。溝渠を東に移し,流入土砂を阻止せんとする,工事費968両,その他付随工事793両である。

さらに外国人からの苦情をうけて,明治3〜6年にかけて浚渫317両,6年石垣工事など1,899円,付随工事375両と小刻みに追加工事を余儀なくされている。しかも4年の台風で石垣崩壊の復旧工事もあり,工事費合計4,916円に達している[(2)]。

また明治4年10月,東運上所など防護石垣,鯉川荷揚場造成など,整備費1万2,776両で5年3月に竣功している。これら工事も明治6年7・8月,7年8月の台風などによって破壊され,復旧工事費7,200両,改修工事6,263両が追加されておる[(3)]。なお明治17年,神戸桟橋合本会社が,第1波止場前面(図9参照)に小野浜鉄桟橋を建設したので,接岸荷役機能が拡大された。

第2波止場(改名第3波止場,現中央突堤)の工事としては,西運上所が慶応4年4月に設置された。明治元年に築造した波止場は仮設であったので,明治4年2月に着工し,同年10月に竣功し,輸出波止場として整備された。

工費11万778両で延長554mの防潮護岸を築造し,荷揚場・荷置場を整備したが,当時としては大規模工事であった[(4)]。

しかし,仮設の桟橋では,舟をつけることができず,荷物はすべて小船に頼らざるをえない状況にあった。この窮状をみかねて,明治6(1873)年,島田重五郎は自費で木造桟橋を架設したので,小型蒸気船などには非常に便利になったが,大型船は依然として,沖掛りであった。

島田桟橋の影響は大きかったが,無料であり,企業として継続・拡大する意図はなかった。政府は明治4年の太政官布告で,民間の道路・橋梁・港湾等について通行・利用料徴収を認めていたが,このような事業観念は,一般的に浸透していなかったといえる[(5)]。

明治7年3月,神戸貿易会社が,この桟橋を壊し,新規に大型の船桟橋を建設し,使用料方式で運用した。以後,神戸船橋会社が,明治15年11月に工事費

2万円で，大型蒸気船が接岸できる桟橋が敷設されていった。

　なお西運上所波止場築造工事と並行して，護岸工事が行われた。県は大蔵省に，明治2年に海岸石垣築造工事を，申請し認可され，幅18.06m（60尺），延長1,718㎡（955間）の海岸道路（東運上所から宇治川河口）を，明治4年2月に着工し，同年12月に竣工している。

　第3波止場（メリケン波止場，改名第2波止場）は，慶應4年5月，米国領事館前波止場鯉川口整備で建設された。なおメリケン波止場は，外国航路埠頭としては，貧弱で設備の不十分であったので，29年兵庫県が改修工事をしているが，36年には神戸市が1万円で補強工事をし，40年1月～44年3月にかけて4万円で拡充工事を施行している。

　第4波止場は，宇治川尻であり，弁天浜埠頭が明治元年に造成された。しかし，川尻であるため土砂で埋没が激しく，浚渫効果もうすいので，兵庫出在家久保善五郎の請負で，「一切の経費負担の見返りに造成地所有という方式」で，11年5月着工，12年2月竣工で工費1万700円で8,399㎡を埋め立てをしている。

　築造後，波止場が建設され荷揚場として活用された。この工事費・造成地払下方式は，以後，民間デベロッパー事業の都市・港湾整備の原型となる。

　なお西運上所波止場築造工事をはじめとして，東運上所など防護石垣，鯉川

図7　明治5年の神戸港

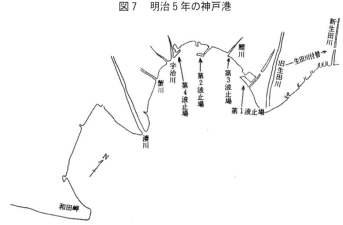

出典　新修神戸市史編集委員会『新修神戸市史行政編Ⅲ』5頁。

荷揚場造成など，数次にわたり護岸工事が行われ，錦絵にもみられる石垣の護岸側壁が整備された。

明治5年の神戸港（図7参照）をみると，第1波止場は船溜場で，第2・4波止場は埠頭らしき岸壁が伸びているが，本格的桟橋ではない。しかし，大河川の流入はなく，生田川・湊川に囲まれた天然の良港を形成している。

なお明治初期の神戸港整備に投入された経費だけで約40万円と推計できる。道路整備は雑居地だけで，貿易五厘金10万円を費やしており，港湾整備は不十分であった。

注
（1）東運上所は，華麗なる建築美を示し，「和洋折衷の宏壮なる運上所建築成り，其窓硝子の燦然として日光を反射するを見，これをビードロの家と称し，老幼相率ゐて来観し，人気頗る引立てり」（前掲「市史本編総説」78頁）と，市民の賛美が伝えられている。
（2）前掲「開港30年史・上」263頁。
（3）村田・前掲「開港30年史上」431〜433頁参照，神戸市『神戸市史別録Ⅱ』8〜10頁参照，以下，前掲「市史・別録Ⅱ」。
（4）神戸開港百年史編集委員会『神戸開港百年史・建設編』64頁参照，以下，前掲「開港百年史建設編」
（5）この桟橋は長さ30m弱，幅5m強という玩具みたいなかわいい桟橋である。「それでも沿岸航路の小汽船に直接着岸できるので，貨客輸送に大いに喜ばれた。当時はまだ企業意識が未発達であったから，桟橋を架けて使用料を取ることは考えていなかったらしい。……まだ資本主義の導入期であったから，自他ともに呑気なものであった」（赤松・前掲「財界開拓者」368頁）といわれている。
（6）前掲「市史別録2」（神戸の港湾）12頁参照。
（7）前掲「開港百年史港勢編」52頁。

マーシャルの神戸築港計画

神戸港の港湾能力は，きわめて貧弱であったので，明治4年12月，兵庫県令に神田孝平が就任すると，6年に初代神戸港長イギリス人ジョン・マーシャル（Jon Marshall）に命じて，神戸築港計画（図8参照）を作成させた[1]。

マーシャル（明治4年2月18日着任）は，明治6（1873）年10月に築港案（旧生田川と湊川北堤を基点とする防波堤築造・工費30万円）を提案したが，165haの安全港域を確保することであった。それは開港以来，数次の災害に見舞われ，施設

の破損・船舶の破壊・貨物の破損のみでなく，港湾機能の停止による貿易活動の途絶など，経済的損失は莫大な額に達した。

公共経済学からみて，防波堤なき損失は，築港費を上回るはずであったが，築港費は巨額であり，政府は時期尚早として，実現されなかった[2]。横浜でも大蔵卿大隈重信は，明治7年5月，「横浜港大波止場新築之議ニ付伺」を，太政大臣三条実美に提出したが，莫大な費用がかかるとして却下された[3]。

第2に，ジョン・マーシャルが，港湾荷役施設より，港湾防災施設の防波堤整備を優先させたが，神戸港のアキレス腱は，南東の台風に弱い点であった[4]。

そのため避難港として，防波堤構築が急務となったからであった。大蔵卿への神田孝平の「神戸港波止築出之儀に付伺」（明治6年11月28日）は，台風による被害が甚大でありることを強調している[5]。

実際，神戸港は，明治前期だけみても，数次の災害害に見舞われている。直接的被害は，人的被害の堤防・岸壁・船舶・建物以外に，船舶の積荷・倉庫の品物などの被害額が見落とされやすい。

さらに間接的被害として，港湾施設被害による荷役の渋滞，貿易取引の破談など営業活動へのマイナスなど，間接被害も甚大である。最後は災害復旧費の負担である[6]。もっともこれらの欠点・被害のほとんどは，築港計画での防波堤で容易に克服できるとみなされている[7]。

第3に，ただマーシャルの築港案は，政府をはじめ関係者の注意をひくこともなかったが，神戸築港計画の原案であった。築港前の神戸港を「猶ほ未だ裸体なり」と，天然の良港のみに安心すべきでなく，その無防備に警鐘を鳴らされてきた[8]。

なお明治初年に来日した外人技師のうち，オランダ人デ・レーケ（Johannes de Rijke）は，京橋船溜の前面に延長273ｍの平行埠頭を明治12年に提案したが，反響はなかった。

この平行防波堤は，あとにみる明治35年の小野浜防波堤で，当時で10万円で建設でき，建設費は埠頭料追加で対応可能で，建設費を上回る災害を回避できた。実際は23年後に造成しているが，その間の被害は人為的な産物であった。今日でも先行的防災投資より，災害後の復旧というシステムが実施されている

が，費用効果からみて拙劣な対応である。

　政府は財源がないと，神戸の提案を一蹴している。その一方，政府の明治前期港湾整備（表32参照）をみると，宮城県野蒜港（68.3万円），福井県坂井港（22.9万円）に巨費を投入し失敗している。さらに腑に落ちないのが，第1期長崎築港（明治15〜22年）を29.3万円で実施しているが，費用効果からみて，神戸として納得しがたい，政府の対応であった。[9]

注
（1）ジョン・マーシャルには，明治9年，逓信省に移り，54歳でなくなるまで，神戸港務顧問として，神戸港を愛し続けた，数少ない外国人の一人であった。前掲「開港百年史港勢編」30頁参照。鳥居・前掲「神戸港1500年」289〜290頁参照。
（2）この点について，「大蔵省では各方面の工事緩急の順序もあって，今直ちに承認することは難しいとして却下され，神戸港の築港案は，その芽をつみ取られた。明治6年といえば維新後間もない頃で，中央政府に港に関する認識を期待することは無理なことで，却下されたのももっともである」（前掲「開港百年史建設編」115頁）と，已む得ない結果と諦めている。問題はその後の動きで，殖産興業政策にもとづいて，全国的に築港されているが，神戸築港はこの流れに便乗できなかった。
（3）横浜港史刊行委員会『横浜港史総論編』76頁参照，以下，前掲「横浜港史総論」。
（4）神戸港が東風に弱いことは，「大輪田泊には和田岬の突出するあり，依りて以て西風を防ぐに便なれども，東風のは風急なる時は高浪岸を拍て碇泊し難きが故に，人工を以てこの欠点を補ふの要は夙に認められ」（前掲「市史本編総説」2頁），平清盛以来，防波堤・避難港は悲願であった。
（5）この点について，「東南を控へ，夏季に至候得は尚更風浪強く，波止並に石垣等屢々破潰年々度々取繕に失費多数相成のみならず，土砂次第に滞積し，港内漸次浅瀬を生じ，往々莫大之御大費にも立至，自然当港の盛衰にも相均り」（前掲「市史別録Ⅱ」60頁）と，防波堤なき損害がきわめて大きいと指摘されている。旧生田川と湊川北堤からの防波堤は「土砂等漸々波除の外手に流寄可申，為其波止返て堅固に相成候」（同前60頁）と，防波堤がきわめて有効と強調されている。
（6）神戸港の被害については，明治3年に最初の被害に見舞われているが，翌4年に発生した暴風雨で，難破船580隻，死者20人，行方不明16人，波止場・護岸の九分どおり損壊し，大損害となった。以後，神戸港は7年，10年，15年，17年，19年，21年，22年，25年，27年，28年，29年と毎年のように続して被害を被っている。神戸港の災害被害については，前掲「市史別録Ⅱ」171〜186頁参照，村田・前掲「開港30年史下」745〜753頁参照。
（7）神戸港の良港で，「予想される高浪と高潮は，人工を加えることによって克服しうるものであり，良港としての資質をいささかも損なうものではない。…港内に流入する河川も渓流河川であるが，港内を埋没して港湾としての機能を奪うほど土砂を流出することはない」（前掲「開港百年史建設編」5頁）とその素質のよさが強調さ

（8）村田・前掲「開港30年史下」301頁。
（9）高寄昇三『明治地方財政史第6巻』219～222頁参照，以下，高寄・前掲「明治地方財政史Ⅵ」。

マーシャル案への評価

　マーシャルの築港案（図8参照）をどう評価するかである。第1に，広井勇『日本築港史』は，「規模極メテ狭小ナリシ已ナラス兵庫方面ハ之ヲ港外トシ神戸港将来ノ発展ヲ予想セサリシモノノ如シ而シテ政府ノ之ヲ採用セサリシハ幸トナスモノナリ」と判断している。

　しかし，明治初期の時点では，財源的には批判は妥当といえても，機能・計画面では必ずしもそういえないのではないか。横浜港第1期築港事業も，150haの防波堤内船舶停泊海域を，確保する防波堤施設が主たる事業で，広井勇は「平常ニアリテハ甚シキ狭隘ヲ感スルコトナシ」と評価している。

　しかし，横浜港はマーシャルの神戸築港案の水域165haより狭いが，しかも将来の貿易増加に対しても，十分対応できると予測しているが，神戸港への評価とは矛盾する評価となっている。

　第2に，マーシャル築港案の防波堤は，神戸築港計画の小規模な防波堤であり，神戸港を南東の波浪から防止するに有効な設計であった。素人考えとしても，神戸港はその後，しばしば台風に見舞われ，港湾施設のみでなく，船舶も甚大なる被害をうけている。

　神戸港は天然の良港であるが，東南の風雨に弱く，しかも避難港は，新川運河・加納湾と少ないため，明治19～28年間に難破船数503隻で，大型汽船は1隻のみであるが，小形船舶の破損も加えると，被害は甚大であった。

　神戸税関は，明治33年9月から加納町物揚場前面90mの位置に，181.8mの島状の防波堤2本を築造し，35年3月に竣功している。工費14.9万円を投じてつくられた，神戸港ではじめての小野浜防波堤で，「ようやく静かな海面が得られ，内に物揚場が設置され，神戸港は大きな発展をとげた」といわれているが，一部港域の防災に止まっている。

　明治前期の神戸港整備をみると，小規模な桟橋・荷役場がつくられ，それな

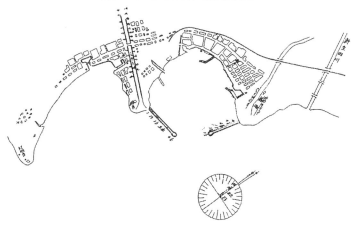

図8　マーシャル神戸築港計画図

出典　新修神戸市史編集委員会『新修神戸市史・歴史編Ⅳ』49頁。

りの効果がみられたが，本格的防波堤はなかった。歴年の被害総額は，防波堤工事費30万円をはるかに上回っており，マーシャルの築港案は，費用効果からみても，実施に価する整備案であった。

　第3に，本格的築港は，明治39年と大きくずれ，さらに桟橋も民営であり，国営港湾としては，長期にわたり，施設拡充を放置しており，実質的には地方・民営港湾とかわらなかった(6)。

　費用効果からみても横浜・神戸港を優先すべきであり，さらに明治元〜11年の勧業貸付金（1,539万円），起業基金貸付金（595万円），起業基金政府事業（内務省分442万円）など，数千万円の資金が全国に散布されたが，横浜・神戸港が対象外であるのは奇異な感じすらするのである(7)。

　第4に，神戸築港が，大幅にずれ込むとは，予想できなかったが，その間に失った損失は測りしれない。市政で関心をもたれたのは，明治29年に神戸市会で，正式に論議されるようになってからである(8)。

　全国的港湾政策からみても，政府のみでなく，地域にあっても，明治前期，各地域で必ずしも政策的に最適の選択がなされたか疑問であった(9)。

　また大阪港は港湾都市として地勢的に不利であったが，「典型的な河口港から近代港湾都市へと発展させた尨大なる資本の『下から』の突きあげということ

第3節　神戸開港と港湾整備の展開　　97

は，東北では考えられなかった[10]」といわれているが，公共投資牽引型の港湾整備が強引に展開されていった[11]。

　第5に，神戸港整備について，築港計画・政府陳情が，明治29年までほとんどなされていないが，横浜・大阪港について，明治初期の築港計画が，政府に財源面から拒否されたが，いずれもその後も，継続的に築港案作成・政府要望を行い。神戸港より早期に築港計画を実施させている[12]。

　神戸市は明治27年までほとんど動きがなく，横浜・大阪の築港具体化をみて，慌てて神戸築港の策定・運動を起こす有様であり，兵庫県・神戸市の怠慢は責められるべきであろう。

注
（１）広井勇『日本築港史』200～201頁 115頁。（２）同前101頁。
（３）横浜港内の広さについては，「繋船岸ヲ増設スルニ於テハ其為メ錨泊ニ要スル面積ヲ縮小スルト雖モ亦滞港ノ日数ヲ短縮シ以テ泊地ノ混雑ヲ緩和スルコトヲ得ヘシ」（同前101頁）といわれている。
（４）村田・前掲「開港30年史下」304頁参照。
（５）鳥居・前掲「神戸港1500年」180頁。
（６）神戸港の状況は，「神戸港に出入するり船舶と貨物は年々その量を増したにも拘わらず，海岸には小規模な物揚場が作られた程度で，港の名にふさわしい防波堤，岸壁，鉄道などもなく，本船は沖に係留し，貨物は艀で揚げ卸しするという形で，船主や荷主の損失は著しいものがあった」（前掲「開港百年史建設編」115頁）という状況にあった。
（７）明治10年代の公共投資については，表32参照。高寄・前掲「明治地方財政史Ⅰ」124～140頁参照。吉川秀造『明治財政経済史研究』法律文化社，昭和44年参照。
（８）この点について，「ジョン・マルシャルの提案以来20年以上もたった明治29年に，築港の要望が神戸市会の問題となり，政府を動かすにいたったことは，開港以来，30年間の貿易の発展と，それを背景とする神戸市の躍進がようやく政府の認めるところとなり，その必要性に注目したからであろう」（前掲「開港百年史建設編」113頁）と，神戸市は安堵している。しかし，政府は各地の港湾整備を精力的に実施しており，なぜ神戸だけが疎略にされてきた，不合理な現実を直視しなければならない。
（９）政府は，東北・野蒜港に，明治11～16年間に全額国庫負担で68.3万円投資しているが，利用はほとんどなく，17年には閉鎖に追い込まれている。「地域開発の拠点として港湾を新設しても，それを受けとめる後背地の経済力が十分でなかったとき，港湾が本来の機能を発揮できないという貴重な実験例とみられる」（寺谷武明『日本港湾史論序説』41頁，以下，寺谷・前掲「港湾史論序説」）と，厳しい評価となっている。
（10）同前42頁。
（11）明治前期の全国港湾整備については，高寄・前掲「明治地方財政史Ⅵ」219～257

頁参照，以下，前掲「明治地方財政史Ⅵ」。
(12) 横浜港についてみると　明治7年には，オランダ人ファン・ドールン（C.J.van Doorn），8年にはイギリス人ブラントン（R.H.Brunton）に計画を依頼している。しかし，これら2つの築港案は実現をみていない。前掲「横浜港史総論」77頁参照。しかし，その後，明治14年3月には横浜商法会議所は，「横浜港波止場建築の建議」を発表している。17年7月には調査委員7人を任命し，埠頭建設の具体案を作成している。そして21年の第1期横浜築港へと連動させている。大阪での築港は，明治5年4月，大阪府知事渡辺昇が中心となり，民間の築港義社を設け，民間から320万円を募集し，政府援助を得て40ヵ月で新港完成をめざした。設計はオランダ人ファン・ドールンが担当し，6年2月に成案となった。「折柄大阪頽勢のさなか，このような大事業をすれば一層衰微するとの憂いから，政府は一たん許可したにかかわらず，停止を命じるに至った」（前掲「大阪港史第Ⅰ」41頁）のである。だが明治13年，建野郷三知事の時，また築港の議が起こり，設計はデ・レーケ（Johannes de Rijke）であり，「当時工費予算359余万円で，12ヵ年をもって竣工せしめんとするものであったが，経費の調達ができず惜しくも中絶となった」（同前42頁）のである。それでも明治22年，市民有志による大阪築港会が組織され，25年には市参事会に建議書が提出された。西村知事は25年12月に大阪湾築港測事務所，26年4月に大阪築港取調所が設置された。内務省に設計を委託したが，デ・レーケが担当し，29年4月，調査を完了し，同年4月に市会の上程された。事業費1,412万円，補助金3分の1であった。明治30年5月，めでたく両院を通過している。事業費2,167万円と膨張し，補助金は明治43年度より10年間，毎年46.8万円の合計468万円であった。明治期大阪築港の経過については，前掲「大阪市史Ⅴ」385～439頁参照，新修大阪市史編纂委員会『新修大阪市史第6巻』450～476頁参照，以下，前掲「大阪市史Ⅵ」。なお大阪築港は補助率22％と低いが，浚渫土砂で造成した埠頭・埋立地は市有であり，市営港が必ずしも不利といえない。

2　港湾関連整備事業の展開

　開港直後，政府は慶応4（1868年）に第1～4防波堤の護岸・桟橋などの応急整備を実施したが，貿易額の増加にともなって，港湾施設の不足が深刻化していき，民間企業方式で施設の拡充がなされた。

　しかし，明治40年の第1期築港まで，本格的整備がなされなかったが，埠頭・桟橋だけでなく，荷役器具・倉庫・臨港鉄道などさまざまの施設整備がなされた。明治後期も含めてみてみる。

波止場整備と桟橋拡充

　神戸港整備は，明治40年の第1期築港事業までにさまざまの工事がなされたが，これら明治前期・後期事業をまとめてみてみる。第1の整備事業は，波止場の整備である。第1に，兵庫県は，メリケン波止場・西国波止場間の港湾施設（図9参照）で，税関前の岸壁・荷揚場・突堤・防波堤などで，明治29年10月から31年4月にかけて工費23万5,093円で事業を実施している[1]。

　なおこの県営船渠は「神戸港船渠」と改称され，「神戸港海陸株式会社」に経営委託し，使用料で原資の償却にあてた。神戸市は県に対して「港湾行政の一元化を期するため神戸市の管理経営に移してほしいと申しいれた」[2]，大正14年4月1日，25万1,000円で譲り受けている[3]。

　注目すべき点は，兵庫県が埠頭整備を民間に経営委託し，市場ベースで投下資本の回収を図っていこうとしていることであり，また神戸市がこれら施設を購入し，港湾行政の一元化をめざしていることである。

　第2に，メリケン波止場の増改築で，明治元年5月に開港とともに荷上場（延長18.2m，幅10.9m）をつくり，第3波止場としたが，機能は貧弱であった。明治29年，兵庫県営で増築工事をし，延長76.4mとしたが，36年に神戸市が1万円で補強工事を行なっている。さらに43年神戸市は再度，工費4万円で第2次拡張工事を実施している[4]。

　第3に，川崎浜波止場は，湊川改修会社が，明治30年の湊川付替工事で不用となった河川敷を3回にわって面積3万9,184㎡の埋立を行っているが，神戸税関は同埋立地を33万5,408円（1㎡当り8.55円）で購入し，税関施設として埠頭・荷役場を造成している[5]。

　第2の神戸港整備は，波止場が整備されても，乗船・下船，荷役作業は，艀方式で非効率きわまりない状況にあったので，桟橋の敷設が民間ベースで行われた。

　第1に，明治6年，島田重五郎の西運上所前小桟橋は，小型船舶の利便を図ったが，大型船は依然，沖掛であった。そのため7年3月，神戸貿易会社がこれを破壊し，船桟橋を架設し，使用料をもって営業を開始した。9年には鉄道寮によって蟹川鉄道桟橋が建設された。

第 2 に，明治15年 6 月の「神戸船橋株式会社」(2.5万円) が設立され，北風正造等が発起人で，第 3 波止場の既設船橋の西隣に当たり，長さ約164mで，大汽船 4 隻，小汽船 6 隻が係留できる桟橋（工事費 2 万円）を同年11月に竣工した。

　乗船の荷物・旅客より通行料を徴収し，会社経営を行った。この会社は，明治22年に経営者がかわり沖合船客の送迎・貨物積卸を業務とする神戸送迎会社となる。[6]

　第 3 に，明治22年 7 月，「兵庫船橋株式会社」が，兵庫島上海岸に長さ74.5mの船橋（浮桟橋）を架設し，当然，使用料を徴収した。その後，「兵庫運輸株式会社」が，この桟橋を買収し，設備を拡充したが，大正 2 年 7 月に大阪商船の所有となった。また23年には山陽鉄道が和田岬まで鉄道を引き込み，木造桟橋を敷設し，港湾荷役の効率化を図っている

　第 4 に，明治16年に「神戸桟橋合本会社」（資本金16万円；社長田中市兵衛）が設立され，明治17年11月には，小野浜鉄桟橋（第 9 図参照）を工事費14.9万円で建設された。大型外航船3,000トン，水深 6 ・ 7 m，沖係方式は不要となった。

　この桟橋会社は，わが国はじめての海陸連絡業であり，神戸港の埠頭施設が貧弱のため，「従来は神戸の税関設備が不完全あったため，外国人商人は貨物を香港に臨時に陸揚し，さらに1000トンの船舶を香港－神戸に配給し， 1 週間毎

図 9 　第 1 期築港計画前の神戸港

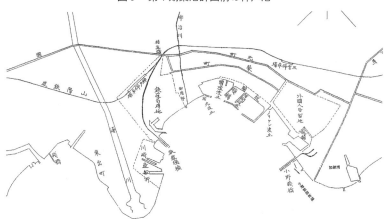

資料　神戸市『神戸築港問題沿革誌』23頁。

に分送していた[7]」という不便をを解消するためであった。

当時、大阪商法会議所会頭であった、五代友厚の提唱によって、大阪の田中市兵衛らが設立した。同社は、「わが国ではじめて海陸連絡業を営んだ会社であり、桟橋とともに倉庫や上屋も建築し、内外の船舶の貨物を取扱った[8]」が、資本は大阪を中心に、東京資本も参加しており、地元と資本の参加は少ない[9]。

神戸港への入港船舶が大型化し3,000トン級となったので、明治21年、全長280mに延長され、外国埠頭として繁昌を極めたが、42年6月、第1期修築工事の関係で政府に買収された。

余談であるが、神戸桟橋合本会社の関係で周知の事件は、同社は倉庫用地として1,500坪（4,950㎡）しか所有してあらず、税関用地1万1,047坪（3万6,455㎡）を無償貸与されていたが、この無償貸与が、会計検査院に指摘され、世間の注目を浴びたことである[10]。

第5に、先にみた神戸税関の防波堤工事に加えて、神戸港東部開発が進むにつれて、生田川尻を6万8,831円で埋め立て、荷役機能を強化を図っている。当時の税関は、荷役の検査機関でなく、活発な港湾整備を手がけている。

注
（1）工事は西突堤（工事費1.7万円）、東突堤（5.7万円）、荷揚場兼突堤（5.6万円）、荷揚場埋立護岸工事（5.7万円）メリケン波止場改築（1.7万円）百間波止場西手埋立（1万円）である。前掲「開港百年史建設編」86頁参照。
（2）前掲「開港百年史港勢編」104頁。
（3）前掲「開港百年史建設編」85・86頁参照。（4）同前258頁参照。（5）同前101頁参照。
（6）神戸船橋の桟橋については、同前711〜713頁参照。
（7）三輪秀興『神戸－そのまちの近代と市街地形成－』38頁、以下、三輪・前掲「市街地形成」38頁。
（8）前掲「開港百年史建設編」77頁。なお神戸桟橋については、同前710・711頁参照。
（9）なぜ大阪資本の参加となったかは、「この頃は兵庫の旧財閥界が次第に衰退を見せ、それに代わる神戸の新興財界はまだ育っていなかったので、大阪財界の進出を阻止できなかったのだろう。ともかく明治25年頃までの神戸港の施設は、このように始んど民間資本による建造に委ねられていた」（赤松・前掲「財界開拓者」369頁）と、原因は説明されている。しかし、それにしてもなぜ大阪資本が、競争相手の神戸港を利する桟橋を建設したか、それは利殖として絶好の対象であったからである。社長であった田中市兵衛は、神戸市内で1万坪の土地買占めをしており、湊川改修事

業への積極的に参加していることからの推測できる。
（10）どうして無償貸与になったかについて，「桟橋なる者は性質上より之を云はば，税関の司るべきものなれども明治17年桟橋建設の頃，政府は費金支出に困み民業に委ねしものなれども，政府の補助を与へたるや少なからず，且目下会社の業務に従事する人々も，嘗て税関に奉職せるもの多く，今尚官民混合の観あり」（村田・前掲「開港30年史下」296頁）と，当時の感覚からして，已むえない行為として弁明されている。しかし，国有資産であり，公益に資するといえ，利用者に有償利用させて，高収益企業となっており，無償貸与は違法である。しかも「明治17年4月会社設立の時無代価使用を差許し，同25年12月内務大蔵両大臣の達により，更に大蔵省用地の儘向30年間会社へ無代価貸渡の件，兵庫県庁と会社との間に契約せり」（村田・前掲「開港30年下」296頁）と，違法状況を確定させている。大蔵省の同会社への優遇は，官民癒着・政治汚職すら否定できないのである。

加納湾・葺合港と臨港鉄道

　第3の神戸港備事業は，港湾荷役場の造成である。第1に，避難港と荷揚場をかねた加納湾の建設である。加納宗七は，旧生田川川尻に私財2万円を投じて，水面1万600㎡の船溜を，明治6年7月から7年10月までかかりつくった。

　旧生田川の河川敷工事は，いわば払下用地の整備事業であり，民間デベロッパーというには，拘束のきつい事業であったが，加納湾造成事業は，純粋の民間デベロッパー事業であった。

　加納湾造成の動機は，明治4年の台風での被害をつぶさにみたが，回船業を営む宗七の船も含まれており，神戸港の安全のための避難港域造成が急務となった。

　加納湾の運営について，「その償却のため20年間40石以下は3銭，それ以上は200石までは10石ごとに7厘5毛の入港料をとっている」，要するに有料で，一般利用された。公共施設の有料制度は，「今日の有料道路の先祖ともいうべく，なかなかすぐれた着想であった」と評価されている。

　加納湾建設費の償却は，これら事業収入によってまかなわれるはずであったが，加納湾にも土砂流入があり，浚渫を余儀なくされ，船溜料を全額投入したので開発収支は苦しかった。それでも明治15年7月15日には，兵庫県土木課が葺合村を通じてさらになぬ浚渫工事を命令してきた。加納宗七は経営収支の悪化を理由に入港停泊料徴収期間延長を逆に申請している。

しかし，加納湾の経営が使用料徴収延期で解消されるはずはなく，加納宗七は隣接する神戸造船所との船溜利用料金前納解約を目論むが，キルビーの経営の苦境にあり目的は達成されなかった。

ところが窮地にたった加納宗七を，救済したのが神戸造船所を買収した海軍省で，加納湾周辺全体を買収したのである。この買収は「資金難から解放されると同時に，国益奉仕という名誉も得られことから，宗七にはまさに『渡りに船』で」であった。

加納湾は，明治17年，小野浜海軍造船所設置により，政府買上げとなり，海軍省小野浜造船所（明治17年・従業員1,000人）となったが，28年には工場閉鎖になり，船渠は兵庫県管轄となった。大正4年には鉄道院が湾を埋立て，操車場とした。

第2に，神戸港が東部へ発展するにつれて，加納湾だけでは避難港湾は不足するので，葺合港湾が建設された。神戸葺合港湾改築株式会社が，明治40年11月に着工し，43年2月に竣功している。工事費57万8,700円，埋立面積10万880㎡，水面積2万3,880㎡である。

第4の神戸港整備は，臨港鉄道の導入である。貿易貨物を港湾まで輸送する臨港鉄道の建設である。蟹川船渠と臨港鉄道の建設である。

もっとも古い臨港鉄道は，明治6年に神戸駅と神戸港桟橋を連絡した引き込み線であるが，本格的なものでないが，西南戦争では大いに利用された。貿易貨物を港湾まで輸送する臨港鉄道の建設である。

第1に，蟹川船渠と臨港鉄道の建設である。明治8年4月に鉄道寮（後の鉄道省）が，神戸駅の裏手に蟹川船渠（5,940㎡）を開設し，9年6月には136mの鉄桟橋を建設した。

さらに神戸駅から鉄道を引き込み，倉庫も付設して，いわゆる貨物ヤードとした。9年には鉄脚の桟橋が敷設され，西南の役がおこり，交通利便の埠頭として，大いに活用された。臨海鉄道としては，明治23年7月8日に開設された。

第2に，和田岬臨港鉄道の施設で，山陽鉄道の兵庫駅から分岐した和田崎駅（現和田岬駅）へいたる和田岬支線（2,897m）が，明治23年7月に完成している。明治26年12月には，兵庫倉庫への新川線（704m）が建設され，さらに今出在家

町の三菱倉庫まで延長されている。なお山陽鉄道は同時に桟橋を建設している。[7]

　第3に，小野浜臨港鉄道の建設である。東海道本線灘駅から小野浜をへて神戸税関構内に達する3,299mの鉄道敷設である。明治35年に議会の議決をえたが，日露戦争で中止となり，38年9月に工費約68万円で着工され，40年7月に竣功している。終点は小野浜駅であるが，操作場用地として加納湾1.2万㎡が埋立られた。[8]

　神戸築港前の神戸港（図9参照）をみると，本格的外航埠頭はなく，メリケン・百間・国産・弁天浜埠頭がみられる程度である。桟橋では小野浜鉄桟橋がみられるが，東部の開発は大きく遅れ，加納湾以外の目立つ施設はみられない。近代港湾としては恥ずかしい水準である。

注
（1）赤松・前掲「神戸財界開拓者」512頁。（2）同前513頁。
（3）松田・前掲「加納宗七」230頁参照。
（4）加納宗七が明治16年3月に兵庫県に申請した，料金徴収延長の理由者では，築港元金2万251円で，料金収入は15年までで1,556円で大幅赤字であると苦況を訴えている。その申請を兵庫県は5月に認可を与えている。同前235頁参照。
（5）同前239頁。
（6）前掲「開港百年史港勢編」38頁参照，前掲「開港百年史建設編」70～73頁参照。
（7）同前763～769頁参照。（8）同前766～769頁参照。

生糸検査所の設置・廃止・復活

　生糸貿易は明治以来，横浜港の独占であり，神戸貿易の横浜貿易の劣位の大きな要因であった。それでも明治20年代，関西2府19県の生糸生産額15万貫，輸出額4.3万貫（約56万円）であったが，横浜までの運賃コストのため，収支があわずもっぱら国内消費であった。

　明治24年，政府が横浜に生糸検査所設置の動きをみて，神戸商業会議所は，神戸港の生糸貿易を凋衰させ，関西の生産家に輸送上，大きな不利をもたらすとして，25年1月，政府に陳情し，国立生糸検査所が29年3月に設置をみた。

　しかし，神戸港での取引額は少なく，競争もなく，商いも低調で，結局，横浜港への出荷を余儀なくされ，生糸貿易は伸びず，明治34年，神戸生糸検査所が廃止され，関係者は輸送コストをかけ横浜港まで輸送を余儀なされた。

大正12年の関東大震災が発生したので，神戸市は経常費4.7万円，臨時費4.5万円を投じて，12年12月14日，市立生絲検査所を開設した。昭和2年6月にさらに拡充して，76万円で新生絲検査所を神戸税関構内に設置している。その後，110万円で生絲検査所の拡充し，昭和6年4月1日，国営移管となった。

　このような施設増設の結果，横浜港に対する神戸港の生糸入荷比率をみると，大正15年16.53％，昭和4年28.4％，7年33.25％と上昇し，以後の30％前後で推移しており，神戸港の生糸貿易は一定の地位を確保したことになる。

第4節　神戸区財政と特例制度の運用

1　町村財政と神戸区財政

　明治前期の神戸の財政は，明治11（1878）年の三新法制定までは，旧町村財政で処理され，三新法後は神戸区財政となるが，規模は2～4万円しかなかった。もっとも直接国税もそれほど多くなく，明治16年度では地租3万1,262円，酒税などの間接税との合計で9万9,231円である。地租をはじめとして，租税構造の改革が遅れていた。

神戸区財政と歳入構造

　神戸経済は，大きな変革に見舞われたが，旧町村は近世のままであり，しかも「明治初年の歳出入は詳に知り難し」[1]といわれ，公私区分は曖昧で，その範囲すら定かでなく公私混合財政であった。

　なお明治初期の区制では，町村財政は，旧慣に対して新制度が適用され，次第に整備されていった。旧制度では負担は，石高・戸数などの按分賦課であったが，地租条例後は地価を基準として，租税は安定したが，その後，実勢・法定価格との乖離は大きくなり，都市財政としては欠陥税制であった。

　ただ明治4年の歳入は約8,000両，神戸部5,000両，兵庫部3,000両と推計されている。11年に三新法体制となり，11年度神戸・兵庫区の歳入，6万3,000円で，

表12　神戸区財政収入　　　　　　　　　　（単位：円）

区分	地価割	分限割	営業割	戸数割	戸別割	雑収入	その他収入	繰越金	合計
明12	11,353	—	—	9,298	—	—	—	—	20,651
13	12,021	654	—	6,137	—	1,135	—	12	19,959
15	13,423	720	—	14,686	—	—	3,337	—	32,166
16	10,545	—	—	13,599	—	—	4,604	—	28,748
17	13,905	—	1,716	20,131	—	—	4,170	—	40,922
18	11,324	—	—	—	14,018	—	3,248	—	28,590
19	6,214	—	—	—	19,653	—	5,430	—	31,297
20	4,816	—	2,550	—	—	—	15,026	—	22,392
21	4,341	—	7,557	—	—	—	—	—	11,898

注　原表の数値誤算は総計で修正した。
出典　村田誠次『神戸開港30年史下巻』495〜497頁

神戸区4万5,400円，兵庫区1万7,600円であり，歳出4万7,500円で，神戸3万300円，兵庫1万7,200円である。[2]

しかし，都市経済化につれて，都市財政であるにもかかわらず，構造・運営が農村的財政であるため，負担不均衡が深化していった。典型的税目は地租であったが，営業割といえる年貢小物成においても，同様に負担格差がひろがっていった。[3]

なお明治6年7月，地租改正条例が公布され，神戸では11年1月に完了し，近代的土地税制といわれるが，実態は旧町村時代より硬直化した賦課方式であった。その後，都市部では地価上昇を，まったく反映しない地租は，都市財政貧困の元凶であり，戦前期を通じて都市自治体を苦しめた。[4] なお神戸・兵庫の地租収入をみると，神戸の優位は否定できない状況になっていた。

明治8年3月，兵庫県は政府の指導で，区費は地租の3分の1を超過するべからずと布告され，主要税目はまず国が，ついで府県が徴収し，残余を基礎自治体が漁るという構造で，三新法・市制町村制実施後も，このシステムは揺るがなかった。

明治11年の三新法地方税規則によって，地方税制は確立されたといわれるが，確立されたのは府県財政であり，区町村財政は放任されたままであった。地方税規則は，府県税として地方税を定めたが，「各町村限及区限ノ入費ハ其区町村ノ協議ニ任セ地方税ヲ以テ支弁スルノ限ニアラズ」（地方税規則第3条）と定めて

いる。

　地方税規則で神戸区財政が，都市的財政へと変革されたのでなく，町村と同様に民費が協議費財政となっただけである。区財政の歳入構造（表12参照）は，第1に，区税収入が累計の84.19％で，国庫補助金も借入金もない，町村財政に等しい構造であった。第2に，土地関係7税の比重が高く，地価割だけでなく，戸数割・個別割も半分以上は資産割で，区税の約8割であった。

　第3に，営業割は，税目としては定着しておらず，税収は少なく，都市的課税への対応が遅れ，事業者にとって有利な税制となっていた。

　第4に，地価割は，地租改正で地租の3分の1以下とされたが，18年8月（太政官布告第25号）で次年度より地租の7分の1に制限されたので，19年度収入が半減している。そのため戸数割収入が創設され，区税の細民重課性は強まった。

注
（1）前掲「市史本編各説」324頁。なお三新法前の旧町村の課税状況についてはは，同前312～330頁参照。
（2）前掲「市史本編各説」325頁。なお神戸区以前の11年度兵庫・神戸の財政規模が，神戸区財政の2倍以上あるのは，神戸区財政が，町村財政と区財政に分離したからではないか。神戸区のもとで，戸長役場があり，地域行政を分担していた。
（3）地租負担では「旧慣を株守し，部落同様高反別を以て課税せしむるとは，これ矛盾の甚しきのみならず，今にして之を匡正するなくば，遂に農商の区別を失し，地租は愈々不均衡となり」（前掲「市史本編各節」314頁）といわれている。また年貢小物成も「神戸の平均百坪につき2両3分と永240文なるに対し，兵庫は8両3分と永233文なり。当時既に市街地として頗る発展せし神戸の貢租が，かく著しく兵庫より低きは，これ正に旧税法の不均衡を証するものといふ得べく」（前掲「市史本編各節」215頁）といわれている。
（4）地租改正について，「台帳主義を採り，地価の一般的更改を怠ったため，地価の固定化を伴い，町がその地の時々の土地価格の変動に適用して課税をなすことを妨げられ，土地課税上の弾力性を一層多く害された」（藤田武夫『日本地方財政制度の成立』32頁，以下，藤田・前掲「地方財政制度」）と欠点が指摘されている。

歳出構造と土木教育費

　神戸区の歳出（表14参照）をみても，総額が少なく，構造がどうこうという状態ではない。一応，土木・教育費が主要項目であるが，地元負担がかなりあり，

歳出額は明治21年度で，いずれも1万円前後に過ぎない

　しかも歳出でも，国・県・区町村の負担区分は不合理で，国費・県費の区町村への負担転嫁が行われていた。明治初期，地域社会の公費は，民費といわれていたが，その内容は，「その名称に反し，強度の国政委任事務費的性質をもって居た(1)」といわれている。

　三新法後の区時代になると，旧慣を離脱したが，税収は少なく，基礎的事業・サービスを処理することすらできず，建設事業などは，県事業で処理されていったが，町村負担も免れなかった(2)。さらに委任事務の比重が高く，しかも費用の市財政への転嫁が多く，都市財政が都市整備財源を捻出することは，市税制度の枠組みでは絶望的であった(3)。

　区財政の歳出構造は，第1に，教育費の比率は累計で45.52％と高い水準であるが，支出額は少ないのは，学区が別財政で分担していたからである。第2に，役所費も27.52％と4分の1である。

　第3に，土木費は11.79％と低いが，主要土木事業は，政府・県・民間が施行しており，区土木費は1万円以下であり，道路維持補修程度しかできない。道路建設は県の行政分野であり，県が大蔵省と交渉して整備路線を決定し，補助金を獲得して処理していった。

　明治期の生活サービス行政をみると，富国強兵のため教育行政として，小学校が精力的に整備されていったが，一方，生活福祉行政は，行政機関から冷遇されたままであった。

　明治前期の教育費は，第1に，明治5年の学制実施は，地方の個別・先進的

表13　神戸区小学校費　　　　　　　　　　　　　　　　　　（単位：円）

区分	支出額	収入額	協議集金	寄付金	授業料	地方税	繰越金	雑入金等
明16	19,004	21,348	15,112	25	—	6,000	199	12
17	24,376	24,376	18,313	12	24	6,000	17	10
18	30,328	30,328	24,128	—	17	6,031	150	2
19	21,637	21,637	12,365	—	3,236	5,970	66	—
20	20,357	21,975	9,270	527	10,339	—	136	1,703
21	26,384	27,606	12,106	—	13,882	—	1,618	

注　明治20年度歳入の合計・項目の誤差は雑入金で修正した。
資料　神戸市教育史編集委員会『神戸市教育史第1集』158・291頁。

教育より，全国的画一的な小学校教育の強制的導入で，区町村とは別の学区制をベースにして浸透を図っていった。神戸では当初，各町組単位で行われたが，資力格差を憂慮して，神戸・仲町・兵庫の3学区に改められた。

貧困区では施設建設は難航し，学制実施とともに創設された，国庫補助金も13年には廃止され，19年の学校令以降，授業料徴収となったが，学区財政はくるしかった。さらに神戸区の就学率は，16年43.01％，28年48.60％とほとんど上昇せず，きわめて低い水準であった[4]。

神戸区の小学校財政（表13参照）をみると，学制実施で国庫補助金が交付されたが，13年の松方デフレで廃止され，地方税（府県税）が導入される。10年代後半は，町村負担の協議集金の比率が高くなり，地方税（県補助）が廃止されると，授業料収入の比率が上昇している[5]。

それ以後，小学校教育費は地域社会・住民にとって大きな負担であり，学区制による地域格差が，貧困区ではさらにきびしい負担となった[6]。

第2に，先進的行政としての特殊教育施設が，民間ベースで設置されていった。慶応4（1868）年6月に，神戸最初の学校明親館が開設され，明治6年6月に廃止され，明親小学校となる[7]。

その他の明治初期の教育施設としては，神戸洋学伝習所・関山小学校（関戸由義設立）・神戸病院内医学伝習所校などがある。学制実施後では明治7年に神戸師範伝習所，11年に公立神戸中学校などが設立されたが，財政難から維持できず，廃校・移管などが続いた。

そのなかで私立高等女学校として，もっとも古いのは，アメリカ婦人が設立した，神戸ホームで，明治13年私立英和女学校となり，今日の神戸女学院として存続していった。松蔭高等女学校も，明治創設で今日まで続いている。また神戸商業講習所は，11年1月に開校され，19年9月以降は，県立神戸商業学校と改称され存続している[8]。

注
（1）藤田・前掲「地方財政制度」45頁。なお民費については同前37～63頁参照。
（2）たとえば国・府県の事務配分で，「明治5年の県達にも，獄舎徒刑場等の建築費の3分の2をば町費を以て之を支弁すべし」（前掲「市史本編各節」322～323頁）と布達しているが，町村がなんで政府の施設費を負担させられるのか，理解に苦しむの

である。
（3）地方税規則の意義について，「府県財政の公経済的性格の確定と対蹠的に，区町村財政の協議費的性格がここに制度上明瞭に規定された」（藤田・前掲「地方財政制度」91頁）「狭少な財源に於て過重な委任事務の重圧に喘ぎ，固有の自治事務に多く手を出し得ない市町村の現状は遠くここに胚胎する」（同前92頁）といわれている。
（4）村田・前掲「開港30年史下」843頁参照。
（5）小学校が学区で運営される建前であったが，小学校財政（表13参照）は，神戸区の全学区集計である。この方式は「市制施行後25年までは，区会の組織がまだじゅうぶんに整っていなかったため，区費は市費の中に包含させて市会がこれを議決したが，26年以降は区会がこれを評定することになった」（神戸史教育史編集委員会『神戸市教育史第1集』290頁，以下，前掲「神戸市教育史Ⅰ」）ので，小学校教育費は区費で計上されるようになった。
（6）学制実施後の区町村教育費については，高寄昇三『明治地方財政史第3巻』351～374頁参照，以下，高寄・前掲「明治地方財政史Ⅲ」。
（7）明親館は，神田兵右衛門・北風荘右衛門らの私財のみでなく，県下有志の基金をつのり建設されたが，運営費が大変で，県借入金5,000両でもって市民貸付金収入を捻出し，後援団体への支援金1万50両などで，苦心の運営されていた。前掲「市史本編各説」574～580頁参照，前掲「兵庫百年史」250～252頁参照，村田・前掲「開港30年史上」280～288頁参照。
（8）神戸商業講習所については，榎本信義「商業教育のルーツ『神戸商業講習所』」神戸外国人居留地研究会編『居留地の街から』122～156頁参照，前掲「兵庫百年史」271～272頁参照，前掲「開港百年史港勢編」58頁参照，前掲「市史本編各説」625・628頁参照。神戸洋学伝習所は，前掲「市史本編各説」571～574頁参照，前掲「兵庫百年史」252～254頁参照，中学校：専門学校は，同前266頁参照，神戸県立医学校は，前掲「市史本編各説」636～638頁参照，前掲「兵庫百年史」270～271頁参照，村田・前掲「開港30年史下」797・798頁参照。神戸女学院は前掲「市史本編各説」618/619頁参照。

救済費と伝染病費

　明治前期の救済施策をみると，国の制度として恤救規則による救済措置がなされたが些細な額であった。兵庫県は5年2月に施行規則を定め，9年には生活救済資金を貸し付けているが，基本的には民間依存で，災害のたびに救済金をあつめている。このような臨時的対応では不十分で，明治15年，北風正造・神田兵右衛門らは恤救社を設立している。

　救済施策は，第1に，行政規則による奨励策で，民間救済活動に対して，兵庫県は明治16年に恤救心得を定め，「真に無告なる窮民をして，洩れなく政府の

恤救に浴せしむると共に，漫りに窮民と称して恩典を濫用する者なからしむるを期し」と，通達している。救済が惰民の増殖につながるとの危惧から，公的救済拡充には抑制的で，神戸区長及び区内衛生委員に注意をうながしている。そのため実際，貧民救済費は増加していない。

第2に，授産的救済で，開港後，明治初期の不況で，市内には浮浪者があふれたが，兵庫県は力士関浦清五郎に命じ，路傍児童・失業者・出獄者などを収容する，百人部屋を建設させている。「幼者をば教育を加え，壮者には職業を授け」，生活の面倒をみたが，「これ蓋し維新神戸に於ける慈善事業の嚆矢なるべし」といわれている。

災害・飢饉などは頻発し，明治16・17年の飢饉には，土木事業・自家雇用による救済を兵庫県は奨励に努めている。窮民が俄に増加すると，県は「土木事業を起こし，窮民を役し…自家営業に多く貧民を使用し」，生活の糧を付与するよう指導している。しかし，このような雇用施策による救済も，限定的で大きくはないと，否定評価が下されている。

第3に，救済は基本的には民間の慈善行為に依存しており，明治23年の米価騰貴（1石9円60銭）では，政府・県は備荒儲蓄金で，外米の競売を実施したが効果はなかった。そのため神戸市では小曾根喜一郎・川崎正蔵などが，自費で施米を実施している。

このような民間救済では，「明治23年の米価騰貴と貧困問題は，『悪疫』の流

表14 神戸区財政支出

(単位：円)

区分	役所費	会議費	土木費	教育費	衛生費	救助費	警備費	勧業費	その他合計
明12	1,459	—	3,512	8,490	1,844	538	2,163	1,500	19,506
13	12,021	654	1,534	12,551	1,988	365	—	—	29,113
15	13,423	720	1,839	18,093	1,946	307	—	—	36,328
16	10,545	—	2,271	17,255	1,653	266	—	—	31,990
17	13,905	—	2,127	23,491	2,504	317	—	189	42,533
18	11,324	—	2,041	14,304	5,304	280	—	388	33,641
19	6,214	—	2,965	10,754	11,036	323	—	590	31,882
20	4,816	—	9,301	11,293	1,377	365	—	756	27,908
21	4,341	—	7,825	12,834	337	—	—	5,294	30,631

注　原表の数値誤算は総計で修正した。
資料　村田誠次編『神戸開港30年史』498〜500参照。

行とあいまって公的救済システムの確立の必要性を地域の支配層に共通に認識させる契機となったのである。そしてそれは，市会の経費節減志向と真正面からぶつかることなったのである」と，大袈裟にいわれている。しかし，実際は市救済費は，その後も年数百円程度で，削減対象にもなりえなかった。

　第4に，問題は全国制度としては，一般救済は恤救規則で，災害などの臨時的救済は，備荒儲蓄法（明治13年6月15日，太政官布告第13号）で定められた，備荒儲蓄基金で対応することになっていた。備荒儲蓄の財源は，政府拠出金と地租賦課金で府県単位で積み立てられ，21年の全国基金1,543万円であった。

　しかし，兵庫県の実績をみても，明治13年度4.4万円，14年度8.8万円，15年度11万円を支出しているが，災害救助費は3ヵ年で1万円程度で，それ以外の支出は国債購入に充当されている。神戸区への支出は不明であるが，県全体で3,000円程度で，交付があったとしてもわずかであった。

　明治期の福祉施設をみると，民間施設に依存していたが，それでも明治前期は，孤児収容の女子教育院（明治10年，下山手通）のみで，ほとんどが明治後期の設置であった。

　衛生費をみると，まず伝染病対策である。明治10年9月，西南戦争から凱旋してきた兵士によって，神戸にコレラがもたらされた。患者480人，死者355人という高死亡率となった。

　明治初期の衛生施設としは，兵庫県立神戸病院（用地1,805㎡）があり，建設資金7,946両を民間寄付3,000両を受け，明治2年3月，下山手通に設立された。8年2月，兵庫県は福原病院（花柳病院）を，娼妓等賦金で設置しているが，設置場所は転々としたが，荒田町に落ち着き，県下全域の娼妓を対象とした。

　なお神戸市の伝染病院である東山病院の建設は，明治32年開設（常設機関化33年）と大きく遅れている。なお末端の衛生行政は，区・町村が直接施行するのでなく，戦前は衛生委員・衛生組合などが分担し処理していった。

注
（1）明治初期の救済・衛生行政費にいては，高寄昇三『明治地方財政史第3巻』375～381頁参照，以下，高寄・前掲「明治地方財政史Ⅲ」。
（2）前掲「市史本編各説」546頁。
（3）・（4）前掲「市史本編総説」121頁。

（5）前掲「市史本編各説」546・547頁。
（6）前掲「市史本編総説」165頁参照。
（7）前掲「開港30年史下」94頁参照。
（8）前掲「市史歴史編Ⅳ」89頁。
（9）全国的動向は，高寄・前掲「明治地方財政史Ⅲ」162〜200頁参照。なお兵庫県の運用については，前掲「市史本編各説」567頁参照。
（10）明治前期の神戸の救済行政については，前掲「市史歴史編Ⅳ」37頁。前掲「市史行政編Ⅱ」3・6頁参照。なお全国的救済行政については，高寄・前掲「明治地方財政史Ⅲ」162〜168頁参照，375〜376頁参照。
（11）神戸病院については，前掲「市史本編各説」408頁参照，村田・前掲「開港30年史下」786頁参照。
（12）前掲「市史本編各説」402・403頁。(13) 同前300〜305頁。
（14）衛生委員・衛生組合については，同前394・395頁，413〜415頁参照，新修神戸市史編集委員会『新修神戸市史行政編Ⅱ・くらしと行政』377〜380頁参照，以下，前掲「市史行政編Ⅱ」377〜380頁参照。

2　貿易五厘金と三部経済制

　地方財政の致命的欠陥は，政府が全国画一的制度で，地方支配を浸透させていったため，都市と町村を同一制度で拘束し，例外的制度を容認しなかったことである。ただ明治前期は中央集権統制も未成熟であったので，都市特例措置として貿易五厘金といった財源を容認し，府県・大都市との関係で，三部経済制という変則的制度の創設を導入した。

貿易五厘金の創設
　明治前期，街路・道路整備を進め，市街地の骨格を形成できたのは，地方税・国庫補助金だけでなく，財源的に貿易五厘金という特定財源があったからである。開港地の整備費が巨額となることは予想され，幕府が兵庫開港商社構想で対応しようとしたが，崩壊したので，なんらかの財源が必要であった。
　新政府は，旧幕府時代，長崎・横浜で実施していた「貿易五厘金」の導入を，神戸にも実施することにした(1)。
　第1に，五厘金の性格である。慶応4年2月から始められたが，一種の貿易取引税で，関税の付加税的なものとみなされていた。ただ貿易五厘金の性格は，

租税か会費か，要するに公費か私費かの性格は，曖昧のまま徴収がなされていた。しかし，外国の苦情をうけて公益費であるとして抗弁したが，その立証には苦慮している。

　第2に，取扱方法である。明治3年6月，神戸町会所に移し，事務は兵庫県勧業課の監督下にあった。さらに5年2月には3村の共同管理に変えている。大阪商人の反対もあり，明治5年4月には統制会社的な貿易商会に移されている。

　第3に，五厘金の使途である。貿易五厘金は変則的賦課金であったので，横浜市でも運用は使途・配分・管理体制などさまざまな問題が発生し，その使途をめぐって，紛糾がたえなかった。監督官庁である兵庫県の方針もめまぐるしく変化した。

　明治5年2月には，「道路・橋梁・警察・病院及び洋学校等，土地人民の為めのみに費し，官の為めには一切用ゆべからずとの心得書を定め」られた。神田孝平の指導で，公費充当は抑制されたが，文言からは警察費など公費であり，地域行政費の意味も曖昧であった。

　第4に，貿易額の増加にともなって，4年6月，「全額の6割を公費として残余をば町会経費及び会所建築費償却に充て，尚ほ残余あれば之を利殖することとし」と変更したが，それでも6割を公費としている。

　第5に，五厘金の公費優先充当に対して，ことに大阪商人から不平がたえなかった。貿易商人の要望に沿うには，本来の公益費として貿易取引の共同経費とか，少なくとも港湾施設・道路整備などに重点的に投資し，利殖を図っていくべきであった。しかし，運用の実態は，県費補塡といった便宜運用がなされただけでなく，公益施設の運営赤字補塡財源などへ流用されるなど，貿易業務とまったく関係ない民間補助にまで拡散していった。

注
（1）この制度は，幕末から長崎・横浜で行われていたもので，輸出入品の価格の0.5％を徴収する制度である。「蓋し開港の当初，人口尚ほ少く，移入者の住所不定にして，町費の賦課徴収極めて困難なるに，一方には開港に伴ひ施設を要するもの枚挙に遑あらざりければ，其財源に苦める」（前掲「市史本編各節」326頁）窮状にあった。
（2）幕府は「長崎貿易を開始したるの当時，幕府長崎奉行の考案に出でたる者にして，

一種の外国商人税と称するも不可なきものなり。故に其当時英国公使は条約面に拠り，海関税の外に，政府の徴税するは不当なりとの故障を提出したりしかども，幕府は此故障に対し，是れ政府の収入に属するものに非らず，貿易商人等の協議に出で，彼等同業者の共同費用に充てりものなりと称して，貿易商人等をして，連印を以て其然を証明せしめたり」（村田・前掲「開港30年史下」761頁）と，苦心の弁明を弄している。強制的賦課金とすると，課税の二重取りで，外国から批判されかねない。一方，貿易商人の共同経費とすると，公費に充当するのは不当ということになり，県にとってメリットはなくなる。要するに「実質的には公課にひとしいものが，形式的には貿易商人の自発的拠出となっているという矛盾は」（前掲「商工会議所百年史」64頁）は，次第に膨らんでいった。大阪商人だけでなく，神戸商人にとっても，「拠出した五厘金積立金の大部分が配当として還付されるならともかく，その大部分が公費にあてられるような制度に堪えがたいもの」（同前66頁）に変質していった。

（3）兵庫県も吉田七郎兵衛ら21人の商人に元組商社を組織させ五厘金を，慶応4年2月から徴収させた。明治3年6月から神戸町会所が徴収事務を担当，兵庫県勧業課がこれを監督した。4年6月，五厘金の6割を公費にあて，残額を町会所経費，会所建築費償却にあて，なお余剰があれば利殖することにした。洲脇一郎「新修神戸市史編集史料（3）」『神戸の歴史』第10号111・112頁，『神戸市史編纂資料』第77号参照。村田・前掲「開港30年下」761〜786頁参照。なお横浜歩合金については，横浜史『横浜市史第3巻・下』32〜58頁，77〜80頁参照，以下前掲「横浜市史Ⅲ下」32〜58頁，77〜80頁参照。

（4）横浜の五厘金も同様に運用をめぐって紛糾がたえなかった。横浜五厘金は万延元年（1860）は，横浜町総年寄苅部清兵衛の主唱によるのもで，名称は歩合金で，当初は町会所で保管していた。ところが明治11年に瓦斯会社へ融資が，区長の独断で実施し，ガス局事件が発生する。貿易団体は，歩合金の管理強化をめざすが，12年神奈川県は県税化を画策する。県会議員47名中，横浜議員5名で，議会は県税化を可決する。しかし，県議会の決議を内務卿は認可しなかった。「豪農的立場にある郡部選出議員による貿易商の特権にたいする攻撃であるとすれば，政府がその建議を採用しなかったことは，国家権力と貿易商との融合を示すもの」（同前80頁）と商人派勢力が無視できないといわれている。しかし，歩合金の8割以上を公費に配分しているので，貿易業者と紛争が頻発した。

（5）前掲「市史本編各節」327頁。

（6）明治5年五厘金計算書は，つぎのように算出されている。
　Ⅰ　収入4万5,791円6504；内訳（1）32789円8026（壬申2月〜12月までの取立高）（2）13001円8478（壬申2月までの繰越高）
　Ⅱ　支出2万194円5023；内訳（1）5800円0000（病院，邏卒入費）（2）10614円7998（道路，川岸，石垣等入り費）（3）422円3274（町会所，荷改所，屠牛所用度金）（4）3357円3750（町会所，荷改所，屠牛所詰給料）
　Ⅲ　貸付金　5741円6654（関浦清次郎，汲取会社，授産所，花園社，福原町，加納

宗七，活版社へ貸付）
　　Ⅳ　繰替金1676円0100　Ⅴ有高　18179円4727（Ⅰ－Ⅱ－Ⅲ－Ⅳ）
　　資料『神戸市史編纂資料』第77号から作成
（7）前掲「市史本編各説」326頁。
（8）その言分は，「神戸で五厘金を払っているが，兵庫県庁が監督権を握り，取られぱなしで自分らには何の利益もない」（前掲「開港30年史下」767頁）という，不満があった。五厘金を免れるため，「神戸港に於ての取引を廃して，貿易売買権を大阪に奪はんと企てたり」（同前766頁）という事態に陥った。要するに大阪商人にとって，「只五厘金を納むるのみにして，其取締は一に兵庫県庁の監督を受けて神戸町会所に属し，徴収支出に向て毫も容喙する能はず」）（同前767頁）といった不合理な状況にあった。要するに「当初商人の協議によりて成りし五厘金の性質を失し，純然課税の姿と化せるものなり」（前掲「市史本編各節」327頁）と，五厘金廃止を画策に至った。
（9）前掲「兵庫県百年史」253頁参照。

貿易五厘金存続の苦心

　このような運用に対して，大阪商人の不満は高まり，五厘金廃止が迫られた。この危機に直面して関戸由義は，大阪商人を説得し五厘金維持に奔走し，改組によって存続に成功している。すなわち5年4月，五厘金の管理・運用を，大阪・京都の商人も参加した貿易会社に改組して，三井・小野組が社長につき，五厘金の運用をすることになった。

　改組された貿易五厘金は，五厘金中，2,500円を1ヶ月の定額公費として，過不足は会員が補填・運用することにした。6年4月には貿易四厘金に減じたが，7年1月に兵庫県が瓦斯燈建設資金として，4,000円の寄付を命じたので，再度，五厘金にもどしている。

　貿易会社は，貿易業務の取締をも委任されていたが，貿易商人のなかには詐欺まがいの不正行為があとをたたなかった。さらに直接外国人との取引をなすものも多くなり，貿易五厘金の脱法的行為も目立つようになった。

　貿易五厘金の運用実態は，明治11年度（同年7月〜12月）の支出をみると，病院費4,000円，警察費1万8,850円，土木営繕費1,829円，時号砲入費12円50銭など。五厘金がふたたび県財政に使われていると批判されている[1]。

　明治14年度からは，県庁へ5割，会所費2割，分配金2割，予備費積み立1

割と，大幅な上納，完全な税金ぶりを示している。兵庫県は貿易五厘金について，神田孝平以来，貿易業者のためにのみ使用する約束しながら，約束を幾度も反故にし，五厘金の形骸化をもたらしている。

　貿易五厘金をめぐる大阪サイドの反対は，大阪府庁が明治14年1月に廃止しので，兵庫県庁に大阪商人分の配分を談判するなど，次第に情勢は悪化していった。

　さらに貿易取引の実態も，組合方式よりも自由方式となり，貿易五厘金の根底が崩壊しつつあった。神戸貿易商人と大阪貿易商人の対立も増幅され，17年1月に鈴木商店創業者鈴木岩治郎が貿易会所の副頭取となるが，18年4月に解散を決定し，五厘金も19年1月に廃止されている。

　ちなみにその徴収額は，明治2年1万7,000両，3年3万両，4年4万5,700両，9～11年3万5,000円，12年以降は5～7万円となっている。公費処理された18年間の概算合計40万円と推計されている。五厘金は，道路・橋梁・警察・病院・学校等の経費に充当された。

　安易な県費補填に流用されのは，五厘金の趣旨を逸脱する措置で，貿易五厘金廃止への機運を醸成する要因となったが，惜しみても余りある結末であった。

　政策的には貿易五厘金は，貿易業者のみでなく，倉庫・海運業者も含めて，負担の公平を図っていき，港湾整備財源として再編成し，存続を期する知恵を絞るべきであった。政府は関税という膨大な税収を掌握している。ちなみに兵庫県も衛生財源として，遊郭への娼妓等賦金という特定財源（明治15年度2.8万円）をもっていった。港湾の財政需要を想定すると，一般市税などで対応できるはずがなく，受益者負担の特定財源がどうしても必要であった。

注
（1）前掲「開港30年史下」773・774頁参照。（2）同前776頁参照。
（3）五厘金の県費への充当は，横浜市の五厘金（歩合金）でも，神奈川県が，明治9年，11年と2度，県税化をここみるが，国家権力と結合していた，貿易業者の抵抗にあって，12年に県会議決も挫折している。前掲「横浜市史Ⅲ下」32～58頁，横浜市会『横浜市会史第1巻』（昭和58年）60頁参照，前掲「横浜市史Ⅲ下」32～58頁参照，高寄・前掲「明治地方財政史Ⅰ」286頁参照。
（4）前掲「開港30年史下」776・777頁参照。
（5）貿易五厘金は実際はどのように運用されたか，不完全であるが，町会所が管理し，

県への報告書（『神戸市史編纂資料第77号』）があるので，その概要をみてみる。明治2年度歳入1万6,8明治2年度歳入1万6,810両，主要歳出費目は居留地道路整備手当11両，居留地競売外国人接待費49両，居留地消防費64両，病院給与1,094両，病院雑費190両，屠牛場費15両2年度歳入1万6,8明治2年度歳入1万6,810両，主要歳出費目は居留地道路整備手当11両，居留地競売外国人接待費49両，居留地消防費64両，病院給与1,094両，病院雑費415両，屠牛場費15両，東運上所・外務局前防波工事費405両，その他墓地費用などである。明治4年度歳入3万847両で，病院雑費80両，病院給与330両，東運上所周辺整備費300両，などで多額の繰越残金が発生している。5年度歳入額は不明であるが，歳出4万5,791円，病院・灑卒費5,800円，土木費1万614円，屠牛場費422円，町会所給与3,357円などあるが，貸付金支出がみられる，関浦清次郎1,200円，加納宗七750円，福原町2,166円，花園社575円などである。なお6年度以降はなお6年度以降は個別項目しか整理されていない。明治7年度道路整備費1万8,536円，貸付金・市内4小学校5,263円，新川運河（娼妓賦金より）2万5,000円，関浦清次郎1,644円，加納宗七950円，花園社4,000円，福原町2,833円などである。12年度以降の支出神戸監獄新築費1,293円，救育費63円，道路整備費1,026円，神戸区雑居地道路整備10万円，外務局備品610円，貸付金をみると，市内7小学校7,630円，神戸監獄マッチ製造2,907円，神戸区役所営繕費補填融資500円，市内4小学校新築費5,263円などである。

三部経済制誕生の背景

　三部経済制は，一般にはなじみのない特例措置であるが，都市部と農村部を強引に大府県主義のもとに統合したことによって発生した。維新政府は，人口80万人を府県基準として，府県制を創設したが，福井・奈良・鳥取・徳島・宮崎県などが，分離再置運動を起こして，新設されている。

　兵庫県でも当初の摂津地区であれば，三部経済制の必要はなかったが，播磨・淡路・但馬などを併合した。その結果，財政運営において，異質の都市・農村部の利害の対立が，発生することになった。

　都市部の担税力で課税すると，農村部は負担に堪えないが，逆に農村部の担税力で課税すると都市部の必要とする税収が確保できない。それならば別々の財政で運用するのが，もっとも現実的対応であるとして，同一県に3つの経済，すなわち連帯・市部・郡部経済で構成することになった。

　なぜ複雑で県財政の一体を，破壊するシステムとなったかは，さまざまの理由があった。まず市部の政治力の劣位である。神戸選出議員はきわめて少なく，郡部経費が市部負担に転嫁される恐れが，きわめて濃厚であった。[1]市部の財政

的被害を予防する運用上の保障システムが，必要であった。そのため大都市は三部経済制創設を運動してきた[2]。

三部経済制設立の経過をみると，東京・大阪・京都府・神奈川県の太政官布告第 8 号「三府神奈川県区郡会規則」（明治14年 2 月14日）が，太政官布告第20号（14年 3 月29日）で，兵庫県にも適用され，14年 3 月に実施されている。

しかし，発足間もない三部経済制は，廃止の危機に見舞われる。明治24年 5 月，府県制が公布され，三府以外の各県経済は郡市共通となり，府県制が実施されることになった。もし実施されれば神戸市負担は，三部経済制方式より約 4 万円増加がみこまれ，由々しき事態とみなされた。

神戸市会は委員を任命し，内務大臣への陳情運動を展開するが，陳情書は受理されず，兵庫県知事も分離の必要性は認めないと言明し，運動の前途は悲観的な予測がながれた。しかも政府への公費による議員陳情に対して，「市民中にも該運動を市会の事業となすは，市制上不当なりと難ずる者生じた[3]」が，運動旅費は，自費・寄付金で行われた。

名古屋市とも連携を強め，運動の対象を議会に定め，運動をさらに強化し，「大に努力する所あり。其効空しからずして[4]」，25年12月，改正府県制の公布によって，三部経済制の設置が認められた[5]。このような運動・経過をへて，三部経済制は兵庫県では昭和15年度まで長期に存続することなった。

注
（ 1 ）明治11年当時，「県会議員中，郡部選出の72名に対し，神戸区選出に係る者僅に 2 名にして，多数の郡部議員等神戸区よりして成るべく多額の営業税・雑種税を徴収せむとして，而も其支出の多くは郡区連帯なりしを以て，区の事業殆ど挙がらず，急施を要する土木事業の如きも，貿易五厘金によりて…施行し得たる有様なりしかば，区当事者の苦心名状すべからざらず」（前掲「市史本編各説」333頁））といわれている。前掲「京都市政史下」51〜62頁参照。
（ 2 ）三部経済制の背景・創設については，高寄・前掲「明治地方財政史Ⅵ」54〜93頁。金沢史男「日本府県財政における『三部経済制』の形成・確立（ 1 ）（ 2 ）」『神奈川県史研究』第43・44号，高橋誠「『三部経済制』の研究（ 1 ）（ 2 ）」『経済志林』第 1・ 4 号参照。
（ 3 ）前掲「市史本編各説」187頁。
（ 4 ）同前説」187・188頁。
（ 5 ）運動の状況については，前掲「神戸市会史・明治編」71〜80頁,278〜304頁参照。

なお郡連帯経済負担比率については，(新修神戸市史編集委員会『新修神戸市史・行政編Ⅰ』500頁参照，以下，前掲「市史行政編Ⅰ」。

三部経済制の運用と論点

　三部経済制は，市部・郡部の財政需要・担税力の格差が大きいので，市部経費は市部経費は市部経済で負担し，郡部経費は郡部経済で負担し，区分不可能な経費は連帯経済で負担するシステムである。たとえば中学校は各経済で，師範学校は連帯経済で負担となる。

　ただ三部経済制を正しく評価するには，当時の府県・市町村財政の運用を総合的に把握して判断する必要がある。神戸市の県税負担は軽いが，市税負担が重く，市部県支出は少なく，市財政の支出が大きい。郡部ではまったく逆の状況となっており，県財政の市部・郡部財政の運用と，市部市財政と郡部市町村財政の運用実態を分析して，三部経済制を評価しなければならない。

　三部経済制の運用そのものも複雑であるが，第1に，連帯経済経済負担は，人口・戸数・生徒・教員・巡査数などで，市部・郡部に負担額が決定される。財源は各経済の分賦金（県税）などで補填する。

　第2に，市部・郡部経済は，それぞれの経済の国庫補助金・地方債で充当し，不足分は，各経済からの繰出金で補填する。

　第3に，運営の議決は，連帯経済にあっては，連帯経済部会の成立には出席定数が定められており，市部議員が欠席戦術をとると，不成立となったので，県財政の運営が停滞することになった。三部経済制の弊害があるとすれば，財政運営より行政運営にあった。

　しかし，兵庫県内の郡部町村の財政力は貧困であり，その解決を国の財政支援でなく，県域内の財源調整に求めたので，三部経済制の連帯経済市部負担率は，明治31年度19%から大正15年38%と2倍近い上昇となっている。

　しかし，農村部の負担軽減を都市部に求めるのは，政策的根拠がない。郡部経済といっても富裕市町村財政が大半であり，市部経済へ負担転嫁しても，これら富裕市町村の恩恵が大きく，貧困町村への救済には寄与していない。貧困町村救済は政府の財源調整に求めるべきで，神戸市財政は，「豊富のなかの貧

困」に喘いであり，郡部の貧困が都市部の繁栄の結果でない。

なお明治29年に兵庫県が府県制を実施したので，県税・市税の運用の改正がなされ，分賦金制が採用された。神戸市内の県税は，神戸市税と一緒に市が徴収し，市部経済の負担として，そっくりそのまま県財政に納入された。

それでも市部経済の負担をまかなうことができないので，「府県予算の10分の1を限度として県費を負担することになった。また従来の地方税を市税として賦課徴収し，県費負担にあてる」システムになった。

この県行政費負担は，兵庫県税・神戸市税の課税率を調整する，県税を低く，市税を高くすることで，財源調達を図っていた。なお郡部経済では逆の課税となっている。

その結果，市税は明治29年度7.8万円が30年度31.3万円，32年度38.5万円，33年度57.0万円となったが，35年度市税57.4万円であるが，県費負担27.2万円で実質的市税は約半分に激減する。県政負担として県財政へ納付されていた。

三部経済制は，市部経済の分賦金制の導入，県税・市町村税の市郡経済別の賦課税率調整など，複雑な運用システムへと変貌していき，市郡経済の県税・支出額といった皮相的財政指標をみても，正確な判断できない状況になっていった。

明治37年度の三部経済制決算(表15参照)をみると，人口比配分との比較では，実際の配分は約3％，金額約8.5万円の負担増となっているが，財源内訳をみて分析しなければならない。

第1に，郡部の1人当り県税負担は重いというが，郡部の市町村税は低く，県・市町村税の合計では市部地方税負担は重く，三部経済制廃止直前の昭和13年度まで市部負担が大きかった。郡部経済には姫路・尼崎・西宮市などが含まれており，さらに阪神間の住吉村・御影町などの富裕団体も含まれ，実質的な農村の負担はきわめて低い。

第2に，歳出は，神戸市は三部経済制のもとでは，都市整備・災害復旧費の大半は神戸市で負担していたが，郡部経済は兵庫県が分担しており，郡部経済の歳出は大きい。問題は，郡部経済の支出額はきわめて大きいので，そのため郡部経済独自の財源は，県税・補助金では不足し，市部経済の数倍の県債で補

表15 明治36年度兵庫県三部経済制決算　　　（単位：千円）

科目	市郡聯帯	市部	郡部	計	科目	市郡聯帯	市部	郡部	計
地租割	—	—	822	822	警察費	42	171	259	472
営業税	—	—	80	80	土木費	2	—	220	222
雑種税	—	—	197	197	衛生病院費	103	—	—	103
営業税付加税	—	—	37	37	教育費	296	—	—	296
家屋税	—	—	4	4	救育費	5	—	129	134
戸数割	—	—	199	199	勧業費	30	—	15	45
国庫下渡金	7	22	48	77	県吏員費	69	—	—	69
市分賦金	565	245	—	810	市部負担額	—	107	458	565
市郡収入額	—	30	129	159	その他	18	23	46	87
その他	—	9	15	24					
経常部合計	725	306	1,531	2,562	経常部合計	565	301	1,127	1,993
内市部合計	138	306		444	内市部合計	107	307		408
内郡部合計	588		1,531	2,118	内郡部合計	458		1,127	1,585
国庫補助金	9	36	11	56	警察費	—	3	39	42
市郡収入額	—	2	7	9	土木費	—	—	204	204
その他	—	3	34	37	衛生病院費	8	—	—	8
					教育費	120	—	—	120
					勧業費	31	—	8	39
臨時部合計	9	41	52	102	県債費	—	—	50	50
市部収入	2	41	—	43	市部負担額	—	32	137	169
					その他	10	11	16	37
郡部収入	7	—	52	59	臨時部合計	169	46	454	669
歳入総計	734	347	1,583	2,664	歳入総計	743	347	1,581	2,662
市部収入	139	347	—	486	市部収入	139	347	—	486
郡部収入	595	—	1,583	2,174	郡部収入	595	—	1,581	2,176

資料　兵庫県議会『兵庫県議会史・第2輯上』281〜284頁。

填されていた。

　三部経済制が昭和15年廃止されるが，県債残高は，連帯経済728万円，市部経済704万円，郡部経済5,762万円であり，郡部経済は巨額の債務を棒引きしたといえる。このように三部経済制は，県政の一体的運営を妨げたが，本来，大都市財政として府県・大都市の税源配分を是正する制度改革がなされるべきであったが，三部経済制という変則的措置に委ねたことが間違っていたのである。

注
（1）三部経済の成立・廃止については，前掲「市史行政編Ⅲ」494〜508頁参照。前掲

「京都市政史下」51〜62頁参照。
（2）明治24年当時の1人当たり地方税状況をみると，県税は神戸市75銭5厘，姫路市2円78銭，明石市2円42銭であるが，市税は神戸市2円11銭4厘，姫路市27銭8厘，明石市48銭4厘であった。三部経済制の不合理として，郡部の県税負担が重いといわれるが，歳出比率をみなければならない。神戸以外の地域では，県の行政支出が大きかったからである。
（3）兵庫県における三部経済制の運用実態・廃止経過については，高寄昇三『昭和地方財政史第5巻』551〜612頁，以下，高寄・前掲「昭和地方財政史Ⅴ」551〜612頁参照。
（4）前掲「市史行政編Ⅰ」397頁。
（5）ちなみに市税収入額，制度採用前の明治29年度7.8万円が30年度24.8万円と激増し，以後，超過課税・市勢拡大もあり，市税も増加している。しかし，45年度市税97万円，県政負担金43万円，大正15年市税844万円，県政負担金358万円であった。
（6）表15の決算で分析すると，同年の兵庫県人口189.1万人，神戸市28.4万人（15.02％），郡部人口160.7万人（84.98％）である。歳入合計は，市部18.26％，郡部81.61％で，人口配分からみると3.24％，金額で8.6万円の超過負担である。歳出合計をみても，市部18.26％，郡部81.74％と歳入とほぼ同比率で，固定された比率となっている。しかし，郡部経済は，県支出が市部経済よりはるかに膨大であり，その財源を県債で調達していき，最終的には連帯経済へとツケまわしをしていった。昭和15年度の制度廃止で，市部経済が郡部経済の債務を負担する羽目になった。

第2章　明治後期の都市形成と都市開発

第1節　市制実施と都市開発システム

1　経済成長と地域社会の変貌

　神戸経済は，明治後期（明治22～45年，1889～1912年），日清・日露戦争で，造船・紡績・ゴム工業など，製造業の創設が続き，総合商社・金融機関の集積がみられた。経済界は，統一・業種団体を結成し，港湾・道路整備の要求を強めていった。

　明治後期になると，電気鉄道敷設，兵庫運河開削・湊川付替工事，上水道創設，港湾修築事業などが，焦眉の案件となり，神戸市は基盤整備の拡充ではなく，投資戦略としての事業選択・実施戦略が問われた。

企業・市民所得の成長

　明治40年の企業数は383社で，商業190社，工業42社，交通61社，農業4社，衛生21社，金融7社，保険4社，その他54社で，工業がきわめて少ないが，大企業以外は零細経営で，会社化されていないからであろう。

　神戸経済の成長を，会社払込資金金額（表16参照）をみると，明治45（1912）年3,969万円，神戸市財政183万円で，民間資本が圧倒的な経済力で，しかも民間資本は，40～45年で54.76％の増加，神戸市財政は16.35％の減少であった。

　明治45年業種別の構成比は，工業が約半分，交通が4分の1で，全体の4分の3を占めている。なお工業生産額は，40年4,630万円であったが，45年8,062万円と1.74倍の成長である。

　業種別戸数は，明治30年4万9,255戸で，農業2,094戸（構成比4.25％），工業3,430戸（6.96％），商業1万4,906戸（30.26％），雑業2万7,040戸（54.90％），無職及職業不詳1,784戸（3.63％）である。40年業種別戸数は9万1,114戸で，30年対比で1.85倍増で，業種別では農業632戸（構成比0.69％），工業1万2,167戸

表16　業種別会社払込資本金額　　　　　　　　　　（単位；社，%）

区　分	商　業	工　業	交　通	農漁業	衛　生	金　融	保　険	合　計
明　40	8,623	12,088	3,301	160	182	43	1,250	25,642
構成比	33.68	47.12	12.87	0.62	0.71	0.17	4.83	100.00
明　45	6,964	19,674	9,756	717	269	1,038	1,250	39,688
構成比	17.60	49.57	24.58	1.81	0.68	2.61	3.15	100.00

資料　神戸市『統計書』

(13.35%)，商業3万312戸(33.27%)，雑業4万2,912戸(47.11%)，無職及職業不詳5,082戸(5.58%)である。業種別戸数は工業より，商業・雑業の比率が高いが，30～40年では，工業戸数の比率は，約2倍に増加している。

　市内所得は，国税課税所得（表17参照）でみると，明治23～30年で1.89倍の伸びであるが，32年から法人所得が賦課されたので，30～32年の伸び2.51倍と当然，大きいが，32～45年でも3.61倍と驚異的成長を記録している。

　ただ明治45年度国税課税所得1,954万円と，市税所得割15.14万円の対比は0.77%に過ぎず，1人当り所得割0.35円でしかない。これでは企業・高所得者層がふえても，市税収入増収にはつながらない。一方で所得税の課税対象外の貧困層（明治32年300円以下）は急増し，大きな社会問題となったが，神戸市救護費をみても，22年度139円，45年度1,879円に過ぎない。

　一般大衆の所得を，神戸市『統計書』でみると，明治38年，農作年雇男子40円，女子24円，農作日雇男子40銭，女子25銭であった。しかし，神戸へ流入した圧倒的多数の住民は，日雇労働者で，女子機織日給20銭，日雇人夫40銭であった。

　産業基盤整備が，曲がりなりにも整備が進んだが，生活基盤整備は，水道が明治33年と遅れただけでなく，下水道はまったく整備されず，住宅は放置されたままで，スラムの増殖・伝染病の流行などで，市民生活に深刻な被害をもたらしていた。

貿易拡大と企業進出

　神戸港の貿易状況（表18参照）をみると，貿易額は明治後期，順調に拡大していった。全国比率は，明治20年，対横浜港では半分以下であるが，全国比率3

表17　神戸市課税所得の状況　　　　　　　　　　（単位；千円）

区分	所得額	前年度比	区分	所得額	前年度比	区分	所得額	前年度比	区分	所得額	前年度比
明23	1,142	—	明29	1,781	19.8	明36	12,689	12.9	明42	18,357	3.5
24	1,155	1.1	30	2,152	20.8	37	13,115	3.4	43	17,795	△3.1
25	1,117	△3.4	32	5,400	150.9	38	16,711	27.4	44	18,566	4.5
26	1,211	8.4	33	9,590	77.6	39	16,441	△1.6	45	19,541	5.3
27	1,311	8.2	34	10,385	8.3	40	14,580	△11.3	大2	15,932	△18.47
28	1,487	13.4	35	11,232	8.1	41	17,741	21.7	3	18,830	18.2

資料　神戸市『神戸市史本編各説』44～46頁。

　割弱で主要港湾であった。30年代，神戸港の貿易額は，全国比4割前後と上昇し，横浜港との比率も，20年44.27％であったが，30年には90.43％となり，以後，横浜港とならんで，日本貿易港の双璧として，地位を確実にした。

　日清戦争後，貿易額は急速に膨張し，25対20年1.93倍，30対25年度3.12倍と，飛躍的伸びを達成している。横浜港との比率は，31年には一時的には超えてたが，以後，横浜港より劣位にあった。要因は，生糸貿易の横浜独占のみでなく，大阪港が東京港と異なり貿易港で，40年代で全国比約7％を占めており，西日本の貿易を分けあっていたからである。

　業種別企業をみると，製造業の動向では，大企業の誕生・新産業の進出が目立った。紡績業では明治23年都賀浜麻布（現小泉製麻）が，29年鐘淵紡績兵庫工場・日本毛織が創設された。造船業では29年川崎造船所が，組織変更し株式会社となり，33年台湾精糖，38年三菱造船所が進出し，44年神戸製鋼所が鈴木商店から独立（資本金140万円）する。

　ゴム工業では，明治39年阪東調帯（資本金5万円），42年ダンロップ護謨（資本

表18　神戸港・横浜港貿易額（輸出輸入額合計）　　　（単位；百万円）

区分	全国		神戸港		横浜港		その他	
	金額	割合	金額	割合	金額	割合	金額	割合
明20	96	100.00	27	28.13	61	63.54	8	8.33
25	162	100.00	52	32.10	93	57.41	17	10.49
30	382	100.00	162	42.41	178	46.60	42	10.99
35	530	100.00	219	41.32	228	43.60	83	15.66
40	926	100.00	330	35.64	378	40.82	218	23.54
45	1,146	100.00	452	39.44	473	41.28	221	18.28

資料　神戸市港湾局『神戸開港百年史；港勢編』955頁。横浜市港湾局『横浜港史；資料編』435頁。

金118万円)の創設がみられ,マッチは零細企業であったが,40年には大企業の日本燐寸の誕生となった。食品関係では神戸精糖・帝国水産,公益事業では神戸電燈・神戸電気鉄道,港湾関連では,神戸桟橋・兵庫倉庫などに加え,財閥系の東京・東神倉庫の進出・拡大がみられる。明治30年代,神戸の工業都市化が進んだが,全体として大企業は少なく,大半が零細企業であった。⁽²⁾

　工場立地の状況は,明治30年工場333ヵ所,従業員2万人で,工場分布は,湊川以西162ヵ所,湊川以東161ヵ所で,兵庫地区が健闘しているが,兵庫運河開削の影響を,見込んでの立地もあった。

　注目されるのは日本毛織は,神戸市内で工場用地を探すが,適当な敷地がみつからず,加古川に工場を建設する。神戸市が地域的に狭隘であり,工場立地用地が乏しいというハンデが,以後も神戸経済を悩ます。川崎造船所・三菱造船所・神戸製鋼所といった重工業は,いずれも工場用地に苦しみ,活路を海面埋立地に求めていった。

　金融機関の動向をみると,明治前期,外部大資本の支店が大半であったが,明治後期では,地元銀行創設がみられた。

　明治前期,11年創設の第六五銀行のみであったが,明治後期には27年岸本銀行(大正2年解散),28年日本商業銀行(大正12年吸収合併)・湊東協和銀行(明治42年解散)・湊西銀行,貿易為替を扱う日本貿易銀行(明治37年解散),31年兵庫県農工銀行が設立され,38年川崎造船所資本の神戸川崎銀行が設立された。⁽³⁾

　しかし,地元銀行の資金力は小さく,明治40年下期の当座預金高は,第六五銀行58.2万円,日本商業銀行84.4万円,岸本銀行48.4万円であるが,三井銀行神戸支店371万円,三菱合資銀行神戸支店142万円,第一銀行神戸支店104万円と大きく,資金力は外部銀行が優勢であった。

　しかも全国的な預金取付騒ぎによって,地元銀行は,破産・統合・移転などで,多くが消滅していった。⁽⁴⁾そのため神戸市は戦前,メインバンクを形成することができず,資金調達で塗炭の苦しみを味わう。⁽⁵⁾

　貿易業では,明治7年鈴木商店,20年神栄株式会社,22年豪州貿易兼松房治郎商店が創業された。倉庫業では,財閥系列の倉庫と地元倉庫が,買収・埋立などを繰り返し,事業を拡大していったが,財閥系列が次第に勢力を拡張して

いった。[6]

　船会社では，大手の日本郵船などが，外国航路などを支配し，瀬戸内海などの国内航路は，大阪商船が牛耳っていた。

　海運業では西南戦争でも，三菱が巨利を博したが，地元企業も光村弥兵衛などの，沿岸回漕業者は利益をえたが，企業としては短命であった。[7]しかし，日清・日露戦争では，乾汽船・岡崎汽船などの台頭がみられた。

注
（1）川崎造船所については，前掲「開港百年史建設編」734～745頁，三菱造船所については，同前727～734頁，神戸製鋼所については，同前746～751頁参照。
（2）明治37年の製造業従事者をみると，1,000人以上の工場は，鐘紡3,689人，川崎造船所2,060人，良燐会社（マッチ）1,444人の3社だけであったが，44年では鐘紡3,221人，川崎造船所2,640人，日本燐寸1,797人，神戸三菱造船所1,477人，滝川燐寸1,299人，良燐会社（マッチ）1,240人と，6社に増えている。前掲「市史経済編Ⅳ」480～482頁参照，前掲「市史本編総説」273頁，前掲「市史本編各説」36頁参照。
（3）明治後期の神戸金融機関については，前掲「市史経済編Ⅲ」138・139頁，162～169頁参照。
（4）岸本銀行は，個人的経営の性格が濃厚であったが，信用力はあった。明治29年，兵庫貯蓄銀行（資本金3万円）は，岸本銀行の系列であった。岸本豊太郎は，「湊川改修，兵庫倉庫，神戸瓦斯などの諸事業に参画し，また，市会議員，県会議員もつとめ，44年には貴族院議員にも選出され」（前掲「市史経済編Ⅲ」160頁）ており，政財界で重きをなしていた。しかし，34年の不況で，「岸本豊太郎が関係していた湊川改修株式会社事業買収問題が神戸市会で取り上げられた際に，これは失敗した事業を市にうりつけるものであるとする反対派の批判などが預金者の不安を呼び起こし」（前掲「市史経済編Ⅳ」57頁），取付け騒ぎに見舞われる。この騒ぎは緊急融資をうけ切り抜け，岸本銀行は大正13年に神戸商業銀行として再開されるが，昭和6年に解散の憂き目をみている。人物像については，「金融業界の草分け・岸本豊太郎」赤松・前掲「財界開拓者」205～211頁参照。
（5）戦前，神戸市はメインバンクを持つことができず，資金は個別事業ごとの個別金融機関との対応となった。最初の水道債から苦難の連続で，第2回公募債は，引受銀行がなく，水道事業は存亡の危機に瀕するが，日本商業銀行が単独で全額を引き受け，神戸市は窮地を脱している。なお日本商業銀行（資本金200万円）は，東京の安田善次郎と兵庫の川西清兵衛が，明治28年に創設したが，東京の安田善次郎は，開港当初から神戸の都市づくりに直接間接に関係をもっていたので，神戸での銀行創設となったと思われる。頭取には元県令の森岡昌純が就任している。しかし，両氏が設立した第百三銀行（明治11年兵庫切戸町）を30年に統合しているが，大正12年保善銀行に合併され，ついで安田銀行となっている。前掲「開港百年史港勢編」120頁参照。神戸市は，地元に有力銀行がないままであったが，対照的なのが京都市で，

京都市が三井銀行を,実質的にメインバンクとして,濃密な関係を培養し,都市公共資本の順調な資金を獲得していった。京都市は,金融逼迫時には高金利での市債発行はひかえ,借入金で資金調達をし,また国内市場で資金調達が困難な場合は外国債を発行していったが,このような柔軟な資金調達を円滑になしえたのは,すべて三井銀行の支援があったからである。なお京都市は仏貨で明治43年1,755万円,45年195万円を発行し,大正7年に全額繰上償還を実施して,為替差益146.8万円を生みだしている。京都市外債については,前掲「京都市政史下」351〜354頁,369・370頁参照。伊藤之雄編『近代京都の改造』107〜137頁,以下,伊藤・前掲「近代京都の改造」。三井銀行『三井銀行80年史』(昭和32年)184〜186頁参照。高寄・前掲「昭和地方財政史Ⅴ」279〜295頁参照。
(6) 倉庫業の状況は,地元倉庫では,明治23年和田倉庫,25年兵庫倉庫,29年日本貿易倉庫(資本金150万円,35年東京倉庫買収)と,地元企業の創設がみられた。35年川西倉庫が創業し,兵庫運輸(29年資本金10万円)を買収し,成長していった。財閥系では,29年三菱倉庫(東京倉庫)は支店を開設し,35年日本貿易倉庫を買収した。31年三井倉庫(東神倉庫)は,三井銀行倉庫部から分離して創業し,大正4年には実質的に神戸桟橋を買収した。32年住友倉庫も住友銀行の倉庫を引き継ぎ,事業を開始した。前掲「市史経済編Ⅲ」119〜129頁参照。
(7) 光村弥兵衛は,沿岸回漕活動で台湾遠征・西南戦争などで利益をはくしたが,明治13年には視力を喪失し,企業活動から引退して,以後,慈善活動に専念している。一代で築いた巨万の富で,事業を継続しておれば,神戸経済を牽引する役割を果たしていたであろう。現に眼病療養中の12年春,大阪に10万円で硫酸会社を創設し,莫大な利益をえており,引退は神戸経済にとって大いなる痛手であった。人物像については,中西牛郎「沿岸回漕業者の光村弥兵衛伝」『歴史と神戸』1963年11月。岡崎・乾汽船については,前掲「市史経済編Ⅲ」92〜94頁参照。

主要企業の創設状況

　明治22年以降の企業創設状況(表19参照)をみると,商業がもっとも多いが,零細企業比率も高い。運輸は45年の企業数342社の14.9%,大正7年,海運ブームであったが,企業数比率は全社883社の14.9%と,明治45年とおなじである。

　工業の規模構成は,大企業の比率は比較的高いが,10万円未満の企業が多い。全体としては明治35〜40年の伸びは,129社から151社と1.17倍と小さく,40〜45年は2.26倍と成長を加速させ,明治45〜大正7年は2.58倍と成長を持続させていった。

　明治28年の主要企業(表20参照)をみると,港湾関連では,神戸・兵庫桟橋,交通関係では山陽鉄道が資本金1,800万円の巨大企業であった。倉庫業では兵庫

表19　業種別会社数の推移

区　分	商　業				運　輸				工　業			
	明35	明40	明45	大7	明35	明40	明45	大7	明35	明40	明45	大7
1万未満	35	42	114	218	12	17	24	33	8	3	30	78
1〜5万未満	22	21	47	121	4	1	14	37	9	4	29	46
5〜10万未満	14	11	21	40	1	5	4	37	5	5	11	21
10万円以上	7	23	22	142	5	7	9	58	7	12	39	85
合　計	78	97	204	521	22	30	51	132	29	24	87	230

資料　神戸市『神戸市史本編各説』28・29・39頁。

倉庫，和田倉庫（35年東京倉庫に売却）が創設された。

　銀行では日本商業銀行が資本金200万円，日本貿易銀行が資本金150万円と，地元銀行として活躍が期待された。交通企業は，神戸市の対応が遅れ，企業設立がみられなかった。

　ただ製造業（株式会社）は，熱皮会社（製皮，明治25年，資本金6万円），神陶会社（陶器，28年，資本金3万円），日本精米（精米，20年，資本金40万円），明治工業（土木，21年，資本金3万円）がめぼしい企業であった[1]。

　明治28・29年は日清戦争が，企業熱を駆りたて，多くの企業が創設された。この時期，神戸の将来性にかけて，鐘紡・三菱造船所・日本製粉・ダンロップなどの進出がみられた。40年の神戸主要企業（表21参照）をみると，金融機関では大企業は，特殊銀行の県農工銀行があるのみであるが，製造業では川崎造船

表20　市内主要株式会社（明治28年・資本金10万円以上）　（単位：千円）

社　名	業　種	創立	資本金	社　名	業　種	創立	資本金
神戸桟橋	貨物物揚	17.11	250	第六五国立銀行	金融	12.1	100
兵庫船橋	桟橋	22.7	100	兵庫貯蓄銀行	金融	25.12	300
神戸送迎	旅客	22.12	25	日本商業銀行	金融	28.12	2,000
山陽鉄道	鉄道運輸	21.1	18,000	日本貿易銀行	金融	28.10	1,500
兵庫運河	運河通船	27.11	350	神戸銀行	金融	20.4	300
盛航	海運	20.7	100	神戸貯蓄銀行	金融	28.8	150
和田倉庫	貸倉	22.10	300	岸本銀行	金融	27.10	100
兵庫倉庫	貸倉	25.8	100	神戸電燈	電燈	21.9	600
日本水産販売	海産物販売	28.12	200	市之川鉱山	鉱物採掘精錬	26.7	200
両営	米穀輸出	24.12	100	日本精米	精米営業	20.9	400
神栄	貿易斡旋	20.5	150	日本米穀	米穀販売	20.12	200

資料　村田誠治『神戸開港30年史下巻』172・178頁。

所・日本燐寸など，資本金100万円以上の企業がみられる。

　港湾関連企業では，兵庫・和田倉庫が大手であるが，三菱・三井倉庫の進出がめざましく，地元資本が苦戦をしいられていた。[2]

　貿易業では鈴木商店は，明治7年ごろ個人商店で創設されたが，35年には合名会社（資本金50万円）となっている。兼松は22年に創設され，32年に資本金10万円となり，大正2年合資会社，7年株式会社となっている。

　民間デベロッパーでは，湊川改修会社は大企業であるが，収益はあるが無配当で，開発利益を確保すると，実質的な活動は停止していった。兵庫運河も同様であるが，神戸桟橋合本会社は高収益を維持している。

　公益事業では神戸電燈会社は，高収益企業であるが，神戸電気鉄道・兵庫電気軌道はいずれも，創設直後で収益は上げていない。なお民営鉄道として，神戸本社の山陽鉄道が創設されたが，鉄道国有化によって国鉄となった。

表21　神戸主要株式会社（明治40年）　　（単位；千円，%）

名称	創立年月	払込資本金	純利益	配当率	名称	創立年月	払込資本金	純利益	配当率
神戸桟橋	17.11	500	105	20.0	日本商業銀行	28.12	800	200	10.0
兵庫運河	27.8	66	0	0	兵庫県農工銀行	31.6	1,000	91	?
葺合港湾改築	40.3	250	—	—	岸本銀行	27.10	100	66	12.0
兵庫倉庫	25.8	475	30	7.2	神戸信託	40.2	250	29	8.2
神戸瓦斯	32.3	700	2	6.5	川崎造船所	29.10	5,500	913	12.5
神戸電燈	20.1	1,200	276	11.4	日本毛織	29.12	1,000	221	15.0
神戸電気鉄道	40.5	1,500	0	0	日本燐寸	40.1	1,000	17	2.6
兵庫電気軌道	40.7	500	0	0	大日本燐寸軸木	40.8	750	12	1.3
神栄	20.5	360	75	15.0	帝国水産	40.2	500	39	0
神戸海上保険	40.3	1,250	59	3.0	日本米穀	20.12	300	60	10.0
第六五銀行	11.11	730	159	9.0	神戸精糖	39.11	725	15	13.8
兵庫貯蓄銀行	29.10	30	8	10.0	神戸米穀	29.9	350	66	16.0

資料　神戸市『統計書』

注
（1）村田・前掲「開港30年史下」172〜178頁参照。
（2）日本貿易倉庫は35年，退職後鳴滝市長が再建を委託され，財務内容がわるので東京倉庫に売却となった。「住友が捨てたものを三菱が拾ったわけで，三菱にとっては安い買い物であり，鳴滝が三菱と結託していたように噂される所以でもあろうか」（赤松・前掲「財界開拓者」63頁）といわれている。なお鳴滝は再建を依頼された日本貿易銀行も，大阪北浜銀行に売却している。「住友・三菱両大財閥をあやつりなが

らともかく整理に成功したので，彼の世話役としての手腕は相当なもの」（同前63頁）と，その手腕が評価されているが，外部大企業への売却方式の再建は，神戸経済にとって，ベストの方策であったか疑問である。

人口増加と市域拡大

　市制実施で22年には，葺合・荒田村を合併し，人口は約3万人増加し，その後，経済成長に呼応して，人口増加・市域拡大がみられた。明治後期の人口動向（表22参照）は，明治22年・44年対比でみると，人口は3.10倍と急増している。

　また明治29年には湊村（人口2,552人），林田村の一部（人口4,495人），須磨村のうち池田村（人口170人）を編入して，合併人口7,212人が増加している。もっとも以後も，人口は自然増のみでなく，社会増として流入人口，また市町村合併による編入人口が，人口増加の要素であった。

　行政区域をみると，行政区域は市制実施をひかえて，明治22年4月，葺合・荒田村合併で，市域21.28km²と拡大された。注目されるのは，22年7月の神戸市会で，県知事からの八部郡湊村，林田村，東尻池村，長田村などの編入諮問をうけた。県としては，神戸市の将来を見越しての，編入要請であった。

　しかし，これらの村は，合併申請の時期が遅く，政府の町村配置分合の調整が終了していたこと，戸長役場の区域変更・市街地化の状況からみて難点があったこと，郡制実施の関係からみて八部郡の編成に支障があることなどが，行政的に問題とされた。[1]

　もっとも市会では，「収入ノ如キ，創始多少ノ損益アルモ，将来ヲ慮ルトキハ必ズ利益アルヲ確信ス」[2]との賛成論もあったが，当時，社会全般に民力休養のムードがあり，神戸市は西部の長田・東尻池村などの合併を拒否したが，その消極的対応が批判されている。[3]

　しかし，財政的視点からみて，神戸市予算明治25年度でも4.1万円しかなく，早期，合併を実施しても，先行事業を遂行する能力はなかった。

　明治29年4月，湊・林田・池田村を合併し，市域37.02km²に拡大している。ただ当初，林田村は部分・分割編入であったので紛糾したが，知事が一括方針に変更した。[4]その背景には湊川改修の工事実施が迫っており，さらには神戸築港

も，兵庫県が意識していたからともいえる。⁽⁵⁾

　神戸市の人口密度は，合併による市域面積拡大にもかかわらず，明治22年6,330人，42年10,461人と数値は上昇しており，しかも市域の6割は山林で，実質的可住面積からみた，人口密度は六大都市でも，最大となったのではないか。

　郊外編入による市域拡大・人口増加でも，1人当たり市税水準（表22参照）は上昇したが，担税力が向上したのでなく，明治30年以降は三部経済制の関係で，県費を市税で負担する組換えがあったので，市税が増加しただけである。

　明治45年度では県費負担43.2万円で，市税96.6万円は差し引き市税53.4万円で，1人当り1.24円しかなく，物価上昇で補正すると，実質的1人当り0.596円で，22年対比でも1.63倍に過ぎない。その間の人口増加29.7万人がもたらす，財政需要を考えると，市税収入の絶対的不足は否めない。

　なお各区の人口推移を，明治30〜45年でみると，葺合区2.85倍，神戸区1.72倍，湊東区1.77倍，5.15倍，湊西区2.37倍，全市3.57倍で，周辺区のみでなく，都心区もかなりの伸びがみられる。⁽⁶⁾

表22　神戸市の人口・市域　　　　　　　　　　（単位：人，km²，円）

区分	人口	市域	合併状況	市税収入	1人当たり	物価指数
明22	134,704	21.28	明22；葺合・荒田村合併	49,313	0.366	100
25	148,118	21.28		28,139	0.190	107
30	193,001	37.02		248,417	1.287	145
35	274,449	37.02	明29；湊・林田・池田村合併	574,548	2.093	150
40	363,593	37.02		699,224	1.923	195
45	431,378	37.02		966,128	2.240	208

注　物価指数は「物価大勢指数」朝日新聞『明治大正期日本経済統計総観・下』1106頁。
資料　神戸市『統計書』

注
（1）前掲「市史行政編Ⅰ」154〜155頁参照。
（2）前掲「市史歴史編Ⅳ」80頁。
（3）市の対応は，「これらの地域は，長期的には，湊川の付け替え，兵庫駅の後背地，同駅から和田岬への鉄道敷設，兵庫運河建設などの事業を円滑に推進するには欠かせない地域であったにもかかわらず，市会は短期的な経済的利益を優先させたといえよう」（前掲「市史行政編Ⅲ」20頁）と批判されている。
（4）前掲「市史歴史編Ⅳ」416頁。

（5）前掲「市史行政編Ⅰ」156・157頁参照。
（6）前掲「市史歴史編Ⅳ」506・507頁参照。

地価上昇と開発利益

　都市経済の成長・人口増加は，市街地化を加速させ，地価上昇は数年で2倍と，都市整備の大きな阻害要素となった。都市自治体は，地価上昇利益を吸収できず，当然，都市財政は窮乏していった。

　第1に，地価動向（表23参照）をみると，1坪当たり単価は，元町通で明治24・28年のわずか4年間で，2.12倍と暴騰している。ちなみに神戸市『統計書』では，最高地価は海岸通で1坪当り，28年46円が，35年300円，38年390円，45年400円で，測定方法が異なるが，28～35年の7年間で8.70倍となっている。もっとも35・45年33.33％で，上昇テンポは大きく鈍化している。

　第2に，神戸市『統計書』での，有租地宅地面積は，明治30年435.76町，31年527.40町（前年対比増加率21.03％），32年546.96町（増加率3.71％），33年565.59町（増加率3.41），34年584.33町（増加率3.31％）と，成長は鈍化している。それでも30～35年の増加率29.63％，35・40年46.71％と大きく伸びたが，40・45年は5.93％と小さい伸びであったが，35・45年でみれば55.41％と大きな伸びである。

　有租地地目別状況は，明治24年の宅地359.6町（構成比23.08％），田畑432.3町（27.75％），山林741.0町（47.56％），原野・雑種地25.1町（1.61％），合計1,557.9町であった。40年（表24参照）は，宅地28.61％，田畑20.60％，その他50.79％と，宅地・田畑の面積は逆転する。45年も宅地30.11％，田畑16.19％，その他53.70％と，宅地比率は田畑の2倍近い比率となっている。

　市街地化は，当然，田畑が40～45年で125町歩（123.97万㎡）減であるが，注目

表23　神戸市内地価推移　　　　　　　　　　（単位；1坪当り円）

区　分	明治24年10月		明治25年10月		明治26年10月		明治27年10月		明治28年10月	
栄町通	42.300	3丁目	25.610	1丁目	38.000	4丁目	77.580	3丁目	71.321	6丁目
元町通	26,400	4丁目	37.500	5丁目	53.100	4丁目	54.460	4丁目	56.000	2丁目
下山手通	9,400	3丁目	9.350	6丁目	7.160	3丁目	10.750	7丁目	24.885	6丁目
海岸通	－	－	26.100	4丁目	－	－	－	－	45.630	5丁目

資料　村田誠治『神戸開港30年史下巻』111頁。

すべきは山林も，同期間に13町歩（12.89万㎡）の減少をみており，明治・大正期，宅地不足が深刻化すると，山林の宅地化も広がっていった。

第3に，国税地租増収（表24参照）は，地価上昇・有租地宅地面積増加にもかかわらず，40・45年増加額9万9,570円に過ぎない。土地保有課税で，実勢地価を全く反映していないからである。

法定地価をみると，地租地価評価額÷反別面積で，35年度1㎡当り0.27円，40年度0.23円，43年度宅地地価修正がなされ，45年度2.13円と，40年比9.26倍，約10倍の増額修正がなされている。

しかし，賦課率が40年度18.70％，45年度2.52％と引き下げられているので，実質的法定地価は，2.13円×2.52÷18.70＝0.29円で，35年度とあまり変わらない。

第4に，地租収入が，きわめて少額であるのは，法定地価と実勢地価との格差が大きいからである。宅地実勢地価の平均値は，公式統計はないが，神戸市『統計書』（表25参照）から推計すると，35年平均実勢地価9.70円，法定地価0.27円で格差35.93倍となる。[1]

以後の格差をみると，明治40年度実勢地価16.20円，法定地価0.23円との格差70.43倍，45年度実勢地価12.90円，法定地価2.13円との格差6.06倍に縮小しているが，先にみたように課税率の軽減で補正すると，実質的格差は45年度6.06倍×18.70÷2.52＝44.97倍と，40年度より小さくなったが，依然として大きい。

神戸市地租付加税収入をみると，35年度4万3,138円，40年度3万7,957円であるが，45年度10.1万と増加したのは，先の地租法定地価は45年/40年度比で

表24　有租地面積　　　　　　　　　　　（単位；町，円）

区分	明35		明40			明45		
	反別	地価	反別	地価	地租	反別	地価	地租
田	525.88	299,475	412.98	223,429	13,005	267.06	196,377	9,228
畑	263.96	75,387	183.93	49,557	2,949	204.84	51,036	2,401
宅地	564.87	1,549,223	828.71	1,867,674	349,324	877.89	18,552,611	468,815
其他	1,505.02	7,261	1,471.33	76,958	427	1,565.53	7,445	403
合計	2,859.73	1,931,346	2,896.95	2,063,702	365,705	2,915.32	18,807,469	480,847

注　明治35年の宅地は郡部宅地は除外
資料　神戸市『統計書』

表25　市街宅地地勢等級別地（明治35年）　　　　（単位；円）

区名	1等 地名	1坪地価	2等 地名	1坪地価	3等 地名	1坪地価
神戸	海岸通1丁目	300	北長狭道6丁目	50	宇治野村	10
湊東	多聞通2丁目	120	相生町4丁目	60	荒田町3丁目	20
湊西	鍛冶屋町	80	宮内町	40	松本通3丁目	8
葺合	浜辺通3丁目	40	布引通3丁目	20	葺合町(元筒井)	10
湊	奥平野村	20	奥平野村	15	奥平野村	7
林田	東尻池町	12	駒ヶ林村	7	長田村	4

資料　神戸市『統計書』

9.93倍の評価換がなされたからである。それでも国税が地租課税率軽減で1.34倍の伸びであるが，市税が最終的に2.13倍になっているのは，地租割では賦課率軽減が国税より小さかったからである。

第5に，土地保有税の地租が，きわめて少ないことは，都市税制の致命的欠陥であった。譲渡所得課税も創設は，昭和17年で開発利益の吸収は絶望的であった。[2]

注
(1) 明治35年実勢地価（表25参照）は，各等級の合計の1坪当り平均45.7円で，1㎡当り15.23円となるが，1・3等地は極端な地価であるので，2等平均地価32.0円を採用すると，1㎡当たり9.70円となる。一方，法定地価（表24参照）は，地価154.9万円÷有租地面積564.84万㎡＝0.27円となる。40・45年度実勢地価は，『統計書』から35年度と同様の平均地価はなく，困惑するが，最高地価でみると，海岸通1丁目の最高地価でみると，35年300円，40年500円，45年400円で，35年平均地価9.70円をベースで推計すると，40年度9.70円×1.67倍＝16.20円，45年度9.70円×1.33倍＝12.90円と算定される。
(2) ちなみに譲渡所得をみると，明治35・45年増加面積313.02町（310.42万㎡）の全部が，農民から來神者に譲渡され，田畑の地価はゼロとすると，35～45年度の地価上昇益は，宅地増加面積310.42万㎡×45年地価12.90円＝3,999.3万円となる。譲渡所得課税率20％とすると，800万円となるが，単年度80万円となる。市税はその20％で160万円，単年度16万円と意外に少ない。

2　都市開発と都市自治体の対応

明治後期，政府直轄事業の神戸築港，市事業の水道創設，民間の兵庫運河・

湊川改修事業など，ビッグプロジェクトが実現したが，官民とも苦難と試練の連続であった。市制となった神戸市が，直面した課題は，資本力をつけた経済界と，貧弱な社会資本・膨大な貧困層とのギャップであった。

都市制度成立と経済界の変貌

　まず明治後期，都市は市制実施で行政的変革が期待された。。「市制町村制理由」で，「政府ノ事務ヲ地方ニ分任シ，…之ヲ担任スルハ其地方人民ノ義務ト為ス」とされ，明治政府の市政への義務・要望が明確になった。明治22年12月，県も内訓27号で訓示しているが，委任事務の履行責任を求めた。

　都市経営視点から，この訓示の意図を深読みすると，自治体運営の効率化に努め，各市は自力で財政力を涵養し，効率的効果的運営をするため，政党の介入を排除するよう努力するようにとの趣旨であった。

　都市の経営化の視点から市制をみると，第1に，市制町村制が制定されても，府県・郡制が，整備・強化され，府県経由方式の中央統制は，一層強化された。ただ認可制の拘束は，運用で治癒できたが，地方財政における財源の絶対的不足を，どう克服するかであった。

　第2に，神戸市の誕生は，区政とは格段の違いがみられた。明治22年の市制町村制で，神戸市の行政能力は，22年（決算4.8万円，職員87人）の発足当初こそ貧弱であったが，明治32年（決算60.6万円，職員121人）は，22年比で行政能力は1.39倍であるが，財政力は12.63倍と飛躍的に拡充されている。しかし，実質的財政力は，あとにみるように県費・港湾負担金が巨額であり，きわめて劣悪な状況にあった。

　問題は財政の量的膨張でなく，行政の質的変貌であった。もし神戸市が公営交通を創業すれば，街路拡幅事業は，交通事業負担で年数十万円が節減できる。さらに電気供給事業（表38参照）も公営化できれば，普通経済への巨額の繰入金が見込まれる。財源不足は制度的には，解決不能であるが，都市経営への自己努力で打開の途は開かれる。

　第3に，明治44年の市制改正は，市長の有給専務主義のもとに，参事会抑制・市長権限強化・経営参与制・特別会計などを進めた。都市自治体の企業体制を

培養していくための内部経営改善への条件整備であった。[2]

　しかし，改正は都市自治体の権限・財源の拡充をともなう措置でなかった。それでも都市自治体が，公共デベロッパー・公営企業体として，行財政経験をつめば，経営企業体への体質改善が可能であった。

　第4に，自治体運営のカギを握る，政治システムをみると，市会議員選挙は所得額にもとづく，3等級に区分された高所得者層に有利なシステムであった。議員は，地域名望家層が大半で，神戸市でも，将来，企業家として名をこのす，川西清兵衛・小曾根喜一郎・直木政之助・池田貫兵衛などが選出され，経済と政治が融合した状況となった。

　ただ自由党対改進党，吏党対民党の対立が激化していったが，公共投資の積極主義への移行がみられた。しかし，市民全体が，都市経営を形成する市政運営を論議する風土はなく，受け身の政治水準にあった。

　第5に，実際，都市経営には市長のリーダーシップが期待されたが，制度的には，市長は独任制の決定機関でなく，参事会による合議制の一員に過ぎなく，しかも市長は市会の選出制（内務大臣の認可）であった。[3]

　しかし，政治感覚に優れた市長であれば，市会を懐柔し，都市経営への誘導は可能であった。鳴滝・坪野市長をみると，市会運営には苦慮を強いられたが，水上・鹿島市長は，市会を見事にコントロールしていった。その後をみても，市長の市会運営では，個人的落差が大きかった。[4]

　神戸市の都市開発への対応は鈍いものであったが，経済界の公共投資への要求が，一段とエスカレートしていった。神戸市の姿勢は，明治20年代当初は市会も，民力休養派であったが，20年代後半になると，世論は公共投資派が主流となっていった。

　第1に，経済界は，神戸商業倶楽部（明治25年設立），地主倶楽部（明治24年設立）などを設立し，24・25年ごろとなると，雑居地拡張・湊川付替工事など，利益追求の動きが目立つようになる。[5]

　第2に，政治行動としても，積極主義への動きが胎動してきた。明治24年11月9日，あからさまな公共投資要望ではないが，自由党系有志の要求書提出であり，改進党の経費節減への対抗措置であった。[6]

第1節　市制実施と都市開発システム　139

第3に，神戸市の都市整備への対応は，財源不足であれば，技術援助・奨励金交付などで，民活方式促進策を選択するかであった。

　しかし，事業の認可をみると，10年以上もかかり，都市活力を奪い，民間エネルギーを阻害する，拙劣な対応であった。しかも最終的な事業認可をみると，許認可条件が甘く，民間デベロッパーでは開発利益の独占，公益事業では集積利益の独占を黙認する，結果となっている。

　第4に，神戸市は地域経済の公共還元システムを，形成する戦略意識は欠落していた。都市経済をみると，民間資本が，土地値上り益を満喫するだけでなく，電気・瓦斯・交通などの公益事業でも，集積利益の独占が進んでいた。しかも大阪資本の進出が，顕著にみられ，神戸は外部資本の草刈場と，なりかねないと憂慮された(7)。

　神戸市は，都市が資本家の餌食となり，都市化にともなう開発利益は，都市公共資本と都市土地・産業・金融資本との競争・抗争の場と化していたが，神戸市の危機感は希薄で，民間資本に対抗するための積極的起債主義による，財政による対抗策の実施はなく，監督行政に安住する，無難な行政に終始した。

注
（1）訓示を要約すると，「適材を挙げ，市の財力を養ひ…在来の公共財産の維持に力むるのみならず，其増殖を奨励すべき，尚は戒むるに…政党政派の圏外に超越すべき」（前掲「市史本編総説」201・202頁）と提示している。
（2）大都市の企業型行政については，持田信樹「日本における近代的都市行政の成立（2）」『社会科学研究』1985年3月，49〜118頁参照。高寄・前掲「昭和地方財政史Ⅴ」25〜67頁参照。
（3）この参事会制は，大都市行政の癌とも獅子身中の虫ともいわれた。「市会の有力者数人が常に市の執行機関にも顔を出していた。執行機関と議決機関との関係を円滑にするという長所はあろうが，市行政に対する責任の所在を不明確ならしめる致命的欠陥をもつ」（前掲「市会史明治編」29・30頁）と批判されている。
（4）鳴滝市長は，水道建設に10余年を要したが，潜航艇といわれる根回しによる市政操縦の限界が露呈した。市長就任が小寺泰次郎などの市会多数派工作によって成功したため，議会にコントロールできなかったことも一因である。また坪野市長は，市会への配慮に欠け，独断専行で行政を拙速に処理しようとしたため，議会の抵抗のため玉砕し，短命政権であった。
（5）その動向は，「地主が全体として開発利益にきわめて敏感になり，組織化をいとわなくなり始め………湊川付替研究会といった，より直接的な地域開発に対する関心

をもった団体なども誕生した」(前掲「市史歴史編Ⅳ」99頁)が，要するに「地域開発欲求の噴出であった。市民が経費節減よりいかに積極主義を自らの利益に引き込むかに関心をもち始めた」(同前99頁)と警戒されている。卑近な動きが，従来，「保守的気風が指摘されてきた兵庫の資本家達が兵庫開港請願に立ち上ったことはきわめて重要」(「同前99頁)といわれている。これによって「日清戦争後の和田岬からから小野浜までの大神戸築港計画が可能になった………しかしこうした動きは，積極主義を局部的利益に従属させようとする動きでもあった」(同前99頁)と警戒されたが，実際，神戸築港策定が長期化する要因となった。

(6) 前掲「市史歴史編Ⅳ」91頁参照。
(7) その卑近な事実として，明治29年8月31日に湊川東堤防が決壊したが，その報道で大阪の紡績会社資本家の田中市兵衛(神戸桟橋社長)が，決壊個所付近で約1万坪の土地を私有していることが判明した。この点について「ガス会社への大阪の資本家の出資といい土地買取といい，神戸の産業の発展とそれに伴う都市化への期待を示している」(前掲「市史歴史編Ⅳ」301頁)と評価されている。しかし，地域経済の視点からみれば，外部資本による都市利益収奪で，神戸の地域循環経済の形成にはマイナスであったが，当時，大阪では土地会社による，土地転がしが問題とされていったが，神戸でも次第に活発化しており，危惧すべき兆候であった。

都市開発と経営戦略の挫折

　明治後期の神戸市内の開発事業(表27参照)をみて，驚くべきことは，神戸市は水道と港湾負担金以外，なんら目立った事業をしていない。神戸市の都市経営戦略の欠如は歴然としていた。

　公共経済学からみれば，市税負担が重くても，道路・下水道整備をすれば，企業活動の効率化・市民生活の安全化も進み，都市経済・市民生活に公費負担以上のメリット還元がある。理論的には市税・負担金強化に反対する理屈は成立しない。個別の利益・負担配分が，問題なだけであるが，それには市政の経営化によって，集積・開発利益の公的還元が前提条件である。

　明治後期の都市整備事業(表27参照)をみても，都市経営戦略の活用は不十分であった。第1に，公営交通創業の挫折は，痛恨の極みで，都市経営の実効的な戦略手段を欠き，満足な都市づくりができるはずがなかった。

　公営化の遅れの財政的損失は，大正6年財産評価額1,501万円の神戸電気を，2,262万円で買収し，761万円の損失をみている。その他街路整備負担の喪失など，さまざまの不利益を加算すると，800万円を超える損失がみられる。

第2に，経営戦略の事業資金は，起債で調達すれば，問題はなかったが，神戸市は明治30年度の水道債67万円の発行まで，積極的起債主義は活用していないが，京都市はすでに20年代に100万円以上の市債を発行している。

　要するに資金活用が，感覚的に過剰調達となっても，都市成長性を考えれば，それはとり越し苦労に過ぎない。せめて葺合港湾・電気鉄道は，市営で事業化すべきであった。

　個別事業をみると，第1に，拠点整備事業では，兵庫運河・湊川改修事業が民間デベロッパー方式となったのは，神戸市が，事業能力がなかったためで，京都は疏水事業（126万円）を，明治23年に完成させているが，兵庫県・神戸区も10年代に両事業を施行していれば，水道事業と重なることは回避できた。

　第2に，港湾関連事業では，明治前期の小野浜鉄桟橋が，大阪資本によって建設された。神戸の資本不足を，救済したとの見方もできるが，大阪資本にとって神戸港が利殖対象とされ，神戸港の収益が収奪されたともいえる。

　わずか15万円の資本を，神戸経済が調達できないはずがなかったと悔やまれる。あとにみる海面埋立事業も同様であり，折角の神戸港の収益を，神戸市は吸収していない。

　第3に，公益事業では，収益性のない水道事業は公営化されたが，収益性の高い電気・ガス・交通事業は民営である。ことに第1期築港と公営交通創設の時期がかさなり，神戸市は築港を選択するため，公営交通を断念したが，大阪市の先例をみても，同時施行は可能であった。

　それを可能とするのは，積極的地方外債発行（表26参照）であった。地方外債の応募者利回5.00～6.73％で，為替変動もあり，必ずしも良質・安定資金ではないが，償還期間は，横浜瓦斯債の8年などは例外で，一般的に30年前後で，東京市電気事業債のように78年と，半永久公債もあった。

　財政力が弱いが，成長性に富む，大都市にとってかけがえのない資金であった。なお神戸市は，明治32年，全国ではじめて外資25万円を調達しているが，内地在住の外人からの借入金であり，他の大都市のように外国での市場公募債でなかった。

　第4に，街区整備事業では，依然として自治体の直接施行でなく，地主主導

の新道開さく・地域更生事業が，考案・実施・普及していった。この方式は，市制実施から耕地整理法（新法）までの20年間に及ぶ，制度的空白期を埋め，15事業区443.5haが実施され，曲がりなりにも乱開発を阻止し，事業型経営として有効な実践となった。

表26　明治期地方公募外国債発行状況　　　　　（単位；千円）

名称・起債目的	発行年	起債額	名称・起債目的	発行年	起債額
東京市・市区改正事業債	明39	14,580	横浜市水道公債	明35	900
東京市・電気事業債	明45	89,564	横浜市・港湾海面埋立債	明40	3,108
京都市・水利道路電気事業債	明43	17,550	横浜市・瓦斯事業債	明42	648
京都市・発電水利事業債	明45	1,950	横浜市・水道第2事業債	明42	7,000
大阪市築港公債	明36	3,085	横浜市・瓦斯第2事業債	明45	1,200
大阪市・電車水道債	明42	30,220	名古屋市・上下水道債	明43	7,816

資料　大蔵省編『明治大正財政史第12巻』721頁。

表27　明治後期の主要都市整備事業

	区分	形態	費用負担	事業費負担・事業年次
拠点整備事業	兵庫運河開設	民間事業	収益事業	事業費60.3万円　明29.1〜32.12
	湊川改修事業	民間事業	収益事業	事業費99.7万円　明30.11〜34.8
	神戸港第1期築港	政府直轄事業	市負担方式	事業費1,710万円（市負担437万円）明39〜大10
街区整備事業	葺合地域更生事業	民間事業	民間負担	事業費12万円　面積152㎡　明31〜40
	兵庫地域更生事業	民間事業	民間負担	事業費10万円　面積142㎡　明21〜43
	林田地域更生事業	民間事業	民間負担	事業費11万円　面積149㎡　明32〜41
港湾整備事業	葺合港湾建設	民間事業	収益事業	事業費57.9万円（利用料方式）明40〜43
	百間波止場改修	県事業	収益事業	事業費23.5万円　明29.10〜31.4
	税関施設建設	政府直轄事業	全額国庫負担	事業費396万円　明39〜44
	小野浜臨港整備	政府直轄事業	全額国庫負担	事業費120万円　明治36.7〜40.7
	税関防波堤建設	政府直轄事業	全額国庫負担	事業費14.7万円　明33.9〜35.3
公益事業	上水道事業	市事業	補助事業	事業費341万円（国庫補助金98万円）明30〜38
	神戸電気	民営事業	利用者負担	資本金10万円　明21.10
	神戸電気鉄道	民営事業	利用者負担	資本金600万円　明43.4
	瓦斯事業	民営事業	利用者負担	資本金70万円　明31.6

資料　税関関係は大蔵省編『明治大正財政史第12巻』721頁参照。

行政団体から経営体への転換

　市制が実施されても，市政は旧態依然たる状況で，神戸市が都市化にともな

う変動に対応するには，都市自治体の変貌・変革・変身がせまられた。第1の変化は，神戸市政の経営化，すなわち公共デベロッパー・公営企業へと転身し，事業的都市経営の実践をどれだけできるかであった。

　第1に，都市づくりにあって，明治前期の県主導から，明治後期には市主導へと移行がみられたが，神戸市自身が，積極的起債主義でもって都市経営を，展開する意欲・姿勢が欠落していた。

　しかし，都市財政の経営化がなければ，都市経済成長によってもたらされる，集積・開発利益を吸収できず，都市整備といっても，穴のあいたバケツに水を注ぐようなもので，財源はすぐに枯渇し，都市財政の貧困からの脱皮はない。

　基本的対応は，地租強化などの都市税制の是正が急務であった。しかし，制度に責任を転嫁しても，事態打開は不可能で，実際，神戸市が公共デベロッパー・公営企業でどこまで，開発利益吸収・公共負担軽減ができるかであった。

　しかも開発利益吸収は，それほど至難の経営ではない。明治前期，市内の多くの町ですら，財産区造成のため海面埋立で，開発利益の内部化に成功している，神戸区・市ができないはずはなかった。神戸市は，せめて埋立事業で開発利益を，獲得する才覚をみせてほしかった。

　第2に，公共デベロッパーへの転身では，明治後期でも神戸市は，外部効果の大きい兵庫運河・湊川改修事業を，公共事業でなしえなかった。開発事業では，事業リスクを民間に転嫁したが，民間はその代償として，開発利益を独占したのは当然といえる。

　湊川改修事業では，事業認可条件が甘く，神戸市は30万円で湊川公園用地買収を余儀なくされた。結果として会社が，約200～300万円近い開発利益を私的独占したが，神戸市は傍観するだけでという，惨めな結末となっている。

　兵庫運河事業は，用地先行取得に失敗し，住民紛争が発生し，事業収支が悪化した。最終的には大正期，神戸市は粗悪な運河を買い取る羽目になった。

　第3に，公益企業も，神戸市では，電気・ガス・交通事業は，民営に独占された。水道のみが水道条例で，公営となっただけである。

　しかし，水道と交通では都市経営手段として，道路拡幅費負担金・企業収益繰入金などからみると，水道は格段に見劣りがする。公営交通創設が，明治39

年の神戸築港より遅れ，大正6年となったが，後発企業体として苦しい経営環境からのスタートとなった。

　第2の変化，神戸市自身が，管理団体でなく，意識改革をともなった，都市経営体として変身できるかであった。第1に，当時の神戸市は，図体が大きくなっただけで，中味は管理組織そのものであった。水道建設は伝染病という恐怖，神戸築港は政府直轄事業の外圧で実施したが，事業実態は，企業性がうすく，公営交通・海面埋立事業などを市営化しなければ，経営体への意識変革はのぞめない。

　第2に，神戸市は，みずから公共デベロッパーとして，リスクをとらなければ，いつまでも民間開発の後始末の基盤整備という，損な役割を背負わされるだけである。都市自治体は，開発利益の喪失にとどまらず，都市財政も，慢性的財源欠乏症から脱皮できない。すなわち都市形成の構想をもってリーディング・プロジェクトを提示・実施し，民間投資を誘導する主導性も発揮しなければならない。

　第3に，神戸市が経営体として，公共経済学的政策意識をもって，事業を選択し，実施する事業化へのアキレス腱は，資金不足であるが，市債を活用すれば可能であった。神戸市が市債発行への恐怖を，如何に払拭するかであった。それには都市経営がもたらす，政策・事業効果を十分に認識するしかない。たとえば神戸市が先にみた，民営交通買収方式による"見えざる損失"800万円の事実を認識するかどうかであった。

　第4に，都市経営の技能・経験を如何に磨き蓄積することである。資金調達にしても，実務としては金融機関との交渉・金利の変動・外資の導入・借換債の活用など，さらに内務省の起債許可認証など，建設技術以上に専門的ノウハウを会得しなければならない。内向きの管理行政では，都市づくりの成功はおぼつかない。

　神戸市は，水道建設では外資導入の失敗，事業資金の割高，特定金融機関の欠落など，資金調達能力でほころびがみられた。さらに港湾直轄事業負担金でも，負担金の軽減・支払方式の変更・港湾収益金の還付などで，政治力を発揮できず，巨額な負担に喘ぐ羽目になった。

都市形成と市長の経営能力

　第3の変化が，都市運営の政策化である。都市行政の経営化が進み，都市自治体の経営意識が培養されても，都市自身の経営能力がレベルアップし，都市経営の政策選択の最適化が達成されなければならない。

　戦前の都市行政では議会・市民にもとめるのは，机上演習としては可能であっても，現実には無理があった。歴史的にも市長主導型行政の政策決定が，欠点があるにしても，もっとも無難な政策決定システムとして定着していった。[1]

　第1の課題は，市長の都市経営資質である。神戸市の都市行政を見ても，事実として市長のリーダーシップで，都市経営の成果は，大きく左右されたといっても過言でない。それは歴代神戸市長の施策・事業実績によっても立証される。

　市長の素質・能力は，具体的には政治力（政策立案・調整能力），経営力（政策選択・実施能力），運営力（資源活用・管理能力）などの総合力であり，すぐれた市長は，これらの能力をかなり発揮したのである。

　政治力をみると，第1に，政策・施策立案による事業実現へのリーダーシップで，要するに政策形成能力である。都市行政は，管理行政より，むしろ企業経営である。しかも総合行政であり，複合的経営が求められる。ことに公共投資における公共経済的センスが求められた。水上市長が，着任早々，「神戸港の現状及改良策」を公表し，築港事業の事業効果を訴えたのが好事例である。[2]

　第2に，調整能力である。政府・府県の事業認証，市会操縦による協調などである。中央省庁の許認可獲得も重要であるが，最大の課題は，市会との関係である。鳴滝市長は市会統制力が弱く，市会動向に神経過敏となり，積極的市政への手枷足枷となった

　坪野市長は調整力不足から，市会コントロールができず，伝染病病院用地問題という些細な失政を，突かれ辞任している。都市行政のガバナンスの問題は，市長にすべての責任があるわけでないが，市会・議員をコントロールできなかったのは，市長の政治能力が，貧困といわれても否定できない。

　第3に，都市行政の総合能力発揮であるが，鳴滝市長は水道建設，坪野市長は教育改革，水上市長は神戸築港と，それなりに明確な目標をかかげていた。しかし，特定目的に絞り事業・施策は成功しても，大都市行政という総合評価

からみれば問題があった。ことに坪野市長は，教育行政に極端な傾斜がみられたが，5科目の試験で1科目だけ80点で，あとは20・30点では都市づくりの平均点は，及第点とはならない。

ただ水上市長は，神戸築港という，特定目的に絞っての市長就任であると自覚していた。そのため築港事業の目途がつくと，任期半ばで勇退し，港湾行政偏重の弊害を未然に防いでいる。その熟慮ある辞職は，銘記すべき事実として，後世の市長は記憶すべきある。

経営力をみると，市長の施策選択・事業実施能力で，実現には多く障害がかならずあるが，どうクリアするかである。第1に，事業実施における経営形態の選択である。公営交通について財源負担の恐怖から公営化を放棄した。また兵庫運河・湊川改修事業も民間デベロッパー方式を選択してしまった。しかし，これらの事業は，都市経営の戦略からみて，都市集積・開発利益を放棄する拙劣な選択であった。

運営能力をみると，第1に経営資源の活用で，市長のみでなく，職員の政策マンとしての資質のレベルアップで，人的資源では，輸入人事であっても，有能な人材は，ヘッドハンティングをすべきで，神戸市は神戸築港で，内務技術官僚の森垣亀一郎を，神戸市官吏としてむかえたが，その後都市整備全般にわたって，指導した成果は，計り知れない貢献であった。

もっとも見落とされているが，建設技術面だけでなく，政策形成・事業遂行の行政経営テクノクラートで，金融資金では積極的起債主義で，安価・安定資金を確保し，土地資金による先行取得で地価上昇利益を内部化するなど，経営システムをフルに活用していく，経営戦略の担い手である。

第2に，実施能力では，金融状況をみて起債をするとか，補助金を活用して民営事業を誘導するとか，人的ネットワークを活かして，情報収集を図っていくなどである。政策・施策の遂行の阻害要素を淘汰・克服する，自治体・首長の能力で，外部対応だけでなく，内部経営にも目配りできる実務能力が不可欠である。

都市経営にあって，ともすれば開発プロジェクトの成果に，関心があつまるが，都市自治体が，政策・施策・事業の最適選択をなすためには，内部組織の

科学・民主化,すなわち都市経営の政策化が求められる。

第3に,複合経営力である。都市経営は,複合的経営によってより大きな成果を生む。公営交通と区画整理,水道事業と下水道事業などで,同時施行の事業コストが軽減され,成功の確率が高まるだけでなく,行政効果も大きくなる。都市自治体に求められるには複合経営体(コングロマリット)の形成である。

第2の課題として,神戸市の都市経営水準を,大阪・京都市と対比してみると都市経営への意欲・認識・戦略などの点でかなり,見劣りがする。卑近な事例が,積極的起債主義による公共デベロッパー・公営交通化への転進がみられないことである。

第1に,神戸市は,明治後期にあっても,大阪市の鶴原市長(明治34～38年),京都市の西郷市長(明治37～44年)のような明確な都市経営意識をもった,市長にめぐまれなかった。[3]

ともに2代目市長であるが,神戸市は坪野市長という,教育偏重主義の市長であり,開発事業には,関心がない。無責任な状況と化していた。

もっとも大阪・京都市もそれほど早くないが,ただ両市とも特例大都市制度で,市長は知事が代行し,府県政の管理監督下にあり,市制実施が,明治31年と遅れたことを,配慮しなければならない。

第2に,経営実績をみると,大阪・京都市との都市経営への落差は,京都市は明治前期に疏水事業で都市経営の基盤をかため,明治後期,三大事業で発展への布石を確実にした。

大阪市は,明治後期に水道・交通・港湾と一気に整備を敢行する。京都・大阪市のいずれも巨額の市債発行による,積極的施策の都市経営であった。[4]

京阪神3市の都市建設関係財政指標(表28参照)をみると,市債発行累計額を市税収入額対比でみると,明治35年度は,大阪市16.36倍,京都市1.77倍,神戸市2.57倍で大阪市が際立って高い。45年度では大阪市16.25倍,京都市175.62倍,神戸市6.95倍で,京都市が三大事業で地方外債を発行して,一気に上昇している。

大阪市は,明治20年代,水道に298万円を投資し,30年代は港湾が1,961.6万円,40年代は40～45年だけで3,019.1万円と,それぞれ驚異的な投資が都市整備

を牽引していった。

　京都は，疏水事業を早くから手がけたが，京都市の水道・交通事業の創業は，意外とおそかった。明治43年の三大事業実施で一気に挽回する。

　神戸市の市債は，30年代は水道債，40年代は港湾直轄事業負担債であったが，電気・交通事業などへの収益的公営企業への進出が遅れたことが，都市経営への転身に大きなハンデとなった。神戸市は公営企業を起債主義で創業・拡大していき，その収益で都市整備を推進していく，財政運営の妙味も発揮できなかった。

　第3に，神戸市の都市経営は，明治後期で水道・築港事業だけという，消極的姿勢であった。明治44年度の市債発行額累計は，京都市2,114万円，大阪市7,377万円，神戸市は622万円に過ぎない。神戸市が都市経営の劣勢を克服するのは，明治末期，水道創設・神戸築港といった事業化でなく，本来の公共デベロッパー・公営企業といった正攻法の都市経営への変身ができるかであった。

　水道は義務的施設で収益性が低く，築港事業は国営事業であり，都市経営の妙味が，みられる事業ではなかった。

　神戸市財政の形態が，企業化・経営化するのは，大正前期，鹿島市長が，配電・交通の完全公営一元化を達成してからである。神戸市は，やっと大阪・京都市にならぶことができた。しかも鹿島市長は学区統一も，六大都市で最初に達成し，内部経営にあっても，高水準の都市経営を展開していった。

　大都市の市長は，全知全能の才覚を求められるが，充足は不可能としても，

表28　京阪神3市の都市建設関係財政指標　　　　　　（単位；千円）

区分	大阪市			京都市			神戸市		
	市税	市債発行	都市整備	市税	市債発行	都市整備	市税	市債残高	都市整備
明22	145	—	19	95	204	—	49	—	14
25	297	500	518	88	578	18	28	—	11
30	779	3,363	1,728	235	1,156	138	248	970	413
35	1,176	19,235	3,725	741	1,310	281	574	1,470	804
40	2,211	21,200	5,057	906	1,610	192	699	2,870	192
45	4,400	71,508	12,776	1,202	21,110	4,835	966	6,715	854

注　都市整備費は普通経済土木費と特別経済の港湾・水道・下水道・交通・電気・水利事業費の合計
資料　大阪市は大阪市『明治大正大阪市史第4巻下』，京都市は京都市『京都市政史下巻』，神戸市は神戸市『統計書』

どれだけ能力をはっきできたかである。明治後期の3人の市長の都市経営能力・行財政手腕をみてみると，総合政策・施策決定力などに欠陥がみられる。

注
（1） 都市経営と都市政治の類型は，「政党対決型」「市民対決型」「議会支配型」「市長主導型」に分類できるが，戦前の大都市では，市長主導型が次第に優勢となった。典型的事例は，大阪市の関市政にみることができるが，最適の政策選択であったかは検証が必要である。高寄・前掲「昭和地方財政史Ⅴ」15～59頁参照。
（2） 市長のリーダーシップをみると，事態打開のため決断が，多くの激しい反対に直面する。水上市長の場合，兵庫県・大阪市・内務省といった官庁セクショナリズムであったが，元老の活用という超官庁勢力を利用して沈静化に成功している。鳴滝市長は，政策提起型行政でなく利害調整型行政で，時間のかかる円満解決策を採用してしまった。そのため水道創設だけに12年の年月を費やし，神戸築港をはじめ多くの事業が放置された。この失われた10年の後遺症は，あまりにも大きなツケとなった。この間，集積・開発利益は民間に帰属し，公的還元が少ないだけでなく，都市自治体は，都市整備の技術・経営能力を培養する，機会喪失という目にみえないデメリットが発生し，築港と公営交通が同時選択を迫られ，公営交通断念となる。都市経営にあっては，不作為の怠慢が，経営の命取りとなっている。
（3） 大阪市鶴原市長（明治34年8月～37年10月）は，日本銀行大阪支店長・理事をえて，明治33年関西鉄道会社社長に就任し，34年2代目大阪市長に就任した。鶴原市長は任期中に第5回内国博覧会・大阪築港推進などを手がけたが，なかでも特筆されるのが公営交通の創設であり，明治36年11月13日，「市街鉄道ニ対スル方針確定ノ件」を市会に提示し「市街鉄道ハ総テ大阪市直接ニ之ヲ経営スルモノトス」を全会一致で可決している。徹底した公営一元化施策の実施であった。民営交通の申請を阻止するため，第2期路線の早期着工を遂行し，公営化が不可能な場合，報償契約を締結するなど，公益事業の公営化への布石を打っていった。この方針は，歴代市長に引き継がれ，植村市長の郊外電鉄の市内乗入れ反対，関市長の民営電気企業の買収と引き継がれていった。新修大阪市史編纂委員会『新修大阪市史第6巻』15～18頁参照，以下，前掲『大阪市史Ⅵ』，大阪市電気局『大阪市営電気軌道沿革誌』4～11頁参照，以下，前掲『大阪市営電気軌道沿革誌』。京都市西郷市長（明治37年10月～44年6月）は，西郷隆盛の最初の子供であり，10代でアメリカに遊学し，都市の実情を学び，帰国後，台湾で地方官として，植民地経営に携わり，治水事業や上水道建設などに従事した。明治37年，京都市長に就任した。明治39年，いわゆる三大事業（第2琵琶湖市疏水事業・上水道・道路拡幅）を実施するため，43年約1,755万円（市税収入34倍）の仏貨外債（4,500万フラン）を年率5％，償還期間27年，明治42年195万円（500万フラン），年率5％，償還期間22年であった。この三大事業は「①第2琵琶湖疏水をつくり，多くの水や電力をえる，②第2疏水からの大幅な水量増加を利用して，上水道を敷設し，市の衛生状態を改善する，③主な7つの道路を拡築することであった。そこに市街地電気鉄道を敷設し，複線の広軌でスピードの

出る市営市街電車（市電）を走らせ，電灯を市で経営する計画も付随していた」（前掲「京都市政史Ⅰ」4頁）。財源は外債発行でまかなったが，疏水・水道事業だけでは発行額が小さいので道路事業を追加して，一気の都市整備を敢行した。京都市役所『京都市三大事業・第1～3集』（1912～1914年）参照。前掲「京都市政史Ⅰ」207・208頁参照。前掲「京都市政市下」599～650頁参照。京都市の外債発行・償還については，伊藤・前掲「近代京都の改造」107～128頁参照。西郷市長・三大事業については，同前31～37頁参照。
（4）明治期の京都市債状況は，前掲「京都市政史下」338～364頁参照。大阪市の明治期市債状況は，大阪市『明治大正大阪市史Ⅳ経済篇下』540～554頁参照。なお明治期の大都市の市債については，高寄・前掲「明治地方財政史Ⅵ」257～305頁参照。大阪・京都市の都市経営については，高寄・前掲「昭和地方財政史Ⅴ」142～160頁参照。

3　市長の実績と地域リーダーの業績

　明治前期，神戸区はいかに有能な区長であっても，都市づくりを牽引するには，区の権限・財源は余りにもお粗末であったが，市制実施で都市づくりへの期待高まっていった。
　ただ制度的制約・財源不足はきびしいが，神戸市の裁量権は大きく，たとえば公営企業を創設するかしないかは，神戸市次第で決まるといっても過言でなかった。まして海面埋立をして市有財産を蓄積するのは，容易な事業であった。まず歴代神戸市長は，どう対応したかを検証してみる。

鳴滝市長と水道の創設

　初代市長は，神戸区長であった鳴瀧幸恭が，神戸市長に選出され，明治22年の市制実施から34年度までの12年間，創成期の重要な時期を担当しが，その能力・素質・センスがどうであったか。官吏として優秀であったが，市長としての鳴滝市長への高い評価も，行政実績より遊泳術のなせる結果といわれている。
　第1に，鳴滝市長の長所は，調整能力で決断力・政策力ではない。もっとも「彼は一体保守的ではない。因循姑息は彼の禁物であった」が，その本領は，根回し役であり，忍耐強さであり，「潜航艇式」といわれている。
　鳴滝市長が，もっとも得意とする，調整能力を発揮したのは，神戸区長時代

に民営水道創設の危機を，古巣県庁への根回しで，認可を遅らせ，民営水道を回避した裏工作であった。

鳴滝市長の評価がよいのは，「鳴滝市長は，吏僚の愛撫に意を用ひ…開庁記念日には吏員一同を音羽花壇に招待し園遊会を開いて斯日一日は市長書記の隔てなく無礼講で歓待した…是れ彼が歴代市長中一番永く在職し，何人からも称賛される所以であろう」[5]と，皮肉まじりに評されている。

第2に，鳴滝市長の功績である水道建設は，苦労の連続であったが，見事，完成へとこぎつけている。たしかに当時，水道建設は難問で，反対勢力も旺盛であり前途多難であり，その政治・行政手腕が試された。

しかし，水道給水は明治33年4月と，神戸区長時代からかぞえると，15年の歳月を費やし，工事費も392万円と大幅に膨張し，やっと完成した。鳴滝市長は「機を見るに敏でなかったことは，ただ慙愧のいたり」[6]と，議会で陳謝している。

鳴滝市長のリーダーシップ不足から，議会・市民・中央省庁などの説得に手間取り，事案処理という調整的才能だけでは，事業推進力に欠けていた。水道が実現したのは，水道条例の制定，伝染病の猛威，さらに兵庫県の辛抱強い説得という，外圧が無視できない。

第3に，行政運営において，きびしい対応ができず，市会統制にあっては，懐柔策を弄するだけで，政策とか理念での対応ができなかった。そのため議会決定後も，反対議員の横暴がやまず，水道建設が遅れる要因にもなった[7]。

一方，市長としてのプライドが高く，市長就任の翌年，市会が年俸1,500円を1,300円にカットしたので，この市長俸給削減を不信任とみなして辞表を提出しているが，調整型の鳴滝市長としては，唐突な対応であった[8]。

第4に，神戸市長退職後，日本貿易倉庫の再建を依頼され，明治35年に三菱倉庫の前身である東京倉庫に売却し，始末をつけている[9]。「三菱にとって安い買物であり，鳴滝が三菱と結託していたようにウワサされる所以でもあろう」[10]と，利権行為が噂された[11]。それは市長在任中からとかく，企業への面倒見が，目立ったからである[12]。

鳴滝市長の市政が，調整型保身型での運営となったのは，政治環境が悪かっ

たともいえる。神田兵右衛門との市長争いで，小寺泰次郎など市会議員の支援で，当選したという負い目があった。

そのため「これら市会の猛者連をさばくだけが精一ぱいで市政の大方針を立てるほどの余裕がなかった」と弁護されている。しかし，この程度の政治的ハンデキャップは，得意の調整力で懐柔しなければならない。

調整型市政は，神戸築港・公営交通創設をはじめ，兵庫運河・湊川付替事業などビッグプロジェクトへの目立った対応すらなく，市長として主導性を発揮していない。水道創業だけに専念したが，多くの懸案が先送りとなった。

そのため公営交通創設と神戸築港が，同時期となり財政力から公営交通断念となった。このような優柔不断のため，"見えざる損失"が発生しているが，きわめて大きな財政的後遺症と化している。

鳴滝市長は神戸市退職後，神戸財界の世話役として，注目すべき成果と信望を集めたが，自身では明治末期，神戸信託会社，第1次世界大戦時，日本木材会社を創立するが，いずれも戦後の恐慌で倒産し，私財をなくしている。「後年，彼が失意の人となったとき，隠退の資として財界が忽ち2万余円を拠出して報いたのも，その人望によるもの」と，その人柄が高く評価されている。

しかし，市長としての評価は，あくまで事業実績であり，水上市長の神戸築港，鹿島市長の公営交通創業の手際良さと比較すると，その行財政運営能力は見劣りする。鳴滝市長は，温厚で人当たりは良いが，ビジョンとリーダーシップに欠け，都市改造の遂行とか公営企業の創設といった創造的政策対応は，もともと苦手であった。

しかも明治後期という，神戸市の都市づくりが切迫した時期は，調整型の人物は不向きであった。多くの都市開発事業は，民間に依存し，神戸築港・公営交通は放置していたが，水道創設という功績の蔭に隠れて，批判を免がれた。

注
（1）鳴滝市長は，京都仁王寺の寺侍の出で，北越戦争に従軍し，京都市小学校教員，兵庫県警察職員，その後検事補をつとめ，内海知事時代に第1部長に栄転する。県庁在職中は，千々岩英一，宮内愛介，村野山人等とともに，兵庫県の四天王と称され，名課長の名をほしいままにした。神戸区長兼八部郡長をえて，明治22年，神戸市長（年俸1,500円）に当選する。鳴滝市長の人物像については，「初期財界の世話役・鳴

滝幸恭」赤松・前掲「財界開拓者」60〜64頁参照。
（２）この点，「鳴滝さんは，果して左様な名市長であったか，或は夜目遠目の譬へ通り，歴史的色彩が鳴滝さんの人格に光沢を付けたのかも知れぬ。が在職年数の長かったのと，創業時代であったのと，当時の大問題であった上水道の布設を遂行したことに依って神戸市政史上に名声を博した幸運児である」（伊藤貞五郎『神戸市長物語』24頁，以下，伊藤・前掲「神戸市長物語」）と評されている。
（３）〜（５）伊藤・前掲「神戸市長物語」28頁。
（６）前掲「市会史明治編」595頁。
（７）この弊害は，市会工作でもみられた。鳴滝市長は，「小寺泰次郎などの市会議員にかつぎ出された関係から頭があがらず」（赤松・前掲「財界開拓者」61頁），議員たち水道国庫補助金獲得を名分として，東京の旅館で，神戸館なる一棟を新築し，豪遊をほしいままにしているが，公費浪費を傍観するだけであった
（８）削減について市会は，市財政と類似都市との比較での削減であり，市長排斥の意図ではないと弁明したので，市長も辞意を撤回している。市長は300円の寄付を出願したが，市会は「此種寄付を許容するは将来の悪例なり」（前掲「市史本編総説」193頁）と拒否している。明治28年には市長年俸は1,800円に増額された。しかし，発足当初の神戸市財政は，明治22年度歳出４万7,741円で，役所費１万4,400円，給与約１万円で，市長俸給1,500円で15％を占めている。しかも救助費208円，衛生費600円しかない。当時，市長俸給は，東京・大阪・京都市は特例制度で市長不在であった。横浜市1,500円，仙台市1,000円以外は1,000円以下で，広島市800円，静岡市700円，姫路市500円であった。鳴滝市長は横浜市より低くなるのは，神戸市長の沽券にかかわると思ったのであろうが，横浜市財政は同年10万9,000円で，神戸市の２倍以上で，財政運営に与える影響は，全然異なる。市会が市長俸給を削減して，一般行政費に充当する措置は，当然の選択でもあった。
（９）実際，鳴滝市長は，市長退職後は実業界に入り，請われて神戸貿易倉庫社長になり，会社再建を託され，同社を東京倉庫に売却し，株価６円にまで暴落したものを13円で清算売却している。また関係会社の貿易銀行も内部で紛争があったが，頭取に就任すると北浜銀行に売却して円満解決している。また県農工銀行・神戸貯蓄銀行など，当時の難物と目された，銀行再建に成功をおさめている。鳴滝は，「日露戦役前後の産業経済の激動期に当って，よく神戸財界のために世話役的活動をかさね，市勢の発展に貢献した業績は高く評価してよかろう」（赤松・前掲「財界開拓者」64頁）といわれている。鳴滝市長の本領は，調整能力であり，根回し役であり，忍耐強さといえ，このような経営悪化の企業再建には遺憾なく，その能力を発揮している。田住・前掲「現代兵庫人物史」258・259参照。
（10）赤松・前掲「財界開拓者」63頁
（11）本郷直彦『神戸権勢史』66頁参照。以下，本郷・前掲「神戸権勢史」。
（12）三菱造船所が神戸進出に際して，広い工場用地を必要としたが，鳴滝市長はかなり尽力をしている。「市会にははからず和田岬の市有地を大会社に売却するというはなれ技もした。背任に近い行為だが，西部工業地発展のきっかけとなったもので，市

発展のため苦しい市会工作が続いた」（朝日新聞神戸支局『夜明けの人びと』105頁，以下，朝日・前掲「夜明けの人びと」）といわれている。
（13）赤松・前掲「財界開拓者」61〜62頁。（14）同前64頁。

坪野市長と教育偏重の行政

　第2代目市長は，坪野平太郎市長で，明治34年5月就任，38年3月辞任，3年10ヵ月の在任であった。その選任をめぐっては，市会は政友会19人と進歩派10人，中立派13人の陣容で，党派的紛糾が発生したが，進歩党と中立派が提携し，政友支部長本城安太郎をのけて，坪野平太郎が市長に選ばれた[1]。

　選出の理由は，政友会の論功行賞的な推薦が毛嫌いされ，市会内部の選考で，消去法で坪野氏となった。したがって坪野市長が，なぜ神戸市長として推薦されたか，明確な理由はない。中央官僚として，広東副領事・神戸郵便電信局長・日本貿易銀行支配人・県立兵庫商業学校長と，多彩な職歴から有能と推測されたが，教育界から行政分野に引き込む，積極的理由は見当たらない。

　しかも坪野市長は，性格的に直情径行の人物であり，市政という総合行政を運営していく，広い視野と柔軟な姿勢が欠落していた。第1に，市長に就任すると，庁内刷新として，70余名の馘首を断行した。たしかに神戸市政は，鳴滝市長の長期在任でかなり，人事は沈滞しており，新風を吹き込む状況にあった[2]。

　しかし，実際に馘首された職員をみると，水道創設事業が終了したので，水道部長以下各課長，課員の罷免である。この人事は，「彼の果断によるはいうまでもないが，一面亦感情に動かされた嫌もないではない，市民は彼の思切った馘首に呆れ返った[3]」が，人事粛清という本来の人事から逸脱した行為であった。

　その証拠として，水道拡張工事が迫られていたが，その遂行に，欠かせない人材が多く含まれていた。のちの鹿島市長もその一人であった。

　一方で坪野市長の下にあって，2人の助役がそれぞれ派閥をつくり，主務課長は隠然たる勢力を扶植し，庁内を牛耳っていった。このような派閥の積弊を，除去する人事革新は，なされないままであった[4]。

　第2に，坪野市長は，その市政の力点が，教育に極度に傾斜していた。人口急増のため学校を増設していったが，追いつかず，遂に「二部教授」を導入す

る⁽⁵⁾。さらに女性教師の増員，市視学の制度化，全教師の五段階勤務評定など，教育行政には熱意をもって対応していった。

　しかし，都市行政は，多くの行政課題をかかえており，教育行政だけに専念するのは，ある意味，市民にとって不幸であった。坪野市長の教育行政への肩入れは，徹底しており，いわば一点豪華主義といえ，酷評すれば，個人の趣味で行政を，楽しんでいるとの非難が免れない。

　第3に，もっとも坪野市長は，教育以外では漁業の振興にも力をいれ，ことに六甲山植林事業に着手し，背山の緑化に尽力し，今日の緑をもたらし，水源涵養林の功績は大きいが，神戸築港という，重大な行政責任の放棄で帳消しとなる。

　それは坪野市長は，当時，軌道にのりつつあった，神戸築港問題を，兵庫県知事に丸投げしてしまっている。そのため神戸築港問題は，ますます混迷をふかめ，大きく遅れる要因となった[6]。

　第4に，極端な人員整理・教育行政などで，議会運営も上手にいくはずがなく，市会との軋轢は，就任早々，鳴滝市長派一掃をかかげた，人員整理にあったが，そのため政友会の怨みをかっていた。

　坪野市長の辞任は，東山病院の移転にからむ，用地先行買収というささいな行政手続のミスを，市会に付け込まれた。

　もっとも市会にも先行買収は，市の利益を図るためで，3万円の仮支出は容認されるべきとの意見もあったが，多分に市会と坪野市長との，対応のもつれから，辞任という呆気ない幕切れであった[7]。

　坪野市長は退職後，山口商業高等学校校長，一橋高商校長を歴任し，教育者としての才能を発揮していった。坪野市長について，「世評は毀誉相半し，兎角の説をなすものもないではないが，…彼にして若し市会と協調を保ちたらんには更に偉大なる事業を画策し，遂行したに違ひない[8]」と，早期退任が惜しむ声もあった。

　しかし，教育者としてはともかく，行政官たる市長としては，在任中の行政をみても，特定行政への偏りがあり，行政の処理も柔軟性に欠けていた。教育問題で家屋税改正で財源を確保し，抜本的解決を図っていく政策的対応は欠如

しており，立派な行政実績をあげるとは期待できない。

注
（1）坪野市長選出の経過をみると，「坪野氏は，床次竹二郎氏などと前後して赤門を出て外交官より，逓信省に転じ嘗て神戸郵便局長たりしことあり，現に神戸商業学校長であるから，市長としての才幹は未知数であるが，閲歴に於いて本城よりも認められている。而して一方本城は如何にと云ふに，これは又肩書こそなけれ，政友会のために数十万の資産を蕩尽し，県，市会議員から経上り遂に2回までも代議士に当選した男だから仮に仮令学歴に乏しい点があっても市長となれば相当働き得る手腕家であったかも知れない」（伊藤・前掲「神戸市長物語」56頁）と，人物的には甲乙つけがたい状況であった。
（2）鳴滝市長の在職後期には「退隠の念厚く，実業界に乗出すべく決心してゐたためか，保嬰に流れ，進取積極の志乏しかった…従って各課長，主席書記など何れも老朽で，新進の吏員は不平不満の日を送ってゐた」（同前47・48頁）といわれていた。
（3）同前63頁。
（4）当時の土居庶務課長について，「市長坪野の信任厚く，助役などは眼下に見下し市役所を切り捲ったものだ。その威勢隆々たる，坪野の傀儡師となり，市長坪野を操縦してゐた」（同前65頁）が，これでは行政は澱みが培養され，職員の士気も沈滞していったであろう。
（5）要するに一人の教師が，午前と午後の2クラスを担当する苦肉の策であった。「二部教授は全国的に例をみなかったために，全国的に話題になり，賛否も渦巻いた。とくに教師のなかには体力的な負担の大きさから『二部教授は教育者の虐待である』として真っ向から非難攻撃する者もいた。しかし，手当面で工夫を凝らすこと等によって，こうした反対論も次第に収まった」（前掲「市史行政編Ⅱ」57頁）が，苦肉の策でしかなかった。
（6）明治34年坪野市長が，「神戸市長に就任したことにより，神戸築港問題は行き詰まってしまう。坪野は，社会資本整備よりも教育問題に熱心であり，…坪野市長にかわって神戸築港の主導権を握ったのは，兵庫県知事服部一三であった。服部は，築港問題に対して消極的であった坪野より問題の一任を取り付け，築港事業認可と国庫補助の稟請を取り下げさせる」（稲吉晃『海港の政治史』147頁，以下，稲吉・前掲『海港の政治史』）事態となった。ひるがえって考えると，市長が市政の最大課題を，県知事に白紙委任することは，自治権の放棄であり，重大な責務違反であった。
（7）東山病院の用地問題は，移転先がつぎつぎ反対され，現地拡張方針を固め，5,000坪（3万1,944円，坪6円）を秘かに買収した。そして買収地の地価値上がりを回避するため，参事会員の名で買収し，買収後，市に所有権を移転し，事後承認を求めるつもりであった。しかし，市会は，この行為を脱法行為と非難し，この間，坪野市長は市会を欠席し，突如，辞表を提出する。背景には「議長が，与党の争いを利用して市長の手腕を拘束しており，しかも市長の擁護者である実業中立派の勢力の減退で，いっそう市長の地位を困難にさせてった」（前掲「市会史明治編」128頁）という，政治環境の悪化があったと同情されている。この問題は，翌年，市会で買収

を不当とする報告書が議決され，参事会員・市長が責任をとって辞職することで決着がついた。「こんな決議をするのは将来への悪例であり，かつ市および市会の体面にかかわる」（同前132頁）との反対もあったが，少数意見で，辞任へと発展する。しかし，最終的には市会は，水上市長となった，明治41年7月には，伝染病院の増築・用地買収を，一括承認し，10年来の懸案を解決している。なお東山病院問題への市会対応については，前掲「市史本編各説」204・205頁参照。
(8)　伊藤・前掲「神戸市長物語」77頁。

水上市長と神戸築港の決着

　第3代目市長は，水上浩躬（みなかみひろみ）が選任された。明治38年9月就任，42年7月辞任，3年10ヵ月の在任であった。神戸市長は，神戸築港のための人事であった。水上浩躬市長は，期待にたがわず，こじれにこじれた神戸築港問題を解決し，見事，神戸築港を実現へと導いていった(1)。

　水上浩躬は，就任から退任まで「専心一意，只管神戸築港の達成に渾身の努力をなし，亦余事を顧みるの余地なかったのも，自分の使命の築港にあるのを自覚されたためであった(2)」と，築港という難題解決に専念すると自認していた。

　実際，就任早々，水上市長は，「神戸港の現状及改良策」を発表し，神戸築港の必要性の根拠を示し，全国的な神戸港の役割を明確にしただけでなく，大阪港との関係も整理し，神戸築港の路線を的確に示し，当時，混迷を深めていた，神戸築港路線を大規模築港へと定着させていった。

　第1に，築港へのリーダーシップは見事であり，兵庫県服部知事との確執があったが，ともかく大蔵省ルートで築港を実現させた。施策選択型市政で神戸築港を最優先とし，10年以上にわたる混迷した，築港問題の決着をつけるためには，強引といえる決断が不可欠であった。

　ひるがえって考えてみるに，神戸築港は大規模築港路線（直轄事業負担金・防波堤建設）から，小規模施設路線（全額国庫負担・荷役施設整備）へと軌道修正されたが，いずれとも方針は固まらず暗礁に乗り上げ，解決の目途はまったくない混迷状態にあった。この窮地を打開するために，水上市長の政策能力・政治調整力は，卓抜した効果を発揮し，神戸築港実現へと結実をみている。

　しかも市長選任の経過をみても，市会は築港への明確な意識はなく，2候補の勢力伯仲という状況で，窮余の策として浮上した，第3の人事であった。こ

の偶然の人事が,神戸築港にもっともふさわしい人材を得たのであり,市会の怪我の功名であった。

　水上市長以外であれば,神戸築港はさらに10年遅れ,その間に発生した,港湾運営の損失は,2,000万円を優に超える,測りしれない額に達したであろう。

　第2に,最終的には大規模築港に落ち着いたが,巨額の負担金発生で,公営交通の断念となった。水上市長の築港優先主義から,公営交通創設は息の根をとめられ,犠牲は大きかった。

　水上市長は,港湾直轄事業負担金で,交通と港湾という二兎を追うことは,財政的に無理があると,判断したからである。遠因は神戸市がこれまで,交通問題を先送りしたため,港湾・交通という2大プロジェクトの同時着工という,事態を招いた失態にあった。

　第3に,神戸築港を,大蔵省ルートで実現するには,兵庫県・大阪市・内務省との関係がこじれ,さまざまの摩擦が,発生することはさけられない情勢にあった。しかし,水上市長は,敢えて火中の栗を拾う損な役割を引き受けた。大蔵官僚としてのコネクションを活用して,強引に大蔵大臣を説得し,決定へと持ち込んでいき,輸入人事の期待を裏切らなかった。

　第4に,特筆すべきは水上市長は,任期6年にあと2年を残して神戸を去った。神戸市政をこれ以上,港湾行政への特化を避け,本来の行政に軌道修正をしなければならない配慮からであった。神戸築港が軌道にのり,資金調達の目途がついたので,自分は退職すべきであると,名誉ある辞任を選択した。

　無為に市長職に執着し,行政を停滞させる弊害が,多くみられるなかで,自らの才能の適格性を悟り,辞職を決断したのは,爽快な出処進退であり,築港処理における強引な対応をみると,職務遂行と生き方は別物であり,個人の都合で,市政を私物化すべきでないことを,見事に立証している[3]。

　神戸市は,慰労金1万5,000円を贈ったが,余りにも少ない措置であった[4]。もし水上市長がそのまま続投していれば,神戸市は公営交通創設・内部改革も遅れ,市政の歪みが増殖され,坪野市長の二の舞なったであろう。その意味でも,神戸市の前途を憂慮し,早期辞任した水上市長には,神戸築港の功績だけでなく,早期辞職という自己犠牲への評価を加算しなければならない。

表29 戦前歴代神戸市長

市長名	任　期	主要経歴
鳴瀧幸恭	明22年5月21日～34年5月20日任期満了（12年）	県吏員・郡長・神戸区長
坪野平太郎	明34年5月27日～38年3月17日辞職（3年10月）	外交官・神戸郵便局長・神戸商業学校長
水上浩躬	明38年9月27日～42年7月23日辞職（3年10月）	神戸・横浜税関長
鹿島房次郎	明43年2月28日～大正9年3月12日任期満了（10年）	神戸高級助役
桜井鉄太郎	大9年10月18日～11年5月27日辞職（1年8月）	大蔵省税関長・専売局長・台湾銀行頭取
石橋為之助	大11年12月22日～14年6月3日辞職（2年6月）	衆議院議員・山陽製鉄社長
黒瀬弘志	大14年8月17日～昭8年8月16日任期満了（8年）	山梨県知事
勝田銀次郎	昭8年12月21日～16年12月20日任期満了（8年）	勝田汽船社長・市会議長
野田文一郎	昭17年1月8日～20年7月20日辞職（3年6月）	衆議院議員

　水上市長は，市長退職後，古巣の大蔵省へ復帰することなく，余生を明治神宮奉賛会理事長として過ごしたのではないか。結果からみると，神戸築港で生涯のエネルギーを燃焼し尽くしたといえる。

　なお戦前神戸市長の経歴（表29参照）をみると，生え抜きは鹿島・勝田市長の2人，中央官僚が4人，兵庫県が1人，国会議員2人である。なお民間出身は勝田市長など3人，官僚出身は鹿島市長など6人であった。[5]

注
（1）水上市長選任の経過をみるに，市会はいつものように政友派・進歩派は，代議士西村真太郎，中立派は前山梨県知事武田千代三郎を擁立した。この対立は，「西村は，本県選出代議士として屢屢日比谷議政壇上に送られ，現に台湾銀行重役の位置にあり。また武田は，嘗て内務部長として本県に在職せる縁故と当時山梨県知事退職後間のないことである」（伊藤・前掲「神戸市長物語」85頁）ので，候補者として条件はそろっていた。ところが二度の選挙も，同数で決着がつかず，両派で醜い多数派工作が行われ，精根尽きたため，会議所会頭岸本豊太郎，神戸実業協会会頭牛場卓造が，両派の仲裁に入り，喧嘩両成敗の意味で，候補は白紙撤回し，一任することになった。「東上して時の蔵相曽根荒助の諒解を得，坂谷芳郎氏の橋渡しに依って，横浜税関長水上浩躬に白羽の箭を立てた」（同前89頁），同候補について，両派暗闘が長期にわたり，疲労困憊であったので，大蔵省官僚で神戸税関長の経歴もあり，人物において問題はなかった。しかも神戸築港の重要な時期であったので，坪野市長辞任以来，7ヵ月の空白ののち満場一致で選任された。年俸4,000円であった。
（2）同前90頁。
（3）市長の辞意の所信は，「普通行政にいたっては他に適任者があり，また不平があって辞表を出したのではなく，他に就職するためでもない。適任でない普通行政にながく携わって失敗するようなことがかれば晩節を汚すものであるから，了承ありたい」（前掲「市会史明治編」148頁）と，辞任に他意のないことを説明している。もっとも辞任の理由には健康も優れないこともあったが，「椅子が物をいふ官吏と違って

市会議員の操縦が厄介であり，知事服部との折合が面白くなく，加ふるに事務は一切判らないことから急に嫌気がさした」(伊藤・前掲「神戸市長物語」107頁)とも憶測されている。
(4) 大正11年8月，任期5年11月で殉職した，土岐助役に弔慰金3万5,000円を贈っているが，当助役は職務第一主義であり，誠心誠意市政に精励したが，報償金・慰労金・弔慰金は，政策・施策などの実績が基準であり，血税が財源であり，みだりに高額を支給するべきではない。しかも実質的に市長は政治職であり，助役はあくまで行政職であり，格差があってしかるべきである。なお大正11年5月，在任1年5月に退職した桜井市長への慰労金は1万円であった。土岐助役については，同前140～142頁参照。「市史本編各説」210頁参照。
(5) 鳴滝市長は地元人事であるが，官選区長であり，中央官庁からの人事と同類である。坪野市長は教育界であるが，経歴的には中央官僚であり，水上市長は生粋の大蔵官僚であった。鹿島市長は，神戸市職員・市会議員・助役と議員経験があが，市官吏の出身といえる。ちなみに勝田市長は市会議員出身であるが，神戸市行政経験者としても，神戸市行政関係者は2名ぐらいで，あと7名は輸入人事であった。中央官僚への信奉説は強いが，中央官僚は坪野・水上・桜井・黒瀬市長の4名の半分弱である。

西部開発と池本文太郎・武岡豊太

　明治後期の経済人による，都市づくりへの貢献をみてみると，開発規模が大規模化し，「もはや個人や民間企業とし手に余るような規模となった……しかもそうした大規模な施設を整備すべき役割をもつ地方自治体は，まだ成長の過程にあった」，そのため自己犠牲型の民間デベロッパーの群像が多くみられた。

　兵庫運河では，池本文太郎・八尾善四郎といった地元有志の地域への献身的参画によって，明治29（1896）年1月30日の運河起工式の祝辞を，会社代表として朗読したのは，池本文太郎であるが，同氏の多年にわたる努力に報いる温情であった。

　ただ事業化が決定され，工事が進行すると，開発事業では利権的様相が深まり，地元地主末正久左衛門らは，買収土地価格の引き上げをめざし紛争は激化する。推進派と反対派の政治的対立が激化し，池本文太郎が末正の選挙事務所に，交渉のため立ち入ったが，不法侵入として告訴され，百日余も収監されてしまう。

　そのため八尾善四郎が，兵庫運河事業を引き継ぎ，安田善次郎，武井守正ら

の協力で資金をえて,「兵庫運河株式会社」の設立にこぎつけている。八尾は反対派の末正と和解し,明治32年,運河は完成し,八尾は35年に社長に就任している。大正8年,兵庫運河河口に八尾善四郎の銅像が建設され,太平洋戦争でも日露戦争時の軍需品輸送功労によって,そのまま保存されている。⁽³⁾

湊川付替工事をみると,10年以上の申請が続いたが,事業化の目途がたたず難航した。最終的には東京の安田善次郎と地元の小曾根喜一郎との連携と信用によって実現した。しかし,実際の事業をとり仕切ったのは,武岡豊太であった。

明治29年8月30日の湊川災害の惨状をみて,改修工事を決意し,「時の有力者品川弥二郎を動がし,大倉喜八郎,滝川弁三,直木政之介らの財界人に呼びかけ」⁽⁴⁾会社を発足させた。もっとも湊川改修事業が軌道にのったのは,日清戦争後の地価上昇という外部要因が大きい。

武岡豊太は淡路島の出身で,明石郡役所勤務をへて,神戸で土木関係会社を設立し,湊川改修工事を請け負っている。なお湊川改修会社の最大の危機は,トンネル方式への変更であったが,「トンネル水路案は不可能とする意見すらあった改修会社の内部を,粘り強く説得して実施へまとめたの」⁽⁵⁾も,武岡豊太であった。

武岡豊太は娯楽街新開地を生みだし,売却益150〜200万円を懐にしている。まったくおなじケースの加納宗七は,自己利益を犠牲にして,道路整備に尽力したが,そのように公益への奉仕精神はみられなかった。

事業後,神戸中央土地株式会社・湊川土地建物株式会社などの重役を歴任し,さらに聚楽館の社長もつとめ,新開地の文化活動に貢献した。湊川改修事業で巨額の収益をえたが,「父の名を歴史に残したい,という息子たちの希望で以後,国粋主義者として傾倒,神社,仏閣の復興に力を注いだ」⁽⁶⁾といわれている。

戦前,事業家に多くみられる人生の選択であるが,民間デベロッパーとして,団地建設とか住宅経営とか,都市づくりに貢献しながら,文化事業にたずさわる選択肢も可能であった。

ことに地価上昇による開発利益は,企業収益と異なり,個人の努力もさることながら,地域社会全体の都市整備の結果であり,その利益は地域社会へ,広

く恩恵が及ぶ事業への還元がふさわしいのである。

注
（1）赤松・前掲「財界開拓者」370頁。
（2）池本文太郎の苦心・悲劇について、「業を捨て家を出て、東西南北となく同志を求め、本業をして速に成功せしめんと日夜勤めたりき。然るに世の変遷常なく、一時地価沸騰の為め、収支償はざるに至る。またややありて株式暴落の変に遭ひ、如何とも為す能はざりし」（同前368頁）と、個人資本の限界を悲嘆している。もし財閥系資本であれば、長期的対応でやがて到来するはずの、地価上昇をまでまてばすむ問題である。人物像については、「兵庫運河の開発・池本文太郎」赤松・前掲「財界開拓者」356～376頁参照。
（3）神戸新聞社『兵庫県人物事典・中』（のじぎく文庫・昭和42年）111頁参照。
（4）朝日新聞・前掲「夜明けのひとびと」138頁。
（5）神戸新聞・前掲「海鳴りやまずⅠ」205頁。（6）同前206頁。武岡豊太については、神戸新聞社『兵庫大辞典・下』83頁参照。

東部開発と山本繁造

　山本繁造は、葺合村熊内の生まれであり、そのため生涯、東部開発に尽くした恩人である。第1に、明治初期の葺合村の財政再建である。葺合は神戸といわれても、明治初期、生田地区と異なり、都心周辺部で市街地化が進みつつあったが、屠場などの公害施設、工場進出もあり、混合地区であった。

　山本繁造は明治13年に葺合村戸長に選ばれるが、「当時、葺合村は負債山積、納租渋滞し、誰も戸長の引受ける者がなく、そのため村政紊乱、遂に郡長渡辺徹の勧めで」、就任した。

　全国的にも町村の財政運営は、乱脈をきわめ、使途不明金・公金横領・負債隠しなどが頻発していった。葺合村も隠し負債が累積し、この負債整理が課題であった。

　負債の原因は、「新開港場に接近していたから村の発展のためという名目で、いろいろと投機的な事業に手をだして失敗したのであろう」といわれている。負債は山本繁造の私財と住民の頼母子講という、前近代的方法で返済している。

　第2に、背山の保護である。布引の滝の背後の「中一里山」は50ヵ町村の共有林であったが、都市化にともなう木材需要増加で乱伐された。山本繁造は実地踏査し、明治14年3月に「水利土木工会規約」「民林保護規約」をつくり、

山林保護に努め，旧来の山林に復元している(3)。

　第3に，葺合村の利益保護である。古い町村が都市化をのがれることは不可能で，如何にして地域社会の利益を守るかであった。そのためには地元資本による都市開発利益の内部化をめざした。

　山本繁造は，開発利益の地元還元の一環として，海面埋立を重視しており，脇浜地先海面埋立6.3万坪の埋立免許を，明治21年にとったが，資金難から事業化に失敗している。明治後期になると，26年にも12.5万坪の埋立を計画したが，沿岸漁業者の反対で挫折している。これらも埋立計画は，資金力にまさる神戸製鋼・川崎製鉄などが実施している(4)。

　山本繁造は，それでも諦めず，葺合港湾改築株式会社を創設し，真砂・脇浜町長地先3万3,600余坪（11万880㎡）を，工費57.9万円で明治40年11月から43年2月までに竣功させている。

　この埋立地は宅地・避難港・荷揚場・倉庫などの用地として流用され，葺合地区の新興に寄与した。ただ公共還元がどれほどなされたか不明であり，葺合区は31年1,460坪（4,818㎡）を造成して区有財産としているが，大規模埋立の一部でも寄付がなされたかである(5)。また陸上では葺合の耕地整理にも関与して，市街地化による開発利益の地元還元に寄与している。

　第4に，神戸高商の誘致である。明治33年，政府は東京についで官立高等商業学校設置の方針が打ち出されると，大阪設置が衆議院を通過する。山本繁造は，葺合区地主を説得し，1.2万坪を献納させ，見事，神戸誘致に成功している(6)。もっとも用地寄付は神戸市も，4.7万坪を提供しており，周辺には関西学院もあり，学校地区を形成していった(7)。

　葺合地区は，神戸地区といっても，生田地区と比較して，都市集積利益の恩恵をあまりうけなかっただけでなく，スプロールのままでは非都市施設のはき溜めと化する恐れすらあった。そのため山本繁造は，山手は学園・別荘地，中部は業務都心形成，浜辺は工場・港湾施設といった都市形成の設計図を描き，多彩な都市化を葺合地区の利益誘導ため苦心をかさねた。結果として，葺合地区は，少なくとも彼の処方箋どおりに発展をみている(8)。

　山本繁造は，地域貢献型の人生であったが，政友会から出馬し，衆議院議員

に2回当選し,経済人としても神戸商品取引所理事長などを務めるが,真宗本願寺教師,大阪三島の大光寺住職となり,70歳で死去している。

ただ惜しまれるのは,明治期,地域行政にあって見事な実績をあげた能力は,神戸市長となっても,十分に功績をあげたであろうが,政治的好運にめぐまれなかったことである。

注
（1）・（2）赤松・前掲「財界開拓者」612頁。（3）同前613頁参照。
（4）同前616頁参照。（5）前掲「市史本編各説」482頁参照。
（6）赤松・前掲「財界開拓者」614頁参照。
（7）政府の第2高等商業学校の建設構想に呼応して,明治32年12月,市会は敷地1万坪・建築費5万円を誘地条件として運動を展開する。明治33年1月18日の帝国議会で,大阪70票・神戸71票という僅差で神戸誘地が決定した。神戸市会で33年11月24日,連絡道路費10.9万円,35年2月25日,市有地3万7,486㎡の献納を議決している。葺合区が献納した分は,神戸市分に含むかは不明である。前掲「市会史明治編」880～882頁。なお国立教育施設の設置にともなう寄付は,大正8年の神戸高等工業学校の設置についても,90万円で用地を購入している。神戸市会『神戸市会史第2巻・大正編』900・901頁,以下,前掲「市会史大正編」
（8）葺合区の地域形成は,「思うに彼は海岸地帯には工場や鉄道を誘致し,高台地帯には学校,別荘などを誘地しようと計画していたので,葺合地区の都市開発は,すべて彼の計画を踏襲しているとみて過言であるまい。いま彼を都市開発の先覚として紹介する所以である」(赤松・前掲「財界開拓者」616頁)といわれている。
（9）人物像については,「都市開発の先覚・山本繁造」(赤松・前掲「財界開拓者」609～616頁参照。神戸新聞社『兵庫人物事典・下巻』17頁。

第2節　都市開発事業と地域更生事業

1　都市開発事業の収支と効果

明治後期,拠点開発事業の兵庫運河・湊川付替事業は,民間セクター方式で施行された。地方団体は,民間デベロッパーの事業内容・開発計画などは,許認可条件で規制できたが,事業費の代償として,廃止河川敷などは,会社に無償譲渡されたが,規則はルーズであった。

結果として民間デベロッパーが,巨額の開発利益を獲得したのか,事業損失

を被ったのか，不明であっただけでなく，開発後の事業運営の公共性すらチェックできず，悔いの残るシステムとなった。

兵庫運河と地域再生への紛争

　兵庫運河建設は，兵庫地区にとって新川運河が，本来の機能を発揮するためにも，是非との実現させたいプロジェクトで，維新前から構想はあった[1]。兵庫運河の開削ルート（図10参照）をみると，和田岬の迂回ルートがなくなるだけでなく，新川運河の利用価値を高め，さらに兵庫南部の未利用地を，一気に工業用地とする波及効果が期待された。

　しかし，兵庫運河の構想は，外部効果は大きいが，事業費が巨額の割には，事業費を補填する，関連用地が乏しいという難点があった。この点，湊川付替事業のほうが，旧湊川河川敷地という膨大な用地が確約されており，事業収支は確実視されていた。

　そのため兵庫運河は，開発利益をめぐって，地域の足並みは乱れ，林田・兵庫地区の暗黙の対立だけでなく，林田地区にあっても，推進・利権派の刑事訴訟・行政裁決をめぐる紛争が深刻化した。

　建設への経由をみてみると，第1に，会社成立以前に，西尻池の池本文太郎，駒ヶ林の八尾善四郎らが，事業化をこころみるが，地価高騰から資本不足で目算が狂い，池本文太郎は，兵庫運河設立の捨石的役割をはたし，会社創設をみたという苦い経過をたどっている[2]。

　第2に，池本・八尾は奔走し，明治26年11月，資本金35万円の兵庫運河株式会社を出願し，27年8月10日に認可されるが，両氏などの地元資本は枯渇し，外部資本で構成される傀儡会社となった[3]。

　さして巨額といえない建設資金が，地元で調達できなかったのは，地域対立だけでなく，兵庫資本の凋落があったのではないか[4]。

　第3に，事業費は，用地買収費13万4,400円（16万8,000坪），運河開削費21万6,000円，道路築造費5,000円，家屋土蔵移転費等の約36万円で，不足分は利子収入で，補填が予想されていた。収入見込として，通船料1万1,716円，貸地料金2万3,508円（6年目・貸地面積9万7,949坪）と想定され，合計3万5,224円で，

資本収益率約10%となる。

　ただこの事業収支は，1坪当たり80銭という低い単価での，先行的用地買収が前提であった。事業はスムーズに推移すると予測されたが，事業用地8割（1坪80銭）が，買収を完了した段階で，「運河とその周囲に12町歩を持つ地主が，買収価格と補償の点」で，異議を唱えた。

　事業化による地価上昇が潜在的要因であるが，そのため事業実施が暗礁に乗りあげ，遂に中止寸前に追い込まれる事態となった。この背信的行為は，地域社会での公益性へ犠牲は，もはや抑止力がきかなくなった，時代の変化を示している。

　第1に，買収済みの地主は，反対地主を公益を害する者として非難し，知事に説得を請願した。また林田村の乾作兵衛ら地主100人は，研究会を結成し，会社にあらためて，水利などの被害が発生した場合の，補償条件などを決定した。

　第2に，地元地主の末正久左衛門らの要求は，すでに買収に応じた地権者との比較では，過大な価格であり，しかも末正らは当初，事業に賛同し協力する意向であった。しかし，地価暴騰に刺激され，外部資本を利する必要がないと，変心したのではないか。

　妥結をみたのは，八尾善四郎が末正の代理人として，審査会に出席し，斡旋に努めたこと，外部にあっては，鹿島秀麿が調整の労をとったからである。審査会は，運河用地1坪当り2.58円と，要求より7銭だけの減額で決定し，水脈切断の損害予納金3,200円の納入を命じた。

　明治29年1月，妥結をみたが，日清戦争後，用地は騰貴したので，会社は裁決より高値の1坪当り3.5円で買収している。反対派地主は，3.36万坪×引上額2.7円（3.5−0.8円）で9.07万円の利得をえたことになる。

　第3に，事業の前途は，多難であった。この間，兵庫県は政治的思惑から，末正らの請願に冷淡であり，また神戸市は，火中の栗を拾う意思はなかった。ただ兵庫運河の開設は，先の新川運河開設以来の悲願であったので，外部資本に依存してでも，建設・完成をめざした，苦しい地域社会の内部事情があった。

　第4に，用地買収をめぐる住民相互に，深い亀裂が生じたのは，「要するに地元でも運河開通によって郷土を繁栄させようという公共派乃至理想派と，この

際だから儲けられるだけ儲けておこうという実利派に分かれ」[13]たためである。その根底には地租評価額が低く，開発利益を公的吸収できない，地租システムの欠陥があった。[14]

注
（１）兵庫運河は「徳川末期にも企画されたが維新で中止となり，明治6年に神田兵右衛門らが新川運河を開発したとき，同時に開掘を計画したが資本的な面と開掘後の経営に自信がなく放棄した」（赤松・前掲「財界開拓者」371頁）といわれている
（２）兵庫運河は，「明治14，5年になって池本文太郎，南佐兵衛，八尾善四郎などが，この運河の開掘を計画し，…奔走するにもかかわらず，遂に成功しなかったのは，今回は兵庫財界が発起したのでなく，反対側の林田側から積極的に動いたことが兵庫財界をして反発させたため」（同前371・372頁）と，地域的しこりから，兵庫資本の導入が実現しなかったのが，大きな痛手となった。
（３）資本構成をみると，株数7,000株（額面50円），神戸の武井守正3,000株（15万円）は，外見は地元資本にみえるが，武井守正の出資金は，東京の安田善次郎の支援によるもので，外部資本の隠れ蓑として，地域の人物が利用された。飾東郡・近藤薫800株（4万円），八部郡・谷勘兵衛300株（1万5,000円）は，外部者であり，わずかに地元西尻池の豪農藻川豊三郎100株（5,000円）のみが地元であったが，出資金はわずかである。なお武井守正は，姫路藩士で，明治14年山林局長，21年鳥取県知事，24年貴族院議員，25年石川県知事に任命されたが赴任せず，実業界に転身している。東京火災保険社長，日本商業銀行・東京建物などの取締役であり，この経歴からみて，実質的に兵庫運河建設に従事せず，名義貸しであったのではないか。地域名望家が資本参加せず，しかも実質的に外部資本で事業化されたので，利権派地主の利益追求要因となった。起業・運営・竣功と終始，事業の責任者としてリーダーシップを，発揮する指導者がいなかった。前掲・「市史経済編Ⅳ」75頁参照，前掲「開港30年史下」159頁参照，赤松・前掲「財界開拓者」372頁参照。
（４）北風家が没落し，神田兵右衛門一人である。さらに神田兵右衛門は，新川運河建設で，事業資金の危機に見舞われ，塗炭の苦しみを味わっただけでなく，自己利益追求の営利主義と誇られる，屈辱に耐えなければならなかったとう，苦い経験から参加をためらったのではなかろうか。
（５）村田・前掲「開港30年史下」165頁参照。
（６）前掲「市史歴史編Ⅳ」295頁。
（７）末正久左衛門らの要求は，運河開設で水脈がたたれ，田畑が荒廃地となるので，保証を事前に確約せよという要求であったが，会社は「此未必の損害に任ずる能はずと為し，容易に其請求に応ぜず」（村田・前掲「開港30年史下」167頁）という対応で終始した。
（８）池本らは，運河線路に当る吉田新田の大地主である，土地所有者の末正久左衛門などに打診したところ，はじめは運河開通による地価高騰などを，見込んで賛成の意向であったが，会社が設立され，事業実施の段階で，末正など50人以上の地主が，

会社へ補償条件などをもちこんできた。農地への架橋・井戸枯渇の補償などであるが、その背景には買収用地単価のつり上げであり、池本の地域調整能力の不足が露呈した。しかし、本来、末正らは、事業化による地価上昇メリットを、享受したいのであれば、現物出資して事業参加すべきである。しかも末正も兵庫運河周辺のみでなく、広く林田地区に用地を所有しており、事業完成によってこれら所有地も値上りするはずであり、開発利益の私的独占を図る策謀は、社会的には許されざる行為といえたが、制度的に抑止する有効なシステムは、今日でも形成されていない。赤松・前掲「財界開拓者」372頁参照。
(9) 研究会の結論は、「①運河開削事業の賛成の復旧要求、②右の地主の所有地は最初の代価で承諾すること、③運河のため補償を要求するときは会社が負担するととともに、林田村でも歩一税の新税源を設けること」(前掲「市史歴史編Ⅳ」295頁)を決議している。きわめて適切な結論である。
(10) 明治28年春、収用審査委員会に提出した、反対派の要求は、「運河敷地1坪当り2円65銭とすること、野入道橋3ヵ所を架設すること、耕作地井戸1ヵ所につき60円余の保証をすることなど」(赤松・前掲「財界開拓者」373頁)であった。また東尻池の地主75人の反対派は強硬であったばかりでなく、「公平にみても地価はかなり高く釣り上げられており、また地主らが俄かに井戸を新しく堀増している形痕もあり、その保証だけで500ヵ所としても3万円を越えるので会社の経営を不安にする」(同前373頁)との会社サイドの反論が、支持されるのも当然である。
(11) 反対派・賛成派の動きについては、村田・前掲「開港30年史下」166～171頁参照。
(12) 外部資本参加で、地元も利権意識をかきたてられ、「事業認可が27年2月におりているにかかわらず着工がさらに遅れたのは、地主らの水利ならびに交通についての激しい反対と、これに政治上の権力争いなども加わった」(前掲「開港百年史港勢編」93頁)からといわれている。ただ収用委員会の決定をみると、地主サイドは、エゴ的要求を貫徹させている。
(13) 赤松・前掲「財界開拓者」373頁。
(14) 地租評価が実勢地価に近ければ、開発による地価上昇は、地租負担増加となり、さらに譲渡所得課税が適用できれば、売却益課税となるので、住民も買収価格の吊り上げを画策しないため、事業者は事業用地費の抑制ができる。さらに自治体も地価増収分で、事業者への財政支援の財源を確保できる。都市開発におけるさまざまの歪みの元凶は、すべて地租の欠陥システムにあった。明治35年の地租割4万3,138円で、有租地宅地面積870.6万㎡で、1㎡当り0.49銭で、都市整備がもたらす、自治体への財源的メリットは皆無に近い。そのため事業による地価上昇メリットは、地主・事業者、そして土地資本家へ帰属しており、いたずらに地価上昇利益の配分をめぐる争奪が熾烈化していった。

兵庫運河の事業収支と用地売却

兵庫運河は、明治29年1月に起工式が行われ、32年12月に完成している。当

初の工事費25万4,600円が，最終的には60万3,000円と2.37倍，34万8,400円の膨張である。しかし，「出願の当時1坪僅に80銭の評価なりしもの，運河成功の頃已に其の6倍を越えて5円以上となれり」と，地価は上昇している。

　第1に，会社の用地買収費は，会社買収済用地16.8万坪（55.44万㎡）のうち，8割は1坪0.8円，で13.44万坪×0.8円＝10.75万円，あと2割の3.36万坪（13.86万㎡）は収用委員会より高値の3.5円の買収で，3.36万坪×3.5円＝11.76万円で，買収費合計22.51万円となる。事業費60.3万円で用地費を差し引きすると，工事費38.79万円となる。

　第2に，完成した運河は，本線1,035間（水深15尺，水面幅128尺），支線400間（水深12尺，水面幅50尺），船溜り本線1万8,930坪，支線600坪で，運河水路面積2万5,198坪（8万3,155㎡）の合計4万4,728坪（14万7,604㎡）となる。

　会社の売却可能面積は16.8万坪（55万4,400㎡）から運河面積を差し引きすると，12万3,273坪（40万6,801㎡）となる。さらに公共用地など2割を除くと，会社所有地売却面積32.54万㎡（約10万坪）となり，坪5円で売却できたとすると，時価約50万円となるが，事業費60.3万円で10万円の赤字である。

　第2に，兵庫運河会社の運河事業運営収支は，会社の収入見込みは，通船料1万1,717円，貸地料（9万7,949坪）は，初年度3,151円であるが，5年後2万3,507円を見込んでおり，合計3万5,224円となる。

　会社は用地を売却せず，賃貸方式で建設費回収を図っていくつもりであったが，経常収入3.5万円では，資本金35万円への配当・運河維持費は処理できても，事業費は60.3万円と膨らみ，資本金35万円との差額25.3万円の年利子6％の負担約1.52万円だけでも，累積すると重い負担となり，用地売却が急がれる状況となっている。

　第3に，建設費回収には，売却用地10万坪の売却しか方策はない。時価5円では10.3万円の赤字で，運河の資産価値30万円程度としても，売却しなければ資金とならない。また運河収益が，赤字を補填するだけの見込みはなかった。

　ただ1坪当り10円で売却すると，100万円で事業費との差引で39.7万円の黒字となる。問題は完成時地価坪5円以上といわれおり，その後の値上りを見越して，順次，売却していけば，金利負担をしても，売却益は拡大する。

もっとも会社が，用地を何時どれだけ，いくらで売却したか不明である。兵庫運河会社は，運河竣功後も苅藻島埋立などを実施しているところをみると，事業収支は，必ずしも順調でなかったのではないか。[3]

　第4に，兵庫運河株式会社は，運河開削によって発生した土砂で，苅藻島を

図10　兵庫運河開削と湊川付替工事

新修神戸市史編集委員会『新修神戸市史行政編Ⅲ』28頁。

造成した。河口沖合に浅瀬があり船舶航行に支障をきたしていたからで，明治29年8月に着工し，31年5月に面積9,820㎡の埋立を完了している。

この苅藻島造成で「運河口およびその付近海面は安全な泊地となり，小型汽船や帆船の停泊には，すこぶる便利な港となった」(4)ので，会社はさらに拡張工事を実施した。

明治31年11月に着工し，33年1月に竣工している。埋立面積1万619㎡，2回の合計埋立面積2万439㎡，工費約12万2,600円であった。1㎡当たり6.00円であるが，道路などの公共用地，用地整備費などを加算すると，少なくとも7円となり，1坪当たり23.1円，埋立地としては割高な価格で，会社に大きな収益をもたらさなかったのではないか。

第5に，ただ直接的事業の用地売却収支は，大きくはないが，完成後，年々利用は増加し，年間船5万隻，筏1万連となった。船舶の運行利便・災害抑制という間接的経済効果はきわめて大きい。さらに間接的波及効果として，兵庫地区の企業立地条件の改善，さらには地価上昇効果も顕著にみられた。しかし，間接的経済効果は，事業収支に算入できない。

第6に，完成後，会社は施設改善を怠り，容易に運航の便を増進させないので，県の経営改善の勧告もあったが，会社の施設改良に対する怠慢への，市民の批判も高まったので，大正8年12月，やむなく神戸市は兵庫運河を約30万円で買収している。(5)

このような会社の対応をみると，創業利益を確保した土地資本家は，以後の収益の薄い会社運営には身がはいらず，利益を達成できたので，神戸市に尻を拭かせた，後味の悪い結果となっている。

注
（1）前掲「市史本編総説」299頁。
（2）なお正確な船舶通航数は，大正6年（1971）で「端船などが1万6,058隻，日本型帆船1万7,216隻，機関あるいは補助機関をそなえた和洋形船が4,947隻，筏が5,247隻で，合計4万3,468隻が1年間に入船している」（前掲「市史経済編Ⅳ」76頁）と，利用状況は好調であった。
（3）村田・前掲「開港30年史下」164〜165頁参照。
（4）前掲「開港百年史建設編」83頁。
（5）神戸市買収の経由については，「利用年と共に加わりし此の運河も，竣成以来殆ど

修理を施すことなく，設備漸く荒廃せしかば」(前掲「市史本編各説」477頁) といふ状況であった。兵庫県知事は，運河浚渫・護岸補強など施設改善勧告を会社になし，神戸市にも要請があったので，「市は直ちに14万余円を以て開運橋通道路を拡張し，荷揚場を設けて改良の実を挙げしも，会社の建設は遅々として進まず，市民の往々之を批難する者あり」(同前477頁)，市営化への世論も高まっていった。

湊川付替事業の複合的効果

　湊川改修は，明治初期以来の悲願であった。湊川は，神戸・兵庫の交通障害だけでなく，いく度も災害を引き起こしている。明治7年の洪水でも被害甚大となり，大蔵省は兵庫県に災害防止を指示している。さらに年々，川床は高くなり，市街地化が進むと，無視できなかった。

　湊川の防災は，河川改修では不可能で，湊川付替方式による対応策が浮上してきた。生田川付替と同様の発想である。しかし，湊川改修事業(図10参照)をみると，同じ河川ルートの変更といっても，生田川付替とは格段に大規模であり，既成市街地への影響も大きい。災害発生の危険性・湊川跡地の処分条件など問題山積であり，事業認可は，兵庫県・神戸市との河川敷払下条件・住民の反対運動・付替ルートと災害の関係から難航した。

　第1の視点として，湊川付替事業の必要性・効果をみると，第1に，中小河川であっても，密集市街地を貫流しているので，災害となると，「沿河ノ地当時尚未タ多クハ田圃ニシテ人家尤モ稀疎ナリシヲ以テ甚シキ惨状ヲ免カルルト雖モ，戸口繁殖殆ント寸地ヲ余ササルノ今日ニシテ万一…水災ニ遭フトキハ」，その被害は甚大である。

　第2に，明治6 (1873) 年のマーシャルの築港計画でも，湊川が吐き出す土砂は，神戸港の癌ともいわれていた。神戸築港といっても，六甲山系植林とか河川改修とかいった，非収益的公共事業がなければ，実際，効果は激減するのである。

　第3に，天井川でしかも土手の高さが7～8mにもなる箇所もあり，東西交通の障害となっただけでなく，神戸・兵庫区を分断し，一体的開発を阻んでいた。

　第4に，災害の減少は，土地の利用価値を上昇させ，しかも旧河川敷は，川

幅も100mと広く，遊休地となり売却可能であり，事業収支はきわめて高い収益性が約束された，事業であった。

注
（1）湊川は明治初期から難物で，「大蔵省は湊川修築心得及び修築方法を定めて兵庫県に通達し，土木司出張所を置き，所員の事務心得を定め，其の工費として2万4,000円を貸下」（前掲「市史本編各説」478頁）があったので，兵庫県は堤防修築・川幅拡幅などの工事をなしたが，竣功当夜に暴風雨に見舞われ，堤防が決壊し，被害が発生する。兵庫県はその後改修工事をするが，河床は年々高くなり，工事の効果を帳消しにする有様であった。やがて湊川付替構想が浮上してくる。
（2）同前187～188頁。
（3）明治29年4月27日の市会への「湊川付換願ノ件」の出願は，「此一大長物ノ為ニ両港ノ貨物ヲシテ搬送ニ不便ヲ醸シ，行人ニ傷害危険ヲ与ヘルノミナラズ，該水源タル，多クハ禿赭ナル山脈ニ属スレバ降雨毎ニ多量ノ土砂ヲ吐シ，天然ノ良港ヲ埋没狭隘ナラシム」（前掲「市会史明治編」481頁）と災害の危険性を訴えている。

事業認可と外部資本の参加

　第2の視点として，事業認可の経過をみてみる。湊川付替工事は，当初，地元資本だけの事業化であったが，事業規模の拡大から外部資本の参加となり，大阪資本だけでなく，東京資本も参加する，全国資本が総参加する事業へと変貌しいき，事業の性格も地域整備から，利潤追求へと変質していった。

　第1に，明治の初年，兵庫地区の北風・神田など，「夙に湊川流域経変更の急務なるに着眼し，政府の要路に在る人々の神戸を経由する毎に，請ひて湊川の現状を実視せしめ，国費の補助によりて付替の希望を達せむとせしも」，目的達成は容易でなかった。

　第2に，明治17（1874）年10月，北風・神田らが，兵庫県令宛，政府による湊川付替工事を要望し，20年5月にも同様の申請が，県に提出されている。この申請には小曾根喜一郎が参加している。

　この時点では，兵庫資本が中心であったが，「兵庫財閥としてとは，これだけの大事業を完成させる自信がなかったのだろう」といわれている。

　第3に，明治20（1887）年6月にも同様の申請が，大阪の土建資本・藤田伝三郎が単独で申請しているが，ただ「付替によって生じる土地を無代下付すること，改修費のうち5万円は補助されたし」との条件つき申請で，さらに造成

用地の15年間無税を要求している(6)。

　第4に，明治21（1888）年3月，藤田伝三郎・鴻池善右衛門・田中市兵衛らの大阪組に，藤田積中・村野山人の神戸組が参加している(7)。しかし，認可は容易に得られず，以後，同事業は「一個の架空問題たる姿に変じ，殆んど世人に忘却されたるの観ありき」と，事業は挫折したとみなれた(8)。

　第5に，明治27（1896）年1月に藤田伝三郎・鴻池善右衛門らの大阪組に，小曾根喜一郎・村野山人などの神戸組が加わり，共同事業（資本金50万円）で「湊川改修株式会社」設立を決定している。その背景には神戸市と林田・湊村の合併が成立したので，事業化申請への動きとなった。

　第6に，明治29（1896）年4月12日，兵庫の小曾根喜一郎，東京の大倉喜八郎など，25名が発起人に加わり，事業申請を提出し，30年8月，設立をみている(9)。当初の計画ルートでは，会下山南ルートで，災害発生が既存ルートより，危険が高まる恐れがあった。

注
（1）前掲「市史本編総説」185頁。
（2）兵庫地区にとって，湊川の存在が兵庫衰退の元凶とみなされていた。明治20年2月8日の兵庫私立勧業会で，「夫レ湊川ハ市中ヲ中断シ，運輸ノ便ヲ妨ゲ，人情風習ヲ疎隔セシムルノ媒介ニシテ，神戸ハ益々栄兵庫弥々衰フル所以ノ害物ナレバ，宜シク変更セザルベカラズ」（同前189・190頁）と，早期着工を訴えている。
（3）赤松・前掲「財界開拓者」370頁。
（4）兵庫地区としては，「若し政府の手にて起工せられるなば率先誘導し，両港人民をして応分の金額を拠出し，之を寄付して経費一部に充てしむべし」（前掲「市史本編総説」186頁）と，その熱意を示している。しかし，起業者となるだけの資本力はなく，あくまで政府頼みであった。
（5）赤松・前掲「財界開拓者」370頁。
（6）当時の状況は，「古い兵庫の商業資本が衰退して実力を失い，また神戸の新興産業資本が成長する過程にあって，まだ資力をそだてていない間隙に乗じ，…新興の有力な政商財閥や土建的財閥の進出を誘い，地方的政治および経済の混乱を深くした」（同前375頁）と説明されている。この露骨な利権的要求に対して，県は私費でやるなら認可すると回答している。この時点では個人的事業であったが，以後，社会的批判もあり，地元財界も参加の形態をとり，外部資本の参加はひろがっていった。
（7）この申請の顔触れについて，「神戸側の3名は兵庫の北風，神田などの代理人であるのに比して，大阪側は大物が直接顔をだしているのをみても，積極的に動いたのが大阪側であったことは明らかだ」（同前371頁）といわれている。しかし，神田・

北風に出資能力があったか疑わしい。
（8）村田・前掲「開港30年史下」198頁。
（9）その背景は，「神戸市の繁栄は年を逐ふて加はり，土地の価格は大に高騰したるを以て，前途の利益は此事業を保証するの形勢となれる」（同前198頁）と，地価上昇が，事業をよみがえらす動機となった。

反対運動と改修ルート変更

　第3の視点として，反対・賛成の動きをみてみる。明治29年4月ごろから反対運動がおこる。反対派は，内務大臣への湊川改修工事反対の陳情書を提出し，賛成派の会社（設立準備中）も，事業認可を求めて運動を展開した。

　反対派の根拠は，第1に，事業の外部効果が大きく，外部資本が利権を求めて，事業化するのは適切でなく，公共事業で施行すべきという意見で，草鹿甲子太郎・今井善右衛門らは，地主などの利権追求型でなく，事業そのものの公共性から，民営事業化への抵抗であった[1]。

　第2に，事業収益が膨大であり，収益事業の公営化で財源を確保し，都市経営に寄与べきで，湊川付替事業は，最低でも約200万円の開発利益がえられる事業である。むざむざ民営事業にするべきでないと，公共デベロッパー方式を推奨している[2]。

　第3に，災害発生拡大への危険性である。ことに会下山南麓ルートは，災害防止を事業採算性から軽視した設計であると批判した。本来，事業審査にあたる自治体が，十分にチェックすべきポイントであるが，その機能は弱く，市民反対運動がなければ，どうなっていたかわからない。

　一方，賛成派の論拠は，第1に，賛成派は神戸市に資金調達の目途がない以上，民間デベロッパー方式しか選択肢はないとの論理であった。たしかに神戸市の現状をみると，水道建設すら財源的に苦しい状況であり，湊川改修事業はとてもという窮状にあった。

　第2に，事業認可をしないのであれば，公営化を早期に打ち出すべきで，10年近く認可を引き延ばしながら，今更，認可しないのでは，民間の被害はあまりにも大きい。認可条件を真剣に検討して，早期に適正な条件設定をすべきと迫った[3]。

第4の視点として，事業認可は，反対派の攻撃にさらされながら，できるだけ有利な条件での事業認可を引き出すことに執着した。このような事業者の利権的思惑に触発され，実際，地元住民の熾烈な反対運動が台頭する(4)。

　第1の課題として，市会審議をみると，明治28年10月14・27日，神戸市会で湊川付替事業について審議が行われている。民間による事業体制が強化されるにつれて，自治体との事業内容についてすりあわせが行われている。29年4月27日，会社の「湊川付替ノ件」を審議する。

　事業認可条件として，まず「旧川敷堤防敷ノ内道路，溝渠敷ノ官有ニ編入ヲ要スルモノノ外，残地ハ本市ヘ無代下付ノ上，願人ヘ無代譲与ヲ請フルニアリ(5)」との無償譲渡が審議された。

　市会では道路設計・公園設置について不安の質疑があったが，支障なしと同意している。しかし，事業完成後，神戸市は湊川公園用地を30万円で，同社から購入する，醜態を演じている。

　なぜ無償譲渡の条件を，付加しなかったかである。会社の事業拒否を恐れたからであるが，湊川廃止敷が広大な面積であり，都心に近い立地の良さを強調し，会社を説得すべきであった。

　第2の課題は，湊川改修のルートであった。第1に，民間申請の当初は，会下山の南部を通過する案であったが，28年9月，「兵庫・神戸の有志107名連署して書を神戸市長に致し，改修会社発起人等が工費を節めむる為に会下山を貫通せず，流路を其の南麓にとらむとするは，これ兵庫部に河底の最も高き河流を掘鑿せしむとするものにして，旧湊川以上の危険ある(6)」と，工事に反対した。

　第2に，南麓改修ルートでは，河床が年々高くなり災害の危険性が増加していた。そのため，市会審議をへて，「危険ノ虞アルヲ以テ(7)」会下山の背後に変更されている。しかし，湊川のルート（図10参照）をみると，さりとて会下山北ルートは大きな迂回となり，さらにトンネル工事が避けられない。

　ただ市会の雰囲気は，会社が事業を断念すれば，事態は深刻と受け止めている。鳴滝市長の見解は，湊川付替線路は，背後が望ましいが，「前ニシテモ危険ナシ，トノ証アラバ，前ニシテモ差支ヘナキナリ」，また議員は「徹頭徹尾後ニセザルベカラザルコトニセバ，此美挙モ成功スル能ハザルニ至ラン(9)」背後ルー

トに危惧をしめしている。さらに「西手ノ山ニ『トンネル』ヲ市費ヲ以テ補助スル」というトンネル案への誘導策も提案された。

第3に，反対運動への配慮もあり，「市当局者亦会下山貫通の意見を持せしを以て，29年4月県の諮問に接するや，市は異存なき旨を答申せしも，之に附するに背後より会下山を貫通するべき条件等を以てせり」とした。

この市会の意向をふまえて，会社は明治29年4月27日の「湊川付換願について副申」で，隧道工事やむなしを決定している。

第4に，湊川改修ルートをめぐって，賛成・反対派の対立は激化し，会社の隧道工事決定にもかかわらず，それでも事業認可は審議継続でえられなかった。しかし，明治29（1896）年8月30日の豪雨で，湊川堤防が100mにわたり決壊し，浸水7,922戸，死者38人，負傷者100人，流出倒壊家屋800戸と甚大な被害に見舞われた。

この湊川氾濫によって事態は急変する。明治29年12月，湊川改修工事と湊川川尻埋立の認可が，内務省から下り，兵庫県も，会社の隧道工事を条件として，12月26日，事業認可をする。だが，反対派は，事業の純益から「相当の寄付」を，神戸市に差し出させ，設計にも注文をつけることを決議している。

結果として，公共派が敗北し，少数派として酷評にさらされる。しかし，反対運動は30年4月に，湊川改修工事同盟会を設立し，湊川改修工事の施工によっては，災害は絶滅できないとの危惧を主張し続けた。会社は改めて再度，「湊川付換工事設計変更之議」を，30年8月28日に提出し，隧道建設を提示しているが，このため650mにおよぶトンネルを貫通させる大工事（工事費37.5万円）となった。

この事業認可をうけ，30年8月，「湊川改修株式会社」は，資本金100万円で創設され，社長には藤井一郎（元明石郡長・県庶務課長）が就任し，事業に着工する。

会社は明治30年11月21日に起工式，34年7月に通水式を行い，34年8月完成をみている。当初は南ルートで，工事費約60万円程度であったが，隧道工事費37.5万円が追加され1.5倍の事業費99.7万円に膨張している。このように会社が隧道工事を実施したのは，外部資本の影響をうけながらも，役員構成をみると，

地元資本がそれなりに発言力を，保持していたからといえる。(16)

注
（1）明治後期になり，神戸築港・水道創設・市区改正事業などが目白押しとなったが，「本市民の負担日に月に増加し其責任も亦重且大なり故に本市内の事業にして私人に関係なくして利益を認むるものは宜ろしく市の事業となし成るべく其負担を軽んぜざるべからず抑も湊川付換工事の如きは…公共事業たるの性質を有するものなれば其損益如何を顧みず勿論市の事業となすべきものなれば之を一私会社の営利事業に托するは江湖に対して本市民が公共事に冷淡なるの嘲りを受け其誇を後世に遺す憂ひあり」（「湊川付換工事に付き神戸市民に告ぐ」（『神戸市史編纂資料98号』98号129・130頁）と，民営方式を厳しく非難している。
（2）湊川改修会社の収支予算をみると，「費金92万5,975円を抛ち得る所の地面余を7万坪とす此地価1坪80円自至20円の間にあれども低廉なる見積をなして平均30円と仮定すも金200万円を得るものなれば差引金110万円を利するとす而して成功の後地価の騰貴するは多言を要せずして明らかなれば遂に幾百万円を得るに至るやも測るべからず本事業の如きは性質よりこれを云うも利益よりこれを見るも本市が進んで之を為すの義務あるは当然の道理なるにも拘らず当事者が処置これに反せしは甚だ怪しむべき事なり本市民たるもの袖手傍観して可ならんや今にして之を挽回せずんば将来臍を噛むの悔あらん」（同前130頁）と，選択を誤るべきでないと戒めている。
（3）賛成派の言い分は，「市の公共事業と為すの利害容易に判断し能はざるのみに非らず，会社の発起者は既に数年来実測其他の為めに費用を擲ち，幾多の苦心を重ねて今日に至りし者なるに拘はらず，神戸市の繁栄は土地の価値を騰貴せしめ，付替の為めに得る所の土地は，将来高価に売却し得る見込ありとするも，此利益を見越して市が其事業を奪ふは，市たる法人の徳義に於て然るべからずと思惟する者多かりしに因れる」（村田・前掲「開港30年史下」201頁）と，民間デベロッパー擁護論を展開している。
（4）当時，「地方自治体が弱体であったため，都市計画の実施や公共事業経営の能力がなく，民間資本の営利的経営に任せられていたから，都市開発の事業には利害を中心とする紛争が絶えなかった」（赤松・前掲「財界開拓者」371頁），実際，地元住民の熾烈な反対運動が展開される。
（5）前掲「市会史明治編」481頁。
（6）前掲「市史本編総説」301頁。
（7）前掲「市会史明治編」481頁。（8）～（10）同前485頁。
（11）「市史本編総説」301頁。
（12）新湊川流域変遷史編集委員会『歴史が語る湊川』185頁参照。
（13）前掲「市史歴史編Ⅳ」298頁参照。
（14）反対派へ評価は「内務省の許可を遅滞せしめんと欲するに過ぎざりければ，彼等は市の忠僕を以て自任するに拘はらず，格闘奮戦に斃れたりと云はんより，会社に認可状の下れる日を以て，不人気なる独角力が，疲労の体を以て休止したるが如く」（村田・前掲「開港30年史下」202頁）と，不毛の運動として酷評されている。

（15）変更の議は「本工事之主眼タル洪水量ヲ一層増加スルモノト仮定シ万一ヲ慮リ充分ノ設備ヲナスニ於イテハ隧道ヲ始メ其他川幅堤防等ノ拡張ヲ要セリ」（『神戸市史編纂資料98号』140頁　以下，前掲「編纂資料98号」）と，隧道工事の決断による災害予防を図っているが，住民反対の鎮静化・事業認可の早期獲得のためであったことは否定できない。工事費の内訳をみると，土工費19.9万円，隧道費37.5万円，水利費3.8万円，橋梁費3.7万円，道路溝渠費0.3万円，器具機械費1.5万円，用地費31.8万円，雑費2.2万円，合計99.6万円となっている。会下山南麓ルートと比較すると，隧道方式で，用地費は減少したがわずかであり，土工費は全体で19.9万円であり，隧道費はそのまま純増であった。もっとも会下山北部迂回ルートは，ルート延長が大きくなり，工事の山間部で割高となり考えられないルートであった。前掲「編纂資料98号」153頁参照。
（16）明治30年8月の会社役員は，社長藤井一郎（元明石郡長），取締役岸本豊太郎，谷勘兵衛，土居通夫，田中市兵衛，小曾根喜一郎，丹波謙三，監査役池田貫兵衛，斎藤幾太，支配人武岡豊太，技師瀧川釣一であった。田中市兵衛など大阪資本もみられるが，多くは地元である。

湊川改修会社の開発利益

　湊川改修工事の事業収支は，どうであったか，第1に，湊川改修工事で困惑するのは，事業費が不明であるだけでなく，旧湊川河川敷用地などの売却額もわからないので，曖昧な推計予測しかできないが，売却用地約40万㎡となる。[1]

　第2に，旧河川敷・埋立費用であるが，会社は河川敷だけでなく，当初から湊川河口の埋立を，事業認可の条件としている。[2]それは旧河川敷地地均しの土砂を，河口付近の埋立に転用する工事方式で進められている。事業コストは，土砂処分と埋立地造成という，一挙両得のメリットが発生するからである。

　会社の湊川改修事業費99.7万円（河川敷整地費含む），約100万円であるが，海面埋立事業費別枠工事であるが，旧河川堤などの土砂を活用したので，当時の海面埋立平均単価1㎡当り10円前後より安価に造成できたはずで，約6万㎡の埋立費30万円（1㎡当り5円）として，事業費130万円となる。

　第3に，売却単価であるが，神戸市は，湊川公園用地3.6万㎡を，30万円で購入しているが1㎡当たり8.33円（1坪当たり27.49円）なる。[3]用途が公園用地で，譲渡先が公共団体の神戸市で，一括大規模購入であるので，安価となっている。また埋立用地3.9万㎡を33.5万円で税関に売却しているが，1㎡当り8.6円であるが，一括売却・官庁購入で抑制されている。したがって民間売却を含めた平均

売却単価は，1㎡当り10円とすると，40万㎡で売却代金約400万円となる。

第4に，湊川付替会社によって，明治38年11月，旧河川敷の地ならしが行われるが，会社が，武岡豊太に本工事・埋立事業を請け負わせ，用地40万㎡のうち20万㎡を工事代金として無償譲渡している(4)。このような会社の工事費支弁の方法をみると，事業が投資利益を目的とした性格が濃厚であるといえる。

武岡豊太は1㎡当たり15円で売却し，300万円の収入を得ており，工事費130万円との差引で約170万円の利益を獲得したことになる(5)。

会社は20万㎡を1㎡当り10円で売却したとして，工事費は武岡豊太が負担したので，200万円の収益を確保しており，合計開発利益370万円と莫大な額である。38年度市税42.2万円（県費27.7万円差引）で，企業開発利益は8.64倍で，反対派市民の予想を上回る収益で，都市戦略営からみれば，神戸市が公共デベロッパーとして実施しなかった，未必の故意による利益喪失といえる。

湊川改修事業を，どう評価するかであるが，河川災害の防止・工場用地の創出など，西神戸発展の誘因となった効果は絶大である。さらに旧湊川河川敷は，繁華街新開地なり，生活文化向上への貢献度は大きく，地価は暴騰していった。

湊川改修会社が，地価高騰を織り込むと，実際は推計400万円を超えたのではないか。その割には目立った公的還元はない。明治45年に用地売却を完了した会社は，収益事業として成果をあげ解散している。

明治後期の民間デベロッパーによる，兵庫運河開削と湊川改修は，「市内の地主・商人・実業家などのほか，官僚や貴族院議員までが加わって，神戸市の発展計画に参画し，利益を獲得しようとしたところに，新生都市神戸の特色があった(6)」といわれている。しかし，土地資本の貪欲な利益追求が，顕在化した事業であった。

注
（1）会社が無償譲渡をうけた旧河川敷地は7万9,810坪（26万3,340㎡），明治36年7月に行政裁判所の裁決で，市から下付された荒田町3・4丁目の2万736坪（6万8,427㎡）また埋立面積は旧湊川川尻1万3,300坪（4万3,967㎡），東川崎・東出町所属浜地4,284坪（1万4,162㎡）との合計11万8,130坪で，総計38万9,896㎡となる。なお一般的に40万㎡といわれるのは，開発事業にみられる実測の縄延を想定したのではないか。しかし，実際の売却用地は公共用地15～20％が必要でさらに面積は圧縮され

る。前掲「市史本編総説」303～304頁参照。前掲「市史別録Ⅱ第2章29頁参照.
（2）明治29年4月12日の「湊川付換願ノ件」は，「湊川々尻ノ沿岸一帯ノ海面ハ，右付換事業ニ連帯シ，之ト同時ニ水面埋立ヲ為シ，併テ官有浜地ヲ開墾シ，埠頭ヲ築キ，倉庫敷ヲ設ケ，且縦横ニ道路ヲ開設シテ船舶ノ繋留，貨物ノ塔卸等，大ニ貿易ノ便利ニセントス」（前掲「市会史明治編」484頁）と，河川敷のみでなく，河口の埋立にも大きな意欲を示していた。
（3）会社は無償用地につき，「将来公園或は税関用地として収用せらるる場合には，時価相当の補給金を受くべき」（前掲「市史本編各節」304頁）を要求しているが，会社の工事・売却状況をみて決定するとすべきであった。
（4）・（5）朝日新聞・前掲「夜明けのひとびと」138頁参照。
（6）前掲「市史歴史編Ⅳ」299頁。

2 地域更生事業と街路整備

　明治前期，山手地区・兵庫仲町部・兵庫新市街整備では，用地拠出方式もからめた，宅地整備事業が行われたが，これらの事業方式では，街路整備はできたが，不整形な宅地の整備はできなかった。
　新道開さく・地域更生事業（以下，地域更生事業）は，関係地主の合意・監督官庁の検査などの手続き上の拘束があったが，ともかく街区整備実施・宅地整形処理・費用負担区分などをベースに事業がなされた。

地域更生事業の独自性

　街区整備事業（表9参照）にみられるように，大正期は耕地整理，昭和期は土地区画整理で，継続的に市街地整備を進めていったが，地域更生事業は，制度がが未成熟な状況のもとで，先駆的システムとして大きな役割を果たしていった。
　事業の性格・手法について，神戸独自の事業システムであったかどうかである。第1に，地域更生事業と耕地整理・区画整理事業との類似・相違点については，曖昧な点が多い。一般的に耕地整理方式のルーツは，明治6（1874）年，静岡県で実施された畦畔改良，21（1888）年，石川県で実施された田区改良などは，あくまで田畑の改良である。
　市街化のための公共設の整備改善と，宅地利用増進（不整形用地処理）を目

的とする事業とは異質である。ただ地域更生事業は，神戸市特有のものか，全国で類似の事業が存在し適用されていったのは不明である。[(2)]

第2に，地域更生事業は，手続き・事業方式・費用負担をみても，土地区画整理類似のシステムで，事業施行に際して，事業内容の知事認可，地租条例への準拠，市事業監督員の派遣要請など，さまざまの条件・拘束があった。大きな特徴は，全員合意の契約方式を採用しており，事業目的・測量結果，減歩・費用負担，事業区域などについて全員合意の契約書作成がなされていた。[(3)]

第3に，この方式の推進力となったのは，改良前後の課税地価を据え置く，明治33年の「土地改良ニ係ル地価ノ件」（「改良地価法」）などの優遇措置であった。[(4)]

注
（1）耕地整理・区画整理の原型というべき手法で，「一定の区域に新しい道路を開設（新道開鑿）し，土地の区画を改良（地域更生）するものであり，公共施設の整備と宅地の利用増進を図る」（小原啓司「明治期の神戸における市街地整備の事業手法の研究」『土木史研究』第17号69頁）といわれている。
（2）石田頼房『日本近現代都市計画の展開』（以下，石田・前掲「都市計画」）でも，呉市の事例として，明治20（1887）年の広島県の「呉港家屋建築制限法」による市街地整備ととして，呉市の「市街築調規約」（和庄町，明治30年竣功）などが紹介されている。住民合意による街区整備で，神戸市の山手新道開設事業とか兵庫新市街開設事業と類似の事業といえる。同前82〜83頁参照。また石田頼房「日本における土地区画整理制度史概説」東京都立大学都市研究センター『総合都市研究』第28号でも，特に神戸市の新道ひらさく・地域更生事業にはふれられていない。小原啓司「神戸の街づくり・土地区画整理法の法源を探して，耕地整理法以前の市街地開発の4つの手法」（『区画整理』第37巻第1号，土地区画整理協会，1994.1，以下，小原・前掲「区画整理法の法源」）は，既成市街地の街区整備はともかく，「新開発手法は東京，大阪，京都・名古屋などの既成市では考えられない。…本市のように農林地を対象にした市街地開発事業は，戦前の大都市の中では本市のほかは横浜ではどうであったろうか。このような事例は他の都市ではみられないのではなかろうか」（同前67頁）と，神戸の独自性を示唆している。横浜市史では，市街地整備の叙述は少ないが，耕地整理方式の圃場が，市街地予備軍として整備されたであろうか，神戸市のように計画的・手法的に大規模になされなかったのではなかろうか。
（3）施工者方式からみると，新道ひらさく・地域更生事業は，共同施行（地主の契約）で，耕地整理法も共同方式（3分の2合意），耕地整理方式は組合施行（3分の2合意），都市計画法の土地区画整理は，組合方式に加えて，公共団体施行（権利者の同意不必要）が導入され，さらに関東大震災などでは，行政庁施行方式が採用された。

くわしくは小原・前掲「区画整理法の法源」49～58ページ参照，小原・前掲「明治の区画整理」67～73頁参照。
（4）要するに地租負担の緩和で，「19年の『登記法』で，土地改良による増歩に課税されることになったために土地開発意欲はそがれ，地主からの反発があったことから，22年には『地租条例』が改正されて『開墾に等しい労力を要するものは30年間地価を据え置』くことが定められ，開発に有利となった」（前掲「市史行政編Ⅲ」45頁）が，29年に「登録税法」が制定され，地価据置措置が停止となった。しかし，明治30年には「政府は『土地改良ニ係ル件』を定め，土地の改良後の地価を改良前の地価に一致させ，税の軽減を図っていった」（同前45頁）といわれている。

地域更生事業のシステム

　神戸市では32年「耕地整理法」が制定されても，地域更生事業（表30参照）が利用された。なお地域更生事業の運営をみると，第1に，地域更生事業は，住民主導の画期的まちづくりであった。まず明治前期の山手新道開さくでは，道路が主眼であり，宅地は不成形のままであったが，地域更生事業では，宅地の整備も行われている。

　この方式は，「地主等が集まって，減歩や費用負担などを取り決めたもので，『組合区画整理事業』を行ったことになる」といわれている。耕地整理法は明治32年の制定であるが，「実質的に利用されたのは1909年法から」，すなわち明治42年新耕地整理法制定からで，この明治20～40年の空白を，埋めた意義はきわめて大きい。「開港場に住む神戸人の進取の気質のなせる業であったと偲ばれる」といわれている。

　第2に，事業主体は，民間であるが，土地分合・街路設計・事業費清算など，かなり専門的で大量の事務が発生する。さらに合意形成も大規模化すると容易でなく，組合方式では事業が，中途で頓挫するおそれもある。そのため資金・調査・技術などで，公的支援がなされたはずである。

　第3に，地域更生事業（図11参照）は，兵庫・葺合・林田の15地区で，中心地区は明治前期に新市街地整備方式で街区整備を完了しているので，その周辺部であり，工場立地が予想される西部地区が，約6割を占めている。事業規模は，全体で443.6万㎡と広大な面積が，この事業で整備されている。なお大正期の市内耕地整理面積（西灘除外）549.7万㎡に匹敵する規模である。

表30　神戸市新道開さく・地域更生事業施行状況工区別減歩率等一覧表

番号	工区名	施行面積 ㎡	事業期間 年月	新道幅員 間	同延長 間	減歩率 %	費用負担 銭	事業費 円
1	葺合第1工区	298,067	31.6～33.8	3.5～4.2	3,995	9.7	8.3	7,496
2	葺合第2工区	403,122	33.2～35.2	3.0～4.0	3,989	10.8	14.5	58,453
3	葺合第3工区	496,122	35.12～40.4	1.0～6.5	2,788	11.3	※1	0
4	葺合第4工区	284,980	34.7～36.1	3.0～4.0	3,070	11.3	16.8	47,876
4-1	同上付属工区	40,000	37.4～39.3	2.45～6.0	383	10.8	16.3	6,520
	葺合地域　計	1,523,106			14,225			120,345
5	兵庫中道以南	639,497	21.2～25.11	2.0～7.0	5,891	5.0	8.0	52,160
6	兵庫鉄道南部	349,583	25.12～27.12	1.75～3.0	4,914	9.0	7.0	24,471
7	兵庫中道以北	362,745	29.5～30.6	3.0	2,794	8.0	5.0	18,137
8	兵庫鉄道北部	73,114	41.10～43.10	2.5～5.0	789	10.7	10.0	7,311
	兵庫地域　計	1,424,939			14,388			102,079
9	御崎村外2村	273,406	36.6～39.9	1.5～6.0	3,425	10.0	11.0	30,075
10	東尻池1工区	197,425	32.4～33.9	3.5	2,057	9.0	8.0	15,794
11	東尻池2工区	274,381	32.4～36.3	1.5～2.5	3,640	12.0	9.0	24,694
12	東尻池3工区	257,647	38.8～42.3	1.75～4.5	2,682	11.5	※2	0
13	西尻池村工区	155,058	37.7～39.5	1.25～3.0	1,751	9.0	7.0	10,854
14	長田村湊川南	329,561	38.10～41.9	1.75～7.5	3,660	10.0	10.0	32,956
	林田地域　計	1,487,478			17,245			114,373
	合　計	4,435,623			45,858		7.59	336,797

注　減歩率は100坪に対する坪数を単位％で処理，費用負担は1坪当り負担額（銭）で処理。※1は共有地溜池，2は溜池のみ売却し事業費に充当，事業費推計は筆者追加。
資料　小原啓司「明治期の神戸における市街地整備の事業手法の研究」(『土木史研究』17号，平成9年) 71頁。

　第4に，事業内容は，道路幅員をみると，1～1.5mといった細い街路もあり，最大でも7mとあまり広くなく，減歩率も10％前後と耕地整理の15～20％と比較して，低い水準である。しかし，改正耕地整理法以前の事業で，減歩負担の認識は浸透しておらず，しかも市サイドの支援・熱意も不十分である。高い減歩は，全員合意形成を崩し，事業挫折のおそれがあった。

注
（1）その理由は，「新道開削の手続きが便利で申請にかかる時間も短いこと，将来の市街地化を考えると地割配当が便利なこと，地番更生や登記手続きに重複が生じないこと」(前掲「市史行政編Ⅲ」46～47頁）であった。
（2）～（4）三輪・前掲「市街地形成」52頁。

図11　神戸市新道開さく・地域更生事業施行状況工区別

出典　小原啓司「神戸の街づくり」『土地区画整理』第37巻第1号56頁。

地域更生事業の負担・利益配分

　新道開さく・地域更生事業（表31参照）の事業負担・利益配分をみると，第1に，地主の負担は，事業費からみると，総額33.7万円ときわめて少なく，1㎡当り7.59銭にしかならない。歳入は地主負担金79.69％と，地主負担の比率は高いが，金額は11.2万円と少ない。

　市補助金9.91％と低いが，宅地整備の低水準からみて，大幅な補助金の支出はできない。しかし，政策的には公的還元額の金額からみて，補助率をあげて，整備水準を求めるインセンティブとすべきである。

表31　神戸市新道開さく・地域更生事業の収支概況　　　　（単位；円）

区　分	収　入				区　分	支　出			
	兵　庫	葺　合	林　田	合　計		兵　庫	葺　合	林　田	合　計
地主負担金	24,643	56,020	30,496	111,159	事　務　費	5,448	8,720	14,226	27,416
保留地処分金	－	8,322	－	8,322	家屋移転料	4,869	9,221	3,050	17,140
共有地処分金	－	2,662	3,517	6,179	工　事　費	14,307	52,016	21,467	87,868
市　補　助　金	－	7,000	6,822	13,822	予　備　費	24	4,047	2,092	6,163
合　計	24,643	74,004	40,835	139,482	合　計	24,648	74,004	40,835	139,487

資料　小原啓司『明治の区画整理』67・168頁。

歳出は，家屋移転料は1.7万円しかなく，ほとんど市街地化されていない，先行的用地整備であったことがわかる。事務費を除外した工事費は8.8万円で，これでは側溝の整備すらできず，更地にし，乱開発を辛うじて防止しただけであった。

　第2に，地主の利益は，莫大な開発利益をもたらした。広大な事業面積からみても，巨額の開発利益の内部化に成功している。

　事業者の開発利益は，田畑の1㎡当たり地価はゼロとし，5円の地価上昇があったとすると，事業面積443.6万㎡×5円＝2,218万円で，減歩率10％とすると，民間1,996万円，公共222万円の開発利益配分となる。

　もし神戸市が補助金1.4万円という零細補助でなく，せめて10万円という補助を支出し，減歩率15％へと引き上げる，行政指導は不可能ではなかった。5％ふえれば開発利益111万円の公的還元増が実現した。

　第3に，公共投資でも事業収支というフローの効果が関心をもたれるが，実際はストックの社会資本蓄積効果が，より大きく重要なのである。生活環境の向上をはじめ多くの効果が見込まれるが，事後の道路拡張事業の節減効果は1,000万円を下らないであろう。

　もっとも減歩率10％と低水準では，外周の幹線道路など主要施設への用地提供であり，内部は2間の細街路しかなく，十分な排水施設もない状況で，都市スラム化が危惧された。現に葺合第2工区には，新川スラムが含まれていたが，街区整備事業がスラムの温床となった。

　なお大正期の耕地整理事業の減歩率は，西部耕地整理事業では16.9％で，全事業の平均でも15％程度で，それなりの行政指導の効果を発揮している。

街路整備事業の実施状況

　明治後期の街路整備は，今日からみれば，都市計画もなく，道路財源もなく，個別道路事業が，個別道路ニーズに沿って決定されていった。しかし，明治37年7月，市会に59路線・1万8,256m道路改良計画調査結果を報告している。[1]

　なお明治前期，道路整備は，兵庫県が精力的に遂行したので，幹線道路整備事業は少ない。したがって道路整備は中心市街地から東西へ伸びる道路，そし

て主要道路の連絡という部分道路が主流であった。

　事業費負担は，国道・県道の整備は，県負担で行われたが，里道については，道路整備の緊急性から，原則市費負担で措置されていった。

　しかし，運用となると，行政団体からに費用転嫁が，地元負担金・寄付金・用地提供という形で行われたが，街区整備方式が大規模に実施されたので，住民の被害は少なくてすんだ。

　第1に，新生田川・小野柄橋道路新設である。兵庫県は，新生田川から東部脇浜村への道路は，西国街道を改修して国道とするなどの整備を実施したが，これと接続して，23年に新生田川・小野柄橋道路を新設した。関連道路の元町通は幅2間であったので，県施行で23～28年にかけて拡幅整備している[2]。

　第2に，荒田・宇治川道路整備である。荒田村が22年に神戸市へ編入されたのを契機に，地元が5,000円寄付して．有馬街道と仲町の交通を良好にするのが目的であった[3]。

　宇治川新道（明治23年）は，宇治川尻・有馬街道を接続する道路であるが，これは神戸駅構内拡張によって，神戸・兵庫間で海岸から北側にいたる唯一の道路が遮断されたので，この交通路の復旧を図る事業であった[4]。

　第3に，その他として北浜道路の拡幅（明治29年竣功）など，多く連絡道路が建設されていったが，都市活動の増加について，道路もさまざまの隘路が発生したので，部分的改修がなされた。

　兵庫南部地区は，街区整備もなされなかったので，道路は迂余狭隘にして，枢要なる道路となりえず，明治26年に4万8,500円を以て幅10.8m，延長774mの整備がなされた。

　さらに西出・島上町道路事業，明治27年4月，市会に4.1万円で提案されたが，建設財源の捻出を，「家屋税付加税の修正」に求めたので，「都市化の拡大によって地主や借家経営者の利害が対立し始め」[5]，結局，予算は消滅の憂き目をみている。道路拡幅財源が，国庫・県，地元に求めることができず，次第に市税に求める方向になったが，市土木費（表47参照）は，明治22年度1.4万円，25年度1.1万円，30年度でやっと7.4万円であり，地元への負担転嫁が免れなかった。

注
（1）「市史本編各説」296頁。
（2）・（3）前掲「市史・行政編Ⅲ」21頁。（4）同前22頁
（5）前掲「市史歴史編Ⅳ」300頁。

第3節　神戸築港事業と市財政負担

1　神戸築港事業の軌跡

　神戸経済の成長戦略は，神戸港を牽引力としたが，神戸築港は苦難の経過をたどった。明治6年，マーシャルの築港案は政府に無視され，以来，神戸築港着工まで，30余年以上も本格的築港をみなかった。その間，横浜港（第1期），小樽・釧路港などは，全額国庫負担で整備されている。

　政府港湾施策は，明治前期のみでなく，明治後期になっても神戸港への冷遇は改善されなかった。やっと明治39年，神戸築港は政府決定をみたが，437万円という途方もない負担金が賦課された。貧困な神戸市財政にとって，耐え難い負担であったが，神戸市は，この負担金の軽減・資金調達に懸命の努力をしたが，どれほどの成果をみたかである。

港湾整備と補助金方式

　明治期の港湾整備（表32参照）をみると，財源措置は政府補助方式であったが，原則・ルールなき運営がなされていた。同じ開港といっても，神戸港のみが築港事業から見放されていた。

　大阪・横浜港だけでなく，小樽・函館・新潟・長崎港にも遅れ，流動的な政府の補助方式のもとで，神戸市は築港負担に大きな不安をいだいていた。

　第1に，補助金方式のアキレス腱は，補助基準の設定・配分の曖昧さにあった。国益と地方利益との合致が基準といわれている。しかし，大久保利通の東北開発構想にもとづく野蒜港，北海道拓殖策による小樽港などは，全額国庫負担で整備されたが，国益とは何か明確でない。

ナショナル・インタレストといっても，殖産興業的性格の強い，公共投資先導型の施設整備であり，港湾機能を重視した選別投資でなく，港湾整備をしたが，港湾需要を見誤り，壮大な無駄と化している。⁽⁴⁾

　要するに政府の港湾投資は，費用効果からみると，分析に堪えられないお粗末な対応であった。政府の思惑であり，経済合理性にもとづくものでない。

　第2に，ローカル・インタレストといっても，道路・鉄道と異なり港湾は，特定企業の利便性の性格が強いが，受益者負担が導入されおらず，不公平は拡大されていった。港湾整備における地方負担（表32参照）をみると，負担原則があったがどうか疑わしい。多様な性格の異なる港湾を，補助金で選別して整備するのは，道路・河川と異なり，問題が多すぎる。

　第3に，補助金方式での対応は，あくまで施設の整備であり，港湾の経営・負担には無関心で，港湾整備の受益者負担・費用効果は棚上げされ，公共投資信奉主義が幅をきかす。

　基本的問題として港湾は，道路・河川と異なり，施設利用者が限定される準公共施設で，従来から，受益者負担で整備・運営が主張されていた。⁽⁵⁾

　港湾が道路と同様に市税負担で整備されているが，肝心の港湾関連事業者が除外されている。都市計画法では受益者負担が導入されたが，港湾では適用がないままであった。

　その背景には政府の公共投資における企業優遇・地域転嫁策が濃厚に反映され，地元自治体への補助裏負担となり，結果として地域活性化の自主財源を奪い，地域社会の疲弊を招いた。本来は，関税・埠頭使用料・入港料・埋立賦課金などを含めた，独立採算制で運営されるべきである。⁽⁶⁾

　第4に，補助金行政は，制度はともかく運営において，政党の行政介入が，しばしばみられ公平かつ効果的な処理がなされず，地方政治・行政にあって，利権の対象とされ，大きな弊害がみられた。⁽⁷⁾

　さらに地域経済界の産業基盤整備の願望は旺盛であり，受益者負担のメカニズムが作用しないと，地域経済・財政力を無視した，利益追求となる。その結果，公共投資の費用効果からみて，過剰・過大投資，二重・重複投資となり，公的資源の浪費となり，巨額の地方負担となった。⁽⁸⁾

表32　明治期主要築港状況　　　　　　　　　　（単位；千円）

区　分	起工～竣工	国庫補助	府県費	市町村費	私　費	地所売却等	公債等	合　計
福井・坂井港	明11～18	148	3	—	83	—	—	234
宮城・野蒜港	明11～16	683	—	—	—	—	—	683
長崎港第1期	明15～22	172	40	74	7	—	—	293
長崎港第2期	明17～23	800	250	2,050	—	—	—	3,100
広島・宇品港	明17～22	—	300	—	—	—	—	—
横浜港（第1期）	明22～29	2,353	—	—	—	—	—	2,353
横浜港（第2期）	明39～大6	5,447	—	2,700	—	—	—	8,147
若松港	明29～昭26	500	—	—	1,820	1,096	1,500	4,916
新潟港	明29～37	936	197	63	—	—	—	1,196
函館港	明29～32	200	—	451	—	170	—	820
名古屋港	明29～40	—	1,085	—	—	1,298	—	2,383
小樽港第1期	明30～37	2,189	—	—	—	—	—	2,189
小樽港第2期	明41～大8	5,080	—	—	—	—	—	5,080
大阪港	明30～大4	1,872	—	1,682	—	1,987	17,038	22,579
三池港	明35～40	—	—	—	3,000	—	—	3,000
神戸港	明39～大10	16,740	—	4,370	—	—	—	21,110
釧路港	明41～大8	5,080	—	—	—	—	—	5,080
四日市港	明43～大11	1,762	1,728	150	—	—	—	3,640

資料　内務省土木局編『土木局統計年報』
出典　高寄昇三『明治地方財政史第6巻』224頁。

注
（1）明治前期の土木事業への国庫補助基準は，明治6年大蔵省達番外「河港道路修築規則」であった。港湾への適用は，「横浜，神戸，長崎，新潟，函館の如き全国の得失に係る者を一等港とし，公費は6分は官が出し4分は地方民が出す。他の管轄の利害に関せざる港を二等港とし，地方庁はその工事を施行し，費用は6分4分は地方民が出す。市郡村の利害の関するものを三等港とし，地方庁は之を施行し，費用は利害を受くる地方民に課する」（運輸省港湾局『日本港湾修築史』35頁）とされていた。しかし，同規則は明治9年6月に廃止されが，基本的基準は大きな変更はなく，「其の後内務省の内規により，港湾種別を開港，避難港，沿岸貿易港，地方港の4種に分ち，開港及び沿岸貿易港の修築に対しては工費の3分の1を補助する事にした」（同前35頁）。それでも補助基準が必ずも明確でないので，周知のように明治40年10月に内務省港湾調査会にはかり，第1種重要港湾・第2種重要港方式を採用している。
（2）長崎港は20年前半に340万円の第1期・第2期築港事業を完了させている。また横浜港は第1期築港事業（明治22～29年）235.3万円（うちアメリカ賠償金124万円）を，全額国庫負担で施工されている。25年度横浜市税4.4万円で，築港投資額は53.47倍であった。ちなみに神戸市の25年度市税4.5万円と同額である。25年貿易額横浜港9,300万円（30年1.78億円），神戸港5,300万円（1.62億円）であり，貿易額からみて，神戸港が軽視・冷遇された事実は否定できない。
（3）抽象的には「社会資本整備はローカル・インタレストのみが一方的に噴出して実

現されるわけでなく，ナショナル・インタレストとローカル・インタレストとが一致した場合に促進されることが明らかにされている」（稲吉・前掲「海港の政治史」10頁）と，方針が提示されている。

（4）野蒜港は，大久保利通の東北振興策にもとづいて，明治11～16年，全額国庫負担68.3万円の巨費を投入して整備されたが，まったく稼働することなく崩壊している。「僅々50万円内外ノ工費ヲ以テ野蒜ノ如キ地ニ於テ良港ヲ築造セントシタルハ違算モ亦甚シト云フヘシ」（広井・前掲「日本築港史」34頁）と，政府政策のミスが非難されている。また福井・坂井港は，明治11～18年で国費14.8万円，県費0.3万円，私費8.3万円の23.4万円で整備されたが，大型船が利用するには「水深ニ乏シク…貿易ノ衰退ヲ招クニ至レリ」（同前46頁）と，政府施策の誤りが指摘されている。なお野蒜港の失敗については，松浦茂樹『明治の国土開発』62～82頁参照，以下，松浦・前掲「国土開発」。

（5）水上市長が横浜税関長の時，「謹告横浜商業家諸君」という一文を発表しているが，「当港貿易の繁昌は，独り当港のみを利益するものではない。亦同時に国家を利益するものである故に，当港のみが其の世話を引受くる筈がないとの議論もあるかも知れませんが，私は直接に利益を受くる者が其責任を負担するのが当然だと思います。若し当港が此責任を放棄すれば，他の競争者は必ず両手をひらいて之を拾ふに違いない」（前掲「横浜港史総論」80頁）と，受益者負担を説いているが，それは暗に地元負担を迫っている。地域が利益をうけるにしても，港湾管理者が民間業者を含めた受益者負担の原則を貫く必要がある。補助金方式では，政治力とか政府の思惑で決定され，政治・財政力の弱い都市自治体への費用転嫁がなされてしまう恐れがある。

（6）公有水面埋立法（大正10年法律第57号）は，埋立人は埋立によって利益を受ける報償として相当の免許料を納付すると，同法第12条同法施行令第16条で定められいるが，この免許料は公法上の収入にして手数料たる性質を有するとするのが通説で，大きな収入は期待できない。戦後，港湾法（昭和25年）には受益者負担制（同法第43条の4）で定められているが，規定は都市計画の受益者負担金と同様であり，港湾工事で著しく受益を受ける者が対象であるが，実際はあまり適用されていない。山口真弘・住田正二『港湾行政論』（日本港湾協会・昭和30年）510～517頁参照，以下，住田・前掲「港湾行政論」。

（7）補助金行政は周知のように「恣意的な国庫補助が可能であれば，そこには政党政治家が目をつけるのはさけられない…この時期に閣僚ポストを手にした政党政治家は，各地からだされる…要求を党勢拡張へと結びつけ」（稲吉・前掲「海港の政治史」155頁）ていき，党弊を全国的に増殖させていった。

（8）神戸市は明治40年度100万円の負担金で，40年度市税69.9万円であったが，三部経済制で県費負担金27.8万円が含まれており，実質的市税42.1万円しかなく，100万円の負担金を納入すると57.9万円の赤字であった。

横浜・大阪築港と神戸築港

　補助金方式での港湾整備は，制度としてはともかく，運用は方針・原則なき恣意的な処理であった。神戸港をみると，貧弱な港湾施設で，莫大な貿易をこなす神戸港は，国家財政にとって親孝行な稼ぎ手であった。

　神戸港の明治20〜30年で貿易額は，約6倍に膨張しており，30年全国比率で神戸港42.41％，横浜港46.60％とほとんど同規模に接近していた。

　明治29年欧州・アメリカ・豪州航路が開かれ，神戸港発展のテンポは速まっていった。応急的対応として，税関の拡充・鉄道の延長・桟橋の増設がなされたが，もはや姑息な対応では，どうにもならない状況にあった。[1]

　第1に，表32の港湾整備状況をみても，貿易港としては，明治20年代，アメリカの下関事件の賠償金返還の利用として，東京・横浜・神戸港が，政府内部では築港候補にあがっていた。しかし，まず東京港は，築港事業費が巨額であり，確定した計画案の策定がなく脱落し，神戸・横浜築港の同時施行が原案であった。ところが神戸築港が，政府へ陳情しなかったことが幸いし，横浜港が22年第1期築港事業を，全額国庫負担で実施という，漁夫の利を得た。[2]

　第2に，明治20年代での築港事業を，逃した神戸港は，貿易額が膨らむと，艀方式荷役の無駄，災害発生による被害で，損失額は莫大な額に達した。ことに神戸港の弱点は，マーシャルが指摘したように暴風に弱いことで，38年にも暴風雨の高潮襲来で，船舶だけでなく，輸入綿花も甚大な被害をうけ，神戸港はその欠点をさらけだした。[3]

　第3に，明治30年代になると，横浜・大阪港の整備が進むと，神戸は次第に危機感をつのらせていった。[4] 横浜港は，第1期築港事業（明22〜29年；工費235万円全額国庫負担）を完了し，第2期築港計画（明39〜大6年）814.7万円（市負担270.0万円）に対応しようとしていた。

　大阪港の状況は，明治29年3月，大阪築港が衆議院を通過し，神戸に大きな衝撃となり，本格的な神戸築港の導火線となった。[5] 大阪港は，市営港であるが，市会で29年には予算が承認され，30年には国庫補助金も国会を通過し，10月に起工という状況にあった。[6]

　第4に，大阪築港決定で，神戸港の整備・拡充は，もはや猶予はならない切

迫した状況となった。神戸港の荷役状況は，沖野報告書をみても，艀方式という不経済きわまるシステムであり，神戸桟橋も2,000トン以上の船舶は，一隻しか接岸できず，しかも重機なきため，荷役は人夫による長時間を要する非効率な状況にあった。

第5に，神戸市は，窮状打開のため，神戸築港をめざしたが，大阪港との関係は，はっきりと競争関係と化した。大阪・神戸という近距離に2つの港湾があることは「両都市の経済活動に大きな刺激をあたえた，成長のための活力になったことは否定でない」(7)といわれているが，施設・機能の面でなんらかの調整が必要であった。

明治20年代は，神戸市は水道建設に忙殺され，財源的に水道債発行もあり，神戸築港という大プロジェクトを意図的に回避してきた。この水道建設至上主義の後遺症として，神戸築港は1周遅れのスタートとなったが，大阪築港が決定され，事態は容赦なく進んでいった。

注
（1）築港以前の神戸港は，「船舶碇繋区域は拡張せられたり。然れども民間の小修築小設備を除きては，神戸港の設備は海陸共に依然として赤裸なり。防波堤なく繋船岸なく，聯絡鉄道なく，倉庫及上屋は共に需要を充たすに足らず。船主貨主の損害は年々其多きを加へたり」（神戸市『神戸築港問題沿革誌』7頁，以下，前掲「神戸築港誌」）と，未整備で非効率だけでなく，危険きわまりない港湾でった。
（2）横浜港第1期築港事業は，明治22年9月〜29年5月に着工・竣工をみている。まず内務省が19年5月にオランダ人雇工師デ・レーケ（Joh de Rijke）に調査委託をしたが，神奈川県が，同年9月にイギリス人退役陸軍少将パーマー（H. S. Palmer）に調査・設計を委託した。この両案を検討したが，パーマーの案に修正を加えたものが採用された。工事予算200万円であったが，財源はアメリカ政府の好意で返還された，下関事件の賠償金が充当された。前掲「横浜港史総論」77頁参照，横浜港史刊行会『横浜港史各論』32頁，以下，前掲「横浜港市各論」。この賠償金78万5,000ドルは明治16年4月，日本政府に返還されたが，イギリスにおいて公債を購入し使途を考慮していたが，賠償金の使途はアメリカのみが指定していなかった。前掲「横浜港史各編」33頁参照。この還贈金の使途は「横浜港および神戸港の修築工事に使用することこそ適切であるという意見が外務省のコンセンサスとして固まっていた」（同前168頁），当時の浅田徳則外務省通商局長の提出した，「請議案」は東京港改良は計画が固まっておらず，実現に長期を要するし，東京築港となると，1,900万円の巨額が必要となるので，東京港は脱落した。横浜市『横浜市史第4巻上』883頁，以下，前掲「横浜市史Ⅳ上」。また横浜築港案も区域が広大で，費用も巨額であるとし

て消極的姿勢であったが,「横浜港と神戸港改良工事に使用することこそアメリカの好誼にふさわしいと提案した」(前掲「横浜港史各編」169頁)。おそらく大防波堤という築港事業より埠頭・施設建設を想定したのであろう。最終的決定は外務大臣預かりとなったが,21年2月に大隈重信が外務大臣に就任したが,かねてから神奈川県が請願していた横浜築港計画に関心をもっていたので,伊藤博文首相あて,21年4月23日,「横浜港改築ノ件議議」を提出した。「外交上の配慮を優先して,同年5月8日,黒田清隆首相(4月30日伊藤首相と交代)は,確固とした財源を得て政府自らの手で着工する横浜築港を決定し,東京港か横浜港かの論争は決着した」(同前169頁)のである。大隈外務大臣は,横浜港の未整備が,外交交渉での弱みとなるので,開港行政権の回復をめざす以上,「築港は官営であるのが望ましい。官営であればこそ,その維持費として港税徴収の名目も立つ。…それまでの貿易商と神奈川県,横浜税関との間で計画されていた民営築港ではなく,官営を目指す」(稲吉・前掲「海港の政治史」58頁)が,財源はアメリカの還贈金が利殖で2倍の124万となったのを,パーマーの横浜築港案160万円に充当し,大隈外務大臣が設計・財源・外交という視点から,強力に政府認可をとりつけ,神戸への分割は,考慮の対象外であった。還贈金に国庫財源が追加され,200万円の築港財源となり,全額国庫負担であった。この段階では神戸港は,論議の俎上にものっていないが,当時,神戸築港案は,兵庫県から政府に提出された痕跡はなく,もし神戸築港案を背景に,政府に強力に陳情していれば,横浜港・神戸港の港湾施設改良案になったかもしれない。神戸では中央の情報に疎かであったため,横浜が地の利をいかし還贈金を独占した。かえすがえすも悔やまれる失政である。

(3) マーシャルの築港案にもとづいて,時の神田孝平兵庫県令は,明治6年11月28日,大蔵省に上申しているが,「夏季に至り候得ば尚更風浪強く,波止幷に石垣等屡破壊し,年々度々取繕ひ御失費多数,漸次浅瀬を生じ行々莫大の御失費にも立至り,自然当港の盛衰にも相拘り」(前掲「神戸築港誌」5頁)と,未整備の損害を指摘している。

(4) ことに横浜港では「政府の雇入れた外国人技師によって,明治3年以来,たびたび築港計画が練られ,22年には日本ではじめて大規模に泊地を保護する防波堤の工事に着手し,29年に竣工」(前掲「開港百年史建設編」115頁)しており,神戸港に対する優位は,港湾整備でも決定的となりつつあった。

(5) 同前116頁参照。

(6) 大阪築港は,明治30年に決定され,神戸港より先行していた。築港事務所所長には,元大阪府知事・内務省土木局長・農商務省次官の西村捨三を,年俸6,000円という破格の高級を支給し,竣工後4万円を贈るなど,好条件でむかえている。前掲「大阪港史Ⅰ」251頁参照。築港計画予算は,国庫補助金187.2万円,雑収入198.7万円(浜地売却代),公債1,703.8万円,市税160.2万円の合計2,249.0万円である。同前259頁参照。注目すべきは,築港計画の議会通過に際して,陸軍用地10万坪の無償を提示している。同前246頁参照。大阪市は見返りではないが,市内国有地8万3,400坪(時価197万8,000円)を獲得している。大阪市港湾局『大阪築港100年上巻』51頁参照,以

下，前掲「大阪築港100年上」。さらに市営港として採算をとるため，浚渫土砂で約491.1万㎡の海面埋立を予定していたからである。前掲「大阪港史Ⅰ」257頁参照。もっとも実際の埋立地は46.2万坪で事業収支の悪化の要素となった。いずれにせよ市営港として整備してきたので，補助率は低いが，その財政的不利を埋立事業収益で補填する覚悟での築港であった。大阪港にとって，神戸築港は脅威であった。元大阪府知事で大阪港事務所長の西村捨三は，28年3月，商工会議所の築港運動決起大会で，「若し神戸市が大阪に先て港湾改築の事に着手せば，宛も横浜の築港が東京湾改築に妨害を与えたると一般の不利を招くに至らんも知る可らず」（前掲「大阪市史Ⅵ」459頁）と訴え，29年4月，「大阪築港取調に関する報告書」も，神戸港の輸出額の4分の1は，大阪港貿易にかかるもので，「大阪築港により其外国貿易を発達せしむるは，直に地方の殖産興業を進歩せしむる手段となり」（同前459頁）として大阪築港優先を主張している。このようなダンピング的な築港に「神戸からは当然反対の声がでていた。しかし，大阪市は巨額の工事費の多くを自ら負担する，将来の維持費も大阪市が負担するとしてでも大阪港整備は重要であった。またその背後圏との連絡を考えたら，神戸より大阪の方がずっと有利なことを主張し，着工にこぎつけた」（杉浦・前掲「明治の国土開発史」45頁）のであるが，当初から無理を承知の築港であった。

（7）前掲「商工会議所百年史」7頁。

神戸築港運動の台頭

　神戸は神戸築港運動をスタートさせたが，神戸の足並みは乱れ，方針の変更・地域の対立・主導性の欠如など混迷を深め，大規模か小規模か，東部中心か兵庫重視か，港湾荷役施設優先か防波堤拡充か，築港計画は迷走した。

　築港案が乱立し，政府へ提出した築港案の廃棄など，地域のまとまりの悪さが顕在化してしまった。

　この漂流する第1期築港計画事業実現への経過をみると，まず経済界が先行した。第1に，明治27（1894）年8月8日，神戸貿易商業倶楽部総会は，日清戦争前後の貨物増加に対応するため，港湾関連の鉄道・貨物輸送への改善委員会を設置しているが，港湾輸送への不満が大きく，神戸税関拡張が要望された。

　この運動は，同年10月末には，甲案（和田岬・小野浜）の大拡張案と乙案（川崎鉄道桟橋・小野浜）の中規模案がまとめられた。やがて「税関拡充にとどまらず築港問題にまで発展する必然性を示し」[1]ており，築港運動への口火をきった。その背景には神戸港の未整備による，測り知れないまでの経済損失があった。

第2に，神戸市市会は，明治28年1月，神戸市会に港湾調査委員会を設置し，29年4月25日，「兵庫港海岸改良計画の件」が可決され，大規模築港をめざした。同年5月15日，「築港ノ義ニ付意見書」を兵庫県に提出し，神戸港の荷役方式・施設不足を訴えていった。(2)市会は29年築港調査費2.1万円を可決し，同年10月28日，築港調査委員会を設置し，30年度調査費2.6万円を可決している。

　第3に，明治28年11月7日，神戸商業会議所総会は，神戸港拡張と税関修築費用の全部補助の建議を帝国議会に運動することを決定した。

　第9議会（明治28年12月28日〜29年3月28日）は，貴族・衆議院とも水道布設（1年6万円，5年合計30万円），波止場増設（16万1,468円），税関倉庫上屋等新設（2万807円）の総計48万円以上の補助を承認した。

　しかし，神戸港拡張工事約200〜300万円の補助は，認められなかったので，明治30年2月20日，神戸商業会議所は，神戸港修築期成同盟会を結成し，神戸港修築事業への実現をめざした。神戸経済界の神戸築港への熱意は，各地方の経済界が，営業税反対運動を懸命に展開している時期でも，国会や中央省庁への陳情を繰り返していた。ただ大阪築港は，30年3月には国会で計画案を承認されており，神戸築港の出遅れは歴然としていた。

　築港調査委員会は，明治30年2月に「築港調査事務所」を開設し，実地調査にかかり，31年1月に終了したので，兵庫県は政府と交渉をかさね，本格的築港への原案策定のため，技師沖野忠夫を神戸に派遣した。(3)

注
（1）前掲「市史歴史編Ⅳ」282頁。
（2）「築港ノ義ニ付意見書」は，「一般内外入港ノ船舶ニ搭載セル貨物ノ陸揚，船載共ニ悉ク艀船ニ依ラザルベカラズ。貴重ノ貨物ヲ損傷シ，時間ヲ消費スル税等，直間接ノ損害実ニ尠少ナラズン況ンヤ一朝風浪ノ変アラバ如何トモナス能ハス其不便不利実ニ名状スベカラズ」（前掲「市会史明治編」308頁）と，港湾荷役能力の小さい為の損失を訴えている。
（3）当時，神戸市は神戸築港計画を策定する，専門技師を雇用しておらず，内務省・兵庫県を通じて，専門技師として沖野技師が，内務省から派遣された。神戸築港は，実質的には沖野技師が，指導し原案が策定されたが，築港事業が大蔵省事業となり，事業化の指導がやりづらい面があったが，純粋の技術家であったのが幸いした。沖野技師は，兵庫県城崎郡の出身で，明治3年豊岡藩の貢進生に選ばれ大学南校へ入学し，9年にはフランス留学を命じられ，14年に帰朝している。内務技師として，各

府県の政府直轄事業の工事監督を担当している。その後，大阪で淀川改修工事・大坂築港にたずさわり，生涯の事業としていた。明治31年1月，神戸築港がおこると，神戸市から委嘱をうけて，神戸築港に長期にわたり従事する。ただ沖野案は，「兵庫方面の反対を押し切って東方への拡張を意図した点で，今日の摩耶埠頭や人工島などの源流とみてよかろう。それだけに先見の明はあったわけだ」（赤松・前掲「財界開拓者」494頁）といわれている。実務を担当したのは，兵庫県が招聘した，内務省技師吉本亀三郎で，兵庫県技師として採用し，神戸市が嘱託として給料を支給したのであろう。事務所は市役所内に明治30年2月に開設され，吉本ほか10数人の陣容であった。調査費は明治29年度2万7,100円，30年度2万5,976円，31年度1万9,887円，32年度6,587円で，32年3月に調査終了で解散している。なお沖野忠雄の人物像については，「神戸築港の建設」赤松・前掲「財界開拓者」485〜495頁参照。

築港案乱立と運動の混迷

　波乱ぶくみの築港案は，時系列でみると，多くの案が提出され錯綜し迷走した。第1に，明治31年10月，沖野案なる築港計画が提示された。小野浜地先に3本の突堤を建設し，その前面に防波堤を築造する案で，総工費1,575万円であった。沖野案は「工事をば先ず最大急務たる船舶荷役の便を計るに止め…防波堤の如きは将来の企画に譲ること」としたため，防波堤費170万円しかなく，松方案420万円，市会案802万円と比較して，船渠・埋立などの実施に重点をおいた。

　第2に，市会築港調査委員会案である。沖野案は，防波堤より荷役機能の拡充を重視し，施設は将来発展性のある，東部へ集中していた。

　しかし，防波堤より荷役設備を重視する築港案は，内務省サイドより大蔵省サイドの築港方針ともいえた。さらに荷役重視の築港案は，将来の発展性を見込み，東部重視となったので，そのため兵庫地区からの反発を誘発した。

　この沖野案に対する反応は，調査を実施した神戸港調査委員会は，「その設計が規模も小さく，市の一方に偏するため，将来全市の利便を期待することはむずかしい」との意見が圧倒的であった。湊川尻係船壁を加え，築港規模を拡大して，明治32年6月，市長に報告した。

　「神戸港調査委員会案」は，総工費2,220万円であったが，国庫補助金1,430万円と57.19％も見込んでいる。防波堤費802万円と多く，全額国庫負担であり，財源的には国費負担の比率は，見込みすぎであった。

第3に，松方幸次郎案である。行政サイドの案に対して，神戸実業協会を中心とした，7経済団体が，32年11月に松方幸次郎を委員長とする神戸築港案をまとめている。工期の短縮，工費の節減，たとえば鉄製桟橋の導入などであったが，それでも総工費2,050万円で，防波堤費420万円の20.5％となっている(7)。

　第4に，市会案である。沖野案・調査委員会案を提示された市会は，「海岸全部を包囲する第防波堤を築造する(8)」案をまとめる。明治33年11月21日，最終的に国庫補助金1,495万円，公債1,049万円，市税70万円の総計2,614万円の大規模工事を10年計画で竣功する案となった。工費費は膨張したが，補助金57.2％で，市税負担は2.7％に過ぎない，楽観的予測であった。この市会案は，内務・大蔵両大臣に提出されたが，不成立に終わっている(9)。

　神戸築港をめぐって，行政・民間団体を含めた多くの案について，異論続出し意見は，容易にまとまらなかった。神戸築港案は，葺合小野浜・高浜・湊川尻の3案がまとめられ，これら案を統合した5つの案が浮上してきた(10)。

　神戸市は33年10月，築港調査会を廃止し，築港準備委員会を設置し，打開策を模索していたが，坪野市長就任で，軌道修正を余儀なくされる(11)。

　第5に，明治34年服部知事が就任すると，このような神戸市の対応をみかねて，神戸築港の打開へと動きだす。「知事は港湾上の意見を有せしかば，市長坪野平太郎氏及市参事会等市当局者に接して，其意見を披陳し，築港の権に付ては一任せられ度旨懇談ありたり。依て市理事者は知事に托すること(12)」とした。

　その結果，神戸市は，明治35年6月14日，市会が「内務・大蔵両大臣ニ提出シタル稟請書ハ再調査スル廉アルニヨリ一時下戻ヲ請」という決議をし，築港問題を振り出しに戻してしまった。

　そのため築港方策が頓挫し，『神戸築港誌』は「明治29年5月，築港問題を提唱せし以来茲に7ヶ年，其間，間断なく鞅掌せしも，時利あらず，希望を将来に存して不成功の一段落を告げたり，此間経費を要せること約8万円なり(13)」と，無念さを滲ませた記述となっている(14)。

注
（1）前掲「市史本編総説」287頁。
（2）沖野技師の復命書によると，神戸港の暴風対策は，「本港に於て最も害するは独り

南風なりとす。然れどもその風力の恐るべく強大に達するは，夏秋両期暴風の際にして，其度数は年内多きも一・二回に過ぎずと云ふ。之を要するに本港は大型船舶に為め稍々完全なる泊地と云ふて可なり」（前掲「開港百年史建設編」123頁）として，大型船泊は，台風に対応できるので，小型船舶については「税関波止の如きものを拡大し，以て其の避難場となすは有益の事業なりと信ず」（前掲「神戸築港誌」123頁）としている。
（３）沖野案が東部開発に重点をおいたのは，「将来充分に広い泊地を求めることができる上，埋立地内の最も便利な場所に臨港鉄道の停車場の用地を求めうること，さらに将来の拡張のためにも今後大きくなると予想される船の吃水に対して，−9.0mの水深を得られやすい」（前掲「開港百年史建設編」126頁）などが理由であった。
（４）沖野案は神戸重視に傾斜していたので，「兵庫の側から苦情がでた。ただでさえ神戸の繁栄にとり残されるようになった土着の多い兵庫では，全く圏外に置き捨てられたような神戸中心の築港案に反対せざる」（赤松・前掲「財界開拓者」490頁）をえなかった。結果，湊川の含めた大神戸築港計画へと変貌していった。
（５）前掲「開港百年史建設編」129頁。（６）調査委員会案は，同前129〜141頁参照。（７）松方案は，同前131〜138参照。（８）前掲「市会史明治編」319頁参照。
（９）市会案については，前掲「開港百年史建設編」138〜141頁参照。
（10）前掲「市史歴史編Ⅳ」286頁参照，前掲「開港百年史建設編」123〜144頁参照。
（11）神戸築港は迷走していたが，「市が主体となって築港を進めていく体制が整いつつあった。ところが，1901年５月に坪野平太郎が神戸市長に就任したことにより，神戸築港問題は行き詰まってしまう。坪野は，社会資本整備より教育に熱心であり」（稲吉・前掲「海港の政治史」146・147頁），港湾はまったく関心がなかった。
（12）前掲「神戸築港誌」44・45頁。
（13）同前45頁。
（14）兵庫県服部知事の意図は，負担金負担から，築港申請を願下げすべきとの思惑であった。「神戸も行懸上彪大なる計画を決議したるものの到底其負担に堪えざるべく寧ろ小規模のものなりとも，横浜同様国費を以て行って貰った方が善いと云ふ意味で其運動を開始せんが為に（神戸）市に（神戸築港案の）願下げを勧告」（吉本亀三郎「築港の道草（下）−神戸築港側面史─」『港湾』1929年12月，29頁，内海孝「産業資本確立期における神戸築港問題」『神戸の歴史』第７号，昭和57年10月，３頁から引用，以下，内海・前掲「神戸築港問題」なお本稿は『郷土よこはま』91号・1981年９月からの転載である）を促したと推測されている。

築港案挫折と緊急施設整備

　神戸築港は，なかなか軌道に乗らないが，神戸港の荷役能力は劣悪そのもので，もはや一刻の猶予も許さない窮状にあった。一方，この間の政府の動きは，内務省は33年４月以降，独自に調査を進め，10月に沖野案と類似した築港案で，

大蔵省と交渉するが合意をみていない。

　第1に，窮状打開のため，経済界は貿易調査会を設置し，大築港問題は後日の課題として，応急対策として「神戸海陸運輸連絡鉄道」案の実現をめざした。

　市会は，明治33年3月に「市内東部に停車場を新設して以て税関の手続を簡捷にし，年々増加する滞貨を一掃して貿易上の不便を除去せしむこと」とし，政府に「海陸連絡鉄道工事」を申請し，35年2月，逓信省予算120万円が認可された。

　第2に，神戸港は東部へと発展していったので，東部の小野浜地区は鉄道との連絡がわるく，貨物増加に対応できなかったので，先にみたように住吉・三宮間に灘駅を新設し，鉄道を引き込み小野浜臨港鉄道を設置した。

　さらに同地区の整備のため3,600坪の埋立，海陸連絡鉄道・荷役場の建設をともなった。工事費120万円で，明治36年着工したが，日露戦争で中断し，40年7月に竣功している。この時，西に隣接する加納湾1万1,900㎡が埋め立てられた。鉄道院はさらに小野浜駅地先6万6,000㎡を埋立て，荷揚げ場を建設している。大正6年着工，同年10月竣工である。

　第3に，大蔵省は，税関による神戸港の機能拡充応急整備を進める一方で，大蔵省は，明治35年9月，開港設備調査委員会に，丹羽鋤彦技師の調査報告書を提出させ，桟橋増設をめざす，より本格的拡充事業を策定した。

　閣議決定をへて議会へ上程されたが，第19議会解散で議決がえられず，さらに日露戦争で一時中止のやむなきに至った。

　第4に，明治38年4月，神戸税関長は地元に神戸港整備の緊急措置を呼び掛け，運動を展開し，39年1月に，「神戸税関海陸運輸連絡設備工事計画」（事業費396万円，全額国庫負担）が認められ4月に着工した。

　小野浜波止場地先に片桟橋と桟橋1本を応急設備として設ける工事で，「築港問題が曙光を見出すこと」になった事業といわれている。

　事業化に尽力したのは，，服部知事で，先にみたように坪野市長から全面的に委任され，小規模でも確実な負担なしの神戸港改良を狙い，成功へこぎつけている。税関整備は緊急措置といっても，工事費396万円と巨額であり，神戸港改良に大きく貢献した。しかし，荷役施設拡充であり，防波堤工事はなく，本格

的築港が急がれた。⁽⁶⁾

　第5に，神戸市は運動をより強く展開するため，明治39年8月，「神戸築港委員会」を組織し，「横浜港が国営で修築された際，その3分の1の工費を負担した例にならい，神戸市もまた修築費の一部を負担してもよいと決議し，その実現が一日も早くなることを熱望した」⁽⁷⁾のである。

　しかし，政府直轄事業方式から，地元負担金方式への転換であり，莫大な市負担の口実を政府に与えることになるが，横浜港が先行している以上，早晩，神戸港への適用は避けられなかった。

注
（1）神戸港の荷役は，旧態依然たる艀方式で，「其積卸はすべて桟橋会社所有の1桟橋と1,500余隻の艀舟とに頼らざるべからずして不利不便名状すべからざるものあり」（前掲「市史本編総説」290頁）という窮状にあった。しかし，皮肉なことに日露戦争で，港湾整備ができないというが，「戦争開始以来，海外からの軍需品購入のため，輸入貨物は激増し，神戸税関構内は貨物が山積して甚だしい混乱ぶりとなった上，豪雨のため貨物が水濡れして大損害を蒙るような事態が発生した」（前掲「開港百年史建設編」145頁）という厄介な状況に陥っていた。
（2）前掲「市史本編総説」290頁。
（3）前掲「開港百年史建設編」100，766・767頁参照。前掲「市史本編各説」488頁参照。
（4）丹羽案は，「築港事業のような多額の工費を要するものは，一挙に膨大な設備の完成を企ててもできるものでなく，貿易の進展につれて漸進的に改善と拡張を計るべきもの」（前掲「開港百年史建設編」141頁）で，神戸市の大規模構想との対立する方式であった。
（5）同前145頁，前掲「神戸築港誌」46〜52頁参照。
（6）税関整備は，「あくまでも外国との貿易発展に対応する応急措置であり，規模も小さかった。工事の節約，工事期間の短縮に迫られての苦肉の策といえ，…神戸はそのプランに不満だった」（神戸新聞・『神戸市長・14人の決断』45頁，以下，前掲「14人の決断」45頁）が，地元神戸も中央政府も，神戸築港建設案か固まらず，混迷を深めていた。
（7）前掲「開港百年史建設編」145頁。

2　神戸築港の決定メカニズム

　神戸築港は，暗礁に乗り上げたままで，しかも明治37年10月に日露戦争が起

こり，築港どころではなくなった。しかし，皮肉にも日露戦争で神戸港荷役は激増し，港湾機能は麻痺状況に陥った。38年9月に日露戦争は終結するが，神戸築港の打開の道は，閉ざされたままであった。

　従来の官庁セクショナリズムに配慮した，陳情運動では展望はなく，多少の混乱と犠牲を覚悟で，遂行する求心力と推進力での打開が不可欠であった。ここに従来の内務省主導の築港から，大蔵省主導の貿易港重視の築港へと切りかえて，摩擦覚悟で強引に推進することになった。

水上市長の築港論

　明治38年9月，横浜税関長であった水上浩躬が，神戸市長の職につき，この事態を打開するため，強引であっても突破口を開いていった。

　神戸築港は，地域対立・計画規模・省庁セクショナリズム・負担財源などで，築港への運動は閉塞し，利害は錯綜し，前途暗澹たる状況にあったが，神戸市が再度，積極的築港へと舵を切った(1)。

　第1の打開策として，水上市長は，神戸市長就任後，明治39年6月に「神戸港の現状及改良策」という，82頁の小冊子を発表し，神戸築港の必要性を，港湾政策・公共経済学の視点から訴えていった。

　第1の注目すべき点は，「国港として政府の全力を注ぐべき大商港は，1若しくは2にして足れり。我国は現在の発達と地勢上とに鑑み，神戸及横浜2港を之に充つるを可とす」(2)と，重要港湾重視を主張している。

　その理由として，「神戸港は太平洋の中心に位し，世界交通の幹線に当たる」(3)と，交通の利点を指摘し，さらに「神戸は天与の良港」であるが，港湾施設はきわめて劣悪であり，改良は国営を原則とし，民活も活用しつつ改良を急ぐべしと訴えている(4)。

　第2の注目すべき点は，大阪港との関係については，神戸・大阪港の機能分担については，大阪港水深が28尺を限度とするため，「両港の貿易を比較すれば，大阪は清韓貿易を主とし，神戸は清韓以外の貿易を主とする」(5)のが，ベターな共存関係であると提唱している。

　貿易港神戸の利点として，「港湾の地形」「貿易機関」をあげ，神戸港の港湾

機能が優れていることから,神戸港の存在価値をみとめるべきである。ただ大阪港との共存共栄を図っていくのが最良の選択としている(6)。

さらに2港併存すると,一般的には,神戸港経由で,大阪への物資を輸送するのは,輸送コストからみて,不都合な運搬ルートであるとみなされているが,欧米との貿易船の利便・コストから,1ヵ所に集積するのがベストと主張している(7)。

ただ大阪港にかなり気遣いをしているが,明治30年に,大阪港は築港予算が決まっており,神戸築港に反対する理由もなかったが,大阪市は神戸港の経営能力・港湾適格性について,辛辣な批判を浴びせてきた(8)。

第3の注目すべき点は,マクロ費用分析から港湾施設不備のため,年間巨額の損失が発生しており,将来の貿易額増加で,損失はさらに倍加すると警鐘をならした。この試算は,決して大袈裟でなく,港湾埠頭未整備で,船舶の沖待ち,荷役の非効率・貨物の損傷など,直接的被害だけでも甚大であった(9)。

具体的には「神戸港設備の不良より生ずる損害」として,「時間上の損害」「金銭上の損害」(停船・荷役・車力失費など)で,荷役非効率の年間損害総額245万1,823円と推計している(10)。

台風被害による間接的営業損失を加算すると,損失額は直接損害額と同額にもなるのではないか。このことは港湾関連業者は,災害を10年に1回とすると,少なくとも受益者負担金として年間350万円程度を負担しても損はない勘定となる。

第4の注目すべき点は,この意見の周知を図るため「神戸ではミカド・ホテルに,新聞社,通信社の代表を招いて意見を交換し,東京では日本倶楽部に新聞社,通信社の代表を招いて協力を求めた(11)」ているが,神戸築港の宣伝効果を狙ったユニークな対応である。この論文の反響は,「全国の新聞,雑誌はこぞってこの冊子を取り上げ,水上の存在は一躍,全国的になった(12)」だけでなく,神戸築港は,一気に加速されていった。

注
(1) 神戸築港は「早くから市民の積極的関与がみられたにもかかわらず,市長・県知事のいずれももが消極的あるいは現実主義的であったために,税関による波止場整

備を実現するのみにとどまっていたのである。したがって，大蔵省がなすべきことは明白であった。坪野に代えて築港に積極的な人物を神戸市長にあて，兵庫県から再び築港の主導権を神戸市へと取り戻すことである。そして，それにふさわしい人物は，水上浩躬をおいて他にはいなかった。…水上の役割は，神戸港に必要とされる規模の築港工事を実現に移すことであった」（稲吉・前掲「海港の政治史」147・148頁）である。
（2）前掲「神戸築港誌」58頁。
（3）水上浩躬『神戸港の現状及改良策』9頁，以下，水上・前掲「神戸港改良策」。
（4）同前35頁。
（5）同前6頁参照
（6）神戸・大阪港の関係について，「東洋の大商港として，大阪の神戸に及ばざる………去れど神戸は大阪の出店たれば，神戸築港の利益を受くる者は神戸市のみに非ずして大阪も亦然れば，大阪にては，宜しく阪神両港を包括して一大貿易市港と為さん覚悟を以て，神戸港を自己の所有物の如く，自由に十分に之を利用する方，経済上得策なり」（前掲「神戸築港誌」62頁）と主張している。
（7）この点について，「工業地と港湾とは，必ずしも同一地点なる者に非ず。陸路運賃………水路運賃も亦…さらに低減せられる…重要輸出品は，産地の関係よりすれば，その大半は神戸に集まる方利する所あれば，運賃にのみ重きを措きて，大阪築港を主張し，神戸を排斥するべきに非らず」（同前60〜61頁）と反論している。
（8）大阪築港は明治30年に総額2,168万円が決定され，明治以来，市営港として整備されてきた実績があり，今更，国営港として支援する必要性はなくなっていた。しかし，大阪市サイドは必ずしもそうとは考えていなかった。大阪港補助をめぐる過程で発表された，森作太郎大阪市会議長の神戸港への反駁は痛烈なものであった。興味ある論点を列挙してみると，「そのころ神戸港は天恵に慣れすぎてか将来に備える用意を欠き，日清戦後さかんな貿易情勢に対処出来なかったため，しきりに応急施設を政府に嘆願したが，あまり顧みられなかった。この結果，競願の大阪港に国庫補助が許可され完成ともなれば港勢を奪われる恐れありとして攻撃の矢を大阪港に向けて来た」「神戸の築港工事は相当水深のある箇所で行われるから工費も巨額に上る。仮に大阪港より少額であるとしても竣工後の国家的使命は到底大阪に及ばない。また大阪と同一の補助を受けても完成まで資力が続くかどうかも甚だ疑わしい」「軍事輸送は神戸港が数等優るというが，これこそ事実を，転倒して鷺を烏とする妄言である」（前掲「大阪港史Ⅰ」248・249頁）など侮蔑にみちた批判である。なお「ここに注意すべきことは修正意見書に明示された陸軍用地10万坪の無償保留の一項が軍用の必要から議会通過のキメ手，起死回生のカギとなった点である」（同前246頁）と指摘している。しかし神戸港にとっては不幸なことは，東京・横浜港の関係と比較して，大阪港がなりふりかわわず，築港を大阪の存亡と考えて，拡充方針をとり続けていたことである。
（9）一般的荷役非効率だけでなく，防波堤なきための台風被害・艀荷役による貨物損害などを加算すれば，損害はさらに膨らむ。この公共経済学的発想による費用効果

分析は，説得性にとむものであった。この効果は，神戸市民より，直接的に船舶・倉庫・荷主などに及ぶのであり，特別負担を求めるべき性質の工事であった。
(10) 水上・前掲「神戸港ノ現状及改良策」47〜55頁参照。具体的には「時間上の損害」は，推艀荷役所要時間3時間半，桟橋荷役所要時間45分で，後者の節約時間は8割となる。明治37年の実績では，桟橋荷役では2日の停泊ですみ，艀荷役では5日を要している。桟橋荷役の損失は，その取扱トン数・停泊日数の3日ロスがあり，161万2,030円，荷役失費（艀方式と桟橋方式の差）57万8,263円，車力費（臨海鉄道引込効果）26万1,528円の合計245万1,823円と積算している。（水上・前掲「神戸港改良策」47頁）
(11) 前掲「開港百年史建設編」146頁。
(12) 神戸新聞・前掲「14人の決断」44頁。

阪谷大蔵大臣案と築港決定

　第2の打開策は，阪谷芳郎大蔵大臣の築港案発表である。水上市長は，応急措置では後世に悔を残すとして，政府に強く働きかけた。明治39年9月16日，阪谷芳郎大蔵大臣が来神し，神戸築港へ大規模計画を発表するが，港湾法人化の考えがあった。神戸市の予想を上回る規模で，全工事費3,007万円，追加防波堤工事費178万円を入れると3,185万円であった。

　総工事費3,000万円を超えたので，地元負担金も約900万円と膨らんだが，地元マスコミは，楽観的であり肯定的であった。神戸築港の決定という，熱気に酔い，財政負担は忘却の彼方に消え去ってしまった。

　阪谷芳郎大蔵大臣の築港案は，閣議決定なき大蔵省案の発表であり，官庁ルールからみても一種の勇み足で，内務省・大阪市などの反発をかった。大阪湾に大阪・神戸両港があるため，早晩，機能分担すべきであったが，大阪港が独断先行したため，神戸港の焦りが招いた結果でもあった。

　大阪マスコミの反応は，都市全体の経済振興で活路をみいだし，神戸港との共存・競争関係を，持続すれば問題なしとの基調であった。

　ひるがえってみるに大阪港は，市営港として明治30年に国庫補助金を受けており，国営港となると，既存の港湾施設の政府への移管など，明治以来の港湾運営を，廃棄せざるをえない面倒な課題が浮上してくるハンデがあった。

　それでも大阪の激しい神戸築港への反対を憂慮して，兵庫県・神戸市は，共同歩調で井上侯に働きかけ，経済界も一体となって緩和に努めている。

第3の打開策として，中央における中央省庁間の合意形成である。大蔵省サイドで決定されても，内務省との交渉が残されていた。しかし，阪谷芳郎大蔵大臣と原敬内務大臣との調整がすみ，大蔵省主導型で神戸築港は進み，明治39年12月11日，内務省港湾調査会の承認を得て，翌年2月，修築予算1,310万円も帝国議会を通過し，ここに神戸築港計画が，実施されることになった。(5)

　第1期神戸港修築工事（表33参照）は，明治40年に国会を通過し，40年9月，起工式も行われた。

　第1期築港工事は，総工事費1,710万円（内神戸市負担額437万円）で，8ヵ年計画でスタートされたが，政府財政の都合で総工事費1,509万円（内神戸市負担額367万円）になり，工期も明治39年より大正10年までの16ヵ年継続事業となった。

表33　神戸港第1期修築工事（外国貿易設備）

種　別	摘　　　要	種　別	摘　　　　　要
防波堤	延長（東防波堤）1,149m	物揚場	総延長545m
埋立面積	274,094㎡	上　屋	18棟　53,028m
浚渫面積	1,174,805㎡	鉄　道	（1,013錨）20,378m
突　堤	第1～第3，第4突堤西側半面	舗　装	63,710㎡
係船岸壁	総延長2,895m	起重機	27台（電気稼働式21，蒸気可動式1，手捲定置式5）

資料　神戸開港百年史編集委員会編『神戸開港百年史・建設編』334頁。
出典　神戸市『新修神戸市史；歴史編Ⅳ近代・現代』486頁。

図12　神戸港整備状況（大正12年）

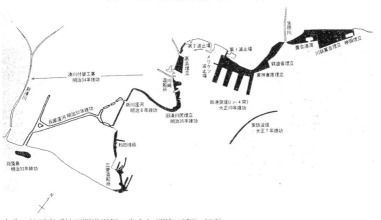

出典　神戸市『神戸開港百年の歩み』（昭和42年）23頁。

第 1 期築港計画の手ごろな図面がないので，大正12年の神戸港整備状況図（図12参照）をみると，第 1 期事業は東防波堤と第 1 〜 4 突堤だけで，意外とシンプルであるが，規模は従来の第 1 波止場などと比較すると，格段にスケールの大きな埠頭である。

注
（1）興味あるのは阪谷芳郎大蔵大臣は，「経営についても充分収支償うものであるから，国や市が手を付けなくとても，公共利用の方法をとる会社組織を作って経営すれば充分にやっていける」（前掲「開港百年史建設編」152頁）と提唱しているが，いわゆるポート・オーソリティの構想である。実際，明治38年，大蔵省は横浜港設備法案を準備していたが，「海港の法人化」を想定したものであり，39年には横浜・神戸港を法人化する「港制法案」を起草しているが，「海港行政を一元化し，独立会計による海港運営を目指した」（稲吉・前掲「海港の政治史」149頁）のであった。また水上市長も，貿易港など主要港湾では「国営主義に拘泥して全く他の容喙を許さざえうときは却って港湾改良を遅滞せしむるの恐れなきに非ざるを以て，国営を原則として之に悖ざる限り私人の一部の経営を許容するは素より機宜の処置たり」（前掲「神戸港改良策」6 頁）とのべ，石炭などの専用埠頭は私人経営でも差支えないとしている。神戸港にあっても，神戸市は桟橋・倉庫・埋立など，収益性のある事業は経営し，市財政の財源という経営戦略も十分に考えられるのである。
（2）当時の心境は，「この機を逃せば悔いを千載に残すことになる上，市財政の実績からみても，工費を負担する能力は十分にあるとする意見が大勢を制し，横浜の例にならい，既定予算を除き，その 3 分の 1 すなわち900万円を負担することを決議し，その旨大蔵省に申し出た」（前掲「開港百年史建設編」155頁）と，築港決定が優先し，財源負担は後回しであった。
（3）神戸新聞（明治39年 9 月29日）は「昨日の市会を見よ，僅か30秒時にして900万円の分担を可決せり。是れ決して市会議員の軽率にも非ず，別に逆上したるが故にも非ず，只機運熟せしなり」（前掲「神戸築港誌」176頁）といい，「神戸市民が之を負担するに於て，決して難事に非ざるなり。殊に蔵相の計算によれば，6 分 4 厘の利益を得べしと云へば，此計算にして誤なき以上，市は結局之によりて一個の財源を得るものと見て可ならん」（同前176頁）と，いずれも築港負担を問題としていない。また「神戸又新日報」は，負担金は「頗る巨額なるが如しと雖も，之を 8 箇年に分割せば 1 年僅に百万余円にして決して驚くに足らず。況や30箇年後を期し，元資を償還し終れば，市の一大財源と為すべしと謂ふに於てをや」（同前177頁）と，むしろ憂慮すべきは「明年度は戦後経営予算の大計画あれば，緩急宜しきを制する為め如何なる都合にて後回にさるるやも測り難し。…築港予算案をして…成立するように努むべきは実は神戸市民の任務なり」（同前177頁）と，負担より予算の流産を恐れている。
（4）この点について，「大阪朝日」は「聞く大阪市長は大蔵大臣の演説を聞き，大阪市が踏付けらたり言へりと。余輩は我が大阪市を以て毫も踏付けらたりとせず，大阪

市は其築港を国港となさざるも，猶他に飛躍発揚の途頗多し，此一事を以て驟かに落胆するを要せず」(同前152・153頁)，また「大阪毎日」は，大阪港は「工業の大市場が，其玄関として整備せる港湾を有するは，実に必要欠くべからざることにして，如何に神戸が世界的に発達すればとて，之のみにて満足し得べきに非ず，大阪は大阪として特有の港湾を有せざれば，繁栄発達上の必要を充す能はざるや明かなり。故に神戸と大阪との両築港は決して両立せざるものに非ず」(同前155・156頁)と，大阪港は独自の港湾発展をめざすべきとしている。

(5) この間の大蔵・内務省の交渉は，若槻礼次郎『明治・大正・昭和政界秘史』(94〜97頁)に紹介されているが，興味あるいきさつであるので，長文であるが引用してみる。港湾行政は，内務省の所管であるが，税関行政の関係から，横浜港をすでに大蔵省でやっていたから，神戸港もということになった。原内務大臣との交渉は，一筋縄ではいかなかった。まず神戸の負担金問題で，「国庫から出す金には限りがある。そう大きな予算は出せないから，神戸からも金を出させ，これで神戸の築港をやろう。その代わり，税関の収入のうちから配当する。神戸の出した金に利息をつけて返すということで，坂谷大蔵大臣と，次官の私と，水上という神戸の市長との間に話がまとまった。しかし神戸の方では，本当に政府が利益を配当してくれるのだろうかという疑いを持っては，金が集まらないから，法律でこれを決めてもらいたい。議会に法律案を出し，法律できめれば政府が違約することはないから，安心して金をだすというので，…大蔵省で法律案を作った」(若槻礼次郎・講談社学術文庫『明治・大正・昭和政界秘史』95・96頁，講談社，昭和58(1983)年)が，そのため内務省はますますつむじを曲げることになった。しかし，閣議で内務大臣が賛成しないと法律はまとまらない。そのためどうしても原内務大臣の同意が必要で，若槻大蔵次官が，原内務大臣との交渉となった。「神戸の話を切り出すと，すこぶる御機嫌が悪い。神戸の築港とはいわず大蔵省が，税関工事をやるというのだから表面からは反対は出来ない。だから『法律はいらない』の一点張りだ。法律でやれば神戸の市民が安心して金を出すことになっているんだと話しても，神戸から金を出させるなどということが第一気に入らんのだから話にならない。いよいよ原から法律はいかんが，大蔵省が省令を出して，それでやればいいじゃないかといいだした。『法律』と『省令』でまたもみ合ったが，いくら議論をしてもまとまらなければなんにもならない。結局神戸の築港が出来さえすればいいのだから，内務省が既に省令でいいといって，そのことを承知し，議会で有力な原内務大臣が法律をつくらなくともいいという以上は，もうこれ以上議論の余地もないので『よろしい，それでは省令でやろう』と話を決め，神戸税関の工事は大蔵省がやることに内務省が同意したことになった」(同前96・97頁)となった。なお港湾収益配当金を法律で，はっきりと決めていなかったので，明治・大正と配当システムは空手形となり，神戸市は塗炭の苦しみを味わう。

港湾経営重視の大蔵省構想

　神戸築港が，やっと決定されたが，大蔵省主導であり，港湾整備一元化をめ

をめざす,内務省との間で,紛糾の種を残したが,そこには貿易港整備をめぐる,大蔵・内務省の根本的対立があった。

　第1に,内務省サイドの建設整備先行・地域開発傾斜の港湾投資より,大蔵省サイドは港湾機能重視・施設経営優先の港湾整備を,独立採算制で実施する港湾法人化(Port authority)が,貿易港ではより実効性のある施策であると想定していた。

　港湾は多様・多彩な性格を持っており,国際競争が激化してくると,港湾は整備より経営が重要となる。国際港湾は大蔵省,地方港湾は内務省という棲みわけも,選択肢としてあえりた。現実に農林省は漁港を管理している。しかも内務省は港湾経営について,明確な方針を形成していない。⁽¹⁾

　第2に,大蔵省は,国際的な海運競争に勝つには,特定重要港湾の優先的整備をめざしていた。その特徴は,港湾の収益化による,港湾運営形態の企業方式化であった。⁽²⁾港湾での防波堤は非収益施設として国庫補助事業とすると,港湾荷役施設は収益性があり,法人化は可能であった。⁽³⁾

　港湾は道路・河川と異なり,受益者が明確であり,しかも収益施設であり,鉄道と同様に独立採算制で,建設・運用していってもおかしくない。⁽⁴⁾実際,特定財源は,予想以上に豊富で,国税の関税,入港税・埋立賦課金,施設利用料など,受益者負担システムで十分に整備費はまかなえる。⁽⁵⁾

　第3に,横浜・神戸築港が,本格化するにつれ,国庫・都市自治体の負担が増大するのを,回避するため,大蔵省は,横浜・神戸港を法人化する「港制法案」を起草している。財源を港湾関連施設からの使用料など広くもとめ,独立採算制で処理し,運営は大蔵省のもとに一元化する「海港法人化構想」であった。⁽⁶⁾

　港湾関連事業者が,施設のただ乗り(free rider)をする弊害を淘汰でき,負担公平の原則にもかなうシステムである。国庫負担の軽減をめざす大蔵省にとっては,好都合なシステムで,国策としても国際貿易港を,重点的に優先整備する「大港集中主義」であった。

　第4に,収益主義による港湾整備は,経済力・財政力がある港湾が優位であることはない。若松港などは私営港であり,地域の特性・条件で,港湾の競争

関係のもとで発展している。(7)

　港湾整備が，市場メカニズムで決定されると，港湾施設の無駄が，発生する可能性は少なくなり，補助金行政の弊害を除去できる。

注
（１）内務省は土木行政全体を所管しており，「内務省土木局は防波堤や浚渫などの水利土木を重視しており，それゆえ海港を『経営』するという発想には至らなかった。…しかし内務省土木局にとって優先度が高いのは，やはり河川行政であり，海港行政に関しては暫定的な法整備しかなされなかった」（稲吉・前掲「海港の政治史」154頁）が，利権行政拡大から港湾行政への主導性を強めていった。
（２）税関行政の視点からみて「防波堤建設や浚渫などの水面の整備よりも，倉庫や上屋及び埋立地造成などの陸上施設の整備を重視していた点にある。船舶の入港料に加えて，倉庫・上屋等の陸上施設使用料から得られる収入を財源として海港修築を進め…海港行政の統一を目指した」（同前154頁）のである。
（３）若松港は，埋立地を収益財源として私営港として運営されている。民間の利権的埋立を阻止するためにも事業化が望ましい。同前124頁参照。明治22年，広島県宇品港は，海面埋立地売却収益で補塡している。さらに門司築港は，明治31年，門司築港会社によって建設完了をみている。もっとも両港は海面埋立が目的であり，技術・経費の面からみて，本格的築港は第１次横浜築港を待たなければならない。同前39～43頁参照。
（４）公共施設の自己負担方式としては，明治４年太政官布告648号の「道路橋梁河川港湾等通行銭徴収の件」であるが，「私人を対象としたものであり，道路・港湾のごとき交通施設を造成した者は，投下資本回収のため，利用者から利用の対価を徴収することを許す」（前掲「横浜市史Ⅳ上」866頁）との意図であった。国費投入の節減を目論んだ措置であった。要するに財源不足に悩む政府が，民間の開発意欲を刺激する政策であった。なお港湾法人化・独立採算制の法制及び整備方式は，明治４年太政官布告648号と同類の発想といえる。同前865～874頁参照。
（５）日本の港湾が独立採算制のポートオーソリティーとなりえないとの批判もある。第１に，港湾の歴史が浅く資産蓄積がない。第２に，港湾が多すぎる。第３に，防波堤建設・維持費が高く，そのため使用料を抑制しなければならないといったハンデがあるといわれている。住田・前掲「港湾行政論」79～72頁参照。しかし，横浜・神戸港など貿易港は，防波堤を国庫補助で整備すれば，独立採算制の運営は可能であったが，伝統的な公共施設の国家管理主義から，ポート・オーソリティーの芽を摘み取ってしまった。
（６）稲吉・前掲「海港の政治史」148～152頁参照。
（７）受益者負担方式でも港湾整備は，東京・大阪市といった財政力のあるところが，必ずしも有利とはいえない。地理的条件もあり，港湾機能の集積といった，さまざまな要素で競争関係にある。大阪市は，明治30～40年度で市費約1,958万円を投入しているが，神戸港は築港事業開始前で，整備費はほとんど投入されていないが，貿易

額は大阪港の数倍あった。補助方式では，東京・横浜港，大阪・神戸港といった，近距離に2つの港湾が立地した場合に厄介な問題が浮上しているが，「江戸や大阪には，本格的な海港建設のためには大規模な浚渫や防波堤建設を行わなければならない」(同前18頁)という特殊事情があったので，神戸・横浜港は，地の利を活かし，貿易港として成長していった。また大阪港は，それでも港湾の地域経済振興という，経済効果を信奉し，市営港として建設されていき，若松港などは私営港として，独立採算制で建設・運営されていった。

内務省の港湾一元化策

港湾整備の独立採算制という構想は，中央省庁のセクショナリズムによる，内務省の港湾整備一元化による巻き返しで，次第に崩壊していった。神戸市は，港湾行政が流動的な状況のもで，内務・大蔵省方式のいずれを，選択するかの余裕はなかった。

当初，神戸市は，内務省ルートで，沖野技師を招へいして，築港案を策定していたが，地域対立が表面化して，築港計画は暗礁に乗り上げた。

第1に，注目されるのは，服部知事の動きで，大蔵省主導の築港に対して，内務省主導の築港の復権を画策していった(1)。たまたま坪野市長が，港湾行政に無関心であったので，服部知事が主導性を発揮したが，小規模築港・全額国庫負担という改修案には，財界・地域は不満であった。

第2に，坪野市長の後任に，水上市長が就任すると，元老井上馨と親しいこともあって，「井上馨－水上－阪谷次官という大蔵省ラインの成立は，いずれも積極的築港論者であったことから，神戸築港の実現に有利であった(2)」ので，大蔵省ルートが台頭していった。

神戸築港が，大蔵省ルートで決着するが，「恐らく，この時点にあって水上市長－阪谷蔵相の大蔵路線に対して，服部知事－原内相の内務省路線の確執が始まった(3)」と推測されている(4)。

第3に，水上市長の独断的な中央省庁への働きかけ，阪谷大臣の閣議決定なき築港案の発表，これらの一連の行動が，内務省・大阪市・兵庫県の心証を害するなど，神戸築港をめぐる政治・行政環境は著しく悪化し，水上市長は後始末に忙殺された(5)。

内務省は，大蔵省主導の港湾整備への警戒感と嫌悪感から，明治39年4月，「港湾調査会」（会長原敬内相）を舞台に，神戸築港事業への巻き返しを強める。

　第1に，服部知事は，内務大臣の指示をうけ，水上市長・港湾委員に対して，「内務大臣ヨリ神戸市カ3分ノ1ヲ負担スルニ就テハ早速其財源及収支計算書・募集方法等ニ就テ明確ニ取調ヘ市会ノ議決ヲ経テ稟請スヘシトノ命令アリ」と厳命している。

　内務省は，神戸築港事業についても，県経由方式を意図的に順守させ，従来の稟議書は横浜築港の場合「大蔵大臣」宛だけであったが，神戸築港では「内務大臣及大蔵大臣」宛とした。大蔵省主導の築港行政に楔を，打ち込んだのである。

　第2に，大蔵省・内務省の主導権争いは，内務省にとって，府県経由方式という伝統的方式の回帰となり，事業の当事者である神戸市長より，兵庫県知事をより重視するシステムを復活させた。

　第3に，内務省は，港湾一元化のため政党と連携で，港湾を施設経営より，施設整備の視点からとらえ，しかも補助金を政党拡張の手段として利用していった。このような施設重視の補助金行政で，港湾への受益者負担，港湾施設の効率的運営，港湾運営のポート・オーソリティ化は進まず，施設整備のみが先行すると，地元負担，ことに市財政負担だけが肥大化していった。

　第4に，内務省は明治33年6月，港湾調査会を創設し，港湾一元化をめざしたが，36年3月に廃止されたが，40年6月に再設置された。全国的な港湾整備方針として，同年10月に「重要港湾ノ選定及ビ施設ノ方針」が決議され，いわゆる第1種港湾・第2種港湾が指定され，神戸・横浜港などは，第1種港湾で国が管理・経営し，費用を地方に負担させる。

　東京・大阪港は第2種港湾で，地方が管理・経営し，国が補助する。その他の港湾は，地方の独力で建設・管理するとされた。

　そして神戸・横浜港における大蔵省主導の港湾整備は，大正7年10月30日の閣議決定で，内務省に統合された。したがって神戸港の第2期築港事業は，内務省へ移管され，港湾建設の一元化という，長年の懸案が解決をみたが，営造物管理の施設整備だけで，港湾運営の経営システムが，形成されることはなかっ

た。⁽⁹⁾

　事業促進のため，大正8年4月1日，神戸土木出張所が開設された。ただ港湾整備の補助金行政が，内務省所管となっても，港湾修築行政と港湾管理行政があり，管理行政は依然として多くの中央省庁の共管事項であった。

　要するに港湾管理の税関時代が終わったのでなく，昭和18年11月，運輸通信省の発足まで続くのである。⁽¹⁰⁾

注
（1）藩閥土壌が残る状況で，「服部知事（長州出身）が神戸市側の築港運動を押えつつも，みずから積極的に政府当局（桂＝長州内閣）に築港実現を働きかけたのは…服部知事の積極的な築港姿勢は同郷である桂首相との，親近性のみに由来するのでなく，自らの主導で神戸築港を国費で実現させようという意気込みから」（内海・前掲「神戸築港問題」4・5頁）といわれているが，内務省主導の港湾行政への地ならしであった。
（2）同前11頁。（3）同前25頁。
（4）実際，水上市長は「兵庫県知事や地元選出代議士のパイプをほとんど使っていない。それは，彼自身が大蔵大臣阪谷との太いパイプがあったため，上京した水上は大蔵の線を押し続けた。それを『地元無視』と受け止める声もあり，時に県知事との中などがぎくしゃくしたとの話もあったが，築港のプランは着実に前進した」（神戸新聞・前掲「14人の決断」45頁）ことは否定できないが，地元にはしこりが残された。
（5）この間の行為について「水上市長はただちに東京へ飛び，夫人の親代わりであった元老井上馨をかつぎ出し，まず大阪とのしこりを取り除いた。県も改めて協力，築港案の閣議付議に成功したが，戦後の財政困難で閣議はまとまらない。とくに"蔵相放言"で内務省のごきげんがすこぶる悪い。桂首相らにお百度を踏み，ようやく予算獲得に成功した」（読売新聞・前掲「神戸開港百年」325頁）が，水上市長の苦悩は察するに余りあった。
（6）内海・前掲「神戸築港問題」25頁。
（7）原内務大臣が神戸築港問題に介入した背景は，「港湾修築を中心とした港湾問題の解決を大蔵省でなく正統派である内務省がリードしていこうとする政治政策レベルの問題があった。なぜなら港湾修築という局地的地域利害は鉄道敷設問題と並んで，当時の政党にとって」（同前27頁），党勢拡大のかけがえのない，魅力的手段であったからである。
（8）実際，「この時期に実現した築港事業には，恣意的な国庫補助がなされ…そこに政党政治家が目をつけるのはさけられない…星亨・原敬など，…海港修築・航路誘致要求を党勢拡張へと結びつけようと試みるのである」（稲吉・前掲「海港の政治史」155頁）と，露骨な行政への政党介入が憂慮されている。
（9）港湾建設の内務省移管の経過・細目については，前掲「開港百年史・建設編」336

〜341頁参照。なお港湾行政の系譜については，前掲「横浜港史各編」37〜41頁参照。
（10）神戸港は明治40年官制化された「重要港湾の選定及び施設の方針」に従って，第
　　1種重要港湾に指定され，いわゆる「国ニ於テ経営スル港」となったが，大正7年
　　10月「港湾経営ヲ内務省ニ於テ統一施行スルノ件」が閣議決定した後も，「港湾経営」
　　というのは「港湾の開発発展を図ること」という意味で，神戸港についていえば，防
　　波堤，岸壁，航路しゅんせつ等の港湾建設工事のみが内務省に統一され，これらの
　　維持補修および陸上施設の築造維持は税関が施行し，更にでき上った施設はすべて
　　税関に移管し，税関が管理運営するという税関行政優先の時代が続いたのである。し
　　かし，昭和18年，運輸通信省の発足によって，内務省の港湾建設，大蔵省の税関施
　　設も海運局に統合され，国有港湾施設の修築，管理，経営と，地方港湾の監督助成
　　が一大臣の所管となり，大正7年以来懸案となっていた港湾の一元的行政がここに
　　完成したのである。なお神戸市が港湾管理者となるのは，戦後，昭和25年5月2日，
　　港湾法が制定され，兵庫県との協議が成立した26年3月31日である。神戸市港湾総
　　局『神戸港概説』（昭和36年）27頁参照。

3　直轄事業負担金と港湾収益配当金

　神戸築港が，採択されたが，巨額の直轄事業負担については，多くの疑問と不満があった。基本的になぜ国営港である神戸港整備に，神戸市が，巨額の直轄事業負担金を，賦課されなければならないのかである。
　神戸築港は，大蔵省主導で決定されたが，その主張するポート・オーソリティー（Port authority）方式に沿った，港湾法人化・収益化として，港湾収益施設配当交付金が導入された。しかし，配当金方式は機能不全で，交付金は交付されなかった。結果として，国庫負担3分の2という高率負担であったが，実質的には内務省補助金方式と同じで，地元地方団体への負担転嫁という，国庫の悪しき通弊が罷り通った。

港湾整備の利益・負担配分

　港湾整備の費用負担・効果分析からみて，直轄事業負担方式はどうみても，不合理なシステムであった。第1に，負担区分の設定は，神戸港をみても外国貿易施設は国費3・市費1で，国内貿易施設は国費1・市費2で制度化されたが，線引きは曖昧であった。倉庫・物揚場などは民営で，海面埋立事業への受

益者負担は適用されず，民営企業の私的独占利益は吸収されなかった。

　第2に，港湾整備一元化のもとに，第1種重要港湾であるから，財政支援で優遇されたとしても，本来，国営港であり，国家経済のメリットが大きく，地方団体が負担する，合理的根拠は乏しいのである(1)。

　第3に，国庫補助金方式は，全額国庫負担から地元補助裏負担へと変貌していった。実際，野蒜・小樽・釧路・横浜港第1期築港事業は，全額国庫負担が事業化されていたが，次第に崩壊していった(2)。港湾に限らず河川でも，政府直轄事業負担金は広がっていった。

　しかし，港湾は収益施設であり，しかも国営港である横浜港・神戸港の地元負担を求めるのは困難な課題と，憂慮されてきた。しかし，横浜港第2期築港事業の実施を，政府に認めさせるため，横浜市は明治38年9月19日自己負担方式をみずから申し出たが，今少し慎重に対応すべきであった(3)。

　政府は，横浜市の負担を確実にするため，港湾関連事業者への受益者負担より，港湾施設収益の配当金還付方式（明治39年2月7日・大蔵省命令書）という懐柔策を考案した。

　第4に，港湾施設整備が先行したが，港湾運営の法制は，大きく遅れた。政府の法制は，河川法（明治29年），運河法（大正2年），道路法（大正8年）と制定されたが，港湾法は昭和25年であった。「その間の港湾の管理は，断片的な法令と通達によって処理され」(4)，経営方式は，確立されていなかった。

　このような状況のもとで，港湾行政の一元化は不可能で，港湾行政の複雑性・収益性を考えると，施設整備という単一目的の一元化はできても，運営総合化はできない。さりとて戦前，地元自治体が港湾管理者となり，総合調整機能を発揮する，システム形成は不可能であった(5)。

注
（1）明治期における港湾整備の費用負担については，寺谷武明『日本港湾史論序説』1～6頁参照，以下，寺谷・前掲「港湾史論」。港湾事業への政府補助については，大蔵省主計局『国費と地方との関係』（昭和2年版）27～51頁参照。
（2）明治期の港湾整備の負担については，寺谷・前掲「港湾史論」6・16頁参照。なお政府直轄事業負担金の系譜については，高寄昇三『昭和地方財政史第2巻』168～172頁，以下，高寄・前掲「昭和地方財政史Ⅱ」。

（3）横浜市の稟請文は、「此工事施設ノ進行ヲ速カナラシメンガ為メニハ、横浜市ハ市費ヲ以テ工費ノ一部ヲ負担スルモ、鋭意之ガ経営ニ当ラントスル……工事費予算額ノ3分ノ1ハ本市ノ出費ヲ以テ之ニ充テ」（前掲「横浜港史総論」80頁）と市会で議決し、工事早期施工を要望している。ただ港湾が収益施設ので、「工事竣成後其営造物ノ使用ヨリ生ズル一切ノ料金ハ、政府ト市トノ出資額ニ比例シテ分配セラルベキコト」（前掲「横浜港史総論」81頁）と、利益の還付をもとめている。
（4）前掲「横浜市史Ⅳ上」866頁。
（5）稲吉・前掲「海港の政治史」6～7頁参照。

負担金割合と年賦年度割調整

　神戸築港は、技術・設計上の難問もあったが、最大の課題は負担金であった。わずかに港湾施設の収益配当金交付が、大蔵省の港湾経営主義を反映するシステムであったが、少なくとも明治・大正前期は稼働しなかった。

　さらに直轄事業の負担金前倒し方式・配当金補填の機能不全・負担金納入の借入金利子負担など、名目負担金の2倍以上の実質負担という、想定外負担となったが、神戸市は借入金・築港債で資金を調達し、利子負担増などに無頓着で、ひたすら負担金を払い続けた。

　第1の課題は、負担金の割合である。第1に、直轄事業第1期事業費（明39～大10）は当初、事業費1,710万円、国費1,273万円、市費437万円で、25.56％負担、約4分の1負担であった。神戸市の要望は、防波堤費を除外した、3分の1負担であった。

　なぜ4分の1負担かの根拠はない、42年度租税ベースでは、神戸市内国税190.2万円・市税国税付加税38.2万円の比率は、国税83.27％、市税16.73％で、国税の6分の1となる。神戸港貿易比率からみた、関税1,347.6万円（神戸港分）を算入すると、50分の1以下でよく、4分の1負担でも高率負担である。

　第2に、神戸市財政力からみても、少なくとも10分の1以下でなければならない。市負担437万円は、明治40年度市税42.2万円（県費負担27.8万円差引）の10.36倍であり、40年度神戸市歳出250万円の1.75倍からみて、苛酷ともいえる負担額であったが、横浜港の先例・大阪港との競合などから、地元負担方式の受諾が最適の選択とせまられた。

　神戸市は、予算編成の切迫した状況で、4分の1負担を求められたが、もし

反対すれば，築港計画流産のおそれもあり，選択の余地はなかった(4)。負担を命じる政府は，まさに無理強いを神戸市に求めた(5)。

　第2の課題は，負担金の支払年次・額である。第1期築港事業の工事は，明治40年から大正10年の15年計画で行われたが，極論すれば負担金納入を15年分割か，初年度に多く，後年度に少なくする傾斜配分方式か，またその逆かである。実際は7年分割，しかも前倒しであった。

　第1に，負担金（表34参照）は，明治40年4月1日の大蔵省命令書で，明治40年度100万円，41年度100万円以下，46年度まで437万円を支払うことが決定した。しかし，負担金前倒し方式となったのは，40年度予算をめぐって，軍部と政府が対立し，約100万円を政府が譲歩し「『新計画』である神戸築港計画案がその減額有力候補であることは言ふを俟たない(6)」状況で，政府内部の都合で前倒しとなった。

　結局，全体事業規模は，縮小することなく，追加国庫支出額は繰り延べ，神戸市負担分は前倒しで処理されていった。軍部の要求におされて，中央財政負担を地方財政へ，負担転嫁する最悪のシナリオとなり，41年度分も，神戸市は

表34　神戸築港負担金年次調整額推計　　　　　　　　　（単位；千円）

区分	当初			年度割修正			工事実績負担方式			
	負担額	金利	合計	負担額	金利	合計	工事費	負担額A	金利B	A＋B
明39	—	—	—	—	—	—	439	127	122	249
40	1,000	900	1,900	1,000	900	1,900	2,094	606	545	1,151
41	1,000	840	1,840	1,000	840	1,840	1,000	289	243	532
42	525	410	935	200	156	356	1,032	298	232	530
43	525	378	903	200	144	344	1,070	309	222	531
44	525	347	874	200	122	322	214	61	40	101
45	525	315	840	200	110	310	1,246	360	216	576
大2	270	146	416	200	98	298	1,492	431	232	663
3	—	—	—	200	86	286	1,140	329	158	487
4	—	—	—	200	74	274	922	266	112	378
5	—	—	—	970	349	1,319	1,044	301	108	409
6	—	—	—	—	—	—	589	170	51	221
7	—	—	—	—	—	—	500	144	35	179
8	—	—	—	—	—	—	600	173	31	206
9	—	—	—	—	—	—	1,156	347	42	389
10	—	—	—	—	—	—	554	159	10	169
合計	4,370	3,336	7,708	4,370	2,879	7,249	15,092	4,370	2,399	6,771

注　工事費は神戸市『神戸開港百年史・建設編』195頁参照。

負担金前倒し負担の犠牲となった。軍部の横車で，神戸市に不利となったが，国・地方負担配分における悪しき縮図であった。

　第2に，神戸市は，政府に陳情し，当初の7年分割方式を，10年分割に緩和してもらった。金利負担（表34参照）をみると，年利6分として，第1期工事竣功の大正10年まで，16年間の金利は，7年分割方式334万円，10年分割方式288万円で46万円の軽減となっている。もっとも常識的な工事費負担方式では240万円で，10年分割方式よりさらに48万円の負担軽減となっている。

　政府は水道補助などでは，20〜40年という長期の年賦方式を導入して，国庫負担節減という策を弄していたが，反対に直轄事業負担金となると，短期のしかも前倒し方式という，得手勝手な方式を自治体に強要していたのである。

注
（1）水上市長も「神戸税関海陸運輸連絡設備工事」が全額国費負担でなされたが，「築港費ノ全部ヲ国庫支弁トスルハ素ヨリ望ム所ナルモ，長崎・大阪ニシテハ市営ニシテ国庫補助ヲ仰キ，横浜ハ国営ニシテ市カ一部工費ヲ分担セリ，去レハ全部国営ハ希望ニ止マリ実行ノ望ミナシ…従テ神戸市カ一部工事費ヲ分担スルハ止ム得サルヘク…此際一部工費ヲ分担シテモ進ンテ築港ヲ稟請スルハ機宜ニ適セル者ト信スル」（内海・前掲「神戸築港問題」13頁）と，市の直轄事業負担を認めているが，問題は3分の1という負担率である。
（2）神戸市内の42年国税は，地租38.4万円，所得税78.0万円，営業税69.7万円，相続税4.1万円の合計190.2万円，市税は地租割5.0万円，所得割13.9万円，営業割19.3万円の合計38.2万円である。関税は全国関税3,642.4万円を神戸港貿易額比率37.0％で算出すると1,347.6万円となる。
（3）負担金について，高田神戸支部長（大蔵省臨時建築部神戸支部長）は，神戸築港計画を持って市長を訪問し，「政府ノ独力経営ハ財政上困難ナルベク，且又横浜ノ前例モアルコトナレバ，………工事費（既定工費360万円余モ含ム）ノ4分ノ1，即チ約500万円ヲ市ニ於イテ分担シ，工事中ノ利子ハ公債ヲ以テ償還シ，工事竣功後ハ該設備ヨリ生ズル利益金ノ市配当額ヲ以テ之ヲ償還セントスル………此際一部工費ヲ分担シテモ，進ンデ築港ヲ稟請スルハ機宜ニ適セルト信ズル」（前掲「市会史明治編」345頁）と，負担金の受諾を求めている。
（4）阪谷大蔵大臣の築港案をうけて，神戸市サイドは，「この機をのがせば悔を千載に残すことになる上，市財政の実績からみても，工費を負担する能力は十分にあるとする意見が大勢を制し，横浜の例にならい，既定予算を除き，その3分の1すなわち900万円を負担することを決議し，その旨大蔵省に申し出た」（前掲「開港百年史建設編」155頁）のであった。
（5）神戸市財政の市債負担は，水道事業の市債残高220万円があり，さらに追加負担と

なった。ことに明治40年度の市負担100万円，41年度の市負担100万円は過酷な負担であった。神戸市は初年度100万円は市債の発行ができず，借入金で処理している。市は負担金負担軽減を求めて，7年方式から10年方式に変更されたが，40年度100万円，41年度100万円の変更は認められなかったが，42年度から52.5万円を20万円に減額されたが，49年度97万円と負担を最終年度に繰り延べしたに過ぎない。なお分担金財源調達・負担状況については，前掲「神戸築港誌」196～219頁，260～299頁参照。高寄・前掲「明治地方財政史Ⅳ」330～333頁参照，「明治地方財政史Ⅵ」234頁参照。
（6）内海・前掲「神戸築港問題」21頁。
（7）この点について，明治39年11月8日妻木建築部長より至急の連絡あり，負担金について40年度のみでなく，41年度の繰上負担となる方針との連絡があったが，「之ニ伴フ利子ノ損失ハ免カレザル不利益アリ。然レドモ既ニ3分ノ1ヲ負担スル決議ヲナシタル大局ヨリ寧ロ小事ニ属シ」（前掲「市会史明治編」347頁）と，神戸市の受諾を促している。
（8）もっとも第1期神戸築港負担金は，事業費圧縮で決算ベースでは，表34の修正方式でみると，明治40～大正2年度はそのままであるが，大正3年度4万円，4～7年度ゼロ，8～10年度21万円で総額367万円（負担率24.32％）に減額され，金利負担の246.5万円と軽減され，合計613.5万円と約111.4万円の負担減となっている。

配当金低迷と負担金の重圧

　神戸市が，負担金償還財源として頼りにしたのが，港湾施設収益配当交付金で，地元への収益金還元という画期的方式で，神戸市については，明治40年1月の大蔵省命令で決定されている。しかし，配当金交付（表35参照）は，実際は空手形で，神戸市の期待は無残に崩壊した。実際は当初，11年間ゼロ，以後，4年間は予想配当額を下回る交付であり，"詐術"に等しい交付で，そのため償還計画は，実際は大きく狂っていった。

　第1に，市配当金は，大蔵大臣の当初案では，防波堤を除外した投資額の6.2％が収益とされている。政府は，施設収益額121万2,987円より設備管理費23万7,000円を控除した差額金97万5,987円を利益金として，総工費負担の出資按分比率26.1％から，金額25万4,781円を年平均配当金として，神戸市に交付するとしている。神戸市の築港債償還計画でも償還財源として計上している。

　第2に，年25.5万円の配当金は，政府の正規試算であったが，問題は当初年度から収益があがるはずがなく，冷静に考えれば港湾荷役施設が，完備するの

は10年後ともいえる。神戸市築港債償還計画が，錯覚で償還財源として計上したのか，政府が意図的に期待を抱かせたのか不明であるが，神戸市は築港を焦る余り，収益金方式という"霊感商法"にとりつかれてしまった。

第3に，配当金の不交付・減額は，配当金の収入欠損だけでなく，負担金納入が先行し，納入原資は借入金で調達したので，その金利負担は膨大な追加負担となった。第1期築港工事実施計画は，明治40年から大正10年であった。その間の配当金不交付・減額303.6万円（表35参照）の利子負担（利率6％）は，40年度22.5万円×6％×15年＝22.95万円となり，大正10年度までの累計利子負担177.3万円と集計され，配当金不交付・減額との合計480.94万円と直轄事業負担金の総額を上回る。

第4に，配当金25.5万円が，予定どおり交付されていたとすれば，計画では市税補填額5万円と交付金25.5万円の合計が，年償還額30.5万円で，大正10年までの試算では十分に償還できるが，神戸市の資金ベースの収支は，負担金前

表35　配当額減少による負担増推計　　　　　　　　　（単位：万円）

区分	予想額	実績	差額負担	利子負担	負担合計	区分	予想額	実績	差額負担	利子負担	負担合計
明40	25.5	—	25.5	22.95	48.45	大4	25.5	—	25.5	10.70	36.20
41	25.5	—	25.5	21.42	46.92	5	25.5	—	25.5	9.18	34.68
42	25.5	—	25.5	19.89	45.39	6	25.5	0.4	21.5	7.65	29.15
43	25.5	—	25.5	18.36	43.86	7	25.5	2.4	1.5	5.54	7.04
44	25.5	—	25.5	16.83	42.33	8	25.5	11.1	14.4	2.59	16.99
45	25.5	—	25.5	15.30	40.80	9	25.5	21.2	4.3	0.51	4.81
大2	25.5	—	25.5	13.77	39.27	10	25.5	18.6	6.9	0.41	7.31
3	25.5	—	25.5	12.24	37.74	合計	382.5	78.9	303.6	177.34	480.94

資料　神戸市『統計書』

表36　市配当額交付による負担金償還推計　　　　　　（単位：千円）

区分	負担金	償還額	未償還	利子	区分	負担金	償還額	未償還	利子
明40	1,000	305	695	625.5	大4	200	305	-105	-44.1
41	1,000	305	695	583.8	5	970	305	665	399.0
42	200	305	-105	-81.9	6	—	305	-305	-81.9
43	200	305	-105	-75.6	7	—	305	-305	-75.6
44	200	305	-105	-69.3	8	—	305	-305	-69.3
45	200	305	-105	-63.0	9	—	305	-305	-63.0
大2	200	305	-105	-56.7	10	—	305	-305	-56.7
3	200	305	-105	-50.4	合計	4,370	4,575	-205	820.8

倒しの金利負担が大きい。表36では，償還額は△20.5万円と支払超過となるが，金利負担82.08万円で，差し引き61.58万円の実質的負担増となっている。

　第5に，戦略としては，災害債のように利子補給措置で，確実な補填を確保すべきであった。築港事業の当初でも，建設施設が実施されているが，配当金ゼロ，そのため明治40・41年度の2年間だけで，利子負担21万円が発生しており，利子負担補填方式であれば確実に補填額を受け取ることができる。

　神戸市は，明治39年12月7日，「神戸港改良の件に付き稟請」を大蔵大臣に提出し，「設備利用より生ずる損益分配の割合は，国市出資額に相当金利を見込みたる，元利合金の比率に依ること」と要望している。

　要するに負担金100万円といっても，借入金・市債で財源を調達すれば，金利が発生し1割合前後の割高となるので，この分を見込んで算定して欲しいという陳情であったが，収益が発生しなければ，配分交付金ゼロであり，問題の核心を指摘した要望ではなかった。

　神戸市は，横浜港の港湾収益施設配当交付金を踏襲したが，むしろ府県災害復旧事業の利子補填方式を適用し，配当金方式をベースとするが，配当金が利子負担を下回る場合，政府直轄事業負担金の資金調達債の発行差損・利子負担の補填方式を適用し，配当金が利子負担を上回る場合は，配当金方式を適用するシステムを要望すべきであった。

　神戸市は，第2期築港事業が開始され，負担に堪えられない窮地に陥り，大正10年に政府収益金による負担金補填を陳情し，成果をみているが，遅きに失した変更であった。

注
（1）この港湾運営による収益金の還元については，港湾直轄事業負担を地元に求めるに際して，大蔵省大臣坂谷芳郎「横浜港改良ノ件ニ付稟請」（明治38年9月19日，議財第1241号）で，根拠・内容・条件が示されている。第4条「設備利用ヨリ生スル損益ヲ分配スルモノトス………損益分配ハ横浜市ノ納付シタル金額トノ割合ニ依リ之ヲ定ムル」，第5条「分担金ヲ納付スル為横浜市ニ於テ市債ヲ募集シタルトキハ其ノ償還ヲ終ル迄ハ前条ノ配当金ハ之ヲ該公債元利償却以外ノ費途ニ充ツルコトヲ得サルモノトス」と規定されている。命令書全文は，前掲「国費と地方費との関係」49・50頁に掲載されている。横浜市会史『横浜市会史第2巻』108頁参照。なお神戸市への命令書は，水上市長の大蔵大臣阪谷芳郎への「神戸港改良ノ件ニ付稟請」（明

治39年9月28日）に対しての回答で，横浜市と同文の内容である。前掲「神戸築港誌」172頁参照。
（2）同前145・201頁参照。（3）同前218頁。

築港公募債と償還計画破綻

　莫大な直轄事業負担の財源を，どう調達し，どう償還していくかの難問を，如何に克服するかであった。神戸市は，市債公募で調達をめざしたが，金融逼迫・金利上昇という事態に直面した。『神戸築港問題沿革誌』（明治41年3月）は，築港債償還計画（表37参照）を策定しているが，実際の資金調達・償還計画とは，かなり誤算が発生している。

　第1に，大正3年償還初年度は，506万円と負担金437万円より膨張しているのは，表38のように負担金を，借入金で当面処理したためである。償還計画は43年計画であり，当然，利子は膨らみ747万円となっている。

　第2に，償還計画を長期にしたので，初年度，公債利子27万円，償還額4万円となり，配当金25.5万円，市税5.5万円で処理されている。しかし，実際は配当金は交付されなかったので，市税補填は5万円から10万円へ増額されたが，それでも償還の目算は大きく狂い，結局，償還債の繰り延べで凌いでいる。(1)

　しかし，実際の築港債資金調達・償還状況（表37参照）は，先の『神戸築港問題沿革誌』の計画（表37参照）とはかなり異なる。第1に，神戸市は明治39年12月の市会で，財源を市債発行で調達するとしたが，経済不況で市債発行ができなかった。(2) そのため神戸市は，三井銀行外六行から借入金で，一時の窮地を凌ぐ方法をとった。(3)

表37　神戸築港神戸市負担公債償還計画　　　　　（単位：千円）

区　分	大3	大4	大14	昭10	昭20	昭30	昭34	合計
公　債　額	5,060	5,019	4,756	4,088	2,970	1,095	28	―
公債子等　A	269	266	252	217	158	71	1.0	7,466
市配当金　B	255	255	255	255	255	255	255	10,701
別途市負担額　C	55	50	50	50	50	50	50	2,105
収入　合計B＋C	310	305	305	310	305	305	305	12,806
償還額A－B－C	41	38	53	93	147	234	304	5,060

注　市配当金予想収入は著者記入。
資料　神戸市編『神戸築港問題沿革誌』（明治41年3月）215・216頁。

明治40・41年度,それぞれ100万円を借り入れるが,金利・手数料7％で,40年度14万円,41年度7万円の合計21万円の負担が発生している。40年度地租割3.8万円しかなく,市財政にとってきわめて重い負担であった。

　第2に,第1回公募債は,明治42年5月,政府認可をえられたので,公募債を発行する。その背景には,42年になり,金融緩和に兆しがみられると,神戸市は市債公募発行の機が熟したとして,和文のみでなく英文の新聞広告による,入札方式による市債募集に踏み切る。

　発行額250万円,据置期間5ヵ年,翌年度より20年償還の25年債で,募集額面100円に付き95円以上,利子6分,募集手数料100円につき1円で募集した。

　公募の結果は,募集額の6.6倍の応募があり,応募価格の高い順,すなわち利率の低い順に決定していった。このような好結果となったのは,超金融緩和であったからである。(4)なお公募価格は95円以上であるので,97円60銭以上の応募者は全員割り当てられ,95円50銭は一部割り当てとなり,平均応募価格は97円89銭（手数料込96.89円）の好条件になった。(5)

　築港債公募は,順調にいったが,先行した負担金納入のための借入金と築港債発行との関係（表35〜37参照）は,複雑であった。借入金利子・返済,負担金の納入,築港債利子・償還費,償還残高の状況は,第3章の表67で分析しているが,大正10年度までの収益交付金不交付・減額の期間の負担金・資金収支を説明してみる。

　第1に,神戸市財政は,借入金処理と築港債償還は別個の会計で処理しており,表67でみると,資金収支は,41年度までは借入金・利子が発生し赤字であったが,42年度築港債250万円で解消される。

　以後は大正10年度では黒字で,利子は築港債利子にふりかわっている。借入金・築港債の元本返済には,元本に匹敵する発行差額・利子負担を支払う必要があるので,元本償還は容易に進まない,きびしい現実に直面する。

　第2に,負担金は決算ベースでは,437万円から367万円の減少しており,表67は,第1期・第2期が重複しているが,8年度21万円,9年度21万円,10年度21万円となった。

　第3に,大正10年度で築港債収支銭（表67参照）をみると,発行額累計は,発

行額790万円であるが，第1期分は367万円であるので，利子は第1期のみで228万円，償還額は据置期間があり第2期は関係がないので183万円，築港債残高は，10年度第1期分126万円となる。もっとも367万円分の発行差額1割として36.7万円，さらに借入金利子として40年度14万円・41年度7万円の21万円との合計57.7万円が追加される。

第4に，結局，367万円の負担金を支払うため，市税補填150万円，配当金53万円，築港債367万円，利子228万円，発行差額・借入金利子57.5万円の合計885.7万円を支出しても，残高183万円となっている。しかも直轄事業負担金は，第1期が未完済であるのに，第2期がはじまる加重債務状況であり，繰延方式の効用にも限度があり，財政圧迫から容易に脱皮できなかった。

神戸築港負担は，市当局・市会議員・マスコミは，当初，900万円でも負担は問題なしと豪語していたが，実際450万円で戦前，神戸市財政悪化の元凶と化していった。発行差額・利子負担が巨額となり，予想をはるかに超えて膨らんでいった。

注
（1）なお市税は，明治39年度の神戸市税は，地価割4.0万円，所得割5.0万円，営業税割11.3万円の市税からみて，437万円の負担が如何に大きな負担であるかがわかる。償還計画（表37参照）では，年間市税負担5万円としていたが，実際は赤字を見越して，年10万円の増税を予定しており，40年度では地価割5,228円，所得割3万9,259円，営業税割4万3,457円，家屋割1万2,234円の合計10万3,178円である。増税の中心は，所得・営業税割で，この両税80.2％をしめている。高寄・前掲「明治地方財政史Ⅵ」231～235頁参照，前掲「市会史明治編」248頁参照。
（2）不況の影響で，「時恰も日露戦後事業濫興の反動を受けて被りたる経済界の疲憊は益々深く，金融界は半恐慌的となり，40年1月以来銀行の取付頻発し，一般商工業界に於ても亦は破綻続出せしを以て，到底公債を募集すること能はざりき」（神戸市『築港公債募集始末』4頁，以下，前掲「築港公債募集」）状況で，海外市場も金利暴騰し，外債が発行できる状況ではなかった。
（3）借入金は6ヶ月ごとに更新し，利子は100円に付年6円，手数料は100円につき100分の1とし，借入金内訳は，三井銀行25万円，三菱銀行25万円，第一銀行15万円，浪速銀行10万円，三十四銀行5万円，鴻池銀行5万円，住友銀行15万円である。前掲「築港公債募集」5～6頁参照。
（4）このような地方債募集債の申し込み状況は，「如何に明治の地方債は金融状況に即応して発行してきたかを生き生きとつたえている。許可制とは名ばかりで，結局は地方自治体の信用力と資金調達努力によって自己の甲斐性で資金を集めていたのが

実態であった。しかし，地方自治体は許可をうけなければならないし，金利動向は見究めていかなければならないし，資金確保の苦労は並大抵ではなかった」（高寄昇三「地方債制度・運用の歴史・2」『甲南大学経済学論集』第29巻第4号，平成元年3月，62頁）のである。「明治地方財政史Ⅳ」332頁参照。
（5）応募価格の水準・金額の分布については，前掲「築港公債募集」41・42頁参照。

第4節　民営交通発達と公営水道創設

1　公益事業普及と都市独占利益

　都市自治体が，水道・交通・電気・ガスなどの公益事業にどう対応すべきか，施策選択に迷うが，都市経営の視点からみると，公益事業の独占的利益は，市税よりも貴重な財源となるはずである。
　大都市のように狭い地域に，人口・企業が集積・集中する経営環境は，きわめて大きな独占利益が，発生する魅力的空間であった。したがって官民いずれが，都市集積利益を確保するか，公共・民間資本のせめぎ合いが避けられなかった。

都市自治体と公益事業

　神戸市の対応をみると，第1に，神戸市は，公営企業化による都市財源の獲得という意識は，潜在的にはもっていたが，都市経営の戦略的要素にまで，熟成されていなかった。
　しかも，明治23年創業の疎水事業の安定収益，36年の大阪市路面電車の道路負担など，格好の先例が存在していたが，神戸市は公営企業債の重圧という恐怖感から，創業意欲が委縮し，公営企業化を諦め，民営化容認という大きな"誤謬の選択"となった。[1]
　第2に，民営交通を認めるにしても，報償契約での収益納付金でなく，路線道路賦課金適用も規定すべきであった。[2] 実施された民営電鉄に対する報償金は，収入額が少額であり，道路拡幅負担金でも，公営交通の半分以下であった。[3]

大都市の人口増加をみれば，企業経営は順調に推移することは確実視されており，民間がこの集積利益を見逃すはずがなく，創業申請の続出が，何よりも明白な事実であった。⁽⁴⁾

　第3に，公営企業が創設されても，民間との競合・後発組の創設では，独占利益は少ない。大阪市は，公営一元化のため民営化を断固阻止し，路線の早期敷設を進め，民営路線申請の芽を摘み取っていった。⁽⁵⁾

　結果として，大阪市が，公営交通事業で道路拡幅費を負担し，なおかつ収益を生みだしている，政策的有効性が実証されていた。⁽⁶⁾

　第4に，神戸市は，報償契約を締結し，財源問題が好転すれば，公営化を実現する悠長な対応を選択した。この対応は，報償契約を免罪符とした，経営責任の棚上げで，大都市の財政貧困は，構造的要因で解決することはない。公営交通創設の判断は，事業として収支が均衡するかで，大都市の集積利益・成長性を考えれば収益は確実で，しかも創設資金は市債で調達可能である。

　首長・議会は，創設が遅れると，独占利益吸収期間が短くなり，環境環境も悪化し，報償契約があっても，将来の買収は容易でなく，買収価格は，直接創業も5割割高となり，その損失はきわめて巨額であることを認識していなかった。

注
（1）公営交通の創設経過については，高寄・前掲「公営交通史」155～270頁，315～317頁参照。
（2）東京市区改正条例では，電鉄納付金を徴収しているが，民営電鉄の路線敷設にともなう，街路拡幅事業の半額納付制度で，明治22～45年で508.3万円を徴収しており，特別税1,045.1万円，河岸地収入438.4万円，不用地売却代303.9万円とともに主要財源となっている。それでも借入金・市債収入額2,091.3万円と，公債依存財政であった。高寄・前掲「明治地方財政史Ⅵ」344～354頁参照。
（3）石田・前掲「都市計画」67頁参照，高寄・前掲「明治地方財政史Ⅵ」344～354頁参照。路線延長費のうち，軌道拡幅費は，民営東京電鉄11.37％，大阪公営交通46.20％，京都公営交通65.60％，東京公営交通31.99％であった。高寄・前掲「公営交通史」315～317頁参照。
（4）都市経営と公営企業の関係については，高寄・前掲「昭和地方財政史Ⅴ」403～420頁参照。
（5）大阪市の公営交通創業も平坦な道でなかった。明治36年9月，先行投資として第1期築港線4.8km（建設費15万円）が成功すると，民営阻止のため，第2期路線の早

期建設，第3期・第4期の路線拡張を進める。しかし，路線拡大戦略は，経営悪化を来し，郊外私鉄との相互乗入を契約するが，公営一元化政策を貫徹するため契約を廃棄している。このような大阪市の積極的方針をささえたのは，鶴原市長の公営交通独占主義，植村市長の公営交通一元化主義といった経営戦略が確立され，遵守されていったからである。大阪市電気局『大阪市営電気軌道沿革誌』5～20頁参照，大阪市電気局『大阪市電気局40年史』12～33頁参照，以下，前掲「大阪市電気局40年史」。前掲「修大阪市史Ⅵ」402・403頁参照，高寄・前掲「公営交通史」155～176頁参照，高寄・前掲「昭和地方財政史Ⅴ」463～469頁参照。
（6）大阪市路面電車の経営状況は，明治36年度投資累積額（固定資産額12万円），収入額14万円，純利益（公債利子差引）△0.3万円，以下，40年度資産396万円，収入397万円，利益2万円，大正元年資産2,672万円，収入325万円，利益30万円，大正5年資産3,570万円，収入469万円，利益167万円である。しかし，より大きな実質的利益は，路線延長による道路拡幅費で明治36～大正11年で2,478万円，単年度123.9万円である。前掲「大阪市電気局40年史」458・459頁参照。高寄・前掲「公営交通史」314～317頁参照。

電気ガス交通事業の民営化

　神戸市をめぐる市内交通網の整備も，明治後期になると，民営交通の事業申請が，目白押しで，郊外電鉄は発達を背景に，郊外から都心への乗り入れをめざして，着々と準備がなされていた。

　第1に，山陽鉄道株式会社（明治21年1月設立）が，21年12月・兵庫－明石開通，22年9月，兵庫－神戸開通，23年神戸－岡山を開通させている。なお山陽鉄道は明治39年12月に8,042万円で国有化される[1]。

　第2に，電気軌道の申請では，「神鶴電気鉄道」（神戸・三田）について，明治25年2月に県知事の諮問に答えて，市会は支障なしと回答している[2]。

　しかし，26年12月，神阪電鉄電気鉄道（資本金35万円，尼崎－葺合，のち摂津電気鉄道と改称）の申請を，県会は了承した。しかし，神戸市会は，反対・条件付賛成であったので，会社は申請を取り下げ，28年8月，大阪への延長も追加して，摂津電気鉄道として再申請している[3]。

　第3に，明治28年5月，大阪資本による阪神電気鉄道（資本金120万円）の事業申請があったが，摂津電気鉄道との競願となったので合併し，資本金150万円の新会社として申請がなされた。

　この敷設特許出願に対して，国鉄との並行路線となるので，逓信省は反対し

たが，当時の内務大臣は，「単に道路交通を補助するくらいの電車が走ったとて大影響を及ぼすとは思えない。官鉄との並行路線を許さないのは文明の利器の発達をはばむものだ」と痛烈に批判した。しかし，現実は国鉄の乗客利用収入は，大打撃をうける。

第4に，明治38年4月12日，阪神電鉄の大阪・神戸間が開通（明治28.8，阪神電鉄許可）する。やがて大正元年10月には滝道まで延伸し，都心への乗り入れをめざす。なお阪急電鉄は，40年6月，箕面有馬電気鉄道として創設され，大正9年7月に神戸上筒井まで乗入れている。

第5に，神戸西部にあっても，鉄道企業熱は旺盛で，多くの民間企業の競願となった。神戸・明石間では，兵庫電気鉄道，明神電気鉄道，攝播電鉄，兵姫電気鉄道，須磨電気鉄道などが，乱立していた。

結局，兵庫電気軌道株式会社（現山陽電鉄；資本金200万円）が，明治40年2月に設立され，43年3月開業しているが，社長川西清兵衛，取締役滝川弁三，神田兵右衛門と地元資本の会社で，兵庫県内が73％の出資率であった。明治43年兵庫－須磨が開通したが，路線延長をめぐって，市電と競合し紛争が発生する。

つぎに電燈事業では，神戸では当時神戸区長であった村野山人が，明治16年，「先見の明をもって，区債で区有電燈会社を計画し，事業費は各区から電燈税を徴収してまかなう案をたてた」が，反対で立ち消えとなっている。

電燈事業は19年7月，東京電燈会社が事業開始したのが最初で，その後各都市で電気事業創業の動きが活発化したが，神戸の反応は，20年10月15日，神戸電燈会社（資本金10万円）を創設し，21年11月3日に営業を開始している。

表38　神戸電燈株式会社営業成績　　　　　　　　　　（単位；円）

区　　分	払込資本金	収入額　A	支出額　B	利益額　C	配当率　%	C／A
明21（下半期）	80,000	10,646	6,016	4,629	9	43.5
明22（通期）	104,900	24,463	12,485	10,746	9	43.9
明25（通期）	113,840	30,641	14,136	16,505	12	53.9
明30（通期）	309,000	86,224	45,757	40,465	10	46.9
明35（通期）	480,000	182,479	90,918	86,068	15	47.2
明40（通期）	1,200,000	383,182	185,805	196,377	14	51.2
明45（通期）	3,440,000	1,322,401	806,676	515,985	12	39.0

注　資本金・配当率は下半期
資料　小西池緻『神戸電気株式会社沿革史』137～141頁。

この素早い創業について「近代貿易都市・神戸の意気をみせた」(7)が，地元株主は半分程度であった。(8)神戸電燈の収支（表38参照）をみると，創業当初から高成績で，配当率は明治35年には15％となっている。
　この好成績を後発組の神戸電気鉄道が，事業化に触手をのばし，神戸電燈との紛糾が激化するが，やがて合併している。
　ガス事業では，明治5年5月，居留地外国人による瓦斯会社申請・営業をめぐって，外務省と兵庫県とのあいだに物議があったが，結局，居留地内のみの兵庫瓦斯事業として決着している。(9)それは公益事業という独占的事業を，外国人に握られることを，回避する必要があったからである。政府と同様に都市自治体も，市内公益企業は，公営独占の発想で対応すべきといえる。
　明治29年，神田兵右衛門らの神田派と杉山利助らの杉山派，籐田松太郎らの籐田派が競願の状況となっていたが，いずれも大阪資本がからんでいた。県・市の斡旋で合同し，32年3月30日，神戸瓦斯株式会社（資本金70万円）は設立されている。39年には兵庫瓦斯を買収し，大正7年には資本金475万円に成長していった。

注
（1）山陽鉄道の創設にあっても，村野山人はプランナーとしての本領を発揮する，交通量・運賃・工事費・収益などを算出し，事業の有望性を立証し，資金調達のため三菱・三井を取り込むなどすべてのお膳立てをして創業へとこぎ着ける。神戸新聞・前掲「海鳴りやまずⅠ」137～145頁参照。
（2）前掲「市史歴史編Ⅳ」289・290頁参照，
（3）前掲「市会史明治編」674～677頁参照。（4）同前677頁。
（5）前掲「開港百年史港勢編」80頁。
（6）区債6万円を発行し，経営補填として「区内表通り家屋から間口1尺につき月額1銭を徴収」（神戸新聞・前掲「海鳴りやまずⅠ」132頁）という方針であった。
（7）神戸市交通局『神戸市交通局60年史』1頁，以下，前掲「神戸市交通局60年史」。
（8）神戸電燈会社の明治21年の払込金8万円で，株主構成は，神戸市14人，他府県15人であった。30年に払込金30.9万円，株主構成は，神戸市66人，他府県66人であった。前掲「開港30年史下」144頁参照。
（9）明治5年5月，居留地外国人がブローン社というガス会社の設立計画をたて，兵庫県も貿易五厘金で出資することとし，大蔵省へ申請した。大蔵省は外国人によるガス会社経営に難色をしめし，貿易五厘金による出資も不許可になった。結局，明治7年11月居留地内のガス事業のみが許可された。前掲「開港百年史港勢編」43・

44頁，前掲「市史本編各説」524頁参照。

市内民営交通の出願続出

　問題は市内交通で，神戸市の対応をみると，第1に，明治23年に神戸・三田馬車鉄道が出願されたが，市会（明治23年11月20日）は県の諮問に対して，計画中の水道事業の水源地域に沿って敷設されるので，「馬糞尿ノ上流ニ混ジ，塵芥ノ飛散ニヨリ水質ニ汚穢ヲ醸ス」と反対している。

　やがて馬車鉄道慎重論が支配的となる。注目されるのが，神戸桟橋会社が，29年12月に馬車鉄道を申請していることで，大阪資本系会社の神戸都市整備への進出意欲が，きわめて旺盛であったことがわかる行為である。

　第2に，電気鉄道の申請が，京都の民営路面電車より2年早い，明治26年，神戸電気鉄道と兵神電気鉄道の出願がなされている。民間鉄道の建設・運営には，道路使用が不可欠であり，市会は調査委員会を設置し検討するが，路面電車敷設には街路が狭いうえに，水道管の腐食を早めるとして，「16万の市民が健康を保持せんとする水道を犠牲として鉄道として鉄道を布設せしむる必要なし」と回答している。この段階の市会の問題把握は，水道か市電かの二者択一であり，未だ総合的に神戸市の展開をとらえたものでなかった。

　申請者が，里道を使用しない内容に変更して，再度，明治27年7月に出願したが，市会は，「電気鉄道の経営浅き我国に於て一般に得失を速断し難しとするも，少くとも神戸市の如き，市街狭隘にして高低百貨の出入頻繁なる都市に於て，直ちに之を敷設するは危険少なからず」と，時期尚早と決議している。

　第3に，市内電気鉄道の申請は，その後も続々となされた。明治29年，32年，36年と申請があり，明治30年代となると，電気軌道が当然の選択となった。

　明治30年代後半になると，企業化熱は過熱し，池田貫兵衛らの神戸鉄道，秋山忠直らの神戸電気鉄道，後藤勝造らの神戸市街鉄道，渡辺万寿太郎ら兵神電鉄，小曾根喜一郎の神戸電鉄など5社の競願となった。注目されたのは，地元資本のみで，事業化をめざした小曾根派であった。

　それでも市会は，民間電気鉄道の申請をことごとく却下し，同意していない。明治32年の摂津電気鉄道の出願に対して支障なしと答申しながら，36年の神戸市街地電気鉄道に対しては，「道幅ノ狭少ナル如何トスル能ハズ」と支障あり

と，矛盾する答申をだしている。

　この点,「市会の方針依然として一定することなく…斯かる甚だしき矛盾は，これ畢竟該事業に対する一般の理解の尚ほ至らざる」⁽⁷⁾ためと批判されているが，それは大阪市をみても，郊外電気鉄道は民営化，市内電気鉄道は公営化という方針であった。

　第1に，市会の民営拒否の背景には，32年4月，県からの諮問に対して，「将来市の着手すべき諸企画と密接の関係あるが故に，寧ろ市営事業たらしめるもの」⁽⁸⁾との公営化の意向があった。

　要するに市会は，公営化の意図があったので，民営化には反対であった。「市会は36年に至るまで其採否を決定するに至らざりき」⁽⁹⁾と，民営拒否であった。ただ市会は，市営化を決議したが，決定に踏み切る決断をしなかった。

　第2に，神戸市の財政力で，公営交通創業は可能であったか。最初に民営市内電気鉄道の申請がなされた，明治26年では市税収入3.9万円で，市営電気鉄道の敷設の財政力はないが，民営が続出した30年では，市税24.8万円で財政力は格段に向上している。

　最終的に決断を迫られた，明治35年をみると市税57.5万円と，公営化するだけの十分な財政力となっている。市電気鉄道調査委員会は，工事費75万円（延長19.2Km）と報告しており，30年償還債では初年度償還2.5万円，利子4.5万円の合計7万円で，料金収入で十分に対応可能である。ただ水道が33年に竣功しており，市電創業は多重債務の恐れがあったが，水道債は元本10年据置で，その間は10万円前後の利子負担のみで，以後，36年間の償還方式であった⁽¹⁰⁾。

　第3に，交通事業の初期投資は，水道より少額であり，水道・交通の同時並行創業には，神戸市財政は，十分に対応できるはずである。

　実際，大阪市は，水道・交通・港湾の同時事業化を進めており，神戸市は，大阪市と比較すると，明治30年代は港湾投資はなく，公債負担が少ない状況であったが，公営交通に踏み切っていない⁽¹¹⁾。

　ただ神戸市は，公営交通創設をためらっている間に，明治40年の港湾直轄事業負担金年100万円という途方のない負担が発生し，同時施行はより無理となり，水上市長は港湾重視から否定的であった。それにしても明治中期に神戸築

港を逃した，政府工作の失敗が，横浜港の 2 倍という，大築港となって，財政的に公営交通の断念へのだめ押しの圧力となった。

注
（ 1 ）前掲「市会史明治編」665頁。
（ 2 ）馬車鉄道については，東京馬車鉄道の事例が有名で，高寄・前掲「公営交通史」85～102頁を参照
（ 3 ）『大毎』明治28年 8 月22日，前掲「市史歴史編Ⅳ」292頁から引用。
（ 4 ）前掲「市史歴史編Ⅳ」292頁。
（ 5 ）前掲「市史本篇各説」287～288頁。
（ 6 ）小曾根の副申書は「元来神戸市電気鉄道は神戸市の市営となすべきものを，市経済の都合上より已むを得ず私設会社の手に委するものなれば，市民たるものは其の精神を以て…縁も因もなき遠地の人々に依頼して，其の力を藉りて成功を期するが如き腑甲斐なき行動に出づる能はず」（「神戸新聞」明治39年 4 月 5 日，前掲「市会史明治編」701頁から引用）と地元資本主義を主張している。
（ 7 ）前掲「市史本編各説」288頁。
（ 8 ）・（ 9 ）前掲「市史本編総説」293頁。
（10）水道債の発行条件・償還方法については，神戸市『神戸市水道公債整理始末』（明治44年 9 月）参照。
（11）交通と港湾の同時施行は不可能であったか，明治36年度大阪市は水道40.6万円，港湾206.3万円，公債費136.2万円の383.1万円で，市税260.0万円の1.47倍で，市債未償還都1,941.7万円で市税の7.46倍で，交通13.1万円の創業費支出にふみきっている。神戸市交通事業審議が検討された，36年度では，水道支出24.4万円，公債費8.7万円（水道費含む）の合計33.1万円で，市税59.1万円の0.56倍に過ぎない。また市債残高水道債のみで391.3万円で市税の6.62倍で，財政状況は大阪市よりよい状況であった。

公営交通断念と報償契約

　神戸市の民営反対という姿勢，市会の公営意向があったが，やがて民営鉄道容認へと変更していった。

　第 1 に，市会は明治37年 8 月 4 日，「阪神電鉄の路線延長」を審議するが，調査会を設置し，明治38年 8 月15日，「市内ニ敷設スベキ電気鉄道ハ之ヲ市ノ経営トスルヲ以テ適当トスル」と，市営の方針を打ち出した。そして「市参事会との合同会議に於いても市営案又可決せられた」のである。

　この市営化に触発されて，民営の動きも活発化したので，「市会調査委員会側は参事会との合同による結論であると主張したが，参事会側は合同調査を否定して，暗に市営反対を表明したので，報告書の市会における決定は次回に持ち

越され⁽³⁾」ることになった。

　第2に，この状況に終止符を打ったのが，水上市長であった。市会調査委員会と参事会の意見が分かれたので，明治38年12月18日，市会調査委員会と参事会との，意見調整のため協議会を開き，まず新市長の意見を聞くことになった。

　水上市長は，港湾築港の直轄事業負担金と公営交通の創業負担は，財政的にみて余りにも重い負担であるとして，市営鉄道反対を言明した⁽⁴⁾。ここにおいて市会は，市営を断念し，明治39年3月3日，市会調査委員と参事会員との協議会で，私設会社への条件を決定した。

　しかし，都市経営戦略からみると，洞察力の乏しい決断であった。交通事業債は据置期間もあり，長期債であり，乗車料金という償還財源をもつ収益債という特性を忘れている⁽⁵⁾。

　第3に，結局，「直ちに市の経営となし難き事情あるを認め，暫く之を私設会社の経営に委し，適当の時期に買収して，以て市の経営に属せしむるを可とすることゝなりかば，遂に当時出願中に係かる私設電気鉄道の設立を許可せり⁽⁶⁾」との決定となった。それにしても神戸電気鉄道は，出願から13年間も，調整・陳情といった労苦を強いられただけでなく，準備期間中にかなりの事務費出費となったはずである。

　第4に，民営化への決定には，賛成派議員が激高して「市営案の廃棄せられたる顛末理由を明らかにせよ⁽⁷⁾」と迫ったが，賛成派は，資金調達・監理利点・民営利益を主張したが，反対派を説得できなかった⁽⁸⁾。

　第5に，問題は民営許可条件の報償契約で，「先ニ一度市営ト決シ，今又会社委託ト変ジタル理由如何⁽⁹⁾」，さらに「収入安固ナル総収入ヲ採ラズシテ，何故ニ斯クノ如ク7朱ノ配当ヲ為シタル残額ノ半数ヲ市ノ収納トナシタルヤ⁽¹⁰⁾」という甘い負担を，公営派は追求した。しかし，最終的には市会は，報償契約で路線・運賃・配当・30年後の市買収条件で明治43年8月11日，締結している⁽¹¹⁾。

　民営交通を認めるにしても，報償契約の報償金は，明治45年度で神戸瓦斯・電燈・鉄道で1.3万円と，ささいな収入額であった。全国各市で報償契約が，締結されたが，公納付金は予想外に少額で，東京市では明治38年度128万円の収入見込みが，16.5万円と散々な減収となっている⁽¹²⁾。

第6に、神戸市が、民営容認方針を決めたので、多くの申請がだされたが、結局、池田貫兵衛らを中心とした、神戸電気鉄道（路線延長26km）にまとまり、資本金600万円で、明治39年11月に特許をえて工事に着手した。

　明治43年4月5日、春日野－兵庫駅までの12kmの営業を開始する。注目されるのは、出資者の地域をみると、兵庫36％、東京22％、大阪18％、その他24％と、外部資本が多くみられるが、投資対象として鉄道が、有望視されていたことがわかる。[13]

　神戸電気鉄道の営業収支（表39参照）は、電燈会社と比較して収益率は低く、配当も5％と格段に見劣りする。大正2年には神戸電気鉄道と神戸電燈会社が合併して、巨大企業となり、市内営業の独占体制となる。

　第7に、市内電鉄の動きに呼応して、郊外・市内電鉄の両方の性格をもった、神戸西部の電鉄創設も盛んとなった。「兵庫電気鉄道、明神電気鉄道、摂播電鉄などのほか、兵姫電気鉄道、須磨電気鉄道などきわめて多様であった」[14]、明治40年7月兵庫電気軌道株式会社（資本金200万円）が創設され、43年3月15日、兵庫－須磨間が開通した。

　しかし、株主構成は、「東京と大阪をあわせて15％程度、地元兵庫県で75％近くを占めている」[15]ことからみて、ローカル鉄道であった。要するに収益性の低い事業は、外部資本にとって魅力がなく利殖目的にそぐわないことがわかる。

　結局、水道創設と同様に、神戸市は、交通創業にあっても、早期創業の決断ができなかった。原因としては、第1に、市長のリーダーシップである。鳴滝市長は、水道施設が難航して交通への余裕がなく、坪野市長は、教育しか眼中になく、水上市長は港湾最優先で、財源からみて、交通・港湾の二兎を追うリスクを敢えて選択しなかった。

表39　神戸電気鉄道株式会社営業成績表　　　　（単位；円）

区　分	払込資本金	収入額 A	支出額 B	利益額 C	配当率 ％	C／A
明43（通期）	2,400,000	367,698	182,265	185,433	5.5	50.4
明44（通期）	5,757,000	436,951	205,067	231,884	5.0	53.1
明45（通期）	6,750,000	579,766	219,221	360,545	5.0	62.2

注　資本金・配当率は下半期
資料　小西池巌『神戸電気株式会社沿革史』142頁。

神戸築港では公共経済学から港湾荷役の無駄を力説したが，マクロ視点からみた，公営交通創設の断念がもたらす，損失については，水上市長が築港優先から敢えて断念を決断したのか，財務官僚特有の財政安定化という視野狭窄症に，取り憑かれたかいずれだか不明である。

　第2に，水道創設は実質的には，明治30年代前半で財政投資は終息しており，明治40年，港湾築港が開始される，この空白の5年余をみると，市会が公営化を打ち出し，公営化の機運が高まった。

　当時の鳴滝・坪野市長は，この動向を実施へのエネルギーとして点火させ，世論を喚起し，公営化を決定すべき好機であった。この不作為の対応は，きわめて大きな損失で，都市経営の視点からは，忘れてはならい怠慢である。

　第3に，公営交通の創設は，いずれの都市でも公営交通の創業は，確固たる決断と巧妙な戦略で達成されたのではない。大阪市は明治36年の直接創業であったが，東京市は買収交渉がもつれ，利権派議員が株価操作をするなど，行政サイドは翻弄され，44年やっと割高の買収にこぎつけている。

　京都市も，明治28年に全国初の民営路面電車に先行されるが，その後公営交通を創業し，民営を圧迫し，大正7年安価に買収するという荒業を駆使して，公営交通一元化を達成している。[16]

　神戸市は，公営交通のメリットについての認識が，希薄であったので，市会が公営化でまとまることができず，安易に民営を容認してしまった。

注
（1）前掲「市史本編総説」380頁。
（2）市会委員会の多数意見は「市の繁栄是によりて助長せられるべく，市の財政亦却りて是によりて余裕を生ずべく，…東京市が一たび私営を許可せるが為に久しく市民遺憾の因をさせしは，これ明かに前者の覆轍なりとして市営急設を唱へ，鹿島房次郎の如き之が収益は市に恰好なる財源なりとなして最も熱心に市営を主張し，市民の輿論も市営に傾けり」（同前380頁）と，公営が一般的な意見であった。
（3）前掲「市会史明治編」692頁。
（4）民営化への理由は，財源問題で「市営ニスルハ行ワレ難シ……コレソノヒトツハ財政上ヨリ見タル処ナリ。本問題ハ非常ニ長キ問題ナレバ，速ヤカニ解決ヲ要ス。速決ハ民営ニ外ナシ。但シ，充分ナル条件ヲ付スニアリ」（同前694頁）を方針を決定している。
（5）港湾負担金と公営交通創業は，たしかに大きな負担となるが，神戸市の公債状況

をみると,明治38年までは水道債のみで,累計発行291万円,償還22万円,利子124万円,未償還額308万円である。未償還額が発行額より多いのは,発行差額である。大正2年度では43年度の水道借換債270.9万円を除外すると,表84のよおに,水道・市費債合計の累計ベースで,発行929万円,償還114万円,未償還815万円,利子334万円で,償還はきわめて少ない。極論すれば利子分のみ支払っていけばよい状況である。要するに市債償還といっても,据置期間が5〜10年間であり,償還期間も10〜40年であり,公営企業・事業債は特定償還財源を有している。さらに借換債を発行していけば,償還額・期間はさらに延べできる。公営交通債200万円程度追加されても,年10〜20万円程度の運賃収入で十分に利払・償還が可能である。交通は水道より収益力があり,自力返済能力があり,返済を憂慮して創業をためらうのは大きな誤りである。

(6) 前掲「市史本編各説」286頁。
(7) 前掲「市会史明治編」696頁。
(8) 水道創設と同様に,神戸市は,交通創業にあっても,決断力のなさを露呈したが,原因の第1は,鳴滝・坪野・水上市長のいずれも,公営交通の収益性を認識してなかった。第2に,公営交通創業財源は起債であるが,収益性があり,しかも償還は据置期間があり,長期返済であるという財政上の負担繰りのべという特徴を度外視していたからである。
(9) 前掲「市会史明治編」698頁 (10) 同前699頁
(11) 内容をみると,第1に,路線については,第1期・第2期の路線を指定し,竣工期間を第1期線は2.5年,営業期間は50年とする。第3に,運賃は,4銭均一制とする。第4に,報償は,毎年純利益のうち積立金として10分の1を控除し,払込株金に対して7朱の配当をし,その余剰金の2分の1を納付する。第4に,会社は30年後,財産目録価格で市に売渡すべし。神戸市電気局『神戸市電気事業買収顚末』8・9頁,以下,前掲「電気事業買収顚末」。
(12) 各市の報償契約状況については,高寄・前掲「公営交通成立史」57〜83頁参照,また東京市の公納付金については,同前184〜186頁参照。
(13) 前掲「開港百年史港勢編」135頁。(14)・(15) 同前135頁。
(16) 京都市でも明治40年代,事情は異なるが,民営・公営派の対立が激化する,三大事業で道路拡幅を実施するので,市営交通が浮上した。しかし,すでに民営の京都電気鉄道が運営されていたが,狭軌であり路線も充実しなかった。そのため公営化によって一気に交通網整備をめざした。当然,公営化による事業収益の魅力もあった。京都電気鉄道は,道路拡幅費の半分を負担すると申し出,路線拡張によって市営を阻止しようとした。しかし,京都市は京都府と共謀して,内務大臣に路線新設を不許可にさせ,きわめて強引な方策で,市営化を実現している。伊藤・前掲「近代京都の改造」71〜77頁参照。

2　水道創設決定への軌跡

初代神戸市長鳴滝幸恭は，神戸区長として明治20年12月から22年3月まで，また神戸市長として22年から34年までの約14年間，神戸水道創設のみに，精魂を傾けたといっても過言でない。しかし，水道完成は，明治20年横浜市水道，22年函館市水道，24年長崎市水道，28年大阪市水道，31年東京水道についで6番目という，不本意な結果となった。

対症療法的な伝染病対策

第1の関門は，伝染病予防で，伝染病が沈静化してくれれば，水道建設も時間的に余裕ができるが，伝染病の脅威は，容易に衰えなかった。

ただ当時，市民は「飲料水の大部分はやはり井戸水に頼っていて，夏期ばかりでなく四季を通じて不足勝ちの状態だった(1)」，だけでなく，市街地の衛生状況は劣悪で，下水道が未整備で側溝すらも不十分で，汚水はもちろん雨水の排水すらままならない状況であった。

明治5・6年ごろ，兵庫県為替方関戸由義は，水道建設を提唱し，開港都市として水道建設の緊急性を訴えていたが，無視されたままであった。そのため，西南戦争の帰還者4名が死亡する(2)。その後も伝染病（表40参照）は，猛威をふるった(3)。

伝染病対策は，衛生意識の普及，兵庫県の規制行政，隔離病棟の設置など，いわば対症療法の域を出なかった。行政当局の予防措置は効果があがらず，根

表40　神戸市伝染病（消化器系統）の流行状況　　（単位：人）

区　分	コレラ		赤　痢		腸チフス		合　計	
	患者	死亡	患者	死亡	患者	死亡	患者	死亡
明14（1881）	245	178	4	2	71	25	320	205
18（1885）	563	478	9	2	243	80	815	560
19（1886）	2,230	1,909	8	2	840	197	3,078	2,108
23（1890）	1,433	1,095	25	15	160	53	1,618	1,168
26（1893）	6	4	1,855	689	455	115	2,316	808
28（1895）	1,819	1,456	119	38	407	138	2,345	1,632

資料　『神戸市伝染病史』

本的な解決に至らない焦燥の日々であったが，井戸水すら飲用不適格がほとんどであった。⁽⁴⁾

　第1に，伝染病の流行に対して，公衆衛生が識者の関心を呼び，「飲料水の良否を以て，直ちに伝染病に関係する所大なることあるを唱道せり」⁽⁵⁾と，原因は経口感染であることがはっきりと認識された。

　第2に，兵庫県は，明治11年9月「飲料水取締規則」を公布し，県規則による水の衛生管理の面から，伝染病を予防しようとした。区長も衛生講演会を開催して，衛生知識の普及に努めたが，明治12年もコレラは流行し，神戸市の感染者1,228人，死者649人を数えた。人口1,000人当り11.4人の死亡率であった。そのため行政当局は，井戸への規制強化を実施した。⁽⁶⁾

　第3に，明治14年にも伝染病で140名の犠牲者を出したので，15年には警戒を強めていたが，223人の死者を出している。しかも市街地の状況は，さらに悪化していった。⁽⁷⁾そのため市街地の構造にまで，管理を徹底していったが，上下水道整備しか選択肢はなかった。

　第4に，明治18年にもコレラ死亡者は291人，19年には1,986人の死亡者，人口1,000人当り20.4人で，行政当局は，まさに万策尽きた状況であり，水道建設は市民の切実な問題となった。しかも被害は人的喪失だけでなく，19年のコレラは経済活動にも甚大な被害となった。

　それは「流行地の認定を解く能はざりしこと160余日の長きに及び，為に市民の被りし損害は小売，飲食，料理店，興業場のみにても約20余万円を算せり」⁽⁸⁾と甚大な被害となった。しかし，神戸区の18年度財政力2.9万円で，水道建設事業費40万円の資金調達の目処もなく，市民負担への説得も自信がないので，事業化がためらわれた。

注
（1）前掲「神戸市水道70年史」1頁。
（2）明治10年，神戸港が西南戦争の凱旋港となったおり，軍人7人が突然発病し，うち4人が死亡した。行政当局は伝染病と認定し，急遽，「避難病院を仮説し，不消化物の販売を禁止し，検疫を始めて，交通を社会的に遮断したりと雖も，病毒の蔓延頗る猖獗にして，市内に伝播するや，死するもの日々に数十人」（神戸市『神戸市水道誌』11頁，以下，前掲「神戸市水道誌」11頁）との惨状と化した。

（3）明治13年から30年までの伝染病死亡者合計は，コレラ5,387名（死亡率80.7%），赤痢1,123名（死亡率38.0%），腸チフス1,433名（死亡率29.5%），総計7,943名（死亡率54.9%）である。ただ年によって流行状況は，大きな差があり，明治16年死亡者12名，27年も259名と少ない。それでも人口増加につれて死亡者数も増加している。人口比率で死亡者をみると，明治18年人口7万8,252人で，死亡者2,108名で，死亡率2.69%であった。今日の人口150万人では4万410人となる。
（4）明治22年調査では全市1万900の井戸のうち，飲用に適するものわずか170ヵ所であった。前掲「神戸市史本編各説」389頁参照。また32年3月10日の「飲料水調査報告書」によると，試験井数1万5,904箇所，飲料適合3,242箇所（20.38%），濾過後飲料適合2,188箇所（13.76%），煮沸後飲料適合281箇所（281%），飲料不適合1万193箇所（64.09%）と，改善はみられるが，8割が不適合であった。前掲「市会史明治編」529頁。
（5）前掲「神戸市水道誌」11頁。
（6）明治22年12月に「飲料水取締規則」（明治11年9月制定）を改正して，厠と井戸の距離を2間以上の間隔をおくことにした。また「汚穢の井戸に浸透するを防む止が為め，糞池を専ら陶瓶に限り，強いて木樋を用いるものは，漆膠土着を厚ふして，その周辺を覆ましめぬ」（同前11頁）と，涙ぐましい努力が続けられた。全市一斉に井戸の検査をして，「有機物を混合ずるものの甚だ多きに驚き」（同前11頁），一層の規制強化に努めた。
（7）人家の密集で，「人家益々稠密するに随ひ，地上汚物の堆積，敗水の溜沚するもの，赤漸く次増加し，一雨沛然，地中に浸透して，井水を犯すの疑ひあり，乃ち又此憂ひ防むがため，14年の交よりして，下水溝低煉瓦を布くの制を取り，大に排斥を快速ならしむるに至れり」（同前12頁）と，下水溝の整備を急務としている。
（8）前掲「市史本編総説」237頁。

民営水道申請と水道調査実施

　第2の関門は，民営水道建設を阻止し，市会を公営化へどう誘導するかであった。水道建設への動きは鈍かった。それは「明治20年頃の市民の頭脳には無償の井戸水があるのに有料の上水道を布くなどは以ての外」との気持であった。

　第1ステージは，神戸区の水道建設への動きが鈍いので，明治19年10月，加納町などに土地を所有する三井が，三井銀行取締の能勢規十郎氏の名を以て，水路新設の願書提出があった。しかし，神戸区会は，19年11月26日，公営水道布設の障害として，不許可を県に回答している。

　兵庫県は，「神戸区では其水源布引渓流は他日区の水道事業経営の際支障ありと反対したのを三井は他日区水道のため水路を断たれるることあるも文句は申

さぬと誓約して」いるので，20年1月7日，県はその起工を許可している。

　その背景には区の水道起工・建設財源は，漠然としており，実施は前途遼遠たる状況であったからである。もっとも許可をえた，三井サイドも事業化していないが，この申請は，兵庫県・神戸区を刺激した。

　第2ステージは，明治20年5月，横浜水道を設計したパーマーが来阪したので，県は神戸区に調査費を求めたが，要求のあった調査費3,000円は，否決され延期されたが，1,000円に減額され，やっと可決されている。

　パーマー報告書は，きわめてすぐれ，示唆に富むものであった。20年5月18・19日に早速，兵庫県へ書信を送ってきたが，現地をつぶさに踏査したもので，工事費は40万円と巨額であるが，1人当り市民負担51銭で，多くのメリットを享受できると，公共経済学視点から興味ある内容である。

　しかし，当時の神戸の財政力で，事業実施は不可能とされたが，長崎・函館では，神戸より貧弱な財政力で，水道敷設へと意欲的に取りくんでいた。

注
（1）伊藤・前掲「神戸市長物語」30頁。
（2）申請の背景は「三井銀行の如きは三井家の所有地其大部分を占むる加納町にて簡易水道の布設を出願聞し，其水源を布引渓流に取らしむとせり」（前掲「市史本編各説」245頁）と説明している。
（3）神戸区は，水道布設は「計画中ニシテ既ニ水量水質ノ試験モ良好ノ成績ヲ得タルヲ以テ現今起工ノ方法費用ノ出途等夫之考案中ニ付本願ノ如キモ殊更ニ之ヲ設クルノ必要無」（前掲「神戸市水道誌」18頁）と答申している。
（4）伊藤・前掲「神戸市長物語」32頁。
（5）注目すべき点は，第1に，工費は概算40万円（人口13.1万人想定），実際35万円（1人当たり3円50銭）であり，料金は傾斜方式で奢侈的使用料を高く，貧困者に低くすれば，年間使用料は直接負担20銭，間接的負担として，湯屋への負担を含めて50銭となる。第2に，住民の利益は，わずか50銭の負担で，きわめて多くの利益がある。水道の利点として，「多量の清水を日夜戸内に引き得べく…，万一出火の説は火難を防止し得べく…井戸より水を汲む労費も無く，…疾病の為に時間と金銭を浪費することなく医薬の入費も従て大に相省け」（前掲「神戸市水道誌」21頁）と，上水道の効用を包括的に列挙している。さらに神戸は水源にめぐまれ，港湾など産業への便益も大きく，水道は費用効果からみて，利益は償って余りあるとしている。要するに水供給のメリットは，市民のメリットだけでなく，経済活動の点からも，伝染病発生で営業停止が長期にわたり，甚大な損失を被っているが，これらデメリットが解消されるなどを指摘している。

民営水道阻止への画策

　第3ステージは，神戸区が，水道建設に踏み切る様子がないので，しびれを切らした山陽鉄道と郵船神戸支店が，明治21年2月，民営水道建設の意向を県に伝える(1)。遅々として進展しない，区営水道に警鐘を鳴らす行為であった。

　この民間の動きをみて，知事内海忠勝は，区長鳴滝幸恭をまねいて，「将来非常に不利なる境遇に陥るべきを諭せり(2)」と，区営水道決定を促した。

　鳴滝区長は，明治21年12月に区会に諮ったが，「議員の意見は先づ之を私設会社に委して其速成功を計り，他日時機を見てこれを買収するべしというものと私設に委するは断じて不可なれば，寧ろ適当の時期まで之を延期すべし(3)」という，意見にわかれたが，いずれも即時公営化ではない。

　さらに区会は，22年2月7日・12日にも審議したが，民営後に公営化する妥協案が，出席議員11名中5名対6名の際どい数で，公営案は否決され，民営案が可決された。

　第4ステージは，両会社は，22年3月15日に私設水道布設の出願に踏み切る。県では「当局者は実に区将来の関係を慮て，甚だ私設に委するを惜しみと雖ども，斯の要焦眉急の事業にして，区会の観る所既に開申書の如く，殆ど区民に望む可らざるを以て，…庁議止む無く私設に決し(4)」と，事業実施への処分方法を決定した。「是に至て発起人の出願は，殆むど得許の運命を保てるもの(5)」との事態となった。

　第5ステージは，公営水道建設派であった鳴滝区長は，絶体絶命のピンチに立たされる。「鳴滝区長は怨みを呑んで2月15日付を以て区会決議の開申書を認め内海知事に提出した(6)」が，鳴滝区長の本領はこれから発揮される。

　民営水道となると「区民日常の飲料水を一営利会社の手に委ぬるの余議なきに立ち到ろんこと火を賭るより瞭かで(7)」，このような事態はなんとしても回避しなければならない。鳴滝区長は，別途，意見書を県第一，第二両部長に提出し，「区会決議なるものの必ずしも区会を代表する程多数ならざる(8)」と，その決議の実態を訴えている。

　要するに欠席者が9名もおり，議決は1名差の僅差である。さらに民営では「土地買上其他補償上の点より工事の精粗及び飲水人民の感触に至るまで甚しき

差有(9)」と，問題点を指摘している。

　鳴滝区長の画策は，民営認可を阻止するため，県に個人的に意見書を提出し，時間稼ぎをする一方で，区会の民営派を切り崩し，公営派へと転換させる，見事な行政調整能力を立証したのである

　私設水道について「区会は大に憂慮し，遂に百方県当局を説き之を不審議に終わらしむるを得たり(10)」と，結果のみ記されているが，鳴滝市長の県への働きかけが，最終的認可引延しに効を奏したといえる。この意見書について，「区会の決議を眼中に措かず正々堂々と意見を吐露してゐる。現代の市長では一寸出来難い芸当と謂はねばならぬ(11)」と賞賛されている。

　しかし，鳴滝区長は，裏工作だけでなく，その職を賭けて，財源措置を明示し，水道敷設の処方箋を描き，来るべき市長選にのぞむ政治的決断をしめし，早期解決を期するべきであった。

注
（1）民営水道の意図は，利権ではなく，業務用の用水確保であり，「汽罐用水の欠乏に困難せる山陽鉄道会社と，船舶給水の必要を感ずること切なりし日本郵船会社とは，神戸区水道の着手を待つこと能はざるよりして，相謀りて水道会社の設置を企て」（前掲「市史本編各説」247頁），県に事業申請を打診した。
（2）・（3）同前248頁。
（4）前掲「神戸市水道誌」53頁。（5）同前56頁。
（6）～（8）伊藤・前掲「神戸市長物語」35頁。（9）同前36頁。
（10）前掲「市史本編各説」248頁。
（11）伊藤・前掲「神戸市長物語」36頁。

公営水道決定への外圧

　第6ステージは，公営派にとっては，22年4月1日に神戸市制となり，水道問題は神戸市に引き継がれ，新規審議となった。県当局は熱心に市を督促し，7月23日に市会に勧誘的諮問を行っている。この諮問書は，水道建設費が実施へのネックであるのを察して「工費収支計算書及び市民負担額計算表を以てし，依て経済的にも将来有利なるべきを周密懇切に示す(1)」ものであった。

　神戸市会は，明治22年8月26日に水道審議となったが，内海知事は，専門技術官を市会に派遣し，水道市営の急務を説明したが，市会の決議はみられなかっ

た。問題の財政収支は，全市的に水税を導入し，営業者には使用料を徴収する予定を示し，決定的な阻害条件はなかった。

　しかし，予算規模と財政力から慎重審議となって，明治22年12月16日，結局，神戸市会は，兵庫県に「其起業ノ如キモノハ素ヨリ本市自カラ為スベキノ事ノ事業ニシテ，他一己人若ハ会社等ニ放任スベキモノニ非ズト認ム。然レドモ如此重大ノ事件ニシテイ苟モ軽忽ニ失ス可ラズ………諸般調査ノ為メ調査委員ヲ選定シ………」と，公営方式を採択したが，実施せず調査するとの回答であった。

　神戸市が水道敷設をためらった，「理由の1つは，市民の衛生思想が乏しいことであり，他の1つは，工事資金の負担問題」といわれている。しかし，水道創設で先行した函館・長崎も同じであり，きびしい条件・環境を克服して，水道建設に踏み切っており，神戸市だけが苦しかったのではない。

　第7ステージは，神戸市会は明治23年3月14日に，水道布設のための調査委員を選任し，「給水調査委員会」を設置し，横浜水道を視察したが，決定するに至っていない。23年にもコレラ患者1,400余名で，感染者のうち死者8割と猛威をふるい，25年にもコレラは流行した。

　さすがの市会も，25年6月16日，「水道実況調査要領」決定し，7月には東西調査班が組織されて，本格的な実施調査に着手する。

　実際，実施設計段階になり，神戸市は，明治25年6月24日，イギリスから來日したバルトン（William. k. Bruton）に設計を委嘱する。それは彼が内務省衛生局雇技師であり，内務省が水道工事について，当省技師の意見を求めるよう通牒を発していたからである。バルトンは，明治25年7月に來神し，26年に人口15万人に対する完璧な給水施設を設計し，工事費115万円であった。

　神戸市の水道建設は，明治19年11月の三井銀行の申請から，25年7月3日の市会決定まで6年余の年月を費やしており，しかも着工されたのでなく，布設決定があっただけで，市会は，自主・自立的に決定したのでない。

　要するに民営水道建設の寸前の事態に直面し，万策つき窮地に追い込まれた，神戸区にとって，明治22年4月の市制実施は，情勢打開への転機となった。また23年2月，水道条例が発布され，水道建設市町村独占が法制化された。

　さらに兵庫県の度重なる指導・督促があり，兵庫県の面子を立てるため，し

ぶしぶ調査委員会を，設立した感がみられる。

　兵庫県は，懇切かつ辛抱強く情報を提供し，神戸市会の意識改革をうながした。明治21年には県専門技師を，完成した横浜水道調査に派遣し，その結果を神戸又新日報・兵庫県勧業月報に掲載し，市民・区会の啓発に努めている。[7]

　結局，神戸水道は，兵庫県の督促・市制実施・水道条例・伝染病大被害という，外圧によって，やっと公営化に踏み切ったが，水道建設は大幅に遅れ，企業・推進派市民の期待を，裏切る結果となっている。

注
（1）前掲「市史本編各説」248頁。（2）同前38頁。
（3）日本水道史編纂委員会『日本水道史・総論編』181頁，以下，前掲「日本水道史」。
（4）長崎では推進派区長は市長選で敗北し，県知事は政府に無断で水道債発行を認可したとの理由で退任を余議なくされている。高寄昇三『近代日本公営水道成立史』139〜145頁，以下，高寄・前掲「公営水道史」。
（5）神戸市はすでにパーマーに設計委託しており，横浜水道の設計・建設も指導しており，本来ならパーマーに頼むのが筋である。この点について，「政府の支援を受けるためには内務省雇工師であるバルトンに依頼せざるを得なかった。事情をパーマーに説明し，パーマーも快く事実を了解した」（神戸市水道局『神戸市水道100史』10頁）と，釈明している。なお神戸市は，明治33年，水道が完成した時点で，「市はパーマーの固辞を押し返して1,000円を贈り，心からなる感謝の意を表した」（同前14頁）といわれている。
（6）ただ「水道公営の原則を確立したので，私営台頭の憂い皆無となり却って公営実施に怠慢ならんとするの傾向さへ見られたが幸か，不幸か，再び虎疫の来襲を受け，1,442名の患者を出し，死者1,068名に達し惨状目もあてられず，市民を戦慄せしむるに至って市会も漸く太平の夢より醒めんとした」（伊藤・前掲「神戸市長物語」38頁）と，公営水道創設は外部圧力によるものであった。
（7）その概要は水道誌（42〜45頁）に転載されているが，パーマーと同様の公共経済学からみた衛生・保安・地域経済の効用である。しかし，工事費110万円の壁は厚く，水道建設への世論は必ずしも建設に至らなかった。

3　水道建設への阻害要因

　水道建設の決定をみたが，あくまで行政内部の決定であり，市民的合意があったわけでない。大多数の市民は，井戸水でなに不自由なく暮らしている。なにを好んで，多額の費用をはらって，水道をひく必要があるのかというのが，偽

らざる心情であった。

さらに敷設費は115万円と膨らみ，将来，増税も危惧される不安があり，伝染病予防・火災抑止効果などのメリットは，市民には浸透していなかった。

水道建設反対論の台頭

第3の関門は，反対勢力の鎮静化であった。やっと建設への市会合意をみたが，水道建設反対の意見は根強かった。市議会が実地調査に動きだした時，突如として，水道建設論争が，市会内で勃発する。

明治26年1月，市会議員桃木武平が，『神戸市水道布設方策』で，水道建設尚早の小冊子を各方面に配付した。

この反対論に対して，同年2月，神戸市議会水道委員会が『神戸市水道弁惑論』を発行し，改めて水道建設の必要性を市民に訴えた。しかし，地元紙の「神戸又新日報」は，3月になって，『水道尚早論』（粋堂負山筆）を掲載する。反対の論調は先の桃木の所論と同じである。

神戸市での水道建設をめぐる賛否両論は，さらにエスカレートしていく，まず横田隆史の賛成論「水道問題に就いて杞憂論者に一言す」があり，葺合青年親和会の反対論「神戸水道論」があり，百家争鳴の観を呈した。しかし，大日本私立衛生会などが積極論にたって「神戸市水道布設ヲ望ム」との見解を公表し，市民の啓発に乗り出し，次第に賛成論へと世論を誘導していった。

第1に，水道反対論は，行政主導型の事業推進に対して，水道事業という巨額建設事業にもかかわらず，事業調査が不十分であるとの，潜在的な不満があった。しかし，実際は神戸市水道は，むしろ市会調査委員会で，調査に無駄な時間をかけすぎた嫌いすらあった。それでも，反対派は推進派の推計を，杜撰であると攻撃した。

水道推進派は，『水道弁惑論』で，「回顧スレバ過ル20年以来数星霜ノ間本市水道事業調査ハ周到細密ヲ尽シ今ヤ漸ク完結ヲ告ケ………時機ハ将ニ旦夕ニ迫レルモノナリ」と，反論している。

第2に，要するに反対派は，事業効果と建設負担からみて，今日，巨額の経費投入をしても建設効果はなく，事業化を延期すべきとの先送り論の色彩が濃

い。しかし、水道事業に関する数値は、賛成・反対とも、かなり詳細に調査し理論化されているが、相互に相手の推論を批判していった。
　両派とも、水道事業債の担保資格にまで及ぶ資金調達、事業効果・実施課題の論争は、今日の公共事業をめぐる事業効果分析より、はるかに熾烈な論争であり、興味ある政策論争であった。しかし、奇妙なことに水道の数倍におよぶ神戸築港事業については、反対論はほとんど皆無で、行政サイド内部の論争に止まっているが、市民への負担は、間接的には水道の数倍であった。

注
（１）全文は、前掲「神戸市水道誌」218～222頁に掲載されている。（２）同前222～229頁参照。（３）同前229～236頁参照。（４）同前255～258頁参照。
（５）水道調査委員『神戸市水道弁惑論』はしがき１頁、以下、前掲「水道弁惑論」。
（６）推進派はさらに桃木氏が展開する反対論は、「自己ノ推想ヲ編著シ………深ク事実ノ審覈ヲ極メザルガ故ニ往々疎漏ヲ免カレズ又誤妄ノ甚シキ或ハ玉石ヲ混ジ黒白ヲ弁別セザルガ如キモ鮮少ナラズ」（前掲「水道弁惑論」２頁）として、神戸市の百年の大計を阻害することになると批判している。
（７）たしかに反対派の『神戸市水道布設方策』は、神戸市の火災発生・火災焼失戸数は１桁少ない推計となっている。しかし、推進派の数値も火災損害額については推計されておらず、調査の怠慢が目立った。また後にみるように事業効果について楽観論に立脚し、事業化を急ぐあまり、事業収支の甘い予測が目立つのである。
（８）高寄・前掲「公営水道史」66頁参照。

水道建設賛成論の根拠

　水道賛成論の根拠をみてみる。神戸市における水道建設賛成論は、市議会調査委員会が主導権をもって展開され、逐一次の様に反論している。
　第１に、「水道事業の選択性」の問題である。市内の各地域によって、上水道か下水道かの選択性がある。湿地の兵庫地区は、下水道こそ優先すべきとの主張であるが、推進派は、下水道事業は、すでに神戸市において実施されており、明治20～26年度の事業実績2.6万円であり、批判は的はずれと反論している。
　さらに建設推進派は、現時点では、伝染病予防効果は、下水道より上水道がすぐれており、また事業選択においても、基本的にはもし伝染病で、都市が疲弊すれば、「折角開鑿シタル河川モ改造シタル家屋モ何ノ効用ヲカ為スベキヤ」と反論している。しかし、神戸市では下水道は、整備されておらず、雨水の側

溝整備程度であり，水道敷設後も伝染病は流行した。

　第2に，「財政負担」問題で，反対派は財政安定性から，発足して間もない神戸市財政には，余りにも重い負担であると警告している。先行した各都市とも，独立採算制は不可能であり，当初から市税での補填を実施している。

　賛成派は，「共用栓ヲ無料トシ」「市税ヲ増課セントスルガ如キハ実ニ止ムヲ得ザル窮策ナルコトヲ思ハザル可カラズ」と反論し，それでも最終的には料金収入で，水道債は償還できると推計している。しかし，建設後の実情は，水道普及が進まず，水道料金は低迷し，反対派の予測が的中しているが，最終的には，利用者増加によって，財政運営は軌道にのっていった。

　第3に，「水道公債」問題で，反対派は，推進派が水道公募債の発行を，安易に考えていると戒めている。先の『神戸市水道布設方策』は，その反論の半分以上を，水道公債反対に費やしている。反対派は，東京・大阪市では公募価格を超える応募があったが，日本銀行の担保にもならない水道債で，しかも神戸市のような経済力のない地域では，公債引受は難航すると，不安を強調している。

　また地方債の条件からみても，災害復旧以外の市債の発行は，「原理に背反する」と批判している。市債は災害復旧などの財源として発行されるべきもので，水道事業のように平時の財源調達手段ではないと反論している。

　これに対して賛成派は，「給水事業ヲ以テ普通事業ト誤認セシノミナラズ公債ノ原理ヲ知ラザルナリ」と反論している。水道事業債は「租税ヲ以テ之ヲ支弁セントスルトキ納税者ノ痛苦トナルベキ恐レアリ」という批判に対して，賛成派は料金収入をもって，償還するので負担苦痛でないと反論している。

　また水道事業は，間接的に利益をもたらす営造物であり，「其公債償還利子支払ニ要スル金額ヲ自ラ産出スル………直ニ市町村ノ財産ヲ増加セズト雖ドモ市町村民ノ資力ヲ高ムル………地価ヲ騰貴セシメ工商業ヲ振起シ以テ間接ニ市町村ニ利益ヲ与フルモノナリ」と，公益事業債の特質を強調している。

　神戸市水道事業債の資金は，「多数遊金ノ蟄伏スル」状況にあり，「有益ナル新事業ノ勃起ス………相争フテ之ニ応ズルヤ既往ニ徴シ収明晰タリ」と，事業推進派は自信を示している。

　もし国内で募集に齟齬をきたすならば，「外債ヲ募集スルモ可ナリ況ンヤ外人

ノ金満家ハ極テ低利ナル」⁽¹¹⁾と，地方外債まで視野に入れている。

　もっともこの賛成派の目論みは，後にみるように見事に覆され，神戸市は公社債市場によって翻弄され，外国債では償還貨幣で紛糾し，資金調達には塗炭の苦しみを味わう羽目になる。

　第4に，「水道水源」問題で，農業用水との関係で事態がこじれると，長期の政治社会的紛争へと発展しかねない。現に葺合地区は，「忽ち既得の水利権を失い実に容易ならざる阻害を蒙る」⁽¹²⁾と批判している⁽¹³⁾。ただ葺合部と神戸市の間で，幸い水源問題は明治26年には解決している⁽¹⁴⁾。

　第5に，「水道需要」の問題である。反対派は，建設派は水需要に対して楽観論に立脚していると批判を強めていった。

　市民の利用について，水道布設に対する市民の需要は，100分の4に過ぎず，事業収支の推計から大幅な累積赤字が，生じてしまうと予測している。

　これに対して賛成派は，「衛生ノ進歩ニ従ヒ我同胞ノ健康ニ注意スルコト決シテ昔日ト同一ノ論ニアラス」「貴重ノ人命ヲ繋ク純良潔白ナル飲料水ヲ目前ニアルヲ見テ不良ノ井水ヲ飲用セント欲スルハ万止ヲ得ザルモノゝ外無之モノト信ゼリ」⁽¹⁵⁾と，その後の衛生思想の普及からみて，市民の給水申し込みは高いと予測していた。

　しかし，反対派は常識的にみて，神戸市においても，水道水をよろこんで利用するのは塩分を含む井戸水に悩む元町などの一部区域であり，「其他大部分の市民にありては，………需要する事は余程難かるへし」⁽¹⁶⁾と批判している。賛成派は費用対効果を勘案して，市民は水道を利用するはずとみなしていたが，その期待は，水道事業実施後，見事に裏切られ，水需要の低迷に泣かされる。

　第6に，「用地買収」問題である。背山の水源涵養林としての市有地は皆無で，私有地を買収して水源を確保しなければならない。しかし，既得権益もあり，買収は難航すると予測していた。

　実際，水源補償問題では，葺合区民が灌漑用水の布引水源喪失に対する水利補償6,000円を要求し，熊内村民一部が水道料金10年間無料を要求するなど，市・地域の紛争が発生した。さらに給水区域を拡大し，新生田川東・西新開地も編入したので，反対の機運がさらに高まっていった。

しかし，建設派は「神戸葺合両部民ノ他日之ヲ市有ニ移サント義醸ヲミル」[17]と，部落有林の寄贈に期待していた。この点については，政府の部落有林の公有化政策もあり，六甲背山の部落有林の寄贈化は進み，昭和初期には大半を市有化している。

　このように賛成・反対派は，水道事業の多方面の課題について論争しているが，個別の課題については，反対派の不安は的中しており，建設派の事業収支予測の甘さが露呈される。しかも，先行した大阪水道事業は，人口・産業の急成長によって，水道料金は増加していった。また日清戦争後の物価上昇は，水道事業債の実質的負担の軽減という，経営環境の幸運にめぐまれたが，後発組となった神戸水道はその恩恵も失ってしまった。

　水道建設をめぐる，論争は神戸市の歴史をみても，白眉のものといえる。神戸築港などが論争もなく，決定されたのと比較してもわかる。反対派は短期ミクロでは，すぐれていたが，水道需要・効果などでは，賛成派が長期マクロでは優れていた。

　しかし，賛成派は先見の明があったのでない，建設資金調達の困難，使用料収入の減少，事業コストの上昇，国庫補助金の利子補給化など，事業経営環境のきびしさへの認識が不十分であり，対応を誤っている。そのため反対派の説得にも時間がかかり，明治30年5月28日にやっと起工式にこぎつけている。

注
（1）高寄・前掲「公営水道成立史」67～72頁参照。
（2）前掲「水道弁惑論」29頁。（3）同前20頁。
（4）桃木武平『神戸市水道布設方策』2～7頁参照，以下，桃木・前掲「水道布設方策」。
（5）同前3頁。
（6）・（7）前掲「水道弁惑論」7頁。（8）同前8頁。（9）同前14頁。（10）同前13頁。（11）同前14頁。
（12）前掲「水道尚早論」は，前掲「神戸市水道誌」220頁から引用。
（13）賛成派は葺合地域の水道による損失はなく，事業に関する水利の補償なども行われて，「水利収用上特失相償フヲ得テ大ナル不幸ヲ見ザル」（前掲「水道弁惑論」5頁）はずである。また「将来土地ノ旺盛ヲ企画スルモノニ対スレバ寧ロ僥倖ヲ受クルモノ」（同前5頁）であり，葺合地区も水道の恩恵を受け，さらに都市化の利益も得られることになると主張し，「水道布設以後ト雖モ幾計渓水ヲ従前ノ葺合部落ニ受

用スルハ勿論」（同前24頁）であり，農業用水として機能がまったく否定されるのではないと反論している。たしかに田畑の所有者にとっては，水道事業による土地価格上昇は，莫大な開発利得をもたらしている。
(14) 前掲「神戸市水道70年史」60頁参照。
(15) 前掲「水道弁惑論」15頁。
(16) 桃木・前掲「水道布設方策」9頁。
(17) 前掲「水道弁惑論」26頁。

補助金獲得と事業遅延

　第4の関門は，水道建設財源である。第1の課題は，国庫補助金の獲得である。まず使用料収入は，水道普及のため共同栓は，無料に近い料金設定で，市税補塡とともに多くは期待できない状況にあった。

　したがって低水準であっても，国庫補助金の獲得をめざした。当時，水道補助は3府5港に対しては，3割補助が運用上定着していたが，それでも補助金の認証獲得の確約は，容易に取得できなかった。

　第1に，鳴滝市長は，苦心の末，反対論を説得し，明治26年7月3日，敷設費97万円が市議会で可決され，30万円（補助率30.92％），6年年賦の国庫補助金の申請をし，市をあげて運動を展開をなした。しかし，帝国議会の解散・日清戦争で，事業認可の目途が立たなくなった。

　第2に，明治27年，神戸市は政府からの補助金を断念し，独自で建設しようとしたが，今度は金融逼迫で市債の公募が困難になり，「国庫補助を他日に期すとしても，独力既遂の事業に対して殆んど望みがなく，一朝財政困難に陥ればこれを救う途が容易でないので，………暫く時機の到来することを待つことになった」と，資金面から延期を余儀なくされている。

　第3に，明治28年6月，市会は再び事業費115万円に対する国庫補助金35万円を申請し，国会・省庁への陳情を繰り返した。その結果，翌年4月に30万円（補助率26.09％）の5年年賦に減額され，内務大臣の認可をえたが，市会決定から3年近くの年月がたっていた。そのため神戸市は補助金なしの見切り発車で工事着工をしている。

　この間に工事費の上昇，設計変更も加わり，工事総額は329万円と3倍に膨ら

んでいた。31年11月，国会で68万円（補助率20.66％），6年年賦方式で可決をみたが，最終的には98万円（補助率29.79％），11年年賦で決着した。

　補助金獲得に6年が空しくすぎ，日清戦争をはさんで事業の環境は悪化していた。しかも人口は25万人から35万人に増加し，工事費（表40参照）も115万円から329万円に膨張していた。

　増加の原因は，「当初の設計に見込み違いがあることが発見された。人口増・地域拡張・物価騰貴の3点について，当局の予想を遥かに超えて，新興都市神戸が急激に発展したためだった[5]」と，不回避的結果と弁明されている。

　第5に，ともあれ補助金は，法定の3割補助を獲得したが，国庫補助金獲得の誤算は，決定時期が数年ずれたこと，補助金といいながら，利子補給方式となり，しかも5年方式から11年方式の長期化した[6]。

　そのため初年度一括交付方式との差は，利子負担増32万円であり，工事実績連動支払方式との比較で約15万円の利子負担増加となっている。

注
（1）補助獲得は内務省のみでなく，「各政党員にして，亦補助の必要を認諾せずんば，請願の目的を達すること能はざるを以て，…政党各派の間に奔走し，夜を以て日に継ぐの尽力を為せり」（前掲「市史本編各説」702頁）と，苦労の一端がつたえられている。
（2）明治26年月14日に知事の副申書を添えて内務大臣に申請を提出している。「工事費97万円に対して，27年度以降毎年6万円，5ヵ年の交付を要望した。しかし，政府において議会解散があり，認可が進まず，また為替相場が下落して，工事費も上昇した。工事費115万円，補助金35万円に変更して再申請している」（高寄・前掲「公営水道史」181頁）が，政府・中央省庁相手の補助金はスムーズにいくのが例外で前途多難が危惧された。
（3）前掲「日本水道史」182頁。
（4）この点について「明治30年5月26日，国庫補助金・水道債の増額が未決定のまま，水道建設に着工した。しかも内閣交代もあり，国庫補助金の追加が決定したのは，明治32年3月31日であった。このように工事が遅延し，市民の水不足も深刻化していたので，神戸市は工事途中で濾過しない水を給水するという応急措置を導入している。工事資金の調達は，補助金の確保をはじめ難航し，ことに市債においては，実質的に大きな損失を余儀なくされた」（前掲「公営水道史」182頁）と，誤算続きであった。
（5）前掲「市史歴史編Ⅳ」294頁。
（6）国庫補助金陳情の経過；前掲「市会史明治編」574〜593頁参照。

公募債難航と外資導入失敗

　第2の課題は，水道債の資金調達で，使用料・市税補填・補助金が頼りにならず，当面の建設財源は，水道債以外に見当たらなかった。しかし，市債調達も，補助金と同様に厄介な課題であった。事業認可・補助金認証・公募債と市場動向など，起債許可があっても，政府資金の融資があるわけでなく，当該自治体が公債市場で，勝手に調達しなさいという，無責任な制度であった。

　水道建設資金調達の苦難をみてみると，明治21年函館市は地域公募債を発行し，長崎市は市場公募債を発行しており，地方公営企業債は公募債が定着していたが，個別自治体にとっては，未開拓の分野で苦難の連続であった。

　神戸市の水道公募債（表41参照）をみると，第1に，第1回水道公募債97万円（10年据置，翌年から30ヵ年償還）の募集状況は，順調であったが，当初は神戸市ではじめての長期・巨額・公募債であったので，資金達成は危惧された。[1]

　市債公募の広告をし，人海戦術で募集に努めた。[2] この結果，第一銀行など14行にて98.5万円を引き受けてもらい目標額の募債に成功している。

　第2に，第2回公募債は，悪い経済環境の下で行われ，神戸市は不利な条件を甘受して，194万円の公募にふみきったが，日本サイドの銀行との発行条件が折り合わず，外資100万円の導入となった。

　しかし，外資導入がこじれて50万円の調達しかできず，再度，国内資金を求めて，銀行と交渉し，幸い地元の日本商業銀行全額引受で，144万円の市債を発行し，1割引で資金129万円を，やっと調達している。[3]

　第3に，第3回は工事費増加・外資導入失敗補填などで，資金不足が発生し，金融情勢はさらに悪化し，1割5分引を覚悟し，41.25万円を発行する予定で

表41　水道債募集状況

（単位；千円，％）

区　分	募集金額	年月	引受価格	利子	調達金額	備　　考
第1回募集	970	30.3	100	6％	970	注；外資分は，当初，100万円を発行したが，50万円の入金があったが，25万円を返却（筆者）。
第2回募集	1,440（940）	34.4	90	6％	1,290	
外　資　分	250（1,000）	32.7	92	6％	230	
外資補填債	250	35.5	90	6％	225	
第3回募集	390	36.7	90	6％	350	

注　（　）は当初発行予定額。
資料　前掲「神戸市水70年史」131頁。神戸市『神戸市水道公債整理始末』

あったが，金融情勢が好転したので，額面39万円をもって35.1万円を調達できた。なおモールスとの交渉で50万円の入金が25万円となったので，25万円を35年5月，日本商業銀行に引き受けてもらっている。

結局，330万円を公募し，調達額306.5万円で，23.6万円の発行差額損失となっている。100円額面を90～100円で発行したからで，手数料100分の1で実質的金利は7％を超え，実収入は約306万円となる。資金調達は，発行差額が1割程度も生じ余分のコストが生じる。

第4に，外資導入の紛糾と失敗である。内国債が100円額面で，90円でも見込みがなく，資金調達はピンチに立されたが，外資導入が92円であったので，神戸市は導入を決めたが，すんなりといかなく，外資導入紛争と調停処理に直面する。

神戸市は明治32年7月に，横浜在住のアメリカ人：J．R．モールスと，額面100万円の契約を結び，まず50万円公債発行（返還外貨問題発生）を発行して，交換で50万円の融資資金を確保した。32年7月7日，モールスと神戸市は，「神戸市水道公債増募引受契約證書」を取り交わしている。

しかし，残額50万円の融資について，返済貨幣が日本円か英貨かで紛糾した。返済外貨をめぐる対立は，訴訟問題に発展したが，国際的批判がはげしくなり，最終的には渋沢栄一の仲裁で，明治34年12月20日すでに公債発行で融資をうけた50万円のうち25万円を市が買戻し，残額の25万円は，英貨返済公債発行で和解となった。結局，神戸市は25万円の融資のみとなった。

外資導入は，一応の解決をみたが，モールスへの英貨支払のため，額面1割引の借入金など，無用の手数料などが出費となり「これによって神戸市は18万9,000円という膨大な欠損を生じ，ために水道敷設工事に重大な支障をこうむった」と，かなり損失額が，発生したとされている。

注
（1）『神戸市水70年史』は，「額面総額は97万円，30年2月募集に着手し，翌3月31日契約締結を終えた。これが神戸市における長期債発行の最初であった。もちろん神戸市にとって前例のない募債であるうえ，市は不況から抜けきらず，これに加えて頼みの綱となっていた大阪市は築港事業のいきさつから神戸市に対してよい感情をもっておらず，この募債開始以前から全市いっせいに排斥の声をあげ，1人の応募

者も現われなかった。………市理事者の心労も一通りではなく，市内各銀行の重役を招いて懇請をかさね，条件として債金納入につき10ヵ月均分とするなど極限まで譲ったうえ，さらに3月1日に………募債広告を数種の新聞に掲載した」(前掲「神戸市水70年史」131頁)としるされている。それにしても大阪市の神戸港への怨念は異常で，都市の品格が問われる事態をもたらしている。

(2) 募集の状況は，「こうした広告だけではまだ心もとないというので，周布兵庫県知事にも要請して県下の各郡長を通じて地方に勧誘する一方，市内には228名の勧誘員を走らせて担当区域ごとに談話会を開き協力を求めるとともに参事会員や水道委員らは全国の主要都市を訪ねて募債応募の勧誘に奔走した」(前掲「神戸市水道70年史」132頁)と涙ぐましい苦労が伝えられている。なお地元銀行の引き受けは41.0％であった。

(3) 市は「第1回と同じように7銀行の協力を要請したが，市の希望100円に対する93円以上，銀行側は100円に対する90円の線で妥協点が見出せず，外債に頼らなければならなくなり，モールスと92円の契約を結ぶに至ったものである。明治32年秋には悪疫ペストが流行し，また一方貿易の不振から金利も高騰を続けるという悪条件では7銀行側は，先に物別れの悪感情を残しているだけに協調的とはいえなかった」(同前132・133頁)のも当然である。幸い日本商業銀行の引受は，額面100円を90円で引き受け，手数料1.4万円で，債金収入は，無利子で預金させられ，水道工事費のみ支出を認める屈辱的措置がとられた。

(4) 応募契約の内容は，「神戸市は債金の全部を，その払込みを受けた日において，各銀行等か゛ら無利息をもって定期預けにする」(同前133頁)こととされ，引き出しは，最終的には1年3月後で，3月間隔で分割方式であった。

(5) 外債補填追加市債の発行条件は不明であるが，金融情勢好転以前であり，第2回発行と同一条件，90円，6％とした。なお最終的外資分25万円の発行条件も，当初の92円として受取額を算定している。

(6) 神戸市は地方外債の第1号となっているが，公募債でなく，変則的外資借入方式であった。そのため償還資金をめぐって，日本貨幣か英国貨幣かで紛糾するが，神戸市だけでなく東京市もまったく同様の問題が発生しており，外貨調達のアキレス腱ともいえる。高寄・前掲「明治地方財政史Ⅵ」295頁参照，高寄・前掲「昭和地方財政史Ⅴ」288〜292頁参照。

(7) 主要条文は以下のとおりである。「第三　右ゼームス・アール・モールスガ引受クル応募価格ハ額面1000円ニ付920円ノ割合ヲ以ッテ其引受金額ニ対シ積算シ，日本通貨ヲ以ッテ，本証契約ノ期限ニ於テ市参事会ヘ引渡スベシ。第四　公債応募引受高100万円ノ半額ハ来ル15日，市参事会ノ受取証ト引換ヘ，残半額ハ来ル12月15日以前又ハ遅クモ来ル12月15日ニハ，必ズ公債証書ト現金ト引換授受スルモノトス。但，来ル7月15日半額受渡済ノ上ハ，公債本証書ヲ調製シ来タル8月15日迄ニ市参事会ヨリ相渡スベシ。公債証書ニハ，本年7月1日為替相場1磅9円67銭2厘5毛即1000円ニ対シ換算103磅7志8片2分ノ英貨ヲ併記スルモトトス」(前掲「神戸市水70年史」101頁)と記載されている。

（8）返済外貨問題発生の背景について,「そのときのとりきめでは,半額の50万円を即刻受取りとし,残りの50万円は同年11月に収納」する手はずであったところ,その残額受渡しの時期に至って,はからずも還債貨幣の問題が起こった。………はじめての外貨導入がきまったとき,市は条例中に英貨での支払いの一項目を加えようとしたが,大蔵省の承認が得られず,ために英貨支払いの項目を入れないで,明治31年6月30日,条例を公布した」（同前100・101頁）のである。
（9）返済外貨問題決着の経由をみると,明治33年1月,モールスは解約訴訟を提起し,市も応訴し,第1審の横浜地裁は,神戸市勝訴の判決を33年4月1日に下した。このころから外字新聞はこぞって神戸市を非難し,5月11日モールスは第1審を不服として控訴の手続きをとった。しかし,控訴審でも有利な展開もなく,ついに34年12月にいたり,渋沢栄一に仲裁を求め,問題は一応落着をみることになった。なお水道外債の契約書・訴訟状況・外字新聞論評については,同前100～112頁参照。
（10）前掲「市会史明治編」624頁。
（11）要するに第2回水道債は,当初,内国債94万円,外国債100万円であったが,外国債が25万円となったので,75万円を国内債にふりかえたが,国内債は144万円しか調達できず,25万円の調達不足となっている。ただ18.9万円という損失の根拠は明示されていないが,「訴訟費用,為替相場ノ変動トニヨリ…3万円ナリト聞ク」（同前650頁）と推計されている。しかし,金利負担・募集手数料などを加えても,先の18.9万円の損害にはならない。仲裁後,借り入れた英貨為替は「日貨ニ換算シ1ポンドニ付20銭ノ差ヲ生ズル」（同前648頁）と換算されているが,25万円について10年据置で35年償還で,この間,元契約為替より2％割高の支払いが45年間続くので為替差損は10万円を優に超えるであろう。いずれにせよ「市にとって有形無形の損失は相当なものであった」（前掲「神戸市水道70年史」133頁）と,無念さをこめて記述されている。

水道財政の分析と経営課題

　第3の課題は,水道事業運営の問題で,巨額の水道債償還ができるのかであった。水道建設費は,当初事業90万円（補助金30万円）,完成事業費392万円（補助金98万円）で,明治30年5月28日着工,33年3月24日通水式でやっと完成をみている。横浜水道に10年遅れただけでなく,事業費が4倍以上膨張した。

　水道事業費は,明治30～38年まで,水道事業創業費（表42参照）は,当初,普通経済で処理されていたが,32年度から一般水道費と導水事業に区分され,やがて37年度から船泊給水費が別会計で処理されている。

　水道布設工事収支決算をみると,国庫補助金24万円となっているが,残余74万円は利子補給という変則的支援となっている。このため神戸市は,工事支出

表42　神戸市水道布設工事収支決算（明治30〜38年）　　（単位；千円）

費目	金額	備考	費目	金額	備考
国庫補助金	240	総額98万円，うち布設費24万円，残余利子補給	人件費	239	
公債募集金	3,072	発行額面330万円に対する実収入	公債費	412	公債利子・銀行取扱費など
市費補助金	140	工事中利子補給金	賠償費	669	移転補償費・利権収用補償金
雑収入金	131	預金利息等	工事費	1,930	
			その他	156	
合計	3,583		合計	3,406	

資料　神戸市水道局『神戸市水70年史』134頁。
出典　高寄昇三『近代日本公営水道成立史』183頁。

額と，利子補給額の時期的ずれで損失を被っている。また水道敷設費決算は，収支均衡となっているが，公債費収入307万円に対して，公債費支出は41万円であり，少なくとも300万円以上が，完成後の水道会計に負担転嫁されている。

　明治30年度からの水道事業収支（表43参照）をみると，水道経済は，経常・施設・船舶と区分され，単純推計となるが，まず歳入をみてみる。

　第1に，使用料収入は，共同栓が採用されたので抑制され，35年度でも11万円で公債費より少なく，40年度34万円でやっと公債費を，わずかに超える程度であった。月額は明治33年1戸専用栓60銭（1戸5人まで），家賃2円以下で共同栓1戸10銭，持屋層・家賃8円以上は1戸当り50銭と低料金となっている。

　しかし，拡張工事がはじまると，明治44年度から大正9年度にかけて，第1回拡張事業1,166万円がスタートし，国庫補助金は81.5万円しかなく，大幅な料金引上げが実施された。以後，水道会計は，拡張事業が連続して行われ，慢性的赤字経営が続いた。

　第2に，市税補填は，年間3万円と少ない。伝染病対策でもあり，普及を促進するため，政策的に料金は，共同栓など低料金としたので，赤字要因となっており，市税補填がなされている。しかし，水道拡張工事は，巨額であり市税補填も無理で，独立採算制で大幅な料金引き上げとなっている。

　第3に，資金調達は，高金利であるが，ともかく金額は調達できたが，問題は元利償還である。43年度借換債271万円を発行しているが，低金利債への乗り換えであり，金利負担が軽減されるだけでなく，新規債として据置期間もあり，

表43　水道経済収支の推移　　　　　　　　　　（単位；千円）

区　分	給水料	補助金	市補助	公　債	他合計	運営費	工事費	公債費	他合計
明30	−	60	−	670	1,061	−	341	35	376
明31	−	60	−	0	1,264	7	860	58	925
明32	12	60	−	500	1,619	479	672	81	1,535
明33	88	60	−	1,440	1,691	330	334	183	1,064
明34	91	100	−	−	969	158	217	189	511
明35	109	100	−	−	1,034	219	135	237	707
明36	133	100	30	390	1,004	157	187	221	507
明37	146	100	30	−	830	158	101	221	511
明38	214	100	30	−	868	195	63	166	630
明39	245	100	30	−	956	191	174	353	719
明40	317	100	30	−	508	184	89	262	595
明41	340	180	30	−	507	138	88	226	445
明42	350	−	30	−	528	132	6	216	427
明43	381	−	10	2,709	3,513	390	16	2,622	3,028
明44	362	−	−	−	912	280	397	88	772
明45	477	−	−	−	699	178	194	219	573
合　計	3,265	1,120	220	5,709	17,963	3,196	3,874	5,377	13,325

注　明治32〜42年度は水道・導水・船舶事業の単純合計，工事費は補助対象事業で『土木局統計概要』，運営費は推計値（工事費の31％）

年度償還額も先送りされるメリットがある。

　ただ据置方式に借換債方式を追加したので，水道債償還は進まず，大正2年度で発行額500万円に対して，償還額87万円と少ない額である。

　つぎに歳出をみると，第1に，工事費は明治30年代前半の集中しており，使用料収入との差を水道債で補填しているが，要するに債務の先送りである。

　第2に，公債費は，明治45年度の水道債を累計ベースでみると，表84のように，30年度67万円を発行以来15年を経過しているが，償還率16.9％しかない。しかも利子支払累計236.8万円と，償還額の3.12倍になる。据置期間もあるので，利子負担が大きいが，次第に償還額が大きくなる。そのため就任早々の鹿島市長は，低利債への借り換えに着眼し成功している。[1]

　このような据置期間・借換債方式は，水道のような収益力のない事業にとって，実質的には債務の繰り延べとなり，経営安定化に寄与するはずであったが，人口増加による拡張工事で，経営圧迫要素が消滅することはなかった。

　水道事業は，神戸市にとってはじめてのプロジェクトであった。さまざまの課題を克服し，完成をみたが，大幅に遅れた。鳴滝市長は，早期建設をめざし

たが果たせなかった。

　外部要因としては，住民の建設反対運動，水源確保の紛争，国庫補助金・建設公募債調達の難航などであり，内部要因としては，市長のリーダーシップの不足，市議会コントロールの失敗，反対への説得能力欠如なども否定できず，反省の多い対応であった。

　公営交通創業にも失敗した要因であるが，複合要素がからみ，事業の早期実現を阻むが，この悪の連鎖を断ち切るには，市長の戦略と決断の如何によることがわかる。

注
（１）当時の金融情勢は，「時恰も金融緩慢となり，加之国債の償還ありて金利著しく低下し，且つ政府にても低利債発行の意あるを知るや，鹿島市長は此趨勢を看取し，年利率６分の既発行水道公債を低利債に借換をするの有利なるを認め，……年利５分額面279万9,000円の新規水道公債を…額面100円に付97円とし，……旧水道公債を全部の償還をなす」（前掲「市史本編各説」264頁）成果をあげている。旧債の残存期間15年とすると，単純集計では年利差1.5万円として22.5万円となる。

第 5 節　神戸市財政の膨張と構造悪化

1　都市歳入と財源不足の深化

　三新法期の神戸区財政は，小規模で独自性もなく，町村財政と異ならなかったが，神戸市財政も，市財政制度が静態的であったので，管理型財政を踏襲してしていた。しかし，制度の拘束があっても神戸市が，運用面で財政運営と都市経営を連動させ，動態的財政への変貌は可能であったが，変革への意欲は見られなかった。

財政規模膨張と歳入構造

　明治後期（明治22～45年，1889～1912年）の市財政をみると，「公共事業は日清戦争まで遅々として進展を見なかった」といわれている。たしかに明治22年度

5.2万円が，27年度7.7万円とわずか2.5万円増である。土木費は27年度3,413円と，神戸区19年度1万1,036円より少ない。

京都市財政は，明治22年度32.4万円，30年度100万円で，神戸市人口は，京都市の半分以下であるとしても，神戸市財政は極端に小さい。さすがに神戸市も，20年代後半，消極主義から積極主義へと転換する。27年8月，日清戦争がおこり，28年4月に終結するが，市財政は28年9.2万円と，依然として低迷していたが，戦後景気で29年度28.5万円，30年度26.9万円と，一気に膨張する。

このような財政膨張の要因の1つは，「商工業者達の，社会資本整備の遅れに対する不満」(2)と，あと1つは，「コレラ等伝染病の流行と貧困問題の社会問題化」(3)といわれている。しかし，明治30年度歳出（表48参照）をみても，土木費こそ7.4万円であるが，救助費210円，教育費2,671円，衛生費8,243円と惨めな支出額で，公債・借入費7.0万円，諸税・負担金6.9万円など，財務関係費が膨らんだだけで，行政費は旧態依然のままで，貧困対策は，微々たる支出であった。

明治30年代になると，神戸市財政も，市債を活用して，財政は膨張していったが，日露戦争が37年10月におこり，国策で市財政は36年68.6万円，37年60.1万円と抑制されるが，38年9月におわると，38年度97.1万円，39年度115.6万円と増加に転じ，40年度219万円，41年度232万円と驚異的な膨張を記録する。

しかし，都市開発・公営企業をめざす，都市経営戦略への変革ではなく，膨張の要素は，いずれも港湾負担金が原因である。42年度も財政規模392万円であるが，港湾直轄事業負担金の借入金清算222万円，県費負担34万円で，実質的行政費136万円に過ぎない。

明治40年代になると，都市財政肥大化について，大阪市では市政改革運動が活発となり，神戸市でも超党派の国会・地方議会議員，地域団体，実業家，弁護士などで，「市政革新を企図」した「公民会」が結成され，市民大会などが開催された。

しかし，個別事業の問題点は指摘されたが，「未だ腐敗の点を認めず」と尻すぼみで，市政改革の処方箋は，提示されていない。幸いなことに神戸市政は，東京市政のように，利権派議員が，市政を食い物にする「タマニーホール」といった，醜態をさらす状態ではなかった。ある意味では利権対象となる事業が，

欠落していたからともいえる。(4)

　ただ地域社会では,「産業都市,貿易都市として発展していくに必要な社会資本の合理的な施設化・運用(5)」が,共通の課題として広がっていった。しかし,神戸市が施設整備の効率的運営から,政策選択による費用効果をめざす,都市経営への転身は,大正期の民営電気買収以後であった。

　明治後期の歳入構成・構造(表44参照)をみると,財政需要との対比でみた,財政力は貧弱であった。第1に,歳入規模は,明治22年度3.2万円と,市制実施というには,あまりにも貧弱で落胆せざるをえなかったが,めぼしい財源は市税しかなく,都市財政といえない構成であった。

　明治40年度になり,構成比は市税16.79％,国庫支出金1.76％,市債・借入金46.06％で,市債中心の経営型財政へと変貌しているが,水道・港湾は,財源を生みだす事業でなく,財政負担が増えただけであった。

　第2に,市税収入は,22年度対30年度で約5倍伸びているいるが,30年度で三部経済制システムの変更で,県・市税の組み換え,所得税・営業税国税付加税,特別雑種税などの追加課税があったからである。30年度対35年度で2.31倍,35年度対45年度でも約1.68倍弱で,それなりの伸びであるが,付加税率引上による増収で,安易な増収策は,国税付加税率の制限はきびしいので,特別市税への超過課税の乱用となり,細民重課の様相が深まっていった。

　第3に,国庫支出金は,国庫交付金(国税徴収委託金)・国庫補助金の合計で,国庫補助金は明治34年度1万8,357円が,はじめて計上されているが,構成比2.44％に過ぎない。なお県補助金は,22年度より支給されている,国庫伝染病予防費の府県経由補助で,41年度7万9,819円(構成比2.97％)と,かなりの交付となっている。それでも45年度国庫・県補助金の合計4万3,443円(構成比2.12％)しかならない。

　第4に,神戸市財政は,臨時的財源を明治20年代は,市債発行でなく借入金で調達していた。(6) 24年1,929円,25年4,618円,26年1万8,140円である。ことに金利状況をみての,つなぎ資金として重宝された。(7)

　市債は27年度1万9,319(構成比22.54％),28年1万6,329円,29年度17万841円(53.87％)と,次第に増加し,42年度244.7万円(57.29％),45年度57万円(27.76％)

表44　明治後期市費歳入決算　　　　　　　　　　（単位；円）

区　分	明22	明25	明30	明35	明40	明45
市　　　税	49,313	28,139	248,417	574,548	699,224	966,128
国 庫 支 出 金	1,275	1,165	4,690	30,696	49,191	57,989
県 　支 出 　金	－	4,667	0	10,000	27,631	26,657
使 用 料 手 数 料	961	1,192	5,348	9,242	27,693	64,755
市　　　債	－	－	－	－	－	570,000
借　入　金	－	4,618	12,568	－	1,156,344	－
寄　付　金	－	1,422	－	16,850	－	3,180
雑　収　入	247	836	6,906	34,209	124,545	109,742
繰　越　金	857	－	31,760	35,612	276,461	204,708
そ　の　他	－	3,029	－	－	149,319	50,650
普通経済合計	52,653	45,068	309,687	711,157	2,510,408	2,053,809
水 道 経 済	－	－	1,061,210	994,047	679,555	609,393
区　　　費	－	－	250,291	354,164	604,149	508,674
総　　　計	52,653	45,068	1,621,188	2,059,368	3,794,112	3,171,876

資料　神戸市『統計書』，22年・25年度区財政は，神戸市『神戸市史本編総説』334・345頁。

と，主要財源となっていった。それでも京都市財政と比較すると，市債活用による財政支出は，数段に見劣りがする。[8]

　第5に，その他収入では，報償金は「従来，特別市税の雑種税として徴収せしを廃し，明治41年度より神戸瓦斯株式会社と契約して，同社の決算期毎に純益金の百分の五を納付せしめしに始まる[9]」と説明されている。しかし，神戸瓦斯・電気・軌道会社などの報償金は，40年度1万3,811円，45年度1万2,611円と，さしたる収入額でない。

　第6に，特別経済は，水道と区費のみであるが，明治30年度では水道経済は，普通経済3.42倍であるが，45年度では水道建設が一段落したので，29.7％と激減している。大都市財政は，普通経済と区財政が，二重構造になっていたが，区財政規模は，22年度普通経済の30.8％，25年度75.6％であったが，普通経済が膨張するにつれて，小学校費中心の区費は膨張しても，相対的に縮小し，45年度では24.7％と，4分の1に低下していった。

注
（1）～（3）前掲「市史歴史編Ⅳ」85頁。（4）同前365頁参照。（5）同前366頁。
（6）借入金の利用については，正攻法の歳入不足補填は，市税増税であるが，付加税

率制限の引上は市会同意もあり容易でなく、「補充調節は、公債の発行に待つか、然らざれば短期の借入金に依らざるべからず。而して公債の発行は種々の事情に阻まれ、実行困難なる場合あるを以て、市が殆ど唯一の調節策として、借入金に依らしむるは、勢自ら然る所ならむ」（前掲「市史本編各説」336頁）と、窮余の策と擁護されている。
（7）借入金をみると、30年1万2,568円、32年5万948円、33年度17万1,670円、37年度4万5,000円、38年度25万円を調達している。一方、市債は32年度11万5,122円、33年度1万4,878円しか発行はない。借入金が活用されたのは、つなぎ資金として利用された。神戸築港が40年度からはじまり、直轄事業負担金100万円の払い込みが求められた。しかし、金融市場が逼迫し、高金利であったので、40年度115.6万円、41年度101.3万円を借入金で調達し、42年度244.7万円、44年度44.9万円、45年度57万円を市債で調達している。以後も借入金方式は利用されたが、基本的には市債方式が定着していった。
（8）京都市の起債比較額は、明治22年度疏水事業債20.5万円、23～26年度水利債42.6万円、26年度博覧会債9.7万円、26～33年度普通経済債19.7万円、27～31年度水利債37.9万円、40・41年度普通経済債30万円である。そして43年度フラン外債1,755万円、45年度フラン外債195万円と続いている。神戸市は42～43年度普通経済債87万円、43年度水道債371万円、42年度築港債250万円である。
（9）前掲「市史本編各説」340頁。

市税構造と税目の運用

　主要財源である市税は、税目・税率などは地方税制度で決められ、変更は内務省の認可事項であるが、制限外課税は比較的容易であった。しかし、法定外普通税の新設はきびしく制限された。そのため都市税目という視点からみると、税目・税率の欠陥が、目立つ税制であった。

　第1の課題として、市税構造（表45参照）をみると、第1に、独立税がほとんどなく、国税付加税（地租割・所得割・営業割）と実質的県税付加税（特別市税）が主要税目で、市税の税目といえるのは歩一税ぐらいであった。

　国税3税の市税構成比は、22年度9.32％、30年度28.83％、35年度58.95％、40年度53.06％、45年度49.02％で、35年度をピークに低下しているのは、国税付加税への制限強化と市特別税税への課税強化が同時並行して進んだからである。

　第2に、税目別構成比は、明治22年度地租割4,106円（構成比14.12％）、営業割1万9,407円（66.92％）、家屋割5,530円（19.06％）と、営業割偏重であり、23年

度地租割2,639円（4.58%），営業割3万2,304円（56.07%），家屋割2万3,304円（39.35%）と，営業割偏重は是正されたが，地租割が低水準はかわらなかった。しかも営業割は，商業工業1万7,103円であるが，非近代的な芸妓2,745円をはじめ，待合茶屋などの賦課金が多く，特定税源への重課の税目であった。(1)

第3に，市税増収は，新税創設とか課税基準の改正でなく，人口・企業の増加と付加税率の引上で，場合によっては制限税率を，上回る超過課税よる増収であった。負担不公平是正とか，都市財源の強化といった認識は希薄で，税収確保といった当面の財源対策で処理されていった。

第4に，税目の変更は，明治30年度に府県営業税が廃止され，国税営業税が創設され，国税営業割が創設された。地方営業税は，国税営業税以外の零細営業税への賦課であった。このように主要税源が国税化され，さらに国税付加税への課税も，きびしい制限が加えられていた。

第5に，三部経済制では，明治30年，市内県税を神戸市が徴収する，「分賦金」制が創設された。(2)年度当初の分賦金は全額は県の三部経済の財源となったが，自然増収分の市税化という，妙味があった。しかし，それだけでは不足するので，市税を財源とする県費負担金が，県財政へ納付された。

たとえば見かけの明治35年市税は，57.7万円に拡充されたが，県費負担27万円で実質市税30万円となる。

第2の課題として，税目の状況をみると，第1に，国税地租割は，明治期，国税・市税でも根幹的税目であったが，意外と成長性は低い。

先にみたように国税地租評価水準は，実勢価格の50分の1程度であり，さらにその付加税は国税の2割程度であるから，税収の絶対額は少なく，45年度10.1万円，市税構成比10.18％に過ぎない。

第2に，国税所得割は，27年まで非課税で，他の大都市は各種国税付加税として一括賦課されており，25年の大阪市地租付加税1万3,857円，所得税付加税2万2,401円，京都市地租付加税6,188円，所得税付加税6,849円で，神戸市は非課税で，京都市並みに地租割と同額の収入があったとすると，5年間の減収は1万5,871円となる。45年度所得割15.0万円，市税比率15.5％である。

第3に，国税営業割は，明治29年の国税営業税が創設された国税営業税に対

する明治45年度22.3万円，市税比率は23.03％で，国税所得割より高い比率である。

　第4に，特別営業税は，国税営業割の残余の零細事業税で，実質的には府県税付加税で，その後，雑種税も分離したので，税収額は少なく，伸びも低い。特別雑種税は，主要な税目は，芸妓・娼妓・飲食店・理髪店などである。雑種税の制限税率はゆるかったので，補填税源として賦課が強化され，次第に大衆課税化を深めていった。45年度構成比25.17％である(3)。

　第5に，特別家屋税は，市税であるが，地租割が国税付加税で伸び悩んだので，補填税目として活用され，30～45年度で2.59倍の伸びである。特別雑種税も3.16倍とより大きな増収となっている。特別家屋税の45年度構成比は12.16％と低く，地租割なみであったが，大正期，神戸市が賦課方式の改正があり，大正末期には地租割の数倍となっている。

　第3の課題として，制限外課税の運用をみると，市税付加税率は，政府にとっては，地方財政を操作するかけがえのない手段であった。そのため国税を地方税の浸食から防止するため，国税付加税率は低く抑え，特別地方税の制限率を，緩和していく玄妙な運用方針であった。

　この制限税率を，超えて課税するには，中央省庁の認可が必要であった。都市自治体は，慢性的税源不足であったので，政府は新規の税目創設とか，国庫補助金の増額より，付加税率の引き上げによって，財源付与を行ってきた(4)。

　制限税率と実施税率と推移をみると，第1に，地租制限税率は，21年14.29％で，神戸市は賦課率12.20％と，22～25年度は制限以下であるが，30年度は大幅な制限外課税となっている。35年度90％（制限税率20％），40年度75％（制限税率40％）と制限外を持続させているが，45年度21％（制限税率9％）と，制限税率が抑制され，市賦課率も激減している(5)。

　第2に，所得税付加税の制限税率は，明治23年度50％であったが，神戸市税率40％，35年度70％であったが，37年度50％，そして41年度制限税率30％に抑制されたので，神戸市の税率も22％に低下している。

　大都市税制としては，主要税目となるべき所得課税が，もっともきびしい制限にさらされたのは，国税擁護の明白な措置であった。

表45　市税収入の推移　　　　　　　　　　　　　　　　　（単位；円）

区分	明22	明25	明30	明35	明40	明45
国税地租割	4,596	776	9,609	43,138	37,957	101,406
国税所得割	—	—	12,487	132,994	147,573	149,750
国税営業割	—	—	49,513	162,583	119,318	222,473
特別家屋税	21,424	6,949	46,812	37,097	92,487	121,168
特別営業税	22,527	20,414	18,589	35,659	49,541	55,281
特別雑種税	—	—	76,852	135,120	197,090	243,198
特別歩一税	—	—	24,555	27,957	55,258	68,133
その他	776	—	—	—	—	4,719
合計	49,313	28,139	248,417	574,548	699,224	966,128

資料　神戸市『統計書』

　第3に，営業税付加税の制限税率は，明治29年度50％，30年度市税課税率50％，35年度70％となったが，41年度制限税率30％に，引き下げられたので，44年度も30％の低水準で，制限外課税は実施されていない。

　第4に，家屋税付加税率は，県税賦課基準の倍率で，30年度2.30倍，44年度3.50倍とかなり高率な賦課となっている。このように税源不足補填を，国税付加税以外の税目への制限外課税に求めたので，かえって歪められた市税システムとなると危惧されている。(6) 所得税・営業税の制限税率がきびしいとか，地租評価額が実勢地価と乖離しているなど，抜本的改正が急がれた。

注
（1）特別営業税がどのような税目からなっておるかを，明治22年度でみると，商業工業13.88円，雑種4.43円，雑種税1.78円，芸妓2.65円，貸席0.39円，娼妓0.71円であった。前掲「神戸市史・行政編Ⅰ」387頁参照。
（2）この点について，「三部経済制のもとで市部地方税およびその付加税として徴収していた制度がなくなる一方，府県予算の10分の1を限度として県費を負担することになった。また従来の地方税を市税として賦課徴収し，県費負担にあてると共に市費にも充当する特別市税の範囲を拡大する特別市税」（前掲「神戸市史・行政編Ⅰ」397頁）の改正がなされた。要するに県財政の市部経費は，まず県税を市が徴収する分賦金で処理する。つぎに県税・市税の賦課率を調整し，県費を負担する分だけ市税賦課率を強化して支弁するシステムを採用した。
（3）明治34年度をみると，芸妓税3万5,220円，車税4万7,701円，荷車税2万9,964円，人力車税1万300円，飲食店税2,803万円，湯屋税2,001円，理髪人税1,700円など，大衆課税の性格が濃厚である。前掲「市会史明治編」227頁参照。
（4）地方税における制限税率の推移については，高寄・前掲「昭和地方財政史Ⅴ」184頁参照，神戸市の市税課税率は，前掲「市史行政編Ⅰ」388頁参照。

（5）明治・大正期の制限税率については，高寄・前掲「昭和地方財政史Ⅴ」184頁参照参照。
（6）明治34年度では「制限外徴収の総額は，11.3万円（地租割3.5万円，所得割3.5万円，営業割4.3万円）になり，市税の19％，付加税総額の36％を占めた。このことは，制限外課税が都市財政に不可欠のものとなっていたことを示しており，実は税体系そのものの再検討もすでに俎上に上っていた」（前掲「市史歴史編Ⅳ」305頁）といわれているが，改革は戦前なされなかった。

家屋税改正挫折と歩一税創設

　第4の課題として，賦課方式の変更をみると，家屋税は，賦課方式をめぐって，長期に混乱した。神戸区の家屋税賦課方式は，明治11年の地租改正による土地等級に準拠して課税されていたが，地価上昇・地域変動などで負担不公平が拡大していった。

　明治19年，神戸区が家屋税賦課法を制定したが，日清戦争後の賃貸価格上昇で，改正がせまられた。27年は家屋税改正をめぐって，増税派・反対派・折衷派の長時間にわたる激論となったが，結局，小寺泰次郎らの反対で，賛成論は消滅した。都市化の拡大によって地主や借家経営者の利害が対立し始めていたのである。

　明治28年度市会にあっても，小寺泰次郎は，「地等ハ売買ノ実価ニヨルヲ先ズ公平ナリ」(1)と言明しながら，「此不同ヲ修正スル容易ノ業ニアラズ。軽率ニ之ヲナサンカ，其結果民心ヲ動揺セシメ，遂ニ進歩ヲ害スルニ至ラン」(2)と反対している。そのため家屋税は，明治22年度2.1万円，30年度4.6万円，40年度9.2万円，45年度12.1万円に過ぎなく，45年度市税構成比12.54％にとどまっている。(3)

　家屋税改正は，明治28・30・40年と否決され，賃貸方式にもとづく改正が可決されたのは，大正7年であった。その結果，8年家屋税44万円（区家屋税66万円差引）と前年度の13万円の3.4倍となっている。

　もし改正が28年に実施されておれば，大正7年までで約300万円程度の税収入を確保できたのである。所得税導入の遅れといい，神戸市の市税賦課施策は，六大都市の比較でみても拙い対応であった。(4)

　第5の課題として，税目の創設をみてみる。法定外普通税である特別税で，

第1に、明治26年度国立銀行税（明治30年廃止）・歩一税（不動産取得税）が創設されているが、歩一税は不動産取引の100分の1、銀行税は前年度利益の100分の1の賦課率である。45年度構成比7.05％である。もっとも「歩一税ハ旧幕時代ヨリ負担シ居ルノ習慣アリ」と、可決を楽観していた。しかし、実際、反対意見も多く、可決があやぶまれたが、最終的には可決をみている。

　第2に、歩一税税収は、26年度2,716円で、地租割3,531円の76.9％、30年度歩一税2万4,554円は、地租割1万9,609円の1.25倍、主要税目の税収不足を、特別税などで補填する、歪な構造となっており、本来の地租・家屋税などの賦課率が、如何に低いかも立証されている。

　大正3年度の市会は、新築建物に歩一税を賦課する案を否決しているが、埋立地の取得については可決している。

　このような法定外普通税創設こそ、都市経営における政策型経営の典型的事例であるが、六大都市すべてが、積極的でなかった。たとえば宅地開発税・埋立賦課金などが期待されたが、創設の申請すらなされていない。

注
（1）・（2）前掲「市会史明治編」214頁。
（3）神戸市の39年度の一戸平均負担額は、3.290円で、東京市2.413円、大阪市3.590円、京都市5.767円、横浜市5.273円、名古屋市3.661円で、比較的低い水準にあった。同前252頁参照。
（4）前掲「市史歴史編Ⅳ」300頁参照。
（5）前掲「市会史明治編」207頁。
（6）反対意見は「家屋・土地ノ売買盛衰ハ土地ノ盛衰ニ関ス。…之地所売買ヲ妨ゲ、大イニ本市ノ退歩ヲ見ルニ至ラン」（前掲「市会史明治編」208頁）賛成意見は「地所・家屋ノ転々売買ノ弊害ノ存スル知ラザルカ」（同前209頁）、地価値上の短期売買が繰り返し行われ、地価高騰の要因となっている。
（7）市税と歩一税について、「いずれも法的に税率上限を設定されていたから、おのずと限界があるものだった。新開地として土地開発が進行している間は歩一税に依拠した財政が維持できるが、開発が下火になると税収に困難が生まれるという問題を抱えていた。それ以上に歩一税は毎年大きく変動する不安定なものだった」（同前303頁）が、都市化にともなう臨時収入であり、変動があっても問題がない税目である。
（8）新築家屋への否決は、「負担ノ公平ヲ失スルノ傾キアルト共ニ、一面苛税ノ嫌ヒモアリ」（「市会史大正編」156頁）との理由で否決されている。従来は売買のみの場合であったが、自己用地の新築も課税対象になったからである。しかし、歩一税を流通税とみなせば非課税が妥当であるが、開発税とみなせば課税すべきで、埋立地へ

の課税からみて不公平である。もっとも大正3年の世帯数増加は4,000世帯で、一戸当り10円としても、4万円となる。将来的には宅地開発税の創設をめざすべきであった。

市債の発行抑制と起債主義

　市債活用の推移をみると、第1に、明治20・30年代は、金額的にはそれほどの額でなかったが、38年市税56.7万円に対して、借入金25.0万円と無視できない額になった。そして40年代になると、港湾直轄事業負担金のため、借入金が40年度115.6万円（市税69.9万円）、41年度101.2万円（市税78.8万円）と、市税を超える額になった。

　第2に、神戸市は、借入金で当座の資金需要に対応し、市債の活用は、他の大都市に比して遅れて、水道債を30年度97万円を発行しているが、普通経済では39年度33万円など散発的に少額の起債がみられるだけであった。

　その後、水道施設・神戸築港負担金で、市債発行が本格化するが、明治期の累計比較額（表47参照）994万円で、京都市の2,114万円の半分以下であった。(1)

　ただ水道債と異なり、築港債は財源対策債であり、まさに市財政が港湾によって牛耳られていく感が禁じられなかった。大正期になると、都市計画債が追加され、公営企業債では水道債に加えて、民営電気買収債が発行され、神戸市財政は、文字どおり収益・事業債による都市経営債へと変質していった。

　第3に、公債費（表46参照）は20年代、ほとんど負担はなかったが、30年代になると、巨額の水道事業・港湾負担債が発行されたので、公債費も飛躍的に増加した。45年度公債費43.2万円で、行政費目の土木・衛生費などを、上回る支出額になっている。

　第4に、市債財政をみると、明治45年度の市債状況は、表47のように発行累計994万円で、水道債比率は全発行額の43.50％である。普通経済債のうち築港債310万円で、発行年次の明治42・45年度と遅いので、利子負担・償還額も少ない。

　水道債・普通経済債合計（表46参照）をみると、45年度償還率7.81％しかなく、将来の償還費圧迫が憂慮された。(2)

第5節　神戸市財政の膨張と構造悪化

問題は水道事業の収益性が低いが，使用料値上げが予定され，築港債は財源対策債であるが，長期的には港湾施設収益配当交付金がみこまれ，公債費負担軽減が期待されたが，水道は拡張工事債発行，港湾は配当金不交付で，目算は大きく狂う誤算となった。

　公債財政は，財源調達だけでなく，都市財政において，金利動向に対応した，資金調達が求められ，借替債方式の活用など機敏な経営センスによる資金運用を迫られる。

　第1に，起債主義への判断である。市債は借金であるが，公営企業債だけでなく，普通経済債でも先行事業債は，地価上昇を考慮すると，起債のメリットは大きい。したがって起債主義による都市集積・開発利益の公的還元効果を見込むと，企業・事業債発行をためらう必要はまったくない。

　第2に，資金調達のタイミングである。明治期は，市債への政府資金の融資はなく，市場が高金利の場合，一時借入金で処理し，低金利へと市場金利が変化するのをまって起債するのが普通であった。

　第3に，資金ルートの開発である。常に市場公募債で資金を調達することは無理で，地元銀行とかメインバンクを固めておくとかの対応がのぞましい。

　第4に，市債発行許可の獲得である。事業認可があり，国庫補助金が交付されても，資金調達は別個の問題で，地方団体は，中央省庁の気ままな対応に翻弄される。如何に早期の市債発行許可をえるか，市政・市長の命運も左右しかねないのである。[3]

　第5に，公債費の軽減である。高利市債の低利市債への借換とか，国内債・地方外債とかのリスクのある選択である。

　しかし，発行時に低金利であれば，長期債のメリットは大きいが，反対に高金利であれば，早期の低金利債への切り替えがのぞましく，実際，明治43年，

表46　明治後期市債（企業債含む）発行・償還・利息累計（単位；千円）

区分	起債額	償還額	未償還額	支払利息	区分	起債額	償還額	未償還額	支払利息
明30	970	0	970	35	明40	3,379	326	3,053	1,252
明35	2,910	73	2,837	330	明45	9,944	777	9,167	2,157

注　水道借換債43年度271万円を除外。
資料　神戸市『統計書』

鹿島市長は，水道債262万円の低利債への切り替えを実施している。[4]

注
(1) 京都市をみると，市制発足と同時に23年度20万円，23〜26年度43万円，26〜41年度101万円を発行し，43年度地方外債1,755万円，45年度195万円を発行している。
(2) 公債費負担は前半は利子負担が大きいが，後半は償還が進み償還費が大きくなる。なお45年度普通経済債未償還額407.9万円を，平年度（利子・償還額平均）でみると，20年償還で償還額20.4万円，利子6％で中間年度大正10年度でみると，償還で半分になっているので，12.3万円の合計32.6万円となる。10年度市税622.3万円と増加しているが，同年度県費負担314.4万円，港湾負担金191.0万円で，差引で実質的市税116.9万円に過ぎない。それでも公費32.6万円は27.9％と負担は軽減されている。ただ利子負担は初年度24.4万円と重いが，償還費は，据置期間があり，また借換債を盛んに実施したので，据置期間の実質的延長となり，負担額は少ないので，後年度になると返済能力が増すと公債費負担は軽減される。市財政はいずれにせよ償還の繰り延べで，財政危機を回避している窮状にあった。
(3) 地方債許可の実態については，高寄・前掲「昭和地方財政史Ⅴ」255〜263頁参照。
(4) 借換債発行の背景をみると，「時恰も金融緩和となり，加之国債の償還ありて金利著しく低下し，且つ政府にても低利債発行の意あるを知るや，鹿島市長は此趨勢を看取し，年利率6分の既発行水道公債を低利債に借換を為すの有利なるを認め」（前掲「市史本編各説」264頁）新規水道債の市会議決・大蔵省認可を得て，銀行とも協定して，額面百円に付97円という好条件で全額発行し，旧水道債全部を償還している。

2 歳出構造と財政需要の肥大化

神戸市財政構造をみると，肥大化と硬直化が進んだ。都市基盤は，苦しい財政でも整備されていったが，生活施設・サービス費は，伸び率はともかく，支出額の構成比は低いままであった。

歳出構成変動と硬直化

神戸市財政規模の推移をみると，第1に，日清戦争後，財政は急成長をする。歳出額は28年9.1万円，29年度28.5万円と一気に3倍に激増し，土木費が約2万円から13万円と膨張している。この土木主導の財政は財源を，借入金・市債に求めたので，次第に公債費の増加で硬直化が進んだ。

明治後期になると，人口増加とともに貧困層は，加速度的に増殖していった。

しかし，行政の対応は，恩恵的救済で民間依存であり，行政機関が人権意識をもって，最低限度の生活を保障する，水準にはなかった(1)。そのため「日清戦争後の産業の発展が市税の伸びを保証し，都市建設を可能にしたが，しかしそれは下層社会の住民への施策を伴わないものであった(2)」と批判されている。

　第2に，都市整備による公債費，港湾の直轄事業負担金，県財政への納付金による財政圧迫である。30年度公債費7.0万円，直轄事業負担金ゼロ，県費負担6.9万円の合計13.9万円，歳入構成比50.56％である。

　明治40年度公債費4.7万円，直轄事業負担金100万円，県費負担27.8万円の合計132.5万円，歳入構成比60.50％である。45年度公債費43.1万円，直轄事業負担金20万円，県費負担43.2万円の合計106.3万円，歳入構成比58.02％である。

　比率の上昇は大きくないが，義務的支出しかも実質的に神戸市支出に結びつかない財務経費が増大しており，いわゆる財政硬直化が進んだ。

　明治後期の歳出費目構成比（表47参照）をみると，25年度は土木費26.6％，教育費0.0％，救助費0.3％，衛生費15.4％，役所費45.6％，公債費0.0％，諸税負担0.3％で，役所費中心で，土木・衛生しか，行政をしていない状況である。

　明治35年度は，土木費15.2％，教育費0.0％，救助費0.0％，衛生費7.4％，役所費7.3％，公債費13.7％，諸税負担40.4％で，事業費は土木・衛生費ぐらいで，公債費・負担金の増加が目立つ，負担金は三部経済制の組み換えで，県費の神戸市分を市費となったからである。

　明治45年度で，土木費17.5％，教育費3.3％，救助費0.1％，衛生費9.2％，公債費23.6％，諸税負担23.6％で，行政費では衛生費増が目立つが，公債費・負担費が大きな比率を占めており，財政の硬直化が一段と深まっていった。

　ただ教育費の比率が低いのは，区財政が分担していたからであり，また課税・負担金が多いのは，県費負担であるが，本来，三部経済制のシステムからみて，特別会計で予算計上すべき支出額である(3)。

注
（1）神戸市の『民心向背景況調』では，明治22・23年の生活について「最下等ニ至リハ，一日ノ労力ヲ以テ其日ノ生ヲ計ルモノ多ク，為メニ大ニ困難ヲ来タセリ」（「市史歴史編Ⅳ」86頁）と困窮状況が指摘されている。
（2）前掲「市史歴史編Ⅳ」306頁。

表47　明治後期神戸市歳出の推移　　　　　　　　　　（単位；円）

区　分	明22	明25	明30	明35	明40	明45
土　木　費	13,619	10,948	74,434	102,075	1,085,085	321,140
教　育　費	16,336	—	2,671	—	11,861	60,853
衛　生　費	423	6,338	8,243	47,357	307,404	167,777
救　助　費	139	138	210	230	2,216	2,279
勧　業　費	247	128	875	17,091	19,807	22,957
公債費借入金	—	—	69,956	92,276	76,866	431,437
役　所　費	14,400	18,756	31,673	70,452	371,490	133,437
諸税及負担金	72	110	68,907	271,828	278,447	432,636
そ　の　他	2,505	4,697	12,283	71,253	36,989	259,586
合　　計	47,741	41,140	269,282	672,597	2,190,205	1,832,147

資料　神戸市『統計書』

（3）諸税負担の県費負担は，県費負担金は，明治30年度より始まったが，県の神戸市内における土木・教育・警察費であって，財源は県税で調達し，県予算で処理すべきである。ただ三部経済制のため神戸市予算に組み込まれているが，その財源は県税・市税の賦課率を調整して捻出しており，もし県費負担となると，市税賦課率は抑制され，市税収入は半減する。しかし，自主財源とみなしえない財源・負担は別会計で処理すべきで，明治35年度をみると，市税57.5万円，県費負担27.1万円と47.1％と半分となっており，実質的市税は半減する。財政運営にあって市税への錯覚をきたし，誤った施策選択を誘導しかねない。

土木費負担と小学校費の重圧

　市政の重要歳出費目は，土木費と教育費であるが，明治後期の土木費は，予想外に少なく，明治25年度でも1万円程度であった。40年度108.5万円と激増しているのは，港湾直轄事業負担金100万円を土木費に算入したからである。

　また土木費の県・市負担については曖昧な部分が多く，線引きは難航した。港湾については，神戸港は国税，兵庫港は地方税と定まっていた。ところが葺合海岸修繕については，市税負担で処理されている[1]。

　市制導入にともなって，兵庫県は明治22年に県令第66号で「里道に属する諸費，治水堤防及火災消防費に係る事業は，…神戸市に移す」と決議された[2]。これは従来，あらゆる道路費は県負担であったが，市負担とする変更であったが，負担区分の変更が財源手当がないままなされるのは問題であった。

　もっとも大型開発事業は，県・市とも指導・監督という立場をとり，兵庫運

河・湊川改修工事は，民間デベロッパー方式で施工されたので，市費負担は発生していない。また地域更生事業も全体で，市補助金わずか1万3,822円で，きわめて安上がりの事業となっている。

教育費をみると，神戸市の学童就学率（表48参照）は，明治16年児童9,188名，就学3,962名，不就学5,226名，就学率43.01％，明治28年児童2万5,451名，就学1万2,624名，不就学1万2,827名，就学率48.60％とあまり改善されていない。

小学校費（表49参照）をみると，明治6年，政府は委託金という名目で，補助金を交付していたが，13年度に廃止した。そのかわり地方税として県補助が支給されたが，20年代になると消滅していった。

明治19年度では地方税27.59％と財政支援としてはかなりの実績となっている。しかし，主要財源は協議集金（市町村負担）で57.14％と半分以上である。

歳出をみると，19年度で給料が85.53％と大半を占めているが，営繕費が少ないのは，既存施設の転用，寄付金などによって補填されたからであろう。教育財政の問題は，神戸市でも学区制を採用していたので，富裕区と貧困区の負担格差があった。[3]

注目すべき支出として，民間学校・団体への補助が導入された。明治38年度私立親和女学校2,500円，39年度私立訓盲院250円，38年度神戸市教育会1,400円

表48　神戸市就学児童数・小学校数の推移

区分	就学児童数	就学率	小学校数	区分	就学児童数	就学率	小学校数
明22	9,158	47.47	11	明35	21,886	87.99	21
25	12,201	46.11	9	40	37,519	78.40	24
30	16,931	50.30	8	45	50,959	88.16	32

資料　神戸市会『神戸市会史・明治編』735頁。

表49　神戸市小学校費　　　　　　　　　　　　　　　（単位；円）

区分	歳入					歳出			
	協議集金	授業料	地方税	その他	合計	給料	営繕	その他	合計
明16	15,112	－	6,000	236	21,348	13,976	932	4,096	19,004
17	18,313	24	6,000	30	24,367	17,947	1,671	4,609	24,227
18	24,128	17	6,031	152	30,328	20,280	5,842	4,141	30,263
19	12,365	3,236	5,970	66	21,637	18,361	5,556	2,001	25,972

資料　神戸市教育史編集委員会『神戸市教育史第1集』158頁。

などである。明治44年11月，神戸市立図書館が，岸本豊太郎3万円，松方幸次郎1万円などの寄付で，旧市庁舎を利用して開設されたが，大正4年には20万円余で大倉山に新館が建設された。

注
（1）前掲「市会史明治編」464頁参照。
（2）前掲「市史本編総説」204頁。
（3）明治28年度区教育費負担は，「神戸・港東・湊西・葺合の4学区のうち神戸の5毛が最も低く，葺合の4銭が最も高かったが，湊・林田の2学区が新たに加わった29年度においては，湊西の2厘3毛が最も低く，林田の9厘5毛が最高であって」（前掲「神戸市教育史Ⅰ」290頁）といわれている。
（4）前掲「市会史明治編」902～912頁参照。

救済行政の民間依存と伝染病対策の混迷

　救済費をみると，明治後期の救済施設策も，基本的には前期とことならず，公費支出を惜しみ，民間頼のみであった。第1に，明治後期，救助費（表47参照）は，45年度でもわずか2,279円に過ぎない。明治38年の救助人員は，棄児40人，迷児4人，遺児9人，恤救人31人（国庫支弁5，市費支弁26人），行旅病人17人，行旅死亡人138人，精神病人6人の合計245人である。

　第2に，必然的に民間奨励によって，公的施設に貧困を補填することになり，神戸市財政は，明治40年には訓盲院へ補助150円が支給され，41年度以降毎年400円が交付されている。なお明治40年度には財団法人戦役記念保育会に800円の補助を決定している。

　第3に，公的支援が乏しい状況のもとでも，多くの救助施設（表50参照）が設立され，運営されていったが，施設運営はきびしい状況にあった。なお表50以外に鐘紡幼児保育舎（創立明治36年8月），熊野授産所などの福祉施設がる。表50の施設の支出額合計3万1,951円で，同年の救助費2,279円の数倍であるが，救済人員544人とわずかであった。

　第4に，救助費は，本来の公費による救済よりも，民間の寄付などによる救済に大きな期待をよせており，明治23年の民間救済寄付800余円，救済戸数196戸，救済人数224人に過ぎないが，25年度公的救助費138円の数倍である。

　第5に，災害が発生するたびに救済措置をとるだけであった。災害・伝染病

表50　市内各種救済所収支状況（明治40年）　　　　　（単位；円）

区分	収入額	支出額	救済人員数	所在地坪数	職員数	創立年月
財団法人神戸孤児院	8,810	8,463	133	841	17	明25. 5
財団法人神戸報国	6,198	6,086	94	1,003	33	明25. 6
神戸布引孤児院	1,282	1,256	15	386	14	明26. 6
愛憐館	1,450	1,596	14	297	10	明30. 1
財団法人救民院	6,043	6,040	67	30	26	明31.11
神戸養老院	1,016	1,016	7	20	14	明32. 1
神戸学習院	2,382	2,134	23	150	?	明35. 8
財団法人戦役記念保育会	6,519	5,360	191	555	?	明39.11

資料　神戸市『統計書』

だけでなく，都市貧困層は，しばしば物価暴騰・失業といった経済要因に脅かされた。明治23年米価は，１石9.6円と高騰し，政府は外米競売を実施するが追いつかず，そのため神戸市にあっては，小曾根喜一郎白米30石，川崎正蔵１人当宛１升，１万人に施米を実施している。

　第６に，開発優先の都市づくりは，皮肉にも生活のあてもない，都市貧困層の膨大な流入となった。しかし，公共セクターが，恤救規則で貧民救済をする意図はなく，苦肉の策として，貧民救済すら公共投資・企業雇用による方策が奨励された(4)。

　衛生費（表48参照）をみると，人口増加に比例して膨張していった。最大の支出は，伝染病予防対策費であったが，下水道・医療施設がきわめて不十分という状況化では，絶滅は不可能で，対症療法的施策費はいたずらに膨張していった。

　第１に，明治30年３月に伝染病予防法が公布されたが，伝染病予防費は明治後期になっても，減少することはなかった。ペストは，赤痢・コレラとは異質のネズミを媒体とする伝染病であり，駆除方法としてネズミ捕獲に努めた，明治40年の実績は捕獲数60万8,268匹，奨励金３万414円となった。

　神戸市は，24年に「内務省地方衛生会規則」が制定されたので，25年に神戸市は，市条例「衛生組合及町村衛生委員設置方法」を制定し，伝染病行政の補完組織として活用していった。やがて衛生組合は活動範囲を拡大し，屎尿処理の窓口となり，農家・業者から汲取料を徴収し，自己財源としていくが，汲取料をめぐって紛糾が多発することになる(5)。

第2に，伝染病施設として，東山病院は，当初，臨時伝染病施設として，明治32年開設され，33年に常設病院となった。36年夢野村に用地費2.3万円余で，1.3町歩を購入したが，建築されたのは41年から3ヵ年で，追加用地費も含め13.5万円で建築され，総計15.8万円となる。

　第3に，衛生費が膨張したのは，汚物処理費が増加したからである。汚物・塵芥処理も，不十分の体制で，明治12年7月市街掃除取締規則及び溝渠浚除規則を定め，市民の負担で掃除・浚除などを義務づけたが，明治22年7月には，神戸市道路溝掃除取締人夫規程を定め，市民の義務にとどまらず，市が直接的に関与するに至った。神戸市は市内3区に15人ずつの人夫を配置した。以後，公的対応は明治33年の汚物掃除法の制定もあり，人員配置が拡充されていった。

　明治40年の対応は，焼却塵芥5,025,460貫，販売塵芥1,048,300貫，投棄塵芥1,952,830貫の合計10,972,040貫，投棄汚泥1,972,830貫，であった。延人数で月，塵芥人夫月5,000人前後，汚泥人夫2,000人を動員し，年で塵芥6万714人，汚泥2万3,382人であった。

　第4に，汚物・塵芥処理の問題は最終処分で，明治14年3月には塵芥溜塵捨場規則を改正し，住民負担で海岸より1里以上の海上投棄を認め，請負方式で投棄している。33年3月に汚物掃除法（法律第31号）が制定されたので，36年には請負方式の民間焼却を試みたが失敗し，39年に市営焼却となり2万8,000円の予算を可決し，焼却場を建設している。さらに塵芥収集の市営化とした。

　第5に，屎尿処理も大問題で，明治前期には，住民組合方式と個人・農家方式で処分していたが，糞尿が農家の肥料として有価物であったためである。

　明治33年兵庫県が，汚物掃除法施行規則で，汲取営業者以外の委託を禁止したので，農家方式による糞尿の肥料化はできず，社会問題となり，県と市・農家との間で紛争が発生した。明治37年3月に「郡村接近地は除外」ということで落着している。

　明治20年代は，衛生組合が1戸1年20～30銭を汲取業者から徴収し，収入をえていた。しかし，30年代は屎尿は販売と海上投棄の並行方式で，33年推計では販売収入12.6万円，収集・投棄数万と算定されているが，経営環境は次第に悪化していった。[6]

明治末期になると，農家の糞尿肥料の需要も激減し，市営化の導入を迫られる。請負方式では，個別契約方式で効率が悪いだけでなく，継続的定期的汲取が行われず，糞尿が家屋外にあふれる事態と化していった。[7]

注
（1）もっとも人件費・雑費などを実際の救助支出額は，36年度620円（実支出668円），37年度128円（実支出1,444円），39年度1,576円（実支出3,047円），41年度1,934円（実支出2,195円）で，実際の救助額はやや大きいが，絶対額は少ない。前掲「市会史明治編」1133・1134頁参照。
（2）交付の理由は「訓盲院ハ資力甚ダ薄ク，且ツ創立日尚浅キヲ以テ，慈善家ノ義捐多クヲ得ズ。…故ニ，経費ヲ補助ヲ…シタリ。彼等ノ不幸ヲ救済スルハ寧ロ国家ノ事業ニシテ，少ナクモ公共団体ニヨリ経営セラルベキニ属ス。而モ本市ハ経済ノ上ニ於テ未ダ遽ニ自ラ之ニ指ヲ染ムルヲ許サズ」（同前1136頁）と弁明している。市営が困難であれば基金を創設して，安定的かつ十分な補助をするシステムを構築する責務がある。
（3）神戸布引孤児院，神戸報国，熊野授産所の沿革・状況については，前掲「開港30年史下」602～607頁参照。
（4）この点について，「慈善にある者，此の際力を協せ心を同ふして其の資を合せ，或は道路，堤防，架橋等の工事を起こし…細民に業を授け，或いは一定の則を設け以て賑恤を施行せば，則ち其の費す所は同ふして其の澤の波する所却て普かるべく」（前掲「市史歴史編Ⅳ」88頁）と，公共投資の波及効果による貧民救済が強調されている。
（5）衛生組合と屎尿汲取については，同前541～549頁参照。
（6）前掲「神戸市史本編各説」400～401頁参照。
（7）伊庭野薫「神戸市の屎尿問題対策」『都市研究』第3巻第2号（昭和2年3月）参照。

第3章　大正期の都市形成と都市経営

第1節　経済発展と都市経営戦略

1　経済社会と地域社会の動向

　神戸経済は，大正期（1912〜1926年），第1次世界大戦勃発による好景気と，終結による反動不況に翻弄される。大戦景気で暴走気味だった神戸経済は，反動不景気で大きな痛手をうけ，大正10（1921）年には，三菱・川崎労働争議が発生する。それでも貿易額は成長軌道を走り，大正末期には横浜港を追い抜き，全国トップになったが，経済成長と都市整備のギャップは，ますます広がっていった。

企業資本金と市民所得

　神戸経済の成長を，企業払込資本（表51参照）でみると，大正（1912）元〜15年で17.5倍の驚異的増加を記録するが，経済成長に加えて，事業の会社化が数値をおしあげていた。

　業種別構成比は，都市機能が未成熟で，元年は工業が高く金融が低かったが，15（1926）年は，商業・交通比率は変化がないが，工業は約50％から約30％へと大きく下落し，その分，金融・保険・其の他が大きく上昇し，サービス産業化が進んだ。

　しかし，工業の実態は，大正前期（元〜8年），工場数は254から417工場と1.64倍，生産額6,957万円から3億7,839万円と5.44倍，従業員数3万6,952人から6万8,183人と1.85倍と，それぞれ増加している。

　もっとも第1次世界大戦が，大正7（1918）年に終結すると，反動不況となり，11年の工場数こそ485工場と増えたが，生産額2億2,878万円（8年度比39.54％減），従業員数5万3,395人（8年度比21.69％減）と，深刻な不景気に襲われ，構成比が低下した。

表51　営業別会社払込資本金　　　　　　　　　（単位；千円，％）

区分	商業		工業		交通及び運輸		金融・保険其他		合計	
	資本金	比率	資本金	比率	資本金	比率	資本金	比率	資本金	比率
大元	6,964	17.60	19,674	49.57	9,756	24.58	3,273	8.25	39,667	100.00
5	10,106	14.81	31,666	45.17	21,664	30.91	3,587	4.77	61,005	100.00
10	126,600	24.38	118,082	22.74	207,633	39.99	66,923	12.89	519,482	100.00
15	124,733	17.98	199,954	28.82	194,918	28.10	174,140	25.10	693,749	100.00

資料　神戸市『統計書』

　大正9（1920）年の国勢調査数値で，職業別人口をみると，農業等1万658人（構成比1.76％），工業23万1,143人（38.12％），商業17万5,514人（28.94％），交通10万8,206人（17.84％），公務及び自由業8万900人（13.34％）の合計60万6,421人である。職業人口が全人口数（9年60.9万人）に匹敵し，周辺市町村からかなり流入就業者数が推測された。

　市民所得（表52参照）は，第1次大戦で大正2～6年は7.36倍と，大幅伸びを記録するが，市税は2.11倍の低い伸びで，民間経済は，第1次世界大戦の好景気を満喫したが，市財政は所得賦課率が低く，経済成長の恩恵を受けにくい構造であった。

　もっとも，大正期を通じて，収入の伸びをみると，民間は市民所得10.59倍，市税6.64倍と成長性で劣るのは，市税所得割の比率が低く，全体として租税弾性値が，小さいことが影響している。

　市民生活は，経済成長にもかかわらず，困窮度は深まっていた。神戸市内の小売米価格（1升）が，大正6年25.0銭であったが，7年7月2日34.3銭，8月

表52　個人・法人所得課税所得額の推移　　　　　（単位；千円，人）

区分	所得額	増加率	人員	区分	所得額	増加率	人員
大2	15,932	△18.47	11,636	大9	144,303	14.93	23,250
3	18,830	10.20	26,265	10	140,741	△2.39	26,640
4	19,106	1.50	22,203	11	127,352	△9.51	33,456
5	41,726	118.50	14,658	12	161,654	26.90	36,157
6	117,300	181.10	16,049	13	163,734	1.28	42,288
7	85,405	△27.19	17,176	14	162,684	△0.64	41,988
8	169,638	98.63	23,045	15	168.684	3.00	27,738

出典　神戸市『神戸市史本編各説』46～49頁，神戸市『神戸市史第2輯本編総説各説』122～124頁。

8日60.8銭と暴騰し、ついに7 (1917) 年8月12日に米騒動となった。

　神戸市は、8月9日より3ヵ所で、外米の廉売をはじめていたが、1時間半で40石を売り尽くしている。8月13日には皇室から内帑金2万6,714円の交付があり、兵庫県は富豪より拠出金80万円を得たので、神戸市は県と交渉し、同資金の一部で米の廉売を続行した。(1)

　このような緊急措置で、民衆の騒乱は沈静化し、神戸市は、慈恵的施策として箱物福祉を拡充していったが、本来の救済策（貧困者救済費7年度3,490円、10年度4,041円）は、惨めなまでの少額であった。神戸市は、企業・個人による巨額の寄付金（個人56.0万円、企業43.9万円、合計99.9万円）で、緊急施策を実施しているが、当時、地方団体が自腹を切って、市民を救済する意識は、一般的に稀薄で、民間頼みという市民生活欠如の行政であった。(2)

注
（1）前掲「市史本編総説」429～430頁参照。
（2）寄付金の内訳については、前掲「神戸市史本編各説」968～967頁参照。また自治体の米騒動への対応については、高寄昇三『大正地方財政史下巻』166～170頁参照、以下、高寄・前掲「大正地方財政史下」。

貿易拡大と企業集積

　貿易状況（表53参照）は、第1次世界大戦前後の膨張・縮小という傾向は顕著でなく、むしろ不況下の大正10～14年で1.94倍と、約2倍の大きな伸びが注目される。ただ神戸・横浜港とも全国シェアは低下し、その他港が2割から、3割と1割のアップとなっている。

表53　大正期神戸港・横浜港貿易額（輸出輸入額合計）（単位：百万円）

区分	全国		神戸港		横浜港		その他	
	金額	割合	金額	割合	金額	割合	金額	割合
大元	1,146	100.00	453	39.53	473	41.27	220	19.20
5	1,883	100.00	705	37.44	708	37.60	470	24.96
10	2,867	100.00	997	34.44	1,123	39.18	747	26.06
14	4,879	100.00	1,936	36.68	1,521	34.17	1,422	29.15

資料　神戸開港百年史編集委員会『神戸開港百年史；港勢編』955頁。横浜港振興協会『横浜港史；資料編』436頁。

貿易額は，大正12（1923）年の関東大震災で，横浜港の打撃は甚大で，生糸輸出独占体制が崩壊した。生糸輸出額の横浜・神戸港の比率は，大正11年100対0，15年度87対13，昭和4年74対26と，金額で横浜港5.8億円，神戸港2.1億円となり，全体の貿易額でも，大正14年横浜港15.2億円，神戸港19.4億円と，神戸港が首位となった。[1]

　もっとも神戸港の貿易内容は，依然として輸入港で，「日本の工業化と直接むすびつきながら神戸貿易が発展したことを雄弁に物語って」[2]おり，原料輸入―製品輸出という，工業国型の貿易構造には変わりなかった。

　市内製造業をみると，企業創設・進出は，造船・紡績などに続き，ゴム工業の本格的な展開がみられ，外国企業としてはダンロップ社が，6年に日本法人化（資本金118万円）されたが，業種別では造船・機械が主力であった。[3]

　生産額は，大正元年0.7億円，5年1.7億円，8年3.9億円と，元年比5.57倍と急成長するが，この数値がピークで，第1次大戦後の不景気で，10年2.4億円，12年2.3億円と減速し，15年も2.6億と復調していない。

　企業構成は，大企業の巨大化，中堅企業の弱体，小企業の増殖といった歪な構造で，会社従業員数の分布でも，この傾向が顕著にみられた。[4]

　工場立地の地域別動向（表54参照）を，工場数でみると，工場規模に関係ないが，まず神戸区の都心部でも，工場増加がみられ，用途制から純化が急がれた。つぎに工場立地は，都心部は少なく，兵庫の運河地帯も限度がみられ，生田川以東・和田崎・尻池・林田部など，周辺部の未利用地への広がりがみられ，耕地整理・埋立事業は，このような工場立地の受け皿になった。

表54　地域別工場立地動向　　　　　　　　　　（単位：工場）

区　分	明44	大7	増加数	増加率	区　分	明44	大7	増加数	増加率
新生田川以東	47	190	143	4.0倍	兵庫中部	80	230	150	2.9倍
新生田川以西旧合区	64	201	137	3.1	運河沿岸	46	80	34	1.7
神戸区	96	246	150	2.6	兵庫地方	65	123	57	1.9
仲町部	81	219	138	2.7	尻池部	23	130	108	5.9
川崎部	43	142	99	3.3	林田部	13	41	28	3.2
新川方面	17	60	43	3.5	合計	578	1,679	1,101	2.9
和田崎町	4	18	14	4.5					

出典　神戸市『神戸市史本編各説』146・147頁。

ただ製造業の成長につれて，地形的にみて「神戸の地勢南は海に面し北に山を負ふを以て，南北の発展は自ら限られ，東の西灘村，西の須磨町に向はざるを得ず」と，市域拡大に活路を求める動きが顕在化していった。

　しかし，都市における工業化が大規模化し，昭和期になると，神戸港水深が禍して，百万坪単位の工業地造成が困難で，あとにみるように横浜などに工業化で，追い抜かれる兆候がみられた。

　金融業では，銀行の設立が続いたが，有力な地元銀行は少なく，大正8年では市内本店銀行は，日本商業銀行・神戸岡崎銀行など10行であった。そのうち岸本銀行は，13年に神戸商業銀行と名称変更したが，昭和6年に解散し，川崎銀行も第百銀行と合併し，昭和2年には5行と半減した。

　ただ大正6 (1917) 年創設の神戸岡崎銀行（資本金1,000万円）は，多角経営で発展を遂げ，昭和11年の一県一行主義で，県下7銀行が統合され，預金高全国9位の神戸銀行となる。なお第六五銀行は，鈴木商店が大株主であったので，取付けにあうが，昭和3年10月，神戸銀行に合併された。

　海運関係では，第1次世界大戦で山下・内田・勝田汽船の急成長，商社では鈴木商店の躍進で，神戸経済の活況がみられた。貿易商社では，鈴木商店は第1次大戦当時，合名会社で資本金50万円であったが，大正12年には5,000万円に増資するが，資金繰りが逼迫していた。

　合資会社兼松商店も，大正3年資本金30万円であったが，7年には株式会社となり，資本金350万円となっている。しかし，その後の不況で企業整理に見舞われ，神戸はますます工業都市の性格を強めていった。

注
（1）前掲「横浜港史総論」145頁参照。
（2）前掲「商工会議所百年史」5〜6頁。
（3）大正4・7年の比較で，会社数は約2倍で135社，資本金約3倍で9,500万円，工場数約2倍の1,679工場，職工数も1.4倍で約6万4,000人，生産額は約2.2倍で，3億1,900万円である。業種別資本金は大正7年，造船7,250万円，機械4,190万円，マッチ2,250万円，紡績2,100万円，製糖1,970万円，製粉1,960万円，製穀1,500万円，製油1,400万円，金属精錬1,680万円，織物950万円，ゴム950万円などであるが，食料関係合計6,830万円と造船に匹敵する主要産業であった。前掲「市史本編総説」426〜427頁参照。
（4）大正10年の会社別製造業上位60社の従業員数をみると，川崎造船所1万3,175人（工

場用地6.2万坪），三菱造船所6,986人（工場面積3.0万坪），鐘紡4,814人（3.9万坪），神戸製鋼所2,105人（1.8万坪）で，工業で大企業が目立ち，一方，下位8社は300人以下でマッチ・ゴムといった軽工業であった。
（5）前掲「市史本編各説」148頁。
（6）横浜市『横浜市史Ⅱ第1巻（上）』13〜19頁，462〜472頁参照。横浜市『横浜市史Ⅱ第1巻（下）』31〜33頁，96〜111頁参照。戦前，大都市の埋立事業については高寄・前掲「昭和地方財政史Ⅴ」332〜341頁参照。
（7）大正期の船成金については，神戸新聞・前掲「海鳴りやまずⅡ」131〜151頁，235〜246頁参照。
（8）結果として「横浜がそのほとんどを貿易や海運に依存する都市であったのに対して，神戸が造船・鉄鋼・電気機械などの近代的重工業に加えて，酒造・マッチ・ゴム履物その他地場産業をもつ産業都市」（前掲「商工会議所百年史」6頁）であった。

人口膨張と市域拡大

　大正期の人口動向（表55参照）は，大正元年43.1万人，14年64.4万人と1.49倍増である。9（1920）年4月に須磨町（8年2.3万人）を合併しており，合併要素を除外した，14年人口約62万人，1.44倍とそれでも高い伸びである。

　全市的に人口増加がみられるが，市制実施後「海岸通・栄町通・元町通諸町は，其人口の増加著しからず。…純然たる商業地域に変ぜし為めなり」と，低迷が指摘されている。

　しかし，明治期からみれば，都心部でも300倍以上の人口増加で，人口飽和状況になっただけである。神戸の人口密度は，大正元年1万1,653人が，須磨町合併もあり，15年1万249人とやや減少したが，市域全面積の4分の3は山林などで，実質的な人口密度は，六大都市で最高といえる。

　神戸市市域（図13参照）は，大正9年の須磨区合併で，面積26.56km²ふえ，1.72倍と大幅な拡大となった。合併は難航し，土着性の強い東須磨派が反対で，別荘地の西須磨派が賛成という構図であったが，都市整備の推進という点から，最終的には賛成となった。

　しかし，東部3町村（六甲・西灘村，西郷村）の合併は，都市計画上からも，神戸市のみでなく，兵庫県も希望していたが，強制的措置をとるわけにもいかず推移を見守るだけであった。都市計画事業の財政負担からみて，西灘・六甲村は，合併の意向であったが，酒造産業もある西郷町は，富裕団体で反対したの

で、3町村同時合併は、昭和4年4月にずれ込んだ。

さらに西部の垂水町合併は昭和16年、東部の御影町・魚崎町・住吉村・本山村・本庄村との合併は、戦後の昭和25年であった。

注目されるのは大正期、各区人口の伸びは、都心・郊外で大きな差がみられ、区人口の大正元年～14年でみると、全市では1.49倍であるが、葺合区1.67倍、神戸区0.94倍、湊東区0.76倍、湊区2.31倍、林田区4.04倍で、中心区の減少が目立つ。

交通機関の発達が、人口増加に拍車をかけ、神戸市内だけでなく西郷村・須磨町も人口が激増していった。須磨町人口は、明治29年5,567人、43年1万291人、大正8年2万3,249人と、23年間で4.18倍の人口急増地区であった。なお人口増の原因について、「市の人口増加割合は極めて微々たるものなれば、此期間に於ける市の人口増加の因は主として移住流入にある」[4]とみなされている。

人口の急激な増加は、大都市比較でも、大正元年、名古屋・横浜市の後塵を拝していたが、7年には「名古屋市を凌駕すること16万人、横浜市に勝ること15万人なるに徴し、市勢発展の最近に於て如何に駸々たるかを知るを得べし」[5]と誇示されているが、大正前期こそ神戸経済の最盛期であったが、その勢いは続かなかった。

1人当り市税をみると、大正元～5年は微増であるが、5～9年は3.43倍と激増している。しかし、10～14年度1.25倍、元年・14年度では5.85倍であるが、人口増加1.49倍・物価上昇2.02倍で補正すると1.96倍しかならない。

さらに市税増加は、経済成長の自然的結果でなく、学区統一による市税組換での区税分（約50万円）の市税吸収、家屋税改正での増収、さらに営業税割の課

表55　神戸市の人口・市域

区分	人口 人	市域 km²	人口密度	人口指数	市税収入 円	1人当市税 円	物価指数
大元	431,378	37.92	11,376	100	924,299	2.143	100
5	529,865	37.02	14,313	123	1,364,543	2.573	174
9	608,644	63.58	9,573	141	5,378,653	8.837	286
10	636,900	63.58	10,017	148	6,381,307	10.019	228
14	644,212	63.58	10,288	149	8,072,501	12.531	202

注　物価指数は「物価大勢指数表」朝日新聞社『明治大正日本経済統計総観』1108頁。
資料　神戸市『神戸市史第3集；行政編』60頁。

税強化などでの増収措置といった人為的操作で，5～10年度で500万円増となっているが，同期間に県費負担金260万円増，港湾負担金190万円増で，区税組換分50万円との合計500万円で，市税収支は実質的にはマイナスであった。
注
（1）前掲「市史本編各節」116頁。
（2）明治期からみると，都心の中山手通は明治15年70人，大正7年2万人，周辺都心の湊東区荒田町も明治15年300人未満が大正7年2万7,500人と，爆発的な人口増加をみている。前掲117頁参照。
（3）須磨町の合併は，須磨町の都市計画区域への編入が影響している。「神戸市が須磨町と合併すれば，そこでの都市建設整備にかかる神戸市の負担は増加する。須磨町側からみれば，須磨町が神戸市へ合併せずに都市計画事業を行うと，そのための負担をしなければならない」（前掲「市史行政編Ⅰ」171頁）との認識があり，最終的には都市整備の負担軽減と水道布設・路面電車延長などが動機となった。須磨町の合併経過・条件については，前掲「市会史大正編」115～137頁参照。なお明治・大正期の町村合併については，洲脇一郎「明治大正期の市域拡張－都市の膨張と『大神戸』構想」『都市政策』第55号，昭和64（1989）年4月参照。
（4）前掲「市史第2輯本編総説各説」3頁。
（5）大正9年の人口は，横浜市42.2万人（14年40.5万人），名古屋市43.0万人（14年76.9万人），神戸市60.9万人（15年64.4万人）であった。

実勢・法定地価の格差拡大

　大正期も地価は，大正2～7年の5年間で，約2倍の上昇を記録している[1]。もっとも地租評価は依然として，低水準に据え置かれたままで，実勢地価との格差は，ますます拡大していった[2]。

　第1に，有租地宅地面積（表56参照）は，大正2～7年増加面積107.05町（106.19万㎡，増加率12.01％），7～12年は，須磨町合併で増加面積321.47町（318.90万㎡，増加率32.37％），2～12年増加面積428.52町（427.66万㎡，増加率48.35％）と大きくふえている，国税地租はこの間7.18万円増，1万㎡当り168円（1㎡当り1.68銭）と信じられない少額である。

　もっとも市税地租割は，2年度10.12万円，7年度12.51万円であるが，15年度47.11万円と須磨町合併と賦課率強化で大きく増えているが，増収額は36.99万円しかなく，この間の人口増21.08万人で，1人当たり1.75円に過ぎない。

　第2に，地租低迷の原因は，明治後期でもみたが，実勢地価課税でないから

で,『兵庫県統計書』の実勢売買地価でみてみる。調査地点は少ないが,中等地価（平野下三条）を,平均地価とすると,1段当り売買価格大正2年7,200円（1㎡当り7.26円）,7年1万3,500円（1㎡当り13.61円,2年比1.87倍）,12年2万1,000円（1㎡当り21.18円,対7年比1.56倍）と,2～12年の10年間で2.92倍の上昇となっている。ちなみに大正12年の1段当り上等21.78万円（海岸通6丁目）,1㎡当たり217.8円,下等1,500円（妙法寺）,1㎡当り1.5円である。

　第3に,実勢価格と法定地価との格差をみると,1㎡当り平均法定地価（表56参照）は,大正2年度地価1,954.1万円÷879.12万㎡（886.21町）＝2.22,実勢地価7.26円で格差3.27倍,7年度法定地価2.04円で,実勢地価13.61円で格差6.67倍,12年法定地価1.64円と対7年比19.6％の低下で,実勢地価21.18円で地価格差12.75倍と拡大している。

　ちなみに大正12年度地租課税率は,53万5,343円÷2,142万3,747円＝2.50％である。2年度2.37％,7年度2.50％でほとんど上昇していない。地租増収額をみても,2～7年度3.9万円（増収率8.4％,面積増加率6.5％）,7～12年度3.3万円（増収率12.1％,面積増加率32.4％）しかなく,単位面積当りでは減収である。

　なお実勢・法定地価格差は,先にみたように地租賦課率が引き下げられると,実質的負担は変動するので,単位面積当りの地租賦課額をみる必要がある。1㎡当り明治40年度4.22銭,45年度5.34銭,大正7年度5.06銭,12年度4.071銭で,ほとんど変わっていないが,このように土地課税が低水準では,都市経営を展開しても,税収入にまったく期待できない。

　第4に,開発利益（地価上昇額）を,実勢地価でみると,大正2～12年実勢地価方式では10年間上昇額13.92円,年間1.39円,宅地面積を平均1,091.34万㎡（1,100.47町）×1.39円×10年＝1億5,169.2万円,年間1,516.92万円で,国税ベース賦課率20％で,年間303.4万円となり,市税はその5分の1とされ60.68万円となる。しかし,地租評価の法定地価では,10年間2.21円から1.64円と低下しており,開発利益を反映しておらず,試算すらできない。

　第6に,譲渡所得課税でみても,実勢地価方式では大正2～12年度の宅地増加面積424.96万㎡（428.52町）×13.92円＝5,914.44万円で,国税ベースで税率20％で1,183.01万円,単年度118.30万円となる。しかし,譲渡所得課税の採用は,昭

和17年度でまったく捕らぬ狸の皮算用である。

　地租評価の基本は，地租評価で地価上昇を織り込まず，神戸市の実態をみても，土地税制は上昇分吸収には機能不全をきたしていた。

　自治体は道路・学校用地買収などは，実勢価格買収であり，都市財政疲弊の元凶となった。むしろ神戸市税収の救世主は，時価方式の歩一税で，大正7年度22.7万円，地租割12.5万円の2倍であった。

　第7に，宅地供給状況をみると，大正2～12年の宅地増加面積は，428.52町（424.96万㎡）で，公共・業務用地もあるので，住宅用地転用を6割とすると，宅地供給面積約257.98万㎡，人口増加数25.41万人で，1人当たり住宅用地は約10㎡（1戸4人40㎡）として，住宅用地需要254.1万㎡で，住宅用地供給能力は，十分になされている。

　しかし，実際は低所得者層は，長屋方式の狭小過密住宅に住み，地価上昇は宅地取得能力低下をもたらし，「住宅問題は真に市民の生活を脅威するに至れり」[3]と，悲観的な分析がされている。

表56　有租地面積の推移　　　　　　　　　　　　（単位：町，円）

区分	大正2年			大正7年			大正12年		
	反別	地価	地租	反別	地価	地租	反別	地価	地租
田	362.58	193,636	9,101	302.46	161,921	7,610	577.02	256,809	11,556
畑	199.76	50,154	3,357	169.05	36,835	1,731	154.86	25,048	1,127
宅地	886.21	19,541,097	463,527	993.26	20,100,943	502,524	1,314.73	21,413,747	535,343
其他	1,468.82	7,499	349	1,443.63	7,089	391	2,170.25	10,023	551
合計	2,917.37	18,792,386	475,334	2,908.40	20,306,788	512,256	4,216.86	21,705,627	548,577

資料　神戸市『統計書』

注
（1）神戸市内の地価について，「神戸市の宅地価は大正2年全市平均地価26円なりしが，大正7年には平均71円10銭となり，市の目貫たる居留地及海岸通一等地の如きに至りては，明治42年より大正4年まで坪100円なりしが，大正6年には一躍350円となり，7年には更に躍進して700円となれり」（前掲「市史本編総説」442頁）と，地価は暴騰に近い状況であった。
（2）神戸市『統計書』の市明治後期の各区別の上・中・下の実勢地価の表示はなく，兵庫県『統計書』の神戸市内上・中・下の実勢地価のそれぞれ1か所の土地売買価格

の評価しかないが，実勢地価は，大正前期で3倍程度上昇している。
（3）前掲「市史本編総説」443頁。

2　都市経営と都市自治体の変革

　大正期，大正デモクラシーの余波で，大都市制度の創設など，改革への期待が膨らんだが，現実はきびしく，都市自治体の願望は，ほとんどが挫折の憂き目をみた。
　しかし，政府は，現実の都市禍に直面して，都市計画法制定・箱物福祉拡充・路面電車認可の街路幅員拡大など，遅まきながら都市対策への対応を注入していった。もっとも政府の方針変更も，都市自治体が，都市問題の解決をめざす"実施の決意"を示さなければ，すべて水泡に帰してしまう。

都市づくりと大都市制度運用

　都市行財政制度は，依然として中央集権で運用され，都市自治体は，政府と府県との二重の官治統制下の煩雑な規制・手続に苦しめられ，都市経営・都市計画の実践における，大きな手枷・足枷となり，実効性を阻害した。
　第1に，地方行政制度では，郡制廃止は大都市には無関係で，従来の府県経由方式による政府許認可に変更はなかった。ことに府県行政警察による建築・衛生規制の許認可などは，都市化が広がるにつれて，都市行政の大きな障害と化していった。
　大正11年の「六大都市行政監督に関する法律」で，府県知事がもつ許認可権の一部委譲があり，8年道路法では，六大都市の市内国道・府県道管理事務の委譲をみた。しかし，道路建設・施設維持の事務委譲で，道路の利用許認可権などの行政権は，府県警察が掌握しており，権限委譲ではなく，大都市は結局，道路建設・施設整備の費用負担団体となっただけであった。
　第2に，財政関係では，政府・府県・都市自治体間で，税源委譲はなく，都市計画税は新税創設でなく，実質的には超過課税であり，都市計画事業の恩恵とは，無関係の課税実態であった。

致命的欠陥は，都市計画法は，地価上昇分への譲渡所得課税である，土地増価税の創設に失敗し，しかも地租評価額は，依然として低水準で放置されたままであった。

　第3に，大都市は，行財政システムの閉塞状況の打開をめざし，府県制からの独立をめざす特別市制運動を展開する。しかし，戦前の府県制は，中央統制の橋頭保であり，六大都市の政治力での変革は，無謀な勝算なき運動で，結局，昭和18年の官治的東京都制成立・六大都市崩壊という悲惨な結末をむかえる。

　制度改革は，不発に終わったが，神戸市でも公営交通の創設・耕地整理の普及・道路整備の計画化などで，都市経営手段が広がり，政策感覚による都市づくりが浸透していった。

　具体的事業（表57参照）をみると，注目されるのは，都市整備事業が交通・街路事業などで多くみられたが，それでも街区整備・海面埋立事業などは，民間であり，公共デベロッパーの進出がみられず，都市づくりの主導権は，依然として不完全であった。

　第1に，拠点整備事業は，財政的には大きな負担の追加となった。水道・築港とも第2期事業となり，市財政負担は数倍に膨らんだ。第1期築港事業負担金367万円であったが，第2期負担金は当初，大正8年1,170万円であったが，昭和14年2,542万円と，第1期の6.93倍となっている。

　また水道創設費補助率は27.37％であったが，水道第1回拡張工事（表78参照）では，補助率6.84％しかなく，使用料引上げを迫られた。政府財政支援は低下し，築港負担金は上昇し，財政運営は借金地獄の様相を濃くしていった。このような閉塞状況で，公営交通の誕生は，都市経営に活路を開いていった。

　第2に，街区事業は，耕地整理方式（表61参照）で，須磨町・西灘村を含めると，722.4万㎡の広大な面積が実行された。神戸市は，これら事業を積極的に支援していった。平均減歩率15％，1㎡当り地価10円とすると，当時の神戸市内耕地整理面積549.7万㎡×10円×0.15％＝824.55万円の開発利益を獲得し，念願の開発利益の公的還元の成果をみた。

　第3に，はじめて計画的街路整備が施行され，財源的には都市計画特別税・受益者負担金，そして交通事業負担金と都市計画債が採用され，精力的に事業

表57　大正期の主要都市整備事業

区　　　分	形　態	費用負担	事　業　費　負　担　・　事　業　期　間
拠点整備事業　第1回水道拡張	公営企業	補助事業	事業費1,166万円，補助金82万円，明44〜大10年
第2期神戸築港	政府事業	地元負担	事業費2,710万円，負担1,170万円，大8〜昭3年
公営電気事業	公営企業	利用者負担	買収費2,262万円，大6年
街区整備事業　苦合耕地整理	民間事業	事業者負担	面積68.2ha，明治44認可
東須磨耕地整理	民間事業	事業者負担	面積56.4ha，大8年認可
西部耕地整理	民間事業	事業者負担	面積180.4ha，事業費23.4万円，大3.8〜5.10
街路整備事業　第1期街路事業	市事業	補助事業	事業費1,488万円，補助金108万円，大8〜13年度
第2期街路事業	市事業	補助事業	事業費1,171万円，補助金78万円，大13〜昭3年度
第3期街路事業	市事業	補助事業	予算1,288万円，補助金（予算）219万円，昭3〜
港湾事業　　　波止場整備	直轄事業	国費負担	波止場33.5万円，明治32〜33
東神倉庫埋立	民営事業	事業者負担	事業費100万円，大4〜7 小野浜地先 3.3万㎡
臨港線建設	直轄事業	鉄道省	小野浜臨港線，事業費68万円 明治36〜40年度
東京倉庫埋立	民営事業	事業者負担	事業費211.3万円，明41〜大4 高浜地先 11.7万㎡
神戸製鋼埋立	民営事業	事業者負担	事業費約145万円，大4〜7年 脇浜地先 13.1万㎡
公営企業　　　第1期路線事業	民営事業	利用者負担	事業費644万円，延長12.27km，明43.4〜大2.9
第2期路線事業	公営企業	利用者負担	事業費918万円，延長11.82km，大9.5〜昭3.11
第3期路線事業	公営企業	利用者負担	事業費1,166万円，延長9.80km，大14.12〜昭12.4
須磨水道事業	公営企業	利用者負担	事業費147万円（補助ゼロ）大11.10〜13.3

注　交通事業路線建設費は，神戸市電気局『10年間の神戸電気事業』76頁，第3期推計。

は遂行された。

　街路事業（表59・60参照）は，大正8〜昭和5年度で6,194万円と，港湾をしのぐ規模になったが，国庫補助金139万円（補助率2.24％）と極端に少なく，実質的に市債依存の事業となった。しかし，公営交通・耕地整理と連携した先行的街路事業は，整備コストの大幅削減をもたらした。

　第4に，港湾事業では，第2期築港事業2,710万円が実施されが，昭和14年度決算ベースで事業費6,293万円，神戸市負担2,542万円，負担率40.40％，国営事業という名の費用転嫁システムであった。付帯事業は小規模なものであったが，注目されるのは倉庫・工場用地のための，海面埋立事業が大規模化していった。

　明治・大正期の海面埋立面積は約100万㎡で，1㎡当り1円で100万円，2円で200万円の賦課金収入が見込まれる。この魅力的財源の創設に神戸市は，政府への賦課申請をもしなかっただけでなく，公共デベロッパーとして，参入する兆しすらみられなかった。

　第5に，公営交通の路線延長は，積極的に遂行されたが，事業費が都市計画

費に比して少ないのは，公営交通が，道路拡幅負担金を繰入金で負担しているからである。しかし，事業は都市計画と連携することでスムーズに実施された。

注
（1）六大都市行政監督の緩和については，大都市制度史編さん委員会『大都市制度史』123～124頁，140～146頁参照。以下，前掲「大都市制度」。
（2）都市計画税の財源論争については，以下，高寄・前掲「大正地方財政史下」235～266頁参照。
（3）特別市制運動については，前掲「大都市制度」177～259頁参照。前掲「市会史大正編」85～114頁参照。神戸市『神戸市史第2輯本編総説各説』335頁，以下，前掲「市史第2輯本編総説各説」。

都市経営戦略と経営能力

　神戸市政の現実は，経営戦略が叫ばれても，公共経済学にもとづく都市経営は定着しなかった。都市は，都市整備の遅れが，いかに巨額の損失と被害をもたらしているかを認識しなければならない。

　都市スプロールをみても，生活環境悪化と伝染病・道路不足と交通渋滞など，壮大な無駄と悲劇が広がっていった。

　具体的事例が神戸港の艀荷役で，水上市長の推計では年間約250万円の経済損失で，築港が5年遅れれば，1,250万円の民間企業の被害となる。市費負担を全額業者の負担で築港事業をしても，費用より効果が大きい。

　市長は，このような"見えざる"経済・社会的損害を洞察力でもって感知し，対応策を科学的に算定し，実践する能力を秘めているかどうかが問われた。第2章では市長の経営能力についてみたが，ここでは都市自治体の都市経営戦略についてみてみる。

　第1に，都市経営は，マクロ・長期の視点での政策が肝要である。神戸築港はたしかに神戸経済が成長し，雇用も増えるが，費用負担システムが拙劣では，市財政を圧迫し，ひいては市民生活・環境を悪化させかねない。

　対策としては築港負担金を半分にして，その分，港湾業者に転嫁し，浮いた財源で救済・環境事業を進めなければ，「最小の費用で最大の福祉」という，究極の都市経営の目的を達成できない。

神戸市にとって，神戸築港・交通経営・街路整備のすべてが，都市経営の手段であって，事業の成果が生活福祉に収斂する都市経営戦略を策定する使命がある。

　しかし，神戸市の現実は，補助裏として自主財源までもが都市整備に使い尽くされる，財政運営システムで，生活・環境整備への投資ができなかった。神戸市でも少数の環境派議員・職員は，開発と生活というジレンマに苛まれた。

　第2に，都市経営は，都市政策を策定し，都市問題への戦略対応が迫られる。都市整備・都市サービスの効率・経済・効果的（3Eの原則）実施が，初歩的対応であるが，より高次の対応は，都市経営における「政策・施策選択の最適化」をめざす政策型経営で，次善の対応が施策型経営であった。

　神戸市は，かつて水道・港湾整備のため，公営交通を断念し，民営化を容認したが，あきらかに"誤謬の選択"であった。財政逼迫・経営不安に怯えて，あたら好機を逸してしまったが，大阪市の先例をみれば，公営化メリットは既成の事実であり，情報音痴では，施策決定の最適化はのぞめない。

　このような閉塞状況を打破したのが，鹿島市長が民営電気買収という，政治・財政的にリスクをともなう決断をしたのは，道路整備の緊急性であったが，公共経済学視点から見れば，公益事業がもつ集積利益の公的還元を確保したい意欲にもとづく施策型経営であった。

　明治後期，このような経済合理性にもとづく決定を，市長・市会，そして市民が共有できなかったが，鹿島市長のリーダーシップが，それを可能にして，民営電気の買収を短期に実現させた。

　第3に，都市経営は，惰性（増減）・施策（選択）・政策（改革）経営に類型化できる。(1)惰性型は減量経営として多用され，人事・給与体系はそのままで，人件費の削減を図っていく，公共投資でも事業形態・事業費負担といった，現行のシステムをそのままにして，事業遂行をしていく短絡的タイプである。減量経営では，コスト削減はできても，問題の解決には寄与できない。一方，膨張経営では短期的にはともかく，長期的には財政破綻となりかねない。

　「施策型」経営は，システムの変革をともなう方式で，人件費でも能力・成果主義の給与・人事運営である。また事業処理でも，民営から公営へ，逆に公

営から民営へといった経営形態の変更によって，都市経営の実効性を高めていく経営戦略段である。

施策型経営は，事業型（公共投資・公営企業）と内部型（経営資源活用）に分類でき，事業型の典型的事例が公共投資・公営企業で，開発利益・集積利益（高密度の人口・企業集中による投資・サービスの高収益環境）の公的還元の確保である。内部型の代表事例が人的・資金の運用である。

ただ事業型経営では限界があり，都市経済のメカニズムを変革する，「政策型」経営が不可欠で，地租評価の引上げ，超過課税の大幅な実施，歩一税など法定外普通税拡充，宅地開発税・海面埋立賦課金などの都市財政自主権の施策活用が求められた。

しかし，財政自主権活用といっても，政府認可事項であり，実現は絶望的であったが，都市自治体は施策経営の事業形態の変革という公益事業の公営化，民間事業の公共化などの戦略で活路の打開をめざした。

第4に，都市経営戦略の核心は，都市財源の獲得である。都市財政は貧困であるが，都市経済は富裕である，都市成長にともなう集積・開発利益を，都市自治体が，どれだけ吸収できるかが，都市経営のポイントであった。

その対応は，政策型経営の実施で，具体的には築港事業では，神戸市は負担金を拠出したが，その事業効果を，市財政に還元させる港湾収益施設配当交付金方式は麻痺したままであった。この政策型経営の失敗を治癒するのが，事業型経営の海面埋立事業で公共デベロッパーによる開発利益吸収であったが，事業化はみられなかった。ただ変則的間接的デベロッパーで介入した，耕地整理事業にしても，減歩方式を適用したが，8割の開発利益は民間に帰属してしまう，不十分な公的還元にとどまった。

第5に，自治体における最大の内部経営資源は，市長の都市経営能力である。問題は適正な選出がなされているかで，基本的に市会は，中央許認可を過大視し，人材本位でなく，政府官僚への信奉性から就任を懇願している。ただ輸入人事は，懇願して市長就任を求めるので，神戸市長になりたい人物が，就任するとは限らない。そのため施策・事業の実施において，机上演習的に立派なものであっても，いわゆる詰めが甘く，市会の否決となる。典型的事例が不況期

の増税であり，桜井市長の場合が該当する。

　同じ輸入人事でも黒瀬市長のように，昭和の金融危険・大恐慌に直面したが，長期的に対応する執念があれば，財政対応策をみいだせるが，市長のポストに執着がなければ，すぐにポストを投げだすか，反対に市長の椅子に未練があると，市会への懐柔策を駆使し，無策のままで延命を画策するかであった。しかし，そのため市政が如何に巨額の損失を被るかという自覚がない。

　つぎの問題は，如何に優れた市長を選出しても，市議会の不当行政介入・理不尽な行政許認可の不首尾・議員・職員汚職などによるいわれなき引責辞任にしばしば追い込まれている。

　制度改革・政治風土改善・行政意識改善など，市長をめぐる外部条件の整備が不可欠であった。大正期の神戸市長は，鹿島・桜井・石橋市長であったが，自治体経営という視点からみて，その行政実績の評価を試みてみる。

注
（１）都市経営戦略の類型については，高寄昇三『新地方自治の経営』20〜32頁参照。

生え抜きの鹿島市長

　神戸市四代目市長は，鹿島房次郎で，その経歴・実績，さらに進退の潔さなど，すべての点において優れ，名市長の名に恥じない。ただ市長選任の経過をみると，水上市長が，明治42年突如引退したので，政治的空白が発生した。

　第１に，市会は市長予選委員で選考したが，容易に適任者をえられず，地元採用・輸入人事との対立でもめた。しかし，「情実の弊を避くるに努めれば自治体より市長を推薦するも，必ずしも不可ならゝむと」の結論となり，7ヵ月の空白をへて，鹿島房次郎助役を満場一致で決定した。

　鹿島市長は，神戸市政ではじめての生え抜き市長となった。市制創設以来，官治統制の呪縛から脱皮し，都市自治に目覚めた市長選出であった。

　第２に，政治環境は，経済と異なり，市制実施以来の変革をむかえて，従来の政友会絶対多数が崩れ，国民党系の公民会の台頭が著しく，変動の兆しがみられた。明治43年の市会議員半数改選の結果は，公民会の圧勝であり，非改選議員数との合計では政友会が同数で，中立派がキャスティングボードを握る不

安定な状況となった⁽⁵⁾。

　実際、議長選挙は、話し合いでの選出が試みられたが失敗し、空前の激戦となり、政友会が中立派と連合し、議長を確保している。鹿島市政は、この神戸政治の転換期という政治の季節に遭遇し、しかも政友会系の議員出身者であったが、政党色に染まらず、巧みに政党を操縦していった⁽⁶⁾。

　また議会運営でも政党出身は、たしかにハンデであったが、内部行政では実務経験を生かして、遺憾なく本領を発揮した⁽⁷⁾。このような市政運営が、鹿島市政への議会・市民の信頼感を醸成していった。

　第3に、鹿島市長の在任期間は、明治43年2月から大正9年3月までの10年間で、貿易高が横浜港を追い越し、「神戸市政の黄金時代又は黎明時代というべき期間」であった⁽⁸⁾。3(1914)年第1次世界大戦が始まり、7年に終了したが、反動不景気の影響を免れ、その意味では好運な市長であった。

　そのため鹿島市長が、才能を十分に発揮できたが、急激な都市成長によって、さまざまの問題処理が噴出した、多難の時代でもあった。明治後期から積み残された懸案事項の処理という、損な役割を否応なしに担わされた。

　第4に、行政実績をみると、鹿島市長は、施策型・事業型経営による公営交通創設、水道拡張工事による千苅ダム建設、西部耕地整理実施による街区整備など、ハードの都市整備で卓抜した事業能力を発揮している。

　注目すべきは、これらの事業は、決定をのばし、市長の政治責任を回避し、在任の延命を策謀する余地はあったが、むしろ政治生命を賭けて、敢えて積極的経営を遂行している姿勢を貫いた⁽⁹⁾。

　さらに特筆すべき実績は、ソフトの内部行政改革にあっても、懸案の学区統一、家屋税の賦課基準改正、高利市債の低利債への借換など、難問をつぎつぎと解決し、昭和期へ問題を繰り越さなかった⁽¹⁰⁾。

　ことに神戸電気買収・学区統一は、鹿島市長の政治・行政能力の高さを立証した。ただ鹿島市長とて万能でない以上、施策のミスは避けられず、政策型経営として港湾配当金の長期不交付への対応は遅れが目立った⁽¹¹⁾。

　第5に、生え抜きの市長として、国庫補助金の確保などでは、当時の官治統制のもとでは、かなりのハンデが危惧されたが、行政実績からみて見事に克服

している。外部内部にわたる行政成果からみて政治・行政手腕について高い評価をえた。

　結果として「彼の功績は位階勲等を超越せるを見る時，人は肩書のみで仕事の出来ざることを痛感し，彼のためにも，市民のためにも祝福せざるを得ない」と，称賛されている。

　第6に，鹿島市長の政治生命が，危機にさらされたのは，大正元年12月11日に露見した，市庶務課長の横領問題であった。鹿島市長は県知事に辞表を提出し，両助役も市長に辞表を提出した。市会は調査委員会を設置し，市長に責任があるが，損害賠償は請求しないということで，幕引きを図っている。

　第7に，退任の経過をみると，鹿島市長は，3選を要望されたが，「米国の大統領すら三度は出ぬ」と，川崎総本店の代表者となった。その進退は鮮やかであり，市議会は，大正9年3月，退職に際して破格の慰労金15万円を贈っているが，鹿島市長の功績が，如何に大きく評価されたかがわかる。

　その後神戸商工会議所会頭選挙にも当選しており，経済人としても，卓抜した能力・手腕をもっていたことがわかる。官僚制にとらわれない行政実務家，そして経営センス豊かな都市経営者として，市長主導型行政を進め，その能力を行政経営の実績で実証した市長であった。

注
（1）鹿島市長の経歴をみると，明治2年，広島県の豪農に生まれ，慶應義塾に学び，東京高等商業学校をへて，23年に高商を卒業して渡米し，ミシガン大学に学び，27年，帰朝している。元町の素封家，鹿島家に懇望され，婿養子となるが，英語に堪能なることから，30年4月，市役所に就職する。水道部外事嘱託，月俸20円が市役所生活のスタートであった。37年坪野市長の人員整理で解雇されたが，政友会に誘われ，選挙に出馬し，見事，当選している。その後，後任の水上市長下にあって，高級助役に選ばれているが，議員在任中も，党派の囚われない穏健中正の行為が，議会の賛同をえたといえる。もちろん政治手腕・行政能力も，抜群であったことが，就任の要因でもあった。明治30年には一介の書記が，39年に年俸1,600円の高級助役に栄進した。当時，このスピード出世は，羨望をもってみられた。
（2）この点について，「当時市会の空気は，自治体の市長は，市公民中から選出するのが自治の本義である。輸入候補は断じて排斥せねばならぬといふ所謂市公民説と，市長は至公至平でなければならぬね。若し市公民中から市長を選出する時は，却って情実因縁に囚われ易いし，神戸市には幾多の重大問題が前途には横はってゐるから，これを円満に遂行する上から，輸入候補でもよい官辺に縁故のある人物」（伊藤・前

掲「神戸市長物語」111頁）という，原則論と実益論の対立があった。当時の厳しい中央許認可の拘束から，中央官僚待望論が根強い支持があったが，結局は鹿島市長の行政実績が，天下り人事を上回り，生え抜き論の正当性を立証した。
(3) 前掲「市史本編各説」211頁。
(4) 政党のバランスが崩れ，「本市の政党事情はこれまでとはだいぶん異り，国民党の台頭とともに政友・中立・進歩各派の陣営にも異変が生じ，市会議員と政派の関係も深くなって，いっそう政党の色彩が濃厚になった」（前掲「市会史明治編」152頁），不安定な時期であった。
(5) 明治43年の選挙結果は，「政友会が独占していた市会勢力の分野に一大変動をきたし，政派に対する市民の関心も相当大きく，自治体における政派勢力は依然としてぬきがたいものがあった」（同前154頁）といわれている。実際，公民会14名，政友会9名，中立派3名で，留任者との合計では，政友会17名，公民会17名，旧進歩派5名，中立3名であった。
(6) 鹿島市長は，「政友系なるため或いは政友会の市長たるやの感なきを危んだものであるが，怜悧な鹿島は政友派の利用には乗らず却って政友派を踏台にして案外公平な市長振りを示して市民の喝采を博した」（伊藤・前掲「神戸市長物語」116・117頁）と，巧みに議会操縦に成功していた。
(7) 実務派市長の長所が，もっとも端的にあらわれるのが，議会答弁であった。「従来の市長助役といふものは影人形を遣はずに無難に答弁し得るものは一人もなく，多くは番外席の背後，ストーブの横に庶務課長を忍ばせ，質問ある毎に一々耳打ちをしたもので市長は恰で傀儡に過ぎなかった」（同前116頁）が，鹿島市長にはこの必要はなかった。
(8) 同前114頁。
(9) 事業実績は多方面にわたり，「外面的事業に於ても相当花を咲かせたり，市立図書館の新設，大倉山公園の開設，湊川遊園地の買収，水道拡張の補助稟請，貿易生産品共進会の成功等何れもの世人の注目を惹けり」（本郷・前掲「神戸権勢史」79頁）と，その実績が評価されている。
(10) 市制実施以来市が市の外面設備に忙殺せられ内務の整理を疎かにしたが，地味な内部財務でも，「公債政策は彼の得意とするところで，大阪其他の大都市が六分利公債を抱き居れるに夙に4分利公債に借替へて鼻を蠢かしたなど中々味をやったものだ」（伊藤・前掲「市長物語」117頁）と奨賛されている。官吏でありながら，優れた経済センスをもっており，民営鉄道買収でも，低金利の金融緩和を千載一遇のチャンスとして，一気に公営化を進めていった。
(11) 港湾収益施設配当交付金の不交付が続いていたが，神戸築港が明治40年にスタートし，鹿島市長就任が43年であり，改正運動を起こすべき状況にあったが，改善要望は大正9年と大幅に遅れ，成果をみるのは10年であった。職員が問題をあげなかったにしても，鹿島市長が，港湾配当金の不交付を放置したのは，大きな過失であった。この間，改革への不作為がもたらす損失は，300万円を超えているが，財政運営に目配りを怠らなかった，鹿島市長にしては信じられないミスではなかろうか。た

だ鹿島市長の港湾配当金不交付への対応策が，退任の大正9年と大幅に遅れた事情は不明である。
(12) 中央省庁との交渉でも，「時世の相違とはいへ第1期工事の際24万円の補助金を貰ふため鳴滝市長が多数の市会議員を引き連し殆ど居据り談判を試み漸くものにしたのと鹿島市長が単独よく250万円（筆者注；81.5万円）に成功したのとは同日の談ではない」（伊藤・前掲「市長物語」122頁）と，根回しとかコネクションとかの策を弄するより，政策的実効性にもとづく正攻法の対応策を得意とし，しかも成功している。
(13) 鹿島市長の行政手腕については，助役としてはともかく市長としての力量は「聊か疑なきを得なかったのである。…官省や銀行との折衝も少なくないから…使命を全うし得るか否かを懸念されてゐたが，事実は全く杞憂に帰し，緻密な頭脳と事務に精通せることにより部下を意の儘に操縦し，最も至難とされる市会議員の操縦にも成功した」（同前116頁）と，市政運営の巧みさが指摘されている。
(14) 同前115頁。
(15) 横領額は5万1,289円（米価に換算して今日の約5,000万円）で，未回収分3万1,510円については，訴訟で賠償責任が確定した。前掲「市会史大正編」12頁参照。
(16) 兵庫県服部知事は，市長・助役に過怠金を命じて譴責処分に付すとともに，市庁内事務の欠陥を指摘し，辞表を返却して解決をつけた。一方，市会は市長は責任を負うものと認めるが，賠償責任は追求しないとの決着をみた。なお部落財産横領（3万1,500円）もあったが，部落への損害補填については，将来，衛生・土木・教育などの施設改善費について総額賠償分は市費から補助するという条件で解決をみた。同前10～12頁参照。

大蔵官僚の桜井市長

　神戸市五代目市長は，桜井鉄太郎で，神戸税関長・大蔵省税関長・専売局長・大蔵省事務次官心得を，最後として官界を去り，台湾銀行頭取に就任した。水上市長と同様の大蔵省官僚であったが，職歴でみる限り，水上市長より華麗な実績がみられた。

　しかし，鹿島市長の後任も難航し，詮衡委員会は，桜井氏に就任の説得につとめたが，「健康と家庭の事情許さざるを理由として容易に首を縦に振らな」(1)かったが，坂谷男爵・床次内相まで説得の労をわずらわし，やっと承諾をえた。

　要するに神戸市長になりたくないが，やむを得ず市長になった。この点，おなじ大蔵官僚であった水上市長が，病身をかえりみず，神戸築港の実現に不退転の決意をもって就任したのと，市長への責任感にあって雲泥の差があった。

　桜井市長は，大正9年10月に就任し，11年5月に辞任しており，1年8ヵ月

の短期であった。市長就任直後，大正9年の不況に直面し，行政手腕を発揮するには，不運なめぐりあわせであった。

　財政環境がよければ，それなりの業績があげられたが，不況下であれば減量経営しかできず，しかも財源の絶対的不足という，難問に直面する。しかし，桜井市長は，受け身の行政ではなく，区制設置案・増税案などの，意欲的施策をかかげ，事態の打開を模索した。

　桜井市長は，大正11年度の予算編成にあって，財政基盤を確実にするため，対前年度決算比15.76％の98万円増税を提案した。しかし，市税は7年度236万円，8年度379万円，9年度538万円，10年度622万円と好景気で膨張したが，反動不景気で後退期に入り転換点にあった。

　さらに増税案はきわめてオーソドックスなもので，負担不公平是正といった施策的効用があるなど，財源問題以上のメリットを提示されていない欠点があった。市会は繰越金・経費削減で対応し，余剰金120万円を活用してはどうかという代替案を提示した。[2]

　また行政改革として，4区制案を提案したが，経費削減となる，具体的効果が明示されないままであったので，市会は両案とも否決している。桜井市長にとっては「屈辱的な修正であった。市会は修正には『市長不信任』の思いはなかったとしているが，桜井には『不信任』に思えた[3]」ので辞職を表明する。

　そのため辞職は「主義政策のために，玉砕したのであってその態度や洵正々堂々たるもの[4]」と，表面的には受け取られている。しかし，同時に辞任の潜在的要素として，もともと市長就任に熱意はなく，嫌気がさしたからであると憶測されている。[5]

　増税案が否決されたが，「遮二無二市会と雌雄を決せんとしたる如き，遇々これによって高踏勇退の口実を求めんとしたに過ぎないと解するのが当たらずとも遠らず[6]」と，意図的に勇退の状況をつくりだしたと，その対応は非難されている。そのため慰労金にも反映されている。[7]

　なお不況下の市長としては，大正14年から昭和8年までの黒瀬市長は，昭和初期の金融恐慌，その後の大恐慌という，長期不況期の受難の市長となった。昭和3年，190万円の増税案は24万円に削減されたが，臨時財政調査会を設置

し，行政整理・公債運用・県費負担改正・公営企業経営改善・市勢振興策などの中期的施策的改革をめざして，多くの実績を残している。

　印象に残るのは，黒瀬市長は山梨県知事に栄転して，わずか4ヵ月で，神戸市長就任を快諾している。官僚・政治家・経済人そして地元出身かどうかより，市長というポストへの思い入れが，市長の就任の必須条件ではなかろうか。

注
（1）伊藤・前掲「神戸市長物語」154頁。
（2）前掲「市史歴史編Ⅳ」619頁参照。
（3）前掲「市史行政編Ⅰ」68頁。
（4）伊藤・前掲「市長物語」165頁。
（5）就任の経由からみて，「元来桜井氏の神戸市長就任は熱切なる氏の希望から出たものではない。先輩坂谷男に慫慂否み難く，何等の決心と抱負となく，只漫然と承諾したのではないかと疑はるゝ点はないではない。…家族を伴はず，…下宿住居に等しい生活をして最後まで腰が落付かなかったのを見ても彼は就任当初から熱がなかったことがわかる」（同前166頁）と批判されている。
（6）同前166・167頁。
（7）大正11年5月，桜井市長（在任1年5月）に慰労金1万円が贈呈されたが，先にみたように同年8月土岐助役（6年1月）死亡に際して，弔慰金3万5,000円を贈与している。前掲「神戸市史第2輯本編総説各説」347頁参照。桜井市長の不人気が象徴される金額である。

国会議員の石橋市長

　神戸市六代目市長は，国会議員の石橋市長で決着した。桜井市長の後任人事も難航したが，市長銓衡委員会を設置し，順次，候補者を打診していった。従来から市長人事は迷走するので，「広く人材を天下に求める意味において土着・輸入の区別を置かないこと」と基本的方針をさだめた。

　しかし，候補者に接触したが，得手勝手な条件をつけられ，人選は難航したが，原因は中央官僚にあまりにも固執しすぎたからであった。

　1人目の候補内務省地方局長渡邊勝三郎を，理想的人物として，就任を強く要請したが，就任の3条件が提示された。現任助役前辞任の件が問題となり，銓衡委員会は選考を断念している。

　第2候補の北川信従氏は急病のため，長期療養となり，3人目の長崎県知事・元下関市長の李家隆介との交渉となったが，今度もさらに承諾しがたい就任条

件を提示されたので，交渉を諦めている。結局，当時の市会は，広く人材を求めるとしながらも，中央のコネクションにすがる，中央権威への依存症が抜け切らず，市会の非自治性はかなりの重症であった。

　結局，委員会では選任できず，委員長の勝田銀次郎に一任し，六代目市長は，民間の石橋為之助となった。大阪朝日新聞府市課長をへて，明治40年，衆議院議員に当選し，10年間議員を勤めたあと，大正6年，財界に転じ，山陽製鉄社長，帝国石油取締役など実業家として敏腕を発揮していた。

　石橋市長は大正11年12月に就任したが，14年6月に辞任しており，2年6月の短期であった。在任中，市電須磨の着工，水道第2拡張計画，苅藻島埋立計画などさまざまの事業を手がけたが，多くは継続・既存事業の遂行であり，新規事業ではなく，あらたな課題への挑戦といったものではないと，低い評価がくだされている。

　しかし，まず市電須磨線は工事費432万円で，関東大震災後の緊縮財政に直面し，市債認可は容易にえられなかった。市長みずから内務・大蔵省の担当経理課長に膝詰談判で，認可をえているが，清浦内閣崩壊の前日であり，後継加藤内閣ではよりきびしい非募債主義であり，認可はさらに遅れたであろう。

　神戸生糸検査所の設置も，石橋市長の功績であろう。明治期，生糸検査所は設置・廃止を繰り返し，神戸港生糸貿易はなかなか定着しなかった。しかし，関東大震災で横浜港の生糸貿易が途絶したので，神戸市は従来からの2港制をかかげて，政府の容認をえ，神戸生糸検査所の設置にこぎつけている。

　大正不況下での財政運営は，困難をきわめたが，就任早々の大正12年予算では，参事会での名誉職・理事者側の対立があったが，理事者サイドで無難に処理している。また59名の人員整理を断行している。

　さらに市債発行を試みたが，関東大震災後，金融不況で借入金で処理したが，高利子負担で大きな損失をみたので，短期借換債の切り替えに成功し，年間約50万円の利鞘をえた。

　しかし，教育・電気行政の腐敗は，体質化しており，石橋市長は改革に努めたが，ついに根絶をみなかった。さらに不運であったのは，市長の直接的責任といえない，小学校長鹹首事件・電気局伏魔殿事件・須磨水道慰労金問題・震

災慰労金問題など，不祥事が連続して発生した。[8]

　これら問題で責任を追求され，健康をそこね辞任という不本意な結末となった。神戸市会は慰労金2万円を贈っている。

　ただ行政実績から見る限り，潜在的経営力は，鹿島市長に匹敵したのではないか，経済不況と職員汚職に見舞われ，十分に経営手腕を発揮することなく，惜しみても余りある辞職となった。

　大正期の市長は，鹿島市長以外は短命であり，ことに企業経営のトップの経験のある，石橋・桜井市長が，都市づくり・都市経営を牽引することもできず，内部経営の処理に忙殺されるだけであり，都市行政運営のむずかしさが印象づけられる事実となった。

　黒瀬市長（大正14年8月就任）を含めると，「前後6年に4人の市長の更迭を見しは，少なからず市民の損失というべき」[9]で，昭和期への布石を打つこともできなかったことは，神戸市にとって痛手であった。

注
（1）伊藤・前掲「神戸市長物語」173頁。
（2）選考の方針は，「1　市長候補は成るべく市公民中より銓衡すること。2　市公民中に適任者を得難き場合は輸入候補にても不可なし。3　財政上の手腕家たること。4　外国語に堪能なるものたること。5　官吏の古手はなるべく推薦を避くること」（同前173・174頁）であった。
（3）条件は「1　市長選挙は，市会満場一致の事。2　現任助役は，市長就任前予め辞表を取纏め置く事。而して後任助役は高級助役1万円，下級助役は五千円とすること。3　家庭の都合上単身赴任すること」（同前176頁）。問題は現任助役の進退は，法律によって保証されているから市会といえども，任期中に辞表提出を迫る訳にはいかない。最終的には委員会の意見統一ができず，交渉打切りとなっている。
（4）条件は「1　就任1ヶ月間は市政研究に専念すること。2　神戸市は対外関係密接なる都市であるから海外の事実事情に精通するの必要上約半歳の予定で洋行すること。3　家族同伴は困難なること。4　外賓の歓迎用として小蒸汽艇を購入すること」（同前181頁）と，神戸市にとって屈辱的な内容であった。
（5）同前217・2181頁参照。（6）同前217頁参照。（7）同前197・198頁参照。
（8）小学校長馘首事件は，教育課長派と反教育課長派とが対立していたが，教育課長派が，5人の校長の馘首を計画したが，市校長会が満場一致で反対する騒動となった。市当局が馘首阻止を決定したので，紛糾は鎮静化した。電気局伏魔殿事件は，電気局内部の派閥争いから「内部の醜状をあかるみにさらけ出し，運輸課の未払い給料処分，長田車庫建設に伴ふ不始末，石炭購入上の失態などが伝えられ，宛然百鬼

夜行の伏魔殿の観を呈するに至った」（同前203頁）のである。市会で委員会が設置されたが、擁護派・刷新派にわかれ、委員の辞職もあり、調査結果の歯切れの悪いもので、擁護派が問題をもみ消してしまった。最終的には関係者の左遷・辞職などで幕引きがなされたが、内部運営システムの改善にはつながらなかった。同前203・207頁参照。須磨水道慰労金問題は、須磨水族館竣工慰労金として関係者65人に2万円が支出されたが、80万円の工事に2万円の慰労金は多額であると、問題となり、市会協議会で無期延期となった件である。震災慰労金問題は、関東大震災への慰問金として、神戸市は10万円拠出を決定し、各方面から募金を募った。結果として多額の募金があり、市負担は3.5万円弱ですんだ、このうち慰労金という名目で2.4万円弱が市吏員に配分され、不当支出とされ行政責任が追求された。同前198～206、210～216頁参照。

（9）前掲「市史第2輯本編総説各説」3・4頁。

小曽根喜一郎と土地資本家脱皮

　大正期になり、神戸市が公営電気事業を買収し、神戸築港も軌道にのってくると、都市整備における経済人の活動余地は少なくなった。明治期、土地資本で莫大な利益を獲得しても、産業・金融資本家へと転身しないとか、産業資本家として成功し、巨万の蓄財をなしても、公益的活動にあまり関与しないとか、さまざまのタイプがみられる。

　しかも神戸では、関東の浅野総一郎のような民間デベロッパーもいなく、電鉄経営の一環で、ニュータウン造成を遂行する、電鉄経営者は、神戸電鉄の山脇延吉だけであった。地元資本家は、確実に収益性が見込める、耕地整理事業・公益企業などの創業・経営に参加した。川西清兵衛・滝川儀作・小曽根喜一郎など注目されるが、都市づくりとの関連では、小曽根喜一郎があげられる。

　小曽根喜一郎の資産家としての魅力は、土地資本家から産業資本家への脱皮であった。先代は明治維新期に土地の買占めで資産をなしたが、小曽根家を相続した養子の小曽根喜一郎は、「土地所有を基盤としていたが、事業投資に積極的に進出したので、それだけに有利に立回れた」(1)といわれている。

　地域貢献型の経済人として、小曽根喜一郎の第1の功績は、民間デベロッパーとしての活躍である。湊川付替事業は、地元資本での事業化が試みられたが挫折し、やがて大阪資本が参加し、主導権をもって進められるが、それでも事業化は難航した。

この窮地を救済したのが，地元資本の小曾根喜一郎と東京の大倉喜八郎であった。湊川改修会社を組織して，大倉喜八郎と提携して，その事業化を進め，自から経営者として成功に導いている。この点，土地資本家から開発デベロッパーへの転身を遂げたといえる。⁽²⁾

　第2に，小曾根喜一郎は，土地資本家に安住することなく，積極的に公益企業の創業・経営に参加していった。

　山陽電気鉄道・阪神電鉄など，経済人としては，公共・公益事業を多く手掛け，地域社会への貢献度からみた功績は大きい。

　昭和2年5月，阪神土地信託を阪神電鉄に吸収された関係もあり，阪神土地信託の大株主であった小曾根喜一郎は，阪神電鉄の社長に就任し，公益企業家への転身をとげている。

　第3に，小曾根財閥形成による地域経済の振興である。小曾根喜一郎は，土地・金融資本家から産業資本家へと成長し，神戸財閥の重鎮になった。帝国水産社長をはじめ阪神電鉄・日本毛織・播磨ドックなど，多くの会社の創設・運営に関与していった。

　昭和7年には阪神電鉄をはなれるが，阪神鉄工所（阪神内燃機工業）を創業し，産業資本家への途を開拓している。

　企業家としても，「大正10年3月には本小曾根合資会社を創立したが，資本金500万円，動不動産，有価証券の所有運用，事業投資を目的としたもので，すなわち小曾根財閥の大本営であった」と，評価されている。しかし，重工業・金融事業への参加に遅れ，大財閥への発展には頓挫したが，「神戸が生んだ土着の代表資本」であった。

　なお川西清兵衛も，経済人としては日本屈指の紡績会社・日本毛織を創設し，成長させていった。注目されるのは，養子であるが，兵庫地区の出身であり，地元資本家であり，阪神電鉄・山陽電鉄など，公益企業の発展に尽力した点は，小曾根喜一郎と同様である。

　また経済人として，川崎正蔵を取り上げなかったのは，すでに多くの研究があるからであるが，神戸経済発展の基礎を築き，社会的貢献での寄付金も群れを抜いて大きく，学校・病院など多彩であるが，松方幸次郎の松方コレクショ

ンが，政府に帰属したのは，かえすがえす残念な結果であった。全般的に多くの神戸経済人の成長・活躍がみられ，公益貢献として学校・美術館など後世への遺産は少なくない。

注
（1）赤松・前掲「財界開拓者」462頁。
（2）湊川改修事業について，実質的に事業遂行の功労者はだれであるかさだかでないが，小曾根喜一は，「藤田伝三郎氏が一度失敗に終りし湊川改修事業を企画し，大倉喜八郎と提携して明治29年頃湊川改修会社を組織し，進で自ら其衝に当り，拮据経営の結果は終に一大工事を竣工する至った」（田住・前掲「現代兵庫県人物史」307頁）と，役割が評価されている。人物像については，「土着産業の開発」赤松・前掲「財界開拓者」457〜464頁。
（3）・（4）赤松・前掲「財界開拓者」464頁。

北神開発と山脇延吉

　明治後期にみられた，兵庫運河・湊川改修といった民間デベロッパーの活躍は，大正期には鳴りをひそめ，企業活動への傾斜を強めていった。もっとも大正期は，神戸市外であったが，神戸北部開発にあって，卓抜した地域経営能力を実証したのが，山脇延吉であった。

　典型的な地域貢献のため個人的犠牲を惜しまない，明治の自己犠牲型地方名望家であった。明治・大正・昭和と長きにわたり活躍した。

　その企業家能力・経営センスにもかかわらず，産業資本家として，苦難を強いられたのは，当時は神戸の市域外で，経済発展には不利な現在の北神地区が，活動の場であったからであった。

　明治8年（1875）に有馬郡道場に生まれ，東京帝大工学部に学んだが，父の死去で大学を中退し，故郷に帰り，県議員を務めながら，土木開発・農業振興によって地域振興を図っていこうとした，地域貢献型の活動家であった。ただ神戸の兵庫に多くみられた，商業資本家ではなかった。

　第1に，現在の神戸北神地区は，当時，鉄道がなく，神戸の僻地であり，自力更生といっても，から念仏であり，まず鉄道敷設が不可欠であった。

　三田－有馬間の鉄道を，京都府の片岡直温（後の大蔵大臣）らと資本金50万円で有馬鉄道を設立し，その社長に就任した。鉄道は大正4年4月に完成したが，

鉄道院が完成と同時に借り受け営業を開始した。

　大正 8 年 3 月，鉄道院（国有鉄道）は，価格38万4,772円（公債交付券額面43万4,800円）で買収し，昭和18年 6 月には篠山線新設の移設される数奇な運命をたどる。

　第 2 に，つぎは当然，神戸・有馬を直接にむすぶ鉄道で，山脇延吉は，大正15年 3 月，資本金500万円の神戸有馬電気鉄道株式会社を立ち上げる。しかし，関東大震災・経済不況などで，出資金は難航するが，なんとか調達し，平野―鈴蘭台は急勾配であるので諦め，湊川―鈴蘭台に変更した。

　それでも山岳地域の鉄道にはかわりなく，難工事であり，建設コストも850万円と膨らんだが，工事を請け負った日本工業合資会社の支援もあり，「自らオーナーである道場銀行を閉鎖し，私財を注いで神有電車に全て投入し，難関を切抜け」，昭和 3 年11月に開通させた，強靭な精神には驚嘆させられる。

　第 3 に，鉄道開発が，有馬の湯治客だけで収支が償えるものでなく，小部地区（鈴蘭台）を，関西の軽井沢として，開発を目論んだ。

　まず電燈会社を15万円で設立し，駅中心に約132万㎡を買収し，宅地開発に乗り出した。電気鉄道の複合開発への展開で，電鉄敷設による土地付加価値の上昇を意図した，卓抜した民間デベロッパーの典型的先例と評価できる。

　昭和 4 年 3 月21日（「神戸又新日報」）に，「神戸の中心地から僅か10分の理想的住宅地， 3 年たてば地価 3 倍，電車賃たった 9 銭」といった魅力的広告で， 7 割の分譲契約を結ぶ好成績をあげている。

　それでも経営は苦しく，宇治川電気の系列会社に，この宅地32万6,000坪（107万7,000㎡）を電力料金支払の代償として譲渡している。さらに昭和恐慌で，株価も 8 円（額面50円）にまで暴落し，遂に会長に退いた。

　このような苦難の地域開発をふりかえると，もし表六甲の有利な地域であれば，阪神・阪急電鉄をしのぐ，電鉄王国をつくあげていたであろう。裏六甲という不利をかえりみず，地元繁栄に情熱を注いだ生涯は，人々に強い感銘を与えずにはおかなかった。

　「この地区の開発に力を注いだ山脇を，住民は忘れていない。その後の裏六甲の発展をみれば，開拓者としての山脇の功績は明らかで，住民の発起で道場

川原駅裏に，頌徳碑が建てられた」⁽⁷⁾のは当然である。

　神田兵右衛門と同様に，地域というしがらみがあり，脱皮して地域外での雄飛は容易であるが，低迷する地域・貧困に苦しむ住民を見捨てることができなかった。地域名望家の宿命としての生涯を，地域経営者として地域へささげた生きざまは，今日でも深い感銘を与えずにはおかない⁽⁸⁾。

　なお忘れてはならない功績は，山脇延吉は帝国農会副会長・兵庫県議会議長などの要職を務め，農民の生活・事業の救済に尽力したことで，県農会会長として「自力更生」運動を提唱・実践した。昭和7年の兵庫県農会の提唱・実践を，政府が取り上げ国策として経済更生運動へと転用したのである。山脇延吉は，農村救済・開発・交通と多方面にあって，不利な地域環境にもかかわらず，不屈の精神を発揮した，類まれな地域経営者であった⁽⁹⁾。

注
（1）有馬鉄道につては，洲脇一郎「山脇延吉ノート」『神戸の歴史』第8号，昭和58年4月，60～71頁。
（2）三輪・前掲「市街地形成」114頁。
（3）鈴蘭台開発に着目したのは，当時の神戸市が「人口に漸増に伴ふ住宅難は市域狭少なる神戸市の苦悩となり，盛んに山地開発は論議せられたのである。…同鉄道は神戸市起点を距る僅7粁5分の高層地に地価低廉，水質良好にして特に夏時清涼，小軽井澤とも称すべき同地の出現は神戸市にとって非常な福音であった」（北内恵次郎『山脇延吉翁遺風』76頁，以下，北内・前掲「山脇延吉」）といわれている。
（4）神戸電鉄社史編纂委員会『神戸電鉄50年のあゆみ』15頁参照。
（5）同前16頁参照。
（6）神戸新聞『海鳴りやまずⅢ』169～176頁参照，以下，神戸新聞・前掲「海鳴りやまずⅢ」。（7）同前176頁。
（8）前掲「郷土の先覚者」294～300頁参照。
（9）昭和期の農村経済更生運動については，高寄・前掲「昭和地方財政史Ⅴ」335/394頁参照。

地域貢献と寄付金

　大正期になると，民間デベロッパーの活躍余地は狭まり，民間の地域貢献は，利益追求とは逆の寄付金・義捐金・基金・学校・美術館という形で実施された。これら贈与は「愛の経済学」の実践であり，その効用は多方面に効果を及ぼした。

戦時中の強制的寄付の印象が強く，地域経済からみた総合的評価はなされていないが，船成金といわれた内田・勝田・山下らも，献金を盛んに行なっていた。[1]戦前，企業経営者はなぜ，かくも巨額の寄付を地域になしたのかである。

　第1の課題として，寄付をはじめとする地域貢献の形態をみてみる。第1の形態は，公共セクターへの民間の金銭的寄付で，第1に，戦前，寄付文化が普及していったのは，オーナー経営者が多かったが，国税を初めとして，租税負担がきわめて低く，実質的に財力があった。また市町村などの財政力は，貧困そのもので，市民の生活も劣悪であり，富裕者は感情的にも已むを得ず，寄付をせざるをえない社会風土になった。

　第2に，政府は，財政・租税改革で，地域団体に財源を付与することなく，巧みに地域・市民への地域愛着心を誘導する施策を推進した。明治期の学制実施にともなう，小学校建設などが象徴的寄付であった。さらに国家は，叙勲・表彰などで，民間の名誉心を充足させて，献金・寄付を促していった。

　第3に，民間寄付金は，行政の財源不足とか施策怠慢の尻拭いとなりかねない。災害救済では府県に罹災救助基金が設定されていたが，内部留保に努め，本来の被災者救助への支出を惜しんだ。

　そのため民間寄付金で実質的に救済する，本末転倒の状況となっていた。したがって災害救済・生活支援など，行政責務を明確にして，これら行政分野のシステム拡充が先決問題である。

　第4に，寄付金が，有効に活用されるには，一時的対応策とか慈恵的感情とかでなく，基金創設とか施設設置など，明確かつ持続的結果をもたらすシステムが必要である。

　典型的事例が皇室で，巨額の皇室財産を背景とした，内帑金の交付という制度的対応で，上からの社会的安定を培養していった。したがって自治体も寄付金を原資にして基金を創設すべきである。川崎グループが，神戸市へ教員慰労金などを寄付し，神戸市は基金を設定している。[2]

　第2の形態として，民間独自の公益活動としての社会貢献は，公益施設の設置で，個人・団体の独自の社会貢献として，半永久的に存続する方式が普及していった。

第１に，学校の創設は，多くの事例がみられる。滝川弁三・儀作は，燐寸生産で財をなし，マッチ王として君臨したが，事業は婿儀作が受け継いだので，老後を教育振興に捧げるつもりでいた。たまたま経営難の私学再建を頼まれ，滝川中学校創設となった。⁽³⁾
　川崎正蔵は大正元年になくなったが，遺言で私立川崎商船学校を創設した，遺資のうち120万円がこれにあてられた。９年には国に移管され，神戸商船学校となった。
　施設の寄付では兼松翁記念会が，大正10年に神戸高商に記念館を寄贈しているが，別途，維持・学資資金として公債33万円をあわせて寄付している。平生釟三郎は７年制の甲南高校を大正12年に創設している。外国人ではＷ・Ｒ・ランバスが，明治22年，原田村に関西学院を創設している。今日の神戸女学院なども外国人の創設である。
　第２に，公益施設の創設である。嘉納治兵衛は，灘五郷の経営者であるが，明治初期，消滅寸前の酒業を再建し，大衆路線で成長させていったが，政治家とか産業資本への転身を図っていかず，地域への寄付と古美術の収集によって，地域貢献を果たしていった。
　白鶴美術館は50年間にわたる美術品を収蔵しているが，古美術品500点，有価証券50万円，現金50万円，総額500万円で，今日では数十億円になるであろう。また御影町の公会堂建設には，昭和４．７．８年の３回合計20万円を寄付し，灘中学の設立にも尽力している。⁽⁴⁾
　池長孟（はじめ）も資産家池長通の養子である。植物の牧野博士を救済したり，自らの文筆活動にいそしんだりしていたが，昭和になり南蛮美術収集に，「単なる趣味ではなく，芸術品保存と，組織的研究という使命感でもって収集に」⁽⁵⁾あたり，昭和15年，南蛮美術のための美術館を灘熊内に建設した。
　しかし，戦後，相続・固定資産税そして再評価税（富裕税）などのため，美術品の維持・保有は困難となり，昭和26年神戸市に譲り渡した。⁽⁶⁾要するに美術館などの運営は，余ほどの基金があるか，スポンサーの支援がなければ，個人で維持するのは困難で，多くの文化財が散逸している。⁽⁷⁾
　第２の課題として，神戸における寄付の実態をみてみる。第１に，明治・大

正期の寄付金をみてみると，全体の数値としては，明治24年～大正7年の寄付金が整理されている。

国庫支弁に属する事業への寄付金26万283円，県税支弁に属する事業への寄付金1万6,196円，市費に属する事業への寄付金74万8,273円，其の他2万702円，合計104万5,454円である。[8]

ただ国庫では日清戦争2万8,795円，日露戦争15万4,130円が大きく，除外すると7万7,358円となる。これらの寄付金について，政府は金杯・銀杯の下賜などで，貢献にむくいている。[9]

第2に，大正7年に褒賞条例が改正され，寄付金百円未満は対象外，百円以上1万円未満は褒状，1万円以上は紺綬褒章，5万円以上10万円未満銀杯，10万円以上は金杯と定められた。大正6～昭和9年の該当者は91人である。[10]なお大正7年の米騒動における個人・法人の寄付金も多額にのぼった。[11]

第3に，寄付金でなく明治27年の日清戦争では，神戸商業会議所が軍事公債購入を呼び掛け，3,000万円の予定に6,322万円の応募があり，光村利藻7万円，小曾根喜一郎5万円が大口購入者であった。第2回軍事公債も61万円の購入であったが，川崎正蔵10万円が大口であった。[12]

第4に，政府・地方団体サイドから災害救済・施設建設などの特定目的寄付金の要請は，日常茶飯事のこととして行われた。災害救済寄付金が典型的であるが，関東大震災では巨額の寄付金がみられた。[13]

学校・福祉・道路などへの寄付がしばしばであった。たとえば大正5年4月，大正天皇即位記念図書館として，市立図書館が新設されたが，経済界を中心に募金がなされ，109の個人・団体から18万8,870円が拠出されている。[14]

第3の課題として，今日からみると，巨額の寄付をどう評価すべきでかである。大正9年，川崎家から神戸市へ125万円の寄付があったが，神戸市財政の国庫補助金3.1万円，県補助金7.7万円，地租割20.5万円，所得割57.3万円と比べても，破格の金額である。

第1に，国・県・市町村の区分でみると，先にみたように市関係が71.57%と圧倒的に多いことは，公経済にける市財政の冷遇を考えると，安堵の感がする。

第2に，寄付金である以上，個人の意向を反映したものであるが，災害救済・戦役支援・公共投資負担などは，公的要請を動機とする寄付が多い。一方，寄付者の個人的動機として，出身地とか地元への寄付が目立つ。たとえば大正9年岡崎藤吉の佐賀高等学校5万円，滝川弁三の山口県長府町，勝田銀次郎の松山市，内田信也の水戸市などは生誕地への寄付である。小学校への寄付も地元への貢献である。

　第3に，地元企業の寄付金が，どうしても多く，支店・営業所などの寄付金は少ない。当時，大企業でもオーナー企業が多く，個人寄付金で対応しているが，出先機関では，自由に動かせる金額は限度があり，付き合い程度の水準となる。[15]

　戦前，地域・市町村が貧困をきわめていたので，寄付がなされたが，公的団体は，本来，制度として財源を確保する責務がある。民間資金は，寄付であっても，基金設置・特定施設へのメセナとして，永久にその行為を顕彰し，寄付者の行為に報いるべきである。

　さらに企業は民間独自の基金・施設に充当し，国家をはじめ公共セクターに安易に寄付をするのでなく，社会的ファンドとして，運営・活用されるべきである，民間寄付問題でも近代化が遅れている。

注
（1）寄付金は破格であった。山下亀三郎は，大正初期に海軍航空隊に100万円を献金している。当時，航空隊の予算が，海軍の巨艦主義に禍され，継子扱いされているのに義憤を感じての莫大な献金であった。樋上権兵衛『会社乃歩みと巨人の足あと』（昭和32年，時報社）382頁参照。内田信也は，大正8年郷里の水戸高等学校創設費として100万円を寄付している。7年8月には窮民救済7.5万円，12年には県立兵庫病院に15万円を寄付するなど，寄付行為は枚挙にいとまがないほど無数にある。神戸新聞・前掲「海鳴りやまずⅡ」237頁参照。勝田銀次郎も母校の青山学院に高等学部校舎（建築費25万円）を寄贈している。もっとも寄付は社会貢献であるが，寄付者の意図はそれほど単純ではない。内田信也の寄付について，「公共事業や社会福祉のために私財を投げ出したのは，それをもって富豪の一つの資格と観念したからで，かねてPRを狙ったもの」（赤松・前掲「財界開拓者」190頁）といわれている。その深層心理は，買名か愛情か，はたまた純粋の社会貢献か本人しかわからない。
（2）大正9年，川崎造船所社長松方幸次郎より社会救済費25万円，川崎芳太郎より社会救済幷教員優待基金100万円，村野己より市立盲唖学校新設基金7万9,600円の寄付があった。また岡崎藤吉より社会事業費として50万円の寄付金があった。前掲「市史

第 2 輯本編総説各説」329・333頁参照。なお神戸市では，これら寄付金を原資として，基金を設定している。大正10年でみると，小学教員10万円，救済基金108万円などが該当する。

（３）滝川中学校創設の経過は，大正 7 年当時の兵庫県知事清野長太郎から私立中学校を引き継いではどうかという相談をうけた，4 年開校された兵庫中学は財政難から廃校の危機にあった。弁三は「廃校によって失意のうちに四散するであろう百余名の少年たちの前途を考えた。育英事業への志と義憤が…まったくの私財によって学校を買収し，多額の負債も全部償還して」（前掲「郷土百人の先覚者」183頁），今日の滝川高校をスタートさせたのである。人物像については，「マッチ工業を確立」赤松・前掲「財界開拓者」260～268頁参照。

（４）神戸新聞社・前掲「海鳴りやまずⅢ」156頁参照。朝日新聞・前掲「夜明けの人びと」172～174頁参照。人物像については，「酒造経営の近代化」赤松・前掲「財界開拓者」212～218頁参照。

（５）前掲「郷土百人の先覚者」183頁。

（６）池長孟については，朝日新聞・前掲「夜明けの人びと」299～301頁参照。前掲「郷土百人の先覚者」639～644頁参照。

（７）大正 4 年郷里三田に設立された，九鬼隆一（帝国博物館総長・文部少輔）の博物館は，天下の名品を集めた見事な収集品を所蔵していた。しかし，「この苦心の事業も経済的な行詰りからわずか 7 年間で終わった。美術品は四散してしまい」（朝日新聞・前掲「夜明けの人びと」41頁）と残念な結果となっている。三田出身の富豪小寺・九鬼家は，この悲劇にどうして手を差しのべなかったのであろうか。

（８）なお兵庫県への寄付として，大正11年竣功の県立神戸病院増築に対し，松方幸次郎・内田信也が各15万円を進呈している。兵庫県議会『兵庫県議会史』（第 2 輯上巻）1039頁。大正13年

（９）明治38年～大正 7 年の主要金杯下賜者は，川崎造船（恤兵用品），川崎正蔵（従軍者家族扶助）2.2万円，清水せい（軍資金）1 万円，山陽鉄道（恤兵費）1.2万円，川崎町（小学校用地）2.1万円，楠町（公園用地）山林2.9万円，三菱合資（道路改修費）2.3万円，鐘紡紡績（道路改修費）2.3万円，直木政之介（幼稚園建設費）1 万円，川崎芳太郎（小学校奨学資金）1.9万円，東京倉庫（区教育寄付）2.0万円，勝田銀次郎（里道改修費）2.2万円などである。前掲「神戸市史本編各説」947～948頁参照。

（10）大正 8 ～15年の寄付金を高額者をみると，岡崎藤吉10万円（佐賀高等学校），恩賜財団済生会への寄付は，川崎武之助16万円，小曾根喜一郎 5 万円，呉錦堂 5 万円，川西清兵衛 3 万円などである。川崎武之助100万円（神戸市社会救済費等），松方幸次郎40万円（小学校教員慰安費等），内田汽船会社15万円（兵庫県立神戸病院），兵庫電気軌道10万円（明石公園），岡崎藤吉50万円（社会事業寄付金），兼松商店33万円（神戸高商記念館維持費）などである。前掲「市史第 2 輯本編総説各説」1190～1192頁参照。

（11）米騒動の個人寄付金は，5 万円は鈴木岩次郎・川崎芳太郎・勝田銀次郎，3 万円岡崎藤吉，2 万円は菊池吉蔵・湯浅竹之助・川西清兵衛・乾新兵衛・橋本喜蔵・松

方幸次郎であった。法人は5万円鈴木商店・日本郵船，3万円大阪商船・三井物産，2.2万円鐘紡，2万円明治海運などである。本社・本店から支店・分工場に過ぎないとみなされのか，三菱倉庫・三菱造船所は5,000円であった。前掲「市史本編各説」967～968頁参照。
(12) 前掲「市史歴史編Ⅳ」275頁。
(13) 関東大震災は大規模であったので寄付も巨額で，川西合資10万円，川崎総本店15万円，小曾根合資10万円，川崎造船所5万円，山下亀三郎5万円，神戸組合銀行5万円などである。前掲「市史第2輯本編総説各説」1192～1193頁参照。
(14) 市立図書館寄付の内訳は3万円岸本新太郎，1万円神戸銀行集会所・松方幸次郎，5,000円日本郵船・三菱造船所・小曾根喜一郎・川西清兵衛・岡崎藤吉・勝田銀次郎・山下亀三郎・小寺謙吉など，2千円大阪商船・滝川弁三・伊藤長次郎・呉錦堂・乾新兵衛など，1,500円東洋汽船・大倉喜八郎である。読売・前掲「開港百年」374頁参照。
(15) ことに目立つのが川崎造船所グループで，川崎造船所・川崎正蔵・川崎芳太郎・松方幸次郎などの名義で，多くの分野で巨額の寄付をしており，市の教員共済基金100万円，神戸商船学校の設立・村野徒弟学校への支援などを加算すると，数百万円を超えるのではないか。ただこれらの寄付は，寄付者の了解をえて，基金の利子収入だけでは目減りしていくので，都市開発基金として運用し，その収益で福祉行政に充当していくという，経営的運用がなされていけば，その寄付効果の永久に存続するであろう。

第2節　都市計画の策定と都市整備

1　都市計画策定と実施課題

　大正8（1919）年，都市計画法が制定され，自治体主導の都市づくりが期待されたが，中央集権システム・民間資本優位の状況は，容易に崩れなかった。神戸市は，都市計画は策定できても，実現を担保する権限・財源は欠落し，多くの障害に直面した。それでも都市づくりの基本システムが固まり，都市自治体が，街区・街路整備を遂行する事業環境は改善された。

都市計画行政と市区改正委員会
　都市計画導入・実施には，さまざまの課題があるが，第1の視点として，神

戸市の都市計画策定の経過をみると，都市膨張が際限なくひろがるが，都市自治体がその抑制をできないという，もどかしさがあった。本来，都市自治体が開発許認可権とか開発負担金とかで，スプロールを規制できなければ，満足な都市づくりができるはずがない。

　第1に，大正期になると，六大都市では神戸市をはじめ，都市膨張に対応して，市区改正条例の適用がのぞまれ，都市計画法制整備への動きが高まっていった。大阪市は独自の「大阪市市街地改良法草案」をまとめ，法制度化を政府に要望している。

　神戸市は大正7年9月，市区改正条例の準用が認められる以前に，独自の市区改正条例の適用を実施していった。明治45年，市会が臨時市区改正調査委員会設置を議題とし，大正3年4月には市区改正条委員会条例が制定され，5年4月には各部会調査事項（表58参照）を決定している。

　全体として開発志向性の強い施策（表59参照）であるが，多くの事業計画が審議された。注目されるのは大正5年9月には，神戸電気株式会社買収が部会に提出され，買収への課題を検討している。

　個別事業・施策について，事前に政策が審議され，行政執行部が独断で決定し提案され，事業化されるという弊害が治癒されていった。なお大正7年9月には東京市区改正条例が，神戸市に適用され，8年3月には東京に政府機関として神戸市区改正委員会が設置された。

表58　市区改正委員会の各部会（大正5年）

第1部会	公園・住宅区創設のための市内北部開発
第2部会	縦貫鉄道，監獄分監の移転，築港防波堤に関係する調査
第3部会	道路調査
第4部会	市区改正財源，市営事業調査

出典　新修神戸市史編集委員会『新修神戸市史歴史編Ⅳ・近現代』450頁。

　第2に，大正8（1919）年4月に都市計画法・市街地建築法が制定され，翌年1月，都市計画法が，12月に市街地建築法が施行され，同時に神戸市もその対象地域となり，11年4月，都市計画区域として1市10ヵ町村，市域外も含めて計画（図13参照）が策定された。

　用途地域制・道路整備計画など，従来の都市づくりにはない，計画的都市整

図13　神戸市都市計画区域図

出典　新修神戸市史編集委員会『新修神戸市史・行政編Ⅰ』175頁。

備の指針・プランの策定となった。ただ平地は38％しかなく、30年後の人口150万人と想定されたが、増加人口への宅地不足は歴然としていた。しかも都市計画法は、「東京市市区改正条例の行政システムをそのまま受継」いだもので、都市スプロールへの対応でなく、既成市街地の手直しであり、都市計画法は誕生からして欠陥体質であった。

　第3に、神戸市の都市計画は、地方都市計画委員会が決定するが、都市計画委員会の構成は、県知事が委員長であり、中央地方官僚・学識経験者と、府県会議員・市長・市会議員がそれぞれ半数ずつ構成であったが、市関係は過半数にみたない。

　しかも決定された都市計画案は、内務大臣が事業認可をする、国の委託事業として実施する、奇妙なシステムであった。地方法令全般がそうであったが、制度が整備されると、皮肉にも中央統制が浸透し、地域行政は政府の下請け事業と化していった。

　たしかに周辺町村との調整があるが、府県が地域整備計画を策定し、神戸市など関係市町村を指導し、市の計画に盛り込み、計画認可権を内務大臣がもてばすむ問題で、委員会の構成は市中心で、市が決定するべきである。

　第4に、都市計画事業の運営は、官庁セクショナリズムのために事業法が優先したが、それでも都市づくりにおける計画性・規制効果は、都市計画法で進

歩をみた。

　具体的には開発許可制はないが，用途地域制ができ，大雑把な規制措置ができるようになり，実現の確約はできないが，街路整備計画が策定され，方向は定められた。しかし，都市財源・開発規制・民間エネルギー誘導といった，実践的課題をどう克服していくかという，課題が残された。

注
（1）ただ既成市街地整備より，都市スプロールへの先行的街区整備が緊急課題である。したがって神戸市への東京市区改正条例の適用効果は限定的であった。それは「元来，『市区改正』は既成市街地を改良することを意味しており，新しい市街地を計画的・合理的に形成する目的には十分ではなかった」（前掲「市史行政編Ⅲ」49頁）といえる。そのため市街地整備は耕地整理事業をベースで処理されていった。
（2）石田頼房『日本近現代都市計画の展開』86頁参照，以下，石田・前掲「都市計画」。
（3）前掲「市史歴史編Ⅳ」450頁参照。
（4）高木鉦作「都市計画法（法体制再編期）」『講座日本近代法発達史9』（經草書房，1960年）147頁，以下，高木・前掲「都市計画」。
（5）要するに官治的委員会で，国と地方，中央省庁間の調整を意図したが，「市制のうえに官治的なワクをはめたともいえる都市計画行政は，実施するその都市団体や住民の創意を自主的に反映できる方法を制度的に閉ざしてしまっていた」（同前152頁）のである。

都市づくりの計画化・政策化

　第2の視点が，この都市計画法を，都市自治体が十分に使いこなせるかであった。第1に，都市づくりへの行政システム・意識の変革である。大正期，政党から超越し，行政を主導していく傾向が台頭してきた。「市政界からも一定の自立性を自負する都市専門官僚が都市行政の高度化・専門化にともなって出現し，独自の都市経営構想を展開していくのがこの時代であった」[1]と，行政優位の都市計画が奨励された。

　さらに「生活問題解決のためには都市計画の遂行がなければならない」[2]まで言明している。たしかに当時の道路は未舗装で，粉塵が立ち込め，健康被害さえ危惧されたが，街路整備が，そのまま生活問題に寄与すると速断するのは，論理の飛躍がある。都市計画事業に内在する欠陥をそのままにし，さらに道路至上主義への安易な信奉は，都市計画官僚の驕りではなかろうか。

第2に，都市計画事業と都市自治との関係をみると，首長・官僚は，「都市計画の成否は市民の自治精神いかんにかっている」と主張しているが，行政責任の市民への転嫁である。まず都市づくりのシステムの近代化が前提条件で，具体的に用地地域制でも生活権の保障など，改善すべき課題が山積している。

　また「それは外にむかう自治すなわち自治権の拡張の運動と内にむかう自治すなわち都市の『自己統制』の運動」とされている。しかし，外にむかって自治権を主張するなら，都市計画権の回復が先決であり，さらに「自己統制」は，政党から超越した，行政的合理性の追求とされたが，事業の効率性でなく，政策の「市民的合理性」に沿って，事業が選択・遂行でなければならない。

　第3に，都市計画ビジョン・事業実施の能力の問題であった。都市計画策定をめぐって，多くの提案がなされたが，市域拡大・開発プロジェクトの提唱だけで，政策的ビジョンではなかった。

　また当時，海運業者・貴族院議員であった，勝田銀次郎も，『神戸又新日報』（大正9年1月2日）で，「大神戸市論」を提唱する。市域も神崎川・加古川間とさらに拡大し，道路計画を基調として，阪神国道・市内三大幹線（山手・中央・海岸）を，貫通させるべきとしている。

　これらの幹線道路は，戦後の戦災復興事業で完成され，先見の明のある構想であった。しかし，膨張主義の都市計画策定は，世論の賛同を得やすく，専門官僚の意向にも沿う。だが積極的都市計画のメリット・デメリットを検討し，事業負担の公平・適正化，財源負担の変革による生活財源の創出なくしては，政府の殖産興業と同類であり，都市計画が都市破壊になりかねない。

　第4に，官庁サイドの都市計画への啓発である。具体的には『都市研究』の創刊で，研究会の提唱者であり，会長に就任した市会議長勝田銀次郎は，「都市計画の事たる難中の難事である。当局の熱誠と努力とが必要であるのみならず一般の理解と与論の後援とが無くては其の実績を挙ぐることは甚だ難しい」と論じているが，具体策をどうするかである。

　東京でも雑誌『都市問題』，大阪では『大大阪』が発行され，大正期の東京市長後藤新平，昭和期の大阪市長関一などが，政党の介入を排除しながら，都市経営の実践を追求していった。

しかし，道路優先・環境劣位という公共投資の落差を解消する，具体策は乏しく，受益者負担金を奨励する事業型都市計画遂行であり，生活環境保全システムの変革をめざす，宅地開発税・埋立賦課金などの政策型経営への処方箋は描き切れていない。

第5に，都市自治体における都市経営・都市計画などの専門知識・技術の向上である。全国的に内務官僚が，地方団体で都市計画を指導していき，地方団体にも定着していったが，神戸市でも勅任官である森垣亀一郎の採用は，技術官僚に恵まれなかった神戸市にとって，都市計画事業のレベルアップとなった。[9]

神戸市全体としてみれば，都市形成のテンポ・事業規模の拡大からみて，技術水準・陣容は手薄で，都市経営の弱点であった。[10]

もっとも技術重視の都市づくりは，たしかに都市計画事業の遂行には寄与するが，都市経営の精神，都市計画の思想が貧弱であれば，「道路はできたが，都市は死んだ」という，悪しき都市像の拡大再生産となりかねない。

第6に，市長・官僚主導の都市行政は，団体自治をめざしたが，市民自治をめざしたのではない。行政優位の姿勢は，当然，政党の行政介入を排除し，合理性のある効率的行政を形成していったが，事業選択の最適化には，市民参加が不可欠である。

しかし，多くの首長・専門官僚は，都市計画事業における，受益者負担の不公平・用途地域制の形骸化・乱開発の放任といった欠陥には，不感症のままであった。これら欠陥の是正には，市民勢力の台頭が必要であったが，官治方式の都市づくりを崩壊させかねないので，行政システムを駆使して，包摂を図っていった。[11]

注
（1）前掲「市史歴史編Ⅳ」501頁。（2）同前504頁。（3）・（4）同前501頁。（5）同前453頁参照（6）同前454頁参照。
（7）この都市ビジョンについて，「勝田の構想は，あたかも日本列島改造計画の戦前版のように気宇壮大である。そして彼の言が大正9年の反動恐慌の直前，好景気の極盛期になされたものであることを考えればそれなりにうなずける。しかし大正9年以降の現実は厳しかった」（同前「市史歴史編Ⅳ」455頁）と評している。要するに具体的な財源・環境との調和への戦略・施策が必要であった。
（8）兵庫県都市研究会『都市研究』第1巻第1号3頁，以下，前掲「都市研究」。『都

市研究』に対する論評については，前掲「市史歴史編Ⅳ」495～504頁参照。
(9) 森垣亀一郎は，明治31年東京帝国大学を卒業して大阪市に入り，明治31～39年，大阪築港に従事し，その後，大蔵省臨時建築部で明治39～大正12年の18年間，神戸築港にたずさわる。「この第1期事業の終了とともに大正12年，神戸市の港湾部長に迎えられ，同年都市計画部長を兼任し，同時に都市計画兵庫県地方委員となった。そして昭和6年には土木部長となり，…この間の大正13～14年に10ヵ月にわたり欧米の港湾および都市計画事業調査のため出張するなど都市計画構想やその実行に力を注いだ」(前掲「市史歴史編Ⅳ」500頁)。有能な技術官僚の少なかった神戸市にとって，願ってもない人事であり，年俸7,000円でむかえた。以後，12年間，神戸市の港湾・道路整備の実質的責任者として，その能力を十分に発揮した。森垣亀一郎は，神戸築港に精魂を注入した。日本最初のケーソン技師となり，学究肌であり，東京大学から博士号を贈られ，土木学会からも土木賞を授与されている。ケーソン工法は，画期的改革であった。大蔵省在任中に「ロッテルダムに派遣され，…世界初の工法である，鉄筋コンクルートケーソンによる岸壁工事と据付工法を学ぶ。…ケーソンを櫛型桟橋で製作し，櫛型浮艀船渠で浮遊させる方式を考案，…明治41(1908)年から製作を開始，翌年，第1函の推進と据付に成功する」(三輪・前掲「市街地形成」71頁)ことで，技術水準の高さが立証された。神戸築港は経費的にも大きな効果がもたらされた。昭和9年，新年度予算査定会議で突然倒れ急死した。神戸市を愛し，神戸市政に殉職した60歳の生涯であった。鳥居・前掲「神戸港1500年」195～210頁。森垣博士功績顕彰会『森垣亀一郎伝』(昭和42年)参照。
(10) 都市経営には資金力と技術力が必要であるが，資金力はそれなりに涵養してきたが，技術力は都市経営の盲点として放置され，神戸市は技術力を，県とか民間に依存してきた。しかし，自己の技術陣を育成しなければ，建設行政のアキレス腱となり，満足な事業はできない。明治以来，神戸町・神戸区が，新川運河・神戸桟橋・弁天浜埋立などの事業を手がけ，さらに神戸市となると，兵庫運河・湊川改修・葺合港湾などを，公共デベロッパー事業として施工していれば，神戸市の技術は実力を培養し，難工事にも挑戦できたはずである。水道建設・神戸築港・都市計画事業と技術職員の層も厚みをましたが，都市形成のテンポ・事業規模の拡大からみて手薄であった。
(11) 当時の市長・官僚の政治意識は，普通選挙とか無産階級の進出は，「都市経営のイニシアチブをとっていくための手段であった。したがって無産階級の政治的進出が体制の秩序の壁を破らないよう無産者を秩序の枠組に止めておくことが必要であった」(前掲「市史歴史編Ⅳ」503頁)といった，程度の官治的対応であった。その典型的事例が，関一大阪市長の都市改良主義にみられる上からの啓蒙的民主主義であった。高寄・前掲「昭和地方財政史Ⅴ」25～33頁。市長主導型都市経営の成立，その都市計画の欠陥については，高寄・前掲「昭和地方財政史Ⅴ」1～59頁参照。

都市空間純化と用途地域制

　第3の視点として，都市計画実施の課題である。第1の課題は，都市空間秩序化への開発規制である。都市計画案が策定され，用途地域制が定められ，都市空間への方針が設定された。しかし，郊外スプロール・乱開発を規制する権限はなかっただけでなく，都市計画区域内でも田畑を埋め立て，都市整備がされないまま，工場・住宅が建設されていった。

　第1に，都市計画法は，市域を越えて決定できるとされた。都市計画策定と計画範囲についてみると，武庫郡の御影町・魚崎町，西郷町，本庄村，本山村，住吉村，六甲村，西灘村，山田村（一部）が含まれていた。

　東部町村が多いが，神戸市の発展が東部に傾斜しており，内務省も都市計画神戸地方委員会に東部を対象とすることを勧告している[1]。

　ただ計画区域の市外適用について，周辺市町村は，必ずしも全面的賛成でなかった[2]。ことに全国屈指の富裕村であり，高級住宅地区である住吉村は反対の意向を示した[3]。

　第2に，用途地域制が設定されたが，核心は工場立地の円滑化であった。用途地域は，住宅・商業・工業・未指定地しかなく，住宅地区には工場・娯楽施設は建築できないが，工業地区には用途制限はなく，住宅は建築できる奇妙な制限で，用途純化は不可能であった[4]。

　内務省は，13年10月に地域指定を決定しているが，現状追随で混合利用が想定される地域については，未指定地域としている。計画区域1,770万坪は，住宅地域1,190万坪（67.1％），商業地域250万坪（14.2％），工業地域240万坪（13.4％），未指定地域90万坪（5.3％）となり，しかも規制は緩やかであったので，住宅・小工場はどこでも建築可能というルーズな規制であった[5]。

　しかも奇妙なことに用途地域制の決定権は，神戸市にはなく，黒瀬市長すら無関心という状況であった[6]。これら用途地域制は，市民にとって生活権を，まもるための制度であり，葺合地区における工場地域の指定で，工場側と住民側は，利害が対立し，それぞれ都市計画委員会に陳情して，地域設定に圧力をかけ，内務省にまで出かけて猛烈な運動を展開していった[7]。

　都市計画委員会では，議員・市関係者・経済人などは，そろって工業地域拡

大を主張し,県原案より拡大修正に成功している(8)。

　第3に,都市計画とか用途制とかといっても,住宅・工場建設だけが規制の対象となるが,本来,道路・水道・公共施設と,無関係に建築認可がされるべきでなく,応分の負担が賦課されるべきである。すなわち用途地域制といっても,建設立地規制であって,費用負担規制ではなく,公共施設整備は後追い的に整備する,無計画・無責任な都市計画であった。

注
（1）神戸の都市化をみるに,「神戸市ニ於ケル人口分布ノ状況ヲミルニ,………其ノ密度殆ド飽和ノ域ニ達シ,漸次市ノ中心区域ヨリ離レテ東方ノ郊外ニ向ヒ」（都市計画兵庫地方委員会『兵庫県ニ於ケル都市計画』第1巻,前掲「市史歴史編Ⅳ」455頁から引用）といわれている。
（2）基本的には,「神戸市中心の都市計画区域の設定のため,そこに編入される周辺町村は都市計画運用における自主権の喪失,財政負担の増大,道路・上下水道など事業の執行や地域地区の指定における不利がないことを強く要求した」（神戸市『新修神戸市史行政編Ⅲ』57頁,以下,前掲「市史行政編Ⅲ」）のである。
（3）反対の理由は,「都市計画区域に編入せられる利益を認めず却って左の不利あり,（1）当村の経費膨張の恐れあり（2）神戸市を中心として施設がなされるが為当村の利益を犠牲とする場合少なからざるべし（3）特に新国道以南は工場地域として指定されるべしとの当局の言明は住居地域として当村の特性を滅却するものなり」（前掲「市史行政編Ⅲ」57頁）と,強く反対した。要するに地域工業化による環境破壊,都市整備の加速化による財政負担増への危惧からの反対であった。
（4）現状は住宅・工場混在で,「工場ヲ設ケントスレバ忽チ隣接住民ノ反対ヲ受ケテ,其ノ計画ヲ画餅ニ帰セシムル場合少ナカラズ」（「神戸市都市計画」『都市計画要覧第2巻』柏書房・昭和63年,4・5頁,以下,前掲「都市計画要覧」）と,生活権が工場進出の障害とみなしているが,事実は逆ともいえる
（5）用途地域制は「錯綜した利害関係問題を都市計画ははらまざるをえなかった。さらにこの他に防火地区の設定や建物の高制限問題な複雑な問題が入り交っていたのである」（前掲「市史歴史編Ⅳ」458頁）が,問題は実効性で,15人以下の工場は,住宅地区にあっても建設可能であり「小工場が圧倒的に多いというわが国の工場規模の零細性からして…その目的は十分に達成されない状態にあった」（高木・前掲「都市計画」149頁）のである。
（6）黒瀬市長は,市会議員（浅井音一郎）の工業地区拡大の質問に対して,「コノ問題ハ本省ナリ,或ハ都市計画地方委員会ニ於テ決ルベキ問題デアリマシテ,市当局ガ左右シ得ル問題デハナイノデアリマス。………根本ノ趣旨ニ於テ工場地帯ヲ広クスルト云フコトニ付テハ,私ハ努力ヲ致シタイト思ッテ居リマス」（「市会史昭和編1」887頁）と素っ気ない答弁をしている。
（7）前掲「市史歴史編Ⅳ」458頁参照,『神戸又新日報』（大正12年8月9日）参照。

（8）『神戸市都市計画兵庫地方委員会議事録』（1924年3月24日）参照。

都市計画財源と受益者負担

　第2の課題は，都市計画の実効性を，担保する財源問題である。第1に，都市計画法の制定段階で，土地増価税が否決され，都市計画財源の付与は，変則的な財源調達しかなかった。都市財政にとって，都市計画の新規財源は消滅し，国庫補助金も法文から削除され，財源的保証は欠落していた。

　もっとも都市計画法は，都市計画特別税・受益者負担金が創設されたが，受益者負担金制は厳しい運用がなされたので，不服申立・行政訴訟が全国的に展開され，道路事業へのアンチテーゼとなった。神戸市でも数百件を超す受益者負担裁決がなされたが，すべて敗北している。

　都市計画財源の解決には，既存システムを超えた，新財源を発掘しかなく，神戸市の動向をみると，市議斎藤千次郎（市区改正調査委員）は，「電気事業買収により入る収益や特別税（地租割や営業税付加税）収入に依存しようとする」のでなく，独自の財源を見いだすべきと提案しているが，具体的対応策は明示されていない。

　第2に，都市計画法では，乱開発阻止が不可能であった。都市への人口・企業の流入は，必要な社会資本投入を促すが，流入がただ乗り（free rider）では，都市財政は対応できない。唯一の対応策が，民間耕地整理での減歩負担であったが，事業区域外の開発は，負担なしであった。事業受益者負担金方式でなく，個別の宅地化に対する宅地開発税がもっとも合理的負担である。

　第3に，都市計画法で都市計画特別税は，都市計画と関係が薄い営業税割が中心であり，受益者負担金は，受益がどうかの認定が困難で，しかも都市全体では，官庁用地とか免税用地とか，負担なき受益があふれていた。結局，都市計画費の受益者負担という点では，政策的評価には耐えられない代物であった。

　しかし，都市自治体は財源調達という現実的要求から，不合理を承知で適用していったが，負担不公平の拡大への未必の故意ともいえる行為であった。しかも制度の欠陥から多くの財源はのぞめず，財源不足で道路だけで，公園整備も兼ねた街区整備ができず，都市計画の空洞化が進んだけでなく，最終的には

市税へと転嫁されていった。

　第4に，都市計画行政をマクロでみると，用途地域制では乱開発・零細宅地化は阻止する手段はなく，さらにスプロールを事前予防する先行用地買収の資金はなく，先立つ資金不足は，制度欠陥以上に事業のネックであった。工場・住宅が立地すると，道路・学校用地が必要となるが，先行買収する資金がない。

　そのため都市資本競争では，民間資本の後塵を拝し，私的開発の後始末で，しかもコストの高い用地買収となり，都市経営は悪循環に陥った。極論すれば，都市計画事業は，民間用地の付加価値を手助けするだけで，この劣勢をくつがえす，土地基金とか土地買収債発行などの措置が採用されなかった。

　都市計画事業の財源内訳（表59・60参照）をみてみると，事業は特別会計で処理されているが，都市計画税に加えて，大正13年度より受益者負担が創設され，事業費の5分の1を負担しているが，補助金は少なく，苦しい財源・支出となっている。

　第1に，大正8～昭和5年度の歳入合計は，6,194万円であるが，繰越金1,295万円・借換債1,021万円で，合計2,316万円を除外した，3,878万円で，実質的歳入構成比をみてみる。

　第2に，都市計画税488万円（構成比12.58%），受益者負担金は，導入が大正13年と遅れて261万円（構成比6.73%）である。受益者負担金は，受益の意味・範囲は曖昧であり，官庁の権力解釈で運用された。

　第3に，特定財源を補填するには，国庫補助金が期待されたが，絶対額が139万円（構成比3.58%）と小さく，政府の裁量次第で，増額は無理であった。港湾整備の国庫負担3分の2と比較しても，あまりにも低い補助率であった。

　第4に，繰入金は896万円（構成比23.11%）で，電気事業繰入金757万円（構成比19.52%）が中心で，負担金・特別税に匹敵する収入である。さらに普通経済が区画整理事業などで，無償・安価な用地提供という"隠れたる財政支援"があった。なおその他220万円（構成比5.67%）である。

　第5に，市債収入2,896万円であるが，借換債を差し引きした1,875万円（構成比48.35%）でも，5割近くあり，特定財源は少なく，最終的には市債依存である。しかも大正15年度では，都市計画債残高1,190.5万円，償還額ゼロ，利子支

表59　神戸市都市計画事業歳入歳出（決算）　　　　（単位：万円）

区　分	大8	大9	大10	大11	大12	大13	大14	大15	昭2	昭3	昭4	昭5
歳入（其他）	9	552	568	322	365	525	1,389	544	394	379	421	726
国庫補助金	－	－	5	7	8	16	21	19	19	19	13	12
市　　債	－	373	344	135	191	100	1,021	305	－	106	－	321
都市計画税	－	55	53	55	48	52	57	55	37	19	29	28
受益者負担	－	－	－	－	40	－	64	81	9	7	41	19
繰　入　金	9	120	132	57	－	117	－	23	23	23	140	170
電気事業	－	107	122	57	－	117	－	23	23	23	140	145
市　　費	9	13	10	－	－	－	－	－	－	－	－	※25
水道費	－	－	－	－	－	82	－	－	－	－	－	－
繰　越　金	－	－	28	57	33	189	203	40	255	183	182	125
歳出（其他）	－	524	510	289	176	322	1,349	289	211	198	296	569
道路改良費	9	513	498	277	165	308	169	94	73	54	153	262
公債費	－	－	－	－	－	－	※1,162	177	119	126	130	294

注　※市費は基準財産積立金より，※大正14年度公債費のうち借換公債費1,020.7万円
資料　神戸市『統計書』
出典　新修神戸市史編集委員会『新修神戸市史；歴史編Ⅳ』597頁。

払累計484.8万円で，今後，10年で償還すると，年平均償還額119万円，利子42万円の合計年負担公債費161万円，累計1,610万円となる。

　昭和5年度までの歳出合計（表59参照）は，4,742万円で道路費2,575万円（構成比54.30％），公債費2,008万円（構成比42.35％），その他159万円（構成比3.35％）であるが，公債費が事業費でなく，除外すると道路費94.11％となる。しかし，公債費のうち1,020.7万円は借換債で除外すると，987.3万円となり，合計3,721.3万円で，道路費構成比69.20％，公債費26.53％となる。

　都市計画道路とは別に大正期道路事業が，全市的に行われ，道路用地の交換・売却・購入・寄付などが多くみられた(7)。しかし，これらの財政処理が，果たして適正な行為であったか，疑問である。たとえば財政力のある個人・団体・企業が，寄付金を誘因として，市費追加を呼び込み整備の促進を図っている。

　また反対に神戸市が財源を浮かすため，地域に暗に自発的寄付金を求め，実質的に費用の転嫁を図っている意図が，あったとすれば由々しき問題である。もっともこれらの事実から，実際の地価動向を知るとができ，かなり高水準で，寄付サイドも重い犠牲であったことがわかる。

注
（1）都市計画財源については，高寄・前掲「大正地方財政史下」253〜274頁参照。高寄・前掲「昭和地方財政史Ｖ」306〜315頁参照。
（2）都市計画も大きな矛盾をはらんでいた。「財源の欠乏と事業の拡充と言ふこの矛盾は，挙げて地方団体殊に市一般財政の上に集中的に転嫁され，元来貧窮な財政状態を，さらに一層窮迫せしめてゐる」（藤田武夫『日本地方財政発展史』288頁）といわれている。
（3）神戸市でも，大正14年2月7日，700余人が訴願を提出し，678件の裁決がなされている。不服の理由は，著しく受益というが「事実上ノ問題ナリ道路ヲ新設拡築シタルカ為ニ直ニ沿線土地ノ価格悉ク騰貴スルモノニアラス…著シク利益ヲ受クルト看做ス旨ノ擬制」（「都市計画道路新設拡築受益者負担金徴収処分取消訴願に就て」『都市研究』第1巻第1号大正14年11月，82頁）であると批判されている。神戸市の反論は，道路新設によって「市民全体ガ利益ヲ受クルハ勿論ナルモ就中特ニ沿道地主カ利益ヲ受クルハ明白ナル事実ニシテ此等特定範囲ノ土地所有者等ヲ受益者トシテ指定シタルコトハキワメテ適当ノ事タルヲ失ハス」（同前86頁）と論じている。さらに「所謂利益トハ土地ノ交通衛生産業上ノ利便ハ勿論品位向上等ヲ包含スルモノニシテ直ニ土地価格上昇セザルコトノミヲ以テ受益ナシトスルヲ得ズ」（同前90頁）と苦しい弁明をしている。結果は大正14年9月7日，「処分執行ヲ停止スヘキ限ニ非ス」と裁決されている。それでも翌15年も第2計画道路について139件の訴願が提出されている。受益の認定について「神戸市長ハ各筆毎ニ利益ノ事実調査ヲナサスシテ負担金ヲ課シ」（「神戸都市計画事業第2期道路新設拡築に依る受益者負担金徴収処分取消訴願に就て」『都市研究』第2巻第2号大正15年4月，54頁），「単ナル将来ノ希望ニ対シ負担金ヲ課シタルハ都市計画法ノ根本精神ヲ蹂躙シ」（同前54頁），「何等受益ナキモノニ対シテ負担金ヲ課シタル」（同前55頁）などは違法と断じている。問題は受益の水準・範囲の設定が困難で，100坪と1,000坪では異なる。零細所有者には施行団体への買取請求権を認めるなどの救済措置が必要である。
（4）前掲「市史歴史編Ⅳ」454頁。
（5）この点について，「資源ハ之ヲ海上及ビ海岸一帯ノ方面ニ需ムベキ事ナリ。…予ハ過去ノ経験ト自信トヲ以テ斯ク主張シテ歇マザル所」（『市区改正調査委員会及市区改正委員会業蹟概観』前掲「市史歴史編Ⅳ」454頁から引用）と言明している。「果たしてこれは埋立て地の利用売却を考えていたのか，あるいは港湾の一部市営を考えていたのか，またはそれとは全く違った何かを考えていたのか不明である」（同前454頁）といわれているが，「過去ノ経験」という点から公共デベロッパーによる海面埋立と考えるのが妥当であり，港湾施設では大きな収益は見込めない。また海面埋立への賦課金といった発想はなかったのではないか。
（6）特別税・負担金については，高寄・前掲「昭和地方財政史Ｖ」315〜322頁参照。
（7）実際の例をみると，第1に，大正7年5月，兵庫西出町の公有地15.2坪を1,824円で売却，1坪当たり120円，兵庫川崎町地先県有地563.6坪を，4万8,177円で購入，1坪当たり85.48円であった。うち346坪を国道用地に，218坪を市道用地に寄付してい

る。第 2 に, 寄付として, 大正 8 年 5 月, 布引・熊内町道路として, 勝田銀次郎・山下亀三郎らから10万円の寄付があった。第 3 に, 大正 9 年 2 月, 西尻池村有金 3 万8,248円の寄付が, 苅藻通の地域内道路整備財源としてあった。第 4 に, 大正13年 2 月, 駒ヶ林村から 2 万円, 大正13年10月, 神戸西部耕地整理組合から7,306円の寄付があった。第 5 に, 道路用地購入として, 大正 9 年 9 月, 川崎造船所から不要道路敷993.5坪を 9 万9,349円, 1 坪当たり100円であった。第 6 に, 12年東尻池村増田製粉から7,568円, 加納町川崎武之助から 2 万円, 13年駒ヶ林村有金 2 万円の寄付金があった。前掲「神戸市会史・大正編」440～455頁

都市計画と街路整備事業

第 3 の課題は, 都市計画事業は道路だけでなく, 公園・下水道・防災・景観など, さまざまの事業が策定されたが, 実際は街路事業が優先された。それは街路整備の特別税・負担金を採用した以上, 街路事業が優先され, 整備財源は市税を含めて, それ以上の公園・下水道整備を遂行する余裕はなかった。

たしかに道路も,「急激ノ発展ヲ遂ゲタル為メ国県道ノ外ハ僅ニ耕地整理ノ道路ヲ連絡セシメタルニ過ギズシテ一般的道路系統ヲ樹ツルノ余裕ナカリキ」状況にあったが, 下水道などは事業費ゼロであった。

第 1 に, 都市としての道路面積は, 明治以来の整備にもかかわらず低水準で, しかも人口密度もすでに過密状況であり, このような悪条件のもとで, 街路整備はきわめて困難が予想された。唯一の頼みが, 耕地整理による, 道路用地捻出であった。

第 2 に, 都市計画区域全体 (市域外を含む) は,「103路線, 総延長138.9kmの街路網をはりめぐらすもの」であった。この膨大で長期的計画は,「大正期から開始された都市計画による近代大都市整備の構想であり, その具体的な成果であった」といわれている。

大正15年,「神戸市都市計画」を決定 (4 幹線・郡部海岸線の建設) しているが, 総工費1.3億円 (市域内0.76億円) であったが, 財源的にみて, 都市計画案の事業化は, 多くをのぞめない状況にあった。

市内総事業費約7,600万円は, 港湾築港計画事業を凌ぐ巨大プロジェクトであったが, 公営交通事業の路線拡張事業とタイアップすることで, 机上プランともいえる計画を, 事業ルートに乗せ実現していった。

第3に，神戸市の都市計画事業は，第1期（大8～13年），第2期（大13～昭3年），第3期（昭3～）と実施された。しかも街路幅員33～38mの街路が含まれており，従来の8間道路（14.5m）と比較しても，街路幅員は大幅に拡大されたが，市電の軌道敷地を考慮すると，30m道路が実際，必要であった。

　この街路計画は，「狭長な地形に適応するように，東西道路を主に幹線を計画し，南北道路を補助線と定め，市街の細かい道路網や山間部の道路網は追って決定する」と，長期的ビジョンをもっており，戦後の道路計画にも引き継がれている。

　なお都市計画街路による街路拡幅事業は，市電の路線敷設計画（図15・16参照）と並行して施行され，第1期街路事業と第2期市電路線延長が，一致するようになっており，第2期街路事業と第3期路線延長が合致する計画になっていた。

　整備ルート（図15・16）を参照しながら，事業の課題をみてみると，第1期街路事業は，大正8年，市区改正計画で策定された路線である。当初，大正8・9年の2年で完了する予定であったが，街路幅員を拡大したので，竣工したのは15年度であった。神戸市にとって最初の計画的大規模道路整備であった。

　第1に，主要路線は，現在の山手幹線・平野線・松原線・湊町線が該当し，幅員約25mであった。用地買収面積19.8万㎡，移転戸数2,880戸，総工事費1,488万円の空前の大事業であった。この事業で市電延長が2倍となり，和田岬地方は格段に交通が便利になり，もはや国鉄を利用する必要もなくなった。

　第2に，事業遂行の過程で，清盛塚移転が発生し，大きな社会問題となった[7]。しかし，事業の遅延・事業費の増加はなく，第1次世界大戦の不況による物価下落で，約267万円ほど剰余金がうまれ，第2期事業へ充当された。

　第3に，財源状況（表60参照）をみると，事業は特別会計で処理されたが，都市計画税・電気事業繰入金が多いが，受益者負担金は，施行細則が大正13年3月と遅れて制定されたので，自己負担金の収入は少ない。結局，財源不足は市債（構成比58.54％）で補填されていった。ただ受益者負担金は，事業の受益をめぐって提訴され，紛糾となっている。

　第2期街路事業は，大正12年から事業化され，昭和3年完了している。この街路計画の主要路線は須磨線であったが，大正7年の須磨町合併に条件として，

水道敷設・市電延長があり，そのため総事業費1,171万円の第2期計画を実施した。

第1に，須磨線拡幅・市電敷設の関係で，兵庫電気軌道株式会社の路線敷設と競合することになった。用地買収面積11.06万㎡，移転家屋540戸であった。⁽⁸⁾

第2に，当初，大正12・13年の2年間事業であったが，関東大震災のため，手続が遅れ，また起債の許可がえられず，さらに運河架橋工事が難工事のため年次を費やし，最終的には13年着工，昭和2年の6ヵ年事業として，昭和3年度に完了している。⁽⁹⁾

第3に，財源内訳をみると，都市計画特別税・受益者負担金の比率は，23.97％と上昇しているが，一方，繰入金は5.10％と低下している。西部耕地整理事業によって用地の無償提供があり，工事費が安価ですんだからであろう。

依然として主要財源は市債（構成比31.28％）で，比率は低下しているが，利子負担は算入されおらず，大正15年度都市計画債残高1,191万円で，5年間利子推計357万円で実質的負担率は上昇する。そのため金利負担軽減のため水道借入金を利用している。

第3期街路事業は，第1に，昭和2年の都市計画街路計画で策定され，3年度から事業化されていった。市内街路の整備より，広域街路の整備が求められた。ただ「阪神電鉄地下線事業進捗の遅延，国による起債認可の分割許可，国庫補助の無交付など財源問題によって事業計画は……昭和13年度まで繰り延べられた」のである。⁽¹⁰⁾

第2に，事業は昭和3～5年の5年計画であったが，最終的には13年度までの事業となった。財政的な問題で事業は延期されていったが，戦災まで続けられた。昭和2年3月阪神国道，8年3月阪明国道が完成し，神戸港第1期築港に続き，第2期築港もはじまり，大阪・神戸の広域道路との連絡が重視され，板宿・夢野・平野線など神戸の周辺地区への連絡道路も整備が急がれた。

第3に，財源内訳（表60参照）をみると，第3期は予算なので，確定した数値ではないが，国庫補助金は，186万円であるが期待値で，実施となると減額され，架空計上となる恐れが十分にある。特別税は財源状況をみてからで賦課するつもりで，未計上である。

表60　期別都市計画事業財源内訳（構成比）　　（単位；万円，％）

区　分	第1期(大8〜13年度)決算		第2期(大13〜昭3年度)決算		第3期(昭3年度〜)予算	
	金額	構成比	金額	構成比	金額	構成比
特別税	264	13.53	168	12.24	?	0
受益者負担金	40	2.05	161	11.73	129	10.02
電気事業繰入金	354	18.14	70	5.10	468	36.34
市債	1,142	58.54	429	31.28	414	32.14
国庫補助金	108	5.54	78	5.69	219	17.00
水道事業借入金	−	−	82	5.98	−	−
繰越金	−	−	267	19.46	58	4.50
雑収入	43	2.20	117	8.52	−	−
合計	1,951	100.00	1,372	100.00	1,288	100.00

資料　奥中喜代一「神戸都市計画の過去及び将来（其の2）」『都市研究』昭和5年12月号
出典　新修神戸市史編集委員会『新修神戸市史・歴史編Ⅳ』599頁。

　受益者負担金は，第2期の実績もあり収入が見込め，電気事業繰入金も期待できるが，市債は財源不足の補填財源で増加する可能性がある。結局，「都市計画事業は第1次大戦後の神戸市の夢と現実の乖離を象徴していた[11]」と，無理な事業計画であった。

　都市計画の策定によって，街路整備の計画的実施が実現されたことは，都市計画法の大きな効用であるが，用地確保では耕地整理事業の無償提供，財源的には公営交通の繰入金がなければ，架空の計画でおわったであろう。

　ただ戦前の阪神大水害復興事業，戦後，戦災復興事業の高率補助・道路特定財源の創設などで，都市計画道路財源不足は大幅に緩和され，道路至上主義のもと，この戦前の都市計画道路も実現されていった。

注
（1）前掲「都市計画要覧」13頁。
（2）神戸市都市計画部『神戸都市計画街路網計画説明書』（昭和2年）は，「市内道路はその幅員概ね狭隘にして屈曲多く，加うるに国有鉄道線…など区域を縦断するありて交通の脈略系統の整えるもの少なく，ここに決定したる都市計画道路敷線ありと雖も未だ人口の分散に資し郊外の発展に伴う交通の混雑を緩和するに足らず」（前掲「市史行政編Ⅲ」78頁）と，道路整備の急務が強調されている。
（3）同前78頁。（4）同前79頁。
（5）この大プロジェクトについて，「昭和2年策定の都市計画街路計画は，当時誇大な夢物語と目され，種々の制約を抱えていたが，その後，阪神大水害の後の復旧，戦

災後の復興においては，幅員などをさらに拡大したものにする必要に迫られ，それに基づいて現在の街路計画が策定され，実現している。初期の都市計画家が抱いた街路に関する夢の大部分は実を結んだ」（同前81頁）と，実績が評価されているが，都市計画費は築港費を上回る，市財政への過重な負担となった。
（6）神戸市『神戸市史第三集・行政編』297頁参照，以下，前掲「市史3集行政編」。
（7）清盛塚移転が社会的関心を呼んだのは，「内務省がこの工事に関して専門家を派遣し，強い関心を示したのは，史跡名勝天然記念物保存法制定後，最初の史跡建造物保存の移転の事案であり，今後この種の移転事業の先例となると考えたから」（前掲「市史行政編Ⅲ」90頁）であるからといわれている。
（8）事業費の内訳は，用地買収3万3,581坪，買収価格201万1,550円，坪当り59.90円，田畑・作物補償坪約3円，6,172坪，1万8,518円，借家人移転・石垣費3万5,000円であった。さらに項目別の内訳は，家屋移転690戸，家屋切取・水道・瓦斯・電柱・墓地・残地補償の合計109万5,700円である。建物坪当78円8銭，用地坪当19円20銭，地上物建坪当131円96銭，用地坪当32円45銭であった。総事業費にしめる買収・補償費は比較的少なくてすんでいるが，耕地整理事業の先行した区域であったからである。前掲「市史第2輯本編総説各説」721頁参照。
（9）工事の課題としては，天神橋の跨線橋工事（昭和2年2月完成），兵庫運河にかかるわが国最大の一葉式跳躍橋（昭和3年11月完成）であった。前掲「市史第三集行政編」299頁参照。
（10）前掲「市史行政編Ⅲ」93頁。
（11）前掲「市史歴史編Ⅳ」599・600頁。

2　耕地整理事業の効果と限界

　大正期の街区整備は，明治期の変則的街区整備でなく，法律にもとづく耕地整理が，大規模に施行された。もっとも明治期は，地元住民の自己負担による街区整備という純粋な意図から実施されたが，大正期の街区整備は，開発利益の自己還元という打算が大きな動機であった。

耕地整理事業の功罪

　神戸の市街地化をみると，市民・企業は，勝手に宅地化を進めていった[1]。こうした無秩序な市街地化への唯一の対応策が，街区整備事業であった。ただ都市計画法の区画整理でなく，耕地整理法の耕地整理を重宝したのは，都市計画法の土地区画整理は，政府の監督下の事業となり，何かと拘束されるのを回避

するためであった。

しかし，耕地整理事業は，田畑整理が目的で，宅地整備の水準はお粗末で批判にさらされた。神戸市での街区整備の系譜は，第1章でみたが，明治30年代は，「改良地価法」で，42年耕地整理法の全面改正後は，同法によって行われた。

大正期の耕地整理事業は，地価上昇を背景に地元地主だけでなく，新興の土地成金・外部資本も，参画した民間デベロッパーで実施された。なにかと批判されたが，耕地整理のメリットは大きかった。

第1に，耕地整理での先行的整備は，低水準の街区整備であったが，乱開発は食い止められた。都市は宅地化されてから，「誤謬の訂正」として，区画整理で手直しするものでない。市財政の負担が発生するだけでなく，市民の迷惑・被害も測り知れない。

第2に，市街地化の現状は，耕地整理は，減歩という形で，事業者負担があり，開発利益の私的独占を抑制できたが，乱開発は，減歩もない都市施設へのただ乗りで，同じ宅地化でも負担不公平がひどく，耕地整理事業に高い減歩率を強要できない要因となった。

第3に，公共サイドとしても，学校などの公共用地の取得が，計画的に可能となる。西部耕地整理にみられるように，市電布設用地・学校官公庁用地だけでなく，国鉄工場用地・官立工業専学校用地まで，さまざまの用地需要に対応

表61　明治大正期市内耕地整理組合一覧　　　（単位：㎡）

地区名	総面積	組合設立認可	地区名	総面積	組合設立認可
葺合	681,696	明44. 3	東須磨	855,936	大 8.10
北部	230,748	大 3. 8	西灘村第一	72,394	大 9.12
長田	141,416	大 4. 7	西灘村第二	157,779	大 9. 6
夢野村山手	60,395	大 5.12	西灘村第三	344,318	大10. 9
須磨町板宿	564,277	大 7. 9	西灘村第四	314,318	大 9.11
六甲村徳井	394,300	大10. 3	西灘村第五	314,567	大10. 5
六甲村高羽	420,778	大 9.11	西灘村第六	294,634	大11. 9
西部	1,804,299	大 3. 4	西灘村第七	228,983	大10. 2
西代	260,024	大 6.12			
須磨町大手	83,204	大 7. 2	合計	7,224,066	

注　面積単位は，町畝歩から平方メートルに変更。
資料　兵庫県内務部『耕地整理事業大要』（昭和7年）などより作成，
出典　新修神戸市史編集委員会『新修神戸市史；行政編Ⅲ』64頁

していった。

　大正期の耕地整理（表61参照）の状況をみると，第１に，神戸市だけでなく，多く都市が窮余の策として，耕地整理事業を補助金で奨励して，全国的に展開されていった。市街地化への先行的耕地整理は，昭和５年末までで３万3,137町（３万2,871ha）という膨大な面積である。[6]

　第２に，耕地整理事業による市街地化状況は，西灘は大正期には市外であるので除外すると，耕地整理面積549.7万㎡，大正期人口増加21.3万人で，１人当り25.8㎡とかなりの宅地供給となる。

　第３に，耕地整理組合には，以前から地主層を利するだけという批判があった。しかし，耕地整理への批判は，当時のさまざまの制約状況からみて，民間デベロッパーと地方自治体との妥協の産物として，ベターな選択であった。[7]

注
（１）このような状況について，「明治年代に於ては所有者は何時にても，如何なる場所にでも又如何なる種類の建築でも，全然自由に建設することが出来たが為，新開宅地は，何等の計画も方針もなく放漫粗造の家屋建築が行われた」（小栗忠七『土地区画整理の歴史と法制』28頁，以下，小栗・前掲「土地区画整理」）が，大正期都市計画法が制定されても，事態はかわらなかった。
（２）耕地整理方式の街区整備については，「土地区画整理としては最劣悪の設計である。是れ，市街地の設計と根本から其の趣旨を異にするからである。従ってこの方法に依って造成された市街地割は…多くは畸形兇然として…市計画事業の実現に伴って愈々其の醜状を暴露して，遂に再度の整理を断行せねばならぬこととなる如きは，都市自体より見て甚不得策なるのみならず，企業者よりすれば，浪費を敢えてしたこととなろう」（同前12頁）と酷評されている。しかし，都市計画法にもとづく，土地区画整理で減歩率20～40％といった方式は，公共減歩の民間転嫁として，戦後，悪用されている。私的減歩20％前後が常識的水準であろう。
（３）明治32年耕地整理法が制定されたが，農地利用促進が目的で，宅地利用促進には「地価改良法」が利用されたが，実際は併用された。事業化にともなう不同意者をも強制的に加入させるには耕地整理法が有効であり，事業後，地価評価を据え置くには地価改良法が重宝されたからである。くわしくは前掲「市史行政編Ⅲ」45～47頁参照。なお昭和６（1931）年に耕地整理法が改正され，原則として「市の区域」での耕地整理事業は禁止になり，神戸市でも全国初の土地区画整理事業が実施されたが，六甲山の丘陵地・山麓などで，主要市街地地区は，ほんんど耕地整理事業で整備されていた。
（４）外部資本の動きとして，印南郡の伊藤長次郎は，神戸市街地20万坪を所有していた。さらに耕地整理事業は，葺合耕地整理は小寺泰次郎・伊藤長次郎は地元以外の

資本で，地元は山本繁造であった。東尻池耕地整理では伊藤長次郎が外部，末正久市左衛門が地元である。
（5）耕地整理事業の功罪については，高寄・前掲「昭和地方財政史Ⅴ」322〜332頁参照。
（6）東京市7,244ha，横浜市111ha，名古屋市3,522ha，京都市160ha，大阪市1,149ha，神戸市809haで，人口比でみると，東京・名古屋市が大きく，京都市が少なく，神戸市はやや少ない。神戸市は明治期，地域更生事業でかなりの街区整備事業を実施しいるのが影響しているのではないか。小栗・前掲「土地区画整理」15〜21頁参照。
（7）事業者サイドからみると，耕地整理では，公共用地の無償提供という，自己犠牲を強いられるだけという被害者意識があるが，無償提供は，街区環境の整備という，実質的見返りがあり，公共投資を呼び込み，大きな地価上昇の恩恵にあずかれるので，事業者にとって悪い話ではなかった。

西部耕地整理の減歩と負担

　神戸西部耕地整理組合事業（大正3年成立，事業面積180.3万㎡）は，神戸市で最大であった。大正3年8月2日に起工し，5年10月29日に竣功している。当時，湊川改修工事が完成し，急激な都市化が予想され，このまま放置すれば，全市的スラムの危惧があった。

　そのため大掛かりな組合事業となったが，通例の地元地主層ではなく，組合員は，鈴木商店，湊川土地建物会社，川崎造船，山陽ゴム，大地主池永孟・小曽根定松など，顔触れからみて資本家・地主層といった，都市ブルジョアジー揃い踏みの感があった。

　西部耕地整理組合は，官製的耕地整理であったが，事業規模が大きいため，事業期間が長期となり，公共事業との調整もあり，さまざまの困難に遭遇し，事業費も膨らんでいった(1)。

　第1に，神戸市農会が音頭をとって，新耕地整理法にもとづいて事業化が進められた。農会の会長は，鹿島市長であり，施行面積約180haの大規模な事業であり，市庁舎が事務所となり，市職員が事務員となった。

　耕地整理としては，減歩について組合員の反対もあったが，組合幹部は，将来の市街地化を予想して決定している。

　第2に，施行前後の種別用地の増減（表62参照）は，全面積158.2万㎡が，縄

延で180.4万㎡と22.2万㎡増となり，公共用地は施行前道路面積6.6万㎡が，施行後は道路28.7万㎡，官用地等提供4.8万㎡の合計33.5万㎡で，26.9万㎡増である。総面積180.4万㎡に対する減歩率14.91％である。

ただ民有地は施行前151.6万㎡が施行後146.9万㎡と，実測の結果は，4.7万㎡減で，減少率3.1％に過ぎない。さらに溜池10.6万㎡が宅地化されたので，土地所有者の実害はさらに小さくなっている。

第3に，事業費は，平地であるため23.4万円と少なく，組合は賦課金11.3万円を負担しているが，売却益からみて実質的に軽い負担であり，借入金の返済も容易である。さらに溜池売却益がきわめて大きな額であった。

事業費（表63参照）は賦課金（11.3万円）と市補助金で処理する予定であったが，事業費が膨張し，兵庫県農工銀行などから4.5万円を借り入れている。賦課金は反当り97.68円であったが，村有溜池処分で捻出したのではないか。

第4に，市補助金は5年間で5万円しか交付されていない，きわめて少額であるが，事業費が小さいので，補助率21.3％である。しかし，事務所は市役所で，技術指導の支援，細街路の公的整備などあり，実質的な財政支援額は，10万円を下らないであろう。⁽²⁾

第5に，賦課金は，西尻池村3万4,623円，駒ヶ林村2万8,817円，野田村1万1,011円，池田村1万2,849円，長田村997円，合計10万3,495円であるが，長田村が極端に少ないのは，溜池処分費を充当して，地主徴収を軽減したためである。

耕地整理事業をめぐる，さまざまの問題があった。まず溜池の処理で，売却した溜池面積は5.1万坪，売却代金総額56余万円の巨額であるが，組合会計とは別に，地域で処理された。しかも未売却溜池数町歩もあったが，売却金の処分は，水利補償として一部は分配されたのをのぞき，各村の公共費に充当された。⁽³⁾

つぎに大規模事業であったので，千載一遇の好機として，公共セクターなどが用地確保をめざした。有償・無償は不明であるが，学校・公共施設などの用地を捻出している。

第1に，事業実施中に国鉄鷹取操作場問題が突如として発生した。鷹取工場を拡大して操作場を建設する計画で，面積8.9万坪もあり，事業区域を南北に遮断し，同事業の開発計画を破綻させしかねない計画であった。

しかも用地買収は1坪当たり2.5円と想定しているが，時価50円と雲泥の差があった。神戸市とともに組合は，陳情し，最終的に2.28万坪に縮小されている。

　第2に，神戸市公営交通の第2期路線計画と，兵庫電気軌道の海岸線との競合である。組合としては，市電のほうが都心への交通が便利であり，期待される路線であった⁽⁴⁾。ただそれだけでなく，兵庫電気軌道のこれまでの対応の不誠実さを，組合サイドは，問題にしていた⁽⁵⁾。

　第3に，第3期の市電路線敷設・道路拡幅問題である。神戸市との交渉では，「8間道路を無償使用の件及び8間道路に沿ひ更に軌道敷地として7間の買収を要するに付援助を与へられたしとの申出あり，軌道敷地買収に対しては十分に尽力すべきも8間道路無償使用に対しては一応協議上何分の回答をなす⁽⁶⁾」と，結論を先延ばしにしている。

　最終的決着の内容は，不明であるが，後日，市参事会との会合では，組合は「8間道路使用に異議なき事及び道路水路の修繕を市に於て負担せられたきこと⁽⁷⁾」とのべている。要望の件では「道路其他の修繕費として市費より毎年1万数千円の支出」あり，「本組合の希望は容れられ⁽⁸⁾」円満解決をみている。

　8間道路は減歩で無償譲渡，軌道敷地7間は有償譲渡となったのではないか。結果として幅員15間の街路が貫通することになった。

注
（1）事業費は初め11万8,0214円で開始し，財源はすべて関係地元で負担する計画であったが，「事業の中途に於て鉄道の拡張に並に市営電車布設等の計画起り，…予定以外の歳月を費し且つ事業費の予算は諸物価の最も安き大正2年の計画にして爾来歳と共に著しく物価昂騰し，終に費用の膨張を来し約6万円也の不足を生じる」（川島右次『神戸西部耕地整理誌』227頁，以下，川島・前掲「西部耕地整理」）事態となった。
（2）補助金は8間道路など，広幅員の道路用地捻出の支援とされているが，実質的効果は事業運営への牽引力・融和剤となった。負担軽減効果だけでなく「各村利害の一致せざるものあり，各種の問題発生するの虞れありたるを一掃し，克く和哀協同の実を挙げしめたるもの全く補助金の力大に与かって大なるものあり」（同前223頁）と，補助金の効用を評価している。神戸市は補助金だけでなく，「事業の準備会，それを支援した市農会，さらには耕地整理組合それぞれの長はすべて，当時の市長鹿島房次郎であった。したがって起工式にしろ，竣功式にしろ鹿島市長が式辞・事業報告から祝辞まで何度も挨拶するという奇妙な情景が見られる結果となったが，そこには鹿島市長のこの事業にかける熱意とともに神戸市の意気込みが示され」（前掲

「市史行政編Ⅲ」68頁）ているが，官製的事業であった。しかし，それだけの事業効果はあった。
（3）売却金の処分について，「各村に於ける神社，寺院又は公会堂の新設改築等に充て，或は衛生組合，在郷軍人会，戸主会等に補助し，尚各村に於ける道路改修費，撒水用鉄管敷設費，道路，水路，石垣工事費等に支出せられたり，斯の如く本事業の完成に従ひ各村に於ける公共的事業も亦其面目を一新するに至りたるは一に本事業の企画経営が時宜に適したるに依るものと謂ふも過言に在らざるべし」（川島・前掲「西部耕地整理」226頁）と，各地域の裁量処理を当然としみなしている。しかし，売却金を地域に散布した悪しき事例で，地域基金とするとか，公園設置費・小学校施設費とか公共性の濃い使途に充当すべきであった。
（4）組合サイドの意見として，「軌道の系統を異にせるを以て其地方の住民は勿論一般利用者は運転の接続を欠き，為めに生ずる時間の徒消と重複なる料金の負担を余儀なくせらるるのみならず，将来神戸市が交通機関統一の必要を感じ買収せんとするに当り，多大の補償を必要することとなり，全市民が其の苛重なる負担に堪へ能はざるに至る」（同前265・266頁）との理由で，市営線を選択している。
（5）大正 8 年に組合が，「川西社長を訪問し其の速成を希望したる事ありしに，同社長は未だ敷設の運びに達して居らず，然れども組合に於て軌道用敷地を寄付する時は更に考慮するべしとの事なりし，而して後任社長末正当時の重役たりし末正取締役は同社が特許を得たる海岸線収支補償はざるを以て到底敷設の見込みなき旨言明せられたり」（同前258頁）と，路線敷設に消極的であった。大正 8 年 2 月になって組合の同意を求めているが，「之れ等を綜合する時は同社に於ては由来支線敷設の誠意なく単に特許権のみを獲得せんとするためにあらざるためかの感相生じ」（同前265頁）と，組合は憶測している。
（6）同前266頁。（7）同前267頁。（8）同前268頁。

西部耕地整理と開発利益配分

　問題は耕地整理事業の効果である。第 1 に，宅地の大量供給である。同地区の大正10年末戸数4,509戸が13年末7,439戸（人口 3 万7,030人）と増加しているが，市西部地区で宅地予備軍の大量発生をみた。

　第 2 に，公共・公益施設用地の確保である。神戸高等工業学校（大正11年 4 月竣功）・長楽小学校（11年 5 月竣功），林田警察署（11年 7 月竣功），神楽小学校（12年17月竣功）などが設立された。

　第 3 に，事業収支（表63参照）からみて，広大な面積の割には工事費がきわめて少なく，街路工事などは減歩で獲得した道路を，神戸市が施行したのではないか。平地であり既存住宅が，ほとんどない好条件を考えると，組合は十分な

公共・宅地整備がなされなかったといえる。

　第4に、組合の地価上昇による開発利益は、事業後の坪当たり土地評価額（表65参照）は、3～5倍も上昇している。地価上昇をベースに開発利益を試算してみると、施行前用地（表65参照）を、等級評価額を単純合計し、平均値で算定すると1坪当り8.57円（1㎡当り2.60円）、施行後の用地を単純推計すると1坪当り44.00円（1㎡当り11.00円）となる。開発利益180.42万㎡×11.00円－158.24万㎡×2.60円＝1,573.20万円となる。

　第5に、公共・民間でこの開発利益の配分は、施行前後の公共面積（表65参照）から、施行後面積33.57万㎡×11.00円－施行前面積6.62万㎡×2.60円＝352.06万円、民間開発利益は、施行後面積146.85万㎡×11.00円－施行前面積151.62万

表62　西部耕地整理組合事業の施行前後の用途別面積　（単位：㎡）

区分	施行前	施行後	区分	施行前	施行後	区分	施行前	施行後
田	1,385,235	1,468,655	その他	103	―	官用地	―	43,167
畑	6,553	―	小　計	1,516,197	1,468,516	公用地	―	5,171
宅地	18,043	―	道　路	35,231	246,854	その他	―	―
原野	225	―	溝　渠	30,942	40,463	小　計	―	48,338
溜池	106,038	―	小　計	66,173	287,317	合　計	1,582,370	1,804,171

資料　川島右次編『神戸西部耕地整理組合誌』131～133頁。

表63　西部耕地整理組合事業収支　（単位：円）

収入		支出			
費目	金額	費目	金額	費目	金額
賦課金	113,259	工事費	41,996	補償費	24,547
補助金	50,000	測量製図費	29,229	借入金	75,979
雑収入	9,610	事務所費	41,392	創立諸費	3,054
借入金	61,512	会議費	1,119	雑支出	14,517
合計	234,381	挙式費	1,174	合計	233,008

資料　川島右次編『神戸西部耕地整理組合誌』205～210頁。

表64　西部耕地整理組合事業の施行前後の土地評価　（1坪当り；円）

大正3施行前	等位	1	2	3	4	5	10	15	20	22
	評定価格	13.0	12.0	11.0	10.0	9.0	6.7	5.7	4.8	4.0
大正5施行後	等位	1	2	3	5	―	―	―	―	―
	評定価格	55.0	50.0	40.0	31.0	―	―	―	―	―

資料　川島右次編『神戸西部耕地整理組合誌』113・124頁から作成」。

m²×2.60円＝1,221.14万円となる。試算から公共22.38％，民間77.62％となっている。

　第6に，たしかに組合の利益は大きいが，100％の吸収をめざすには，公共デベロッパー方式となるが，用地買収で頓挫してしまうし，神戸市にそれだけの資金力はない。

　ただ減歩率・公的還元額は妥当としても，西部耕地整理の街区整備状況は，幹線街路・路面電車用地を捻出したので，街区外周の街路整備はできたが，内部は細街路で，公園もなく，極論すればスラム予備軍の造成であった。

　もっとも都市計画は，公共団体施行を認めており，京都市などは活用していったが，郊外はともかく，市街地では住民との合意形成が困難である。

　この欠点を治癒するには，民営土地整理事業の減歩率引上げしかないが，土地所有者の抵抗は激しい。したがって自治体の巨額の自己負担で公共減歩をするしか方策はないが，財政的に不可能である。神戸市では事業は，組合方式であるが，官主導で実施された。西部組合事業は大正3年8月に起工，5年11月に竣功となり，広大な公共用地の確保をみたが，特筆すべきは，鹿島市長の尽力がきわめて大きかったからである。

溜池処分と公的還元

　耕地整理事業は，民間エネルギーの活用という方針は，まちがっていないとしても，社会的弱者の救済措置などがどうなされたか，都市経営の質的内容が問われた。小作人は耕作権を喪失し，借地・借家人なども事業の犠牲となる。耕地整理法は，田畑整備法であり，そのような社会的弱者の保護規定はない。結局，地主などとの個人交渉にゆだねている。[1]

　なかでも問題は，耕地整理などの事業化にともなって，多くの溜池が処分され，地主・事業者の負担軽減につながっている。本来，共有物・準公共財であるが，私的処分もみられ，地域社会で紛争が誘発された。[2]

　第1に，溜池は神戸市といった公共団体の所有物ではなく，さりとて農家個人の付属物でもなく，財産区の入会地などのように地域の所有地である。

　しかし，地域といっても町村といった基礎自治体でなく，溜池で灌漑用水の

利益を受けていた，部落などの地域である。都市化が進むと，溜池の潜在的経済価値は上昇し，耕地整理事業のみでなく，宅地化にともなって，全市的に多くのため池が廃止・処分された。

　第2に，市内溜池は，300ヵ所，50町歩（49.59万㎡）と推計されていた。溜池処分の状況をみると，明治33年から大正3年までに，100余ヵ所13町歩（約12万8,921㎡）を処分しているが，1㎡10円とすると，時価約130万円となる。

　なおこれらの処分は，私的処分もあったが，公共用地への転用が多くみられるようになった。明治44年，兵庫湊町外15町村共有の2.35町歩の溜池が埋め立られ，学校用地に寄付されている。(3) 住民の共有といえども，溜池面積は広大で個人的利害に関係する処分は問題で，共有地として学校・公園・公共施設用地などに転用すべきべきである。(4)

　耕地整理方式の街区整備は，結果として街区整備水準は低く，長屋住宅など狭小過密住宅の温床となり，戦後，誤謬の適正として再度，区画整理を余儀なくされた。事業者が懐にした開発利益は莫大な額であったが，制度的には吐き出させるすべはなかった。

　施策としては，補助金とか溜池処理を活用して，減歩率20～30%の街区形成を図っていく，行政手腕が求められた。この点，居留地は減歩率50%近くあり，今日まで明治のままで車社会に対応し，模範的街区形成であったが，直接施行方式であった。

注
（1）区画整理事業の関係者の紛争については，石見良太郎『土地区画整理の研究』5頁参照。
（2）明治22年に市制実施され，旧坂本村の2つの溜池を村の30余名の名義に切り替えた。「当時共有物は市有として引継がざるべからず」（村田・前掲「開港30年史下」674頁）と考えられていた。これら溜池を個人に売却したが，十郎池は1万2,600円で売却されたが，すぐに1万8,000円で転売されたので，社会的問題となった。手続に不正がなくとも，売却代金・差益は，教育基金に寄付すべきと批判が加えられたが，共有金とするとか村民で配分するとか，「事実の真相は結局有耶無耶の間に没了され」（同前674～677頁）てしまった。
（3）大正8年，長田地区内で8溜池，14万1,570㎡が，いずれも公営住宅用地として埋立られた。大正11年，長田地区で1溜池7,260㎡，14年長田地区8溜池4万7,454㎡などの廃止・処分が行われている。前掲「市史行政編Ⅲ」135頁参照。

（4）昭和5年11月，市立第1高等女学校，小学校3校の創設・増改修を決定するが，事業費を約39万円を関係部落有財産と溜池処分費の寄付で捻出している。前掲「神戸市史第2輯本編総説各説」392頁参照。また兵庫下沢通の皿池は，面積186.90a，さらに堤防敷地77.75aもあり，経済的価値は莫大であったが，公共用地として転用された記述はなく，耕地整理事業の財源用地として利用されたのでないか。前掲「神戸市会史・大正編」21頁参照。昭和期になり6年池田村6,600坪（2万1,780㎡），7年蓮池1万7,000坪（5万6,100坪）を市民運動場用地として埋立ている。8年篠原村で2,700坪（8,910㎡）を処分しているが，内容は不明である。前掲「市史行政編Ⅲ」135～137頁参照。

第3節　港湾整備拡充と生活環境整備

1　港湾整備と海面埋立事業

　大正期，神戸港は，第1期築港後も貿易額は急増し，バース不足はさらに深刻化していき，第2期築港が，大正8（1919）年にスタートするが，第2期負担金は第1期の数倍であった。打開策は，市負担方式を大蔵省構想の港湾法人化へと，事業方式のコペルニクス的転換を図っていくしかなかった。
　しかし，大蔵省の法人化構想は，内務省の港湾整備一元化によって，次第に後退し，内務省の補助金方式が主流となっていった。

港湾整備一元化の定着
　第2期神戸築港計画は，内務省主導で進められた。従来の経過をみると，港湾整備は横浜港第1期築港事業も内務省であったが，横浜港第2期・神戸港第1期築港は，急務であったので，大蔵省所管の税関工事として施行された[1]。
　しかし，内務省・政友会などの反発を誘発させ，港湾整備の内務省一元化への動きが台頭したが，地元自治体の財政負担からみると，必ずしも賛成できないシステムであった。
　第1に，大蔵省方式は，「2省以上に分属させ，各省独立して施設を作るのは，経営に統一を欠くうらみがある」[2]と，早期，是正が求められていた。外国

貿易優先の税関方式では，港湾全体の防波堤・内貿施設・埋立事業などの総合的整備が必要で，外貿荷役機能の向上・効率化をめざす大蔵省方針は，局所的改良でふさわしくないとみなされた。しかし，内務省の一元化が実現しても，税関業務を内務省移管にしなければ，問題は解決不可能であった。

　第2に，港湾整備と地域経営・都市計画との調整から，内政の総合官庁である，内務省が最適の官庁とされた。しかし，地域経営・都市計画といっても道路整備だけで，都市形成とは関連性はうすく，内務省自体が，各局別の事業化を競い，地域・都市開発の総合化といっても，架空の構想でしかない。

　まして内務省は地方公営企業でも，営造物管理方式で，収益施設の経営システム導入には，拒否反応が強く，施設整備促進がベースで，地域経営の総合化は，机上のプランに過ぎない。

　第3に，港湾整備技術の統合化である。「工事の実施の上からみても，同じ性質の土木工事が各省に分かれているために，港湾工事を専門とする技術者，作業船，機械等を重視して配属させ…相互の融通性を欠き，技術の進歩向上を…妨げる恐れがある」と，欠点が指摘されている。しかし，神戸築港をみても，国家官僚の交流・技術情報の交換もあり，築港技術を阻害する恐れは少ない。

　港湾行政の一元化といっても，明治末期から大正期にかけて，税関行政の大蔵省，港内船舶管理の逓信省，土木・警察行政の内務省の3省が主導性をめぐって，三つ巴の抗争を展開していた。

　明治後期，条約改正もあり，大蔵省の「海港経営構想」(稲吉晃)が主導していったが，内務省の巻き返しで後退し，ついで逓信省も行政整理と鉄道重視から港湾一元化を諦め，内務省の優位が大正期形成されていったが，港湾行政のセクショナリズムが，港湾一元化で治癒されたのではない。

　第2期築港事業の開始にあたり，内務大臣床次竹二郎・総理大臣原敬との意見一致で，大正7年10月30日，「港湾経営を内務省に於いて統一施行する」ことが閣議決定された。港湾等級制による港湾投資の拡大であり，第1種重要港湾は12港に拡大され，第2種港湾も14港となった。大蔵省の大港湾主義は崩壊し，地方港湾重視への移行であった。

　第1に，この方式は内務省と政権党との連携が前提条件で，本来，収益的施

設の港湾を，国庫補助金をベースに国策で整備するシステムは，費用便益効果から遊離していた。非収益施設の道路と収益施設の港湾を同一視するもので，公益企業に国庫補助金をどっぷり投入する措置であった。結果として内務省セクショナリズム・政党利権が，支配する一元化で，港湾整備需要と港湾整備投資との，自動安定調整機能（ビルト・インスタビライザー）が稼働しないため，公共投資の過剰・過小投資という，弊害が発生した。

　第2に，補助金方式は，港湾は収益施設であるにもかかわらず，受益者から今日の空港発着料のような入港・施設利用料を徴収するのでなく，国費と地方直轄事業負担という，公費整備方式であった。都市計画事業でも特別税・負担金を採用しているのに，あきらかに優遇されているが，その深層には，殖産興業的発想とか港湾関連企業保護という思惑があった。

　第3に，港湾整備は，内務省主導のもとで行われたが，財源面から貿易港重視派・地方港拡充派が対立していた[8]。そして国庫補助金に依存していた，地方港拡充は，財源的に無理があり，一方，貿易港縮小は，貿易量の膨張で，機能的に施設能力不足が目立った。

　補助金方式による港湾整備は，貿易港整備では港湾経営主義の導入なくしては，「地域社会の費用負担能力と比して過大で[9]」あったため，地元都市財政を破綻の危機へと追い込んでいった。地域社会の成長願望を刺激しながらの"政策なき・戦略なき"補助方式は，公共投資の歪みを増幅させていった。

　結局，港湾は施設整備だけが，地域負担能力をオーバーして拡大されていったが，港湾経営の近代化・港湾関連事業者への受益者負担といった，適正な政策は形成されなかった[10]。

　第4に，この拡大方式の反動として，「健全財政主義をとる民政党内閣では，海港修築予算は削減を繰り返され，工事を継続するためには地方負担を繰り上げるほかなかった。しかし地方費負担の繰上は，大港集中主義をとる大蔵省が第2種重要港の地方移管を提案する背景となった[11]」が，内務省はこの要求に，納得できるはずがなかった。

　港湾整備における内務省主導性は，浸透していったが，港湾整備における地元自治体の負担軽減策はなく，港湾都市の財政を圧迫し，その後，港湾財政は

戦時体制下で，軍事・工業港湾化が進むが，経営感覚なき港湾は，地元財政の負担のみが肥大化していった。

都市計画・築港事業にみられる，中央官治統制方式は，地元自治体の現地総合性を拘束し，負担配分の適正化・事業計画の実効性・実施過程の調整力を阻害していった。

注
（１）この大蔵省方式は「時勢の進展に応じて適当な設備を施こす必要のある神戸，横浜両港の各種港湾工事を，税関の工事として施工するばかりでなく，その維持管理も，あげて大蔵大臣に所属させることは，日本の港湾の施設経営に関する行政制度の紛糾を招くばかりでなく，いろいろな弊害を生ずるもとである」（前掲「開港百年史建設編」337頁）と非難されていた。
（２）同前337頁。
（３）港湾は都市経営からみても，重要施設であり単独で立地・整備されるべきでない。「港湾は外国貿易のみによって成るものでなく，内国貿易施設と両々相まって，機能を発揮するものである。ところが内国貿易施設は，ともすれば等閑視される嫌いがあり，港湾行政に及ぼす障害も少なくなく，地産業の発展上からも好ましくない」（同前180頁）と欠陥があげられている。
（４）要するに「港湾の経営や工事の計画は，内外貿易の大勢と，商工業の発展，陸上交通機関との連絡ならびに後方地域における物資の集散関係など，…広く全般の政務に関係を有する官庁，すなわち内務省をして諸般の関係を総合し，統一的な方針のもとに港湾の管理監督をさせるのが適当である」（同前337）と主張されている。
（５）同前337頁。
（６）港湾一元化の中央省庁の動き・経過については，稲吉・前掲「海港の政治史」111～155頁参照。
（７）港湾行政の一元化について，「官庁の権限争いといえばそれまでであるが，税関行政上の見地からの大蔵省の主張と，港湾行政の統一という内務省側の強硬な意見が多年の論争の後，神戸港の修築を機会に解決し，一応行政は軌道乗った。ただし内務省で施工したのは，港湾の基本施設の防波堤，岸壁，物揚場埋立等であって，上屋，鉄道などの陸上施設は，…港湾経営者を自任する大蔵省が，地元の税関に施工させたので」（前掲「開港百年史建設編」339頁），港湾行政の一元化といっても，施設整備の一元化であり，しかも部分的海上工事の一元化に過ぎなかった。
（８）稲吉・前掲「海港の政治史」157～205頁参照。（９）同前204頁。
（10）地方港湾優先主義は，「内務省土木局は政党のネットワークに依存することで地方港修築を実現しつつあったが，それには限界もあった。政党のネットワークは，地域社会内部の合意を形成するためには有効であったが，各省間の競合を乗り越えることはできなかった。原内閣下においても，内務省土木局は港湾法制定を試みるが，逓信省の反発により実現させることができなかった」（同前260頁）のである。

(11) 同前257頁。

第2期修築工事と財政負担

　第2期築港事業は，大正8年から10ヵ年計画ではじめられるが，起工式は9年10月9日に行われている。神戸築港負担（表66参照）は，一段と膨張していった。第1期築港は明治40・41年こそ100万円であったが，以後20万円以下であったが，第2期築港は，大正8～15年度は100万円以上が連続して賦課された。

　第1に，第1期築港事業は，明治40年から大正10年の15年にわたって実施され，当初計画は，総事業費1,710万円，国費1,273万円，市費負担437万円（25.56％）で実施されたが，最終的には総事業費1,509万円，国庫負担1,142万円（75.68％），神戸市負担367万円（24.32％）で完了している。

　第2に，第2期築港事業は，大正8（1919）年から昭和3年の10年ヵ年事業で開始された。予算2,710万円，外国貿易設備1,100万円（うち神戸市負担2分の1），内国貿易設備費930万円（神戸市負担3分の2），防波堤680万円（国庫全額負

表65　第1・2期神戸港修築工事の工費（昭和14年度ベース）　（単位：千円）

区　　　　分		総額	国庫負担額	市負担額	備　　考
第1期	外国貿易設備	15,092	11,422	3,670	海面埋立および陸上設備の一切を含む政府当初の計画である。※
第2期	外国貿易設備　防波堤費	15,098	15,098	—	防波堤費，浚渫費は政府負担とし，その他は総額の1/2を市が負担した。なお国庫負担額中には税関新庁舎77万2,238円を含む
	海面埋立費	11,584	5,792	5,792	
	浚渫費	400	400	—	
	陸上設備費	8,018	4,396	3,623	
	貯木場費	750	375	375	
	計	35,850	26,060	9,790	
	内国貿易設備　海面埋立費	10,960	3,653	7,307	市負担（海面埋立費…総額の2/3，陸上設備費…全額）
	陸上設備費	3,420	—	3,420	
	計	14,380	3,653	10,727	
	合計	50,230	29,713	20,517	
第2期追加	防波堤費	12,700	7,800	4,900	
	合計	78,022	48,936	29,086	

※　3,960,000円および川崎波止場費280,778円を控除したものの約1/3を市が負担した。大正11年度完成。
出典　神戸港開港百年史編集委員会『神戸開港百年史・建設編』194頁。

担）で，国庫1,540万円（56.83％），神戸市1,170万円（43.17％）と，第1期に比して負担率18.85％の上昇である。大正8（1919）年に着工され，第4突堤増設・兵庫第1・2突堤埋立工事などで，竣功したのは昭和14（1939）年と，第1期神戸港修築工事より長期工事となっている。

　第3に，第2期築港事業費（表66参照）は膨らみ，大正8年度2,710万円，10年度3,177万円，昭和4年度3,735万円，10年度4,071万円で，14年ベースでは，第2期工事費6,293万円（内貿易施設除外），国庫負担3,751万円（59.60％），市負担2,542万円（40.40％）と，当初計画よりも負担率は3.17％低下しているが，負担額は1,372万円増となっている。配当交付金の負担軽減効果をみると，第1期配当金53.5万円と負担金367万円との差引負担313万円，負担率20.74％となる。14年度第2期配当金合計473.7万円で負担金2,542万円との差引負担2,068万円，負担率32.86％で第1期より12.12％も高い。

　第4に，この負担金増額によって，神戸市の負担が倍化し，さらに期待された港湾施設収益配当交付金が，予想どおり交付されなかったので，神戸市は，大正9年6月26日，政府へ改善の建議書を提出する。政府はこの稟請書に対して，大正10年3月2日付で命令書が交付され，まず神戸市が負担金支払のため起債した金利分は，政府の益金から補填して交付する決定をしている。

　その結果，神戸市の港湾負担（表67参照）は，大正11年度以降，予想収益配当金25.5万円に近い交付金に改善されている。この利子補填方式は，府県の河川復旧事業方式と同様であり，港湾施設収益配当交付金方式のように後年度へ繰り延べされないので，より確実な補填方式であった。

　たしかに大正9年度には，交付金は前年度の2倍になったが，9年度の築港債利子49.9万円とかなり差があり，改正の成果は少ない。工事費が増加しても，国も含めた益金の範囲内での利子負担補填方式で，9年度工事費500万円を超え，負担金も100～200万円，築港債利子50～100万円となったが，交付金は20～30万円と低迷したままで，改革の趣旨は完全に反故にされていった。

　しかも大正8年からの第2期負担（表66・67参照）をみても，大正8年から昭和10年度の交付金差引の市税補填額は1,685万円÷17年＝99.12万円と約100万円の重い負担であった。

図14　昭和初期の神戸港

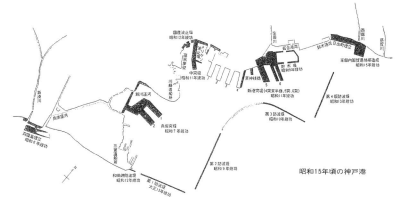

出典　神戸市『神戸港百年の歩み』23頁。

　莫大な築港費を投入し築港事業（図13参照）は遂行されたが，昭和15年ごろの神戸港をみると，防波堤は，第2・3・4防波堤が完成され，神戸港の安全性は高まった。また5・6・兵庫突堤が完成し，荷役機能も飛躍的向上した。築港整備につれて，神戸港東部の整備が進み，昭和期には東部開発が本格化していった。

　市負担額（表66参照）を，昭和20年度までの合計でみると，第1期・第2期の事業費7,202万円，国庫負担4,506万円（61.6％），市負担2,696万円（37.4％）と，約4割の重い負担である。第1期市負担367万円，負担率24.32％よりはるかに重くなっている。

　第1に，明治以降の交付金（表67参照）をみると，明治後期は交付金はなく，過大な負担となった。ことに明治40～大正10年度までの損失（表35参照）は，予想25.5万円との比較では304万円の収入減と，利子負担177万円の481万円の見込み違いとなっている。

　港湾交付金の補填は，昭和20年度まででは923万円で，神戸市負担2,691万円（34.6％）の約3分の1となっており，負担金軽減への寄与は，それなりに大きい。しかし，明治期・大正前期の交付金はほぼゼロであり，その後，交付金支給の増額（表66参照）をみたが，戦時体制期以外は補填のための借入金・築港債の利子は，はるかに大きな負担であった。

第2に，市税と直轄事業負担金の比率をみると，負担金／市税は，40年度1.43倍，42年度1.23倍であったが，大正2年度0.22倍，昭和10年度0.04倍と低下し，昭和12年度以降は，マイナス負担となっている。交付金増加は，前倒し負担・築港費抑制・収益施設のインフレ利益などの相乗効果であるが、築港債償還は増加しており，収支は改善したのではない。

　第3に，港湾負担金は，水道・交通事業などと同様に，事業規模が拡大し，第1期がすむと第2期となるが，大正8～昭和元年がとくにきびしい負担で，最高額の大正9年度195万円であるが，県費負担金315万円との合計510万円，市税638万円の79.9％をしめ，残余の市税128万円でその他行政費を処理している，異常な財政運営である。

　一方，普通経済の国庫補助金は市財政全体で3.1万円と信じられない少額である。マクロでみた政府・都市自治体の収支勘定は，市財政の極端な赤字勘定と

表66　第1・2期神戸築港事業における神戸市負担額推移　　（単位；千円）

区分	工事費総額	国庫負担額	神戸市負担額	港湾交付金	差引負担金	区分	工事費総額	国庫負担額	神戸市負担額	港湾交付金	差引負担金
明39	439	439	—	—	—	昭2	2,200	1,321	879	234	645
40	2,094	1,094	1,000	—	1,000	3	2,300	1,360	940	234	706
41	1,000	0	1,000	—	1,000	4	2,981	1,692	1,289	234	1,055
42	1,032	832	200	—	200	5	2,851	2,252	599	234	365
43	1,070	870	200	—	200	6	2,392	1,842	550	234	316
44	214	14	200	—	200	7	3,267	2,251	1,016	301	715
45	1,246	1,046	200	—	200	8	2,942	2,117	825	309	516
大2	1,492	1,292	200	—	200	9	2,746	1,639	1,107	273	834
3	1,300	1,100	200	—	200	10	1,866	1,170	696	267	429
4	962	922	40	—	40	11	1,764	1,503	261	238	23
5	1,044	1,044	—	—	—	12	1,643	1,608	35	286	-251
6	589	589	—	4	-4	13	550	338	212	304	-92
7	1,750	1,750	—	24	-24	14	475	292	183	379	-196
8	2,140	890	1,250	111	1,139	15	809	497	312	378	-66
9	5,206	3,396	1,810	212	1,598	16	950	584	366	408	-42
10	3,903	1,993	1,910	186	1,724	17	950	584	366	649	-283
11	3,677	1,727	1,950	287	1,663	18	950	584	366	704	-338
12	2,159	749	1,410	217	1,193	19	950	584	366	907	-541
13	2,850	1,250	1,600	234	1,366	20	950	584	366	909	-543
14	2,097	574	1,523	238	1,285						
15	2,218	683	1,535	234	1,301	合計	72,016	45,056	26,962	9,229	17,733

注　市負担金には神戸税関・陸上施設負担金（昭2／11）を含む。大正4～10年の内国貿易陸上設備費含む。
資料　神戸港開港百年史編集委員会「神戸港開港百年史・建設編」196・197頁。神戸市『統計書』

化している。

　神戸市は，この膨大な負担金（表67参照）を，どう納入し，築港債をどう償還していったのか。昭和11年度以降は，戦時財政・インフレ・推計値などで実態とのズレがみられるので，昭和10年度までの負担・補填・築港債の推移をみてみる。

　第1に，直轄事業負担金は，その金額だけの負担ですまなく，当然，資金調達コスト（築港債利子負担・築港債発行の差損1％）が発生する。さらに厄介なことに政府への負担金納付時期と築港債発行時期がずれると，借入金調達・利子

表67　第1・2期築港債の償還状況　　　　　　　　　　　（単位；千円）

区分	市負担金	市税補填	収益交付金	差引負担額A	築港債発行額	築港債収入額B	B－A	築港債利子	築港債償還	築港債残高
明40	1,000	100	—	900	—	—	-900	—	—	—
41	1,000	100	—	900	—	—	-1,800	—	—	—
42	200	100	—	100	2,500	2,415	515	175	—	2,500
43	200	100	—	100	—	—	415	175	—	2,500
44	200	100	—	100	—	—	315	175	—	2,500
45	200	100	—	100	—	—	215	211	—	2,500
大2	200	100	—	100	600	564	679	217	—	3,100
3	40	100	—	-60	—	—	719	202	215	2,885
4	—	100	—	-100	—	—	819	187	215	2,670
5	—	100	—	-100	—	—	919	172	215	2,455
6	—	100	—	-104	—	—	1,023	157	215	2,240
7	—	100	24	-124	—	—	1,147	140	245	1,995
8	1,250	100	111	1,039	—	—	108	123	245	1,750
9	1,810	100	212	1,498	4,800	4,464	3,074	441	245	6,305
10	1,910	100	186	1,624	—	—	1,450	424	245	6,060
11	1,950	100	287	1,563	—	—	-113	407	245	5,815
12	1,410	100	217	1,093	—	—	-1,206	390	245	5,570
13	1,600	100	234	1,266	—	—	-2,472	373	245	5,325
14	1,523	100	238	1,185	—	—	-3,657	339	245	4,840
15	1,535	100	234	1,201	10,580	9,950	5,092	1,045	485	14,935
昭2	879	100	234	545	1,580	1,485	6,032	1,011	485	14,450
3	940	100	234	606	600	564	5,990	872	485	13,965
4	1,289	100	234	955	610	573	5,613	944	485	13,480
5	599	100	234	265	1,150	1,081	6,429	872	1,014	12,466
6	550	100	234	216	260	244	6,457	802	1,014	11,466
7	1,016	100	301	615	—	—	5,842	731	1,014	10,438
8	825	100	309	416	—	—	5,426	658	1,044	9,394
9	1,107	100	273	734	—	—	4,692	582	1,075	8,319
10	696	100	267	329	—	—	4,363	503	1,133	7,186
合計	23,929	2,900	4,067	16,962	22,017	20,022	4,363	11,292	11,054	7,186

注　大正15年度以降の築港債の利子・償還額は，5年据置・20年均等償還，金利7.0％

支払が発生する。

　負担金前倒しの利子負担は，先にみたように42年築港債発行で解消しているが，築港債の償還能力の低下をきたしている。[(4)]

　第2に，神戸市は，負担金納入のため市税補填年10万円に増額し，290万円の補填をしている。負担金2,393万円は市税・交付金補填696.7万円で1,696万円に減少したが，結局，築港債で支払っている。

　第3に，市債発行は周知のように，額面100円を95円前後で発行するので，第1期・第2期で，発行額2,201.7万円，発行収入2,002.2万円で199.5万円の差損が発生している。市税・交付金補填後の負担金1,696万円を築港債収入2,002万円で支払うと，昭和10年度で負担金支払残額306万円となる。

　大正10年度の築港債発行2,201.7万円，償還残高718.6万円で償還率67.36％とまずまずの状況である。しかし，表66にみられるように，その後も負担金は発生しており，築港債発行も続いている。

　第3に，負担金2,393万円から交付金を差し引きすると，実質市負担1,986万円となる。大正10年度で市負担支払財源をみると，市税補填290万円，築港債発行差額200万円，公債利子1,129万円，償還金1,105万円の合計2,724万円で，負担金残高719万円との差引1,276万円の2.14倍の返済となっている。

　第4に，明治以来の負担金納入をみると，明治40年負担金100万円，市税69.9万円しかなく，全額市税を充当しても，支払われない，想像を絶する負担であった。

　神戸市は，このような苛酷な負担転嫁を，ただ借入金・築港債などで負担を繰り越し，辛うじて財政破綻を回避してきた。築港債は，据置期間5年，償還20年で負担は緩和された。利子を支払っても，後年度へとずらせば，市支払能力は強化されるので，資金ベースの負担能力という視点からはすぐれた対応であったともいえる。

　しかし，負担緩和のため借入金・地方債で資金調達をしたが，負担金支払調達費は，負担金の2倍以上に膨らんでいる。負担は第1期・第2期と築港が続くと，半永久的に追加されるので，費用負担の割合・区分，港湾財源の創設など，根本的対応策が不可欠であった。しかも電気買収債のように市財政への貢

献度は実感としてはなく，国営港への負担感のみが重くのしかかった。

注
（1）第1期負担額は，当初計画（表34参照）と比較して，大正3年度20万円が4万円，4年度20万円がゼロ，5年度97万円がゼロ，8年度ゼロが21万円，9年度ゼロが21万円，10年度ゼロが21万円に変更されている。
（2）この建議書は，まず市会有志が，市会議長への意見書を提出し，市が了承して政府へ稟請書として提出されている。要点をみると，「固ヨリ港湾ハ本市ノ生命ニシテ，之ガ改良ノ経費ヲ負担スルハ，市民ノ覚悟セル所ナリト雖モ，財源ノ豊富ナラザルガ為，目下既ニ制限外ノ課税ニ拠リ収支ノ均衡ヲ保持セルノ状況ナリトス。因テ今後当市ニ分配セラルベキ築港収益及ビ将来内国貿易設備ノ利用ヨリ生ズル市ノ収益金ニシテ，分担金納付ノ為ニ起シタル市債ノ利子額ニ達セザル年ニ於テハ，該利子額ニ相当スル金額ヲ限度トシテ，政府ノ益金ヲ先ズ当市ニ分配セラルル様」（前掲「市会史大正編」299・300頁）と要望している。
（3）命令書の文面は，「政府ニ納付スル為ニ起シタル市債額ニ対スル当初ノ利子額ニ相当スル金額ニ達セザル年ニ於テハ，其ノ分配方法ハ，…先ズ神戸市ニ益金ヲ分配スルモノトス」（同前304頁）と，神戸市の要望を了承している。なおこの措置は，横浜市では，先行的に収益配当金の不足が発生しており，収益金の配分が予想より少なかったので，政府に陳情し，配分方式の改善を図っていた。横浜市の場合，当初，政府の見込みは明治45年から10年間は毎年11万5,600円，明治55年度（大正11年度）からの10年間は毎年18万1,100万円となっていた。しかし，実際は工事が遅れた関係もあるが，明治43年度1,893円，44年度2,902円，大正元年度3,653円，2年度1万1,212円，3年度1万9,170円，4年度2万2,237円，5年度1万1,117円で，累計7万2,184円と当初の見込みをはるかに下回った。これでは英貨公債の元利償還をまかなうことができないので，政府と交渉し，大正7年1月14日，築港債利子額の相当分を益金でもって優先的に交付すると改正された。前掲「横浜市史Ⅴ上」105・108頁参照。神戸市の対応は，横浜市に追随した行為であり，対政府への独自性ある対応が乏しく非難を免れない。それは第2期横浜築港と第1期神戸築港は，ともに明治39年からで，横浜港は43年度から交付金を交付されているが，神戸市は，大正6年度からで，また政府益金流用方式も横浜市大正7年，神戸市10年と3年遅れである。神戸港の方がきびしい状況にあったので，横浜港に先行して改善の運動をおこすべきであった。そもそも明治39年の改善要望の段階で，配当交付金方式ではなく，利子補填方式か政府益金流用方式を要望すべきで，神戸市は対政府への財源闘争の政策センスの貧困を猛省しなければならない。
（4）築港債利子・償還額は大正14年度までは，神戸市『統計書』の実績で，それ以降は利子6％，償還は据置期間5年，以後20年間は均等償還の25年債として計算した。なお発行収入額は，表38は手数料込みの7％としたが，大正15年度以降は6％とした。

海面埋立と公共利益の確保

　神戸港では，明治以来，無数の埋め立てが行われたが，表68は，公共セクターの埠頭埋立は除外されいるが，明治・大正期の主要埋立で合計約85万㎡で，河川敷埋立・零細埋立を含めると100万㎡になるであろう。神戸市の対応は，基本的認識の欠如から，埋立事業へのペナルティは欠落していた。

　その背景には，「我国の国土を拡張し，産業の伸展に寄与する所蓋し大なるものがある(1)」といった，成長主義への信奉があった。まして神戸市の地理的条件は「北には山を背ひ，東西に狭長にして背後地域並に臨海工業地帯の貧困なる，本市にとりては公有水面の埋立こそ重要なる意義と役割を持つ(2)」との認識であった。

　海面埋立事業は，水面埋立規則（明治15年2月），公有水面埋立法（大正10年法律第54号第12条同法施行令第16条）にもとづいて行われていたが，都市空間の形成・開発利益の公的還元という点は欠落していた。

　第1に，公共であれ民間であれ，海面・浜辺という公共財の私的公的独占で，漁業権をもつ特定住民のみが，補償の対象ではない。戦前のみでなく，戦後もこのような認識は，確立されていない。

　都市財政の視点からは，宅地開発と同様に海面埋立も，既存の公共施設を利用するたけでなく，新たに新規の公共建設の需要を，引き起こす新規参入者（New entry）で，当然，都市整備費を負担すべきである。

　第2に，環境面からみても，埋立阻止が理想であるが，現実は神戸市内でも，埋立推進派は優勢であり，しかも神戸市が反対しても，政府・県・企業が，埋立を実施するであろう。

　政策的には神戸市が公共デベロッパーとして施行し，開発利益を完璧に吸収し，港湾整備の財源に充当する方策が，ベストの選択である。もし不可能であれば，埋立賦課金で開発利益を吸収するのが，ベターな施策である。

　民間埋立への負担金賦課と，都市成長・港湾整備とは，政策次元の異なる対応で，成長抑制となっても賦課しなければ，都市整備ができず，住宅・工場も効率的な活動ができない。

　そして賦課金で埋立コストが上昇すれば，利権目的の無謀な事業は自己抑制

され，また行政サイドも，財政的余裕ができれば，埋立事業へのきびしい対応の気運が，醸成されていくのではなかろうか。

第3に，港湾施設の整備が，精力的に実施されたが，直轄事業負担金は，市担税力を無視し肥大化していった。しかも築港事業で港湾区域における土地付加価値が高まり，民間企業の埋立は，地価上昇利益を満喫していった。

公営電気事業の普通経済への繰入金が非難されたが，海面埋立事業への賦課金への支援はなく，市民・マスコミは，政策型経営には鈍感であった。

第4に，明治・大正そして昭和になると，埋立は次第に大規模化して，利権・収益事業として活用されていった。埋立が高収益事業であることは，明治期の湊西・湊東区の区有財産埋立で実証ずみである。

しかも埋立事業にあっても，利権的事業にまつわる不祥事が発生しており，埋立事業が，いかにうまみのある開発事業であるかを立証している。

第5に，埋立事業は，港湾機能向上とか，企業拡大とか要素だけでなく，収益確保の方策として活用された。

新川運河・兵庫運河・湊川改修事業など，投下資金回収の手段として，さかんに埋立事業が行われた。それは事業用土砂を埋立に転用し，低い埋立コストで用地造成し，より大きい売却収益が見込まれたからである。

公共セクターでも，災害土砂・用地整備など，市中廃土の投棄のための埋立が，都市整備の手段となったが，処分地確保と処分地売却という一石二鳥の効果があった。大倉山の用地整備・阪神電鉄の地下鉄建設，災害土砂などの処分として，活用されていった。

神戸市の方針は，開発優先で埋立事業に余り条件はつけなかったが，溜池処分・山林開発・宅地造成などでも，市街地化にともなう開発利益吸収という，基本的政策が欠落していた。神戸市の都市経営も，賦課金・デベロッパー方式が欠如しており，公営企業方式だけに大きな役割をかぶせていたが，片肺飛行のようなもので，経営成果も限定的となった。

注
（1）神戸市『港湾事務指針・昭和16年』16頁。
（2）同前14頁。

（3）公有水面埋立法では，埋立人は埋立により利益をうける報償として，相当の免許料を納付することになっているが，手数料とみなされ，国庫の収入であり，市財政への利益にはならない。同前14頁参照。
（4）湊東区が区有財産造成における不正行為は，同埋立は先に専崎弥五平が事業申請したが，個人埋立は認可しないとの指令があり，湊東区学務委員らは，このことを知り，小学校基本財産を造成するべく，埋立申請を許可をうける。しかし，工事費調達・災害被害などを考え，山口県原田政佳に1万4,000円で落札させが，工事は別人に請け負いさせている。要するに原田は，単なる名義人で，その実，名誉職にある数人が，私利を謀るため，埋立前に売却をして，埋立売却益を手中に収めんとした。埋立地と不要用地を合算すれば1万坪になる。隣接地地価50円であり，売却すれば50万円となり，事業費を差し引きしても利益は莫大である。このような謀議が露見したので，弁護士が湊東区有志総代となり，内約の破棄を迫った。埋立命令書には担保貸付・売買譲渡を禁止しており，内約は無効で，埋立騒動は無事おさまった。村田・前掲「開港30年史下」671～674頁参照。

海面埋立事業の大規模化

　明治前期の埋立は，小規模で利益確保をめざす性格は弱かった。ただ神戸築港を控えて，「兵庫地区を主とし，神戸地区はきわめて例外で…神戸港修築計画がようやく具体化しようとする段階であったため」[1]で，認可は抑制されたが，企業の埋立意欲は旺盛で，神戸港域全体が死滅しかねない勢いであった。

　海面埋立の目的をみると，第1の形態は，港湾機能の拡大である。第1に，倉庫会社が，機能拡大のため埋立をさかんに実施している。兵庫浜・東尻池方面では，和田倉庫が明治29年6月，和田崎町地先3,700坪（1万2,210㎡）を竣功している。

　明治31年，日本貿易倉庫が，高浜入江地先680坪（2,244㎡）を，それぞれ埋立している。37年11月，市会は東京倉庫の東川崎町地先の624坪（2.059㎡）の海面埋立を条件付で認めている[2]。

　第2に，なかでも目立つのが，財閥系列の倉庫群拡大である。東京倉庫（のちの三菱倉庫）は，明治29年に神戸に進出するが，35年に日本貿易倉庫（明治29年創設・資本金150万円）を買収する。さらに40年7月，東川崎町地先3万5,305坪（11万6,507㎡）の埋立申請をするが，市会審議は紛糾する[3]。

　結局，明治41年7月に認可をえて，大正4年に竣功しているが。土木工事費だけで211.3万円で，陸上施設を加えるとさらに巨額の投資となる。この大規模

埋立を拠点として，高浜ターミナルが，物流基地として形成されていった。[4]

　第3に，三菱倉庫の高浜ターミナルは，東部の綿花取扱を一手に引き受けていた，神戸桟橋会社に大きな打撃をあえたた。東部に立地する東神倉庫（のちの三井倉庫）は，明治40年7月，小野浜地先9万2,872坪（30万6,478㎡）の途方もない巨大埋立申請をして，劣勢挽回をめざす。

　しかし，この埋立については，既存倉庫を経営する森本倉庫が猛烈に反対するが，神戸税関長が，異例の建設促進を求めている。たしかに港湾荷役機能の整備は遅れているが，民間企業の利害も錯綜しており，地元自治体による利害調整能力が発揮されなければならない。[5]

　当概埋立事業は，明治41年9月に事業規模を縮小し，区域変更で「支障なし」となり，1万116坪（3万3,383㎡）を，大正4年に着工し7年に竣功している。東神倉庫は，加納宗七から購入していた後背地3.3万㎡を加え，東部の小野浜ターミナルを，工事費100万円で拡充していった。

　第2の形態は，港湾関連工業用地の確保・拡大，すなわち造船所拡充のため埋立が実施された。第1に，川崎造船所が，明治後期（表66参照）には，造船所拡大のため，海面埋立を逐次追加していった。明治30年2月，造船所ドッグ建造のため，東川崎町地先2,805坪（9,805㎡），37年10月には3,400坪（1万1,220㎡），38年に隣接地500（1,650㎡）を埋立している。[6]

　第2に，一方，三菱造船所は，明治30年，神戸進出にあたって，和田岬官有地委譲6万3,000㎡を申請し，同社所有の大阪・東京・兵庫の所有地と交換し，さらに和田倉庫敷地買収などで拠点用地を確保し，さらに32年1月14日，三菱合資会社が，三菱造船所進出用地として今出在家町・和田崎町の2万8,155坪（9万2,912㎡）を申請した。

　市会調査委員会は，「本事業タル国家ノ有益タルハ論ヲ俟タズ，本市ニ於テモ将来該付近ノ地大ニ繁栄ヲ来タス」と，三菱造船所船渠の完成によって，国家・地元経済にメリットは大きいとの認可論が支配的であったが，建設による環境悪化を指摘する意見もあった。[8]

　さらに市会では，造船所が埋立をするが，果たして船渠を建設する確約はないとの疑念が発生したが，鳴滝市長は，三菱は海外調査もして，造船所計画を

立案しており，「埋立許可ヲ得バ決シテ他ニ使用スルニアラズ」(9)と弁護しているが，鳴滝市長の三菱びいきを暗示する言葉ともいえる。

この埋立は，地質の関係で埋立面積を縮小し，後背地の民有地の取得にも成功したので，2万8,274㎡に減らし，1万4,916㎡は東京倉庫に提供し，造船所は1万2,491㎡のみ使用すると，用途変更がなされている。埋立工事は明治36年11月から39年12月にかけて行われたが，最終的竣功は44年であった。(10)

港湾荷役機能拡大は，鉄道院も旧加納湾1万3,200㎡を埋立て，大正6年3月に6万6,000㎡の埋立を実施している。森本倉庫は大正6年，浜辺通1町目，3,135㎡を埋立している。

第3の形態は，海面埋立用地造成による，地価上昇利益の獲得・確保である。第1に，港湾整備の埋立は，弁天浜埋立が最初で，明治5年3月，実施されているが，埋立面積は不明で，さらに埋没が激しいので，兵庫出在家町久保善五郎が，自費埋立と埋立地の無償下付を条件として事業化している。

明治11年5月着工で，工費1万700円で面積2,545坪（8,399㎡）を，12年2月竣功し，1㎡当り1.27円の工費となる。(11) 現在の弁天町で，埋立地先は貨物積卸場を付設している。さらに兵庫船渠会社が，26年12月，西出町地先1,100余坪（3,696㎡）を埋立している。(12)

第2に，注目されるのはかなりの区町が，財産造成目的の埋立を実施している。新川運河開削の付帯事業として，開削土砂をもって，新川社が東川崎町など15町村のため，明治9年5月，5,300坪（1万7,490㎡）の埋立を実施し，先にみたように関係町村は，その後，莫大な転売利益を得ている。

川崎浜一帯は，湊東区が，東川崎町1町目895.61坪（2,956㎡）を，29年1月認可，30年9月に埋立竣功しているが，先にみたように紛争が発生している。35年湊西区が，高浜入江850坪（2,809㎡）を埋立し，また葺合区が31年4月，小野浜造船所入江付近4,950坪（1万6,335㎡）を埋立している。

このように地域団体が，財産形成目的の埋立を実施しているが，埋立が必ず収益をもたらす確信があったからである。

第3に，港湾関連用地造成を目的として，明治39年9月，葺合港湾改築株式会社が，葺合真砂町地先2万7,865坪（9万1,955㎡）の埋立申請をし，市会は東

部築港計画が固まっていないので，難色をしめした。

　ただ同埋立は，市会沿岸設備調査委員会が，明治39年に市会に報告した設計にもとづくもので，市の案を民間企業が流用したものであったが，水上市長は市財政困窮を原因として容認している。[13]

　しかし，この埋立は道路・宅地・避難港・荷揚場・倉庫などの整備で，単なる事業用地の拡大とはいえない。申請書は「該埋立タル土地ヲ売却シ」[14]と，事業収支の手段として売却益を見込んでいる。

　市会審議で「市または国が築港の計画を行なう場合は，設計当時の実費で買上げに応ずること」[15]という条件を付して「支障なし」と答申している。なお埋立は明治40年11月着工，43年2月竣功で面積3万3,594坪（11万860㎡）と拡大されている。

　第4に，民間デベロッパーの事業費補填・収益確保のため埋立をしているが，運河開削土砂の処分地としての埋立でもあった。湊川改修会社が，旧湊川尻を明治30〜38年で工事し，約6万㎡を数次にわたって埋立ている。大半は税関用地として買上げ条件での埋立であった。[16]

　兵庫運河株式会社は，明治31年5月に2,916坪（9,623㎡）を第1回埋立で，33年1月に3,524坪（1万1,629㎡）を第2回埋立で竣功し，苅藻島を造成した。工事費10万2,600円であった。第2回埋立については，駒ヶ林村漁業組合は，「前回の埋立により潮流変化し，唯一の網乾場たる駒ヶ林一帯の砂浜を減少せしめつつあるのみならず，新規埋立の為めにさらに組合最良の漁区をも失うに至るべし」[17]との嘆願書を県に提出している。

　ところが神戸市会は，支障なしと回答したが，市の対応は安易であり，民間の利権的埋立を助長する決定であった。県は明治31年11月，損害賠償・予防工事など13条の条件をつけて許可しているが，損害賠償の預託金などを拠出させるなど，確実な救済措置をとるべきであった。もっともこの間，利益目的の埋立事業の多くが「支障あり」で拒否されている。29年の兵庫運河の須磨地先6.7万坪，35年の兵庫弁天浜・新川地先5.2万坪などである。

　それでも，港湾機能拡充をめざす，埋立はその後も続き，西部の兵庫から東部の小野浜へと移っていくが，神戸築港が明治39年に決まると，埠頭・倉庫・

荷揚のための港湾機能強化のための埋立が，さらに拍車がかかった。

　明治末期にあって，すでに西の兵庫出在家から東の小野浜まで，神戸港の海岸は倉庫群に占拠され，中央部のみが埠頭という状況になった。都市経営としては，個別事業申請を審査するという受動的対応では駄目である。

　埋立が地域振興・築港計画との整合性・湾整備費への還元性・都市環境の保全性といった，総合的視点で判断するべきである。議会の埋立審議をみると，個別議員の優れた政策的提言が，ことごとく多数決で葬りさられているが，どう開発優先の呪縛を洗脳していくか，きわめて厄介な課題であった。

注
（１）前掲「開港百年史港勢編」98頁。
（２）前掲「市会史明治編」362頁参照。
（３）既存波止場の存続・船舶運行に影響が発生する恐れがあったから，補償を求めよとの意見があったが，「之事理ニ合セザルノ要求ナリ。港湾ハ国有ナリ。決シテ本市ノ者ニアラズ」（同前370頁）との反論があり，結局，申請を認めている。市会は「山岳鳴動シテ鼠一匹ノ感ナキ能ハザルナリ」（同前371頁）と不満の残る結末となっている。
（４）同前372頁参照。前掲「市史本編各説」481頁参照。前掲「市史本編総説」390頁参照。なお高浜ターミナルについては前掲「開港百年史建設編」715〜719頁参照。
（５）森本倉庫は，「弊社ニアリテハ実ニ空前ノ大打撃ニ御座候，…小野浜一帯ノ地所…自然ノ理勢ニ制セラレ，今後ハ非常ニ下落ス…倉庫モ忽チ無用ノ長物ト一変致候。…如何ニ堪忍強キ弊社モ，三井一家ノ為ニ斯ク迄モ大打撃ヲ相受候テハ最早辛抱致シ切レズ」（前掲「市会史明治編」366頁）と三井の横暴を訴えている。要するに三井の埋立によって，全面の海面を封鎖されては，倉庫業が成り立たず存亡の危機に見舞われたからである。神戸税関長の手紙は，「是種荷捌機関ノ成否ハ，海外貿易発展ノ枢軸タルト当港現下ノ情勢ニ考へ，敏速ノ解決ヲ要スベキ義ニ之有リ，当関ニ於イテモ…各種改善計画トノ関係上，速カニ該件ノ結着ヲ切望シ」（同前366頁）と，早期認可を促している。しかし，特定企業の独占的利益が過度に擁護されてはならない。
（６）同前396頁参照。（７）同前403頁。
（８）委員会報告は「将来該付近ノ地ニ大ニ繁栄ヲ来ス」（同前402頁）と認可しているが，中島大二議員は，「元来船渠ナルモノノタメニ隣地繁栄スルモノニアラズ。近傍油烟ヲ以テ充タサレ，厭忌スルニ至ランコト必セリ。工成ルノ時ニ於テ，往時ヲ追懐シテナ歎ズルモ亦及バザルベシ」（同前403頁）と，事前警告している。
（９）同前403頁。
（10）前掲「開港百年史建設編」96〜99頁参照。
（11）・（12）前掲「市史本編各説」480頁参照。

(13) 水上市長は「理事者トシテハ大ニ歓迎スル処ナリ。何トナレバ，斯ル事業タル其市営ヲ適当トセンモ，今日ノ市財政ハ之ヲ許サズ」(同前374頁) と，早期，民営事業化を求めいる。しかし加納湾埋立へと発展する事業であり，加納湾をどうするか慎重に対応すべきである。何よりも神戸市の港湾負担金の返済財源として，これら埋立に賦課金を求めるべきであった。なお加納湾埋立については鹿島市長の時代になり，廃止をめぐり紛糾している。同前377～381頁参照。
(14)・(15) 同前374頁。
(16) 前掲「開港百年史建設編」同前97・98頁参照。
(17) 前掲「市史本編総説」311頁。

埋立事業不許可の理由

　なお不許可になった埋立出願をみると，第1の理由は，埋立の意図・能力・計画が，公益性からみて不適格とみなされたケースである。第1に，明治29年，兵庫運河株式会社が野田・須磨村にわたる外浜地先7万620㎡の埋立申請があったが，不許可となっている。

　兵庫運河会社が，港湾荷役改善を理由として，大規模埋立をするのは，埋立事業の収益獲得がみえみえであり，利権行為として排除されて当然であった[1]。

　第2に，明治29年，兵庫松原通住民9名が東出町1,800坪，兵庫東出町住民9名が東出町2,000坪の埋立申請があったが，兵庫港改良計画から不許可としている。33年，出在家町住民前田徳左衛門ら11名が，新川入口地先5万7,420㎡の埋立申請があった。「兵庫港海岸改良計画及び神戸築港と何等の矛盾なき」[2]ため支障なしとの回答がなされるはずであった。

　この埋立事業は，工事費110万円であり，この申請は，巨額の工事費を調達する能力はなく，外部資本の傀儡ではなかろうかと疑念をもたれた。果たして同年4月に日本米穀株式会社が，計画がいう倉庫不足・潮流の変化の事実なく，「該計画は徒らに港内を狭隘ならしむるもの」[3]であるから，不許可とすべきとの陳情をなし，兵庫県は不許可としている。

　第3に，湊川改修会社も，明治33年11月，海岸通地先1万6,830㎡及び新川入口地先3万5,370㎡の埋立を出願しているが，先の埋立と同一であり，両事業については，35年5月，県より詮議の必要なしとの指令で却下されている。

　兵庫運河株式会社も29年，東須磨字浜，7万620㎡を埋立申請して不許可と

なっているが，手当たり次第に埋立で利益をかせごうとする行為で，環境保全とか生活環境など，まったく眼中にない行為である。

第4に，兵庫から須磨にかけての海岸は，しばしば海面埋立の利権の対象とされた。明治29年には三菱会社が，明治30年には前田徳衛門が，33年には湊川改修会社が，それぞれ埋立申請をしている。

大正3年2月にも，神戸西部の沿岸一帯30万300㎡の埋立申請があった。市会は大正6年11月，道路整備・船溜拡張などの条件で認可している。しかし，申請者の顔ぶれをみれば，浅野総一郎・安田善次郎などの東京資本に加えて，代表は伊藤長次郎であり，埋立利益獲得を狙った事業であることは明白であった。

なお「この申請は，その後須磨町東須磨地先を取りやめ，埋立面積も約17万㎡に縮小している」が，この埋立は，利益追求の野放図な埋立で警戒感をすべきであった。

しかし，市会は道路などの条件付で，大正6年11月に支障なしと可決しているが，県からの認可は，7年末でもえられず，埋立は実施されなかった。白砂青松の景観を，神戸市会はどう考えていたのか，環境意識の片鱗すら感じられない。兵庫県が幸い認可を付与しなかったことは，歴史的事実として銘記しなければならない。

第2の理由は，港湾の利用をめぐる実態から，埋立が不適格とされている。第1に，葺合港の建設によって，加納湾の存在が無用となったとみなされ，葺合港湾改築株式会社が，加納湾埋立を明治44年2月に市会へ申請があった。これに対して通船業者などから反対があった。

会社サイドの理由は，加納湾は葺合港が建設された以上，廃棄すべき港湾であり，「地所売却ノ純益金ヲ以テ当港湾築設費ノ償却ニ充当シ，以テ沿岸貿易ニ貢献候」と露骨な利益追求を示している。これに対して鹿島市長は，「寧ロ市自ラ同湾ノ埋立ヲ行ヒ得ル方法ニシタシ」と，公共デベロッパー方式を，打ち出しているのが注目される。

市会の結論は，諮問撤回，すなわち否決であった。思うに現在，公営（県営）であり，さまざまの小型船舶が利用しているが，民営の葺合港では，はたして十分かつ安価に利用できるかであった。もっとも加納湾は廃止が避けられない

が，現に利用されている以上，拙速に廃止するべきできはない。

　第2に，海面埋立の用途をめぐり，旧居留地地先埋立問題で，政府案と神戸市案が対立する事態が発生した。

　大正9年8月，第2期修築計画に関連して，海岸通の旧居留地先290ｍを幅29ｍ，約8,410㎡を埋め立て小型船舶の繋留地とする神戸市案に対して，政府案は幅42ｍを埋立，輸出専用上屋2棟と物揚を建設する案であった。

　神戸市は，政府に対して，同年8月12日，意見書を提出し，小型船舶の利用に重大なる支障があると，異議を申し立て，9月10日の政府諮問機関である神戸港港湾調査会で，神戸市の要望が全面的に認められ，ことなきをえている。

　ひるがえってみるに居留地前面は，当時，海岸遊園があり，神戸港と市民を結び付けるかけがえのない空間であり，それを港湾施設で利用する埋立計画は，重大な都市空間の破壊で，後世に悔いを残す行為であった。しかし，神戸市・政府ともこのような発想はなく，いつの間にか，政府関連庁舎が占拠し，神戸港と都心は遮断されてしまっている。

注
（1）前掲「市史本編総説」315〜316頁参照。（2）・（3）同前315頁。
（4）前掲「市会史大正編」414頁参照。（5）同前413頁。
（6）前掲「市史本編総説」392頁参照。
（7）反対理由は，加納湾の利用は荷役・避難の為の碇泊地として，小形船舶に必要であり，艀船溜であり閉鎖は大打撃である。さらに市の塵芥船・屎尿船が出入りしており，閉鎖は処理に困難をきたし，費用も増加することなどである。前掲「市会史明治編」377・378頁参照。
（8）同前378・379頁。（9）同前397頁。
（10）神戸市の異議は，政府案が実現すれば，「サナキダニ狭隘ヲ感ジツツアル前面ノ水域ハ，一層狭隘ナル水面ヲ蔽圧シ，延テ現在ノ米利堅波止場ノ能率ニ迄，障碍ヲ及ボシ，且ツ波止場根元ニ多数集合セル通ヒ船舶ノ如キハ，殆ド出入ヲ閉塞サルルノ悲運ニ遭遇スルハ，火ヲ見ルヨリ明ナリトス」（前掲「市会史大正編」351頁）との理由であった。
（11）上西亀之助議員は，政府委員会での交渉で感じたのは，「神戸市ニ於テ幾何カノ負担ヲスル以上ハ，管理権ハ神戸ニ属スルモノト思フガ」（同前364頁）との主張は，神戸市が築港事業以外にも，多くの港湾関連事業を整備してきた，事業実績をふまえての主張といえる。

埋立事業の変貌と工業用地造成

　大正期，埋立事業は大規模化し，港湾関連施設だけでなく，工場拡張用地として盛んに実施された。ことに東部における川崎造船所・神戸製鋼所は，大規模工場用地を造成し，生産拠点となっていった。

　第1の課題は，工業用地拡張のための埋立事業が活発化していった。第1に，川崎造船所は，大正4～10年にかけて11万110㎡を葺合港湾から買収し，東部地区への進出を進めていった。

　大正2年2月，川崎造船所は，小野浜・葺合港湾埋立地先4万4,216坪（14万5,913㎡）の埋立申請をしたが，港湾整備の関係から，「西ハ三菱船渠ノ為ニ限ラレ，中央部ハ川崎造船所ノ為ニ占有セラレ，今又東部ヲ限定セラレテハ，後來港ノ発展ニ多大ノ妨ゲヲ来タシ，造船業ハ盛ニナルモ港湾ハ衰微ヲ来スト」[1]の延期説が主張された。

　川崎造船所は位置修正をし，変更埋立計画9万7,620坪（32万2,806㎡）うち海面使用面積6万9,060坪（22万7,898㎡），最終的には埋立面積1万7,418坪（5万7,479㎡）に縮小して，大正3年2月に許可をえて，工場拡張用地として3年に竣功している。工事費約95万円で1㎡当り16.53円である。

　しかし，大正5年にイギリス・アメリカから鉄鋼材優先禁止があったので，製鉄所建設のため，大正7年2月，10万8,900㎡の埋立申請をしたが，8年4月，「近キ将来ニ於テ着手サルベキ政府計画ノ築港計画予定区域ナルニ付，支障アリ」[2]と否決されている。

　第2に，大正2年4月，県知事は市会に「神戸製鋼所海面埋立出願の件」を諮問する。神戸製鋼所が脇浜地先（16万8,178㎡）を工場用地として埋め立てようとする計画であった。市会へ反対・賛成の相反する陳情がなされた[3]。

　しかし，市会は，7月29日に道路敷設などの3条件をつけて，「支障なし」の調査結果を報告する。市会は再調査を要求する少数市議の「港湾の発展整備への妨害」との異議を否決し，報告は承認される。要するに成長派（企業派）が公共派（市民派）より，市会では優勢であった。

　最終的には13万1,340㎡に縮小して，大正4年11月に着工し，7年3月竣功，工事費約145万円，1㎡当り11.04円であるが，既成市街地平均地価20円前後で

しかも，決定的要素は港湾荷役に有利な臨海部という立地条件であった。

　第3に，三菱造船所も大正2年2月，1万5,086坪（4万9,784㎡）の兵庫和田岬埋立申請があり，大正2年7月，異議なく可決している。なお2年11月，川崎造船所から東川崎町2丁地先の1,551㎡の埋立申請があったが可決している。

　第2の課題は，埋立が大規模化すると，港湾区域が狭くなり，海面埋立事業の不許可が目立つようになった。第1に，大正5年11月，川西商店が，東出町－川崎町地先3万1,337㎡の埋立出願があったが，市会は「その埋立ての対象水域は，兵庫港と近接しており，ときあたかも，政府に兵庫港改良の急施を訴えようとする矢先でもあり，…根本方針は未確定な段階で，一私人の事業にまかせるわけにはいかない」との理由で，大正7年7月，埋立申請を否決している。

　第2に，川西倉庫（川西清兵衛）は，大正7年7月15日，兵庫船大工・出在家町地先23万8,696㎡を港湾関連施設用地として，埋立申請しているが，「市内縦貫的鉄道」計画に支障との理由で否決されている。

　第3の課題は，民間・公共デベロッパーの埋立をめぐる対立である。大正期，海面埋立はますます大規模化し，港湾用地より工業用地としての埋立が盛んになるが，神戸市が公共デベロッパーとしして，率先して事業化することはなかった。しかし，関東では，海面埋立をめぐる動きは，民間デベロッパーと公共デベロッパーが，競願する事業となり，政治・行政の深刻な対立が頻発していった。

　第1に，京浜運河をめぐる民間デベロッパー・公共デベロッパーの対立である。横浜市は明治44年，市営埋立事業約63万坪の埋立申請をする。「私的経営による埋立事業につきまとう土地投機の要素を排することによって，工場向けに安い敷地を提供するための施策である」との意図がった。

　浅野総一郎などの民間グループは，鶴見埋立組合の名義で，150万坪の埋立申請を，漁民の反対運動に対して1万円の漁場補償金を支払う条件で，大正2年1月に免許を得ている。明治44年，子安町地先埋立34.2万坪を，横浜市は申請するが，浅野総一郎などの民間グループと競願となる。

　市は「個人経営の埋立は利権の獲得を主目的とする場合が多く，そのために工場誘致の方針にそぐわない事態を招くおそれがあることを強調し，埋立実施

表68　主要海面埋立事業の一覧　　　　　　（単位；㎡，万円）

事業名	面積	場所	竣功	事業名	面積	場所	竣功
新　川　社	17,490	島上町海岸	明9	湊　川　改　修	10,454	湊　川　尻	明38
弁　天　浜	8,399	宇治川尻	明12	川　崎　造　船　所	9,805	東川崎地先	明30
兵　庫　船　渠	3,696	西出町地先	明26	川　崎　造　船　所	1,650	東川崎地先	明38
和　田　倉　庫	12,210	兵　庫　浜	明29	川　崎　造　船　所	11,220	東川崎町	明37
日本貿易倉庫	2,244	東川崎町	明31	川　崎　造　船　所	1,584	東川崎町	大元
湊　東　区	2,956	東　川　崎	明30	川　崎　造　船　所	57,479	葺合港地先	大10
湊　西　区	2,809	高浜入江	明35	三　菱　合　資	14,916	和　田　岬	明39
葺　合　区	16,335	小野浜地先	明31	三　菱　合　資	12,491	和田倉庫	明44
西　出　町	2,970	西出町地先	明32	葺合港湾改築	110,880	脇　浜　町	明43
兵　庫　運　河	9,820	苅　藻　島	明30	三　菱　造　船　所	49,784	宇治川地先	大2
兵　庫　運　河	10,629	苅　藻　島	明33	鉄　道　院	66,000	小野浜地先	大6
兵　庫　運　河	9,874	湊　川　尻	明38	神　戸　製　鋼	131,340	脇浜地先	大7
湊　川　改　修	13,153	湊　川　尻	明30	東　神　倉　庫	33,838	小野浜1	大7
湊　川　改　修	6,303	湊　川　尻	明32	鉄　道　院	13,200	浜辺通5	大5
湊　川　改　修	29,139	湊　川　尻	明38	東　京　倉　庫	116,507	高浜地先	大4

注　資料は，『神戸市史』・『神戸開港百年史』・『神戸市会明治・大正編』

計画や埋立利用方法について確固たる具体案を示すよう」要求し，民営埋立事業への批判を示している。

　さらに埋立を実現しえなかった場合「埋立の権利を無償で横浜市に提供すること，また，埋立を実現した場合には，その一部を横浜市に無償で譲渡することを確約できるくらいでなければ，譲歩できない」と主張している。

　しかし，知事が交代し政友会が誕生すると，民間グループへの認可が濃厚となり，市会でも政友会の勢力が優勢となり，民間埋立認可の答申となった。ただ政友会系知事が罷免となったが，市会が認可を答申したので，市は埋立申請の取り下げを余儀なくされた。

　このため民間認可の可能性が濃厚となったが，内務省港湾調査会が港湾計画から埋立に反対の意向を示したので，県の認可は昭和に持ち越された。

　幸い神戸市では，昭和2年東部埋立（134.4万㎡），12年（147.4万㎡）の埋立計画が，公共主導で事業化され，戦時中に中断されるが，戦後の公共主導は変わらず，京浜にみられた公共・民間の対立は回避されている。

注
（1）前掲「市会史大正編」393・394頁。（2）同前412頁。
（3）この埋立に対して404名の反対陳情書が提出されている。「当市将来ノ発展ヲ阻害

シ，附近住民ノ既得権ヲ奪ヒ，私利私欲ノ犠牲ニ供セントスルモ」(同前395頁)と，激烈なる非難を浴びせている。さらに近年は，「神戸港内沿岸海面埋立ヲ出願スルモノ頗ル多ク，名ヲ工業ノ発展或ハ造船場若シクハ倉庫建設等ニ借リ，陰ニ陋劣ノ手段ヲ弄シ，依テ以テ私腹ヲ肥サントスルモノ頻願スルノ傾向アリ」と批判し，「沿岸海面ノ埋立ハ，真ニ公共的事業ヲ除クノ外，如何ニ其名称ノ美ナルト，其何人ノ計画ナルトヲ問ハズ，絶対的之ヲ許ス可カラズ」(同前399頁)と非難している。これに対して賛成派の市民947名は「何トナレバ市ニ於テ之ガ埋立ヲ為スコトハ到底期待スベキコトニアラズ，区又ハ町ニ於テモ近キ将来ニ於テ，其埋立ヲ行フベキ見込モ到底付カザル今日に於テ，私設会社ノ埋立ヲ非難スルハ，自然ノ気運ニ乗ジテ商工的ニ発展セントスル東部方面ノ繁栄ヲ抑圧シ」(同前402頁)と，神戸市の埋立能力なしを見透かして，民営埋立に賛成している。

（4）同前391・396頁参照。
（5）前掲「市会史大正編」422頁。（6）同前428頁参照。
（7）明治43年，横浜経済協会は，工場誘地を重要施策とする市政をかかげ，44年には横浜市は工場招致のための市税減免措置を決定する。横浜市『横浜市史第5巻上』505〜510頁参照，以下，前掲「横浜市史Ⅴ上」。
（8）同前510頁。（9）・（10）同前530頁。（11）同前529〜540頁参照。

2　生活環境整備と環境保全事業

　明治以来，道路・港湾などの産業基盤は，財源措置もあり，整備されていったが，生活基盤は，国庫補助金からも見放され，未整備のまま放置されていた。政府の殖産興業政策・生活環境軽視・農本主義的発想による指導で，都市自治体までが洗脳され，生活環境行政への意欲は貧弱であった。

下水道整備の欠如
　神戸市の下水道整備は，はしがきでみたように全国的にみても恥ずかしい低水準である。しかも生活・環境整備の未整備は，一般的には都市整備コストの節減と考えられているが，公共経済学視点からは大きな間違いである。
　たとえば下水道の未整備は，伝染病流行での人的損失だけでなく，予防行政・伝染病病院・汚物処理費の支出も莫大で，さらに伝染病流行時の営業活動制限による経済的損失を積算すると，むしろ下水道建設費を上回る支出となっている。

市街地の衛生状況は、きわめて劣悪で、道路整備とは格段の差があった[2]。本格的下水道は、全く整備されていないだけでなく、側溝も狭く、降雨で汚水が路上にあふれ、汚物も堆積し、県の布達も効果はまったくなく、当然、衛生上きわめて劣悪の状況にあった[3]。

　神戸の下水道は、居留地こそ先進的整備をなしたが、「同市の下水道は、居留地のほかはその後も長い間在来溝のまま不完全なものであった[4]」と、怠慢を指摘されている。

　下水道事業は、政府が明治20年6月、まず「水道敷設ノ目的ヲ一定スルノ件」を閣議決定して、水道整備を優先する方針を固めたので、補助金はほとんどなく、低迷を余儀なくされた。神戸市の下水道整備への経過をみると、まず調査、つぎも調査であった。

　第1に、神戸市は、明治24年兵庫県技師吉本亀三郎に調査を委託し、計画立案の作業を始めた。この調査報告書は明治26年11月にできあがり、27年2月12日に市会に報告された。しかし、内容は下水道の一般的問題を指摘するもので、ただ分流式が推奨されている。

　第2に、明治30年、工費1万4,000円で溝渠1万3,000mと、暗渠540mが整備されている。下水道整備といっても溝渠整備で、以後毎年1万間の整備事業を行われ、市内溝渠延長約455kmとなっている。

　第3に、明治33年、上水道給水が間近になり、下水道の必要性も高まり、市会は再度、下水道調査費を計上し、35年3月26日に市会に報告されている。40年計画で事業費260万円で、「当時の市の財政事情ではこのような膨大な経費をまかなうことは許されず、この計画は、今回もまた実施の運びに至らなかった[5]」のである。

　第4に、明治39年になり、雨水のみの下水道工事27.3万円が議決され、39年8月着工、44年3月に、雨水のみの6幹線下水溝の完成をみている。当時、神戸市の伝染病死亡率は、六大都市で最悪で、早期整備がベストの選択であった[6]。

　それでも本格的整備でなく下水溝整備で下水道整備でなかったが、政策意識の高まりを背景に、下水道への補助金・使用料が導入され、下水道は全国的にひろがっていったが、神戸市の下水道整備は進まなかった[7]。

注
（1）主要都市でみると，100万円以下，長岡市88.8万円，小倉市96.6万円，鳥取市39.5万円，秋田市85.8万円であり，下水道整備の進んでいる市は，岐阜市250.0万円，豊橋市343.6万円，静岡市367.9万円で，神戸市の未整備は，財源の問題でなく，都市への認識の問題であり猛省すべきといえる。内務省土木局『土木局統計30年報』（昭和13年）396～402頁参照。高寄・前掲「昭和地方財政史Ⅴ」352頁参照。
（2）戦前の下水道について，「市の地形の急勾配は下水路の施設上，他の大都市に優る便宜を有するに拘らず，四五条の大下水を除けば，新設の溝渠悉く狭小なる開渠に過ざりしを以て，往々にして壅塞し易く，…汚水地中に浸潤し，適当に排除せらるるものは半に過ぎず」（前掲「市史本編各節」391頁）と，未整備の実態がのべられている。
（3）神戸市の『神戸都市計画調査概要』（大正11年7月）は，下水道の整備について「神戸市カ地勢気候両ツナカラ健康ニ適セルニ拘ラス衛生状態不良ニシテ死亡率ノ大ナルコト六大都市中第1位セルハ其原因主トシテ下水道ノ不完全ニヨルモノト謂ハサルヘカラス」（34頁）と明言している。
（4）日本下水道協会下水道史編さん委員会『日本下水道史－行財政編－』（昭和61年）15頁。
（5）前掲「市会史明治編」515頁。
（6）ちなみに六大都市死亡率（大正元～8年平均）をみると，人口1,000人当たり，東京市19.3人，大阪市18.1人，京都市19.1人，名古屋市18.7人，横浜市16.8人，神戸市21.3人である。前掲「市史第2輯本編総説各説」1494頁参照。
（7）下水道への補助金・使用料導入については，高寄・前掲「昭和地方財政史Ⅴ」350～352頁参照。

住宅整備事業の展開

　神戸市の住宅環境をみると，急激な産業都市化で膨大な低所得層の流入をみたが，住宅供給は追いつかず，劣悪・狭小過密住宅が広がっていった。多くは家賃1日数銭の借家であり，マッチ工場などで働いていた。

　第1に，行政サイドに住宅政策の意識はなく，兵庫県も規制行政が主流で，明治19年，「長屋・裏屋建築規則」（県令第15号）が定められる。この規則を住宅対策からみると，スラム対策で，狭小過密住宅の禁止であった。

　ただ警察行政でもってきびしく規則遵守を迫った。しかし，仮に規則が守られたにしても，住宅水準は低水準で，耕地整理で住宅地供給がなされても，スラムの増殖となった。政策的には規則の必要性は，認められるが，効果は疑問であった。

都市禍は，都市経済の利潤・利益追求のメカニズムによって誘発されており，この動きに，租税・負担金などの楔をうちこみ，公共メカニズムを抑止装置として稼働させる必要があった。

　財政的に建築税を創設し，基準の合致した住宅に奨励金を付与するとか，さらに用地造成に対して，宅地開発税を賦課して，その財源でスラム対策を進めるとかの対応を講じなければ，結局，規制行政は，経済メカニズムに翻弄され，成果はあがらない[4]。

　第2に，住宅対策が，実施されるのは大正期であり，明治期は無政策の状況が続いた。地域更生事業・耕地整理事業で宅地供給がなされたが，実際の住宅用地の供給にはむすびつかなかった[5]。

　住宅状況は，明治以来，悪化の一途をたどり，明治44年木造住宅1戸平均敷地面積10.29坪，大正7年10.76坪で，水準の上昇はほとんどない。問題は，住宅といっても賃貸長屋が増加し，矮屋多く，しかも大正期には「人口急激に増加するや，貸家払底の声高く，……家賃も暴騰せし」[6]と，住宅難は一段と深刻化した。

　第3に，大正期になり，市営住宅に大蔵省預金部資金の融資が開始され，大正8年10月，神戸市も市営住宅建設に着手した。「低廉且つ清楚なる住宅を提供して住宅の不足を緩和し，併せて不当に高き家賃を牽制せん」[7]との意図で，重池住宅140戸，松原住宅71戸などが，用地・建設費約100万円で整備された。

　ただ政策的には少数の市民を救済しただけで，100戸前後の公営住宅建設で，住宅不足解消にいくら貢献したか疑問である[8]。

　有効な施策が住宅融資であった。住宅組合法（大正10年，法律66号）が制定され，大正14年，神戸市における住宅組合の貸付金83万1,000円，建設戸数250戸にとどまったが，最低1,000戸の供給が必要であった。

　なお不良住宅については，不良住宅地区改良法の公布が，昭和2年2月であり，事業化は昭和期にずれこんでいった[9]。結局，公営住宅・改良住宅・組合住宅のいずれもが，財源不足で問題解決には効果がなかった。

　第4に，大正不況で住宅過剰供給の状況となったが，家賃は下がらなかった[10]。政策的にみて神戸市が公営住宅・改良住宅を少々建設しても，住宅難は解消し

ない現実にどう対応するかである。

　昭和期になると，大阪市は公営住宅に見切りをつけ，民間住宅会社の供給に期待をかけていった。しかし，民間会社は，住宅供給より土地ころがしでの利潤確保に懸命で，住宅政策は空転し，効果はなかった。

　戦時期になると，都市は戦時経済で潤い，人口が急増すると，住宅施策貧困のツケが，住宅不足・環境悪化・スラム増殖となって顕在化していった。

注
（１）戦前の住宅政策については，高寄・前掲「昭和地方財政史Ⅴ」342～350頁参照。神戸市の戦前の住宅政策については，小西秀朋「神戸市における住宅行政史（一）」『神戸の歴史』第16号，昭和61年2月，大海一雄「神戸市住宅政策の系譜」『流通科学大学論集』第112～350頁参照。
（２）規則の措置は，第1に，対象区域は，神戸区と葺合村・荒田村であり，郊外スプロール地区は対象外となる。第2に，長屋であれ個別住宅であれ，1戸分の占有面積が3坪未満の住宅建設を禁止し，また幅員6尺（1.8m）以上の路地で，一般道路に通じていない裏屋の建築も禁止した。第3に，道路以外に少なくとも一方向は，他の建物から6尺以上の空き地をもって，隔てられなければならない。要するに光線・通風という環境面への配慮である。
（３）規制の内容は，「既存の建物も明治21年末までにそれにしたがって改造されなければならないと」（前掲「市史行政編Ⅱ」247頁）された。さらに新築住宅は所轄の警察署に届け出て検査をうけ許可をもらわなければならない。「違反が見つかれば家屋は取り壊しや使用禁止の処分を受け，違反者は刑罰を科せさられる」（同前247頁）きびしい内容であった。
（４）都市化の実態をみても，「公権力をもって住宅の質的向上をはかれば建設コストの上昇を招き，したがって家賃の上昇も招きやすい。そうすると貧しい人々は結果的に追い出されてしまう。そしてこうした人々をねらって規制対象とならない都市周辺部に新たに低劣な借家が造られる」（同前247頁）と，規制行政の逆効果が指摘されている。
（５）住宅の状況について，宅地高騰が年間2倍という状況下で，「海面池沼の埋立，耕地の整理等あるも，他面に工場の建設，道路の拡張等之として相殺するもの多きを以て，宅地及び住宅の不足は愈々甚しく，家賃も従ひて戦前に比し数倍もの騰貴を見」（前掲「市史本編総説」442・443頁）と，悲惨な状況となった。
（６）前掲「市史本編各説」63頁。
（７）前掲「市史第2輯本編総説各説」852頁。
（８）公営住宅について，関一大阪市長は，きびしい評価を下している。市営住宅を少し建設しても効果がなく，大量建設するには財政力が耐えられない。したがって改良住宅などの特殊施策に限定すべきとしている。関一『住宅問題と都市計画』（弘文堂，大正12年）111～205頁参照。

（9）大正期の神戸市住宅施策については，前掲「市史第2輯本編総説各説」138・139,852～857頁参照。
（10）そのため「市当局は当初の予定より規模を縮小しながら重池に市営住宅を建設して，それを，梃子にして家屋の管理を行い適正家賃を設定していくという政策を継続していく」（前掲「市史歴史編Ⅳ」571頁）方針を固めていったが，まったく効果はなかった。
（11）大阪市の住宅政策については，高寄・前掲「昭和地方財政史Ⅴ」342～350頁参照。

公園整備事業の低迷

　政府が明治6年に，都市公園整備を指示したので，神戸でも諏訪・生田・和田の3神社が公園として指定されたが，境内をそのまま利用しているだけであった。例外が諏訪山遊園であったが，30年代には廃止されている。

　神戸区は，明治14年に湊川堤防を，遊園地とする計画をもっていたので，24年に市条例で公園とし，市民の寄付で桜1,000本の植樹をした。市は30年に天王川堤防の公園化も行われたが，湊川遊園地は37年に，天王川遊園地は大正2年にいずれも廃止されている。

　しかし，公園拡充の要望は，市制実施後から強い意向であった。明治23年5月20日の市会では，公園拡充の要請が論議されている。

　市会にあって賛否両論が対立し，結論をえなかったが，29日には，国鉄線路の左右緩衝空地を公園化するよう，「鉄道線両側ノ空地ハ甚ダ不潔ニシテ，市内ノ体裁甚ダ良カラズ」との提案が可決され，国鉄への要望となったが，24年7月4日，鉄道庁は「貴需ニ応ジ難キ」との回答があった。

　明治31年3月3日に市会は，市中央部の宇治野山公園設置の建議が可決された。官有地の払下げで公園設置を図っていく方針であった。「本市ハ遂年人口増加シ将来大都会タルベキ運命ヲ有スルニモ拘ハラズ，其資格ニ於テ欠クベカラザル適当ノ公園地ナシ………本市ノ体面上頗ル欠点ニシテ，実ニ遺憾ノ至リニ堪ヘザルナリ」との現状改善が訴えられている。

　大正期の都市公園（表69参照）は，大正9年面積19.91haで，同年有租地宅地面積1,186haの1.68％に過ぎなく，市内中小公園を加えても，それほどの面積はかわらない。しかもこれら公園も，都市環境施設として，政策的に整備されたものでない。神戸市の対応は，財政的制約から寄付・払下などの対応が主流で，

公園拡充は進まなかったが，明治期の公園化の経由をみると，それなりの努力・財源投入はみられる。

第1に，海岸遊園（約5,940㎡）は，明治3年に居留地前面の海岸通の緑地帯を，公園化したもので，横浜の山下公園のような立地条件にめぐまれた遊歩道公園であったが，今日ではつぶれてしまい，官庁・業務ビルに占拠されてしまった。

現在の東遊園地誕生について，日本政府と居留地住民との間で紛糾があったが，結局，明治7年にこの公園を無税地として，内外人が共有することで，8年8月19日に約定書が締結され，名称は「内外人偕楽遊園」と決まった。[4]

面積は3万1,320㎡であるが，その後5,610㎡が追加されたが，都心公園としては，東京の日比谷公園と比較すれば，規模・内容からみて，かなり見劣りする。なお居留地には，西公園（前町公園3,300㎡）があったが，明治5年に神戸村の墓地を地代を払って，公園としたのであるが，36年に廃止された。[5]

第2に，諏訪山公園は，神戸港を見下ろる絶好の立地にあったが，「もと神戸付近の数ヵ村による入会の草山であったが，明治8（1875）年，兵庫県の公金を取り扱う小野組は，同山を入会諸村より買入れた。しかし，小野組の破産により，諏訪山は政府に没収された」[6]のである。

明治14年ごろ，民間からこの国有地の払下げ申請が多くだされた。当時，神戸区長であった村野山人は，この巷の利権的行為に猛然と反対して，神戸区有にすべきと主張した。しかし，区会は意外にも反対であった。どうも利権派が議員に手をまわして反対を画策したらしい。

これに対して，村野山人は持ち前の強引さで，「14年，大蔵省より払下げの許可を得て，五厘金7,732円を兵庫県より借りて，諏訪山1万4,500坪を購入した」[7]のである。その後市民の寄付・公共団体の整備費投入などで施設の完備した公園となった。昭和3年には市立諏訪動物園となっている。[8]

第3に，会下山公園（面積4万4,550㎡）は，湊西区が設置した公園で，面積1万3,500坪であり，明治42年1月に開園され，区は毎年1,500円の整備費を投入したので，市西部の公園として，市民に親しまれた。

第4に，大倉山公園は，大倉喜八郎から明治43年7月に，公園敷地2万2,054

表69　市街地内の主要公園（大正9年度）

公園名	開園年次	面積 ha	公園名	開園年次	面積 ha
海岸遊園	明8	0.60	会下山遊園	明42.1	4.46
東遊園	明8	4.02	大倉山公園	明44.4	6.41
諏訪山遊園	明36.6	0.82	湊川公園	明44.11	3.60

資料　神戸市統計書
出典　新修神戸市史編集委員会『新修神戸市史行政編Ⅲ』165頁。

㎡の寄付申出があり，神戸市が受諾し，湊西区から寄付2万682㎡をうけ，さらに民有地6万4,020㎡を1万9,400円で購入し，大倉山公園として管理・運営することになり，44年10月に開園された(9)。

　第5に，湊川公園は，県管理の湊川堤を，明治14年に神戸区が，遊園地として利用していた。湊川遊園地は，23年に市は県から管理委託をうけていたが，湊川改修工事後，再び公園として復活させよとする意図であったが，問題は湊川改修株式会社から買い上げが必要であった。

　本格的公園とするため，明治33年12月22日，市会に提案された。市会では反対論が強力に展開されたが，明治44年9月18日，1万923坪（3万6,045㎡）を30万円で，湊川改修会社から買収している(10)。

　第6に，民営の布引公園は，神戸貿易商社員が，花園社を設立し，貿易五厘金を借り受け，出資金900両を集め，明治5年から整備をはじめた。公園敷地9,900㎡を1万2,000両で購入し，大蔵省から山林15万7,383㎡の払下げをうけ，整備費1万600円を投入したが，経営きびしく，布引山は17年川崎正蔵が買い取っている。28年には神戸市の道路整備につとめたが，30年には水道貯水池となり，「滝の水量著しく減少し，頗る美観を殺ぐに至れり」(11)といわれている。

　明治10年代になると，市民生活における憩いの場が，民間によって開発されていった。明治10年代に奥平野村の湊山温泉が開発された。15年に諏訪山公園が開設され，秀観堂が設置された。23年に和田岬に和楽園（遊園地）開設された。なお10年代には有馬温泉は，近代的保養所として再生された。

注
（1）要するに人口・企業の集積にかかわらず，「陸地ハ以テ人馬交通織ルガ如ク常ニ熱閙ヲ極メリ。然ルニ，当市煩悶ヲ散スルニタル公園地ハ，僅カ………市街ニ於テ新

鮮ノ大気ヲ呼吸シ，精神ノ爽快ヲ運動ト共ニ養フ公園地ノ乏シキハ遺憾」（前掲「市会史明治編」448頁）と，公園拡充が提案された。
(2) 同前450頁。(3) 同前452頁。
(4) 東遊園地設定の紛糾については，前掲「市史本編各説」671〜674頁参照，前掲「市史産業経済編Ⅳ」421頁参照。
(5) 東遊園地の概要については，日本公園百年史刊行会編『日本公園百年史－総論・各論』98頁参照。
(6) 前掲「市史行政編Ⅲ」165頁。(7) 同前166頁。
(8) 諏訪山公園の経由については，前掲「市史本編各説」464頁参照，前掲「戸市史行政編Ⅲ」165頁参照。
(9) 大倉喜八郎については，三輪・前掲「市街地形成」18・19頁参照。
(10) 買収をめぐって，小林覚三郎議員は，「其土地ノ市ノ中央ニアルノミナラズ，市トシテ当然保有スベキ土地ナレバナリ。今ヤ市ノ財政之ヲ買入ルルノ余地ナシト雖モ，其方法ヲ尽セバ蓋シ出来ザル処ニアラズ。今日ニシテ之ヲ買入レザランカ，他日会社ガ他ヘ転売センカ，到底之ヲ求ムル能ハズ」（前掲「市会史明治編」458頁）と，購入を力説している。これに対して，有馬市太郎議員は，「当時軍国多事ノ折柄モ顧ミズ，彼ノ湊川川敷ヲ買収スル」（同前458頁）は，適当な選択とはいえない。また水野正巳議員は「公園ニ先ヅ設備スベキモノ多シ。殊ニ時局困難ノ今日ニ於テ，………絶対ニ反対ス」（同前459頁）と，委員会付託すら撤回を迫っている。
(11) 同前469頁。

六甲山植林事業の成果

　明治初期の六甲山は，禿山であり，多くの著名人が，その樹木伐採による荒廃ぶりに驚嘆している。原因は樹木の伐採であるが，その影響は災害にとどまらず，川床の上昇による交通障害，港湾の埋没による機能マヒなど，広汎に及んだ。

　このような六甲山の惨状は，神戸市の都市化が進むにつれて，防災と水源涵養の面から放置できない状況として認識されていった。明治35（1902）年11月に布引貯水池の集水域である再度山付近で植林が開始された。

　その背景には六甲山植林は，水源涵養・減災防災・都市景観・港湾流入土砂防止などの費用効果からみた，複合効果が認識され，なによりも災害への警告的思想の浸透が，実施への要因となった。

　六甲山植林事業の経過をみると，第1に，「明治20年頃兵庫県の行へる植林も，其規模小にして施業全からざりしかば，明治30年頃に至り林業の荒廃其極

に達せり」という惨状にあった。

　第2に，六甲山の状況は，明治33（1900）年に生田川上流に布引貯水池が完成すると，もはや放置できぬ緊急事態と化した。神戸市は，林学博士本多静六の調査にもとづく，砂防工事を兵庫県知事に申請し，県は大々に工事を実施した。

　砂防工事と並行して植林事業も，12町歩にわたり，10万4,000本が植えられた。「然れども県市共同の事業たる此砂防植林も荒廃せる山林の一小部分を被ふに過ぎざる」と，さらなる事業続行が求められた。

　第3に，砂防工事をふまえて，神戸市は本格的植林事業（表70参照）を実施する。明治36年に松15万本，檜19万本を植えるが，さらに大植林事業を計画し，第1期事業（明治36〜39年）3.4万円，85万本の植林事業を開始した。

　以後，植林事業は650町歩，350万本，補植事業1,900町歩，120万本の事業を実施している。これら植林事業費（明治35〜大正4年）は当初第1期事業85万本の3.4万円（明治36〜39年）から推計すると，483万本÷85万本×3.4万円＝19.0万円となるが，砂防工事などの付帯工事もあり，かなりの金額になった。

　植林事業は「明治44年以後は年々5万本以上の捕植を為すと同時に，周到な

表70　六甲山植林事業　　　　　　　　　（単位：町，本）

区分	新植林		補植林		植林個所
	反別	苗木数	反別	苗木数	
明35	32.89	299,700	50.62	64,250	中一里山・ロ一里山
36	115.36	732,830	123.43	124,200	中一里山・ロ一里山
37	135.16	681,770	177.16	188,450	ロ一里山
38	125.47	663,643	421.61	223,250	ロ一里山・平野町平野谷
39	118.58	559,500	421.59	205,790	平野町天王谷
40	68.13	295,150	192.12	133,530	石井町ヌク谷・中一里山・平野町天王谷
41	—	—	318.65	121,950	葺合町地蔵谷・中一里山
42	33.08	134,650	67.71	54,700	
43	23.94	105,900	100.80	117,550	中一里山・ロ一里山
44	22.00	98,680	—	—	中一里山
45	14.30	63,700	—	—	中一里山・ロ一里山
大4	7.90	24,069	—	—	烏原（水源地）
合計	696.81	3,595,955.7	1,873.73	1,233,670	

資料　神戸市『神戸市史本編総説』521・522頁。神戸市『六甲山の100年　そしてこれからの100年』17頁。

る手入をも行ひたれば，15・6年前荒廃見る堪へざりし市背一帯の山容全く一変せる」と，その成果は緑の六甲山として実を結んだ。

　六甲山開発はやや遅れるが，明治28年にイギリス人グルームが，山頂に別荘を建築し，開発がはじまった。六甲山系は，神戸の宝であり，市民の憩い場であり，神戸の都市景観のかけがえのない要素である。

　要するに六甲山系への対策は，保全と開発という両面があり，どう進めていくか，むずかしい政策選択を迫られた。まず保全対策をみてみると，明治期の植林・砂防工事が進められた。一方，六甲山開発をみると，六甲山のリゾート開発は，明治28年グルームが別荘建築，36年ゴルフ場建設が進められた。

　ただ昭和13年の阪神大水害以降は，防災優先であったが，戦後は開発優先で施策は進められいった。今日まで保全・開発の調和という難問を抱きながら，六甲山との共存を模索している。

注
（１）六甲山の荒廃ぶりは，植物学者の牧野富太郎，政府の地方巡察使槇村正直，林学者の本田静六などが，驚嘆の声を記述している。神戸市『六甲山の100年そしてこれからの百年』13～14頁参照，以下，前掲「六甲山の100年」。
（２）前掲「市史本編各説」519頁。
（３）砂防工事は「県は湊川水源地幷びに数ヶ所の砂防工事約11万円を支出し，明治35年先づ神戸区有山林の一部に砂防工事を行ひ，其成績良好なるをみるや，翌36年には県市共同の事業として再度山塩の池の工事に着手した」（同前520頁）と，植林事業が開始された。「其後国庫補助をも受け，以て県費のみにて施工に難き区域4町2反にも砂防工事を施し」（同前520頁），砂防事業は拡大されていった。
（４）前掲「市史本編各説」520頁。
（５）六甲山植林事業について，前掲「六甲山の100年」（2003年3月）参照。
（６）前掲「市史本編各説」522頁。
（７）グルームと六甲山開発については，（神戸新聞・前掲「海鳴りやまずⅠ」195～203頁参照。なおグルームは開発ばかりをやったのでなく「商売でもうけて地域に還元する，というグルームの考え方に沿うなら，彼の業績の中で，もっとも評価されるべきは植林だろう」（同前199頁）といわれている。実際，自身で植林し，県・地元町村にも働きかけ，大規模な植林に成功している。

第4節　民営電気買収と公営電気の創設

1　神戸電気発達と買収の顛末

　大正期の神戸市政で，画期的変化は，公営交通誕生である。当時，六大都市で，市電を経営していたのは，明治36年直接創業の大阪市，45年京都市と，買収方式の44年東京市のみであった。

　都市自治体は，民営交通を買収しなければ，街路整備が進まない現実があり，さらに集積利益の公的還元のため，買収はどうしても達成したい課題であった。

神戸電気会社と公益性

　当時，都市自治体サイドからみれば，東京における明治後期の東京電気鉄道による私的独占の弊害は，目に余るものがあったが，加えて東京市会の有力者は，買収交渉の混迷に便乗して，株価操作を駆使して，不当利得を図っていくなど，許しがたき利権行為の横行がみられた。

　最終的には明治44年6,458万円で買収したが，東京市税283万円の22.82倍，全市税2,230万円の2.90倍，さらに全府県税6,872万円に匹敵する，途方もない巨額な買収となった。

　一方，大阪市における公営交通は，公営一元化政策のもとに，私鉄の市内乗入を拒否し，公営交通は，独占利益を確保し，路線拡幅を公営交通負担で遂行していった。都市財源に悩む全国の都市にとって，交通・電気事業の公営化が，クローズアップされた[1]。

　大阪市の確固たる経営方針と比較すると，神戸市の公益事業への対応は，曖昧模糊としており，最期まで決断力は示されなかった。

　第1に，水道のみでなく，交通事業認可も，市会は決定を遅らせ，いたずら事業化の好機を逃した。公益事業は，独占事業であり，その独占利益を株主でなく，市民に還元する政策的価値を，市会は認識していなかった。

　神戸市は，財源不足・経営不安から，民営化を容認し，利益の一部還元・将

来の買収条件をつけ,認可企業と報償契約を締結したが,市会決定の優柔不断を立証する事実であった。[(2)]

第2に,神戸市は,資金不足を口実に,公営化をためらっていたが,ただ巨額の創業費に怯えているだけであった。資金は市債発行で調達ができ,独占事業の収益性からみて,経営不安もない。

しかも交通事業は,大阪市公営交通の初年度投資額をみてもわずか1.5万円であり,遂次投資ができ,経営圧迫要素は小さい。

一般市債と異なり,据置期間5年,償還期間20年債が普通で,都市成長を考えると,返済はさほど困難でない。大阪市は明治末期,市営港湾・交通・水道の3つの巨大プロジェクトを同時施行している。神戸市にあっても,3事業の同時事業化は不可能ではなかった。[(3)]

第3に,民営交通を容認したため,その間,喪失した公共利益は,東京市では約5,000万円と推計できる。[(4)]

神戸の民営交通は,東京鉄道より企業規模が半分以下で,営業期間も短いので,利益喪失額は少ないが,直接創業方式との比較で,確実にいえるのは財産評価額1,501万円の神戸電気を2,262万円で買収し,761万円の損失をみている。

さらに神戸電気は,創業以来,街路拡張費は110万円しか支出していないが,公営ではその2倍で,少なくとも100万円の損失が見込まれ,最低でも800万円以上と推計できる。もっとも電気供給の民営化による,公共サイドからみた喪失利益は,はるかに巨額となる。

第4に,神戸電気株式会社は,買収時,電気供給・軌道事業を経営しているが,当初は電気供給(明治20年10月,資本金10万円)と電気軌道(明治39年5月,資

表71 神戸電気株式会社営業成績表　　　　　　　　　(単位:円)

区分	払込資本金	収入額 A	支出額 B	A－B	配当率 %	B／A
大2(通期)	11,562,000	2,068,291	1,122,535	945,756	6.5	54.26
3(通期)	11,562,000	2,305,968	1,290,797	1,015,171	7.0	55.97
4(通期)	12,018,000	2,480,039	1,250,379	1,229,600	8.5	50.40
5(通期)	13,132,000	2,993,104	1,462,853	1,530,251	10.0	48.85

注　資本金・配当率は下半期
資料　小西池巌『神戸電気株式会社沿革史』143頁。

本金600万円）の別個の会社であった。

　神戸市の民営交通容認をうけて，神戸電気鉄道は，明治39年5月，資本金600万円で設立され，43年4月5日，営業を開始した。しかし，44年に，神戸電気鉄道が，電気供給事業の高収益に目をつけ，免許を獲得して，電燈事業を開始し，当然，神戸電燈会社との間で熾烈な競争となった。

　服部知事などの調停で，競争による共倒れを回避するため，大正2年5月1日に合併し，神戸電気株式会社（資本金1,485万円）となった。

　合併によって交通・電気とも，完全独占となり，以後の同社の営業成績（表71参照）は，営業比率をみても50前後で，配当率も次第に増配となり，大正5年には1割配当を実施している。

　しかし，第1期事業後，認可条件である，第2期未成線の建設を少しも履行せず，不採算路線の敷設を先延ばした。結果として高収益を満喫したが，市民の神戸電気への不信感が培養され，不満は蓄積されていった。

注
（1）大阪市電気局の明治36年～大正11年の路線布設6,583万円のうち道路用地・橋梁費は，3,047万円で46.3％の電気経済負担である。単年度145.1万円となるが，電車創業期の公営交の道路費負担は高く，明治44年で市税408万円の35.5％に匹敵する金額で，地租付加税12.7万円の11.4倍である。高寄・前掲「公営交通史」315～317頁参照，高寄・前掲「昭和地方財政史Ⅴ」463～469頁。
（2）報償契約にもとづく，報償金（納付金）をみると，大正2年度神戸瓦斯1万5,030円，神戸電気1万3,871円，阪神鉄道1,000円の合計3万1,901円に過ぎない。同年の道路使用料9,313円，墓地使用料5,716円，図書館閲覧料1,474円と比較してみても，きわめて少ない。大正5年度は，神戸電気が好収益を反映して5万5,903円となり，全体で7万2,454円と増収になり，神戸電気買収直前の大正6年度は，神戸電気予算4万円であるが，決算18万9,639円と4.5倍に急増し，全体で20万6,972円と増加しているが，神戸電気の高収益は，買収価格の益金20倍という基準を有利にするため，益金を操作したのではないか，疑問を抱かせる数値である。
（3）大阪市の上水道・港湾・電気軌道会計をみると，上水道は24年度45.5万円でスタートし，港湾は27年度1.7万円で着工し，電気軌道は36年度13.1万円で創業している。36年の水道40.6万円，港湾206.3万円で2事業合計260.0万円（市税2.19倍），普通経済を含む公債費136.2万円（市税の0.87倍），市税118.5万円である。明治44年度は，上水道322.4万円，港湾58.1万円，電気軌道951.8万円で3事業合計1,332.3万円（市税5.86倍），普通経済を含む公債費355.6万円（市税の1.56倍），市税227.3万円である。市税に対する3事業費は増加しているが，水道・電気は公営企業で使用料収入があり独立採算

制で市税への負担は発生しない。また公債費は明治22〜44年度の累計で残高6,677.4万円であるが，償還額226.5万円，利子支払額累計2,024万円で，償還年限は長期債で公債費負担の緩和機能がある。すなわち港湾以外は公営企業であり，余ほどの投資・経営のミスを犯さない限り，経営破綻はありえないし，長期複合経営で運営すれば，相互支援機能が作用するので，経営安定性は高い。
（4）高寄・前掲「昭和地方財政史Ⅴ」452頁参照。
（5）合併後，神戸電気会社は，「一向に路線延伸に着手しようとせず，新線を待ち望む市や市民の不満は，しだいにその度合いを高めていった。この不満のうっ積が，後の市街地電車市営論の再燃につながるとは，同社は知るよしもなかった」（神戸市交通局『神戸市交通局60年史』20頁，以下，前掲「神戸市交通局60年史」）が，独占の驕りともいえた。
（6）『又新日報』（大正5年1月6日）は，大正5年1月に，炭素電球を省エネのタングステン電球に変更したにもかかわらず，料金の値下げがないと批判している。『又新日報』（大正5年1月30日）は，学生切符・早朝割引を発行しない。均一制料金でなく不便かつ割高であると批判している。市民も企業も，神戸電気の私的独占的経営を非難した。

神戸電気買収と報償契約

　神戸電気の独占体制が確立されて，独占の弊害が目立ちはじめた。大正期になると，買収時の神戸電気株式会社は，払込資本金1,313万円の巨大企業となり，神戸市の一般会計予算230万円の5.71倍に成長していた。

　買収といっても，小が大をのみ込めるのか，前途の多難が予測されたが，神戸市は是が非でも実現しなければならなかった。

　第1に，神戸電気買収は，神戸市にとって財源確保より，街路整備のために不可欠であった，鹿島市長は，「早晩実施せなけらばならぬ都市計画，当時の市区改正事業には是非共電車を持ってゐなければならぬと云ふ，私の信念が第一であった」(1)と，街路整備がより強い買収要因としてあげている。

　神戸市政にとって重要な課題は，交通事業であり，本来，公営論が優勢であったが，神戸築港と同時期となり，水上市長の意向を汲んで，明治39年3月3日，市会は公営交通を断念し，条件付き民営交通認可の答申を県知事にだした。

　神戸市としては，「市ノ敷設条件ヲ満ス会社デアレバ，民営ナリトモ支障ナシ」と決定し，明治43年8月11日，報償契約を民営電気鉄道会社と締結し，将来の買収方式での公営交通創設を期したが，神戸市の選択はあきらかに誤りで

あった。

　第2に，本格的街路整備を迫られていた神戸市は，事業計画が，神戸市と神戸電気とに別れていては，計画的整備ができない。そのため鹿島市長は，市内路線の早期完成を期待し，明治45年から6ヵ年の納付金免除という財政支援を決定した。免除額総計25.8万円，工事費51.6万円の半額補助であった。

　しかし，会社にとって実際，独自で用地買収・家屋移転補償などをともなう，拡幅事業費は100万円を超え，さらに軌道設置基準が拡大されたため，民間企業が実施することは，事実上不可能に近くなった。[2]

　第3に，会社サイドは，経営は順調に推移していたが，路線延長は熱心でなかった。第1期路線（図15・16参照）は，創業のため敷設したが，第2期路線は一向に整備しない。だが路線延長は放置していたので，企業収益は，収益路線のみで利益は増えて，会社が独占を貪る事態となり，神戸市による買収への与論を刺激していった。[3]

　第4に，従来から公営論者であった，鹿島房次郎が市長に就任すると，報償契約による買収が浮上してきた。公営派の鹿島市長としては，苦節10年をへて，公営化への敗者復活戦に挑むことになる。

　買収を決断した背景は，第1次世界大戦の戦時需要が後退し，資金調達が容易となり，金利も低下し，金融緩和で好機が到来したからで，その意味でも早期解決でなければならなかった。[4]

　神戸市が，買収に強気で対応できたのは，報償契約（大正2年6月30日）があったからである。ただ巨大企業の神戸電気を果たして買収できるのかである。買収経過をみると，当然，紛糾し司法決着という緊迫した事態になった。

　第1に，神戸市が民営化容認の代償として，市道使用などもあり報償契約を結んだが，将来，市が買収の要求があったときは，買収に応じることを規定していたが，市が本気で買収する意図はなかった。その後，報償契約は買収要件は，市に有利に強化されていった。[5]

　鹿島市長が，買収の根拠として援用したのが，報償契約第16条であった。[6] 16条は，会社が収益が十二分に上っているにもかかわらず，新路線建設・営業路線税延長に積極的でない場合には，市営方式で実施するという条文であった。

しかし，この条項を実際に市が援用して，買収するかどうかは，条件・状況次第にであった。

　第2に，大正5（1916）年7月，報償契約による市長の突然の申し出に，会社は憤慨し，株主は訴訟に訴える姿勢を示したが，重役が辞任し，収拾がつかなくなった。しかも神戸電気鉄道（合併前を含む）会社の存続期間は，わずか8年の短期間であった。[7]

　たしかに神戸市としては，神戸電気の独占的経営ぶりに不満を感じており，公営一元化の好機として，買収へと方針決定して，会社側に通告した。会社サイドにとって，市の専横と映ったのは当然であった。[8]

　神戸電気にしてみれば，やっと苦労して創業して，これから独占利益で安定的経営を満喫できると，安堵した矢先の買収であり，憤懣やるかたなかったであろう。

　しかし，神戸市は当初は，買収でなく報償金免除という奨励措置で，会社に路線延長を促したが無視されたので，しびれをきらして買収を通告したのであり，買収は唐突でなく，手順に沿った行為であった。しかも街路拡幅は会社と神戸市が共同歩調で，同時施行でなければできない，切迫した状況にあった。[9]

　第3に，会社は買収時期・価格に異議をとなえ，買収拒否を示し，交渉は暗礁に乗り上げ，買収交渉は難航した。神戸市は会社に対して報償契約違反として，監督官庁に通告するとともに，訴訟も辞さない強硬な姿勢を示し，会社を威嚇した。

　神戸市は強硬な訴訟と，会社と市との関係及び交渉の顛末を詳しく説明した『電気事業市営に関する要領』を発表し，各関係方面に配布するなど，硬軟の手法を使い分けて，会社に揺さぶりを加えていった。[10]

　鹿島市長がおそれたのは，東京市の様に交渉が長引くと，政治的思惑によって，買収が長期化し，金利情勢が上昇へと変化し，買収額の吊りあげが危惧された。最悪の場合，買収が挫折する恐れもあった。[11]

注
（1）神戸市『10年間の神戸市電気事業』1頁，以下，前掲「10年間の神戸市電気事業」。
（2）すなわち「内務省の軌道設置基準が変更されて，従来は幅員15.1ｍ（8間）以上の

道路であれば軌道敷設が許可されたが、最小幅員18.1m（10間）となったため、会社側では急きょ工事設計の変更や道路拡張に迫られ、早期着工が困難となって」（前掲「神戸市交通局60年史」20頁）という事情があった。要するに内務省の基準改正が、市内民営電車事業の息の根を止めたといえる。

（3）『神戸市電気事業買収顛末』によると、会社は市道路・営造物を使用しているが、「会社は設立より10年を経過し、株主配当金は決算期毎に増加するに拘らず、漸く予定線の半たる7哩半を敷設せしのみにて、他の未成線を完成して市民の利便を増進せざるを以て、市は会社の事業を買収して之を市営と為し、以て未成線の完成を図り且つ市区改正事業の遂行に資する所あらしむ」（前掲「電気事業買収」15頁）と、買収理由を説明している。

（4）定期預金、明治44年4.70％であったが、大正元年5.20％，2年6.00％，3年6.20％と上昇していたが、4年5.8％，5年5.20％，6年5.00％低下していった。買収が締結されたのが、6年6月で金利動向は、6年をボトムに7年には上昇に転じている。7年5.20％，8年5.60％，9年6.50％と上昇している。市は6分公債証書2,041万円を会社に交付しているが、電気事業債は大正6年8月発行、利率6％、据置期間5年、償還期間23年の28年債である。金利が1分上昇すると、年利20.4万円、28年間で571.2万円負担増となる。鹿島市長が金融緩和を狙って買収した効果は絶大であった。前掲「電気事業買収」94頁参照。

（5）明治43年8月11日に神戸電気鉄道と契約した報償契約では、「第9条　会社カ存立期間中ニ於テ廃業シ又其営業物件ノ全部又ハ一部ヲ譲渡セムトスルトキハ市ハ他ニ優先シテ之ヲ譲受クルノ権利アルモノト」（前掲「電気事業買収」12頁）であったが、ただ市にといって幸運だったのは、電燈会社は明治20年創業であり、報償契約を締結をしていなかったが、電燈会社と鉄道会社が電力供給をめぐって過当競争を演じ、大正2年5月1日、電燈会社と鉄道会社が合併したが、翌年6月30日、報償契約を更新締結し、さらに市に有利な条項になっていた。それは「第17条　市ノ希望ニ依リ事業及物件ノ全部若クハ一部ヲ買収セムトスルトキハ会社ハ之ヲ拒ムコトヲ得ズ」とより強力な規定となっていた。

（6）第16条は、「市ハ会社ノ同意ヲ得ルニ非ザレバ，本契約ノ有効期間内ニ於テ，自ラ電気軌道ヲ経営スルコトヲ得ザルモノトス。但シ将来必要ニヨリ延長敷設ヲ要スル場合ニ於テハ，市ハ相当ノ期間ヲ定メ会社ニ敷設ヲ交渉シ，若シ会社ニ於テ同期間内ニ敷設セザルトキハ，其ノ場所ニ限リ，市営として軌道ヲ敷設スルモ会社ハ何等ノ異義ヲ申立ツルコトヲ得ズ」（「神戸の歴史」編集部「電気事業買収の顛末」神戸市史紀要『神戸の歴史』第1巻66頁、以下、前掲「電気事業買収の顛末」）と規定されていた。

（7）営業期間をみると、「明治39年に事業の特許があり、43年に営業を開始し、大正6年には買収されている。民営か公営かをめぐって、市会で長期間にわたり審議され、その結果、民営に決着したにしては、余りに早い買収であったかもしれない」（同前66頁）といわれている。

（8）『神戸電気株式会社沿革小史』は、「報償契約に依り、市より買収を命ぜられたる

ときは，之を拒むことを得ずと雖も，苟も一会社の事業を買収せんとするには，蓋し容易の業に非ざるを以て，慎重なる考慮を要するや言を俟たず。然るに，大正5年7月22日突如として，………買収案の内示を受けたり」（小西池巌『神戸電気株式会社沿革小史』74頁，以下，小西池・前掲「神戸電気沿革史」）と，その憤懣をぶちまけている。
（9）会社が高配当にもかかわらず路線延長をしないのは「特許に伴ふべき市の主張条件に悖るのみならず，為めに市民の被るべき不便甚だしく，到底黙過し難きものありしを以て，市は断然此事業を市の経営に移し，以て速に未成線を改正し，併せて早晩行はるべき市区改正事業の実施に資する所あらん」（前掲「神戸市史本編各説」291頁）との理由からであった。
（10）大正5年10月24日，総理・内務・逓信大臣宛「神戸電気株式会社買収之義申請」を，提出している。その内容をみると「同会社は公益を顧みず軌道の敷設を怠り特許状下附以来約10年の長きを経たるに拘はらず既成軌道は其半に過ぎず之れ会社は一意営利に汲々とし未成線の敷設を閑却して只管株主配当の多からむことにのみ専らなるに因るもにおおいして独占事業を営める会社の経営方針は茲に全く市民の利害と相反するに至れり之れ同会社を買収し市営と為すの已むを得ざる故にして本市は之に拠りて未成線の速成を図ると共に多年の宿論たる市区改正事業を遂行し以て市内の交通を完備し併せて都市政策遂行の基礎を強固ならしむるす」（前掲「電気事業買収」20頁）記述している。さらに，「会社が本市の買収を拒否する故以は市債発行の好機を逸せしめ或は将来不当に配当金を増加して買収価格増加の口実を作ると共に軌道，車輌等の修理保存を怠り以て市営をして困難なる状態に陥れむとするものなる」（同前21頁）と非難している。買収価格交渉の水面下では，市・会社の駆け引きは激しさを増しており，先にみた利益の逆粉飾決算もその兆候であった。
（11）神戸市の対応は，「内示案を提示したのち，会社の対応をみて，より厳しい内容の通告を行っている。しかし，結局は当初案より約500万円上積みした額で妥協が成立している。当初からある程度の譲歩は予期していたかのよう」（前掲「電気事業買収の顛末」66頁）といわれている。

公営一元化と買収評価

　神戸市の電気軌道事業は，大正6年8月1日，神戸電気株式会社を，2,262万円で買収して創設された。その効果の第1は，安価な購入額（表72参照）である。買収のカギを，握っているのは，神戸市サイドは都市計画道路遂行であったが，会社サイドは，買収価格であった。

　第1に，神戸市の買収価格は，明治39年3月の敷設条件として，設立30年後の買収は，財産目録価格，50年後は無償譲渡であった。そして神戸市は，大正2年6月30日の報償契約買収条項第18条，「事業及物件全部ノ買収価格ハ最近3

箇年間ノ利益配当平均ノ20倍ニ相当スル金額トシ」[(1)]を算定基準とした1,700万円で，会社サイドは不満であった。

　第2に，この買収交渉をどう解決するかで，神戸市は政府の裁定に求めたが，清野知事と瀧川会頭は，渋沢栄一に仲裁裁定を期待し，大正5年10月，説明を行い，正式依頼に先だって，無条件受入を市会・株主総会で決定することを求めた。会社サイドが難色を示したので，知事は調停を断念し，この問題から手を引いてしまい，解決は暗礁に乗り上げてしまった。

　しかし，瀧川儀作会頭は，「問題の解決を法律上の手続に待つは神戸実業界の大恨事」[(2)]と，自己保有神電株式を全部売却し，両者に無条件仲裁案受諾を求め承諾をえ，大正6年11月18日，買収額2,133万円を提示し妥結した。[(3)]最終買取額2,262万円，原案より約562万円，33.01％高い買収となった。[(4)]

　神戸市は，財産評価額1,501万円の会社を，その1.51倍の金額で購入しているが，東京市は1.70倍で購入している。しかも神戸電気は，軌道事業の1.4倍の高収益部門の電気供給事業を経営しており，高収益企業であった。

　創業から大正7年度までの累積投資額をみると，軌道事業は667万円，電気供給事業は1,443万円という，電気が2倍以上の超優良事業であった。事業収入比率も，高収益の電気供給66.2％，路面電車33.8％であった。

　第3に，買収は，神戸市が大正5年7月22日に買収申し入れ，大正6年3月23日に会社が株主総会で，30日に神戸市会で，それぞれ買収可決をみているが，252日のスピード解決であった。[(5)]

　紛争解決のプロセスをみると，地域自決主義で決着をつけている。水道事業の外資導入紛争のように，外部有力者に調停依頼をしなかった。おそらく神戸市は，世論の公営化支持もあり，妥結への確信をもっていたのではないか。

　買収の第1の効果は，安価な買収であった。神戸市の買収価格（表72参照）を他都市と比較すると，買収価格／財産評価額をみると，東京市1.70倍，神戸市1.51倍，横浜市1.40倍，名古屋市0.80倍である。

　神戸市は東京市より安価な購入であるが，名古屋市より高いが名古屋鉄道は，益金が多いからである。もっとも益金／財産評価額は，神戸電気2.04倍，名古屋鉄道1.57倍と神戸電気の収益性は優れている。しかも神戸電気は，交通より

電気の比率が高く，しかも地域独占であり，高収益が保障された優良企業であった。

　第2の効果は，神戸電気は，巨額で高価な買収となったが，民営から公営となった財政メリットを推計すると，大正9～昭和3年の都市計画経済への繰入金486.9万円は，路線拡幅負担金で民営の約3倍で約324万円が，公営化の増収といえる。

　また買収前の大正5年，神戸電気配当1割で配当金131.3万円であるが，買収債の資金コスト7％として，その差3％で年40万円の公的還元をえられる。10年間では大正15年度の企業規模は4倍となっており，平均年100万円として約1,000万円となり，合計約1,324万円の公的還元となる。

　さらに国税・県税などの公課30万円程度が公営で不要で，これらを加算すると約1,150万円となる。もっとも現金で収益となったのでなく，路線延長などの資産として還元をみたのである。

　第3の効果は，神戸電気によって交通のみでなく，電気も公営一元化が達成された。第1に，神戸電気株式会社は，交通・電気供給事業とも市内独占であった。神戸市は合併によって市内交通・電気の独占を，一気に公営化できるメリットがあった。

　京都市は，直接創業の公営交通であったが，民営交通が先行して営業してお

表72　民営交通事業買収価格の一覧　　　　　　　　　　（単位：千円）

買収会社名 （買収時期）	財産評価額　A 払込資本金　B	営業収入　C 営業支出　D	収益金　E 営業費率	買収価格　F 益金20倍　G	F／A F／B	F／G F／C
東京鉄道 （明44.8）	38,067 42,990	7,410 3,924	3,487 52.9	64,580 69,740	1.70 1.50	0.93 8.72
神戸電気 （大6.8）	15,011 13,132	2,993 1,463	1,530 49.3	22,618 30,600	1.42 1.63	0.70 7.13
京都電気鉄道 （大7.7）	－ 4,500	381 260	121 68.2	4,250 2,420	－ 1.06	1.76 11.15
横浜鉄道 （大10.4）	4,438 4,650	－ －	298 －	6,200 5,960	1.40 1.33	1.04 －
名古屋鉄道 （大11.8）	14,847 11,500	2,592 1,429	1,162 55.1	11,920 23,260	0.80 1.03	0.51 4.62

出典　高寄昇三『近代日本公営交通成立史』289頁。

り，交通公営一元化のため，かなり露骨な経営妨害をして，やっと買収を達成している。なお京都市は電気事業も，民営との競合関係にあり，買収を試みたが失敗におわっている。

　この点，神戸市は，独占企業を買収できたので，偶然にせよ，交通だけでなく，電気供給も市内独占を労せずして達成する幸運にめぐまれた。⁽⁶⁾

　第2に，神戸電気の電気供給事業の比率は，買収資産の内訳でみると，電気軌道が905万円（40％），電気供給が1,357万円（60％）と，高収益の電気供給が電気軌道の1.5倍で，将来性からみても，高収益性の電気事業の比率が大きいことは，実質的に有望な企業買収となった。

　もっとも買収額は，大正7年度市税222万円の10.2倍で，買収費を地方債で調達したので，その元利償還が経営課題であったが，電気事業の独占・収益性からみて，憂慮することはなかった。

　第3に，神戸電気の完全独占は，収益のみでなく，その後の公営企業の経営を安定化させた。東京・大阪市も電気事業は，民営競争との関係にあり，地域協定・買収など，民営との交渉に苦難を余儀なくされ，東京市では市長の殉職・退任などの犠牲を払わされている。この点，神戸市は，独占企業を買収できたので，以後，長期にわたる紛争を回避できたメリットはきわめて大きい。⁽⁷⁾

　鹿島市長は従業員1,215人を前に格調高い訓示をのべている。市民のための電気事業として経営していく方針であり，従来の私的独占の弊害を淘汰し，具体的には路線の拡充であった。⁽⁸⁾

　神戸市は，この買収によって，交通・電気事業における一元化にあって，一周遅れのランナーから，一躍，トップランナーに踊りでたのである。

注
（1）前掲「電気事業買収」13頁。
（2）前掲「商工会議所百年史」153頁
（3）買収は紛糾に紛糾をかさねたが，鹿島市長の手腕と情勢分析とが，決着への布石となったといえる。買収の後日談として，鹿島市長は，「其後当時の内務大臣の内務大臣兼鉄道院総裁たる後藤子爵が遇々下神せられたのを機とし，市の正庁に於て市吏員の為め一場の講演をお願ひし，講演後市長室に子爵を迎へ，長時間雑談に時を移したことが，図らずも会社側に対する大きな示威と為りたる如き，或は仲裁を渋沢子爵に依頼すると云ふ一部の趨勢であったのを，地方の問題は其の地方でと云ふ

私の持論から，神戸商業会議所会頭たる瀧川氏を煩し，終局を告げたるる如き，苦心もあったが案外私の考へが成功し，短日月の間に市営が実現した」（前掲「10年間の神戸市電気事業」4頁）と，買収の隠れた要因を説明している。特に中央との縁故・人脈はなかったが，臨機応変の対応策と方針への信念という，市長の資質が成功への要素であった。もっとも会社・神戸市の買収を斡旋した滝川儀作の誠実な苦労も成功への大きな要因であった。神戸電気の株をかなり所有していたが，売り払っているが，「株をもっていては公平な調停ができない，という律義さ。この誠実さが，かたくなな反対の壁を破った最大の'武器'だった」（神戸新聞・前掲「海鳴りやまずⅡ」203頁）と，滝川会頭の無私斡旋という，自己犠牲が調停を成功させた。そしてこの決断がなければ，鹿島市長の買収も成功しなかったのであり，滝川会頭のおかげといえる。

（４）買収価格が上昇したのは，「①利益配当を１期ずらしたこと。しかも最終期は年９分の高率配当としたこと。②買収価格の計算基礎に，社債及び借入金の利子を新たにつけ加えたこと」（前掲「電気事業買の顛末」63頁）であった。

（５）調停の経過について，「県知事や商業会議所会頭といった地域の名望家の仲裁によってなされている点である。………広範に世論が形成され，買収交渉を拘束することなく，仲裁条項は，滝川会頭にゆだねられた」（前掲「電気事業買収の顛末」66頁）また交渉が県知事の仲裁も失敗したので，「仲裁者に，一時，男爵渋沢栄一が擬せられたが万一，仲裁が失敗に帰した場合の渋沢の体面を考えて，沙汰やみになった」（同前62頁）といわれている。

（６）鹿島市長は，「電燈・電力・電車を完全に独占し統一して居るのは，恐らく全国に於て神戸市だけであらうと思ふ。此の独占の事実は今後如何なる場合に於ても必ず保持しなければならない市是であって，如何なる競争者が現れても，市の産業のため，将た市永遠の利益の為め，之を撃退するだけの覚悟と勇気が当局者は因より市民一般になければならない」（前掲「10年間の神戸市電気事業」2頁）と，後世の市関係者に公営堅持を託したが，昭和17年，国家というモンスターによって，強制買収という悲運に見舞われる。

（７）大都市における公益企業の公営一元化については，高寄・前掲「昭和地方財政史Ⅴ」4441〜549頁参照。

（８）なお鹿島市長は，市営電気局の発足に当って，職員につぎのように挨拶をしている。「『チェンバレン』は『マンチェスター』市長就職の際，市民に告げて曰く，市史員は市民の主人に非ず一の『サーバント』に過ぎずと。予は常に此の言の意味深長なるに感服せるものなるが，諸君も此の意味に於て神戸市民の使用人なりと云ふことを忘るべからず」（小西池・前掲「神戸電気沿革史」111〜112頁）と訓示している。さらに「予の如き素人は干渉することの却て悪結果を招来するの虞あるを以て，然るべき専門の局長を置き法規に拘泥せず且市会の許す範囲内に於て充分活動し得べきよう」（同前111・112頁）努めると方針を示している。

未成線建設と財政支援

　第4の効果は，未成線の早期建設である。既設第1期路線に追加して，第2・3期路線が急ピッチで進められた。

　買収後20年間の建設費累計をみると，電気軌道事業は買収評価911.5万円であったが，昭和11年度資産評価2,909.0万円で，買収評価の3.19倍，電気供給事業も買収評価1,255.8万円，昭和11年度4,392.2万円で3.50倍と，積極的投資を展開したことがわかる。

　路線延長の経過をみると，第1に，電気軌道事業は，会社時代の未成線建設が緊急の課題であり，会社時代の第1期路線整備事業（図15参照）は，明治43年

図15　第1～・2期路線整備事業

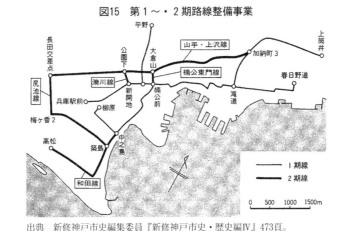

出典　新修神戸市史編集委員『新修神戸市史・歴史編Ⅳ』473頁。

図16　第3期路線整備事業

出典　新修神戸市史編集委員『新修神戸市史・歴史編Ⅳ』475頁。

4月,春日野町・兵庫駅間5.857kmをはじめ,全長12.27kmを整備しているに過ぎない。

大正期,郊外私鉄は,神戸中心部への路線延長を虎視眈々と狙っており,すでに各社とも周辺部まで進出しており,市内路面電車が路線延長が遅れると,ドル箱路線が奪われる危険が差し迫っていた。

市営後,第1期路線の未成線熊内線698mを,8年4月に開通させ,9年7月に阪急の上筒井乗入との連結が実現し,大阪・神戸が連結された。

第2に,第2期事業（図16参照）は,第1期事業が市中心部であったが,山手幹線と南部（尻池・和田岬）の路線拡充であった。大正9年5月から14年3月にかけて11.822kmが建設され,営業路線は13kmから26kmに拡大された。

この第2期事業は,第1期都市計画事業として道路拡幅工事として行われたが,清盛塚移転問題が発生し,紛糾が拡大したが,結局,移転で決着している。なお高松線のみは,昭和3年11月まで完成がずれこんでいる。[1]

第3に,第3期事業は,須磨町編入条件である須磨までの路線延長が主要事業で,大正12年8月に認可を受け,9,759mを完成している。

しかし,都心乗入をめざす兵庫電気軌道との路線問題が発生したが,昭和2年3月に開通した。[2] 南部の高松線も3年11月に開通し,工事費（大正8～13年）は894.3万円であった。

事業は先行的耕地整理によって拡幅路線用地は確保され,家屋移転・地下埋設物除去も少なく,安価にして順調に遂行できた。

第3期事業によって,「西神戸と運河地帯の交通の便がよくなったが,昭和2年の金融恐慌それに続く5年からの昭和恐慌により残りの路線建設はなかなか進展」[3]せず,3路線3,907kmが特許未成線となった。

第5の効果は,電気経済による財政支援である。電気事業による普通経済への財政支援は,一般的な認識とは,違い路線延長の負担金で,民営鉄道買収の理由は,街路拡幅であった。

第1に,本来,交通事業は,道路拡幅して自前で路線敷地を整備するべきであるが,従来,都市自治体が拡幅した街路拡幅に便乗して,路線を敷設していた。直接公営方式での路線延長工事費の用地比率は,大阪市46.2％,京都市

65.7％と，民間の11.37％よりかなり高い比率である。神戸市の市営交通第2期用地費は，神戸電気の3倍となっている[4]。

民営電鉄が，自前で街路を拡幅して巨額の整備を負担すれば，経営収支が均衡するはずがない。申請時は路線延長のつもりであっても，実際は不可能である[5]。

第2に，電気経済の他経済への繰入金は，大正6年度用品会計繰入金66万円（表75参照）があるが，電気経済の本格的繰入は，9年度からで，9～15年度繰入金（表80参照）は，7年間で411.5万円（市税対比8.41％），単年度58.8万円で，金額的には大正9年度地租割20.4万円の2倍以上であった。内訳は普通経済66.9万円，都市計画経済344.6万円で，電気軌道の繰出金は，財政支援金でなく，路線延長にともなう道路分担金で，それほど高額でない[6]。

第3に，公営化によって経営基盤が安定し，公営交通としての公共性が確保できた。東京市営交通でみると，路線延長は，東京では3電鉄合同から市有化の5年間43％，市営後5年間で170％である。昭和13年の1km当たり料金は，省線1.58銭，市電1.21銭，民営郊外電鉄1.95銭，地下鉄2.39銭で，スピードがない路面電車を考慮すると格安といえる[7]。

また13年の月額賃金（車掌）では，市電88.80円，小田急53.50円，京王60.14円，京成69.96円，京浜81.15円，地下鉄45.87円である[8]。公営交通の経営は放漫であり，低賃金を強要しているという偏見は事実誤認である[9]。

注
（1）建設費内訳は，軌道費192.8万円，電車路線費29.6万円，車両費176.7万円，車庫費79.2万円，工場費34.1万円，都市計画事業分担金321.2万円の合計894.3万円で，分担金比率は35.92％と高い負担比率となっている。前掲「神戸市交通局60年史」69頁参照。
（2）兵庫電気軌道との路線特許獲得合戦は，「兵電はそれまでに特許を得ていた海岸支線の路線変更を申請したが，これが市の須磨計画線と一致していたので，政府に働きかけ，須磨区などの住民も，乗り替えなしに市中央部へでられ，しかも均一料金制の市電を支持して速成同盟を結成して運動した。結局，兵電が乗入を望む場合，市は拒否しないという条件で市が特許を得たが，乗入れは事実上不可能であったため兵電は打撃を受け，大正15年には宇治川電気に買収された」（前掲「市史歴史編Ⅳ」474頁）となった。
（3）前掲「市史歴史編Ⅳ」476頁。

（４）高寄・前掲「公営交通史」316頁参照。
（５）民営の神戸電気事業では、第１工電気鉄道建設費では路線用地費110万円で、事業費313万円の32.27％と高い負担となっているが、路線12.27kmの敷設の１km当たり用地費8.23万円で都心部で地価は高いはずであるが、用地費負担率が低いのは、拡張用地費をあまり負担していないからではないか。しかし、公営での第２期路線11.82kmが建設されたが、先にみたように建設費894万円のうち電気局分担金321.2万円であり、１km当たりの用地費27.17万円と民営の3.30倍である。神戸市交通事業の用地費分担率35.92％と、民営より高いが、京都市65.6％、大阪市46.2％よりかなり低いのは、耕地整理事業による用地取得が原因ではなかろうか。高寄・前掲「公営交通成立史」316頁参照。なお民営神戸電気事業の第１工電気鉄道建設費内訳は、前掲「電気事業買収」50～54頁参照。
（６）京都市の電気事業の他会計への繰入金は、大正９年～昭和３年度をみると、普通経済604.9万円、都市計画経済1,047.2万円であるが、神戸市は、同期間中の繰入金は納入総額411.5万円と見劣りがする。
（７）中西健一『日本私有鉄道史研究・増補版』338・339頁参照。
（８）東京市電気局『市民交通統制』（昭和14年９月）126頁参照。
（９）高寄・前掲「昭和地方財政史Ⅴ」547頁参照。

2　公営企業の経営課題

　公営企業のうち電気供給事業は、買収以来、昭和17年に国家管理となるまで、高収益を維持していたが、公営交通は、明治・大正期は、路線拡大の急速な設備投資が、次第に経営圧迫要素と化していった。
　水道事業は、明治の創設時から、事業収支は赤字基調で、大幅な料金値上げ、拡張事業費を調達してきた。昭和期になると、都市路面電車は構造変化から、収支悪化に見舞われ、公営企業は多難の時代をむかえる。

公営電気事業の収支

　公営後の電気事業の経営は、需要の増加と物価・人件費の高騰という、変動の激しい、多難な経営となっている。大正６・７年と好況であったが、経営的にはマイナス要素もあった[1]。しかし、基本的には長期利用需要の増加と、独占体制による安定に支えられて、経営収支は推移していった。
　交通事業も、営業路線は大正６年12.26km、15年29.27km、乗客数は６年84.5万

人，15年500.6万人と増加の一途をたどり，使用料も膨張をたどった。

神戸市の電気・交通事業における最大の課題は，買収債の償還（表73参照）であった。買収創業であり，初年度から巨額の公債費利子支払となり，さらに未成線建設のため追加市債が加算された。償還計画では収入の伸びがささえであった。建設コスト軽減策として都市計画・耕地整理として連携し，安価な路線延長で，利用客の増加確保に成功できるかであった。

ただ，買収債2,312万円，額面100円引受額96円以上，金利年 6 ％， 5 年据置，25年償還であった。(2)引受額が100円を下回るので，利子分・手数料を含めると，7 ％程度となり発行差損が発生している。この重い買取債負担をどう回避するかの対応等をみてみる。

第 1 に，事業債は，未成線建設のため，大正 7 年度180万円， 9 年度200万円，10年度280万円の合計660万円の追加発行があったので，11年度には発行累計2,972万円と大きく膨らんでいる。しかし15年度には発行累計4,076万円，償還額181万円，償還率4.44％であるが，この据置期間・長期償還という有利な条件

表73　電気・交通事業累年収支計算・償還計画　　　（単位；千円）

区　　分	大 6	大 8	大10	昭元	昭 5	昭10	昭15	昭20	昭22
収　　　入	2,346	3,103	3,521	4,360	4,553	4,595	4,595	4,595	4,595
経　営　費	1,069	1,397	1,585	1,962	2,048	2,068	2,068	2,068	2,068
公債未償還額	23,120	24,920	※29,720	28,230	25,520	20,830	14,560	6,210	2,190
利 子 支 払	1,156	1,495	※1,699	1,694	1,531	1,250	874	373	131
元金償還額	—	—	—	580	820	1,120	1,500	1,950	2,190

注　※は当年度募集するべき公債及之に対する利子額を含む。
資料　神戸市電気局『神戸市電気事業買収顛末』102・103頁。

表74　電気事業歳入の推移（決算）　　　（単位；万円）

区　　分	大 6	大 7	大 8	大 9	大10	大11	大12	大13	大14	大15
使　用　料	251	477	637	880	980	975	1,030	1,128	1,191	1,277
電　　　気	166	327	450	599	666	611	633	698	742	776
電　　　車	85	150	187	281	314	364	397	430	449	501
市　　　債	2,330	367	156	758	230	80	351	—	550	919
繰　越　金	—	21	21	95	453	266	144	414	236	364
その他合計	2,585	881	836	1,775	1,717	1,372	1,580	1,612	2,039	2,639

出典　新修神戸市史編集委員『新修神戸市史・歴史編Ⅳ』588・589頁。

を活用して，経営基盤を固められるかであった。

対応策としては昭和4～10年度にかけて，第1～3次借換債（4～5.5％）1億425万円を発行し，利子負担の軽減を図っている。

第2に，電気・交通償還計画（表73参照），大正10年度収入と経費の差引額は194万円の黒字であるが，実績（表74・75参照）でも，478万円の黒字で公債費220万円との差引でも258万円の黒字である。

昭和元年をみると，計画240万円の黒字，償還額58万円・利子170万円を差引12万円の黒字，実績540万円（使用料－経常費）の黒字で，公債費1,291万円となっているが，短期債償還970万円あるので除外すると，償還額約82万円，利子支払約150万円を差引で308万円の黒字で収支均衡であり，償還計画を上回っている。

第3に，設備投資の収益率（表76参照）は高く，収益性は安定しており，幸い計画と実績では，実績が計画を大きく上回っている。市債償還ベースでみた元利償還費は捻出でき，設備投資のピッチも緩められていない。

買収後の電気事業の収支をみると，第1に，収益源である使用料は，電気使用料の伸びもあるが，電車事業における未成線の早期拡充もあり，創業時の大正6年度と15年度の比較では5.09倍の大きな増収で，新規創業ではこの程度の増加はみられるが，買収方式では驚異的伸びである。

電気供給と電気軌道の使用料は，当初は電気供給が電気軌道の2倍以上あったが，大正15年度では1.55倍に縮小している。

第2に，市債収入は，買収債が初年度から2,330万円と巨額の負担であるが，

表75　電気事業歳出の推移（決算）　　　　　　　　　　　（単位；万円）

区分	大6	大7	大8	大9	大10	大11	大12	大13	大14	大15
経常費	152	354	501	585	502	617	623	644	665	737
臨時費（その他）	2,412	509	240	736	949	611	544	733	1,009	1,553
買収費	2,135	―	―	―	―	―	―	―	―	―
電気鉄道新設改良費	―	28	17	211	254	197	168	167	132	87
電気供給設備費等	128	49	72	169	369	85	83	173	77	133
繰入金	66	―	―	122	107	57	―	48	15	53
公債費	81	423	150	231	220	252	273	345	783	1,291
総計	2,564	860	741	1,322	1,451	1,228	1,166	1,377	1,675	2,291

注　繰入金の大正6年用品資金会計，9・10・11年度は都市計画経済へ。
資料　新修神戸市史編集委員『新修神戸市史・歴史編Ⅳ』590・591頁。

表76　神戸市電気交通事業財政の状況　　　（単位：万円，％）

区分			大6	大8	大10	大12	大14	昭2	昭4
電気事業	建設費累計	A	1,351	1,458	1,974	2,159	2,478	2,696	2,936
	使用料収入	B	166	450	666	633	742	808	1,016
	B／A		12.3	30.9	33.7	29.3	30.0	30.0	34.6
電車事業	建設費累計	A	912	958	1,595	1,871	2,074	2,160	2,350
	使用料収入	B	85	187	314	397	449	536	593
	B／A		9.3	19.5	19.7	21.2	21.6	24.8	25.2
合計	建設費累計	A	2,263	2,416	3,570	4,030	4,552	4,856	5,286
	使用料収入	B	251	637	980	1,030	1,191	1,344	1,609
	B／A		11.9	26.4	27.5	25.6	26.2	27.7	30.4

資料　神戸市『統計書』・新修神戸市史編集委員『新修神戸市史；歴史編Ⅳ』588頁。

　さらに施設拡充・未成線建設もあり，創業後の毎年，大きな市債発行が続き，15年度発行累計4,076万円，償還181万円，未償還額3,895万円，償還率4.45％で，経営上は将来の大きな圧迫要因となっている。

　第3に，使用料収入と市債収入の比率（表74参照）をみると，大正6年度買収時市債9.28倍であったが，7年度0.77倍，10年度0.23倍と低下しているが，未成線建設もあり，毎年，建設債発行が続いた。

　それでも15年度0.72倍と上昇しているが，使用料の伸びに支えられ，設備投資額より使用料はかなり大きい状態であった。

　電気事業の歳出をみると，第1に，経常費である運営管理費は，大正6～15年度で約4.84倍の伸びで，使用料5.09倍より小さい。

　第2に，臨時費のうち設備投資費は，電気供給・軌道事業とも毎年，かなりの投資がなされ，財源は事業債で補填されているが，最終的には使用料であり，年度によっては使用料収入を上回っているが，大正7～15年度の累計では，使用料がかなり多い。ただ据置期間が5年あるので，償還は後年度にずれ込むので楽観はできない。

　第3に，繰入金は，年度によってばらつきがあるが，大半は都市計画経済への繰入金であり，財政支援金でなく道路拡幅負担金である。6年の繰入金は用品会計への繰入金である。

　第4に，公債費は，年度によって異なるが，大正7年使用料477万円，公債費423万円で，償還ははじまっておらず，公債残2,040万円の利子122万円のみで，

短期債償還などが算入されている。

　使用料は公債費を上回っており，償還が11年度からはじまるが，年償還額100万円前後である。14・15年度は公債費が急増しているが，短期債の臨時償還費によるもので，経営圧迫要素にはならない。[4]

　実際，巨額の電気債発行は，電気局資産蓄積となった。大正6年度2,167万円であったが，15年度には5,938万円と2.74倍になっている。同年も未償還債額3,895万円よりはるかに大きい。減価償却で減価しても，ストック会計ベースでも黒字であろう。

　電気事業は，電気供給と電気軌道との2事業からなるが，投下資本に対する収入比率（表76参照）をみると，電気供給・電気軌道とも高収入比率となっているが，電気供給事業の方が，電気軌道事業より収入比率はよい。

　もっとも公債費の元利償還負担が残されているが，普通経済へのかなりの繰入金をしても，経営黒字であり，買収方式の企業としては，異例の経営実績を誇っている。

注
（1）たとえば大正7年は「百般事業の勃興の為めに，従業員の転職する者甚だ多く，其防止の為め支出に少なからざる膨張を来し，且つ一般労銀，炭価の暴騰及び建築材料の払底等の延いて諸般工事の進捗を阻害するものあり」（前掲「市史本編各節」295頁）といわれている。
（2）神戸市電気事業（買収）公債条例（前掲「電気事業買収」94頁）では，据置期間5年，償還23年となっているが，神戸市『統計書』では，据置期間5年，償還25年となっているので，ここでは25年償還とする。
（3）電気事業債の発行状況は，買収債2,041万円（6年8月）に続いて，未成線建設債300万円（7年6月），163万円（9年2月），130万円（14年10月），469万円（15年3月）と連続して発行されている。なお短期債942万円（13年11月）は，恐らく高金利であったからであろう。
（4）表75の大正14・15年度公債費は，15年度電気事業債残高3,895万円から推計すると，償還額71万円，利子234万円の合計305万円で，同年公債費1,191万円の残額986万円は短期債の繰上げ償還費であろう。

水道拡張工事と独立採算制

　水道事業の誤算は，水道事業創設と同時に給水能力不足がみられた。水道事業創設は，建設費340万円，8ヵ年の歳月をついやし，明治38年10月に完成し

表77　第1回水道拡張工事費決算（明治44～大正9年）　　（単位；円）

歳　　入	第1次申請	決算額	歳　　出	第1次申請	決算額
国庫補助金	2,470,000	815,000	拡張工事費	9,850,000	9,343,546
水道費繰入金	1,400,000	1,936,499	公　債　費	2,145,000	2,254,989
市　　　債	8,075,000	8,434,000	市費繰入金	—	4,236
雑　収　入	50,000	676,294	公　借　費	—	52,371
公　借　金	—	50,000	雑　支　出	—	6,115
合　　計	11,995,000	11,912,793	合　　計	11,995,000	11,661,257

出典　神戸市水道局『神戸市水道70年史』240・241頁。

た。人口25万人を想定して設計されたが，明治38年人口32.2万人で，完成と同時に給水不足の状況となった。

　原因は，第1期水道事業は，本来，明治20年代には竣功していなければならなかったが，着工決定・資金調達・反対運動などがあり，10年程度遅れたためである。そのため第1回拡張事業の早期実施が迫られ，明治44年11月に着工し，10年の歳月を費やし，創設費の3倍以上の拡張事業が，大正10年3月に工費1,187万円をもって完成している。

　第1に，水道拡張計画は，すぐさま策定され，鹿島市長のもとで，42年に43年度より8年の継続事業で，決算（表77参照）ベースでは，工費934万円，国庫補助金82万円，市費負担の公債収入434万円であった。工事は，結局，44年より大正10年までの12年間の継続事業となった。

　第2に，第2期工事は，水源を現三田市の千苅に求め，巨大ダム建設で，豊かな貯水量を確保した。今日からみても，鹿島市長の構想は遠大であり，後世の神戸市民に大いなる遺産を残したといえる。

　水源地が布引・烏原の裏山では対応できず，武庫川上流の千苅に求めたから

表78　水道費（拡張費含む）の歳入推移　　（単位：万円）

区　分	大2	大3	大4	大5	大6	大7	大8	大9	大10	大11	大12	大13	大14	大15
使用料	59	64	63	73	83	99	121	131	136	159	177	181	188	197
補助金	5	15	15	15	15	16	32	32	32	32	23	-	-	-
市　債	161	190	0	200	100	-	-	49	-	122	-	-	11	11
繰越金	18	16	71	237	210	187	113	115	73	86	196	139	90	110
其他合計	245	300	176	525	408	342	293	369	304	431	435	358	334	358

出典　新修神戸市史編集委員『新修神戸市史歴史編Ⅳ・近代現代』593頁。

である。そのため千苅水源地に関する関係町村との合意形成が必要で，当然，灌漑用水との調整が問題となったが，千苅水源地による水量調整機能で，灌漑と利水を調整すると利害調整で，困難な政治課題を解決している。(1)

ただ補助認証・水源地交渉などで，事業が遅れ，第1次申請（明治42年12月）と決算（大正10年3月）とを比較してみると，事業費（表77参照）はあまり増加していないが，補助金の減額が目立つ。

第1に，補助金は，当初の247万円が81.5万円と大きな減少となり，歳入構成比をみると，国庫補助構成比6.84%に過ぎなく，創設補助が30%前後であったが，拡張事業費は一般的に数%に減額されている。大阪市の第2回拡充事業費（明治40～大正3年）も工事費943.3万円，補助金24.0万円で2.54%に過ぎない。(2)

ただ補助金認可は，全国的な大水害で，内務省は神戸市の水道拡張工事は，片隅に追いやられてしまった。明治43年6月，県経由で第1次申請が提出され，第3次申請が大正元年8月15日認可されるが，3年が経過している。

しかし，神戸市は，補助金・事業債の認可は将来のこととして，明治45年1月に見切り発車の形で，増設工事の着工式を挙行している。

第2に，市債は843万円で，70.80%と7割以上をしめている。補助金は81.5万円と，申請より165.5万円減で，この減額分の補填は，繰入金約50万円，市債約40万円，雑収入約60万円である。

繰入金は水道料金値上げであり，市債は増発であり，雑収入は預金利子収入であるが，早期発行の結果であり，財政上のメリットはない。

第3に，工事費は水道費繰入金193.6万円，水道債843.4万円で補填され，最終的には水道料金で処理されることになるが，歳出の公債費225.5万円は，拡張

表79 水道費（拡張費含む）の歳出推移 （単位：万円）

区分	大2	大3	大4	大5	大6	大7	大8	大9	大10	大11	大12	大13	大14	大15
事務維持費	36	35	48	20	31	63	66	99	103	97	95	91	88	82
拡張事業費	76	107	89	253	130	90	28	81	0	42	26	—	2	104
市費繰入金	—	—	—	—	—	—	—	—	—	—	—	※86	6	23
公債利子費	47	51	48	64	75	74	83	86	114	94	168	87	124	74
其他合計	161	196	185	337	237	229	178	272	219	234	292	268	224	287

注 ※4万円は市費，82万円は都市計画費へ繰入
出典 新修神戸市史編集委員『新修神戸市史歴史編Ⅳ・近代現代』593頁．

公債費の一部で，実際は歳入の市債834.4万円に償還利子・手数料などを加算すると，2倍近くの負担になり，市債依存率が9割近くになるであろう。

水道事業の大正期歳入推移（表78・79参照）をみると，第1に，使用料は収入額・伸びとも余り大きくないが，それでも大正2年対15年で3.34倍の伸びである。

第2に，国庫補助金は81.5万円（補助率6.84%）しかなく，拡張工事費が累年で増加しており，使用料だけで返済は苦しい状況で，結局，市債頼みとなっている。

第3に，市債は拡張工事費の積み残しが，歳入に計上され，歳出では毎年巨額の公債費支出となっている。大正15年度水道債の状況（表84参照）は，発行累計1,120万円，利子支払累計959万円，償還額318万円，未償還額802万円で，創業から27年で償還率28.39%は低い。単年度利子67万円，償還額56万円の合計123万円と推計でき，使用料収入の62%となる。[3]

さらに水道事業は，人口増加もあり，すぐさま第2回拡張工事は，大正15年6月着工，6ヵ年の歳月と1,046万円の巨費を支出して，昭和6年5月に完成した。水道は完全独占事業であり，路面電車のように経営関係が悪化することはなかったが，需要増加に追いつかず，慢性的時間給水となった。事業拡張費の水道債追加は，水道財政をさらに悪化させていった。

注
（1）この点について，前掲「神戸市水道70年史」150頁参照。
（2）大阪市『大阪市水道60年史』（昭和31年）145頁参照。
（3）大正2年度水道債発行額271万円，償還17万円，未償還額254万円，6年度道債発行額271万円，償還57万円，未償還額214万円に追加され，水道拡張債発行額820円，償還15万円，未償還額805万円がみられ，拡張債は拡大していった。

繰入金論争と経営原則

当時，公営企業をどのような経営原則で運営すべきか，明確な法則はなかった。[1] しかし，大阪市にみられる，公営一元化方針・収益余剰主義は成果をおさめ，普通・都市計画経済への繰入金を支出していったが，公益性からみて，大きな論争となった。

公営企業の運営方針は，第1に，市税補填主義で，一般市民へのサービスであり，市税から補填して，低料金・サービス拡大が原則とされた。水道事業は，創業時の巨額投資負担があったが，水道普及のため低料金政策を進めた，そのため国庫補助金に加えて，市税補填が一般化していった。

　第2に，実費主義で，水道事業は，人口増加による拡張に迫られると，市税補填は放棄され，独立採算制が導入されていった。市財政に余裕はなく，水道の収益力は弱く，水道料金の値上げで，拡張事業費の確保を余儀された。

　第3に，収益余剰主義で，交通事業は水道より収益性があり，民営交通も競合しており，多くの公営交通は実費主義より収益主義で運営された。

　公営企業とはいえ企業である以上，存続を優先して，民営企業との競争に勝たなければならない。交通事業は，水道事業のように公営独占が保証されていないので，設備投資を先行・拡大させ，起債主義で積極的経営を実施し，さらに独占利益を確保するため，買収による公営一元化策を進めていった。

　しかし，公営企業繰出金（他会計繰入金）は，古典的理論派から公営企業の使命に反すると，集中砲火があびせられた。第1に，神戸市では昭和2年度予算で，電気事業と水道事業から80万円の他経済への繰入が提案されたが，公営企業に悖る行為であると厳しく批判された[2]。繰入金は，高所得者層の負担軽減を画策する，安易な住民への負担転嫁と非難された[3]。

　第2に，公営企業にあって，「その利用者は一般市民であるにも拘はず，此の種事業を収益主義によって経営し，……余剰を繰入るる場合に，此の種金額は一種の間接税である」[4]と非難された。

　第3に，繰入金方式は，公営企業の独立採算制とか，実費主義とかの経営原則に反する行為であり，まして「現在の如く特別経済が漸次逼迫しつつある場合に於て多額の繰入は，事業の基礎を脅やし，経営を益々困難ならしめ，憂を後年に貽するもの」[5]と憂慮された[6]。

　さらに普通経済が苦しいのは同情するが，それがため企業経済に繰入金を求めるのは，一時的便法とすべきとの厳しい批判が加えられた[7]。

　しかし，繰入金は余剰金でなく，必要経費の負担金であり，民営企業の公課・納付金と同様の公的負担である。一般企業は経営が苦しくとも，租税・負担金

は支払っており，極論すれば経営状況とは関係はない経費である。さらに収益余剰主義は，運営論でなく財政原則として繰入金は，実施されるべきとの論理である。

　第1に，政府財政にあっても，専売事業・国営事業など，租税以外の分野で財源を確保している。都市自治体も，地方財政の市税・補助金だけで，十分な財源が獲得できない以上，公営企業で財源を調達しなければ，財政運営はできない。

　第2に，市税補填主義といっても，現状は限度まで制限外課税を実施しており，これ以上の超過課税を政府は認めない。仮に実施しても，課税制限の緩い，雑種税とか特別税となり，公営企業料金より細民重課となる。

　第3に，最大の誤解は，繰出金が他経済の財政支援でなく，市財政への負担金で，民営企業であれば，租税・公納金・負担金で納付している，義務的支出である。

　その目安として「民業として其の都市に対し，…納入する租税其他の公課に相当する金額を繰入金の最高限とすることが最も穏当[8]」とみなすべきとの論理である[9]。しかし，繰入金の大半は，民営・公営の負担差という会計処理の補填でなく，路線延長にもとなう道路拡幅負担金で，民営企業も従来負担してきたのである。

注
（1）公営企業の経営原則については，高寄・前掲「昭和地方財政史Ⅴ」420～444頁参照。
（2）『神戸又新日報』（昭和2年2月4日）は，「不人気な増税を避ける手段として，是非共中産階級以下が利用せねばならなぬ電気局の事業収入を割いて一部の納税者の負担の加重を避け，併せて市当局が自らの地位の安固を計らんとするが如きは卑怯極まる遣り方である」（前掲「市史歴史編Ⅳ」611・612頁から引用）と，市の財政運営の姿勢が非難されている。
（3）当時の神戸市電気局長石田太郎は，一般論として繰入金は，「租税其他の公課を以って当然支弁されるべき衛生・保健・救貧等の施設の費用に充当せんとするのは，担税能力を有する階級の租税の軽減を企画することとなって，社会公正の観念に背馳する」（石田太郎「電気事業経済に就いて」『都市研究』第27号（昭和8年1月）26頁，以下，石田・前掲「電気事業経済」））との批判をあびせている。しかし，市当局者が，このような皮相的見解を抱いているのは意外である。公営企業よる繰入金

は，行政費の支援でも，高所得層を利する措置でもなく，市財政内部の負担金処理に過ぎないのである。
（4）同前26頁。（5）同前25頁。
（6）普通経済への野放図な繰入は為すべきでない。「要するに都市財政上必要已むを得ざる場合は，事態の軽重に応じ，一定の限度を限って普通会計特別会計相互間の流用を為すことも亦已むを得ないことで，更に特別会計の主旨を徹底する意味に於て，繰入に対し明らかに，貸借関係を設定することも一方法である」（同前27頁）と，会計間の関係は明確にすべきと主張している。
（7）一般的に繰入金は財政支援とみなされ，「思ふに水道事業費の収益金の繰入，特に市費に繰入るゝことは，市政の運用上やシステム得ぬ已むを得ざるに出でたるものなりと雖，自ら収益主義に推移せるものなりとの批評は免るべからず，恐らくは此の如き方策は一時の便宜に出でたるものにして永く襲用せらるべきものにはあらざるか」（前掲「市史第2輯本編総説各説」495頁）と，財政セオリーから批判されている。
（8）石田・前掲「電気事業経済」27頁。
（9）市営の存在価値は「電気局が私営会社ならば税金も払はねばならなず，道路の使用料も市に納入せねばならぬ。然し市営ではそれを要しない。そこに市営の本旨がある。即ちそれ等の恩恵によって市営は私営よりも料金が低減され，設備が改良されるのである」（前掲「市史歴史編Ⅳ」612頁）と，料金抑制を主張している。これに対する市当局（助役）は，「電気局が私営の場合を想定するならば，市と国に負担すべき金額は約150万円位になろう。夫を市営であるために50万円位に止めたと見れば，敢て市営の本旨を無視したももとは言へない」（同前612頁）と反論している。

繰入金実績と公営企業の複合化

神戸市の公営企業繰出金（表80参照）をみると，大正9年から昭和3年の9年

表80　電気・水道事業からの繰入金　　　　　　　　　　（単位：千円）

区　分	大9	大10	大11	大13	大14	大15	昭2	昭3	合計
電気経済	1,070	1,316	572	479	145	533	738	1,240	6,093
市　費	－	99	－	125	145	300	505	230	1,404
都市計画	1,070	1,217	572	354	－	233	233	1,010	4,689
水道経済	－	－	－	859	61	234	334	435	1,923
市　費	－	－	－	39	61	234	334	435	1,103
都市計画	－	－	－	820	－	－	－	－	820
合　計	1,070	1,316	572	1,338	206	767	1,072	1,675	8,016
市税比率	31.28	29.31	8.93	16.01	2.60	9.00	14.48	21.33	12.58

注　大正12年度は繰入金1万円以下であるので削除。
資料　神戸市『統計書』

間の総額802万円を繰出しており，同年間の市税収入額は，6,377万円で，繰出金合計の比率は12.58％であった。

なお神戸市の繰入金は，京都市との比較ではそれ程多くない。京都市は大正9年〜昭和3年で1,564万円，市税収入5,770万円で，繰出金比率27.11％と神戸市の2.16倍である。京都市の公営企業は，明治の疏水事業以来の経営蓄積を活用し，収益力はきわめて高い水準にあった。

繰出金の実態は，公営企業経済の収益性に対応した，運営がなされている。第1に，市費繰入金251万円，都市計画繰入金551万円で，都市計画繰入金が大きい。うち電気経済609万円，水道事業192万円で，電気事業の繰出金が多いのは，路線敷設のための街路拡幅費分担費で当然の負担である。

第2に，市費繰入金も，市政運営の一般経営負担（市長・議員人件費など）である。民間公益企業は，租税で公共セクターへ支払っており，市財政の普通・企業経済では，市長・議会・行政管理費への応分の負担である。

第3に，実際の繰入金は，当該公営企業の収益性に応じて，金額が決定されており，公営企業は民営企業の負担金・納付金と異なり，都市財政の枠組みのなかの特別会計である。完全な独立会計での運営は不可能であり，普通経済との関係で運営されなければならない。長期的複合的経営からの相互支援である。第2次大戦後の公営企業への普通経済からの支援をみればわかる。

第4に，マクロの財政政策からみると，水道事業の繰入金での下水道建設は，市民福祉の最大化からみてベターな選択である。市税の増税・補助金の増額といっても，容易に実現できないので，早期実現には会計処理を活用する選択がのぞましい。大阪市が，上水道会計と下水道会計を統合して，料金収入でもって，下水道事業を拡充していった。公共経済における費用効果からみても，料金値下げより下水道整備のほうが効果は大きい。

さらに都市経営戦略からみて，市財政を総合経済としてとらえ，公営企業の複合効果を図っていくことが優れた対応である。電気供給事業の黒字で電気軌道事業を支援し，さらに路面電車の赤字を地下鉄の黒字で補填し，電気事業の繰出金で，都市計画経済が街路事業を遂行していく方策である。

第5に，繰入金方式は，公営交通の経営悪化が進むにつれて，実際，公債償

還の繰延べ，積立金取崩など，粉飾決算の性格を帯びるようになり，次第に繰入は減少していった。しかし，公営企業は都市経営のかけがえのない有効な手段であり，市民サービスの長期安定化のため，民営企業を買収を続けていった。

　また都市経済における開発・集積利益を，都市財政に内部化するための手段であった。さらにデフレ・インフレといった経済変動に対応して，資産財政で調整する機能を秘めていた。

　昭和17年，電気供給事業が国家管理となり，公営一元化が崩壊したとき，事実として市財政は，市税より貴重な財源の喪失を実感し，残された公営交通の経営悪化に頭を悩まし，いまさらながらに電気供給経済なき，財政運営のきびしさを身にしみて知り，政府の暴挙に憤りを禁じえなかった。[2]

注
（1）前掲「京都市政史下」478・533・580頁参照，高寄・前掲「昭和地方財政史Ⅴ」410頁参照。
（2）公営企業の一元化政策の形成・崩壊については，高寄・前掲「昭和地方財政史Ⅴ」526～549頁参照。

第5節　大正期の財政構造と財政運営

1　歳入構造の劣化と財源不足

　大正期，神戸市財政は，普通・特別経済ともに増加したが，明治後期より一段と硬直化し，9年度市税538万円，港負担金181万円，県費負担金287万円に加えて，都市計画負担（特定財源除外）344万円が追加され，財政窮乏化はさらに深化した。一方，注目すべきは，都市計画財源の創設・学区統一と区格差是正，公営電気創設と集積利益還元など，財政構造・運営における，自主改革が断行され，財政運営の経営化は進んだ。

歳入構造と歳入構成比

　財政規模をみると，第1次世界大戦（大3～7年，1914～1918年）で，全体の歳

出規模（表85参照）は，大戦が終結しても戦後景気で，8～10年度1.95倍であったが，10～12年度0.85倍と減少に転じている。しかし，12～14年度は1.82倍と再度膨張したが，公債費が900万円以上も増加し，財政逼迫は一段と進んだ。

歳入構造をみると，第1に，市税の歳入構成比は，大正2年度52.65％，15年度33.23％と低下している。もっとも市税が低迷したというより，市債・雑収入・繰越金などの膨張で，相対的に低下した。

大正15年度市税844万円と依然として，市税中心の構造であるが，財政需要の関係からみれば，役所費270万円，土木費207万円，教育費407万円の3費目だけで，市税をオーバーしており，歴然たる財政需要の超過である。

第2に，国庫・県支出金（表81参照）の構成比は，大正元年6.04％，10年度2.19％，15年度4.19％と減少傾向である。しかも15年度でみても，費用弁償費的な国税徴収交付金・港湾収益配分金が，54.00％と半分以上をしめている。

本格的政府財政支援はなく，都市開発優先といっても，建設補助はゼロで，

表81　大正期国庫県支出金　　　　　　　　　　　　　　　　　　（単位；円）

区　分	大2	大5	大8	大10	大12	大14	大15
国　庫　補　助　金	16,657	21,470	24,209	57,760	43,113	85,853	106,020
旧居留地行政費補助	16,657	12,653	12,653	12,653	8,465	—	—
結核療養所等補助	—	8,817	10,756	19,907	30,043	13,576	23,335
神港商業学校経営費補助	—	—	800	1,200	—	—	—
職業紹介所費補助	—	—	—	24,000	—	—	—
社会事業費補助	—	—	—	—	4,604	18,515	7,775
実業教育費補助	—	—	—	—	—	—	2,200
失業対策費補助	—	—	—	—	—	53,762	72,710
国　庫　下　渡　金	—	—	61,104	69,591	185,825	181,700	317,081
義務教育費下渡金	—	—	61,104	69,591	177,466	181,700	317,081
実業教育費下渡金	—	—	—	—	7,959	—	—
神港商業学校経営費補助	41,285	—	—	—	400	—	—
県　補　助　金	41,285	50,552	58,684	51,478	112,670	70,607	65,344
伝染病費補助	—	50,552	58,684	51,478	112,670	63,637	59,203
実業教育費補助	—	—	—	—	—	5,670	6,141
社会事業費補助	47,713	—	—	—	—	1,300	—
国　交　付　金	47,713	46,578	182,111	153,392	308,355	201,763	342,769
国税徴収交付金	—	46,578	182,111	153,392	303,044	201,850	334,419
県税徴収交付金	—	—	—	—	5,311	3,789	3,907
就学奨励交付金	—	—	—	—	—	3,124	4,443
国　庫　配　分　金	—	—	111,325	186,000	216,933	233,796	233,796
合　計	105,655	118,600	437,433	518,221	866,585	773,806	1,065,010

資料　神戸市『統計書』

強いてあげれば失業救済事業費補助(15年度7.3万円)がある程度である。なお都市計画補助金は，特別経済で除外されているが，大正10年度5万円，15年度でも15万円しかない涙金程度である。

第3に，市債収入は，大蔵省預金部資金が拡充され，普通経済分野でも市債収入が増加した。市債収入は，大正2年度1.4万円，6年度18万円と少額であったが，8年度345万円で，教育債114万円，社会事業債180万円，運河買収債30万円，築港分担金債21万円と，教育・社会事業債がきわめて大量に発行されている。

普通経済市債は，大正期後半になると，積極的に発行され，14年度1,339万円(構成比45.6%)と，歳入の半分近くに達している。なお8・10・14・15年度の巨額発行は，借換債が多く含まれているが，除外しても普通経済市債発行累計(表84参照)は，2年発行累計429万円が，15年度発行累計2,808万円と膨大な額となり，都市計画債を加算すると，4,000万円となり，利子だけで240万円，元利償還額は100万円を超え，財政圧迫要素となることは否定できない。

表82　大正期神戸市歳入決算　　　　　　　　　　　　　　(単位：千円)

区　分	大2	大4	大6	大8	大10	大12	大14	大15
市　　　税	924	1,120	1,954	3,793	6,223	6,133	8,073	8,443
国庫県支出金	106	71	139	437	518	867	773	1,065
使用料手数料	55	69	103	373	855	892	1,317	1,384
市　　　債	14	184	180	3,452	6,409	1,460	13,390	7,745
繰　入　金	1	1	2	2	8	21	591	621
報　償　金	32	50	209	24	35	48	32	113
寄　付　金	16	25	10	401	9	160	54	71
雑　収　入	158	179	818	2,844	3,652	2,650	1,785	2,665
繰　越　金	222	135	558	4,586	5,780	6,064	2,851	3,068
そ　の　他	227	23	142	25	106	178	248	234
普通経済合計	1,755	1,857	4,115	15,937	23,595	18,471	29,114	25,409
水道経済	1,608	1,847	4,622	2,927	3,074	5,025	4,090	3,771
電気経済	−	−	26,886	9,227	18,494	17,054	21,433	23,881
都市計画経済費	−	−	−	95	5,677	3,647	13,886	5,438
区　費	643	613	1,098	115	197	231	88	126
その他経済合計	2,251	2,460	32,606	12,364	27,442	25,957	39,497	33,216
合　　計	4,006	4,317	36,721	28,301	51,037	44,428	68,611	58,628

注　大正4年度は予算額
資料　神戸市『統計書』

第4に，繰入金・雑収入・報償費ど，不安定な財源比率が高くなっていったが，雑収入は，大正15年度では過年度収入174万円で，繰替金38万円など整理会計収入で，財産売却9万円，事業収入18万円，延滞金5万円など実収入は少ない。

　大正5年では，報償金は神戸瓦斯1万5,550円，神戸電気5万5,903円，阪神電鉄1,000円の合計7万2,454円に過ぎない。本来の道路使用料の方が，根拠が明確で増収が期待できた[1]。このような旧慣的な収入では限度があり，公共経済学にもとづく，政策的都市経営の実践として，宅地開発税・海面埋立賦課金など，新規財源の創設が迫られた。

　第5に，各経済をみると，水道経済は，大正初期は普通経済と同規模であったが，大正8年度普通経済が急増すると，普通経済の18.4％に低下し，15年度も14.6％である。電気事業は，8年度普通経済の57.9％，15年度93.9％である。都市計画経済は14年度普通経済の47.7％と半分であるが，15年度22.8％と低下している。区費は6年度学区統一の関連費で膨張したが，8年度では小学校費が市費に吸収されたので，一般区費のみで激減している。

注
（1）報償契約は，「従来瓦斯管税を特別市税雑種税として徴収せしを廃し，明治41年度より神戸瓦株式会社と契約し，同社の決算期毎に純益金の100分の5を納付せしめにはじまる」（前掲「市史本編各説」340頁）といわれている。同様の契約を43年に神戸電気鉄道株式会社と締結しているが，44年度から未成線建設促進のため，廃止している。

市税収入の運用課題

　大正期の市税（表83参照）は，大正元年91万円であったが，3年7月に第1次世界大戦がはじまり，好景気の影響で，2年度92万円が6年度195万円と100万円増加し，戦争は7年11月に終わるが，余波で9年度539万円と，6年度より344万円と驚異的増加となっている。

　うち50万円は学区統一で，区税家屋税を吸収した分で，実質的約300万円であるが，増収分は負担・分担金などの増加で帳消しとなっている。

　大正12年度になると，反動不景気で10年度より，減収となったがわずかで，

15年度844万円と増加したが，県費負担358万円で実質的市税486万円に過ぎない。増収を支えたのは 2・15年度増収額でみると，営業税付加税（234万円），家屋税（245万円）で，地租割（37万円），所得割（85万円）は少ない。

なお大正期の市内直接国税・市税の配分比率をみると，大正元年度国税321.0万円，市税96.6万円で市税は国税の30.1％，15年度国税2,352.9万円，市税898.9万円（都市計画税54.6万円含む）で，市税は国税の38.2％と上昇している。

増収の内容（表83参照）は，国税付加税より特別市税の課税強化であった。担税力の弱い特別市税が多く，細民重課性が強まった。

第1の課題の市税構成比（表83参照）は，地方税制度そのものが静態的であり，人口企業集積に対応できる，動態的なシステムでなかった。

このように市税が経済の動向から遊離していては，収入不足を補填する機能は発揮できない。都市整備との関係でも，経済成長と連動して市税が変動する動態的構成でなければ，適正な市税負担も形成できない。大正期の市税収入額（表83参照）の変化を，大正2年・15年度対比でみながら，問題点をみてみる。

第1に，市税収入の伸びは，都市計画税を除外しても悪くなく，問題は税目構成比・課税基準・負担配分などである。15年度でみると，地租付加税47.1万円はあまりにも少なく，担税力のある所得税付加税が，担税力の低い営業税付加税の約3分の1弱と少ない。家屋税は賦課方式の改正で大きく伸びたが，それでも企業の償却資産は非課税であり，企業・個人に負担格差がみられた。さらに地租収入との不均等がますます拡大した。

第2に，大正期の付加税率をみると，全税目で付加税率の引き上げが行われている。明治期でふれたように，政府は税目の委譲より，付加税率引上げで，地方団体の地方税源不足を補填する方式を採用してきた。[1]

しかし，付加税率は国税付加税で制限はきびしく，市税特別税は緩いので，増税は細民重課となった。

第3に，地租は，依然として実勢・法定評価とのギャップが大きく，税収額の，伸び率も低い。地租付加税額は，大正15年対2年度の伸び4.66倍と一応の伸びで，付加税率も，2年度0.21，10年度0.62，12年0.84，15年度0.84と4.01倍である。しかし，同期間の実勢地価の伸び約3.0倍，面積増1.52倍で地価総額の

伸び4.56倍，実質的伸びはない。むしろ歩一税の税収が目立つのである(2)。

　第4に，所得税付加税は，大正2年対15年度の伸び8.98倍と，地租の2倍以上の伸びである。付加税率は2年度0.210，15年度0.234で1.111倍でほとんど引き上げられていない。政府は営業・家屋税などの付加税率の引き上げには寛容であるが，所得税付加税は国税の主要税目として，地方税からの浸食に対して，抑制方針を固持していった(3)。

　なお神戸市の賦課率は，大正期は一般的に低く，元年所得税付加税率は，本税1円について，横浜市0.330円，神戸市0.220円で，横浜市の並みの課税では，大正15年度95.2万円の5割47.6万円の増収が見込める。

　第5に，営業税付加税は，大正2年対15年度の伸び11.67倍と，地租の2.9倍以上の伸びである。付加税率は2年度0.29，15年度1.02と3.52倍で，実質的伸び3.32倍である。営業税は，所得税付加税と比較すれば，細民重課性の濃い税目であり，きわめて不都合な賦課方式である。

　第6に，結局，超過課税の制限は，所得税付加税などがきびしく，特別税家屋税・雑種税はゆるいという運用から，家屋税付加税への賦課を強化していった。税収は大正2年度12.6万円，15年度257.5万円で20.44倍の伸びである。付加税率は，2年度0.033，15年度0.103と3.12倍で，実質的伸び6.55倍と大きな伸びで，地租割などは実質的負担は低く，税目での負担不公平が大きい(4)。

　第7に，家屋税の賦課基準の改正も大きな問題で，地租賦課が低水準で抑制されていたので，代替措置として家屋税増税が必要となった。しかし，明治期，幾度の改正案が提案されたが，否決されたが，大正7年12月にやっと改正をみた(5)。家屋税の増収を図っていく目的は，不公平な基準では耐えられない不合理な賦課となっていたからであった。大正7年度13万円，8年度100万円であるが，学区統一で区家屋税66万円が廃止となっているので，正味の増収は44万円であるが，9年度164万円と実質的107万円の増加となっている。

　第8に，雑種税割は，大正2年対15年度の伸び4.75倍と地租と同程度の伸びであるが，税目からみて，芸妓税など古いタイプへの課税強化がみられ，時代の変化に対応した，税目構成の変更が必要であったので，7年に改正されている(6)。

表83　市税収入の推移　　　　　　　　（単位；千円）

区　分	大2	大4	大6	大8	大10	大12	大14	大15
地租付加税	101	103	123	131	340	348	468	471
所得税付加税	106	149	564	769	480	665	945	952
営業収益税付加税	233	253	317	742	1,625	1,625	2,578	2,718
特別税営業税	56	90	149	297	319	98	111	107
特別税家屋税	126	180	214	1,004	1,836	1,952	2,470	2,575
特別税雑種税	251	283	362	441	1,052	1,087	1,118	1,193
歩一税	48	59	221	398	523	335	269	391
その他	3	3	5	1	49	23	113	36
合計	924	1,120	1,955	3,793	6,224	6,133	8,072	8,443
都市計画税	―	―	―	530	528	483	574	546
総計	924	1,120	1,955	4,323	6,752	6,616	8,646	9,192

注　その他国税・県税付加税はその他に算入???
資料　神戸市『統計書』

　第9に，特別税としての都市計画特別税が大正8年創設され，53.4万円の純増で，都市計画財源は年間約60万円の新規増となっている。しかし，8年度支出524万円で471万円の財源不足で，市債・繰入金で補填しているが，新税創設は新規財政需要との比較では，きわめて少ない収入であった。

　問題は税目構成をみると，15年度では地租割5.4万円，営業収益税割26.7万円，家屋税22.5万円と，都市計画によってもっとも恩恵を受ける地租割の比率が9.89％と1割にも満たなく，都市計画事業との関連性が欠如している欠陥税制である。

　第10に，特別税としての歩一税の賦課において，新築家屋・埋立地への課税対象の拡大が，大正3年度予算で提案された。しかし，第2章でみたように，新築家屋への賦課は，約1万円の増収を見込んでいたが，廃案になってしまった。歩一税は，今日の不動産取得税と類似の流通税であるが，新築家屋への賦課が可能であるならば，宅地開発税の賦課も可能であり，政府へ創設を申請すべきであった。

　なお　実際，埋立地への課税は，「河川若クハ海面ノ如キ国ノ所有ニ属スルモノヲ埋立テテ取得スルモノニハ」[7]は，課税は問題なしと賛成している。しかし，田畑の宅地化と同様で，購入行為がないので流通税の対象外であり，むしろ負担金を賦課すべきであった。

注
(1) 増税強化は,「第一次大戦後の長期不況下で,政府は財政緊縮策をとり市債発行をなかなか許可せず,許可する場合は自治体の課税限度額ぎりぎりまで増税することを条件としていた。そのため市は増税したくなくとも事業展開のため公債発行が必要ならば増税せざるを得なかった」(前掲「新修神戸市史・歴史編Ⅳ」621頁)という理由があるが,税制の歪みが肥大化していった。。
(2) 大正2年度地租割10.1万円,歩一税4.8万円,大正15年度地租割47.1万円,歩一税39.1万円で,増収額地租割37.1万円,歩一税34.3万円でほとんど差がない。しかも歩一税は,不動産取得税という流通税であるが,税収が大きいのは時価課税であったからである。
(3) そもそも租税負担は,所得税は明治20年度に成立したが,最高額3万円以上で税率3%であり,法人所得課税は32年度の所得税法改正で成立したが,税率2.5%であった。しかも市税は,国税本税の2分の1(明治21年)しか課税できない付加税制限があり,43年には15%へと制限強化されていった。
(4) 地租割について,「地租はもともと算定基礎である地価の法定価格が実勢価格と大きく乖離して安く見積られおり,この傾向は大都市ほど著しかったから付加率の上昇がそのまま重税化とはいえない」(前掲「市史歴史編Ⅳ」616頁)といえる。
(5) 新賦課方式は「建物の種類・坪数・賃貸価格及び敷地の地位等を参酌して,以て賦課個数を定め,賦課率は建物の構造と用途とにより算定すること」(前掲「本編総説各説」369頁)であった。
(6) 主たる改正は,「少額納税者に軽からしめ,従来最低収入額60円以上の者より課税せしを100円以上と改め,雑種税中に含めし芸妓置屋業を転じて営業税中に含め」(同前370)るなど,細民重課の弊を是正している。
(7) 前掲「市会史大正編」157頁。

市債収入依存と起債主義の評価

　市債活用主義の財政運営も,大正期はようやく活発化していき,普通経済発行額累計(表84参照)をみても,大正2年度429万円が,15年度2,808万円と6.54倍に増加し,企業債を含めると,大正後期には激増していった。市債財政を収入の市債額と支出の公債費との関係をみてみる。

　第1に,市債の会計別をみると,大正2年度では,市費35.73%,水道債64.27%であった。15年度では,市費30.54%,都市計画債12.95%,水道12.18%,電気44.34%と,電気経済の比率が高くなっている。しかし,公営企業債は償還能力があるので,問題は普通経済債である。

　第2に,起債残高額も年々増加していった。明治30年度公債累計はわずか水

道債67.0万円のみであった。40年度337.9万円で、水道債300.0万円、市費債37.9万円であった。

　大正期公債費をみると、大正2年度市費債428.6万円と膨張したのは、築港債310.0万円が発行されたからである。6年度になると電気事業債2,039.7万円が追加され、一挙に3,559.2万円となった。13年度になる市費発行累計が、11年度691.7万円から2,372.1万円と3倍になったのは住宅債233.2万円、小学校建設債649.7万円があったからである。なお都市計画債1,133.0万円も、普通経済債と同類で累計合計額は一段と膨張していった。

　第3に、償還率をみると、大正2年度32.08%、6年度4.15%と据置期間のある電気事業債で低下し、13年度12.44%、15年度9.48%であるが、起債額が膨張するにつれて、償還率は次第に低下している。もっとも昭和4年度は11.79%とわずかであるが上昇している。

　市費・都市計画債の合計未償還額の市税比率(都市計画税含む)をみると、大正15年市税844万円で、償還額307万円で負担率36.5%で、しかも都市計画債は、償還額ゼロである。

　問題は、償還費は据置期間もあり少額であるが、利子を加えた公債費負担は巨額である。大正2年度、市費債償還累計額113.9万円であるが、利子累計334.2万円とほぼ3倍である。

　このように償還額は企業債では一般的据置期間があるが、利子は発行時から発生するので、全会計では15年度償還額累計865万円、利子支払額累計4,077万円と数倍になっている。

　第4に、膨張する公債費残高を、疲弊した市財政で完済できるのかである。返済財源は市費債は市税、都市計画経済は都市計画税・受益者負担金、企業経済は使用料である。

　大正15年度償還財源をみると、単年度市費・都市計画費は市税(都市計画税54.5万円・受益者負担金80.7万円含む)1,020万円、償還額366万円、利子推計168万円の合計534万円で市税の52.3%であるが、市税の大半は、一般行政費に充当されている。

　市費債は実質的には繰延債・財源補填債といえ、「公債償還のための公債募集

という悪循環が成立しつゝあった」[(2)]との状況で，この無利な財政運営は，昭和恐慌をむかえると，財政破綻の危機に見舞われる。

　大正15年度公営企業は，単年度で水道使用料197万円で，償還費72.6万円，利子推計51.0万円の合計123.7万円，返済財源比率62.8%，電気使用料1,277万円，償還費181万円，利子推計245万円で426万円，返済負担比率33.4%と水道よりはるかに低い水準で，建設が先行し償還が本格化した水道事業は，完全に破綻状況である。

　都市財政運営にあって，市債はたしかに財政圧迫要因であるが，起債主義の活用なくしては，集積・開発利益の公的還元は不可能であり，どう起債主義を活用するかであり，大胆さと，慎重さとが同時に求められる。しかも当該自治体の財政についての冷静な洞察力による，戦略的運用でなければならない。

　第1に，公営企業は使用料という償還財源が手当されているので，事業の収益性が問題となるだけである。典型的公営企業債が，民営電気買収債であった。ただ水道のように伝染病予防という外部効果，生活水供給という基礎的サービスは，市税補填を注入してでも，整備しなければならない。一般的に先行的整備が独占利益からみて，事業経営では有効な戦略である。

表84　市債起債償還状況の推移　　　　　　　　　　（単位；千円）

区分	起債額累計 A	償還額累計 B	未償還額 C	利子費累計 D	区分	起債額累計 A	償還額累計 B	未償還額 C	利子費累計 D
大2	9,285	1,139	8,147	3,342	都市計画	9,417	—	9,417	1,695
市費	4,286	290	3,996	974	大13	87,714	6,159	81,555	30,770
水道	5,000	849	4,151	2,368	市費	23,721	2,298	21,423	6,000
大6	35,592	2,616	32,976	7,445	都市計画	11,330	—	11,330	3,055
市費	4,286	1,044	3,242	1,822	水道	12,413	3,311	9,102	8,631
水道	10,909	1,572	9,337	4,813	電気	40,250	550	39,700	13,084
交通	20,397	0	20,397	810	大15	91,949	8,646	83,303	40,770
大11	42,859	3,383	39,476	20,983	市費	28,084	3,657	24,427	8,571
市費	6,917	1,562	5,355	3,429	都市計画	11,905	—	11,905	4,484
水道	10,909	1,821	9,088	7,539	水道	11,198	3,179	8,019	9,593
交通	25,033	—	25,033	8,320	電気	40,762	1,810	38,952	17,758

注　借換債は除外，利子は推計。
資料　神戸市『統計書』

第2に，普通経済債は，一般的には償還財源の手当はなく，市税補填能力に限界がある。ただ事業債は，用地買収のインフレメリットの吸収があり，都市計画事業債は償還能力は低いが，先行的投資の効果をねらって，起債活用となる。ただ償還財源を市税のみに依存するだけでなく，特定財源の形成努力が必要で，交通事業の繰入金などが，実際は有効な対応策であった。

　第3に，事業債は，多方面にわたるので，外部効果の複合性などを考慮して選別し，投資効果の極大化が求められる。皮相的判断から建設・開発債が選択されやすいが，生活・環境は，長期的複合的効果からみて，投資効果は決して低くない。先にみたように下水道は屎尿処理コスト・伝染病予防・都市美化効果などの総合効果は大きく，水道と同じテンポで整備すべきである。

　第4に，必要な投資は，市税の償還能力の先延ばしを期待して，起債主義の活用となる。都市が成長過程にあり，物価上昇が期待され，しかも金融緩和で低金利が発生するときは，起債主義の活用余地が大きい。この点，港湾直轄事業負担金では，前倒し負担で塗炭の苦しみを味わったが，市税負担能力は，明治40年度市税70万円，昭和10年度1,085万円と，15.5倍となっている。

　第5に，さまざまの理由で起債主義が，安易に活用されるが，増税・受益者負担を回避した，安易な発行・運用は危険である。低利借換債も実質的には償還の先送りで，財政運営の引き締め，財源捻出の自己努力を継続すべきである。

　最終的には実質的な財源補填債化していき，財政破綻への誘因となるが，実際は戦中・戦後のインフレで市債残高の目減りで救済されている。

　しかし，このようなインフレ期待の運営は，邪道であり，デフレとなれば確実に破綻する。起債主義は，経済動向を慎重に見据えて，活用すべきで，理想は返済基金などを潤沢にしたうえで，集積・開発利益の公的還元を図っていく政策的運用意識をもって，積極的運用が理想である。

注
（1）なお市費の目的別市債残高を，内務省『地方財政画概要』でみると，15年度末残高でみると，教育債883万円，衛生債809万円，普通土木債（都市計画債含む）1,776万円，社会事業債1,340万円などである。
（2）前掲「市史歴史編Ⅳ」9頁。

2　歳出膨張と支出構造の変貌

　大正期の財政規模をみると，第１次世界大戦（大３～７年，1914～1918年）で，全体の歳出規模（表85参照）は，とめどなく膨張していったが，２～10年度10.32倍，大戦が終結しても戦後景気で８～10年度1.95倍であったが，10～12年度0.85倍と減少となっている。しかし，12～14年度は1.82倍と膨張したが，公債費が900万円以上も増加し，財政逼迫が一段と進んだ。

歳出構造と財政硬直化

　歳出構成の推移をみると，第１に，土木費は大正２年度構成比21.2％で，県費負担以外の行政費では最大の費目であるが，15年度土木費10.58％と比率は低下しているが，都市計画費289万円を加算すると，559万円となり約22％で，教育費16％上回る。

　第２に，教育費は，学区統一で７年度16万円から８年度256万円と増加し，大正期56.36倍と途方もない伸びとなっているが，７年に義務教育費補助が膨張の引き金となっている。原因は国庫補助の注入にともなって，教員給与の引上が強要されたことと，区教育費が市費負担となり，さらに区教育費の格差是正のため，小学校整備が進められたからである。

　第３に，社会事業費も６年度１万円，７年度20万円，８年度106万円と膨張したが，構成比4.5％に過ぎない。大正15年度社会事業費105万円と増加しているが，肝心の救済費1.5万円で，社会救済施策の箱物行政費が主要支出であった。

　衛生費は，大正２年度構成比13.1％と生活費の主流であったが，15年度4.8％と構成比は低下している。それでも伝染病予防費に加えて，汚物処理費が増加している。

　第４に，公債費の構成比は，大正２年度18.3％であったが，15年度には33.8％と激増している。14・15年度は大幅増加となっているが，未償還額からみて公債費は400万円前後であり，短期借換債処置の影響で，旧債の繰上げ償還費が急増しており，実質的には20％以下であろう。

　第５に，役所費は，さまざまの経費が含まれているが，１つに，行政的に重

表85　大正期歳出決算　　　　　　　　　　　（単位；千円）

区　分	大2	大4	大6	大8	大10	大12	大14	大15
役所費	162	446	237	500	773	976	1,193	1,816
土木費	345	100	120	1,110	2,671	2,272	2,523	2,697
教育費	72	123	181	2,361	4,631	3,793	4,531	4,058
衛生費	213	323	307	697	1,249	1,151	1,495	1,217
勧業費	9	10	11	17	707	80	190	505
社会事業費	3	2	2	868	287	778	1,498	1,054
財産費	6	19	11	298	126	91	80	98
公債費	297	342	422	528	1,078	1,907	10,970	8,630
県費負担金	422	439	589	1,697	3,144	3,224	3,232	3,584
その他	94	1,015	426	816	455	420	335	1,830
合　計	1,623	2,819	2,306	8,865	15,121	14,703	26,047	25,497
都市計画費	—	—	—	86	5,103	1,578	13,487	2,885
水道費	1,607	1,847	4,622	2,927	3,365	4,425	4,090	3,771
電気費	—	—	26,672	8,260	15,724	12,849	17,903	23,882
区費	595	685	906	90	190	218	67	69
合　計	2,202	2,532	32,200	11,363	24,382	19,070	35,547	30,607
総　計	3,825	5,351	34,506	20,228	39,503	33,773	61,594	56,104

資料　神戸市『統計書』

要なのは補助金支出で，市内各種団体への支出で，大正15年度では教育費補助3万円，衛生費補助6,600円，救済費補助5,700円，在郷軍人補助3,000円で合計4万5,300円である。

2つに，国の施設の誘致には，かなりの出費が避けられなかった。大正8年に神戸高等工業学校を誘地したが，総額90万円の寄付支出となっている。

3つに，財産費は町村財政のように重要でなく，支出額も大きくない。基本財産造成費4万8,643円，積立金4万6,819円，財産費2万8,271円である。

4つに，役所所費の最大は職員費，大正14年度でみると，一般職員（市長・助役・主事・書記・雇など）196.5万円，教育関係職員委費218.5万円，雑給（雇員・傭人など）19.3万円など合計412.5万円で，普通経済の25.43％でかなりの比率である。

職員数は明治22年87人，42年462人，大正5年1,395人，14年5,750人と人口増加につれて増加している。ただ水道・電気事業などが加わり，職員数は激増している。14年吏員1,530人，傭人4,220人と事業部門が圧倒的に多い。給与水準

は，民間との比較はできないが，県とでは同じ管理職では，3・4割低い水準であるが，技術専門職は遜色はない。

財政全体に占める人件費比率は，一般行政194.5万円，教育行政255.0万円の合計449.5万円で，普通経済の17.26％であるが，公債費・県費負担金を除外した経費の37.9％と高い比率となっている。

一方，財務関係費を15年度でみると，公債費863万円，県費負担金358万円，港湾の直轄事業負担金154万円の合計1,375万円で，構成比53.92％と，財政運営は窮屈な状況で，見せかけの財政膨張が進んだ。

土木費と勧業費

土木費をみると，第1に，基盤整備の比率が上昇していった。神戸築港に加えて，都市計画事業が，都市計画税・受益者負担金もあり，本格的道路整備事業を遂行していった。大正元年の開発事業は土木費36万円のみであったが，大正15年には土木費207万円，都市計画費289万円の合計496万円と，市税912万円（都市計画税含む）の54.4％に匹敵する支出額である。

第2に，土木費は，都市計画事業が開始されると，事業費は膨張していったが，都市計画事業は，特別会計で処理されていた。15年度で土木費207万円であるが，築港分担金は，第1期築港分141万円・税関整備分12.5万円の合計153.5万円で，73.9％と4分の3を占め，一般土木費は管理費を除外するとほとんどない。15年度都市計画費94万円（公債費除外）で，総計363.7万円となり，道路整

表86　土木費内訳　　　　　　　　　　　　　（単位；円）

区　分	大2	大5	大8	大10	大13	大15
道路橋梁費	131,289	103,467	541,786	623,660	446,468	958,832
治水堤防費	2,112	948	1,452	24,858	112,030	84,088
港湾運河費	715	5,452	306,607	30,599	42,662	50,209
下水道浚渫費	1,567	0	0	0	9,014	11,939
公園費	3,101	12,450	12,624	39,960	22,017	20,493
築港負担金	200,000	0	210,000	1,910,000	1,599,956	1,535,000
その他	6,452	11,644	37,684	41,682	39,154	35,868
合計	345,236	133,966	1,110,161	2,670,769	2,271,314	2,697,444

資料　神戸市『統計書』

備は都市計画事業が中心であった。

　第3に，土木費内訳は，15年度では道路橋梁費が港湾負担金についで大きいが，15年度は国鉄高架負担金11.7万円が含まれている。治水堤防費は，主要河川は県管理であり少ない。市独自の港湾費は，国産波止場費2.6万円などしかない。運河費1.9万円が含まれているが，大正8年に兵庫運河を30万円で買収したので管理・運営費である。

　公園費は管理費であり，下水道費は建設費でなく溝渠浚渫費である。その他は，道路維持・管理の人件費，街路樹費，街燈費，調査費などである。

　都市勧業費をみると，府県・町村と異なり，農政費が少ないので，支出額は小さい。明治以来の市勧業費をみると，博覧会・共進会など主流で，市は博覧会・共進会への参加のための補助金をしばしば支出している。

　明治44年の神戸貿易製産品共進会に3万円，大正2年の第2回共進会にも5万円を支出している。

　中小企業の新興策などはなく，勧業館などがそれで，箱物行政の域をでなかった。明治36年に博覧会施設をそのまま，商品陳列所として，市が借用して運営している。また大正3・4年，湊川公園内にあった勧業館などの寄贈をうけ，この勧業館を産業奨励の拠点として活用している。

　大正15年度勧業費は，産業奨励費3,640円（害虫駆除費など），商工費2,105円，公設市場費7,658円，林業費9,265円，度量衡費7,162円，勧業館費3,167円，生糸検査所新営費36万484円，勧業諸費5万8,011円などである。

　大正期に入り，中央卸売市場建設が各市で行われたが，神戸市は15年に敷地（1万7,000坪）がやっと決定し，市債700万円，国庫補助金70万円が昭和2年に決定し，昭和5年4月に着工し，7年4月に竣功している。

　関東大震災が発生し，神戸に生糸検査所の設置の動きがあり，13年1月にメリケン波止場税関跡地に予算9.2万円で建設された。その後利用者が多く，元町4丁目の株式取引跡地に移転拡充されたが，さらに浜辺通8丁目の大蔵省用地（1,175坪）に総額76万円で昭和2年6月に新築された。

表87　大正6年度各区予算　　　　　　　　　　（単位：円）

区分	区税	財産収入	市補助	授業料	合計	教育費	学校建築費	起債償還	其他合計
神戸区	113,760	24,350	85	23,876	202,228	115,964	16,974	－	202,228
湊東区	84,528	1,380	264	21,870	117,662	95,279	13,360	－	117,662
湊西区	131,232	12,655	534	41,926	253,341	166,197	55,219	17,856	253,341
葺合区	68,444	210	225	24,328	101,562	88,115	－	11,000	101,562
湊　区	23,483	139	4,388	8,050	37,616	28,115	－	8,165	37,616
林田区	61,381	19		10,470	15,646	123,306	65,900	33,740	20,328	123,306

資料　『区会議事録』（各区　大正6年）
出典　新修神戸市史編集委員会『新修神戸市史・歴史編Ⅳ』512頁。

教育費膨張と学区統一

　教育費は学区制廃止で普通経済の教育費は激増した。教育財政が，大正元年わずか5.7万円に過ぎなかったが，15年度406万円となったのは，学区統合で区教育費が，市財政に吸収されていったからである。

　第1に，神戸市財政では貧弱な学区財政を支援するため，急激な膨張に見舞われていた。大正7年度に画期的改革として，市町村義務教育費国庫負担法（法律第18号）で国庫下渡金が創設されたが，六大都市などは傾斜配分方式で，大正10年度小学校費404万円，国庫負担金7.0万円，負担率1.73％に過ぎなかった。[(1)]

　第2に，教育財政が深刻化していったのは，学区制による各学区の財政力格差が大きく，教育行政水準・地域区税負担で大きな格差がみられた。[(2)] 明治22年の家屋税賦課基準個数単価は，神戸0.01銭，葺合区0.23銭，29年度西湊区0.23銭，林田区0.95銭，大正7年神戸区9.2銭，湊区45銭と格差は大きい。[(3)]

　神戸市は6学区であったが，財政力格差は大きく，富裕区では，負担が少なく，教育水準が高く，反対に貧困区では負担が重く，教育水準は低いという，不公平があった。[(4)] 兵庫県は，明治40年に学区統一を神戸市に要請し，歴代知事もこの方針を引き継ぎ，神戸市に早期廃止を要望した。神戸市では貧困区への傾斜配分補助を注入していったが，解決にはいたらなかった。

　第3に，今日ではなじみの薄い制度となったが，明治以来，学区は独立法人として，小学校を経営してきた。六大都市では学区制廃止をめざしたが，容易に廃止できなかったが，神戸市では鹿島市長の決断と政治力で，六大都市でもっとも早く大正8年に学区制の廃止をみた。しかし，東京市大正11年，大阪市大

表88　大正期教育費の推移　　　　　　　　　　　（単位；円）

区　分	大2	大5	大8	大10	大12	大14	大15
小 学 校 費	−	−	2,008,663	4,039,531	2,562,170	3,659,531	3,209,490
幼 稚 園 費	−	−	21,521	31,940	71,635	49,188	45,107
中 学 校 費	38,652	67,210	152,520	203,629	615,502	340,111	385,846
夜 学 校 費	11,248	13,916	24,906	36,856	52,052	49,392	49,186
実 業 学 校 費	−	−	78,411	120,500	239,837	193,372	193,128
図 書 館 費	7,684	8,731	16,804	28,455	46,766	43,392	43,731
夜 学 校 費	11,248	13,916	24,906	36,856	52,052	49,392	49,186
学 事 諸 費	1,384	1,730	9,662	92,777	124,092	116,313	52,090
教 育 費 補 助	1,900	17,559	24,250	40,568	28,600	30,300	30,000
合　　計	72,116	123,062	2,361,643	4,631,112	3,792,706	4,530,991	4,057,764

資料　神戸市『統計書』

正15年，そして京都市昭和17年と大きく遅れている。

　神戸市の学区統一が，難航したのは，学区は区有財産を保有しており，学区統一は，この財産喪失を意味した。この難問は学校以外の財産は，財産区として存続がみとめられたので解消した。

　神戸市は，学校補助を拡充していき，学区負担を軽減させながら，ついに全額市負担として，大正8年3月31日をもって，学区統一に成功し，小学校教育は，不公平が解消され，教育水準も向上していった。

　学区統一後，教育施設水準の均一化をめざし，大正7年300万円を発行し，その償還財源を家屋税に求めたので，6年度21.4万円が8年度165.0万円に激増しているが，この増税によって貧困区の教育施設は改善され，全市的整備が達成された。

　第4に，学区統一後，教育費（表88参照）は，急激に膨張する，6年18万円，8年度231万円，10年度463万円である。学区財政約85万円（大正6年度）を吸収したといえ234万円も統一で増加している。学校建設費は12万円（大正6年度）であったが，8年度153万円と激増している。

　第5に，大正15年度教育費をみると，小学校費321万円，中学校費39万円で商業学校，女学校・技芸学校など7校の経費である。実業学校費19.3万円，幼稚園費4.9万円，夜学校費4.9万円，図書館費4.4万円，青年訓練所費4.2万円，学事諸費2.7万円，小学校営繕・復旧費83.6万円，私学補助等3.4万円の合計405.8万

円である。

　期待された教育下渡金は，14年度18.2万円から15年度31.7万円と増加したが，貧困町村への傾斜配分方式が響いて，教育費の急激な伸びには追いつけない状況であった。

　なお大正8年，神戸高等工業学校新設が決定し，神戸市59.6万円，兵庫県50.1万円をそれぞれ寄付することを決定した。神戸市は用地1万坪と土工費30.3万円を翌年に寄付することにしている。学校は11年10月に開校している。[7]

注
（1）小学校国庫補助の傾斜配分については，高寄昇三『大正地方財政史上』288～315頁参照。
（2）学区制の矛盾・廃止については，前掲「市会史明治編」737～828頁参照。
（3）前掲「市史本編各説」372頁参照。
（4）学区格差について，「神戸，湊東，湊西等は区民に余力あるため『子供の教育』といへば，父兄も否応なしに負担するから校舎は立派になり，設備も完備し，教員の待遇もよく，従って優良教員は期せずして此区にあつまる」（伊藤・前掲「神戸市長物語」130頁）が，貧困区には逆の状況が発生し，さらに人口急増地区であり，学校財産の貧弱という悪循環と化している。表87をみると，歳入では神戸区などは財産収入が多く，区税格差のみでなく，負担能力に差がある。そのため市補助は林田区など周辺区へ傾斜配分されている。支出では学校建築費は起債償還額からみると，周辺区は起債で行われたが，中心区は自主財源で実施しており，財政的余裕がみられる。
（5）学区統一の成立要因について，市債発行による学校費市費負担化，家屋税賦課方式の改正による負担の均等化，市会議員選挙区の変更による地域勢力の変更，財産区の設置による旧町村の資産保全などであった。前掲「市史歴史編Ⅳ」521～523頁参照。
（6）学区統一の成果について，「教育を区の経営に委ねていたならば富裕にして人口増加せざる区は益々校舎の輪奐の美を競い，設備を完備したかも知れないが，膨張力の大なる，財力貧弱なる区民の負担過大となり，財政的破綻に頻してゐた」（伊藤・前掲「神戸市長物語」135頁）といった，悲惨な状況を学区統一によって回避することができた。学区統一をなしとげた鹿島市長の功績は，教育機会の平等，財政負担の均等，低所得者層の救済といった，複合効果をもたらした改革であり，公営交通買収に匹敵する快挙である。
（7）前掲「市史第2輯本編総説各説」931頁参照。

福祉拡充と汚物処理費

　社会事業費は，大正7年8月12日の米騒動によって，一気に膨らむ。大正3

表89 社会事業費内訳 (単位；円)

区　　　分	大2	大5	大8	大10	大13	大15
救済・救護費	2,186	2,138	7,034	17,292	28,652	30,391
補　助　費　等	700	700	700	26,100	1,200	8,749
公設食堂・宿泊所費	－	16,106	56,871	195,615	216,073	273,666
児　童　福　祉　費	－	18,949	82,734	19,570	83,200	24,569
住　　宅　　費	－	－	721,001	12,301	210,175	88,465
職　業　紹　介　費	－	－	－	16,969	82,852	31,082
診　療　所　費	－	－	－	－	156,101	186,175
失　業　救　済　土　木　費	－	－	－	－	－	411,090
合　　　　計	2,886	37,893	868,340	287,847	778,253	1,054,187

資料　神戸市『統計書』

　年8月，米1升20銭であったが，7年8月63銭と暴騰した。市は外国米の廉売にとって鎮静化にこぎつけるが，貧困問題が解消したのではない。福祉施策も転換を余儀なくされ，従来の恩恵的慈恵的福祉から施策的救済的福祉への転換をみたが，救済措置はそのままで，地域福祉が急成長していった。

　第1に，神戸市でも救済課が設置され，寄付金による救済基金が創設され，また大正8年には皇室から御内帑金（2万670円）が下付され，内務省から富豪寄付金による救済金配付（8,450円）があった。緊急的臨時救済効果で，基本的救護措置の恤救規則措置費は低迷したままでは，貧民救済は不可能であった。

　社会事業費予算（表89参照）は大正2年度2,886円から15年度105.4万円へと増加しているが，公設食堂・失業対策費などの事業費で，救済費は2年度1,986円から4,702円と3千円弱の増加しかない。

　なお大正7年の米騒動の余波で，救済基金が設置されたが，7年度451円の支出で，15年度でも485円の支出しかない。

　第2に，多くの福祉施設が設置されていった。公設市場・公設食堂などの施設福祉に加えて，職業紹介・失業対策事業なども展開され，それなりの効果がみられた。(1) しかし，経済・社会の基本的構造が変革されない限り，市民の貧困構造がかわらなかったが，なお貧困層への医療施設として診療所費が予算化されている。

　第3に，住宅費は8年度公営住宅建設費が72.1万円，9年度19.8万円が実施されたが，10年度1.2万円と息切れしている。13年度は21.6万円であるが，住宅

表90　塵芥処理方法の内訳　　　　　　　　　　　（単位；1,000kg）

区分	海上投棄	艀船交付	埋　立	焼　却	計
大8	25,746（41.8）	15,950（25.9）	9,858（16.0）	10,059（16.3）	61,614（100）
14	63,824（51.8）	7,406（ 6.0）	23,676（19.2）	28,424（23.0）	123,330（100）
昭7	26,251（17.0）	7,935（ 5.2）	8,055（ 5.2）	111,942（72.6）	154,182（100）

資料　神戸市『神戸市史第2輯本編総説各説』640頁。

貸付金19.2万円（12年度26.2万円）が含まれている。15年度公営住宅費7.1万円（14年17.7万円）で住宅貸付金は含まれていない。

　第4に，注目すべきは失業対策事業は，15年度41.1万円（14年度27.7万円）が執行されているが，事業の賃金に対する補助率は50％という，破格の措置であったので，神戸市でも都市計画事業を失業対策事業として積極的に活用していった。なお関東大震災への支援は神戸市経由の民間寄付35.7万円，避難者収容6,000人で，神戸市は公費寄付10万円を支出している。

　衛生費は，従来の伝染病予防費に加えて，人口増加にともなって汚物処理費が増加していった。衛生費の推移は，大正2年度21.3万円，15年度121.7万円で，2年・15年度5.71倍の膨張であるが，増加の原因は汚物処理費で15年度81.3万円と最大の費目となっている。屠場・火葬場などの施設費も増加要因である。

　まず第1の衛生費目として伝染病予防費をみると，大正期になっても，伝染病撲滅ができず，予防費のみが膨らんでいった。根本的対策の下水道建設も遅れ，発生源のスラム解消は進まず，衛生思想普及・予防接種・隔離措置などの対症療法におわった。ペスト対策では有菌鼠駆除対策として，捕獲の奨励金支出を議決するなど，行政として姑息な対応策しかなかった。

　第1に，伝染病対策で，消滅したとみられたコレラの流行，ペストの発生，さらにインフルエンザの多発と，さらに結核の流行など，新型の伝染病がひろがり，市民は病魔に恐れおののき，市行政は対策に忙殺された。

　ことにペストの流行は，病原菌の媒介であるネズミの駆除に全力をつくす羽目になり，懸賞金だけで1万7,214円（1匹50銭）という巨額の支出となった。大正期になっても，毎年5〜10万円の支出を余儀なくされている。

　第2に，伝染病医療施設整備で，人口5万人以上に市に，結核療養所の設置

表91　衛生費内訳　　　　　　　　　　　　　　　　　（単位：円）

区　分	大2	大5	大8	大10	大13	大15
伝染病予防費	69,519	47,749	62,836	76,098	64,516	26,840
伝染病院費	44,267	73,992	116,372	137,388	148,276	135,519
結核療養費	－	17,634	57,760	75,661	71,775	56,181
市民病院費	－	－	－	－	－	105,515
汚物掃除費	79,138	90,177	230,443	780,122	728,763	812,524
衛生諸費	8,165	16,878	26,773	35,892	18,062	23,114
墓地費	12,231	671	1,615	1,689	1,765	2,193
屠場費	－	－	189,670	10,870	10,751	6,708
火葬場費	－	－	11,874	131,728	161,905	48,643
合計	213,320	247,106	697,351	1,249,458	1,205,826	1,217,252

資料　神戸市『統計書』

が義務化され，大正7年10月，神戸市では，夢野村に屯田療養所を12万4,068円で建設し，国庫補助金6万2,049円で開設しているが，運営費4万5,029円とかなり負担である。衛生建設が整備されていった。10年度火葬場が23万1,480円で新設されている。

　第3に，医療施設拡充で，一般病院としては，大正13年3月に神戸市立診療所が，長田区三番町に設置され，その後，増設がなされたが，神戸市立中央市民病院と改称されるのは，昭和24年であった。[2]

　第2の衛生費目として，汚物処理費をみると，第1に，下水道なき都市にとって屎尿問題は，大きな難問であった。屎尿が明治期は農家にとって肥料として，有料で収集していたので，農家・市民・衛生組合などで処理されていた。[3]

　やがて有価物としての価値が低下すると，専門業者は請け負いすることになったことから，さまざまの紛争が発生した。

　人口の増加・農家の減少・科学肥料の普及から，有料汲取方式になったが，市直営・民間会社・農民農会方式などが混在し，請負方式では非効率であった。大正期以来，市営化を導入していき，10年で市営38％，昭和元年で86％となった。[4]大正14年では1日3,723石の屎尿を汲取・運搬・処分するコストは膨大となった。しかも半分近くが海上投棄である。同様の問題は，汚物処理でも市営で収集・処理を余儀なくされ，支出額は増加していった。[5]

　第2に，塵芥処理で，屎尿と同様に，人口増加につれて，深刻経済な問題と

なっていった。兵庫県は明治12年市街掃除規則，14年塵芥溜塵捨場規則改正などで，市民への義務を強化していった。しかし，結局は，衛生組合などの協力によって，市が処分せざるをえない状況となっていった。請負方式から直営方式へ，海上投棄から焼却処分へとかわっていった。明治39年，2.8万円で焼却場を2ヵ所建設している。なお海上投棄の比率をみると，大正8年41.79％，14年度51.75％，昭和元年31.72％，7年17.03％と改善されていった。[6]

第3に，明治から大正にかけて，衛生関係施設が多く整備されていった。明治41年塵芥搬出所，43年浜添焼却場，大正7年高松焼却場が建設されている。市営屠場大正9年1月竣功，工事費31万円であった。火葬場は，明治年間は民営会社が運営していたが，大正7年，民営火葬場を11万円で買収し，12年度火葬場が23万1,480円で新設されている。

注
（1）たとえば公設市場は，大正7年9月に市内3ヵ所に設置するとされたが，当面，東部・中央の2ヵ所で民間寄付4,000円，創設費10万円で施行された。その後，西部も建設され，さらに6市場がついかされた。市は15年度に政府低利融資20万円を借り入れ，3市場を追加建設している。その成果は「少なくとも価格の低廉と量目の確実とに於て一般の店舗に優るあり，…一般商売の弊風を矯正する力あるべきは疑なからむ」（前掲「神戸市史本編各節」309頁）と評価されている。。また公設食堂は，市内3ヵ所に設置が予定され，寄付金3万7,099円，市費1万9,772円を創設費とし，内納金2万6,704円，寄付金8,745円を基金として運営された。施設について「価格の低廉なると，比較的衛生に適する」（前掲「神戸市史本編各説」310頁）と評価されている。前掲「市史第2輯本編総説各説」830〜835頁参照。
（2）市民病院は，救済医療が目的で，「当時の社会経済状況では一般開業医にかかるのが難しかった困窮層を対象としていたために，危惧された開業医からの反対はなく開設にいたった。…夜間診療もおこなったこともあって，…大正15年に黒字決算に転じている」（前掲「市史行政編Ⅱ」401頁）といわれている。
（3）従来，屎尿は「需用供給の関係上立派に有価物として汲取営業者から衛生組合に年々支払ふ金額は1戸当り25銭乃至50銭其総額4万円を降らない，且全体を通じて順調に経済的に処理されつつあった」（井庭野薫「神戸市の屎尿問題対策」『都市研究』第3巻第2号 昭和2年3月 19頁）といわれている。
（4）屎尿処理の対応については，前掲「市史本編各説」397〜399頁参照。前掲「市史産業経済編総論」608〜620頁参照。
（5）市営方式導入については，前掲「市史第2輯本編総説各説」643〜646頁参照，前掲「市史歴史編Ⅳ」546〜549頁参照。
（6）前掲「市史行政編Ⅲ」478〜482頁参照。

神戸近代都市形成事業の主な

年代	都市形成主な事業項目（※＝以下関連・周辺市事業）
1867以前 ※明治6年までの和暦の日付	網屋吉兵衛：嘉永元年造船所・安政2（1855）年9月、海軍操練所：開設元治元年（1864）年5.21～慶應元年2（1865）年3.9 ※横浜港開港：安政6（1859）年6.2
慶応3（1867・1868）	居留地収用決定（4.13）居留地着工：工事22坪（7月～4年6.26迄工）、元町地区横町長屋（4－）神戸開港；浦上所分で開港遅延式典挙行（12.7）・（1868.1.1） ※兵庫開港勅許；王政復古（5.24）大阪開市（12.7）
慶応4（1868）	神戸運上所仮設置（2.5）勅令兵庫奉行布達（2－明治.1.9止）明治新政府直轄居留地第1回競売（7.24 36区画）兵庫開港（6.10）大阪開港（7.15）兵庫大阪居留地取決書を英蘭独仏と調印（6.19）※神戸事件（1.11）兵庫県設置；伊藤俊輔初代兵庫県知事就任（5.23）
明治元年 （1868・1869）	兵庫県庁原坂本村坂下に設置；工費3万3,860円（9.16）神戸・二ツ茶屋・走水村合併；神戸町と成す（1.1）尾張町・神戸人口約25,000人、神戸港貿易総額；113.7万円
明治2 （1869）	居留地第2回競売（4.21 25区画）パナマレンガ会社工所建設（4月～3月間）生田川～相生町現状建（4月－3ヶ月間）生田川～相生町現状建 ※神戸運航会社・森鋳会社設立；資本金34.8万円（9－）
明治3 （1870）	居留地第3回競売（4.16 60区画）大阪・神戸間鉄道着工（7.6）居留地道路本体工事建設 ※阪神間電信開通（8.20）
明治4 （1871）	海岸通築堤（2～10月）生田川付替；工事3.1万円（3.10～6.9）神明設神市街地構造建；工事2.9万円（4月～6年11）和田岬堀割奪工（4.27）鋳貨地形変更；工務兵営拠凝結施設（海陸所）設置（12.26）西条・上谷町第3港北上局収集；工事春月11.1万円（2～10月）内国居留地廃墟（深川海岸～葺川）※西国人ジュンニュードルン代行初代兵庫港長（2.18）ド藤和（4.4日）「民鉄港湾沿川港湾等通行止貸税収の件」公布（12.4）搬重置台（7.14）神田泰次郎代任（11月～9年6月）
明治5 （1872）	第1次大大改造区（5－継承）深川神市居留地；工事2万円（1月～9.23）兵庫地築建；工事3.8万円（11月～6.5）第1次第1山手築地施；埋称用9.8万円（4.17）第3.2万円（6月～6年9）※国民銀行支店設備公布（9.6）出入行主鉄移行（8.3）東京・横浜間郵政院（9.12）神戸兵庫第2区画；字新制改定（8.3）東京・横浜間郵政院（9.12）
明治6（明6） 1873	第4回居留地競売（2.17万坪、126区画）新市民市街建築；深川新国道 一連兵庫新街工事；工費2万円（2月～7年3）葺田車大石取工事、西磨上岡大石樋建造車（3－）ノーサール神戸港整備施設（10.19：工費30万円）明17年度完了至上、加納機通改正；工事2月～7年（7月～7） ※神戸改正条例（7.28）所港遭路施設改（8.2）明治5.12.3公明治6.1.1

1874 （明7）	神戸・大開間鉄道竣工（5.11）神戸貿易商会社；大阪船材木橋建設（7.3）兵庫運河竣工（−）工費12.7万円；兵庫第5・9年5区再編入（11）兵庫新市街（−）地種21.1ha、工費1.2万円 8～9年；湊東地籍図幅整備調印（8.193万3320坪）有馬街道改修（11）工費0.5万円（9～11月）
1875 （明8）	税関落成；湊川改修落成建議（4−）米人ボイルズ名称・諏訪社工事竣工（8.1）※神戸クラブ創設（10.12、神戸外国人墓地の始り）
1876 （明9）	貯銀寮：神戸駅構内倉庫建築完成（9.7）新川川以上1.7万坪改正（−）※三井銀行神戸支店開設（7−）第一国立銀行神戸支店開設（9−）楠公顕彰社建設（9月～18年4月）
1877 （明10）	神戸・京都間鉄道開通（2.5）西国街道予約通（2.15）東京瓦斯建瓦斯灯建設；工費180万（6.9）コレラ発生、船木商店開業
1878 （明11）	ハザ田浜埋立；第2次大開拓地（8,399坪）1万7700坪〜12日2竣工；兵庫港・御用水栓前以北（9−）キリスト教神戸所開設（11−）加納跡地梅続再改（2.3万坪）※神戸商業講習所開設（1−）第73国立銀行神戸支店開設（4−）神区町村編成布告（7.22）兵庫県庁名称新設（10.14）65県行政規模科学縮期出発（11.4）
1879 （明12）	艦局内下鎮籃設、工費3.5万円10万円（12月～17年）兵庫港；市内活路整備築設計；市東摩装施業発端前立布（7.14）※神戸・兵庫・坂本林合併で神戸区設置（1.8）神戸区長友名義状況決（10−）
1880 （明13）	※横浜正金銀行神戸支店開設（6−）東京馬車鉄道設立；箱本実30万円（12.28）三菱社創設
1881 （明14）	※三県視察則（3月〜明15）楠神山人・神戸元町（14〜18号）川崎正蔵神戸所開設（4−）神戸製紙会社設立（−）
1882 （明15）	神戸桟橋会社（6−）資本金2.5万；第2次浜北海人設置桟橋建設；工費2万円（11月竣工）※東京専売局；新橋一日本橋間開通（6.25）第1期長距離着着：29.3万円（15〜22号）
1883 （明16）	兵庫浚渫局設置（ベルチン）着工；加州製糖所設立（−）科野山人区長任、区会議事業基定署名状※東京独立局（12.15）東京電機会社（2.15）
1884 （明17）	海東寺・キリスト一致名各堂成以、加賀浴場所設置（3−）神戸桟橋合水会社（明治16年完成まで長1.6万円）小野清太郎橋建議：工費14万8,30万8,3万円、工事15万円、工夫3千排名；神戸大和新聞刊（5.11）郵便4.6.30発刊）第2期長距離着着：310.07万（17〜23号）

1885 (明18)	※裁判所構成法(4.13)内海忠勝知事就任(4月〜22年12)日本樒脳神戸支店開設(10.1)鳴滝幸祐・神戸区長(18〜21年)
1886 (明19)	川崎正蔵・官営兵庫造船所(停泊場)川崎造船所創立:停泊場乃30万円(4.28、20年7.6：一部を払下げ、5.9払下)三井銀行神戸支店水渠内申請(10-)神戸区湊部町に下宿改化 ※長崎県より、チ工場設置(4-)神戸商業学校開設(6-)東京海上神戸支店開業(7.5)大阪商船神戸支店開店(8.1)長瀬喜蔵喜雄取次店徴兵令改正(8.21)「神戸米穀の事業」(『神戸又新日報』9.10〜10.10)コレラ流行:死者1,909人
1887 (明20)	ベース一水道設計：工事費40万円(5-)藤田伝三郎・渣川汲深工事に着手(6-)神戸電燈会社設立：資本金10万円(10.25兼業21年11.3) ※神戸問屋会議所設立(2.5)神戸商業学校開設(6-)橋路水道復旧(9.21)
1888 (明21)	山陽鉄道会社創立：資本金1,800万円(1.4、兵庫・明石間開通11.1、図年12、官民間金銭(8.04万円)兵庫区役所及重車事業：事業費10.2万円(2月〜43年10)第2ぶ山手下水渠：工事費6.7万円(6月〜22年5) ※東京市区改正条例(8.16)市制町村制公布(4.17)
1889 (明22)	神戸区を以て神戸市となす(2.12)山崎鉄造・日本樒脳株式会社兼営(3.15)兵庫鉄橋会社：株価を払戻(7-) ※神戸区と葺合村・荒田村の一体、神戸市制実施(4.1)神戸人口134,704人、市域21.28km²、鳴滝市長(22年5〜34年5)光彬弘神市橋・神戸門会議所開業(7.1)兼松房次郎商店開設(8.15)関西学院開設(9.28)西南入校認可(12.11)第1附属放送学校建設：工事費235.3万円(22〜29年)
1890 (明23)	山陽鉄道・和田岬線起延建設(7.8)元町通、工事費7.7万円(23〜27年) ※市制町村制公布：長浜水道起工(2.12)長田区水域改正(3-)京都以下事業起立：工場費125.7万円(4-)神戸商業会議所設立(12.9)コレラ流行：死者1,095人
1891 (明24)	京都市電気事業開業(11-)神戸市井屋気電動創設
1892 (明25)	兵庫港遊園設置(6-)
1893 (明26)	楠木正水「神戸市水道設置方案」(1-)「神戸市会」神戸市水渠応設置(2-)神戸市会水渠置会設(7.3)兵庫製造会社：兵庫向海門海出し(12-)兵庫地区地所改重事業：面積142.5ha、事業費10.27万円(26〜43年)

427

1894 (明27)	鉄道網改良案（8.10起工 資本金35万円）；神戸商業会議所兼倶楽部・神戸築港案（10） ※日英新条約（8.1 28年4.1発効）；日清通商航海条約の廃棄・領事裁判廃止・関税引上（7.16）岸本駅行商店設立（10）
1895 (明28)	長田区再画の申請（12-）兵庫ベンダームの申出廃く ※京都長道便全線営業開始（1.31）大阪水道給水（10.1）日本郵業銀行創立（12-）コレラ大流行；死者1,456人
1896 (明29)	兵庫運河・事業費約60万円（1.30～32年12月竣工）国立神戸生糸条件所設置（3.7, 34.4.2閉鎖）「諸派／第二付属百貨」（5.15）湊川区画正工事施行（4.27）湊川区改正対運動（4-）湊川改修（8.30）湊町設置区（8-）；工費12.37万円 着工2万円（8-）～33年）；電車軌道・西国街道北摂地方布装業鉄（工費23.57万円（10月）；アニメ・灘中区（工部大務10）事業費99.7万円（12月, 34年8月 竣工） ※国立神戸秀苛農学校工部開講楽（10-）灘御影甲東工場開設（10-）三菱倉庫（一菱倉庫）兵車支店開設（10-）電話交換事務開始（10-）日本毛織創立（12.3）灘・林田・池田村合併；市内32.02㎞
1897 (明30)	神戸商工会議所；神戸港湾施設改善運動（2-）水道起工式（5.28）湊川線会社設立（8-）；資本金100万円；澳川改修工事・事業費99.7万円（11.21～34年8月 竣工）；川崎造船；起工式（11.21～34年8月 竣工） ※名古屋大阪行ストリュニキ（3.20）大阪落雷；工費2,249万円（10～一般私鉄会社条例3歳工）
1898 (明31)	第2次市電区設立（5-）春日地所電車事業（31～40年）；神戸湾落電気設立；市内電気事業営工；工費12.07万（31～40年）；事業費12万円（31～40年） ※神戸新聞創刊（2.11）神戸市営浅30年（5.7）神戸瓦斯会社設立・資本金70万円（6.13）東京水道通水（12.1）
1899 (明32)	株軒電気軌道設立（3.20,32.7-阪神電軌に改称）神戸浅電気を兼ね了重要な築業；工費2,220万；起則1,430万（6-）神戸市未着工因体築造工事増税案（11.14 市会築築京決付可決（11.21）株田造船増業；田積148.7ha, 事業費11.4万（32～41年） ※拘物燃液税率引上（3.20）神戸市；モータールス水道敷設100万円借入契約（7.7 34年12.20和税25円引取）恩恵林施設（7.17）住水冷倉庫冷蔵店開設（7-）神戸ストスト発生（11.8）
1900 (明33)	神戸市衛生院開設（1.22）市営築築管会議設置；工費75万（2-）上水道通水式；工費340.6万；起則24万；職員ベース98万（3.24）神戸港条例拡大（5.31）神戸税関・八幡港所税務署；工費14.77万円（9月～35年3） ※鹿松加集転任（10～天5年4）片桐長；落築議会各設置（6-）36年3月廃止；下水改良工事（3.6）汚物掃除法公布（3.6）

1901 (明34)	神戸瓦斯会社開業(1.13)・市営水道布設認可(3.24)・水源不足など非常干魃況(12.20) ※播磨水上郡市域編入(34年5〜38年3) 人口241万人・神戸市戸１戸等兼営事業への出捐3.7万円分受付(10.5)
1902 (明35)	神戸築港起工式(6.14)・市内線電化事業：工費約9.0万円・483万円(11月〜4年) ※神戸商工等兼営援護認可(3.15) 横浜市水源並事業費・90万円 (5-)・兵庫電車：日本最古春営兵庫収、神戸川崎銀行創設、神戸ガス設立
1903 (明36)	小学校海岸運輸所重盛礎盤：工費120万円(40年7終工)・5小学校港湾築造5068万円・津川沿岸工事：工費1.1万円追加(12-)・和田岬兵事業着手(11-飾山梅林)・三菱合名会社：事出鉱泉所3.0万円(36〜38年)、諏訪山公園開園 ※大阪市：巡航船会社機械船納入(2-)・大阪市航路事業実施・309万円(6-)・大阪市電気事業開通(9.12)・横浜大阪間私有地：市内
1904 (明37)	※日露戦争勃発(37年2.10〜38年9)
1905 (明38)	阪神電鉄：大阪・神戸間開通(4.12)・烏原用水池竣工(10.17)・武庫幕水、総開館形成区(11-：湊川埋立) ※東山陸用地所開設認可・横浜市都市整備代行(1-)・水上警察署(9月〜42年7)・神戸三菱造船所開業(8.8)・筒本大阪店長・淡鐡開所式(9.1)・神戸港普賽用川大援業生
1906 (明39)	神戸市電：長堀地元同盟認可(3.3)・総関海業運輸所重盛礎盤・396.5万円・各輸国車機加(4.1-45年)・神戸電気鉄道設立：資本金600万円(5-富崎43.4.5)・末上水地「神戸港の現状及改良策」発表(6.4)・兵庫埠頭南工正場改築(7月-40年2)：三菱合資会社：工費3,185万円(9.16)・三菱合名会社：和田シー＝ド・ル(10.8 38年2着工) ※横浜市入港諸税関係吉良岡奈倉(2.7)・京都市三大事業開始：1,726万円(11月〜45年6.15)・山陽鉄道国有化(12.1)・横浜港：工費54.7万円(39〜×6年)
1907 (明40)	第1期築港起工式挙行：事業費見込31,710万円・市有料委託7万円(9.16〜大正11.5.16終工)、春季港務設置：工費57.9万円(11月〜43年2)・11.1万円埋立、2.4万円水池 ※横浜市拡張・兼式築城事業(2-)神戸ヤッチ税船設立(3-)・其出市有電車朝倉(6-)一般公電気申存・内務見立（重築港務／進北大と施設）7万円 (10-)中央山槽林

1908 (明41)	東京市電車：固定複巻タービン設置11.7万円・事業費211.3万円（明41～大正4）神戸市・神戸瓦斯、桜島系統等線路 ※阪市電車兼業（4.8）第1次フランチャイズ申請781人（容ガス）出 （4.28）
1910 (明42)	川崎造船所：普及船海軍用変更、会下山公園開園（1-） ※ダンロップ社創設・資本金118万円（10.4）大阪市電気水道兼営業費・3,022万円（5-）横浜市水道水費700円（7-）御幸橋架設竣工（4.12）
1911 (明43)	兵庫電気軌道（40年11月起200万）；会下一須磨間通（4.5）神戸電気軌道会社設立：春日野一兵庫駅前間通（4.5） ※鶴田市在任（43年2～大9年3）人口40万人、名古屋市上下水道系統・782万円（6-）京都市水道電化計画・1,755万円（6-）神戸電気軌道と線路系統（8.1）
1911 (明44)	神戸電気軌道・電気事鉄締結（7.15）湊川公園3.6万円買収；葺合水線工事・1,166万円・橋梁82万円（11.1）大10年3.20竣工、水車発30万円（9.18）凑川・大倉山公園開園（10-）第1回水景※神戸兵庫瓦斯・新大阪瓦斯から合併、資本金140万（7-）東京市区改正事業費戦車：貨本金6,458万円（8.1）市立図書館開館（11.10）
1912 (明45)	阪神電鉄神戸站京終へ発至（11.1）神戸市・神戸電気鉄道許可を6ヶ年間保留 ※東京市電車緊営収支（米・化・米買業）：発行額8,956万円（6.11）京都市電気事業開業（2-）
1913 (大2)	神戸市立大沽病院開設（1.24）神戸電気・神戸兵庫瓦斯合併・資本金1,485万円（5.1）神戸港第1次整備完了（8.20）第4次長崎造船（11.15）三菱造船所、和田岬5.07万円竣工（2-圖引） ※神戸港・築築期開港（8.18）大正期相次官庁系、工業市整備等・年 8件・5.44倍
1914 (大3)	神戸市公設市場開組合：面積180.4万円・事業費23.4万円・市街鉄道5月（8）～5月10）川崎造船所事業買収：面積5.77万円、工事費95万（3～6年）神戸電気と線路系統を更新鉄結成（6.30）※神戸市区改正計画（4-）第1次申請否決（7.28、続行7.11、11）神戸港設計総改国1位
1915 (大4)	有馬線敷設開通（4.16、昭和18年営業休止）神戸水素鋼所開設3.19万円事業：事業最高行（11－大7年3月竣工）早神春車（三井春車）；海上模橋買収・小樽港タービン設置、再立面積3.37万円工（4～7年）春100万
1916 (大5)	市立公園東規則：公付年度18.9万円（4-）等等等等公設市場規則公認式

1917 (大6)	築港陸揚場・小野浜船舶修理所を9月工事竣工、工費7万円；神戸市：神戸瓦斯会社買収；2,262万円（8.1）伊藤長次郎、運動場出30万円寄付（11―神戸市会に可決、兵庫県は不許可） ※神戸図書館刊行開始（5.8）川崎病院神等学校設立（9―）
1918 (大7)	※内務省神戸土木出張所設置（4.1）京都市：京都電気鉄道買収（7.1）川崎造船所：長谷川製鋼工場操業（7.25）神戸米騒動（8.12） 内務省：港湾施設第一次拡張計画決定（10.30）
1919 (大8)	千代崎水族館工（5.10）第2期神戸築港；事業費予算2,710万円、市有財産同1,170万円（8.1―別働第3号、明14竣功）；兵庫県河井水道買収；30万円（8―13年施行）、神戸市：都市計画第1期工事；1,488万円・車輛券収支；90万円（12.1） ※神戸市：学区制廃止（3.31）内務省神戸土木出張所庁舎竣工（4.1）都市計画法・市街地建築物法（4.4）遊廓法（4.10）大正天皇御長男裕仁殿下（大8～15年；工業生産額33.3％増）
1920 (大9)	第2期神戸築港起工式；11.8km・工費918万円（5月～明3年）；総係施設工事6件次期着工（6.29、10年3.2以降）阪急電気鉄道接続；大家埠頭―神戸（毛岡井）開通（7.15）第2次護憲運動（9.30）市営住宅募集着手（10―） ※道路港湾工事；市内延63.58km・人口60.9万人（4.1）海洋気象台及び同観測所併用（8.26）松方幸次郎市長就任（大正9年10～11年5）都市計画東地方委員会発足（10―）第1回国勢調査；人口60万7,864人、松方幸次郎埠頭用地25万7,円、川崎造船所大阪100万円、岡崎藤吉郎50万円、岡崎久次郎・嘉七50万円を神戸市へ寄付事業費寄付
1921 (大10)	湊川トンネル完成（6.25）科学技術競技開設（9.9）火薬火器所焼失方面（11.11）横浜市：電鉄工場新設買収（4.1） ※間淵安50件；市柵釜石30件；三菱造船所・大寺薬共寺開設（3.20）川崎造船所
1922 (大11)	築港第1期工事終了；事業費1,509万円、市有財産367万円（5.16）第5次港湾（11年4月―明6年11）第4次港湾業界末次（11年12～14年4）兵庫第2次拡張（5.11―明5年5.6竣工） ※「六大都市行政区域拡張に関する法律」（3.20）神戸市部市計画区域決定；1市10町村（4―）名古屋市：名古屋瓦斯電気鉄道買収（8.1）石原汽船会社出港（大11年12～14年6）
1923 (大12)	在神第1支部第（12年4―明7年8）大日・春鎮士煉瓦工場造船（6）神戸海運登録所完成（8.23）神戸立今来校表所開廣皇太子（12.14、後6.4）同規模表） ※関東大震災（9.1）
1924 (大13)	第2期港湾事業；1,1717万円、補助78万円（大13―昭3年）第3明石間線路拡築；9.8km・工費補増1,662万円（5月～昭3年11） ※神戸港湾重要漁港指定（8.23）神戸ケーソン開業（3.4）大阪市大阪電気会社買収；設収支8,462万円（10.1）都市計画用途地域制制定者

1925 (大14)	摩耶ケーブル開通 (1.6) 神戸市「県営神戸湊飾道」(逓信・国鉄連系北線) 譲受契約25.17円 (4—) 第3期市電設線敷設式:9.8km・工費概計1,166万円 (12月—昭12年4) 第3期市電設線敷設式:9.8km・工費概計1,166万円 (5月—昭3年11) ※前灘区六甲区 (14年8—昭8年8)
1926 (大15)	神戸有馬電鉄:資本金500万円・事業費850万円 (3.27, 昭3年11月開通) 阪神国道竣工 (12.25) 国際原因完工場:工事費3,400万円 (灘・廣屋区間):大15.8～昭6.10.10) ※三森神戸店開業 (7.6)

参 考 文 献

地方行政区・都市経営

大霞会正木千冬『国政と地方行政の関係』昭11年 (1936)
磯田正夫『日本地方財政制度の成立』経済法規昭16 (1941) 年
磯田正夫『日本地方財政制度の成立』河出書房昭24 (1949) 年
春日井薫『明治初年地方財政の成立過程』柏書房昭30 (1955) 年
人阪市役所編さん委員会『大阪市制施行史』ぎょうせい昭59 (1984) 年
西尾勝三『都市経営論の変遷』勁草書房昭61 (1986) 年
西尾勝三『都市経営管理の変遷』勁草書房平2 (1990) 年
西尾勝三『明治地方財政史第1〜6巻』勁草書房平12 (2000)〜18 (2007) 年
西尾勝三『戦時期日民治の終焉』芦書房直平16 (2004) 年
伊藤之雄編『近代京都の改造』ミネルヴァ書房平18 (2006) 年
西尾勝三『大正地方財政史上・下』ぎょうせい平20 (2008)・21 (2009) 年
西尾勝三『昭和地方財政史第1〜5巻』ぎょうせい平22 (2010)〜27 (2015) 年
新修神戸市史編集委員会『神戸市史第三集産業経済編』(復刻五冊会)』平元 (1989) 年3月
宮本憲三『地方自治制度・運用の推移・2』『甲南大学経済学論集』第29巻第4号,
昭61 (1986) 年

都市計画・都市基盤

川島右次『神戸市都市計画事業施行区域』神戸市都市計画事業概要附大正14 (1925) 年
小梁 正『土地区画整理の基礎と設計』鹿島出版昭10 (1935) 年
石原又次郎『土地区画整理の研究』日光体育研究社昭62 (1987) 年
石田頼房『日本近代都市計画の百年』日光体育研究社昭62 (1987) 年
小樽民次郎『神戸のまちづくり明治の区画整理』九累出版サービスセンター平成14 (2004) 年
新修川沿海岸整備委員会『都市から浜 2 流川・新海川沿岸整備通史』神戸新聞総合出版
『ポインター』平成 (2002) 年
石田頼房『日本近現代都市計画の展開』目光体育研究社平16 (2004) 年
三輪光範編集『神戸ーそのまちの近代の都市形成』『県』第5号』こうべまちづくり
<ワンダー>平22 (2010) 年
新修神戸市史編集委員会『神戸市史港湾資料第98号』(深川区役所蔵)」『新修神戸市史
編集資料目録孔』昭61 (1986) 年
新修神戸市史編集委員会『神戸市史港湾資料第100号』(港湾開さく)」『新修神戸市史
編集資料目録孔』昭61 (1986) 年

433

小川知弘「神戸の街づくり・上飯区画整理法の沿革を検証して、株式会社区画整理の市街地開発の4つの手法」『区画整理』第37巻第1号、上飯区画整理協会、平成 6 (1994) 年1月
小川知弘「明治期の神戸における市街地整備の事業手法の研究」『土木学会研究』第17号、平成 12 (2000) 年1月

港湾行政

水上浩躬『神戸と港』神戸税関友清会、明治39 (1906) 年
神戸市『神戸築港問題沿革誌』神戸市、明治41 (1908) 年
神戸市『築港及び築第未完成』神戸市、明治42 (1909) 年
以下賞『日本築港史』、丸善株式会社、昭 2 (1927) 年
運輸省港湾局『日本港湾修築史』日本港湾協会、昭和26 (1951) 年
山口智弘・佐田田二『港湾行政論』日本港湾協会、昭和30 (1955) 年
大阪市港湾局『大阪港第1巻』大阪市港湾局、昭和34 (1959) 年
神戸市港湾総局『神戸市港湾概説』神戸市港湾総局、昭和36 (1961) 年
神戸市港湾局『神戸港湾百年史』神戸市港湾局、昭和44 (1969) 年
寺谷武明『日本近代港湾史研究』時潮社、昭和47 (1972) 年
神戸開港百年史編纂委員会『神戸開港百年史・建設編』昭和47 (1972) ・45 (1970) 年
島居幸雄『神戸港1500年』海文堂出版、昭62 (1987) 年
横浜港湾史刊行委員会『横浜港湾史総論・各論』横浜市港湾局、平成 (1989) 年
杉浦茂樹『明治の国土建設』鹿島出版、平 4 (1992) 年
稲吉晃『海港の政治史』名古屋大学出版会、平26 (2014) 年
齊木崇人編「築港の現在 (下) ―神戸港建設顧問委―」『港湾』4 (1929) 年12月
上田鵬光「海運振興の必要」『運輸と神戸』第6巻第2号、昭42 (1967) 年4月
内海泰「産業経済地域立地における神戸の基礎的問題」『神戸の経済』第 7 号、昭和57 (1982) 年10月

生活基盤施設行政

神戸市衛生課編纂『神戸市伝染病史』神戸市衛生史編、大14 (1925) 年
神戸小学校開校30年記念会編集『神戸区総有沿革誌』神戸小学校開校30年記念会編、大14 (1925) 年
神戸市教育委員会編『神戸市教育史第1巻』神戸市教育委員会、昭41 (1966) 年
日本下水道協会近畿地方支部『日本公園百年史―総説及誌―』第一法規出版、昭53 (1977) 年
日本下水道協会『日本下水道史―行財政編―』日本下水道協会、昭61 (1986) 年
武市英雄『ミネルヴァ神戸コレクション・ノスタルジア』芦屋出版社、平成 (1989) 年

神戸市『六甲山の100年 そしてこれからの100年』神戸市 平成15 (2003) 年
佐藤善章『神戸市の国際問題対策』兵庫県都市問題研究会『都市研究』第3巻第2号 昭和2 (1927) 年
小谷美朗「神戸市における住宅行政史 (一)」『神戸の歴史』第61号, 1986年2月
大海一雄「神戸市住宅政策の変遷」『芦屋芸術工科大学論集』第11巻第2号 平1 (1999) 年3月

公営企業（交通・水道）

神戸市電気局『神戸市電気事業沿革略史』神戸市電気局 大7 (1918) 年
大阪市電気局『大阪市営電氣軌道沿革誌』大阪市 大12 (1923) 年
神戸市電気局「10年間の神戸市電気事業」神戸市電気局 昭2 (1927) 年
小西逸雄『神戸市電気株式会社社史』小西逸雄 昭4 (1927) 年
大阪市電気局『大阪市電気局40年史』大阪市 昭18 (1943) 年
関鉄神戸トレン『神戸の電車』昭和32 (1957) 年
神戸市交通局『神戸市交通局40年史』神戸市交通局 昭33 (1958) 年
山陽電気鉄道株式会社編纂委員会『山陽電気鉄道65年史』山陽電気鉄道 昭47 (1972) 年
神戸電鉄株式会社編纂委員会『神戸電鉄50年史』神戸電鉄 昭51 (1976) 年
中西健一『日本私有鉄道史研究・増補版』ミネルヴァ書房 昭54 (1979) 年
神戸市交通局『神戸市交通局60年史』神戸市交通局 昭56 (1981) 年
神戸市交通局『神戸市交通局80年史』神戸市交通局 平13 (2001) 年
岡野浩三『近代日本公営交通成立史』日本経済評論社 平17 (2005) 年
石田太郎「電気事業経営史について」兵庫県都市問題研究会『都市研究』昭和8 (1933) 年1月
『神戸の鑑み』編集本部「電気事業買収の顚末」『神戸の鑑み』創刊号 神戸市 昭55 (1980) 年9月

水道調査委員『神戸市水道布設説明書』本区徳次郎 明26 (1893) 年
佐伯流水『神戸市水道布設方策』桃光武水 明26 (1893) 年
神戸市『神戸市水道誌』神戸市 明43 (1910) 年
神戸市水道局『神戸市水道公債事業略概要』神戸市 明44 (1911) 年
日本水道史編纂委員会『日本水道史総編』日本水道協会 昭42 (1967) 年
神戸市水道局『神戸市水道70年史』神戸市水道局 昭48 (1973) 年
神戸市水道局『神戸市水道百年史』神戸市水道局 平13 (2001) 年
岡野浩三『近代日本公営水道成立史』日本経済評論社 平15 (2003) 年

人物史

田住豊四郎編纂『現代之兵庫縣人物史』田住本社 明44 (1911) 年

木綿屋万吉『神戸繁昌史』半瓢室露香 大2（1913）年
伊藤其五郎『神戸市近影録』神戸市近影発行社 大14（1925）年
和久利翠洞『絵葉書神田嚢』精華舎大尽 大15（1926）年
丹下良太輔『神戸築港工事竣工記念祝賀協賛会』丹下良太輔 昭9（1934）年
北下万蔵『山陽船舶株式会社』山陽船舶株式会社事業繼承調査 昭18（1943）年
陸上鷲左衛『神戸百年史』神戸市産業部水産課・神戸緞帳商組合 昭35（1960）年
神戸新聞社『兵庫県人』（上・下）『兵庫県人』1966（昭41）〜43（1968）年
兵庫県教育委員会『織田氏人の写真集』兵庫県教育委員会文化課 昭42（1967）年
兵庫県土木部建築課『兵庫県一覧』兵庫県土木部建築課 昭42（1967）年
兵庫県山ノ崎建築業者会『山ノ崎とその産業』神戸市兵庫工業高等学校 昭46（1971）年
神戸新聞社『神戸開港百年史』大倉出版 昭55（1980）年
神戸新聞社『兵庫県百科事典・上下』神戸新聞総合出版センター 昭58（1983）年
神戸新聞社『正史兵庫市史 14ヶ町の足跡』神戸新聞社 平6（1994）年
松田弘之「克雅の涙 神戸に名を刻んだ加納治五郎」『米寿社』平26（2014）年
松田弘之「漆職神戸を支えた人々」『受胎』『関口菊物語』の生涯」画識社 平29（2017）年
船本種夫「神戸港構築の動脈者・網屋吉兵衛」『神戸と船舶』第1巻第2号、昭37（1962）年11月
荒田寛・小寺泰次郎『鑑考と神戸』第4巻第1号 昭40（1965）年2月
荒田寛「科挙山人」『鑑考と神戸』第4巻第1号、昭40（1965）年2月
喜多嶋本「兵庫の北画家」（一）（二）』『神戸と鑑考』第8巻第6号・第9巻第6号、昭44（1969）年12月・昭45（1970）年12月
洲嶋一郎「山崎発子ノート」『神戸の鑑考』第8号、昭58（1983）年4月
大槻確保「神戸に居住を残した思想の園人」『鑑考と神戸』117号、昭58（1983）年4月
松田弘之「関口兼蔵事件考─神戸市兵庫港地の謎を追って─」『神戸学院大学院経済学部紀要』第11巻第1号、平26（2014）年9月

地方史・神戸市史

杉田瑞治『神戸開港30年史・下』開港30年記念会 明31（1897）年
神戸市『神戸市水道誌・沿革』各部 神戸市 大10（1921）・13（1924）年
神戸市『神戸市水道誌附録 1・2』神戸市 大13（1924）年
神戸市『神戸市第2種水道概説記・劉賓録』神戸市『創建』昭12（1937）年
神戸市『神戸市水港三菱町役鑑』昭37（1962）年
郷土新聞社神戸支局『新聞の中の兵庫県』中外書房 昭41（1966）年
朝日新聞社神戸支局『夜明けのひと市』中外書房 昭42（1967）年
神戸市史編集室『神戸市史』正篇 神戸市役所 昭43（1968）・45（1970）年
神戸新聞出版センター編『海鳴ゆるぎ史Ⅰ〜Ⅲ』神戸新聞出版センター 昭52（1977）・53（1978）・54（1979）年

神戸市役所市史編集委員会『神戸市民の工芸運動の百年史』回念誌所、昭57 (1982) 年
須磨・小供花育児院編『ジャパン・クロニクル』神戸外国人居住地、『神戸新聞総合出版センター、平成 5 (1993) 年
新修神戸市史編集委員会『新修神戸市経済史編Ⅳ近代・現代編』神戸市、平 6 (1994) 年
新修神戸市史編集委員会『資料編Ⅰ〜Ⅲ』神戸市・神戸市史・行政編、平 7 (1995)・14 (2002)・17 (2005) 年
新修神戸市史編集委員会『新修神戸市史経済編Ⅱ〜Ⅳ総編』平 12 (2000)・15 (2003)・26 (2014) 年
楠本利夫『国際開港都市神戸の歩み』ぎょうせい、平 19 (2007) 年
丸尾弘子「兵庫県神戸をめぐる公開社の設立とその構想」『慶応と神戸』第 1 巻第 2 号、昭37 (1962) 年11月
洲脇一郎「新修神戸市史編集資料 (3)」『神戸の鑑名』第 10 号、昭59 (1984) 年10月
洲脇一郎「明治大正期の市街地改造─都市の膨張と『大神戸』構想」『都市史論集』第 55 号、昭64 (1989) 年 4 月
洲脇一郎「居留地の組織と運営」神戸が開く居留地研究会編『神戸と居留地』神戸新聞総合出版センター、平 17 (2005)

地方史・その他

大阪市『明治大正大阪市史第 4 巻・経済篇下』清文堂出版、昭 8 (1933) 年
京都市北園部『京都市政史下巻』京都市、昭 15 (1940) 年
横浜市『横浜市史第 1・2 巻』 昭33 (1958) 年・昭34 (1959) 年
兵庫県史編集専門委員会『兵庫県史第 5 巻』兵庫県、昭35 (1960) 年
横浜市『横浜市史第 4 巻上・下』昭 5 長、有隣堂 昭40 (1965) 年・昭46 (1971) 年
兵庫県史編集専門委員会『兵庫県史料』兵庫県、昭42 (1972) 年
兵庫県史編集専門委員会『兵庫県史第 5 巻』兵庫県、昭55 (1980) 年
横浜市史編集委員会『横浜市大阪市史第 4 〜 6 巻』平 3 (1991) 〜 6 (1994) 年
横浜市総務局市史編集室『横浜市史Ⅱ・上下』よこはみい、平 5 (1993)・8 (1996) 年
伊藤之雄編『近代京都の改造』ミネルヴァ書房、平 18 (2006) 年
京都市市政史編さん委員会『京都市政史第 1 巻』京都市、平 21 (2009) 年

索　引

あ行

秋葉一郎　304 360 363
麻植直吉兵衛　28 29 30 89 90
有働粂蔵　306
有働恒造　51 87 188
生田川付替工事　14 21 38 48 51 54 57 63 64 65
池田軍兵衛　10 23 139 235
池辺溝　310 334
池水又大郎　161 166 239 240
石橋市藏　295 301 302
伊藤長次郎　4 314 333 360
伊藤政輔　8 56 75
医務寮　159 161 297 00 301 303
イギリス兵式　9 63
イギリス公使館　7
稲田巻也　312
内海忠勝　18 42 242
内海和卿　6 78 243
英文聯諸藩　37 52 190 210 242 268 319
352
王子山公園　371
大久保利通　195
大春秋（門）松　162 175 305 314 371
大隈重信　94 195
大隈邸の娯楽会　368 405
大神山公園　371
岡崎唯官　312 313 314
御幣祭　198 199 200
御幣山丈　197
小野花ターミナル　355
小野花お松屋橋　48 91 101 105 142
小野花寺迎居　96
小野花臨時議員席　105 201
汚物措置法　277

か行

海岸通園　361 371
海東家の小野花温泉所　104
名井橋頭医院　102
海田間立職員会　266 294 406
鹿島市長　139 149 153 155 160 161 271
293 295 296 297 298 299 303 334
339 360 379 380 381 386 387 396
鹿島駅改築　295 318 336 380
学区一統一　12 149 296 403 406 408 414
418 419 420
勝田県次郎　302 312 313 318 327
委計課加州藩取扱所 7
掛川瀬屋　104
塩駕沼兵隊　310
加納治五右衛門　14 69 71 73
加納治右　2 12 21 27 37 38 39 41 42 45
48 62 63 64 65 66 67 103 104
105 162 355
加納清澄　21 95 103 104 105 201 360
加納沢澄区　27 67 103
借替傀儡方元　258 270
勘濃督正　171
川端北区　4 8 9 42 112 276 305 310 311
314
川畑渚楓所　3 22 127 128 131 334 355
362
浄春谷社　5 36 48 82
川氏沢兵衛　3 15 16 129 139 229 304
305 313 363
吉永兵庫湛松郎　7 8 9
神田拳本　18 19 21 24 34 115 195
毛木檎寿所　105 417
岸本銀行　128 129

神戸電気 384 385 386 406
神戸電気株式会社 30 91 101
神戸雷鳴座 127 128 164 362
神戸阪神沿岸電気鉄道布設計画 201
「神戸トンネルの事業」 25
神戸居留地会議所 6
『神戸市水道布設記』 246
『神戸市水道布設方策』 246 248
神戸市水電気株式会社 4 11 91 101 102 132 206
「神戸港の現状及改良策」 146 158 203
「神戸港湾調査委員会案」 198
「神戸港施設」 100
「神戸港拡張工事に付する建議」 222
神戸生糸検査所 105 302
神戸瓦斯株式会社 230 262
神戸海岸運輸通信業組合規約 201
神戸海車轄鐘所 89 90
神戸岡崎銀行 283
神戸駅 14 30 74
神戸有馬電気鉄道株式会社 307 334
排他権獲得 76 143 183 184 330 331 332
『兼松神戸店の概観』 11
168 230 308
33 45 48 68 69 71 72 7 111 153
神田兵右衛門 3 5 6 9 15 18 22 27 31 32
樺区川崎鯨御影 12 15 22 23
蒲鉾市長 295 300 301 303 321 322
グルーム 10 375
樺入金万足 399 402
ハ棒並花枇 92 356
草鹿由于太郎 176
キリビー熊製造所 8
キリビー 9 63
楠篠郁令輯 331
71 93 101 111
北風正造 4 6 28 30 31 32 33 41 55 70
岸本幾太郎 16 129 160 180

神戸電気株式会社 377 378 379 285
神戸電気鉄道 128 132 229 231 235 378
381 382
神戸電鉄株式会社 132 229 378
神戸瓦斯発電株式会社 104
「神戸又新日報」 25
ごみ水問題文書 192 352
港湾代行の一元化 100 216 342 344
港湾施設収益配分交付金 215 220 222
270 294 298 346
港湾運輸業 213
港湾貨物取扱作業 144 159 232 260 273
港湾法 192 216
港湾法入化 210 211 215 341
国鉄職員収賄事件 335
図入鉛行条例 5 7
小寄保業一同 4 16 112 139 174 175 180
231 276 304 305 311 313
五六文堂 3 102
小寺泰次郎 4 7 34 35 39 45 49 66 67
140 153 267 333
小西嫌右衛門 69 70 73

さ行

西摩市長 148 150
西国街道 51 79 80 81 86 89 188
斎藤干太郎 323
阪谷方郎大蔵大臣 206 207 208
桜井市長 295 299 300
産業組合法 46
產業振興文會 22
参事会 139 234 302
参事会訓 140
三人事業 21 148 150
「三谷神奈川区改良会議」 120
三視線路網 114 119 120 122 123 264 272 273

山陽鉄道 130 150 242
山陽鉄道株式会社 228
山陽電気鉄道 305
市会議員選挙法案 198
事業収支 143 294 296
施設収支 293 294 296
「市制町村制理由」138
市長候補予選 399
市長選挙執行区 146 297
市町村税賦課及営団軍有財産 418
市民候補財源 152
失業対策事業 422
柴田向夷間中 56 58
渋沢栄一 3 254 256 384
島田総 69 70
島田重太郎 91 100
神戸有力方氏 202 217
委員有権行使 323
委員有権行政 323
収益事業主業 398 399 400
事務確則 111
住宅組合法 368
「重要港灣／運営及ス施設／方針」213 215
縮接券暗会 19 113 118
縲渡形造線援 137 287 290
鉄川運向開則 20 27 32 52
鉄川氾 68 71 73 356
新況開ク 市有所重正車鉄 76 80 143 182
水利条例 152 244
水正人名備門 33 161 167 168 334
鈴木伊沢助 10 118
鈴木清治 10 127 128 132 283 314 334
澎湖山公園 371 372
政府改路景 268 293 294 296 319 353
府税排地藤庫 332
府税排地藤庫計ケ 334

府税排地藤庫理事業 76 187 32
関戸用策 18 19 36 37 44 45 48 49 62 82 84 238
轄絶的配車主業 140 142 144 147 148
株津電気鉄道 228 231 332
単線併五水 2 41 75 354
築西区 356
築東区 354 356
派水事業 45 48 148 149 402

た行

第1回水辺定工業 290
第1期中戸策車業 100 207 218
第1線発車業 345
第1次山手線 18
第1次山手線区辺業車 77
第二期行7
第2期線車業 345
第2次山手線辺開路業車 51 52 77
第六ル幾行7 128 283
意速タミナル 355
滝川儀作 304 384
滝川与三 4 162 229 310 312 314
辻的発税 268 294 319 323 368 406
武井正王 161 168
武岡幕友 162 180 181 229
田中平五衛 4 102 141 175 180
タニーハール 260
地所姫盗経営 2 3 52 141
地価区長任 183 333
地価区正例 49 107
築港委社 20
明石市瀬ケ 70 73
池ガ谷健 142 148 249 255
超国買収方式 44 38 52 68 82 83
直轄事業有地委 158 217 219 221 225
234 263 272 348 349 353
鉄管事虎 139 140 146 147 148 155 156

159 161 199 201 212 235 236 297
鞆館市長 148 150
鞆図書館 104 201 307 356
ダーレー 94 99 194
広中聡子刑務所 276
理髮師什事 227
東京育雄 129 152 154 354 356
東海寿事 128 129 152 355
足跡紀、嶋吉 甲 斐 144 226 227 394
400
鳥取県埋蔵員会 316 321
409
鳥取県立博物館 316 321 323 324 329
鳥取市埋芽 190 314 315 316 317 321
323 330
土地附佛像 290 322

な行

内務省埋蔵蔵委会 207 364
申明郡郡区役場 18 74
「長宗・薔薇絵巻物」47 367
鳴滝区長 242 243
鳴滝市長 34 132 140 146 150 151 152
153 157 161 177 235 251 258 355
356
鳴滝本派 24 41 151 238 242
内科博三 195 196
二瓶稔樹 155
日本毛織 3 127 128 305
日本問業銀行 128 129 131 168 253 254
283
『日本統計史』96 98
入澤村 52 190 210
布引公園 372
生駒方式 335
恵教員十字班 240
野溝淳 95 98 189 192

は行

眼鏡一三 18 157
眼鏡知事 158 199 200 201 212 213 214
378
ペート 56
ページー 194 195 241 245
堀内利田 214
堀内検太田 124 209
ベルトン・鋳工所 7
ベルトン 244
阪急電鉄 229 307
阪神電鉄 229 233 305 406 353
バンター 9 63
東山嘯声 68 72 356
東山城医 113 156 157
東濃園地 371
備後屋兼弘 113
ヒラ棒糸 6 7
兵庫運河開削 16 125 128 181
兵庫造船株式会社 162 166 171 356 357
359
「兵庫開港始末」54 55
兵庫区立公議所 6
兵庫辨市街 45 52 77 80
兵庫繚横合社 101
兵庫造船所 7
兵庫造船渠 132 329 235 336 389 390
兵庫造船所株式会社 4 229 235 329
広見 96 98
第一銀 263 268 294 409
兵庫造船株式会社 104 164 356
360
普及連帯事業 46
舞井市役所在澤 94
現名の現始器 146 148
舞殿游離 74
片町経由方式 19 138 213 289
整正一般 178

深川区佐賀町 25 100 132 181 357 359
水上薬剤 158 203 205
　234 235 236 292 295 299 357 379
　203 206 212 213 214 219 222 232
水上丹圧 146 147 150 153 159 160 192
水杓五郎 2 41 42 129 130
三菱造船所 127 128 131 154 355 363
　244
三井銀行 66 67 129 130 223 240 241
松方幸次郎家 199
松方幸次郎 41 199 305 312 314
　195
マーシャルの標準需要 21 44 94 97 189
　193 195
マーシャル 18 21 44 93 94 95 96 97 173
槇枝正直 46
明劇しろうと 217

ま行

本多静六 374
キート・オーリッチメ 37 208 211 215
箋賀染例 311
　381 382
軽便鉄道 226 227 234 377 378 379 380
　230
軽便鉄 234 262 406
　74 80 85 88 93 114 115 117 118
愛知五面会 6 8 19 21 37 45 52 57 62 70
弁天陛劉 92 105
弁天橋慢工 51 320 356
遊跋外真間鐡 256
ベスト扶挨 422
分階番紺 122 264
文化奉王蒋祿 46
水佳任宅地区改良法 368
フランドン 20
有用主街側しろうと 217 218
磯田広三郎 39 40 174 175 306

360 372
深川区佐賀株式会社 178 372
深川区工事回報告 178
深川区圏 372
深川区圏田町 25 177 180
深川区圏田町取扱 144 177
深川神社 14 30 75 79 80 86 88
深川什器工場 16 24 35 39 50 51 125
　139 142 144 147 162 174
吾身笛野奏隆 95
『乏しい字幸抱題』13 272
科経山人 3 6 7 24 40 41 42 153 175 229
　371
明綾織 16 34 110
桃木正作 246
猶岡冒驗 18 26 42 129
経国一朗 147 319 320
モール 254 255 256

や・ゆ・よ

八尾農内郎 161 162 166 167 168 360
矢田彰次郎 129 161 166 167 168 360
山下亀三郎 312 314 327
山下紙浴唯大兼業 76
山水蒸業 163 164
山路延年 28 304 306 307 308
郵船神戸出張 242
輸入 147 159 294 295
横浜港湾荷物徒業 96 194 216 341
吉水養三郎 198 366
枚子有田陶磁方式 222 252 346
　127
「六大都市行政需管に関する法律」289
本山権林事業 156 373
私立川崎商品学校 311
和田春庫 11 130 131 132 354
和田咖啡貿易商 104

神戸・近代都市の形成

2017年9月21日 第1版第1刷発行

著者 髙寄 昇三
たかよせ しょうぞう

発行者 武内 英晴

発行所 株式会社 公人の友社
〒112-0002 東京都文京区小石川5-26-8
電話 03-3811-5701 FAX 03-3811-5795
メールアドレス info@koujinotomo.com
印刷所 田中印刷出版株式会社

©TAKAYOSE Syozo 2017 Printed in Japan

*落丁本・乱丁本はお取り替えします。
*本書の全部または一部の複写・複製・転訳載および磁気または光記録媒体への入力を禁じます。

[著者略歴]
1934年：神戸に生まれる。
1959年：京都大学法学部卒業。
1960年：神戸市役所にはいる。
1975年：『地方自治の財政学』にて「藤田賞」受賞。
1979年：『地方自治の経営』にて「経営科学文献賞」受賞。
1985年：神戸市退職後、甲南大学教授。
2003年：姫路獨協大学教授。
2007年：退職。

[著 書]
『10大都市時代』『日本経済新聞社』『外郭団体の経営』『地方自治の活路』以下、学陽書房、『地方財政の破綻か再生か』『現代地方経営論』『都市経営思想の系譜』『宮崎神戸市政の研究』『明治地方財政史Ⅰ～Ⅵ』『近代日本公営交通成立史』『地方財政健全化法再検討』『地方財政健全化法Ⅰ～Ⅵ』『近代日本公営水道成立史』以上、勁草書房、『近代日本都市経営史上・下巻』『大正地方財政史上・下巻』『明治地方財政史Ⅰ～Ⅵ』、日本経済評論社、『大正期地方経営史上・下巻』以上、公人の友社。

——— 公人の本社 ———

※表記価格は2010年10月現在。一部品切れがあります。

定価 五○○円 税別 大切な人に贈る「贈る言葉」
定価 四○○円 税別 正しく使える贈答用語辞典
定価 三○○円 税別 正しく使える冠婚葬祭辞典
定価 五○○円 税別 正しく使える手紙の書き方
定価 四○○円 税別 正しく使える敬語の使い方
定価 三○○円 税別 正しく使える日常のマナー
定価 二○○円 税別 正しく使えるビジネス文書
定価 一六○○円 大切な人に贈る手紙文例集
定価 一三○○円 贈答・手紙の用語辞典
定価 一二○○円 冠婚葬祭実用辞典

——— 青春出版社 ———